八石垭之光

武陵山区传统村落的发展振兴之路

田阡 雷鑫 / 著

长江经济带乡村振兴与协调发展研究丛书

知识产权出版社
全国百佳图书出版单位
—北京—

图书在版编目（CIP）数据

火石垭之光：武陵山区传统村落的发展振兴之路 / 田阡，雷鑫著 . —北京：知识产权出版社，2024.7

（长江经济带乡村振兴与协调发展研究丛书）

ISBN 978-7-5130-9106-0

Ⅰ . ①火… Ⅱ . ①田… ②雷… Ⅲ . ①山区—农村—社会主义建设—研究—西南地区 Ⅳ . ①F327.7

中国国家版本馆CIP数据核字（2024）第008715号

内容提要

本书基于人类学田野调查，以火石垭村为案例，记录村民日常生活的各个方面，挖掘抵御现代性风险的"发展韧性"。本书试图点燃"火石垭"这束荧荧之光，为解读"非典型"村庄的发展韧性提供一个区域性的个案参照。

本书可供人类学领域的研究者及关注乡村发展的学者和大众阅读。

责任编辑：高　源　　　　　　责任印制：孙婷婷

长江经济带乡村振兴与协调发展研究丛书

火石垭之光——武陵山区传统村落的发展振兴之路

HUOSHIYA ZHI GUANG——WULING SHANQU CHUANTONG CUNLUO DE FAZHAN ZHENXING ZHI LU

田　阡　雷　鑫　著

出版发行	知识产权出版社 有限责任公司	网　　址	http://www.ipph.cn
电　　话	010-82004826		http://www.laichushu.com
社　　址	北京市海淀区气象路50号院	邮　　编	100081
责编电话	010-82000860转8701	责编邮箱	laichushu@cnipr.com
发行电话	010-82000860转8101	发行传真	010-82000893
印　　刷	北京中献拓方科技发展有限公司	经　　销	新华书店、各大网上书店及相关专业书店
开　　本	787mm×1092mm　1/16	印　　张	37
版　　次	2024年7月第1版	印　　次	2024年7月第1次印刷
字　　数	700千字	定　　价	128.00元
ISBN 978-7-5130-9106-0			

出版权专有　侵权必究

如有印装质量问题，本社负责调换。

目　　录

导　言 ·· 001

第一章　自然、历史与人文：非典型村庄的韧性基础 ························ 005
　　第一节　自然地理概况 ··· 008
　　第二节　历史传记与村落记忆 ··· 019
　　第三节　经济社会与前行探索 ··· 032
　　小　结　非典型村庄的勃勃生机 ·· 047

第二章　土地、种养与劳动：非典型村庄的生计韧性 ······················· 049
　　第一节　靠山吃山，以农为本 ··· 051
　　第二节　开拓生计，多元养殖 ··· 072
　　小　结　农业基础与生计保障 ··· 090

第三章　务工、流动与产业：非典型村庄的生计张力 ······················· 091
　　第一节　"闯"造生活：外出务工的生计探索 ······················· 093
　　第二节　守在家乡：小村庄有"新姿态" ······························ 106
　　第三节　生计家计：家庭生活的新策略 ································· 123
　　小　结　非典型生计张力创造美好生活 ································· 135

第四章　婚姻、家庭与养老：非典型村庄的结构韧性 ······················· 137
　　第一节　婚姻与两性关系 ·· 139
　　第二节　家庭继替与代际延续 ··· 160

  第三节 老年生活与养老智慧 ………………………………………170
  小 结 传统小家与和谐大家 ………………………………………182

第五章 饮食、居住与交通：非典型村庄的生活韧性 …………………185
  第一节 风味多样的饮食 …………………………………………187
  第二节 舒适安逸的居住环境 ……………………………………208
  第三节 快捷便利的村落交通 ……………………………………221
  第四节 多元和谐的休闲生活 ……………………………………226
  小 结 平凡生活中的能动性 ……………………………………235

第六章 仪式、节令与风俗：非典型村庄的文化韧性 …………………237
  第一节 成长路漫漫：人生礼仪 …………………………………239
  第二节 岁时节令：节庆习俗的传承 …………………………280
  第三节 天地君亲师：祖先与土地崇拜 ………………………287
  第四节 腰鼓与唢呐：民间艺术 …………………………………294
  小 结 文化变迁与韧性坚守 ……………………………………300

第七章 学校、家庭与社会：非典型村庄的教育韧性 …………………303
  第一节 学校教育的变迁 …………………………………………305
  第二节 多元教育的发展 …………………………………………322
  第三节 教育观念的变迁 …………………………………………337
  小 结 乡土蜕变中的教育生态 …………………………………351

第八章 卫生、环境与健康：非典型村庄的环境韧性 …………………353
  第一节 个人卫生更讲究 …………………………………………355
  第二节 家庭卫生更整洁 …………………………………………361
  第三节 村落卫生大变化 …………………………………………372
  第四节 健康意识的提升 …………………………………………380
  小 结 从求生存到享康乐的转变 ………………………………389

第九章　媒介、移动与互联网：非典型村庄的传播韧性 ······391
  第一节　传统时代火石垭的传播方式 ······393
  第二节　移动互联时代的到来 ······402
  第三节　互联网的功能化运用 ······413
  小　结　乡村生活的延续与重构 ······423

第十章　礼俗、公共与秩序：非典型村庄的治理韧性 ······425
  第一节　礼俗治理与传统规约 ······427
  第二节　公共生活与集体行动 ······439
  第三节　基层组织与法治文明 ······457
  小　结　柔性与刚性结合的乡村治理 ······469

第十一章　性别、责任与觉醒：非典型村庄的女性韧性 ······471
  第一节　围绕家庭的女性 ······473
  第二节　走向社会的女性 ······486
  第三节　回归自我的女性 ······496
  小　结　身份转变与意识觉醒 ······502

第十二章　家庭、村落与城乡：非典型村庄的精神韧性 ······505
  第一节　家庭生活的经营：责任与义务同担 ······507
  第二节　村落共同体重塑：和谐与互助合作 ······520
  第三节　城乡关系再辨：理性与自觉 ······531
  小　结　精神韧性与文明自觉 ······542

附录一　火石垭的追光者 ······545
  蚕桑养殖户：时代变化下的生计之变 ······547
  生猪养殖户：世代传承的技艺与现代化发展 ······551
  养牛专业户：活到老学到老，主动适应现代化 ······555
  生猪养殖户：养殖需要坚持学习 ······559

蜜蜂养殖户：养蜂是老有所为的闲适 …… 563
辣椒种植户：从低保户到脱贫户的创业记实 …… 566
乡村艺人：唤起农民文化自觉，投身乡村文化振兴 …… 569
乡村匠人：勤劳是农村人致富的首要秘诀 …… 571
农村乡贤：传承风清气正良好家风 …… 574

附录二　酿酒工具 …… 579

后　　记 …… 583

导　言

广大乡村孕育了华夏根脉，乡土本色牵连着民族根系。百年前，费孝通写下《江村经济》，开启了人类学乡村调查之路。新时代，乡村振兴赋予了人类学扎根基层的重大使命。但中国之广大，乡村之多样，选择何处扎根、基于怎样的视野扎根、使用何种方法扎根，是学者们进行调查时必须回答的问题。

自"利奇之问"被提出以来，众多人类学者践行着"解剖麻雀"的社区研究方法，从"见微知著"的角度拓展方法论。如今，该研究方法更是从"社区研究"转向了"区域研究"，从"族群研究"转向了"流域研究"，从"对社区的研究"转向了"在社区中做研究"。[1]不过，无论采取怎样的方法，正如费孝通所言，采用"类型比较法"才有可能在微观研究中完成从个别接近整体的过程。只有将形形色色的村庄放在乡土中国的大背景下考量，才可发现不同结构与类型的村庄的特点，进而总结与展望中国乡村社会发展的现状与未来。

近年来，随着全面推进乡村振兴战略的进一步深入，处于发展前列，拥有较好的自然禀赋、丰厚的历史资源等在新时代发展中引领振兴潮流的村庄，被划分为"明星村庄""模范村庄"这一"典型"村庄类型，受到政府关注与政策倾斜，也成为各类研究的重点关注对象。与此同时，没有资源禀赋、浓厚历史和政策倾斜的"非典型"村庄，则在研究中时常处于相对"边缘"的状态。

过于关注"典型"村庄的模范性、中心性，会导致"非典型""边缘性"村庄发展形态被遮蔽；过于强调对"典型"的凝视与支持，也会局限国家治理在地方性实践中的作用发挥。需要说明的是，此处提出的"典型"与"非典型"，其主要目的是通过区分村庄类型来认识社会整体。"典型"与"非典型"的视角是可以转化的，当学者将眼光投射到选定的村落中时，它便成了主观意义上的"典型"。作为人类学者，我们必须站在中国乡土社会的整体性层面，既要保持对"典型"村庄的持续关注，更要追问"非典型"村庄的运行逻辑。

---

[1] 田阡.重观西南：走向以流域为路径的跨学科区域研究[J].广西民族大学学报（哲学社会科学版），2016，38（3）：82-86.

火石垭村的个案告诉我们,非典型村庄在面对现代社会愈加复杂的风险时,维持看似"脆弱"的村庄形态,顺利度过风险,产生"适应性"的改变,其关键在于"发展韧性"的支撑与推动作用。

何为发展韧性,需从乡土中国的农民特征说起。自马克思提出"剥削小农"理论后,"理性小农"❶"生存小农"❷"综合小农"❸等概念逐渐产生。不过,这些概念的阐释均以生产方式和生计模式为基础,多突出中国农村社会化进程中的某一侧面。"韧性小农"概念❹则强调农民社会化的能力和应对风险的能力,农民既有脆弱的一面,又有强韧的一面,能够灵活吸取能力,实现延续与再生。以上有关韧性的研究,多是描述农村社会和农民特性中的"典型"表征。

当前,更多学者将该问题置于乡村振兴战略实施背景下讨论,诠释农民主体概念和地位,❺指出了当前农民在"健康生存能力、自主学习能力、科技应用能力、社会认知能力、经营管理能力、人际交往能力、奋斗意识和奋斗能力"等方面不足,❻并结合当前需要,就如何发挥农民主体作用提出见仁见智的看法。上述研究的局限在于,无论是研究乡村发展抑或农民作用,学者们多将所有乡村和农民的特征概而论之、宏观叙事,虽在突出农民的主体性无法保障、难以凸显的问题上有所建树,但在一定程度上忽视了类型学的角度,难以就不同类型村庄的"发展韧性"进行细致剖析,考察不同村庄的形成机制与未来方向,以此完成费孝通对乡土中国的方法论深耕与拓展。"非典型"村庄的"发展韧性"是什么?它从何而生、因何而生,仍须回到人类学传统的社区调查中,采用民族志的方法解读传统村落的发展振兴之路。

首先,"非典型"村庄的"发展韧性"强调村庄自身的系统性和自结构性,包括村庄的自然环境结构与社会文化结构,二者共同构成了稳定的内部系统。在绝对外力干扰较小的情况下,该系统能够保持极大的自我调节和适应能力,维护和保证村庄的要素稳定、稳健和协调发展。

---

❶ 艾利思.农民经济学——农民家庭农业和农业发展[M].胡景北,译.上海:上海人民出版社,2006.

❷ 恰亚诺夫.农民经济组织[M].萧正洪,译.北京:中央编译出版社,1996;斯科特.弱者的武器:农民反抗的日常形式[M].郑广怀,张敏,何江穗,译.上海:译林出版社,2007.

❸ 黄宗智.长江三角洲小农家庭与乡村发展[M].北京:中华书局,2000.

❹ 陈军亚.韧性小农:历史延续与现代转换——中国小农户的生命力及自主责任机制[J].中国社会科学,2019(12):82-99.

❺ 吴重庆,张慧鹏.以农民组织化重建乡村主体性:新时代乡村振兴的基础[J].中国农业大学学报(社会科学版),2018(3):74-81.

❻ 龙静云.农民的发展能力与乡村美好生活——以乡村振兴为视角[J].湖南师范大学社会科学学报,2019,48(6):46-55.

其次，在遭遇内外的现代性风险时，"非典型"村庄可以根据内部系统的结构韧性抵抗冲击，以免自身受损和破坏，同时快速调动充足的社会资源，及时修复。这些可被调动的社会资源包括内部组织性特征和外部协调性特征，具体包含一个村庄内的产业结构、社会关系、文化资源、教育水平、信息化程度、治理机制等，完善多重因素的相互作用，才得以完成内部系统的动态平衡。

再次，"非典型"村庄拥有强大的内生动力系统，尤其是在乡村振兴战略背景下，内生动力系统是可被发掘的可持续发展能力。其中，人力资源和精神风貌对促进能力的转换、发展和更新有重要作用，人的主观能动性能够助推系统主动地进行自我适应、组织、学习和调整。

最后，"非典型"村庄是以区域视角为主的类型学研究对象，较为关注该类型村庄地理人文特征在一定范围内的分布模式及其背后的历史特征形成机制。同时，它聚焦于特定类型区域内若干"典型"与"非典型"村庄在系统性、结构性上的相似性，也注意划分二者的区别与多样性，这或许将成为研究乡土中国未来发展的又一路径或框架。

本书所选择的火石垭村，正是这样一个"非典型"村落。本书试图点燃"火石垭"这束荧荧之光，为解读"非典型"村庄的发展韧性提供一个区域性的个案参照。

火石垭之光，是萤石之光。村庄地处武陵山区，阳光照耀时会反射出微微光芒，这是因为土地中含有一定量的萤石，这也是"火石垭"村名的由来。不过村庄萤石产量有限，虽未助推村民发家致富，却赐予了当地良好的自然生态环境，成为其发展韧性的基础性资源。

火石垭之光，是产业之光。20世纪末，在国家政策的引导下，火石垭村迎来经济转型的"增长极"——烤烟产业。该产业给火石垭村带来较短时间的鲜亮与辉煌，21世纪初，家家户户靠烤烟发家致富。不过，这一束光仅是昙花一现，短时间内，土地不再肥沃，人力资源大量流失，产业已是夕阳。村民们不得不基于过去的经验，主动摸索发展之道，寻找新的出路。

火石垭之光，是人文之光。千百年来，村民们在武陵山区喀斯特地貌的浸润下，自我孕育出独特的历史人文特征。这里作为土家族聚居地和历史移民村，在生活方式、风俗习惯、教育教学、医疗卫生、信息传播、乡村治理等方面积累起丰富的发展经验，展现了当地多维度发展韧性的动态平衡。

火石垭之光，是希望之光。在面对城乡流动和社会转型带来现代性风险时，妇女力量在时代中崛起，成为解决乡村问题的"新人才"。同时，新时代农民的精神风貌也焕发出昂扬激情与向上气魄，成为实现村庄发展韧性的自我适应与调整、推动乡村振兴和可持续发展的精神源泉与不竭动力。

可以说，火石垭之光，既呈现了1949年以来武陵山区"非典型"村庄的日常生活状态，又蕴含着当地村民顺应时代的发展韧性。本书基于人类学田野调查，以"非典型"村庄火石垭村为案例，记录村民日常生活的各个方面，挖掘抵御现代性风险的"发展韧性"，回应千万个村庄如何前行的现实命题。或许，这正是新时代人类学真正参与乡村振兴、提振乡村精神、照亮乡村未来的使命所在！

第一章

自然、历史与人文：非典型村庄的韧性基础

武陵乾坤立，独步上天梯。举目红日尽，回首白云低。

——北宋·寇准·武陵景

火石垭村的"非典型"发展韧性，首先须从村庄的自然生态与历史人文说起。自古以来，武陵山区受地理位置和地形地势的影响，交通不便，相对闭塞，崇山峻岭阻碍了其与外界的交流，因此开发时间较晚。

在大规模移民到来之前，这里原本世居着土家族、苗族等多个少数民族。直到明清时期改土归流并鼓励移民进入后，许多汉族人背井离乡，来到这里开辟新的家园，使武陵山区的大片良田沃土得以开发，各民族间交往交流日益频繁。

从地理上看，武陵山区是移民入川的必经之路。从居住环境来看，这里河流纵横，雨量丰沛，气候湿润，森林密布，土壤肥沃，资源丰富。费孝通先生曾于1991年来到武陵山区考察，写下《武陵行》一文，他在文中简明扼要地阐述了当地的历史发展与文化状况："确实是奇峰峡谷，林壑幽美……这里的交通极不便利。水溪危道，曲折陡峭，置身其中不能不感到山穷水尽，如入迷津。"在这场移民运动中，留在武陵山区的汉族移民与少数民族一起，共同开垦土地、繁衍生息，让当地不仅保留了多民族的文化特点，更是由于不同阶段的移民进入，形成了各民族交往交流交融的现象。

火石垭村，便是武陵山区中的一个小小村落。从地理位置上看，火石垭村东临石家镇关口村与石家社区，南接长山村，西倚彭水苗族土家族自治县诸佛乡的治安村、桐楼乡的普子村与桐木村，北靠新华乡的梨子村与艾子村。村域面积1629.74公顷。县道濯马路（X798）于村域东南部穿入，于村北部穿出，向北可达新华乡大田社区，向南可通往石家社区；乡道火梁路（Y030）由村南部穿入，于村内中北部区域接入濯马路，向南可通往长山村。

从历史上看，火石垭村的村民多是从周围迁移到此，经过长时间的融合形成了当地移民特色。其中，位于村落深处的罗家堡是一个由移民组成的聚居地。这里主要居住着赵姓人家，据家谱记载，始祖赵如居从江西迁入四川，先落于四川东道酉阳州容坪里三房溪，其子赵兴粒后迁至酉阳彭水县细沙堡桐木溪，桐木溪即与罗家堡隔河相望的彭水县桐楼乡桐木溪。据家族成员口述，清朝时期，居住在彭水的赵氏家族以养骡为业，家中族人发现骡子经常走失，几乎每次都在河对岸找到。于是，众人一致认为此处是一块风水宝地，便举家搬迁到此，并将该地改名为"骡家堡"，后来经人们的口口相传，地名演变为"罗家堡"。在匪乱频仍的年代，罗家堡成为一个绝佳的避难场所，它依山而建，山前是开阔的地形，山脚有小河川流而过，周围有大片良土，层层叠叠的山峦与不太便利的交通，在当时成了阻隔土匪的天然屏障。

因此，从这一角度来看，火石垭村可以看作武陵山区民族文化与移民历史的缩影。在这片天地里，村民勤勤恳恳地耕作与生活，发展出火石垭村的文化生态，描绘出形象生动的火石垭美丽画卷。在长年累月的繁衍生息中，村民运用独到的智慧，经营着淳朴无华的生活，磨炼出符合村庄自然社会结构的发展韧性，闪烁着耀眼的火石垭光芒。

第一节　自然地理概况

沿着两山相对的垭口慢慢走近，薄雾缭绕山间，隐约能看到山上星星点点的人家。在一道道蜿蜒崎岖的公路指引下，绿叶红花间，终于踏足山间垭口的村庄。扑面而来的是带有雨露的新鲜空气，四周群山如绿色波涛，绵延起伏。火石垭村，就在这一如梦似幻的画面中，逐渐揭开了它的神秘面纱。

火石垭村地处重庆市黔江区北面，距城区50多千米，隶属石家镇，辖区面积17.5平方千米。该地区位于巫山山脉与大娄山之间的褶皱地带，斜跨武陵山脉西北边缘，境内地貌以中山及低山地形为主，间以台地、丘陵、平地，地貌差别较大，为鳍脊状、刀锋状中低山谷、中山峪脊和纵横交错的溪沟。山脉走向大致呈北东—南西方向，山岭连绵，峰峦叠嶂，深沟峡谷显堑，岩溶发育，层层明显。群山环绕中，孕育出清风飒爽的山间气候与绿意盎然的自然生态。

一、地形与土壤

山林是大自然赐予火石垭的绿色生机。这里有大山、小山、山丘、山包、山坡等，山山相连，岭岭相依。开门就见山，出门就爬山，唱的是山歌，走的是山路。"山高土地多，出门就爬坡，地无三尺平，年年灾情多，这边上肥那边流，冲走肥土剩石头"，这是村民对火石垭村整体地势的形容。这里平均海拔800米，最高点位于村东部山顶，最低点位于村西部与桐木村、普子村交界的河谷处。村域整体地势东高西低，东部区域主要为山体，西部区域主要为低山与山间槽谷，山体间有河谷形成，山形塑了这里的人文自然与景色风情。

（一）"左弯右拐爬上坎"

一如武陵山区其他村落一样，火石垭村地貌复杂多样，满眼望去高山葱茏，层峦叠嶂。越过大山，条条小路，便是村民生活在此的行动基础。一步一个脚印，走出了一道道"拐"。"拐"即是弯，是村民对自然亲切的问候，在弯弯拐拐间形成了众多小道，承载着村民日常生活的点点滴滴。若从黔江城区坐客运班车前往火石垭，不需经过石家镇，而是在中间一处名为"六道拐"的地方下车。此处最开始叫"毛家嘴"，曾是个非常热闹的地方。1949年前是Z家地主的地盘，土地改革之后修了毛路，此路从石家镇所在的山下往山上延伸，足足修了六个大弯连接岔路，因此将此处改名叫"六道拐"，这里也成为村民去黔江城区的必经之路（图1-1）。

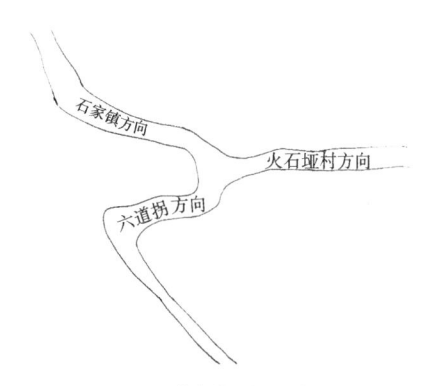

图1-1 "六道拐"的大致区位

从六道拐的岔路处往右前方行驶，便是一条在悬崖峭壁边从山体直挖出来的大道。在进入火石垭村的路途中，左侧是山壁，右侧是千百丈高的悬崖，底部是葱葱山林。这条大道并不笔直，一道道弯弯拐拐，即使在城市道路上经受过千百次道路锤炼的老司机，来到此处也会减缓行驶的速度。

正所谓"山多路险，道远且长"。长长的道路之间，随着高度的增加和坡度的爬升，地势开始按层级上升，形成一道道悬崖和沟壑。这些沟壑在坡度较缓处，可供人通行，成为村民穿行在此处最为宝贵的通道。当道路在两山之间不断收拢，悬崖不在时，便来到了进入火石垭村的标志性关卡——周家垭口。"垭口"是山区一种特殊的地形，其在《辞源》里的解释是"两山间的狭窄地方"，是山地中有道路通过的险要位置。周家垭口的内外是不同的风景。垭口之外，高山林立，陡坡峭壁；垭口之内，高山与缓坡开始浮现。现在，周家垭口处用地虽然已经在当地沙场的建设发展中稍有改造，但多年来构造而出的地形仍旧大体存在，是出入火石垭村的重要通道。

火石垭村整体地形起伏较大，村内的坡度也有所差异。然而，火石垭村虽处于高山之上，却并不陡峭。因为在高山之中，形成了一些缓坡，并被人力所改造，供人居住，成为农业生产的主要空间。村民们亲切地把这片区域地形称为"盖盖上"[1]。

如此地形，为当地小地名的发展带来诸多影响。"地名是人类对地球上和其他星球表示特定方位、范围的地理实体赋予的一种语言文字代号，或者说它是区别不同地理实体所代表的特定方位、范围的一种语言文字标志。"[2]每一个地名都是村民对于地理环境中特定位置、范围和形态特征的认知。火石垭村的许多小地名的形成，离不开其地形地势的影响。在火石垭村中，最具有特点的便是"堡"与"坝"的取名。

"堡"之一字，是形容处在高高隆起的山顶处较为平坦的地方。以火石垭二组为例，

---

[1] 方言，当地人将高山顶上的缓坡平坝称为"盖盖上"，如同杯盖一般。

[2] 王际桐.王际桐地名论稿[M].北京：社会科学文献出版社，1999：3.

从周家垭口进入村中，由县道蜿蜒而上，一共有十个"堡"，分别是小弯堡、庞家堡、马鞍子堡、下大堡、上大堡、岳师堡、中堡、大弯堡、大堡、小堡。在十个堡中，村民们自然创造出许多传说，除小弯堡和大堡外，其余几个堡的地理位置相连接，好像一条盘踞山间的巨龙，而几个堡则是它的"龙灯坨坨"（舞龙的龙脚）。面对最高处碓窝坝而望，右边是"龙"，左边是"狮"，两边争抢着位于中心的"中堡"。所以，"中堡"又被看作"中宝"，被视为宝地，不允许外人随便进入，据村民讲"后来在中堡捞柴都不允许，任何人都不允许损坏此堡，必须任由其生长发展"。除二组的十个"堡"之外，在火石垭一组的山坡上，有一块缓平的坡地被称作"箩箕堡"，据村民们描述"这是一块圆圈圈的土，就像我们平时晒汤圆用的箩箕一样"。而火石垭村目前用作集体经济流转的土地，被称为"火石堡"，这里是火石垭村最为平坦之处。

"坝"称呼的是山体缓坡中相对平坦的区域。在火石垭村流传着许多与"坝"地名由来有关的故事。如"大坟坝"，据说在1949年以前，国民党军队经过此地时向附近人家讨要物资，而村内有几户人家没有妥协，于是国民党把一家人全部杀害了，并把尸体扔进坑中，后人便将该坑的区域称作"大坟坝"。

自然条件下形成的地理环境，让迁移到此、世世代代繁衍生息的火石垭村民，在历史长河中找寻到较为舒适的生产生活空间，同时也使他们利用大自然的宝贵资源能动地创造着自己美好的生活景象。他们在适应中利用，在利用中发展。

（二）"九山半水半分田"

在漫长的历史中，对长期以农耕生活为主的农民来说，土地的重要性不言而喻。它不仅影响着人们对外的沟通与联系，还直接影响到每一户的日常生活。就连最开始的聚落形成，也多是发生在土地肥沃、植被丰富的地方。火石垭村独特的生态环境给予世世代代生活在此的人一定的机遇与挑战。

火石垭村坡坡坎坎、弯弯拐拐的地貌，使村民生产生活所依靠的土壤较平原、沿海地区大有不同。这里的土壤由山地黄壤、沙地黄壤、块状页岩、风化沙砾等构成，底层较厚，土地较为分散，不似平原般一眼望过去连接成片，大多是"鸡窝地""巴掌田"，因此又被称为"九山半水半分田"。村民们长期种植玉米、土豆与蔬菜，坚持使用农家肥，人工薅草。改革开放之后，市场经济下的火石垭村开始大规模种植烤烟，兴盛一时。但种植烤烟所用的大量化肥，让土质有了极大变化，土质的改变已然无法适应烤烟栽种，收益难以支撑日益增大的家庭开支，村民们只好在20世纪90年代初逐渐走出火石垭村，踏上外出打工的道路。

二、气候与水资源

从全国气候分布上看，火石垭村属于亚热带季风气候，雨热同期是它最为明显的特征，夏季高温多雨，冬季温和少雨。但必须注意的是，火石垭村所在的武陵山区，由于独特的山地地形，当地气候让人有极不相同的冷热感受。

高低交错的武陵山脉，让来自海洋的暖湿气流难以进入，而一旦进入后又难以出去，因而当地气候并非典型的亚热带季风气候，而是形成了"山高水冷，春深寒，夏日燥，秋处炎蒸，冬常温"的特征。《黔江区志》载，该地区年平均气温18℃左右，冬季最低气温平均在6℃~8℃，夏季平均气温在27℃~29℃，日照总时数1000~1200小时，冬暖夏热、无霜期长、雨量充沛、温润多阴、雨热同季，常年降雨量1000~1400毫米，春夏之交夜雨较多。降水量较为丰富，主要以洋面水汽为主，其类型主要为气旋雨，兼有地形雨、对流雨，固体降水量极少。光照和阳光辐射在2~5月上升缓慢，6~8月上升迅速，9月之后急遽下降，雨水的分布为7~8月较多，尤以8月为最多，1~2月较少，其中2月最少。

（一）山高水冷，秋寒早至

在火石垭村内部，不同地势下的气候也略有不同。与山下相比，火石垭村山上的夏季来得更晚，而秋季却早早地进入。村民对此早已摸清了门路，自觉增减衣物。夏季傍晚，一组山下，家家户户的风扇一整夜未曾停止转动，而位于二组山顶上的蔡家垭口处，却已经秋意满满。初秋时节，山下村民还身穿单件长袖，在地里忙着秋收，而在一场雨后，气温骤降，山上人家已然生起了热乎的炉子烤火，拿出了厚厚的褥被。

智慧的村民会根据天气情况灵活安排生产。如果第二天天晴，则说明温度适宜，村民便会选择在自家地里干农活，或是到附近打零工；相反，如果是阴天，甚至大概率会下雨，村民就会选择在家休息，或是就近做简单的家务。

（二）夏雨"偏桶"，秋雨"绵绵"

当地降雨也自有一番规律。艳阳高照的夏日午后，突然天空一黑，乌云飘来，大雨倾盆，来势汹涌。待村民将家中晒制的粮食刚刚遮盖好，便见乌云散去，刺眼的阳光再次出现，不一会儿将刚湿透地面晒干。这样的雨在火石垭村有着"偏桶雨"❶之称，村民解释道："就像是水桶里的水，突然（桶）偏了一下，就下雨了。"

---

❶ "偏桶雨"，在本地也有人将其称为"偏东雨"，因为每次这种来势凶猛、去势迅速的倾盆大雨似乎都是从东方而来。一般在夏季，尤其是夏至以后出现较多。

图1-2　遇雨前急忙搭胶纸的村民

面对突然降临的"偏桶雨",经验丰富的村民们早有准备。在多雨的夏季,他们习惯将粮食晾晒在房屋前的坝子上,为了不让雨水打湿粮食以致发霉,他们会靠着房屋墙体斜竖着排上几根坚固的竹子或树干,其上再铺层透明胶纸,晴时将胶纸卷起,雨前则迅速拉开,隔离雨水(图1-2)。雨后初霁,太阳照耀,又将透明胶纸卷起,让粮食再次曝晒于光照下。

村民HFQ早已准备好这一套"装备"。在夏季的某天,正在山坡上搬玉米的她,突然看到乌云缓缓飘来,天色逐渐变黑,她根据以往的经验判断是要下雨了,于是立马回家,终于在雨来的前一秒收拾好。"幸好我前一天就搭好,不然门前的苞谷就全部都要被淋湿了!"像她这样提前准备的村民不在少数,他们一边搬苞谷,一边搭竹竿与胶纸。在收获的季节,为粮食遮风避雨的小天地就这样悄然搭起,成为一道独特的风景。

如果说夏季的"偏桶雨"就像是追赶时间的客人,来也匆匆去也匆匆,那么秋季的"绵绵雨"则显得格外优柔寡断,让人难以捉摸。秋季,火石垭村很难见到艳阳天,天空总是被灰蒙蒙的"绵绵雨"笼罩,虽来势不大却持续较长,一下便会持续几天,让村民只能留在家中休息。

在村民的描述中,秋季的"绵绵雨"一般是从西边而来,常年跟它打交道的村民们也找寻到了它来临前的征兆,总结出了"早雨暗头晴,暗雨一天淋"的规律,即如果雨在早晨时候到来,到了午后便云开雾散;如果雨来得比较晚(早上八九点、九十点),则会下一整天。而下雨时,路面如果存有积水,那么此时的雨便不是"绵绵雨",一般一会儿就停;如果积水不明显,就说明这场雨是"绵绵雨",至少会下一整天。

根据雨势保收成,村民们还总结出"早看东晚看西"的智慧——早起观东方,是否有太阳升起;晚上看西边,看风向与云朵,以此判断第二天是否有雨。而针对这些不同雨量和时间的降雨,也有"晴带雨伞,饱带饥粮"的说法,意思是村民们须学会观风识雨,早做准备,避免给自己的庄稼造成较大的影响。

(三) 山泉寻觅,排队挑水

水是生命之源,是关系火石垭村祖祖辈辈发展的重要话题。曾经的火石垭村繁荣昌盛,清朝时期曾有衙门设置在此,据村民说原本石家乡(现在为石家镇)政府打算落于此地，但因为本地区水资源缺乏最终未能实现。

火石垭村是典型的喀斯特地貌，地底下数不清的暗河与溶洞使水难以存贮。"缺水用、找水吃"成了每一代生长在这片土地的村民必须面对的难题，尤其是在自来水没有普及的年代，水的问题让村民们整日发愁。从石家镇的状况来看，镇域内没有水库，村内也没有山坪塘，村民只好依靠少量的暗河水井，度过无数个缺水的日夜。那时候的山林里时常能够看见村民找寻山间泉水、肩挑重水的身影。80多岁的HCQ说道：

在石家镇，只有我们火石垭缺水。火石垭山高，是空山，水往下面走，不往上面走。其他地方是各处都有一个水井，但是我们这里没有。那时候吃水很造孽，什么都要水。要喝水没有办法，只有去挑。那时候挑水很吃亏了。我吃水的话就去老街下面有一个凼凼❶。一个人提个水桶去排队。

居住在二组山上的LGL也表达过：

我们这里从来就是喝的地下水。以前是用担子和水桶担水喝。去出水的凼凼里取水，拿瓢舀到桶里，一挑舀满后就挑回来储存到屋里的水缸头。水缸能存五六挑水，将近五百斤水，那一缸水，用下去一点儿就又去挑，随时往水缸里加水。一挑两桶七八十斤，一天我们最多挑得到两挑水，要是喂猪的话两挑都不够，猪吃得比人还要多，烧猪食就要用一大锅，像这个天（指盛夏），牛也要喝水。

如遇到干旱时节，村民吃水就更为困难，天干时许多出水点会枯竭，有时接半天都接不满一挑水。为了保证家中的生活用水，村民们只好在各处水井徘徊，提前计划接水路线。HCQ回忆：

水没有了，我还要去HCW家旁边（一组的高山上）挑水。那里远，去的人少一些，不然就去ZSY家旁边的水凼凼，那个更远。有时候一整天都在找水，早晨起来去找，找不到了，就吃了早饭再去找。不过怎么都找得到一挑，撞到一点都可以。

干旱时节，水源点旁从不会缺少等待的人，有时需要等上一整天才能够获得一点点生活用水。LKY说道：

凡是在天干的时候，一天一夜24个小时，水井旁都不会离开人，大家都在等着，一个挑一个水桶在等。你等满了我来等，我等满了他来等，有时候一整天都花在等水上，挑一天水要等一整天。排队排到你要等一整天。

HCQ也说：

天干的时候水井边长期都有人，有些困瞌睡都去那里，整夜都有人睡在水井边。有时候我们家空担挑起回来。

---

❶ 方言，指小型的水塘、水坑。

从文献记载看，火石垭村确实有过不少干旱天。据《黔江县志》记载，1959年7月至9月，黔江干旱了整整82天，很多庄稼直接旱死；1961年7月至9月干旱47天，1962年7至9月干旱67天。据PWX回忆，20世纪60年代干旱非常频繁，土地裂开了口，苞谷全部没能收获。

因此，当生活水平逐渐提高后，村民们多数选择为自己修建一口水池，平日里用来接雨水，同时也会在修新房时在屋顶修"板"❶蓄水。用板储存的"板水"虽不能直接饮用，但可用于日常农事。村民们从楼顶用一根水管引水至楼下院坝间，水龙头一打开，板水顺势而出，可供牲口喂养、清洁打扫等。这是当地村民在经历缺水日子、改善生活条件后，因地制宜创造的智慧。

2006年，百丈岩饮水工程的修建，大大缓解了村民用水问题。除了少部分地势较高的地方外，大部分村民用上了方便的自来水。满山寻水、到处挑水的日子真正远离了火石垭人的日常生活。

三、自然与生态

高山地势深深地影响了火石垭村民的日常生活，村舍修于山中，耕地辟于山坡，房子依山而建，做到了取于自然、适于自然，真真正正与自然和谐相处。良好的自然生态为村民们提供了必备的生产资料。他们靠着自身的聪明才智，通过对自然资源的简单加工，创造出生活所需的物资，推动村落社会的可持续发展。

（一）丰富多样的动植物

火石垭村地形相对复杂，山地气候温和，年降雨量相对充沛，森林面积大，覆盖率高，林业资源较为丰富，为动植物繁衍生息提供了有利条件。村民以土地为根，动植物以山林为家，人与自然在相处中呈现一派祥和景象，乡风淳、村民善、生态美是对火石垭村的生动写照。

1. 物种丰富的植物资源

火石垭村山多地广，历史悠久，植物繁盛。《明太祖实录》言："西南蛮夷……高山深林，草树丛密，夏多雾、雨，地气蒸腾，蛇虫蚊蛭之毒随出而有，人入其境，不服水土，则生疾疫。"❷这里气候温润，非常适宜植物生长。在海拔800米以下的地区，落叶

---

❶ 方言，指农村自建房为适应当地缺水特殊的气候而修建的屋顶，用以充当雨水蓄水池。该材料为防水的预制板，村民形象地称之为"板"，蓄纳的雨水称之为"板水"。

❷ 明太祖实录：卷195 [M]. 台北："中央研究院"历史语言研究所校印本，1966：2934.

林和常绿林混交生长，在800~1200米的地区，阔叶林和针叶林混交生长。植物种类众多，山地垂直分布明显。根据《黔江县志》记载，当地主要乔木有42科81属146种，其中银杏、红豆杉、铁坚杉、黄杉、三尖杉、柳杉、薄皮型马尾松、华山松、白花泡桐、鹅掌楸、樟、楠、香椿、桦木、白杨杜仲、黄檗、厚朴等珍稀树种都有分布。

由于火石垭村独特的地理环境，历史上桐树、椿树、柏香树、松树等成为当地最为重要的木材种类。其中，桐树曾在火石垭人的生产生活中扮演着重要的角色——作为重要的木料或者油料来源，被村民售卖换取收入。桐树材质软，不翘裂变形，隔潮，耐磨，易干燥，声学性能好，便于加工，是出口畅销木材。据SSC回忆，20世纪80年代，自己年少时经常采集桐树的果子，卖给前来收购的商人赚点零花钱。那时漫山遍野都是桐树果，"遍地都是宝"。村民CXY也有相似的回忆：

桐油果子在（20世纪）八九十年代的时候比较管钱（赚钱）哦！当时还有一些人卖桐油果发家的，只是后来村民在种植烤烟的时候发现桐油"悖土"（对土质有伤害），就将桐油树给砍了。

另一种则以桐为油。根据文献记载，桐油在酉阳县"全县各区，均有出产"[1]，"酉阳年产桐油百万市斤"[2]。只因油桐树可榨油，《增修酉阳直隶州总志》中记载"荏桐，一名膏桐，可榨油者，俗名桐子树""桐油，膏桐所压之油也，酉属膏桐最多，绝谷穷崖无不栽植"。[3]《下川东的六大特用作物》记载了1942年至1944年下川东各县桐油年产量的估算，酉阳总产量为25000市担，内销量5000市担，外销量20000市担；黔江总产量25000市担，内销量4000市担，外销量21000市担。

从武陵山区的区域历史来看，大约从清代中后期开始，桐油产业逐渐发展成为当地的主导产业之一，特别是晚清以来，桐油在国际市场上展现出了巨大的经济价值。据统计，在第一次世界大战以前，中国的桐油输出量已经占到整个出口贸易的第七顺位，在战争之后更是稳居出口前三位。而此时的川渝两地桐油产量更是居全国首位。[4]从自然条件看，油桐喜温暖湿润、温度无突变之环境，特别是夏季发育之时需要均匀且足够的雨水。油桐为丘陵作物，在500~1500米最为适宜生长，土壤无须过于肥沃，黄壤、红壤均可。火石垭地区的土壤、光照、水分、热量等自然条件，十分符合油桐的生长条件，

---

[1] 樊雪亭.酉阳经济概况[J].四川经济季刊，1943—1944，1（3）：426-428.注：火石垭村在中华人民共和国成立之前隶属酉阳县。
[2] 川湘黔边区经济林业调查报告摘要[J].林讯，1944，1（2）：7.
[3] 王鳞飞等修，冯世瀛、冉崇文纂.同治增修酉阳直隶州总志[M].成都：巴蜀书社，1992：8.
[4] 张丽蓉.民国桐油贸易格局与市场整合——以四川为中心[J].中国历史地理论丛，2002（2）：108-116，159.

因此促成这一区域是全国不可多得的油桐适生区。

但从目前来看，当地桐树资源已经锐减，村民口中常说的"桐子树"变成了众人的回忆。它锐减的原因在于，在缺吃少穿的灾荒年代，人们大量砍伐树木，开垦土地，获得燃料。在村民CQF的回忆里，20世纪70年代，山上已经是光秃秃的一片，全部种满玉米和烤烟。

21世纪初，全国开始实施退耕还林政策，以期减少如水土流失、山体滑坡等生态灾害。相关部门将已经开垦过的土地，通过补贴的形式收归国有，不再允许村民进行以砍树为代价的农事耕作，并在山林深处种植杉树等。因此，目前在火石垭村所见的山林，靠近村舍的部分基本上为次生林，树种的年龄不大。

2. 繁衍生息的动物资源

茂密的山林资源为山间动物的生存发展提供了良好的栖息场所。在黔江区境内，属于国家级的保护动物主要有黑金丝猴、毛冠鹿、红腹角雉、鸳鸯、大鲵、猕猴、黔江灰金丝猴、穿山甲、大灵猫、林麝、云豹、金鸡等。在火石垭村，曾经还有老虎的踪迹。

"驱蛇虫于菹，逐虎豹于山"，老虎咬人吃人的故事在武陵山区较为常见。本地常见的动物有野猪、野鸡、斑鸠、锦鸡、松鼠、拱猪、泥猪、野兔、山羊、蛇等，这些动物资源多数在20世纪退耕还林后逐渐恢复。近20年来，村民们普遍外出务工，几乎不再有人开垦土地，当地生态恢复较快，树木高大，少于人行。特别是在国家禁止猎杀野生动物的相关政策法律颁布后，动物们的身影不断增多。如今与火石垭村民生活最为关系密切的动物便是野猪、拱猪和松鼠（方言称为"叼娘子"）。

野猪对庄稼的破坏成为村民近年来最为焦心的事。经常发生以下场景——阳光明媚的夏季，正是玉米成熟的季节，村民行走在村中道路上，隐约听到不远处的玉米地里传来玉米秆倒地的声音，声音越来越大，一会儿又伴着几声"哼哼"，跑到地里一看，只见倒在土里的玉米秆周围或深或浅地留有一些"梅花"脚印，在村民的一声"怪的，野猪又来了"的话语中明白，野猪又来此处饱餐一顿。

据村民回忆，野猪在20世纪70年代的山林里就可以看到，但那时树木较少，野猪不多，再加上众人集体干活，在某种程度上会对野猪形成威胁，因此野猪不敢靠近。等到包产到户后，随着外出务工人员越来越多，土地抛荒逐渐出现，再加上森林恢复，野猪的数量大大增多，它们的活动范围由山林深处转移到村庄附近，成了农事生产中的极大"危害"，庄稼损伤惨重。

被野猪侵袭之后的玉米地，大片的玉米被啃食，还有的直接被野猪的庞大身躯压倒在地，秆从底部断裂。面对此番景象，村民们有着各自的处理方式：如玉米已成熟，则选择抢救性收回，一个一个迅速剥好；如玉米尚未长成，只好听天由命，有些生命力顽强的玉米秆，看似被折断，却依旧可以给顶端的果实供给水分与养分（图1-3）。

图1-3 被野猪侵袭后的玉米地

除野猪外，松鼠的活动也给火石垭村民的粮食收成带来很大的不确定性。ZYC表示，对自家玉米收成影响最大的是松鼠。

叼娘子起码给我这一片地吃了一大片。我有一天亲眼看着它从对面的树上跳过来，一下子把地里的玉米吃了。今年水井湾那边的地还有四亩多。我们家也有被野猪吃掉的，成片成片地没有收。

根据国家相关规定，野生动物不允许被猎杀。因此，为了尽可能保护自家庄稼不被野猪破坏，村民们想出了一些办法，在保护生态和保障收成之间寻找平衡。

RJP夫妇住在赶子沱，成天为玉米收成所担心，时间一长，夫妻俩干脆在自家玉米地旁搭建了一个简易的窝棚，玉米抽穗时睡在此处。夜里，野猪来时会有较为明显的声音，夫妻俩采取大声呵斥和光亮照射的方式，吓退野猪。多数情况下野猪都会自动离开。除此之外，挂彩色衣物或用彩色塑料袋制作假人，也可以对野猪形成一种视觉上的恐吓（图1-4）。

图1-4 玉米地挂彩色衣服恐吓野猪

利用燃烧杂物生烟熏走野猪，也是村民常用的方法。夏季傍晚，部分村民会带上镰刀和锄头去自家的玉米地里走走，用镰刀割下周围的杂草，和土渣堆在一起并将其点燃，不会有明火，只有大量的烟，熏得人睁不开眼。村民这样做是为了给野猪造成一种此处有人在的假象，一些村民觉得此方法比较管用。

村民利用声音吓退野猪的方法也较为常见。许多村民曾经选择在玉米地里喂养一条狗，野猪来时便吠叫将其赶走，但这种办法并不长久。狗在夜晚一有动静便在玉米地里乱窜，虽然可吓退野猪，同时也使部分玉米地受到伤害，也会吓到夜晚行走在附近的村民。所以，聪明的火石垭人后来采用"科技"手段，用收音机里的歌声吓退野猪。

除野猪、松鼠等动物外，树杈之间偶尔显现的野蜂，也不时威胁着村民的安全。每当发现野蜂窝，不怕野蜂的村民或者来支援的镇里的消防队就会全副武装来处理。在村民们看来："被蜂子叮了处理起来很麻烦的，火石垭的蜂子毒性重，毒液进入血管要换血的。"

夏夜，村民们都在和各种不同的虫子做斗争。飞蛾从窗外的缝隙中飞入屋内，围着头顶明亮的灯光打转，大大小小的飞蛾与虫，在房间飞舞，不停地碰触到亮灯。哪怕前一天已经将家里打扫干净，第二天一大早，地上仍旧会有数量不少的飞蛾残骸，显示着村民们日复一日与飞蛾作斗争的场景。

（二）自然界的美味

除动植物之外，在火石垭还有许多自然赐予的美味食物，使人们与生态环境的关系更为紧密。其中极有代表性的，便是多种多样的"莓"和鲜香美味的菌子。

1. 多种多样的"山莓"

莓（pāo），是对覆盆子、悬钩子、大麦莓、树莓和寒莓等一类蔷薇科植物果实的总称（图1-5）。俗话说："三月樱桃，四月莓。"在村里，莓多数在四月便可采摘食用。摘莓是一件幸福而又快乐的事。村民们叫上熟识的好友，三个一组，五个一伙，沿着庄稼的边缘、傍着浅草丛生的山坡、寻着隐约蜿蜒的小径，寻找莓的踪迹。对于从小生活在火石垭村的村民来说，莓在他们的记忆中留下了深刻印记。如CXY说道："我们那时候去山上照牛呀，都会去把牛放在那里，去山上找各种莓来吃，一个是好耍，一个是打发时间，那时候也没得么子吃的嘛。"

在当地所能采摘的莓有十来种，最为常见的有白刺莓、苞谷莓、地莓、羊奶子、牛奶子、酸莓、红籽、鸡公莓、蚕桑莓、地巴根

图1-5 山莓

莓、蛇莓、灯笼莓等，除蛇莓外，其余均可食用。它们散生在山坡深丛中、溪流水草边、田埂杂草里，个头有大有小，颜色或红或黑或黄，如灯笼般悬挂，似宝石样透亮，像玉珠般夺目，味道各异，酸的软牙，甜的润喉，品尝的每一味都能感受出辛勤的岁月味道和浓浓的乡土气息。

这些酸酸甜甜的山莓是大自然给村民的一种馈赠，从春到冬，每个季节都以其独特的风韵变化着模样出现在农人的视线中。

2. 鲜香美味的野生菌

除了各种各样的莓之外，"菌子"也是大自然馈赠给村民的礼物之一。本地经常见到的菌子有羊肝菌、鸡油菌、蜂窝菌、旋旋菌（九月香）、大脚菌（乔巴菌）、露水菌、牛肝菌、山塔菌、刷竹菌、黄奶浆菌、石灰菌（白奶浆菌）、阳雀菌、清明菌等。

在聚落旁边的森林中,处处都是野生菌生长的地方。不同的菌子在春夏秋的时节任意生长,供人采摘。捡菌大队以妇女为主力,她们在雨后时常三三两两搭伴进山寻菌。她们知道山间许多生长菌子的地方,每个人都有自己采菌的"秘密基地",如一组山坡的"燕窝顶",便是一组的妇女最为青睐的采菌地方之一。

喜欢捡菌的人不管多忙碌,都会抽出时间去山林中找菌。GJL是村里的妇女主任,在工作紧张的日子,仍然坚持去山里捡菌。捡菌对她来说是"累并快乐着":

前几天下雨之后,我去捡菌子,都是特别大的。今年我去捡了两次了,每次去都特别多。这个用来煮鲜汤好吃的。火石垭每一个小地盘,树丛里面都有菌,出的东西都一样。

捡菌子不麻烦,只是钻进树林子里面,出来像披毛鬼。那些特别不好捡的,我就不去捡了,让他们去。

菌子可做鲜菌,可做酸菌,亦可晒干做干菌。无论是何种处理方式,菌子均需要冲洗几遍,首先确保将泥土残渣清洗干净,再将不同的菌分装到不同的水盆里开始浸泡,然后依照各自家庭的喜好,将不同的菌子进行不同的储存或烹饪。

菌子除了供自家食用,也有部分村民拿到市场上销售,因为新鲜、少有,往往能够卖得较高价钱。如村民HFQ说道:

现在菌子在外面一斤要卖30元,我们天刚亮就去捡,捡了之后就去卖。或者下午去捡,第二天拿去城里面卖。前年的时候50元一斤。现在城里面的人爱吃菌子,特别是新鲜的菌子。如果是勤快的女人,当时捡回来就拿去卖了,我们这里的人就是喜欢吃这些山货哟!我前天去捡了满满一口袋。几趟汗水一过,就赖不活了。捡菌子的地方还是离家比较远,一捡就是几个小时,一直弯腰起来,没点劳力还不行。

第二节 历史传记与村落记忆

历史是了解一个地方最重要的文本。对于火石垭这样一个村庄而言,历史是由一个个串起来的生活故事汇聚而成的。火石垭村的历史很平凡,似乎并没有在宏大的历史潮流中留下浓墨重彩的一笔。但在火石垭村民的心目中,却自有可供诉说与回忆的画面,这可以从该村的集体记忆和口传叙事中探寻。

一、1949年前的火石垭

从地理方位来看,火石垭村在历史上长期为酉阳土司所辖之地。酉阳土司为川湘鄂三省边区的三大土司之一，自设立后，当地豪酋就被封为土官，由中央王朝敕命授职，其官爵子女世袭，效忠朝廷。土司需向中央王朝纳贡，贡品多数为土产、谷米、牛马、布匹等，一年一贡或三年一贡。雍正十三年（1735年）当地"改土归流"❶，结束了土司管辖历史，归属酉阳县管辖。此后，火石垭村在历史的沉浮中逐渐显现身影。

（一）火石垭教案的历史回忆

当地人常谈到在火石垭附近曾发生过的重要历史事件——1865年、1868年和1873年三次当地人与帝国主义抗争的事件，即"火石垭教案"。

第二次鸦片战争之后，大批外籍传教士涌入四川，法国传教士最先闯入此地。同治元年（1862年），法国天主教川东区主教范若瑟派邓司铎到酉阳传教，他诱惑乡民信教，网罗一批流氓入教，教徒仗势欺压善良民众，掠人财物，奸淫妇女，"以至民间积愤不能平，固怨成仇"。

同治四年（1865年）正月，当地人民刘胜超不堪教会欺辱，利用春节走亲访友之机，串联乡民多位，于初六日上午，奋起捣毁教堂，群众无不称快。但几日之后，酉阳州府在邓司铎的威胁之下，逮捕了刘胜超等人。此时驻酉阳州城的法国传教士玛弥乐也支持不法教徒欺压民众。二月二十一日，火石垭乡绅张佩超之子张玉光、冯世瀛之子冯文愿等，带领民众数十人，捣毁经堂，遍寻邓司铎、玛弥乐。当群众得知邓、玛等人都藏匿在州府游击署中，反教情绪更为高涨。七月初九，土家族头人冉从之和宋学茂、徐大汉等人率民众到河街隍城庙找到玛弥乐理论，后者出口伤人，群众愤怒已极，当场将教士玛弥乐打死。事发后，法国公使德尔梅一再向清政府施加压力，扬言要派兵船入川镇压群众，迫使清政府屈辱妥协。清政府几位官员恐慌，被迫将候补知府董贻清、试用知州邓清涛撤职，命川东道尹锡佩接办此案。引将张佩超、张玉光、冯世瀛、冯文愿等缉捕押解进重庆；遂又逮捕冉崇之、宋学茂、徐大汉、刘胜超等多人，并押解至重庆候审。此次教案于同治六年（1867年）十一月十一日结案，冉从之处死；刘胜超、张佩超父子等杖责充军；赔偿教会白银八万两，罚张佩超白银两万两整修教堂。

但此事没有随着此次结案而结束。同治七年（1868年），法国传教士李国安在酉阳州城和火石垭教堂附近修筑堡寨，聚众扎营，武装作恶，百姓怨声载道。教民在外国传教士的庇护和唆使下，寻衅生事，民众深受其害，当地团练屡被侵扰，也不敢与其究

---

❶ "改土归流"指的是明清时期在边疆民族地区，改土司土官设流官统治的一种政治措施，使原属于土司管辖的各地"渐入内地，实同郡县"，使中央政府加强了对边疆民族地区的统治。

理。不法之民借助教堂的势力，欺辱当地群众，"主教勒赔多金，势焰益张，本地痞匪入教者，倚势欺压平民"。同年四月，火石垭乡绅张佩超因此前教案被罚银两万两，正释放回家筹措款项，不想教徒张天兴等，以索款为名，突至其家，抢劫财物，强奸妇女，杀害顾工、吴昌林等三人，并将火石垭村民张玉光捆送酉阳，诬以罪名，押赴重庆，最后惨死狱中。

同年十二月二十一日，此地爆发第二次教案，即何彩打教案。何彩为火石垭村的民团首领，他与刘福等人率领民团，一举捣毁火石垭教堂，并乘势进酉阳州城"打教"。附近群众起而响应者近万人，包围天主教堂，与教会武装展开搏斗，双方各死伤数十人，法国教堂被焚烧，司铎李国安被打死。

由于案情重大，李鸿章及川督吴棠赶赴重庆督办此案，并派出一批清军练勇镇压"打教"群众，逮捕打教首领。清政府依旧以"袒教抑民""必先有安抚教士之心"办理此案。参与者或死或流放或受笞刑。如此不够，清政府还向法国教会赔偿白银三万两，并下令解散民团，火石垭教堂华籍司铎覃甫臣乘机率领教会武装凶残反扑，"打死民众一百五十四人，伤七百余人，焚毁民房一百余户"，尸身堆积，血肉狼藉，惨不忍睹，"内有肢解、烧烛、轮奸之惨不忍言者"。

同治十二年（1873年）六月十二日，法国驻重庆教会派教士张紫澜来黔江强占民房，设立教堂传教。不久，法国司铎余克林、教士戴明卿又强行建教堂，胁迫群众入教。村民熟知火石垭设立教堂后，一些传教士和不法教民横行乡里，淫掳烧杀，百姓深受其害，并从火石垭教案中看到帝国主义列强"借教为恶"的侵略本质，纷纷反对设立教堂，更不愿奉教。双方再次发生冲突，事件发生后，在法国帝国主义的压力下，清廷急令川东道派员查处，以赔银四万两，处死二人，另二人判刑充军，二人遭受杖刑，二人被取消功名，县令被革职才了结此案。

除火石垭教案之外，"火石垭分州"也是记录火石垭村历史的标志性符号。据《酉阳县志》记载，酉阳"改土归流"时，设置直隶州，实行州县合一体制，下设龙潭、火石垭两个分州，以及龚滩巡检司，火石垭为州判之地，知州驻州城酉阳，州同驻龙潭镇，巡检驻龚滩，州判驻火石垭。1912年7月，火石垭分州的行政长官改称"分州知事"。1913年3月19日，酉阳由州改为县制，上述分州知事均改称"县佐"，属酉阳北四乡。1930年1月17日，酉阳县撤销分州，火石垭州判的历史就此结束。在火石垭老街所属之地，便是当初村民们口中的"州判衙门"。1935年，酉阳撤北四乡，分属酉阳县第三区的鹅池乡、砂石乡与火石垭村归属砂石乡所管。

（二）剿匪除恶的村落岁月

火石垭村在历史上曾经历过与地主恶霸和土匪抗争的艰难岁月。在1949年前，大多数村民没有自己的土地，只能在地主的势力范围内讨生活。据村民ZZY回忆，火石垭村周围以前有多个地主恶霸，其中J家三兄弟是最有势力的豪强恶霸，他们手里有枪，许多火石垭人靠租种他们的土地生活。除J家三兄弟外，附近的土门子也有一家C姓地主，他本是当时的"团长"。C家和J家作为当地最有势力的两大地主，划分有自己的势力范围，其交界处为"青转"，这一小地名保留至今，成了石家镇火石垭村和新华乡艾子村的分界地。

两个地主间除合作外，也曾发生过争斗事件。据LKY所说：

C家的四团长曾收养了一个孤儿，取名CGL，长大后在C家有一定威望，想要取而代之，霸占C家家业。当时C家的本家，为了保住自己的地位不让外人夺走，于是暗自往另外的大地主J家送信，想要联合JXF一起解决CGL。CGL收到消息，先下手为强，夺取了C家家业。

通风报信之人本是J家的大管家JYH，湖北人，1949年前来到火石垭跟随J家。相传当时JYH妻子难产，找到JXF借猪油给妻子补营养，被JXF拒绝，于是JYH怀恨在心，对JXF再没有了以前的忠心。因此当CGL找到他的时候，他答应与其里应外合，打击J家。当天夜里，J家几位地主在正在办喜事的R家吃酒赌钱，放松了警惕。CGL去火石垭村的地主家里，与JYH里应外合，终于打垮了J家。

1950年1月，四川省政府设置了酉阳专区，领酉阳、秀山、黔江三县。但此时在大山深处的火石垭村民仍旧受到恶霸威胁，因此解放军曾派军攻打此处残余的土匪恶霸。住在尤家屋基的RZZ奶奶（1944年出生）至今仍记得，自己幼年时期看见解放军部队进火石垭村打土匪的场景：

我的记忆力一向特别好，我记得很清楚，那时候我很小，解放军来的时候，我正在坡上，只听见一路的洋炮声音。解放军的部队好多人，他们那时候来我家休息，买菜，买了一批叶子菜都要给钱，他们说我们绝对不拿人民群众的一分一毛。那个时候的土匪太凶了，老百姓生活不下去啊，哪家有钱就整哪家，没有办法。解放军一来就把那帮人收拾了。后来，他们把土匪都打跑了。

芭蕉洞剿匪遗址便是这群英勇的解放军进山剿匪的重要见证。火石垭村的河流两岸是千尺绝壁，谷中有瀑布、深潭、险滩。绝壁上的芭蕉洞是一个天然洞穴，洞顶距山顶约100米，离谷底约200米，没有通路，只能利用木梯和绳索才能到达。这是一个"洞中有洞"的群洞,大洞连小洞,小洞又有耳洞,大洞能容纳一两千人。主洞口只需一挺机枪,就能封锁整个山脚;如果大洞和耳洞的火力并发,能抵挡住千军万马。因此,芭蕉洞也被看作"一夫当关,万夫莫开"的"天堑"。1949年后,残余的土匪们选择在这里躲藏,囤积很多粮食,在洞内抵抗一年有余。

1950年7月11日至18日,中国人民解放军第12军驻彭水107团得知土匪匪首谢建安、张笑侬、钟子耕、钟巨才、李泉之等躲进了芭蕉洞,决定对土匪进行围剿。先头部队刚到芭蕉洞口就遭到土匪的袭击,解放军一个班的战士壮烈牺牲在了洞前。第二天,剿匪部队搭起梯子攀登洞口,土匪集中火力扫射,将梯子打断,解放军遭到重大伤亡。据罗家堡的老人讲述,当时天色极其不好,大雨倾盆,许多战士被冲到山下,鲜血染红了河流。第三天,剿匪部队从洞口上方吊炸药包炸洞口,但没收到效果。于是,剿匪部队调来火箭筒攻击。土匪们见大势已去,纷纷缴械投降。战斗结束后,指挥战斗的中国人民解放军107团政委王勋在芭蕉洞左侧的崖壁上题词,并记下了牺牲战士的姓名。

当前芭蕉洞的石壁上仍有解放军刻下的"为人民除害的革命英雄永垂不朽"字样,高2米、宽1米,记载了在此牺牲的烈士名单。❶该遗址具有重要的历史纪念意义,1987年被黔江县人民政府列为县级文物保护单位,2002年被黔江区政府列为区级文物保护单位。在这场激战中,有多名解放军战士壮烈牺牲,他们用生命谱写出可歌可泣的英雄壮歌,让这片地区印刻上了红色的基因。

(三)行政区划的建制沿革

自土匪被消灭后,火石垭村区域完全解放,有了新的行政区域规划。据《黔江县志》记载,1952年,经川东行政公署批准,将原属于酉阳北部14个乡全部划归黔江管辖。这14个乡镇为:马喇乡、官庄乡、濯水乡、濯西乡、水市乡、联合乡、鹅池乡、学堂乡、砂石乡、太极乡、两河乡、龙田乡、犁湾乡、早化乡。因火石垭村曾隶属酉阳的砂石乡,于是它自此由酉阳划归黔江管辖。

1954年,黔江县贯彻《实行小乡小区制的意见》,对全县的所有乡村进行调整,共划了97个乡,火石垭村所属的砂石乡被划分到第九区,区中有石家、南溪、新华、杨柳、渗坝、学堂、挖泉、砂石、鹅池9个乡镇。不过以上的行政区划仅仅实施两年,1956年撤并区乡后,黔江全县整编为7区44乡镇。石家乡、砂石乡合并统称为"石家乡",以"石家区"为名,并把合并后的鹅池乡、学堂乡、石家乡、新华乡、新

---

❶ 现已剥落不清。

安乡、渗坝乡划归石家区,火石垭村由砂石乡并入石家乡,从此之后隶属石家乡的管辖范围。

1958年,黔江县实行政(区、乡政府)社(人民公社)合一体制,公社下设置管理区,共32个公社,其中石家区有石家、学堂、鹅池、新安、新华5个公社。火石垭村就此踏入人民公社时期。1962年,公社以下改为生产大队。在"文化大革命"时期,行政区划的名称变化频繁。20世纪60年代,火石垭村改为武陵村,1981年,公社革命委员会改称为"公社管理委员会",简称"管委会",此时火石垭由武陵村(五林村)改回原名"火石垭"。1983年3月,石家河公社改为石家乡,火石垭村仍隶属石家乡。2001年11月,渗坝乡、石家乡、新安乡的平坝村、土岩村及学堂乡的茶弯村,合并设置石家镇,火石垭村的归属就此定格。

2008年,原四个自然村——火石垭村、水井村、高洞子村、高山村合并为一个行政村,统称"火石垭村",共设置有9个村民小组:一、二、三组为原火石垭村,四、五组为水井村,六、七组为高洞子村,八、九组为高山村。一组、二组居民分布如图1-6、图1-7所示。

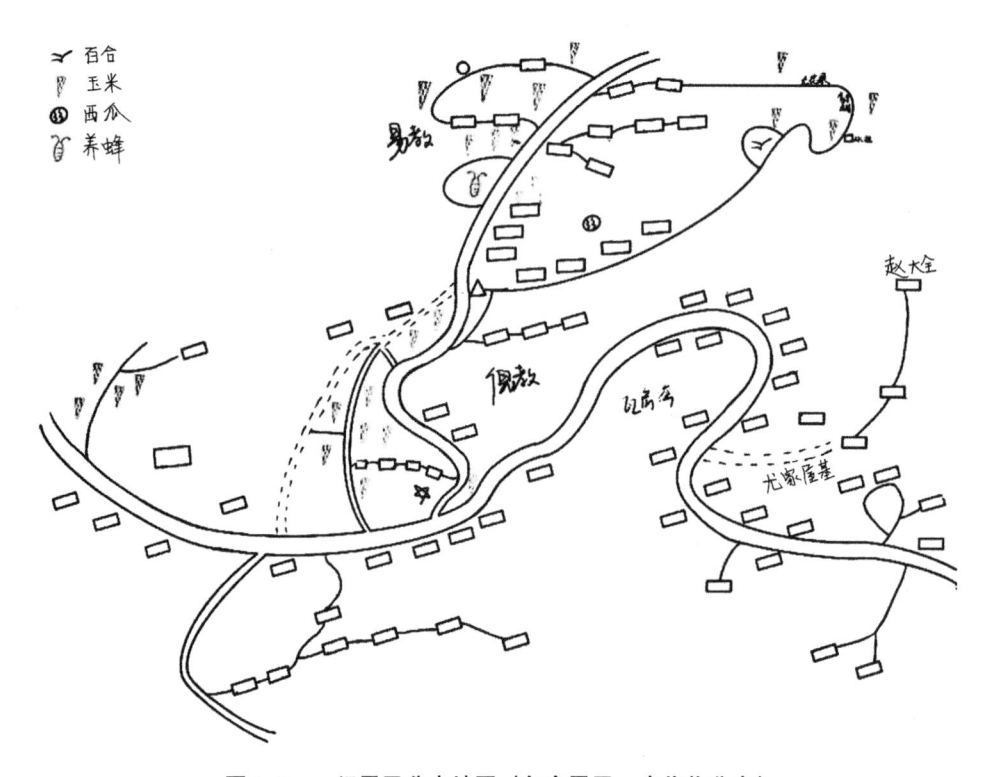

图1-6 一组居民分布地图(包含居民、农作物分布)

注:"教"的意思是"家","易教"的意思是"易家",指易姓人家住的地方;倪教同理。

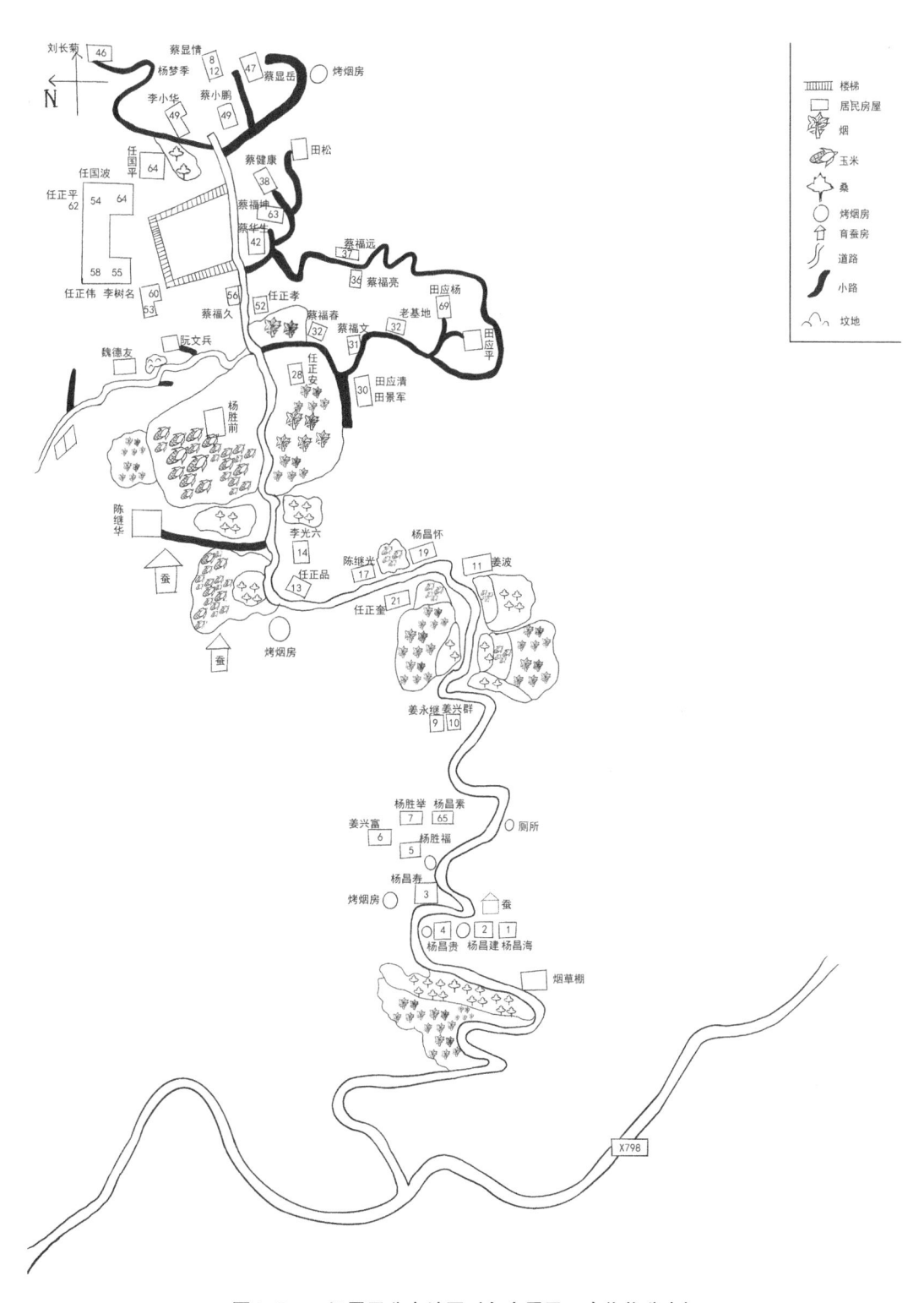

第一章 自然、历史与人文：非典型村庄的韧性基础　025

图1-7　二组居民分布地图（包含居民、农作物分布）

二、移民而来的"万姓村"

据统计，截至2021年7月，火石垭村有汉族人口881人，苗族人口112人，土家族人口1295人，壮族人口2人，侗族人口1人，仡佬族人口1人。户籍总户数为740户，户籍总人口数为2292人。❶

村庄由不同地区的人组合而成，村民祖辈多数由外地迁移至此。从不同地方迁移而来的村民有着不同的姓氏。因此，这里被火石垭村民称为"万姓村"，虽有蔡、姜、张、龚等几个人口较多的"大姓"，但这些大姓远不足以覆盖整个村落，而仅聚居在村中一组或组中一地而已。

如此聚落与空间格局的形成，可看作人与自然互动的结果。随着明清时期的移民潮流，当地人口逐渐增多。乾隆、嘉庆、道光三朝，以玉米、马铃薯、红薯为主的高产作物的引进及改流设府的实现，加之朝廷鼓励开垦边省和内地的山头地角及河滨溪畔等政策，为开垦武陵山区广袤的土地提供了条件。而1949年之后，政治、社会环境发生了巨大变化，人们对世代生活的区域有了更加深入的认识，对未来发展也开始产生不同的诉求。

（一）举家迁移深扎根

明清时期，南方发生了以"江西填湖广，湖广填四川"为主的大规模移民运动。由于武陵山区地广人稀，物产丰富，在王朝变革之际偏安一隅，吸引了大量的流民进入此地垦殖，汉族人口分布扩散到整个武陵山区，形成了汉族与少数民族杂居的状态。康熙年间，国家的赋税制度进行重大变革，实行"滋生人丁，永不加赋"的政策，雍正年间推行"摊丁入亩"政策。赋税制度的改革，极大地推动了人口的快速增长，尤其是清朝时期成为我国历史上人口增长最快的时期。道光十四年（1834年）全国人口数量创历史新高，突破4亿。❷

人口短时间内的急剧膨胀，大多地方人地矛盾突出。火石垭村当时土地广阔，土壤相对肥沃，森林植被茂密，加上赋税轻，对其他地方的人口产生了极大的吸引力。

火石垭村的历史是由一个个迁移至此的家族共同书写的。在村民的描述中，火石垭村最初仅有C姓和J姓两大家族较为庞大。据73岁的CXY描述，其本家始祖原在江西，由于兄弟争夺财产，始祖被迫迁移。一开始迁移到酉阳，最后兄弟两人一人选择留在酉阳龙潭，一人从酉阳迁到石家镇的关口村。祖辈在关口村生活时，当地的大地主ZTY眼

---

❶ 数据来源：2021年7月，由火石垭村村民委员会提供。
❷ 赵文林，谢淑君.中国人口史[M].北京：人民出版社，1998：378-383.

看C家通过努力获得了许多土地，便欺骗其去贩牛，将牛赶到湖南常德去卖。由于路途遥远，很多牛病死途中。为了赔钱，祖辈只好将一部分土地抵押给ZTY。可ZTY并不满足，故技重施，让其再次去湖南贩马，结果土地又被骗走。失去土地的C家祖辈只能被迫从关口村搬离，沿着山路一路上山，来到当前火石垭村最高处的堆窝坝一带开荒谋生，从此定居。

Z家是生活在火石垭村一组的又一大家族，据ZZY回忆，Z家早在清朝时就已迁来，在火石垭村一次次动乱与沉浮中，扎下了根。

我们是江西人。传说古时候上天翻金盆，天底下所有的地方都被淹了，只有江西没有被淹，所以江西有很多人。金盆翻下来的时候，还是马桑子树当了柱子，被淹得厉害，所以马桑子树现在永远长不大。

我们从江西迁到了火石垭对岸的彭水，在彭水青围垭定居了好些年。当时还在实行赶蛮脱夷。后来清朝的时候，我们家祖上两兄弟又开始搬。其中一个兄弟去了彭水的茶新堡，另外一个兄弟就来了火石垭。我们的祖辈，最开始住在火石垭村的火石堡，给常家屋基的人当长工，民国的时候搬到了现在的尤家屋基。这里以前是姓尤的人住，据说他们家的人在很久以前就死的死逃的逃，没有人住在这里了，我们Z家就过来这个地盘修房子，在这里站稳了脚，一直到现在。

诚如ZZY所述，Z家历史如村中其他家族的移民史一样，均是从江西迁徙过来。实际上，各家族真正从周围村落来到火石垭集中于明末清初，迁徙方向也多从小河对岸的彭水向火石垭移入。众多家族移入后，在血缘和地缘的相互作用下，基于喀斯特地貌的破碎地形，形成了规模较小、自然生长的单一社区。例如，Z家在1949年前全部居住在当前一组的Z家大院里，这是一个非常小型的、以血缘为主的传统聚落。不同于传统意义上的村，如此小型的院子，很大程度上是基于自然的聚落形态而建，对于自然的改造较小。Z家来到火石垭村不过一百多年，已经形成了一定特点的聚居格局，一个院子为一房，目前仍保留着几房人分别居住的院子痕迹。

尤家屋基目前仍是以家庭为核心、以血缘亲属关系为主的聚落，这是在生产力不够发达、自然条件相对恶劣的环境下的一种自然选择。据Z家人所说，他们最开始搬来此地时，仍有苗族居住。"当时我们迁来火石垭的时候，这里还有LLG和LLB两兄弟，他们的坟还在老房子旁边的树林子里面，我们叫苗生基。"从这一点可以看出，远道而来的人为了获得安全感和认同感，他们选择聚族而居，相互支持。

尤家屋基位于火石垭村老街的附近，在1949年前是交通、商业等发展较好之地。在远离老街的一组山坡上，生活着另一家族。据五十多岁的SSP回忆：

我们家是高老祖（白字辈）的时候迁来火石垭的，当时还没有解放，还是旧社会时代。我们原来是彭水商寨的人。那个时候为了讨生活，给别人当长工，说白了就是叫花子。需要养家糊口啊！一开始只有两兄弟，我们是大房。那时候拉壮丁，小高老祖被抓壮丁，跟着黑帮头子赶苗子去了。他出去了之后就一直没有回来。我的高老祖留了下来，他很能做事，做了千个屋基万个水井。最开始是在彭水的漆树坪住，然后搬到石长山，现在我的老祖都埋在石长山王家那里。我的老祖走了之后，女老祖把爷爷和幺爷爷带来火石垭，她没有改嫁，就搭了间木房子，最后又搬到柿子树坡坡，就是我们现在的地方，算是逃难出来的。

S家与Z家不同，他们迁移来的时间更晚，迁移目的也十分明显——逃生与生存。他们选择的地方不在村落中心——火石垭老街，而是在离土地更近的柿子树坡，那里是一片较为平缓并且向阳的地方。同时，柿子树坡旁的赶子沱也有一个在1949年前迁移而来的Z姓家族，该家族在一组的山上形成了较为松散和开放的聚落形态。

以家户为单位的迁徙，依靠着血缘、亲缘力量，让迁徙者即使前往陌生之地也能很快地安定，能更好地在新的居所扎根生存、代代繁衍，这是散户迁徙所达不到的。

（二）散户短迁求发展

举家迁徙并聚族而居的力量较为庞大，但火石垭更多的是散户移民。他们依靠自身力量，为生活发展奔波，以谋求出路。不过，这一类移民群体的原户籍所在地距离此地相对较近。散户不同于家族，前者多是一个人或是少数几个人迁徙，路途太遥远，无论从成本还是从困难程度而言都并不容易。JXZ的娘家便是如此。

我的父亲本来是彭水花阳坝的人。1949年前到处都生活苦，到处都在逃难。经常是一家人这里落一个、那里落一个。我的父亲和大伯两个人来到火石垭，父亲给当时的地主恶霸JXF当长工。在几个地主互相内斗的时候，我的大伯当时联合外面的人，把JXF打败了。后来怕他们继续报复，他和我的父亲就跑去湖北的咸丰。

到了咸丰之后，生活依旧很苦。我的父亲娶了我的母亲。我的母亲是湖北咸丰人，本来她已经嫁给当地的L家了，但是L家人嫌贫爱富，认为我的母亲家里穷，想把她赶走。……在湖北的日子非常难过，到处都没有吃的。我的父亲和大伯想回乡。当时走的时候，火石垭这边人少地多，想着应该回来有吃的，就带着我们回来了。回来的时候我正好8岁，我记得非常清楚，走了六天六夜的时间，没有马路，全部都是走小路。有一次晚上赶路，我一个人走在后面，一不小心掉到坑里面去了，旁边有个过路的老奶奶说："天也！你怎么走这里呢！这么晚了！"幸好她看见了我，不然我当时就死了，也就活不了这么久了。回来之后，这里的生活也不容易，我的弟弟回来不久就得病死了。

后来我十几岁的时候，湖北的大舅和幺舅还来看过我的母亲。我已经记不得他们长什么样子了。他们来我家问路，我说你们要找的人就是这里，我才想起来原来这是我的大舅。我连忙去喊母亲回来。他来过这一次，给我母亲背了鞋垫，一背篓的魔芋，还有一背篓湖北的特产干鱼，当时我很稀奇，喜欢吃干鱼。但是后来再也没有联系过了。现在舅舅们都过世了，小辈也不认识，和他们早就断了联系。

迁徙的过程，总会有一些不如意，但迁徙的初衷多是基于生存需要。这种情况在20世纪五六十年代依然存在，各处都在闹饥荒，众人四处逃荒寻找安身落脚的地方。而火石垭村在众人看来，是一个较为有吸引力的地方。这里山高路远、人烟较少、地广人稀，被看作定居的好地方。原火石垭村二队的队长LKY，对本段历史有较深的印象：

我们这多数是别处进来的，灾荒年来的。别处来的人就在我们火石垭村安家。像街上的GDH家、YZH家、NCL家是后面来的，三组的WDQ也是后面来的。我也是后面来的。山上的YHX也是后面来的。起码来了十几样姓。

他认为众人往火石垭村迁徙的原因，主要是当地平坦、土地面积大，"我们火石垭原来就是缺水，但是地多"。

不仅如此，办理迁移到火石垭的户口手续相较于其他土地紧张的地方而言也较为容易。这里地广人稀，急需劳力开荒增加劳动力和粮食产量，因此只需在本地开好接收证明，再返回原地办理迁移手续即可。

GJH和HCQ这一对老夫妻先后从外地搬来火石垭村。GJH原是彭东人，20世纪60年代时他跟着哥哥来到火石垭村，在老街上开了一家裁缝店，给村民们做衣服。刚来此处时，兄弟二人挤在村里分配的一间单间小房里，既当睡觉休息之地，也当制作衣服的工作间，条件非常艰苦。但因为这里没有人会这门手艺，所以他们迅速在这里扎根下来。妻子HCQ原是新华乡人，家中条件较好，经人介绍来到火石垭嫁给了GJH。

我那个时候嫁过来，也没有房子，就在这里找的一个房子。我觉得房子是身外之物，只要大家会找钱，就可以买得到房子。这里没有人会打（做）衣服，来这里大家都高兴。周转都要来这里打，整天整夜都打不完。

当然，除了经济原因之外，此时搬到火石垭居住的人们，有着更多复杂的历史原因和考虑。在火石垭一组山坡马道上居住的YZH家，是跟随母亲嫁到此处的"随娘儿"："我们家原本是彭水的人，我的父亲是二级残废，没多久就去世了。母亲带着我改嫁给这里的F家，我就自己住在了这里，母亲后来跟着F家一起住了。" YZH家坡上的DZH

同样也是单户居住，被抱养来的他如今与女儿两人居住。YJK和YJC两兄弟居住在一组山坡顶端的梨子坪。20世纪60年代，二人的父亲给此处的人家当"抱养儿"，虽已成年，但是因为这边父母没有儿子，便当养子继承夫妻俩的土地并为其养老。后来，父亲去世，只留他们两户人家在此居住。

在家族与散户的迁移中，逐渐形成如今多姓氏的村庄。作为一个"万姓村"，火石垭村与彭水县、湖北省有非常紧密的关联，从移民来源与去处可以说明。但这里并不存在一两百年的大族，即使已经搬来许久的Z家人，也仍旧叙述自己不是本地人。比起火石垭带给他们的归属感，他们内心深处追寻的还是他们最开始的那个家乡。

三、迈向现代化发展的村庄

火石垭村历经动荡不安的年代，在历史浪潮中迎来送往了一批又一批的移民。他们为了子孙后代的发展，不断对本地进行改造和完善，以满足生产生活需要。他们通过不同力量形成合力，促使本村向着现代化不断迈进。

对于村民的生产生活而言，最为基础也最为重要的便是火石垭村的道路与水电设施的修缮发展。道路既承载了物质发展的记忆，又凝结了当地人的集体精神记忆，是火石垭村民通往外界的重要载体。在政府组织修筑第一条经过火石垭村的县道之前，村民通常靠山间小路沟通外界。从火石垭村到石家镇的古道，起点位于老街，从老街出发来到兰地沱，穿过担子水便是夏家槽，走过丛林、环场，最后到达石家。这一路翻山越岭，崎岖难走。而火石垭村到黔江城区的道路更难走。

道路作为重要的基础设施，在很大程度上影响着一个地区的经济社会发展。1969年，火石垭村开始修筑第一条经过村庄的县道，这条路也是沟通石家镇和新华镇的必经之路。由于技术条件较为落后，只能人工搬运，修建艰辛不言而喻。本条县道修建持续整3年时光，完全用劳力才逐渐开挖出土路。土路本身需要不断维护，于是路修好后的每一年，都会组织村民铺石子维护。火石垭村老二队队长ZHQ当时负责带领大家修补"六道拐"附近的县道。

当年我们都是一锄头一锄头挖出来的，当时是工分制，大队安排劳力。路是1971年修好的，花了3年才挖好。后来就每年都要铺碎石。当时我当组长，每个生产队都要组织劳力，我就去安排我们组的人，年年都要去。后来面碎石也是年年都需要去，只用花一两天的时间。一直到分产到户之后，路才交给交通队的人负责，从外面找专人来负责维护。

当时出力修路的村民尚未意识到这条路将会给生活带来多大改变，在他们看来，修路只是为了完成国家交办的任务。随后，在现代化进程中，道路修建的动力因素，逐渐从国家意志转移到现实需求，由于道路的畅通在很大程度上方便了生产生活所需资料的运输，各组村民自行组织，通过集体力量让火石垭村在一开始就与武陵山区大山深处的其他村落有着不同的面貌。火石垭村二组通往山下县道的道路，即是全组人民在20世纪90年代为了发展烤烟种植、方便产品运输而动员全组成员共同修建的。二组73岁的CXY说：

我们这山上路不方便，没得办法，当时要发展烤烟，从山下背上来硬是娇（在方言中"娇"是累、辛苦的意思）得很，所以当时大家都想起把路修起来，大家都方便拉煤那些噻，肯定还是要有大路才得行，小路的话就只能背，还是比较苦。

除此之外，修水渠和牵电也是集体行动的结果。1958年，当地政府决定修蓄水大堰，LKY说："1958年开始调劳力去修……因为水要牵几十公里远，那个时候就想挖土槽引水。"因为技术有限，当时采取的办法只能用"天真"来形容。大堰的修建是辛苦的，几代人的辛苦换来了如今的新华大堰。

大堰修了几辈人，从1958年修到1968年，后来又修到90年代，还是没有做得通。修了几十年都没办法修通。叫我去修大堰的时候，我还没有结婚，后面我的儿子也去修大堰，还没修通。最后，改革开放之后，才去外面做胶管子，用电和机器才通。现在石家镇，包括火石垭，还有新华乡、太极乡，都是用这个水。

生活总是在长期的经验摸索中，才能找到最佳发展窍门。从前的火石垭村民用水虽取之自然，但十分不便。改革开放之后，村民们通过种植烤烟、养殖肥猪等方式获得收益，便开始修建蓄水池。通常做法为在山林中找到自然出水点，然后利用高低落差的重力因素，用水管引入家中。ZZC在村里开了一家火石垭酒厂，在生产过程中需要大量的水，因此对引水与修水池自有一套想法：

因为做酒，我需要用很多水，现在这个水是我自己迁的，也是自己管理维修。在这边一共有10户人用我引的水，当时一户给了30块，一共300块钱。其余请师傅、管理全部都是我来负责。我给大家说"你们愿意加入你们就来"，他们都愿意拿30块。这10户，就是我们尤家屋基的人，主要是我们Z家的，还有搬来的H家。我觉得还是需要大家的团结。哪怕是一分钱也要大家一起，即使是公益的东西，也要有公益的方法来处理。带头的人也不要私心太重了。

用水问题解决之后，用电问题也迎刃而解。新华大堰修建后，蓄水发电从设想变为现实。1981年，火石垭小学首先安装上了变压器，学校、粮站、烟站等可以享受用电。

但此时由于用电仍旧来自新华大堰,该大堰修筑时间早,质量不过关,送电极不稳定。当时负责迁电的队长ZHQ回忆:"新华大堰供应不上,据说沙石太多,经常把大堰口堵住了。而且最开始的时候,这个电只供到黔江县城。我们这边还是很少能用上。"

1985年,从石家乡到新华乡的高压电线铺设计划路过火石垭村,四位生产队队长看此情形,便联合众人,商量共同从石家镇的变电所购买一台变压器,趁着电线铺设的机会安装用电,再将电从这台机器上迁出,既让学校、粮站等单位可以继续用电,也可以让火石垭的村民们共享现代化发展的成果。大多数村民积极响应,村里干部也主动游说。最终,居住地方距离县道较近的一百多家农户约定,按人头凑钱,一人6元,共400多人;学校、粮站及供销社3家单位,每家出500元。一台变压器和材料费用就此凑齐。集体凑钱迁电的举动,给火石垭村民带来极大的鼓舞。"我们这边是最早迁电的,周围的高山、高洞子村,隔了一两年才用上电。"变压器安装之后,各家各户便商量把电迁到自家门前。

火石垭村作为传统村落,一方面在整体上延续和传承了优秀的农耕文化,另一方面在农业社会迈向现代化社会的旅途中实现了进一步发展。而发展条件之一,便是路、水、电等基础设施的完善,这三者显然已经在村落现代化发展和城镇化进程中成为关键因素。换言之,这些重要基础设施的建设完善,为火石垭村逐步铺设好了现代化的轨道。

第三节 经济社会与前行探索

任何一个传统村落,都需要在良好的经济运转下稳步向前,火石垭村也不例外。该村的自然环境与历史发展,沉淀了当地的社会与文化记忆。随着现代化进程的加快,集市街道风貌发生改变,产业在探索中不断发展。20世纪90年代后,外出务工潮兴起,火石垭村民加入了这一流动群体。曾经热闹非凡的街市场镇、坎坷不易的产业探索、来来往往的人口流动,均是火石垭村历史与当下发展过程的写照,展现了火石垭村经济社会的接续发展。

一、商贸往来的集市街道

一个村落的发展布局,必定伴随着街道集市的形成与变化。在交通并不发达的年代,集市是村民流动最为频繁的场所。

（一）老街赶场渐消逝

火石垭村曾经隶属酉阳，在此曾设置"火石垭分州"，其历史地位堪与石家场镇媲美。火石垭的老街上，至今仍流传着分州衙门断案的传说故事。衙门所在之处，后来逐渐演变为火石垭村辉煌一时的"老街集市"。这是一条宽约两三米，长约五十米，铺着青石板的小小街道。当前街道两旁仅剩下三四户人家，但这条街却承载了火石垭村诸多历史记忆，成为当地历史文化空间。1949年后，火石垭被地主控制的历史结束，从周围村落迁移到此的人被安排在火石垭老街原属于地主的院落，一家分得一间。据当时被安排有一间房的GJH回忆：

> 原来这个地方是落后地区，大多数都是地主的房子，后来是把J家大地主的房子分给老百姓，一人一间，让大家赶市场，做交易。以前的老街非常热闹，这些两边的房子全部都是地主的，土地也是他的。

改革开放以后，在市场经济条件下，以"集市"为代表的基层市场成为农村居民进行商品贸易、满足日常生活需求的重要场所，也成为重要的人际交往空间。"赶集"不仅意味着产品买卖，还包含着信息交流、人际往来、文化传播等意义。[1]火石垭老街所在地方，延续着1949年前的情况，仍旧是最受火石垭村民欢迎的赶场（当地人称"赶集"为"赶场"）之地。每到赶场天，便会有各地的小摊贩在老街的路旁摆满摊位，四面八方的人都会前来赶场。CXY爷爷回忆道：

> 那时候火石垭赶场闹热得很，我们最喜欢去赶场了，每次走路才走到CJH家（距离火石垭老街还有几百米距离）就可以听得到场上传来闹哄哄的声音，人硬管是有浪多（人真是非常多），大家都喜欢去，热闹！

赶场日是许多人内心最盼望的日子，在喧闹的集市上就算闲逛也能够从早上待到下午。YXQ说：

> 那个时候赶场特别热闹，场可以从一大早赶到下午。我们没有什么耍事（娱乐活动），就盼着一个月去赶几趟场。赶场我们也不着急，早上干完活，吃过早饭，再慢慢悠悠地去，有时候去了什么都不买，就是去耍。十点多去，到场上耍一下再来。

在村民的回忆中，火石垭场镇上主要卖的是牲口，如猪马牛羊，还有杂货、油盐菜米等。做生意的人全部都挑着担子来，去消费的顾客也是将两边的街沿挤满。

火石垭老街作为一种市集，承载了许多功能，它连接着村民们的经济与社会日常生活，"承担着调剂余缺与促进地方性产品交换的功能，是地方性交换系统的一部分"。[2]

---

[1] 石经文.被遮蔽的乡村文化空间：农村集市的消逝——基于河南省S村的田野调查[J].东南传播，2021（7）：43-45.
[2] 何莉宏.民国时期华北商路变迁与乡村集市的发展[J].生产力研究，2010（4）：148-150.

集市参加者多数为周边村民和手工艺者,由他们组成的小商贩团队,其交换的物品也多数是农副产品和手工艺品。村民们来这里赶场,不仅是为了交换、购买物品,也是为了娱乐。喜欢热闹的村民即使跋山涉水也会前来。因此,火石垭老街的赶场,是在当地经济和社会活动中十分重要的活跃元素。赶场天的活动,让火石垭村在地理空间上逐渐成为周围村庄的沟通要地。

据GJH回忆,20世纪七八十年代居住在老街的居民共有17户人家,有做药材生意的,有开裁缝店的。1965年,19岁的他来到火石垭老街,为村民制作学生装、西装及中山装等。他白天务农,晚上赶着打衣服,一天可以打一套衣服。除裁缝店之外,老街上还常年开设面坊、供销社、综合商店等,为火石垭和附近乡镇的村民供应日常所需。

80多岁的GDH回忆,他家对面便是分州衙门所在地,遗址旁原立着一块碑,上面刻有"辉映河南"四个大字,立碑之人为黔江知县张九章。[1]"此人对火石垭的老百姓特别好,那个时候没有公路,火石垭的老百姓没有饭吃,他就发动劳力,从河南把大米和苞谷子拉到火石垭来,供应老百姓。在敞口的公路边,还有一个'张九章书'。"他所说的"张九章书",便是前文所述周家垭口外悬崖上的巨型石碑,高约七米,崖壁上阴刻着"砥砺廉隅"四个隶书,落款为"张九章书"。张九章在黔江任知县期间清廉执政,勤于政事,体恤民情,在火石垭村颇有名望。人们将此处的摩崖石刻称为"廉政碑"。

当前,火石垭老街早已停止赶场,一方面是因为当时石家区政府的选址让众人赶场的习惯逐渐搬迁到政府所在地,开设了石家场镇;另一方面则是20世纪六七十年代,集体化生产时期村民们能够自由支配的资金较少,集体化生产不再适应赶场消费,再加上后来火石垭老街的赶场时间不固定,赶场的人员更加分散,火石垭老街场便在一片冷清中逐渐消失。

(二)新街营造焕新颜

在老街赶场逐渐消逝时,老街坎上的一条新街道逐渐形成。1969年,在石家镇和新华乡之间的县道修通时,这条看似朴素的土路会在不久的将来取代老街,成为新的聚落和赶热闹的地方。

街区道路的繁华,在一定程度上是反映了经济发展的状况。从20世纪80年代开始,火石垭的农业生产开始转向烤烟种植。为了更好地促进本地的烤烟生产,政府选择在交通条件较为便利的火石垭新街成立了"烤烟收购站"。每到烤烟收获的季节,四面八方的烟农会来到这里卖烟叶。

---

[1] 张九章,山西平定州人,清光绪十五年至二十五年(1889—1899年)任黔江知县。

烤烟收购时，新街彻底成为一个灯火通明、人口络绎不绝之地。许多远道而来的人天不亮便从家里出发，有时下午才能到达火石垭新街，且当天不一定能排队卖完，只好留宿火石垭新街。同时，学校也搬迁到了火石垭新街，庞大的人流量使火石垭村民看到了其中的商机，于是陆续从原来的老房子选择搬到火石垭新街，做起了小卖店等生意。

ZZC是第一位把房子修到新街的人，他原本住在火石垭的尤家屋基。20世纪90年代，他在火石垭新街买了地基，在一公里以外的新街安新家，开了一家小卖部。

我以前是在尤家屋基下面住，我看上这了，我就搬上来了。我不喜欢下面。老家太窄，牲口都放不出去。我是Z家这几辈人第一个出来到街上修房子的。我算是Z家人里面条件比较好的。我实在是不喜欢在下面，这里要敞亮一点，而且这里无论做什么，都很方便，喂猪、喂牛、喂鸡都很方便。

1994年他刚搬来新街时，仅租了NCG家的旧房，盖了几片新瓦，简陋地搭建起一间瓦房。1996年，他在新街修了第一间砖房，2011年更是在原有旧房的基础上，修起第三栋新房。除了ZZC，其他陆续前来经营生意的人家，也多是看中了火石垭新街的发展前景，自愿搬迁到此处。YXQ和妻子于1996年从高洞子村（现火石垭村六七组）搬到新街定居。有趣的是，夫妻俩曾在石家镇开过两年面馆，但当时石家镇与火石垭村消费水平不相上下，于是他们转让了面馆，从镇上搬回了村里。提及这段经历，YXQ侃侃而谈：

我是高洞子的人，LGY（YXQ的妻子）是石家居委的人。我在火石垭村读的初中，当时火石垭不仅有小学还有初中哟！我1983年初中毕业的时候已经16岁了，当时家里的生活条件差。其实最开始我们种过烤烟的，烟种下去，看上去长得好得很，到了七八月太阳一晒就全部死了，样样都亏了，怎么种嘛，后来我们就干脆不种了。种烤烟真的太累了。

1993年的时候，我们住在石家居委那边。旁边的邻居开了个小卖部，但是他们要进城，我们就跟他们商量把那个店转让过来自己做。自己做真的太娇。一年之后他们回来了，我们把店还给他们，还是回去办土（种地）。但这始终不是办法。1995年，我兄弟又要在石家开馆子，喊我们去帮忙，后来他不做了，我们就自己做。当时请了一个人，但是工资开不起就走了，就只有她（指妻子）一个人做，又卖面又做粉，买菜做饭，还要洗碗，太累了不想做了，又把馆子还给兄弟让他们做。

1997年5月1号（日），当时我记得最清楚，我们来火石垭街上，租了一个小木房来开小卖部。来的时候只有ZZC和YZS两家人开了小卖部。为什么选择还是回来这里呢？当时整个石家只有两个烟站，石家一个，火石垭一个。我们搬过来的时候，正是火石垭最热闹最繁华的时候。夏天收烟要排轮子，烟站装不下这么多的烟叶了，就放在旁边的粮站库房，把库房都装满了都装不够啊！你看看那个时候有多热闹。学校也在新街背后，一到放学好多学生来买东西，当时的钱还是好赚的。

从YXQ的话中可以得知，烤烟收购站与学校的设立，给本地经营者带来了很大的客流量，也使他们在生意中赚到了更多的利润。早早在街上开小卖部的YXP回忆着当时的情景，有种恍若隔世的感觉。"那时的人特别多，排队从站里面排到了街上，我那个时候就卖方便面都可以卖不少钱！"烟站的繁华景象给了众人深刻印象，新街逐渐取代坎下的老街，成为火石垭人心目中的村落"中心"。

除了来新街做生意的小老板之外，也有一些村民在交通条件便利与政策的影响下来到街上安家落户，使新街形成了较为典型的长条形聚居地。

如今的火石垭新街，几百米的街道两旁紧挨着一栋栋砖瓦楼房，大致每栋约两三层楼高，最高的有四层。许多人户的门口都立有"生态移民搬迁"或"易地扶贫搬迁"的牌刻字样，显示着本户是在扶贫搬迁政策助推下前来此处安家。自2010年起，火石垭村根据国家政策，实行复垦和移民搬迁政策，简单而言可用"拆一修一"来总结。在政策的惠利带动之下，许多村民既修建了新房也获得了补贴。住在新街上的NCP与JLX夫妻俩叙述了自己搬家的过程：

我们家原来是住在二队ZHQ家背后，我们N家都在那里。老房子住不下啊，还没有我现在这个单间宽。这里是我们自己的土（地），所以就选择在这里来了。让我们自己修的话，就是修在这里，因为NCP他大哥他们家就修在这旁边。我家修房子那两年，我就只有春节的时候回来玩了两天，煮了两顿面条，其余时间都是他煮的，给装修的人提供饭。

除了客观政策上的推动，主观意愿也是村中越来越多的楼房兴建起来的重要原因。许多村民在多年的外出务工中积蓄了不少资金，经济收入的增加与生活品质的提升，让他们回到老家的第一件事便是翻修新房。便利的火石垭新街有着更好的交通条件，由此成为大多数村民修新房的选择之一。

火石垭新街聚落的形成，集中在21世纪初，村民们或从坎下的火石垭老街或从坡上搬到这里。与日常冷清、只有过年和寒暑假才会变热闹的村内其他地方相比，新街占据了交通便利、消费方便的优势，从而成为火石垭的繁华地带。村民们习惯在这里购买日常用品，或者傍晚饭后到新街的小卖店坐上两三个小时，互谈家常、打牌娱乐。村民的人际交往空间在火石垭新街开拓着另一片天地。

二、坎坷前行的产业探索

在社会高速发展的今天，乡村振兴成为促进社会长远发展及城乡同步发展的重要一环，与实现中华民族伟大复兴的中国梦密切相关。乡村振兴战略实现的首要任务就是推动乡村产业的优先发展。火石垭村与广大的乡村一样，原有的产业基础薄弱，大部分以农业为主，产业结构单一且受自然因素影响大，难以摆脱"靠天吃饭"的窘境。1949年后，火石垭村便开始了艰难的农业产业探索之路。

（一）多种经营的探索

发展的适与不适总是在"摸着石头过河"中找寻，火石垭村亦是如此。ZZX在20世纪70年代曾担任原火石垭村（武陵村）的产业技术总指挥、种植指导员和副业大队长。1973年，他曾代表本村前往黔江农业局接受技术培训。从他的叙述中得知，火石垭村在探寻经济产业的路上，走过不少弯路。20世纪70年代，火石垭村被安排种植药材，如桔梗、黄连和牡丹等，虽然他曾到药材厂接受过种植技术的培训，但药材的种植和管理需要极有经验的人员胜任，仅靠他一人远远不够，很快，药材种植在当地便退出历史舞台。1978年，钾肥厂落户于火石垭村，虽由石家乡的专业技术人员管理，但也因为经营不善，仅仅3年便被淘汰。除此之外，茶叶种植也曾在探索之列，主要种植地方位于火石垭小学后的山坡地，仅二十几亩，均由学校管理，校长是负责人。但此时的茶叶种植也没有形成体系与规模，据LKY回忆：

我们这里还是产茶的，这是大集体的时候种的，国家发动的，种在了学校背后的山堡上。黔江这里很多地方都有茶山的，只不过都是没有规范的茶园，也没有搞成规模，没有什么效益。

为什么这样说呢？我们这里不像是外面用机器打，都是用人工掐。一天有时候掐一两斤茶叶，但是更多时候可能一天一斤茶叶都没有。那个时候，种茶叶不简单，如果天色好，有大太阳，发的茶叶就好，要香一些；落雨天纯粹是不行的，采茶没有质量，吃起水臭，没有茶香。我们这里做得不规范。一斤两斤茶叶才卖四五十块钱，完全做不起工人的工资。而外面大型的茶厂茶山大规模做出来的，拿到这里来卖，价格还低一些。我们当地的人手工做的卖不过其他厂的。最后茶叶做了几年，都没有做出什么效益出来，后来就砍伐了，把地用来做庄稼了，所以茶山就毁了。

虽然茶叶种植和销售在供销社发动村里开展多种经营的基础上得以普及，但从村民的回忆中得知，本村所产的茶叶采用传统制法，人工成本较高，无法与外界高品质、低成本的茶叶相比。又因火石垭地方气候与土质原因，茶叶成品品质随气候的变化不稳定，收益难以保障，因此茶叶种植仅经营了一小段时间便告一段落。

1979年，村集体决定开面坊，请副业大队长ZZX负责管理。1983年，他所在的三队终于下放到户，他顺势接手面坊，抛弃用扳手压面条的手工作业，前往重庆购买最新的滚轮式机器，开始私人经营。他与父亲及村民三人，通力合作，也有着不错的效益。在麦子成熟的季节，一季要收三四千斤麦子，产出几百斤不等的面条，当月收益可以达到七八百元。谈起收益，ZZX非常自豪："那个时候区长的工资一个月才一百多，普通职员才75元，我当大队长的时候70元，但是都没有我做面坊的时候赚得多。"除了ZZX的面坊之外，火石垭老街也开有面坊，但都没有存活下来。

ZZX的面坊算是"寿命较长"的一家，直到1996年大儿子上了大学之后，他才放弃颇为辛苦的面坊生意。不过除了开面坊，ZZX还有别的挣钱渠道："我做猪生意，做烟生意，买进卖出赚差价。"因为自家持续不断经营着小产业，他在1974年分家时单修了木房，又在20世纪90年代修了一间小砖房，还被生产队评为"万元户"，在当时是一个了不起的称号。2004年，ZZX做起了养蜂生意。

我看着什么都赚不了钱，就想养蜂，其他的便宜货不想。一年要做七八百斤糖啊，一斤要50元。我当时还是养蜂大户，最多的时候我一个人育，96箱，那时候是做心慌了。一箱的蜂子可以卖一千多元。历来我的（蜂蜜）都不愁销路，做得好，蜂蜜的话我是干的，别人是稀的，只有上下搬运蜂箱的时候请人，一天两百元就行了。一个星期要两天，其他天天都要去管。

药材种植、钾肥厂的短暂建立及茶叶种植、面坊开办等都是火石垭村庄多种经营探索中的缩影，但后来都没有发展起来，只能成为一种较为短暂的记忆。

（二）成为支柱的第一产业

依靠当地资源与特点发展起来的产业，才能更好更长远地助推本村发展。上文所述的多种经营，仅带动了一小部分人的发展，更多的村民要想发家致富，仍需从农业生产上考虑。整体而言，火石垭村地处武陵山区，其历史背景与地理环境决定了它自古以来是一个地广人稀、土地分散的地方，它以传统种植业和畜牧业等第一产业为主要经济支柱。

20世纪80年代，在黔江区产业政策指引下，火石垭村迎来了辉煌一时的烤烟产业。家家户户将自家的土地全部投入烤烟种植。起初几年，烤烟较高的收益让村民们尝到了该产业发展的甜头，由种植烤烟成为的千元户、万元户不断涌现。YXQ在20世纪90年代种植烤烟，成为千元户，但他不以为意。现在仍旧可以在许多村民家中看见过去获得"千元户""万元户"称号的奖励———一个具有时代特色的保温壶。

为了获得高收益，村民们放弃了长久以来的土地轮作，再加上大量化肥农药的使用，让土壤肥力发生变化。大约从20世纪90年代开始，土质出现了较大程度下降的现象，许多土地不再适宜种植烤烟。同时，外出打工的浪潮逐渐兴起，一批批火石垭人在沉重的家庭压力下选择离开家乡，到更远的地方务工谋生。

此时，火石垭村的产业环境又一次发生变革。2009年前后，陆续有外地蔬菜经营商看上火石垭的广阔土地，他们选择性地承包一块土地发展农业种植。这些产业包括一开始的蔬菜种植，到后来的葛根种植，也包括近几年集体经济倡导下的南瓜、无花果种植。但是，无论是效益，还是可持续发展前景，以上产业均难以成为支柱产业，没有从根本上带动本村的发展，仅为留守在家的人提供就近工作岗位。并且，岗位和薪资的设置随着经营者和项目的不同时常变化，当相关政策支持不再，经营者离去时，这些产业只能孤零零留在这片土地。

值得一提的是，近五年来在政策指引下，火石垭鼓励村民发展蚕桑养殖，主要面向的人群是留守在家的中年人。但蚕桑养殖需要精心管理，如技术不佳或管理不到位，将直接对产量造成影响，影响收入。蚕桑养殖一年仅有五个月的适宜时间，如不与时间赛跑，更难以保证收入。再加上收入与成本的抵消，一年之内如仅依靠蚕桑养殖根本无法养家糊口。所以，村内的养殖户们，闲暇之余在附近做零工，或者在非养蚕季节选择外出务工。由此一来，火石垭村蚕桑产业的发展前景仍有待观察。

总体而言，火石垭村作为以传统第一产业为主的山村，在村庄逐步"空心化"的现实困境下，如期望以当地的产业带领村民致富，长路漫漫，仍需艰难前行。

三、城乡流动的新一代村民

火石垭村自有历史记载以来，便处于"流动"之中。1949年前，进入武陵山区的多是避战乱、讨生活的各族人口。1949年后，来火石垭村的主要是看中了其良好的生态和大片的土地。大集体时代，人口流动被严格限制，即使是包产到户限制逐渐结束，人口仍旧因为烤烟种植而被土地束缚，而当土地不再适宜种植烤烟时，他们只好脱离被土地束缚的世界，开始外出讨生活。

（一）注来或流走的选择

在不同的时代，人口流动有着各自的状态。费孝通先生早在1948年就注意到城乡之间的流动："乡村里的人口向城市移动原是普通的现象……在这里引起我注意的是这些乡村里被吸引出去的人口却留着一个根在乡村里，并没有把这些人完全吸收到城市里，成为和乡村脱离了关系的人物。"❶

据统计，2021年7月，火石垭村常住人口总户数为721户，常住人口总人数为1836人。实际上，常住人口数量还要小于统计的人口数量。出现此现象的原因，很大程度上在于火石垭的村民处于一种不断流动的状态中，并且有着"户随人迁"和"人户分离"两种状态，呈现永久性流动和暂时性流动两种不同的特征。

对于火石垭村而言，永久性流动主要针对户口已经迁出火石垭村的村民。有的本村还有亲戚，偶尔会回来看望；若无亲人，则几乎不会再回到本村。当前，越来越多的村民显示出永久性流动的趋向，究其原因，主要有以下三个方面。

一是父母费尽心力，希望孩子像"鲤鱼跃龙门"一般，劝说孩子在外定居，不再回村。ZZC家作为村中数一数二的生意人，养育出来的大女儿与小儿子，均在外定居，并早已将户口迁移出去。女儿在黔江银行工作，儿子在黔江做生意，双方均嫁娶了黔江城里的女婿与媳妇。ZZC在村里经营着一家酒厂，即使酒厂的效益不错，远高于下一代人在城里的收入，ZZC也从没想过让儿女回村接班，甚至他计划当自己岁数大了无法劳动时，便与妻子在黔江城区买房，在城里养老。

二是子女本身在受过教育后，受就业环境的影响，留在城市工作并定居。这类人主要依靠自己的努力，考上了大学，毕业后安家落户于城中。出生于1979年的GMS，从一出生便受到父母的强烈期待，读过私塾的母亲很清楚，只有读书才是离开火石垭的唯一办法。

我一直告诉他，只有读书才是唯一的办法，他从12岁开始，便一个人开始寄宿在石家读书，星期天也不回来，等去了黔江读高中，我更是让他半年才回来一次。其他人跟我说，大家都觉得你凶啊，你特别厉害，我说，有什么办法呢？你处在这个环境，怎么办呢？

GMS从石家中学考入了黔江最好的黔江中学，并考上了大学，毕业后在黔江区烟草公司工作，从此一直留在城区，结婚生子，安家落户。

黔江城区成为火石垭人永久性外出定居的首选。除黔江外，部分人将目的地选在了更远的城市，如重庆市主城区。SPJ与HCM的大儿子于2000年初考上西南政法大学，毕业后的几年在石家镇公安局从事警察职业，但他并不甘于一辈子待在大山里，于是

---

❶ 费孝通. 城乡联系的又一面//费孝通文集：第5卷 [M]. 北京：群言出版社，1999：512.

在工作期间努力参加国家统一法律职业资格考试，靠着自身的努力考上了黔江城区的公务员，娶了城里的媳妇。二人共同努力在黔江买房安家，三年前，他获得机会调往重庆主城区，成为一名检察官。他的故事成了S家人的"跃龙门"的榜样。

三是因为婚姻关系的缔结，夫妻一方来自城区，于是二人选择在外地定居生活。多数外出的村民，在务工的过程中结识了外地城市的人，于是在外安家定居。如YXQ的大女儿，高中毕业去东莞打工，在东莞遇到了现在的丈夫，二人在东莞结婚、买房、定居。YXQ的小儿子在成年之后，也去东莞投奔姐姐，前两年同样在东莞买了房，并将户口迁移了过去。儿子在外地买房，夫妻俩出了不少力，他们自己仅在黔江城区买了一套房。"孩子们都出去了，我们两个还是习惯在火石垭，清静一些，在黔江一天都不知道做啥。"

在人口流动的过程中，目的地与火石垭的距离越远，风险值和成本就越高，所以，这些永久性流动的村民定是在城区有着相对稳定的生计来源，才会有所打算。

村民的流动与火石垭的地理位置，以及附近乡镇的社会经济发展状况有着很大的关联，因此，有能力的年轻人把永久性流动当作一种奋斗目标，这在ZZC看来十分正常：

火石垭就是没有什么产业，地方产业为零。最开始搞烤烟，后来搞蚕桑，搞蔬菜水果，都不行。烤烟是（19）96年、（19）97年最好。但是现在的土地栽起就死。谁还想在家做呢？现在打工，一天至少300元，只要你爱做。

这里的地理条件，限制了当地发展，年轻人无法在此处找到生存的手段。"地理条件就是这样，怎么办呢！比如说我的酒，品质再好，但是近两年开始送不出去，又有什么办法呢？"可见，以上谈到的流动主要为单向流动，流动到城区里安家落户的村民，即使因探亲而回到火石垭，也不会长期停留，未来更是没有居留的打算。

与"户随人迁"的永久性流动不同，火石垭仍有大部分居民的流动呈现"暂时性"状态，周期多数为一年以内，且显现出一定的季节性变动——在过完年开春之后外出务工，炎热的夏季七八月则回到家里"歇凉"，夏天一过等到八月底九月初时再次外出，腊月寒冬时节回到家乡过节，等春节一过则再次离开火石垭，开始新一周期的流动。

腊冬时节，在外地务工的火石垭村民早已按捺不住回家的心情，早早地与伙伴联系商定返乡日期，他们多数在腊八之后两天便可陆续结伴回乡。家里人一旦得知在外的亲人回乡日子，便开始收拾屋子，准备好各种美食，迎接在外辛苦忙碌的亲人。"我们这里一般都过年的时候热闹，出去打工那些回来了，一般从腊月开始都陆陆续续地回来，都是回来过一个热闹年。"HZP说道。

春节刚过，村民们又开始计划着新的一年外出务工的路线。从火石垭村外出务工的工种来看，村民们普遍从事的是建筑工地的工作。面对风吹日晒的工地环境，到了炎炎夏季，村民们选择在暑假回到家乡避暑，因为火石垭处于海拔相对较高的山坡，夏季温度普遍比城市低。同时，这个季节正值家中孩子放暑假，能够有更多的亲子互动时间。此时也是玉米收获的季节，家中需要劳动力，而这个时间回到家乡的村民不仅能够达到避暑的目的，还可以帮着家里采收庄稼。

2021年暑假，ZYC特地从工地回来帮家中的妻子HFQ收苞谷。他于2000年初跟着家中几兄弟外出打工，妻子HFQ因身体原因，从没有跟他外出过："我一直在家，从来都没有去哪里过，我当时是贫血，医了特别多的钱才医好。中药都吃了几百付。现在身体是好一些的，但是像我们这样年龄的人，去工地又不要了。"HFQ在家一边照顾孩子，一边务工，2021年她种下了16斤苞谷种，对于一个带着病痛的女人来说，这实在算不得是轻松的活。7月中旬，丈夫的工地工作完成，回到家与妻子一同收苞谷、晒苞谷、卖苞谷。他们的地在尤家屋基的山坡上，没有硬化的路，只有靠ZYC的摩托车一车一车把苞谷拉下来，十分耗费体力，他俩整整搬了四五天才搬完。每天早上天刚亮，趁着太阳还不够毒辣，他俩就上山了，等到11点正值烈日，回家休息吃饭，下午3点又上山，一直到太阳落山才停歇。如此高强度的工作量，已经让HFQ有些吃不消。ZYC的弟弟ZYK也在差不多的时间回到了火石垭，即使妻子只种植了几斤苞谷种，刚好够喂猪，他也想着回来了。妻子GJL自豪地说："我从没有给他打电话，他自己就回来了，全靠他自觉。"ZYK一回来，除了帮妻子干农活之外，也帮住在马路对面的父母干活。像Z家兄弟一样自觉回到火石垭的壮年劳力非常多，他们普遍对家庭有着强烈的责任心，且对农事安排十分了解，知道何时该是收成的季节。

HYC与CYE同样在7月回到了村中，但他们并未种植一亩土地，连菜园子也没有。他们回来的原因并不是为了出卖劳力，纯粹是为了陪孩子度过暑假：

> 以前的话都是我的老公在外面赚钱，我在家带孩子。后来孩子读初中了，我就出去打工了，孩子就自己在学校。但是暑假我们两个必须要回来，暑假他放假要有人看着，不然我们不放心。

夫妻俩在孩子放假的前两天回到火石垭，一起接孩子放学，孩子于8月25日入学，开学后二人再次前往沿海打工。

住在瓦房湾的CFB，没有种植土地，孩子也已经毕业工作，但她仍旧在7月回到了火石垭来避暑："夏天天色不好，太热了，我们火石垭凉快一些，我回来过夏天。"9月初，暑假回来避暑、陪同孩子、采收庄稼的村民再次踏上外出务工之旅，这一次，他们是带着满足与喜悦的心情出发。

由此可见，村民们外出务工的暂时性流动是双向的，他们以火石垭为基点，外出的目的并不是跳出火石垭，而是赚取更加丰厚的收入，换取更顺意的生活。外出目的达到后，他们便会回到家乡与家人团聚一堂。换言之，无论身处何地，对于他们而言，火石垭作为家乡，永远是他们最大的牵挂，也是他们心灵归属的地方。

（二）流动带来的影响

人口流动是现代化进程中的必然现象。当火石垭村民离开土地之后，由他们所转化的劳动力以不同的形式在城乡之间流转，永久性和暂时性的流动行为，对火石垭村村民的家庭生计选择和村落社会的发展产生了较大的影响。

1.家庭策略的选择变化

从村民流动的普遍情况看来，当前他们的流动，更多在于赚取生产生活费用。劳动力的季节性在外流转，实际上是为了现金收入而奔波的一种生活方式，侧面体现了新一代家庭策略的选择。

HYC与CYE夫妻俩结婚后不久便出去打工。一开始的目的地是福建，然后去新疆种棉花。在福建和新疆的打工积蓄使他们有能力购买尤家屋基的地基，并在此处修了两层的砖房。刚去新疆时，CYE怀孕了，她选择在新疆生产，于是夫妻俩唯一的儿子便在新疆降生。孩子出生后一直跟着二人在外生活。2008年，等到孩子上小学的年纪，CYE只好一个人带着孩子回来读书，留下丈夫一人在外打工。因为只养育一个孩子，夫妻二人对他倾注了不少心血。从新疆回来的CYE并没有直接让孩子在村小读书，而是去了镇上的小学，CYE也在石家镇上陪读。不过即使住在石家镇上，她仍旧操持着火石垭家中的农业种植生产，喂猪种菜，置办粮食。她一个人便种有10袋苞谷种，一年可以收获一万多斤，销路不愁。2021年苞谷的售价在1.5元/斤~1.8元/斤，一万多斤的收成一年能有一万多元的收入。有一年甚至育了6头猪，虽然猪的养育让她劳累，却也实实在在增加了家庭收入，一头大致可以有几千元的收入。

如此情况让CYE的生计策略有所不同。她不喜欢与火石垭的其他女性一样打零工：

我（以前）就是不喜欢出去打零工，所以就多喂几头猪。我觉得在自己家里面坐着我还自由一点，我不出去。不喜欢跟着别人管着我自己，早就早一点晚就晚一点。在这儿的话只有80到100块钱一天，但是出去打工的话待遇不一样。

从她的话语中能够感受到，她依旧怀有对外出务工的憧憬，如今，外出收入逐渐增多，丈夫的工资从一天80元上涨到300元以上，有时一月可挣得一万元左右，除了暑假和春节，丈夫一年在外可挣得八九万元，对比自己在家种地加养猪，一年无论如何辛苦，也比不上丈夫的收入。因此当孩子去黔江读高中后，CYE便立马选择和丈夫一起出去："我在家待了大约9年，2019年我们俩一起去了广州打工。当时我一出去，一天就有300元，他是320元。"

CYE夫妻俩的选择中，包含了对家庭事务的协调分工。一方面，二人家庭生活目标是以经济结果为导向的，即赚钱养家；但另一方面，丈夫HYC的外出与妻子CYE的回流，也是以家庭发展为原则。在传统的家庭角色分工中，男性长期作为劳动力资源的主力和家庭收入的主要来源，女性则处于附属地位，后者在家无论是承担家庭琐事，还是种地育猪赚取生活费，仍很大程度上不被看重。但劳动力开始流动后，女性的地位逐渐凸显，与男性在收入上的差距有所缩小。因此像CYE一样的劳动力，不用终日围绕着土地与牲畜活动，不再日日被家庭和土地绑定。更为重要的是，双方通过不同的家庭分工，既完成了对下一代的教育，又完成了收入增加的目标。

当核心家庭面对流动时，考虑的是谁来流动、何时流动、流向哪里，以上问题的回答，均是对家庭发展的判断与评估，也是综合取舍的过程。这个过程不仅由家庭成员个人所能够赚取的金钱数目、自身劳动力成本和受教育程度等所决定，还受到家庭整体的发展情况及对家庭未来期待的影响。

SSP与妻子有着与其他人不一样的选择。不喜欢受他人管制的夫妻二人，在外出务工的几年后，选择回到家乡从事农业种植生产，且活路不限。SSP与妻子育有两个孩子，大儿子SHD患有罕见且无法治愈的疾病。因此，丈夫SSP作为主要劳动力一直在外奔波，下苦力挣钱。"我去过浙江，浙江那边搭钢管架，搞半年又去湖北宜昌打米，后来又去武汉城内，到处跑。"后来他把妻子带去福建的工厂打工。不过因为家中壮年均不在家，孩子及老人缺乏照料，加上自己性格冲动，不适宜工厂体制环境，于是妻子跟随他回到了火石垭村。

自己在家什么都做。种地也要种，种玉米、花生以及油菜。在附近下苦力的活儿也常做，比如去抬过"筒子石"，赚过七八百块钱。实在没活的时候，偶尔会出去捡瓦，也就是给老式瓦房修整房顶、盖房子，打沙、打土。包括给来火石垭承包土地的老板们搞管理，也给L老板做过事，就像现在我栽百合一样的，栽了要管理，管理要守着别人，做就是别人做，我领头噻。

但生活总是充满坎坷与艰辛，小家庭在两年前出现变故，SSP在帮弟弟修新房时意外坠落，造成终身残疾，出院后也只能在家中休养，日常生活全部需要妻子的照顾。"一家之主"的重担全部压在妻子身上。孩子和丈夫治病所需的巨大开销，让妻子在外出与在家之间反复游移。等到SSP可以挂着拐杖自行走路之后,妻子立即决定去新疆打工,为家庭赚取更多的收入。

可见,对于火石垭村民而言,务工流动能够带来至关重要的家庭收入,同时村民们在流动过程中也有着更加复杂的策略抉择,为下一步流动提供了重要的参考依据。

2. 村落文化秩序的管理

当前,火石垭村已经逐渐成为以外出务工为主的村庄,中年人以季节性流动为主,新一代的年轻人更是一跃出村,不再回流。从这一角度而言,人口流动的选择也深刻影响着火石垭村落社会的发展。

"流动"意味着村落中的众人来来往往——何时回,何时在,难以说清。因此,上文提及的常住人口统计与实际情况不相符合的情况,实属正常。对于村里的干部来说,"管理人"是一个重要问题。例如,笔者曾经跟随年轻干部前往火石垭一组调查老年人体检后的信息反馈情况,村中老年人反应平平,除少数老人对自己的身体情况较为清楚且反应积极外,多数老人虽参加体检,却很难自行处理。如一组的RCY老人,在体检时虽检查出患有冠心病,但自己很难从遥远的山上前往镇上医院,更别说进到城区治疗。因此,关心村中老人,同时照顾建档立卡户、低保户的任务便落到了干部们头上。他们爬山、入户,一户户了解情况,各户情况他们如数家珍。但即使这样,干部们也表示工作十分难做。

他们迎着寒风、顶着酷暑、冒着大雨入户,有时花费一上午时间只能走几户人家。老人们紧闭大门,或直接在地里不见人影。暑假时青壮年有所回流,但回来的人忙着收粮食,无法长时间配合工作。同时,对于外出的村民来说,个人财富的增长、辨识能力的增加、认识视野的扩大与获得金钱后的优越感,在很大程度上会使他们对村干部等管理"权威"的认识发生极大变化,"忽视"与"轻视"的情况时有发生。

当然更多的时候,是流动本身带来复杂性。几年前,常有外界入村经商的陌生人,这些人针对老人们不懂文化与贪小便宜的心理,推销"神奇"却"廉价"的商品,导致村中老人受骗情况极多。SSC的岳母便被推销人员推销了"特效药",陌生人与老人交谈了几个小时,骗得不曾了解情况但出得起钱的老人家云里雾里:

我们不知道这些情况,都买了我才晓得,买的保健品,一罐要300多(元),(20世纪)90年代的时候300多(元)这个钱还是很娇(多)。当时我们晓得了之后,就不让她再买了。结果她还跑去找别人买!老年人的思维就是简单,没有我们提醒就不行。

SSC作为S家男丁,家中大小许多事务都是他在安排和处理,再加上自己的身体原因,他几乎再没有随意流动。ZYJ居住在一组S家聚落的柿子树坡坡处,他自幼残疾,身材矮小，但幸好有善良的SSC夫妻俩一直照顾，妻子作为ZYJ的侄女，几年前将舅舅ZYJ接到了火石垭村居住，为他修建了一间小小的砖瓦房，以作挡风遮雨之用。因为残疾且至今未组建家庭，ZYJ作为村里帮扶的重要对象，每个月都有补助金。而像他这样的人群，就成了推销的重点对象。某次，推销的人找到ZYJ向他推销"高级新疆棉被"，被当时的SSC一眼识破："我一看就不是好的！我说你敢不敢让我当场剪开，如果是好的，那我把钱赔给你，如果不是，那就要好好说哈！结果那个人根本不敢让我弄。我知道这些人专门来骗人的。"流动人口带来的种种问题，给村落管理增加了重重困难。

除此之外，村落文化在人口流动的大背景下，也存在传承和发展的问题。火石垭的村落文化作为传统中国农业文化的缩影，可以用来解释和概括村落社会和人的行为。村落文化的组成是多样的，既有以土地为核心的乡土文化、生态文化，也有以武陵山区为核心的移民文化、民族文化等。人口流动让此处长期以来的封闭性被打破，村民们在城乡之间流动，将城市现代化内容带回传统村落，让村民的生活增添现代性元素，使村落文化在现代化的浪潮中发生改变。这种改变有以下两个方面。

一方面，这里有着武陵山区的民间生存智慧，如修建木房子负责掌握结构的师傅，被称为"掌墨师"[1]。掌墨师曾有着一套严格的传承制度，一组的ZHQ爷爷曾作为掌墨师接受过"师徒传承"：

拜师，就是祭拜鲁班。相当于要传教。我是师父，我要把手艺传给他，就要牵桥。牵桥要一张二尺的布，叫作搭桥布，同时准备鸡公献神，献给鲁班。

牵桥仪式完成之后，师父与徒弟便建立了严格的等级制度：

我牵过桥了之后去修房子，主人家给我一只公鸡，我要给师父拿过去。因为这是借师父、借鲁班得的这只鸡。如果师父心情好，那么这个肉就给徒弟，不然的话，就是师父自己吃了。

这套传承制度直到20世纪还保留甚多，但现在很多手艺都失传了，YJK说起现状时显然十分痛心："现在留下来的手艺，这个师傅留一点，那个师傅留一点，都没有好多完整的手艺。"而YJK本身也没有进行过"牵桥"仪式祭拜鲁班，他的手艺是耳濡目染自学成才。据他所说，拜过师、牵过桥的掌墨师，有着必须传承至下一代的规定，不然将会对自身及后人发展有所影响。而此前，这项制度并不为人看重，大部分人认为掌墨师的传承不会断裂。而当今无人想学之后，因这项苛刻的规定，掌墨师的手艺极有可能

---

[1] "掌墨师"：指修建吊脚楼建筑中，使用斧凿锯刨和墨斗、墨线，制定房屋总体结构的民间手艺人。

逐步消失。

另一方面，传统文化的传承在现代化的需求中被调适成另一种模样。社会的迅速转型削弱或者暂时性摧毁了所谓的传统模式，同时也建造、发明出一些新的"传统"，而此模式本身是与传统相关联的。火石垭村目前出现了新兴的文化项目——"打鼓队"，这是由几位村内的中年妇女组成的表演队伍，通常会出现在红白喜事上。它的出现时间在近一两年，由小河对岸的彭水传来。在红白喜事上，妇女们衣着统一，跳简单的舞步，并邀请两位唢呐匠吹奏传统音乐，"打鼓队"形式比传统唢呐匠演奏更受欢迎。这些"新传统"的传播速度加快，范围逐渐扩大，并被火石垭村等周围片区的人迅速接受。小小的一个火石垭村，由一个队分为两个队，由五六人参与到如今十几人都试图学习，唢呐这项传统艺术因"打鼓队"而再次兴盛。

总而言之，任何记忆、文化都不可能凭空捏造，而此项新的传统一出，成为一种大众化潮流，归根结底是建立在传统文化基础上的，并兼具了时代流行趋势，符合大众主题。因此，新传统实际上是反映了人们的时代需求，他们全新的心态来触及有关传统的议题。

小　结　非典型村庄的勃勃生机

火石垭村看似是普通的村庄，既无名山大川，也无历史伟人。它生长在武陵山之中，如野草一般生机勃勃。其喀斯特地貌在千百年来不断形塑着这里的自然环境，形成了弯弯拐拐、坡坡坎坎的道路。高海拔的山区气候特色显著，同时养育了多种多样的动植物，在自然环境上是"美丽乡村"。

本章从火石垭地理生态空间、村落历史记忆和社会经济发展三个方面描述了火石垭村的基本情况。在历史上，火石垭村没有发生撼动历史的事件。据村民所说，这里曾是"火石垭分州"的州县衙门所在地，并且在此处发生过"火石垭教案"，但这只是十分平凡的微微星光，很快销声匿迹。在人口发展上，这里没有庞大的家族，只有因移民而成为的"万姓村"。在行政建置上，火石垭村范围逐渐扩大，"火石垭"的痕迹似乎越来越模糊。人们在看似毫不起眼的村庄里默默生活，不断适应自己生活的环境，运用自己的生存智慧，描绘着属于自己的生活图景。

随着城镇化的推进和交通条件的改善，越来越多的火石垭村民外出打工，他们或永久性迁居，或候鸟式流出，这都给家庭和村落带来极大影响，一方面人口来来往往，管理相对复杂；另一方面在文化的传承上有着不同面貌的发展。在这种情形下，非典型的火石垭村中，一个个村民用他们的智慧经营着自己的小家庭，如同一颗颗小星星融汇，形成一片众星闪耀的明亮星空。在这个过程中，他们显示出顽强的生命力，等待进一步探索。

第二章

土地、种养与劳动：
非典型村庄的生计韧性

载芟载柞，其耕泽泽。千耦其耘，徂隰徂畛。
侯主侯伯，侯亚侯旅，侯强侯以。有嗿其馌，
思媚其妇。

——先秦·诗经·周颂·载芟

中国作为传统的农业大国，千百年来，人们的生产生活多依靠土地，火石垭村与千万个普通村庄一样，也不例外。

七月，随处可见金黄色的玉米地，绿色的穗叶在随风摇摆；八月，随着轰轰隆隆的三轮车响，一车又一车的南瓜从地里摘下，送往城市；九月，又是一年"点菜"好时节，翻土挖沟，撒下种子；十月，只要不下雨，早上六点就出工，下午六点收工，百合种子在一锄又一锄下慢慢播种……

火石垭村民多年来过着"面朝黄土背朝天，日出而作日落而息"的生活。一年四季的生活规律，跟随农作物的生长习性而定，他们办着菜园，养着家畜，世世代代居住于此。上天赐予他们这块土地，他们也以这块土地为生。与土地相伴的生计从古至今仍旧在延续着，成为他们生存与发展的生计基础。

第一节　靠山吃山，以农为本

土地是农民安身立命的重要生产资料，"耕者有其田"是农民千百年来的经济诉求和梦想。在传统的乡村社会中，土地不仅是农民赖以生存的生计之源，更是农民的情感寄托。"我到一（本地读"幺"）九拐（锄头的象形）信箱当工人"，既是村民对自己长年以锄头为工具的调侃，也传递出依靠土地为生的信息。

"靠山吃山，靠水吃水"，是人们在长期农村生活中依靠大自然的天然赐予总结出来的经验与智慧。火石垭村的地形以山为主，"山多土地少，地无三尺平"可以形象地描绘火石垭的地势情况。面对这样的环境，村民们在现有的土地上发挥智慧，根据地形、土壤和季节进行农事安排。他们广泛种植玉米和油菜等粮油作物，不仅可以换取一定的经济收入，还可以将玉米用于家庭牲畜养殖。不仅如此，聪明的村民会在最大限度节约生活成本的情况下，在自家附近圈一块小地，种上日常所需的蔬菜瓜果，这便是他们口中的"园子"。如此一来，既能满足农民个人或家养牲畜生活的要求，又能达到售卖蔬菜补贴家用的作用，使村民能够在这片土地上实现自给自足。"靠山吃山"的他们，书写着自家辛勤耕耘的生活故事。

一、延续传统的农业种植

"玉米黄了做粑粑，油菜收了打菜油，麦子打了擀面条。"这是村里人常说的一句顺口溜，描述了火石垭村民们较为常见的生活场景。为了更好地利用好土地，抢占时间，他们安排了紧凑的种植和收获时间,为的是一年到头能够有个好收成。火石垭村民说:"在我们这个山区,不是像那些平原平坦的矮地区那样水多土肥,所以我们这山区老百姓都是靠天吃饭,全靠庄稼生产种植时间掌握得好。"

(一)粮油作物填饱肚

玉米、油菜、小麦等庄稼作物与村民的生产生活紧密相连,可以为村民换来一定经济收入的农作物。种植生产中收入较高的作物种类里,至今仍延续有玉米、油菜和小麦,既能够换来钱,也能够填饱肚子。

1.玉米

九月的火石垭村,天刚刚亮,在道路上行走着的村民一个个背着高大的背篓,来到一片干枯金黄的玉米地。他们将背上的背篓放在玉米地外,背篓中拿出一个编织麻袋径直走向玉米地深处。沿着一排排玉米,他们左边掰一个,右边薅一个,扔进大麻袋里,一路收完接一路。太阳升起来了,汗水从脸颊大滴往下落,有时汗水遮住了双眼,流满整张脸,他们只好停下活路,用带有泥土的手背在脸上随意一抹,毫不在意是否有泥沾到脸上,然后继续干活。强烈的阳光照射在村民满是汗水的黝黑皮肤上,显得格外透亮。

正如大多数农村一样,玉米在当地被村民称为"苞谷",是传统粮食作物,"家里只要种地的,就没有不种苞谷的"。玉米在村里传统生计中一直以来占据着重要地位。因为它不仅好种、产量高,且用途广泛。除了玉米粒以外,玉米秆、玉米叶、玉米棒都能派上用场,如玉米秆可以喂牛、喂猪,也可以烧来做化肥返田;产出的玉米可打成玉米面,易保存,储存时间长。在火石垭村,玉米一年只种一季,但因种植早晚不同,有着春玉米和夏玉米之分。春玉米播种期一般在4月末到5月初,8月收获;夏玉米播种期则大致在6月,9月左右收获。

如何选择播种时间,则由农户个人决定。玉米的生长周期大约在100~120天,玉米的种植流程如图2-1所示。

玉米的种植存在一些技术要点:一是9月、10月不打草,在以前点火在土地里烧就相当于整草;二是3月、4月丢玉米,锄头挖窝,一窝两粒玉米粒,再撒上尿素;三是等到播种20天,可以撒一些尿素,差不多长出三片叶子就可以打除草剂;四是等长到两个月,差不多有9~10厘米高时,打除草剂和肥料(尿素磷肥复合肥按比例混合),具体计量根据土质情况和种植面积而定。

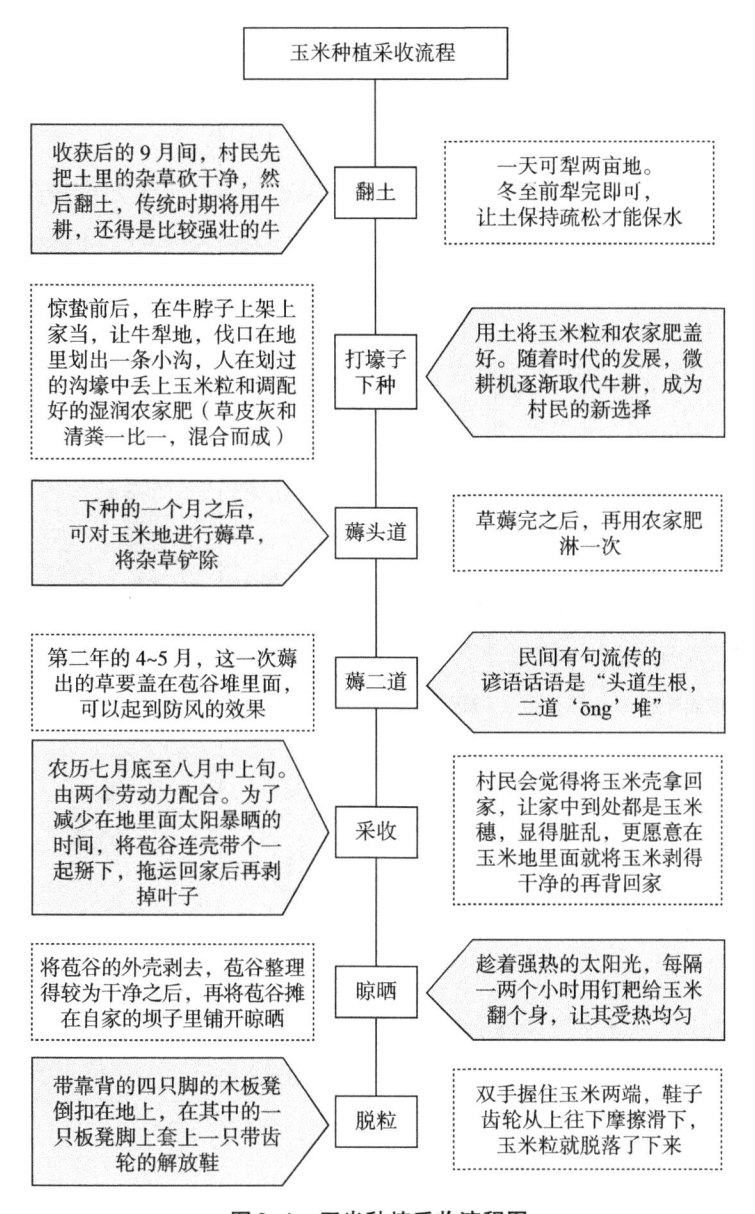

图 2-1 玉米种植采收流程图

玉米种植采收流程

- **翻土**：收获后的 9 月间，村民先把土里的杂草砍干净，然后翻土，传统时期将用牛耕，还得是比较强壮的牛。一天可犁两亩地。冬前犁完即可，让土保持疏松才能保水。

- **打壕子下种**：惊蛰前后，在牛脖子上架上家当，让牛犁地，伐口在地里划出一条小沟，人在划过的沟壕中丢上玉米粒和调配好的湿润农家肥（草皮灰和清粪一比一，混合而成）。用土将玉米粒和农家肥盖好。随着时代的发展，微耕机逐渐取代牛耕，成为村民的新选择。

- **薅头道**：下种的一个月之后，可对玉米地进行薅草，将杂草铲除。草薅完之后，再用农家肥淋一次。

- **薅二道**：第二年的 4~5 月，这一次薅出的草要盖在苞谷堆里面，可以起到防风的效果。民间有句流传的谚语话语是"头道生根，二道'ōng'堆"。

- **采收**：农历七月底至八月中上旬。由两个劳动力配合。为了减少在地里面太阳暴晒的时间，将苞谷连壳带个一起掰下，拖运回家后再剥掉叶子。村民会觉得将玉米壳拿回家，让家中到处都是玉米穗，显得脏乱，更愿意在玉米地里面就将玉米剥得干净的再背回家。

- **晾晒**：将苞谷的外壳剥去，苞谷整理得较为干净之后，再将苞谷摊在自家的坝子里铺开晾晒。趁着强热的太阳光，每隔一两个小时用钉耙给玉米翻个身，让其受热均匀。

- **脱粒**：带靠背的四只脚的木板凳倒扣在地上，在其中的一只板凳脚上套上一只带齿轮的解放鞋。双手握住玉米两端，鞋子齿轮从上往下摩擦滑下，玉米粒就脱落了下来。

图 2-1 玉米种植采收流程图

玉米在生长的过程中需要病虫害管理。据村民口述，玉米种植最大的病虫害就是玉米螟，但好在火石垭村虫害相对较少，一般不用药。他们普遍认为杀虫剂毒性强，会对玉米生长产生副作用，因此即使出现病斑也不会随意用药，仍旧让玉米保持原生态生长。

玉米的用途有两种，一种是自家食用，如煮玉米、炒玉米粒、烧玉米等；另一种是喂养家中的牲口。如两项消耗后还有剩余，就将其与玉米秆一起售卖，换取一定的经济收入。

玉米的价格几十年来发生了一定变化。20 世纪八九十年代时，约为 3~4 角/斤，2021

年夏季售卖的价格约为1.5元一斤。而如今在村中，玉米多数卖给附近的养殖大户或火石垭酒厂，如2021年9月4日，村民CJG与LGL分别将自家的1000斤玉米以1.5元的价格售卖给了火石垭村酒厂老板ZZC用于酿酒。

总的来说，无论是生活食用还是饲料喂养，从古至今，玉米始终是当地村民生产生活中最为重要的粮食作物，被村民寄予不同的意义。图2-2至图2-4是村民处理摘回的玉米的情况。

图2-2　地里刚摘回来摊在地上的玉米　　　图2-3　村民翻动晾晒的玉米

图2-4　村民翻动晾晒的玉米粒

2. 油菜

十月的火石垭村，天气依旧炎热，土地干出了裂口，油菜种子无法种下，村民们嘴里念叨着"这几天天色那么大（形容太阳很大），到处都干完了"，眼里盼望着初秋的第一场雨。对于他们而言，那将是一场庄稼生长的"希望之雨"，因为初秋的第一场雨下来之后，干裂的土地就会变得松软，适宜种植油菜了。

油菜种植在村庄里一直保留着。在传统时期，油脂的获得指望着油菜，它是村民生活主要的油脂来源。虽然如今市场上出现了大豆油、橄榄油、花生油等制成品，但是村民们普遍习惯食用自家油菜榨出来的菜籽油。在他们看来，日常炒菜还是用自家菜籽油炒制出来的更香，并且可以减少生活成本。100斤油菜籽能够榨取30多斤的菜籽油，基本上家家户户都会种上一点油菜供自家食用。如有多余，还会拿到市场上售卖，按照2021年的市场行情，一斤菜籽油能够卖11元左右。由于各家各户油菜种植量较少，所以一般仅供自家食用，很少用于售卖。油菜的种植相对复杂，其种植过程如下。

（1）翻土整地：农历八九月时，村民会带上锄头前往自家的土地开始翻土整地。先将土挖成一厢一厢的长方形，再用大锄打沟打窝，每个窝的间隔为30厘米左右（图2-5）。不过现在也有部分村民选择不打窝，直接大面积撒种。

图2-5 村民整好的地并打好窝施上底肥

（2）下种：油菜在玉米采收完后播种。九月，天气似乎还是那么炎热，村民们默默等待下雨，因为只有被雨淋湿后的土壤才能变得松软且充满水分，种下的油菜种子才会发芽。获得油菜种有两个渠道：一是村集体下发种子让村民试种；二是采买种子，一般有17~18元/（100g·包）或15元/（200g·包），一亩地可以播种5包左右100g的油菜籽。油菜下种的步骤，是将油菜籽与肥料（磷肥20%、复合肥10%、草皮灰70%）混合在一起，丢进窝里用土覆盖起来（图2-6、图2-7）。

图2-6 村民混合油菜籽　　　　图2-7 混合的油菜籽

（3）移栽：等到油菜苗冒出土时，就可以进行移栽。移栽到预先挖好的土地里面，每棵间隔10~20厘米，保证其生长不会太密集（图2-8、图2-9）。当然，对于直接撒种的种植方法就不存在移栽的步骤了。

图2-8　点好的油菜苗　　　　　　　　图2-9　移栽的油菜

（4）田间管理：差不多生长两个月后，油菜长到10厘米高，长出四片叶子，此时可以用挖锄将草撬干净，再撒上两个手指大小的复合肥。在锄草前需要对每窝的油菜苗进行摘选，一般每窝油菜茎不能超过三根。

（5）采收：来年农历二月至三月，油菜慢慢开花，四五月凋谢。等油菜长成颗粒饱满且有4~5厘米长的干壳时，可以将其采收。采收工具有镰刀、薄膜胶纸、连盖（锤打油菜籽的工具）、蛇皮口袋等。收割时用镰刀对着油菜根部割下，几把油菜捆成一小堆将其放在薄膜纸上，保持油菜籽相对干净，也可以防止油菜籽脱落，避免大量丢失。全部油菜割完后，先摊在地里晒上两三天太阳，用"连盖"将放置在胶纸上的油菜一遍遍抽打，将油菜籽打落下来，再用弹筛去除杂质，装袋储存，运送回家。

（6）榨油：运回家的油菜籽再次摊在自家的坝子里晒干，然后用鼓风机将油菜灰吹落剥去。剥完后，一部分密封装袋，储存在粮食柜子中，另一部分则趁着新鲜拿到附近的榨油坊去榨油。

相对于玉米，村民们油菜种得少。一方面，是种油菜流程琐碎，要精心护理；另一方面，村民们对油菜的需求量并不大，日常可以购买成品油，花费也不会太多。

3.小麦

俗话说："小麦点在寒露口，点上一碗收三斗。"这句话意指，种小麦最好的时节在寒露。虽然自2000年后，在火石垭村基本上见不到小麦的身影，但是小麦作为一种重要的粮食作物，曾在当地农业历史中占据一席之地。在村民们的记忆中，小麦在大集体时期是种植的重要作物，但生产队仅强调小麦的种植数量，对于能否保证产量则不关注。如此这番，造成了村民们不管三七二十一将小麦种子往地里一把把撒后不管的现象。他们认为，只要将种子撒下去就算了事。但是这种方式只会带来小麦的大面积死亡：一方面是撒太多量，发芽阶段堆在一处容易发烂；另一方面则缺乏专业的技术指导，自己摸索出的方法不科学，种下了许多种子，却没有多少产量。

小麦是做面条的原材料，村民们普遍认为，自家种的小麦加工出来的面条才好吃。20世纪末，成熟的小麦经过简单处理后，多是直接卖给村里的几家面坊，或者利用面坊的器具进行面条加工。虽然小麦种植已经延续多年，但在政府大力鼓励村民进行烤烟种植后，各家各户逐渐将生产重心都投向了烤烟，逐渐减少小麦的种植量。一开始，为了更好地提高生产效率，村民将烤烟与小麦套种，实行3行小麦套1厢烤烟的方法（"三尺一厢"）。后来，因小麦种植效益低，相较于烤烟所带来的收益差距甚远，因此小麦在21世纪初便销声匿迹。

玉米、油菜和小麦基本上是火石垭最主要的粮油作物。除了粮油作物之外，勤劳的村民们不会让自己处于闲适之中，不管是否农忙，他们总是习惯到自家的土地走一走，看到地里面的庄稼或蔬菜长得好，便觉得很欣慰。

长年生活于此，以地为生的他们，对种植时间显然牢记于心。一般而言，自家如何安排，通常以传统的二十四节气为依据，具体见表2-1。

表2-1 火石垭村庄二十四节气中的农活安排

二十四节气	农活安排	民间相关谚语
惊蛰	家中小块自留地点玉米	—
清明	大面积土地点玉米、下种红苕	"清明断雨，谷雨断霜"（等到清明节的时候，雪才会完全停下，谷雨时节的时候霜季才完全过去）
谷雨	海拔低有水田的地方插稻秧	"立夏不下，犁耙高挂"（立夏不下雨，有水田的地方会干枯，用不着犁和耙打田，这一年的稻谷收成便不好）
芒种	迟玉米必须点下去、收割油菜和麦子	"小满不满，芒种都不管"（小满水田里面的水不涨水满出来的话，田地里面的秧子就不用怎么操心管理）
夏至	玉米薅头道草	"夏至三更（gěng）遍地青，庄稼不青草都要青"（如果玉米薅草忙不过来、玉米不青的话，玉米地里面的草就会长得又深又青，一眼望见的是草而不是玉米）
小暑、大暑	玉米薅二道草	"小暑吃园，大暑吃田"（小暑时节自留地园子里面的玉米可以吃，大暑时节田地里大面积的玉米已黄可吃）

续表

二十四节气	农活安排	民间相关谚语
立秋、处暑	ōng（挖）红苕	—
寒露、霜降	点麦子、点油菜、挖红苕	"寒露霜降，油菜麦子在坡上"（形容寒露霜降是点油菜和麦子的好时节）
小雪、大雪	砍柴捞柴烧火烤	—
冬至	办冬土	—
小寒、大寒	犁土	—

以上便是村民们长期生产生活中摸索出来的经验智慧，一句句民间谚语或歌谣，既是他们生活状态的真实描绘，也是独到经验的生动展现。

可见，农事安排与时令季节，村民们早已总结出规律。对于他们而言，那是土生土长的农村人本应掌握的知识本领。73岁的CXY说道：

当然噻，我们是住在这里嘛，我们是农村的，这些都不晓得，那你还怎么生活？因为要种这些才得吃呀，还要抢时间！种的季节不对的话就不好吃，还不一定种得出来，在农村大家都晓得的规律。

（二）"一日三餐"有园子

在火石垭村，时常会见到此番景象：村民闲逛串门时，看到他人家中的房门敞开，走进后却不见主人家的身影，于是大喊一声，隐约听得见有人回应，但难以辨别声音的位置，再喊一声，主人家以高分贝应道："哎，我在园子土头（菜园子土地里）！"闻声走过望去，发现主人家果然在房子周围，面对土地弯着腰忙活着，或是采挖土豆、红薯，或是扯花生、豆子，抑或寻找着当晚下厨的蔬菜。这便是家家户户精心侍弄的"菜园子"，种类繁多，只供自家日常食用。种植品种较多的有土豆、红薯、豆子、花生，以及一些常见的季节性蔬菜。

1. 土豆

土豆在此处又称为"洋芋"，是火石垭餐桌上常见的食品。在村民的记忆中，洋芋品种在大集体时期有白沙、苏联红、乌霞、金黄果等。洋芋在20世纪八九十年代种植面积较大，收成也相对较好。"那时候每家每户至少有四亩到五亩地种洋芋，种植出来的洋芋普遍都是半斤一个的，一个家庭一年能有4000斤到5000斤，现在的土质就不行了，洋芋一般都是乒乓球大小的，没得（不到）原来的一半。"但不管村民家里种植多少洋芋，基本上不会售卖。"没得卖的，我们自己留到要吃的，可以吃好久。"村民说道。因为土豆能够长时间存放，并且在食用上还能够蒸、炒、炸：夏来吃炒洋芋，冬来吃炸洋芋。常见的有蒸洋芋饭、炒土豆片、炒土豆丝、炸洋芋片。由于淀粉含量高容易饱腹，并且成本也相对较低，洋芋一直都是村民们青睐的食物之一。此外，对喂养牲口的家庭而言，洋芋还是饲料的重要来源。洋芋种植过程并不复杂，主要如下：

（1）翻土：每年9月、10月翻土；

（2）催芽：将储存在家中的洋芋于暑天用苞谷液或者豆草将其包裹，等到冬季来临时不会冻伤，腊月时开始发芽；

（3）整地：土地里间隔10厘米掏沟、挖窝；

（4）栽芽：正月栽芽，等洋芋发出大芽后一个芽切一坨，一个洋芋大约能切成4坨；栽的时候，芽朝上放，洋芋坨放入土中，渣子粪盖上第二层，最上面再用土覆盖为第三层；

（5）薅草施肥：等芽长出土就可以薅草，施肥是用清粪加两把尿素淋洋芋，淋好肥料后再用旁边的土将粪盖好；

（6）采收：6月采收，挖洋芋的过程中需要注意锄头的深浅、力度与位置，因为洋芋埋在土地里表面上看不出任何痕迹，一不小心就容易将洋芋挖破而不好存放（图2-10、图2-11）。

图2-10　埋在土地里的洋芋　　　　图2-11　挖洋芋的村民

2.红薯

秋冬时节，吃上一个火箱里刚烤出来的红薯，那散发的香气让人心情一下子变得格外美妙。火石垭村民将红薯称为"红苕"，品种主要有洋白苕、小苕、淀粉苕。大集体时期的种植让人印象深刻："大集体时候，我们吃的就是苕和菜叶煮的汤汤嘞，那时候主要是苕。"随着时代发展进步，村民的生活条件也有了很大改善，可供村民选择的食物越来越多。红苕虽然一直种植，但更多已成为牲口饲料。即使人们食用，也是将其用来制作红薯粉。冬日滚烫的火锅里，加入一把自家制作的红薯粉，那晶莹剔透的颜色配上软软糯糯的口感，让寒冬又多了一分温暖惬意。

图2-12 村民挖回家中储存的红苕

红苕的储存方法有一定的讲究，一般每家每户都会在自家不远的土里挖一处自上而下的苕洞，挖回来的红苕一筐筐装好，再用麻绳拴住，十字交叉，慢慢送入洞中。苕洞内有人专门接应，负责将输送下来的红苕摆放整齐（图2-12）。

3. 豆子

豆子在火石垭村民的菜园子里十分常见，但种植面积较小，自家食用足矣。豆子的品种有白豆、大白豆、乌脸豆、青皮豆等。种植过程相对简单，一般与玉米套种，且不需要太多管理，只需要除一次草。过去用手撬草，如今用专门的豆子除草剂处理便可。在每年8月至9月，待到家中的玉米采收完了，村民们就要张罗着采摘与玉米套种的豆子，从地里将豆子连同藤叶一起"扯"回家中，村民们形象地称为"扯豆子"。扯回来的豆子摊晒在家中坝子里，晒上好几天。等到水分晒干，豆子皮大片裂开脱落时，村民们就会手持连盖打豆子（图2-13）。打好的豆子经过人工筛选，再装袋储存。

有时，村民们会将刚从地里面扯回来还带点青绿色的豆子，连藤带瓣一起放入烧开水的锅中，加点盐巴，煮上一个小时后捞出品尝。这是村民们的采收时节，大家围在桌子周围，你一枝我一枝，吃着"盐煮豆子"（图2-14），一番欢声笑语，其乐融融。

图2-13 正在用连盖打豆子的村民

图2-14 刚煮出炉的豆子

4. 花生

十月的村庄，凉风送爽，刚摘完豆子，花生又成熟了。走在乡村的道路上，朝不远处的地里望去，满脸是汗的村民半蹲在地里，抓住一根花生藤，用力一拽，几十粒花生果破土而出，粒粒饱满，村民脸上笑吟吟："今年这个花生还可以嘞。"这是农民收获满满的内心独白（图2-15）。

花生不是家家户户的必种选项。村民

图2-15 村民悬挂从地里收回来的花生，将泥巴晾干

们对花生的需求主要为自家日常食用,所以种植面积并不大,在商品经济如此发达的当下,许多村民们更愿意去市场上购买,而不是自己种植。

花生更多是作为一种下酒菜出现。生活中,花生的食用特别广泛,生花生、炒花生米、油炸花生米、醋泡花生米、炸花生油、火烤花生粒等,均是人们喜爱的。初秋的火石垭村,天一下雨立马能够感觉到气温下降,尤其在火石垭村二组的山上,感受尤为明显。受不了冷的村民早早地生起火炉,围桌闲聊之余,用火炉烤点花生来吃,让日子不再乏味(图2-16)。火炉刚烤出来的花生是烫嘴的,围在炉子边闲聊的氛围是温馨的,最淳朴安逸的乡村生活莫过于此。"像这样烤花生吃,我家过年两口袋花生都烤得吃完嘞,大家来我屋里耍,都熊(喜欢)这样烤起吃。"村民HXX说道。

图2-16 火炉烤花生

5. 季节性蔬菜

为了更大程度节约生活成本,生活在农村的人们总是习惯性地在房屋周围开辟一块土地作菜园,园子里少不了一日三餐的蔬菜,正所谓"萝卜白菜总有一爱"。不管什么季节,总能够在这里找寻到美味佳肴。

在农村嘛,是这样哟,么子都还是要办点,一方面能够节约很大的生活开支,日常生活需要购买的就是米和油,菜这些随时都还是有吃的嘛;另一方面相比较街镇上购买来的家常蔬菜,自己一手一脚纯天然无农药种植出来的还是更为美味、放心,是许多城里人向往的绿色有机蔬菜产品。

由于自然条件的影响,家家户户种植的蔬菜都差不多,偶尔会在个人喜好影响下有小差异。火石垭村民一年当中,不同的季节可以吃到不同的蔬菜,具体的情况见表2-2。

表2-2 火石垭村民不同季节蔬菜种植情况

月份(农历)	季节性蔬菜
正月	饵菜、白菜、萝卜、角角菜、大头菜、甜菜、菠菜、菜豌尖、大蒜、火葱、香菜
二月	白菜、萝卜、饵菜、青菜、娃娃菜、大头菜、菠菜、菜豌尖、大蒜、火葱、香菜
三月	菜豌、苞苞白菜、莴笋
四月	热白菜、苞苞白菜、莴笋
五月	四季豆、茄子、豇豆、黄瓜、葫芦、洋芋
六月至七月	茄子、辣椒、豇豆、黄瓜、丝瓜、葫芦、热白菜、南瓜
八月至十二月	玉米、豆子、萝卜秧、葫芦、刀豆、佛手瓜、白菜、萝卜

秋冬季节，可食用的种类更多。民间有一种说法，七月初七是菜母娘娘的生日，所以白菜、萝卜等冬季蔬菜，都要等到菜母娘娘生日之后再点种，一来是在时间季节上，更适合蔬菜生长，二来传说此番时间点种的蔬菜，虫害会少很多。

在村中一组，由于集体经济多在本组发展，土地大多被承包。面对这种情况，村民们始终坚持在自家房前屋后开辟"菜园子"。ZSB于2008年搬来火石垭街时连同家附近的小块土地一起购买。

我还是想着自己还是要有地种点菜嘛，平时自己可以吃嗫。我当时买的时候，旁边的人家都没得这些想法。看到我把房子后面地买了，他们才跟到起买！主要是近嘛！原来老家的地隔得太远了！不方便嗫！你像现在，我做饭的时候就可以顺便到楼下摘点菜嘛，也新鲜嘛！

ZSB的菜园子里种着许多家常蔬菜，如白菜、油麦菜、大蒜、小葱等。同住一条街上的YXQ家，以开超市与农村客运为主要收入，他自己的老家远在六组，可老家的房已经全拆了，地也承包出去，好在街上的新房背后有一块地可以种菜。每次谈及此事，妻子总是十分庆幸："这桌上的菜全部都是我们自家种的！纯天然！无污染！我们没去买过菜！"

尽管在市场经济的影响下，许多村民都将自家的土地进行了流转，但是坚持侍弄"菜园子"依然是村民的共识。哪怕现在部分人家已经不靠种地谋生，但他们也保留了种菜的习惯。寒冷的秋冬季节，一家人围坐在火炉前，吃着菜园子里各种蔬菜做成的菜肴，感受着美好生活的香甜（图2-17—图2-19）。

图2-17 村民菜园里的茄子与火葱

图2-18 村民菜园里的南瓜

图2-19 正在菜园摘白菜的村民

二、由盛转衰的烤烟种植

漫山遍野的烤烟，曾是火石垭村最令人震撼的场景。20世纪八九十年代，烤烟种植业曾在火石垭经历了十几年的兴盛时期，带动了本地区的经济发展。直到2000年初，由于土质变化及打工浪潮兴起等多方面因素影响，烤烟种植逐渐走向了衰弱。虽经历了由盛转衰，但烤烟种植仍被看作推动村庄发展的巨大力量。

（一）积极探索：希望光芒正闪亮

在火石垭，烤烟种植始于1978年，至今已经有了40多年的历史。一开始的试点在三组的土地上，此地低平沙少，泥土较多，适宜种烟，加之该组位于县道临街地段，产业发展较其他组走在前列，于是先行推广。

因土地适宜且技术培训到位，三组烤烟试点成功，为火石垭村包产到户后的大规模烤烟种植起到了示范与推广作用。20世纪80年代初，包产到户后，许多村民处于迷茫状态——自家到底种什么、如何种，成为他们的心病。此时，烤烟的到来给了他们希望。曾任火石垭村干部的CJG看到了这番景象，明白村民们的忧愁，于是1984年上任之后做的一件大事便是抓产业——烤烟。

为了推动乡村发展，让大家种植烤烟，获得更大的经济效益，火石垭村开展了一系列动员行动，包括让所有人印象深刻的动员大会。动员大会由许多层级的会议组成，有黔江县春耕春播动员大会，由村级以上干部参加；石家区春耕春播动员大会，由组长及以上干部参加；火石垭村春耕春播动员大会，由火石垭全村村民召开。动员会上，干部们将规划的烤烟种植区域和烤烟产量进行汇报，并对烤烟大户和先进个人进行表彰，以此激励还未种烤烟的农户。此种动员形式借助了国家意志，起到了很大效果，烟农由原来的一百来户发展到一百七十至一百八十户，而当时的火石垭村总共才二百多户人家。每户种植烤烟的面积都在三亩以上。

在政策补贴下，烟农可以从供销社免费获得烟种，肥料也有减免政策。此外，经过烘烤制成的烤烟不愁销路，全部卖给由烟草公司授权委托的乡镇供销社代收点。但是，当时的生产条件不够完善，尤其是烘烤条件不好，给烤烟品质带来极大影响。例如，烤烟所需的烤棚是农民用土砌起来的。而种植烤烟后剩下的土地不多，面积较小，一般是几家人合力修一个烤棚，且一开始烘烤技术低，影响较大。即便如此，在村里种植烤烟的伊始，一户便可生产200~300根烤烟，品质上乘的能赚七八千元。

1984年，火石垭老街正式成立烟草收购点，任命GDH为点长。当时的烤烟生产销售线利用供销社的资源调配，从种植前端到销售后端一体：供销社从云南烟草公司领取烟种——农户向供销社报名,说明种植面积,根据面积领取烟种——供销社提供肥料,农户按需购买——农户种植、烤好烟叶,卖给供销社并扣除成本即为利润。老村长CJG回忆,20世纪80年代中期,烤烟种植让许多村民"尝到了甜头",烤烟价格迅速从1984年的0.8元/斤~0.9元/斤上涨到1986年的1.35元/斤。在价格上涨的同时,产量相对较好,1986年甚至出现产量过剩的情况。据多位村民回忆,村民的生产积极性如同"打了鸡血一般"。

烤烟之所以能够如此迅速而深入地渗透到广大村民的种植结构中,行政力量尤其重要。其中,政府着力推动召开的烤烟产量价值表彰大会,在村民的记忆中十分深刻。该会议表彰的是销售额达到千元与万元级别的烤烟大户,即因烤烟种植所产生的"千元户""万元户"。表彰一共有三个层次——火石垭区级、石家乡级和黔江县级,奖励金额分别为区级50元现金、一床毛毯;乡级50元现金、一个茶盅;县级100元现金、一床毛毯、一条美猴牌的烟。居住在一组的YJK,至今仍使用当时"千元户"奖品——茶盅,YJK对此奖励情况如数家珍:"八几年的时候,大家都在种烤烟,我们种得还可以,得了千元户的奖励,现在都还在用(茶盅)。"每谈及此事时,他的眉宇之间便流露出兴奋与自豪。无独有偶,一组的ZHQ也曾获此殊荣,他的家中至今保存有奖励的毛巾,虽不能使用,却也是一种荣耀的表现。

产业政策支持与荣誉奖励,以及种植烤烟获得的较大利润,使家家户户均投入种植行列中,村中种植面积不断扩大。除在自家土地上种植之外,村民们在"菜园子"中也种起烤烟。远远望去,全是一坡坡的绿油油烤烟,既是生活经济来源,更是未来发展希望。20世纪90年代初,火石垭村仅一个组,村民夸口说种了一千亩烤烟,整村至少每年产量在10万公斤。"当时拿到几百块都是高兴的,在那个年代里(几百元)是好多钱,当时赶场有个10元钱都用不完,你想嘛,几百块是什么概念嘛。"

(二)精心管理:支柱产业促发展

烤烟种植并不是一件简单的事,它需要很高的技术。相关技术推广由政府全程负责,包括种植步骤与烘烤技术。培训流程按照自上而下的顺序进行,首先由烟草公司内部培训,将技术传授给各个烟点(烟草收购点)的点长,再由点长培训技术员,最后技术员手把手教烟农。据村民CZB口述:

1984年,村里建了(烟)点,GDH很负责的,把我们集合起来,去培训怎么种烟。我们之前没种过,他去镇上学了就回来教我们,弄一个黑板拿着粉笔,还在板子上画上烤棚,怎么去烤,烤出来怎么分级,辨认颜色,厚薄和手感这些,他都要教。

关于烤烟的种植技术，在村民当中流传着一句经典的话语："苗是金，管是银，烘烤才是聚宝盆。"道出了烤烟的种植在育苗、管理、烘烤三个方面的技术要点。

1."苗是金"：育苗呵护

处理厢土。育苗之前需要对土进行处理，将已经深耕好的土地，用弹筛将土质筛选一遍。二月左右下烟籽，将烟籽与土混合再筛选一遍，然后磷肥与清粪水混合，上肥料。再将土里面的烟籽用薄膜覆盖一厢厢土，盖好内膜，可以达到保湿保水的效果。最后用竹条在盖内膜后搭大棚支架，1.2米宽的厢土一般要用2米长的竹条，将其分别插入土厢的两边，形成一个拱门形状的大棚弯架。

育苗。至少需要一个月，出苗几天后慢慢地会经过"小十字"、4个芽小瓣、"大十字"（4个芽小瓣长大后）、"老鼠耳朵期"、"猫耳朵期"等几个生长阶段，等到"猫耳朵期"后再长10多天，就可以移栽了。在育苗期要保障温度合适，尤其需要防寒潮，因为烤烟遇寒容易死，所以得随时检查，严重的需要打防寒药，遇上寒得的病称为"倒温病"。

移栽。移栽时，第一天栽烟，第二天用清粪水浇淋。十多天后待烟苗略微长大，再用清粪水淋第二次。中期大土上厢，用大锄头挖锄除草，上肥料（复合肥、磷肥、钾肥、氮肥等），肥料根据土质情况勾兑一定比例。如果磷肥施多，则会长出青叶，不容易变黄成熟；如果缺少钾肥，则会使单叶烤烟重量减轻；而氮肥多则会烂叶。

村民们经过多年肥料使用，已经总结出地方性知识：较"瘦"的土地多加氮肥，较"肥"土地多加磷肥。如何判断土地的"肥瘦"：肥土一般为平坦地势的土；瘦土则有坡度，土质多黄泥，因有坡度，下雨容易将上好肥的土及肥料冲走，不易存留。因此，当地还流传着"山高石头多，出门就肥坡，地无三尺平，年年着灾情"的说法。所以肥料配比，不仅对短时间的烤烟种植有较大影响，也对土质好坏有长远影响。

2."管是银"：生长管理

施肥。由于经济条件的限制，化肥等现代肥料并不是每户村民均会使用。许多村民仍习惯自行制作传统肥料：将"草木灰""渣子粪"按照一定比例混合搭配，量的配比将根据面积及生长情况而定。"渣子粪"的最好来源是牛粪，其次为猪粪，基本不用人粪，因此养殖猪牛的人家容易制作肥料。烤烟是否长势好、烟叶肥，肥料的作用不言而喻。但总的来说，传统生物肥料对促进烤烟生长是最为有利的。

杀虫与除草。烤烟与其他农作物一样，坚持"防重于治，以防为主"的方针。危害烤烟的病虫害种类较多，如不及时防治，会造成极大的损失。烤烟在高温多湿的季节容易出现病虫害，这里常出现的病害主要有炭疽病（育苗期）、赤星病（"长些斑斑"）、花叶病、黑茎病（成片死亡）、白粉病、根结线虫病等；虫害主要是地老虎、烟青虫、烟蚜虫、蛀茎蛾等。对虫害的防治，适宜中耕除草，减少病虫产卵，即用锄头将烟叶生长环境周边的杂草全部挖除。

3. "烘烤才是聚宝盆"：精心烘烤

待到七八月，能够看到满眼黄绿的山坡之景，这是烤烟成熟的颜色。此时是一年当中最为繁忙的月份。

烤烟成熟的特征有：叶色由绿变为黄绿，叶尖和靠近叶尖的叶绿开始变黄，较厚的叶片呈现黄斑，质量较好的叶表面还有凹凸不平的波纹状，并在凸出向上处略带黄白色；烟叶表面茸毛（腺毛）脱落，有光泽，似有胶体脂类物质显露，有粘手感觉，采收时手上易粘一层黑色物质，是村民口中称的"烟油"；主脉及叶尖部分的侧脉变白发亮，叶尖和叶缘下垂，基叶角度增大。

成熟的烤烟采摘回来后，须立马进入烘烤阶段。这是整个烤烟生产最为关键之处，烘烤好坏将直接决定烤烟的品级与售卖价格——技术把握不好，很容易使烤烟烤成蒸片，让原本可以一斤卖一块多的烤烟只能卖一两角。

烘烤核心在于对湿度的把控上。烘烤以煤为主要燃料，需控制烤烟室湿度，烤多久合适并无严格标准，均由村民内心"闹钟"而定——即使在睡觉，到点都会醒。CFJ表示：

当时晚上睡觉心里都是默起（惦记）的，好久要起来生火烤了，好久又要关火，睡都睡不踏实，心里总有些事情在牵挂着，心里想……那可是家里面的支撑，再怎么样，这点不能太差了，全家人的好坏都指望它了。

烤烟烘烤过程中主要有变黄期—定色期—干筋期三个阶段的变化，在各个阶段有不同烘烤技术讲究。

变黄期：主要有初期、中期和后期之分。变黄初期：一是促使烟叶缓慢适度失水发软，以确保叶内物质变化正常。二是确保底层基本变黄（六成黄左右），防止底青。烤烟上棚点火后，经过3~4小时，此时大部分烟叶变软，叶尖变黄。变黄中期：保证叶片充分变黄（大概是九成黄），同时使烟叶适量失水，使变黄程度与失水程度协调。二层烟叶叶片变黄仅烟筋部分为绿色，不达到变黄要求不升温，要防止猛升温，烤成青尖或青烟，有时根据判断，可以小开天窗。变黄后期：严格掌握烟叶的变黄程度（达到黄片不显青筋），二层烟叶勾小卷边。

定色期：将已经变黄的烟叶颜色固定下来。此时烧火要稳、升温要准、排湿要快，不能猛升温，也不能让温度下降，先加火后开天窗地洞。天窗地洞开的大小随温度的上升、水分的下降而定。

干筋期：使主筋干燥，圆满结束烘烤过程。确保全炕烟叶主筋干燥，将主筋烤干，干筋烤干，烤成干筋可以升高温度，减少燃料消耗，然后逐渐关闭地洞天窗，不能掉温，以免出现烟片涸筋。待主筋干完，火力减弱，将地洞全关，天窗可留小指，以免烤红烟。

总之，为了保证烘烤作业正常而顺利进行，最终获得理想的结果，各个环节都必须认真灵活掌握。村民们讲究的是"四看四定"和"四严四灵活"。"四看四定"：看鲜烟质量决定烘烤方法、看烟叶变化决定干球温度、看干球温度决定烧火大小、看湿球温度决定天窗地洞开关大小。"四严四灵活"：按鲜烟质量确定适宜的烘烤方法要严，选择制定烘烤方法时要灵活；确定干球温度与烟叶变化相适应要严，各温度阶段维持的时间长短要灵活；确保湿球温度适宜且稳定要严，天窗地洞开关大小要灵活；确定干球温度在规定范围要严，烧火大小要灵活。

4. "眼看手摸心定级"：分级售卖

村民将烘烤好的烤烟拿到烟点售卖，烟的成色不同、等级不同，则价格不同。据村民口述，烤烟共有15个等级，在村中常见等级有：中桔二、中桔三、中桔四；中柠二、中柠三、中柠四；上桔二、上桔三；下桔一、下桔二。中桔一、中柠一等上乘烤烟极为少见。

烤烟售卖阶段，曾是让大多数村民头疼的回忆。虽然当时按照等级标准统一卖给烟站，但是由于等级制定不太成熟，验级员在村民看来不太专业，甚至认为验级员对烤烟还没有自己了解。所以，村民口中流传着"眼看、手摸、心定级"的说法，形容验级员主要以"关系"定级。乡村社会的熟人关系网络中，与验级员"关系好"，则可能卖个好价钱。在如此的心理活动下，许多村民均表示去烟点售卖时自家烤烟常被压低级别收购，因此免不了与烟点工作人员争吵斗骂，矛盾颇多。

（三）失色退场：人走地空显寂寥

据村民回忆，2000年左右种植烤烟的人逐渐减少，目前只有八组的几户在坚持。烤烟的消失并不是突然降临，而是有迹可循的。自然条件与社会条件的限制，以及大环境的开放给烤烟种植带来巨大冲击。

1. 自然条件逐渐下降，土壤环境不适应

20世纪90年代，火石垭村民的生计均以烤烟种植为主——每户种植最少两三亩，每亩纯利润可达700~800元，一年能赚上万元。但连续十几年不间断地种植，村民们从一开始使用传统肥料，到后来贪图方便大量使用化肥，导致土质下降，烟叶枯萎。据YCJ回忆：

烤烟得病了，一开始是杆根黄，最后烂根，还要传染，尤其天热缺水，或者高温高湿，都比较容易得病。向烟草公司和农委反映后，也没有特效药。听说烟草公司还来取了土的样品进行化验，也没查出什么，就像人得了癌症，没得办法。

他口中的"黑茎病"最早在20世纪的90年代已经在村里出现，通常是伏旱天，有时高温多水会让烤烟"生病"。他接着描述道：

黑茎病是一种病毒（所致），一般烤烟得了的话，10年里面都要连续得。所以现在有的七八年都没栽烤烟了。这两年其他村的来承包种烤烟，也出现了黑茎病。听说是一块地一直种烤烟，就会加重黑茎病的病情，增加感染风险。

面对土质变化、烤烟发生病变的情况，村民们慢慢琢磨出一些原因：第一，烤烟种植过程中没有轮种；第二，使用太多磷肥和尿素，没用复合肥，肥料单一且用量大。即使他们辛苦一年，反复磨练技术，已经改变的土壤环境也很难恢复。因此，虽然现在烤烟价格较高，村民们想要继续种植，也难以恢复从前的盛况。

2. 技术掌握不到位，种植积极性减弱

烘烤技术是定级与售卖价格的关键，技术掌握不到位让村民的利益时常受损。即使种植多年，大部分村民也表示自己没有掌握到烘烤精髓，由于理解程度与操作方法的不一致，时常在同一批中烤出不同层次等级的烟，有时还有"蒸片"❶出现。

如前文所述，技术掌握依靠的是外来技术员的指导，效果不甚理想。一是由于技术员的指导仅按照手册上照本宣科，缺乏对当地土壤的了解，难以与当地情况匹配，多数技术无法"复制"；二是村民的文化知识水平较低，即使认真学习，也难以对技术手册和技术员讲解的内容精准理解，操作较为困难。YCH显然深有体会：

要是按照书上说的那样来种烤烟的话，你反而不晓得哪个种了，按照他们（技术员）说的来烤，出来的都是黑家伙，他们那些技术员自己都没得烤烟的经历怎么给我们指导嘛！他就是照起手册上说的讲一下，哪个懂？还是要我们自己慢慢摸索。

同时，随着社会发展和技术提升，烤棚不断更新换代，但由于高费用的投资不是每个家庭都能承受，因此仍旧有不少家庭长期使用"土烤棚"。如此一来，由于烤棚的"硬件"差距，带来了同样烘烤条件下级别的高低不一，采用新式烤棚烤得又快又好，采用旧式则差错频现。如RWB所说：

最开始是土烤棚，后面是"一八式"烤棚，最后才是"一三式"烤棚。原先修烤棚又没得补贴，都是我们自己贴钱修的。土烤棚只能烤100多杆烟，"一八式"烤棚烤得到两三百杆，还是要好一些，后头的"一三式"烤棚虽然好，但是我自己家的烤棚又没

---

❶ "蒸片"指烤烟的叶片局部或全部呈棕褐色乃至黑色，无法继续制作，成为坏烟。

烂，也划不着重新修，一是没得钱，二是修那么多也没得那么多烟来烤。

面对相同的劳动下差距甚大的利润，很大程度上打击了村民烤烟种植的积极性。

3.等级标准不统一，务农收入不稳定

根据上文所述，乡村熟人社会中"验级员"的判定标准模糊，导致出现辛苦种植的烤烟等级的评定被看作"验级员一句话的事"的现象。SSP回忆，当时卖烟需要"有眼力见儿"，即趁人不注意将稍低等级的烟赶快交由关系较好的验级员验过，且自家兄弟多，一起售卖时气势汹汹，因此卖得快。在这种情况下，村民们对种植烤烟失去了信心，年近60岁的YCS回忆当年满是遗憾："当时卖烤烟压级凶得很，都是需要熟人才好卖，明明可以卖一块多钱的中桔二，他给你卖到几角钱，定级也没得个标准，辛苦做来的烟都亏死，赚不到钱呀。"

没有"关系"村民只好在收烟点外等了又等，有时等上一天也轮不到自己，只好将烤烟卖给其他"有关系"的村民。SSC扮演着如此"中间人"角色："我跟烟站的人都熟，有些就先卖给我，我再拿去烟站卖。我当时去卖烟都顺利得很。"在他回忆中，不少人都跟验级员或者同样来卖烟的村民起过冲突："那时候卖烟就是看你凶不凶，打架也是常有的。所以我们几兄弟经常一起去卖，这样看上去人多一些，好卖一些。"因此，卖烟演变成以"拳头"说话的乡村冲突事件，也滋生了不少灰色交易。

4.社会环境大发展，生计出路更多元

在土质不适应、病害频发的情况下，村民们逐渐将眼光投向村外，选择了其他的生计方式。20世纪90年代末期，开始有村民出去打工。第一批外出务工回来的人劝导关系好的亲朋好友："烤烟那么苦那么累，又赚不到钱，还不如出去打工赚钱，至少每个月每年有稳定的收入。"在他们看来，打工意味着上一天班就有一天的工资，每个月的收入是看得到摸得着的，他们称之为"吹糠就见米"（比喻见效快）。反之，以烤烟为主的农业种植，受到气候、技术等影响，收入并不稳定。如有村民在1997年时，因技术原因造成了严重亏损，并且欠了几千元的债务，终于在第二年决定外出。

外出务工让村民们感受到了比在家发展烤烟更大的成就感，于是在"你带我，我带你"的情况下，外出务工的人越来越多。除了外出务工以外，他们也尝试更换其他种养产业，如蚕桑产业。

三、自主发展的农耕生活

火石垭村作为渝东南的一个小村庄，地理位置偏远，山高地多，土地较为分散，成

片平整的土地较少。近年来，火石垭村的传统种植业发生了一系列变化，一方面是主要农作物的变化，另一方面则是种植策略与目的的转变。

(一) 不同时期村庄种植发展历史

1949年前，火石垭村土地几乎集中于地主，农民为生存大多向地主租种土地。小部分的地主和富农控制了绝大多数的土地，农民生活在水深火热当中，付出的辛苦得不到回报。1949年后，为满足广大农民对土地需求，火石垭村开展土地改革，废除地主阶级土地所有制，实行农民的土地所有制；没收地主的土地、耕畜、农具、多余的粮食及其在农村多余的房屋；将没收的土地和其他生产资料，公平合理地分配给无地少地的贫苦农民。农民翻身做了主人，农业生产力获得了极大的解放。

人民公社时期，火石垭村与其他村庄一样形成了"公社—大队—生产队"的管理模式，一个村子组建为一个大生产单位，称为"生产大队"。工分评定是衡量劳动力的标准，工分的多少直接影响一个家庭的生活状况。每个社员每天完成生产队队长分派的活，到了晚上，记工员按出工时间或按劳动量给每个劳动力记工分，最后逐月累计，交由生产队会计核算，家家户户便按所得的工分分粮、分钱。同一生产队里的社员工分以集体评议的方式决定每人每天应得多少工分。评议依据，首先，看每人在劳动中的长期表现和现实劳动量；其次，看性别、年龄、劳动能力等方面；最后，生产队长全面衡量，评定每个社员的工分。

谈到人民公社时期的生活，65岁的YMX记忆深刻：

大集体时期生产都是早上吃了早饭，一般六七点就出门干活。当时的活路主要有背工（将沙子背来种洋芋、背米灰来种苞谷）、挑工（挑粪来种庄稼）、犁土（农民生产种植的土壤准备）。到了中午生产队长发话，放手吃午饭，各自才回到家中做饭吃，吃了又继续去各个岗位干活，一直要干到晚上天黑看不见亮光才回来。

当时的集体生产是需要记工分的，一个劳力，如果按照十个工分计算，一天下来平均才三角几分钱，少的两角钱，就相当于一天的工资，计算方法是集体统计一年整个生产队生产了多少产量的粮食，再通过每个人的工分总数的占比来计算各自能够分到多少钱。

那时候的物价也很便宜，买米是0.13元/公斤，这点钱相当于现在的十多块钱。集体生产时期，只有读书的孩子不用去生产队干活，那时候的童年，虽然没有在生产队干活，但是放学回家要去放牛，割猪草割牛草，也没什么玩的，不像现在这些小孩一整天还有个手机玩。我没上过两年书，上四五年级的时候赶上了"文化大革命"，学业也停下了，没有学到什么东西，几岁就跟着大人们去参与集体生产，背东西种庄稼。最开始我的工分是两分半，到15岁，工分有了从两分半，三分半，四分、五分、六分、七分、七分半、八分的变化。

改革开放后，火石垭村民对土地的支配获得了一定自由，积极性提升。农民们根据自家分到的土地谋划着生产，玉米、小麦、土豆、红薯等是必要的粮食作物，各家各户再喂养上一两头猪和牛，自给自足的生活基本圆满了。1984年左右，当地政府为了更好地促进发展，提出将烤烟作为主要产业大力扶持。先动员大户进行试点，再辐射带动其他村民，从最开始的几户到全村，产量从千斤到万斤，"千元户""万元户"不断涌现，一个个民生工程的不断实现，使村民们的生活条件有了天翻地覆的变化。

当前，乡村振兴战略是破解我国"三农"问题的金钥匙，在很大程度上为农业农村现代化建设指明了方向。2018年，在政策的支持引导下，火石垭村迎来了村级集体经济的建设开端，开始种植以南瓜、无花果为主的集体经济和蚕桑经济。

总的来看，无论生产结构如何改变，土地始终是牵系火石垭日常生活的主线。对于村民而言，他们在土地上耕耘，好似在描摹一幅幅不同色彩的画卷，自然而生动。

（二）小农意识延续下的粮油种植

从前文可看出，玉米和油菜在本村农业结构中一直存在。首先，气候和地质的影响，让火石垭人选择了它们；其次，二者种植技术相对简单，容易掌握；最后，也是最重要的，玉米、油菜与火石垭人的生产生活息息相关，难以割舍。

玉米秆焚烧之后，其秸秆灰可以给土地施肥；玉米叶和玉米棒能够当作烧火的原材料，比起木头更容易引燃；玉米粒可以喂鸡、喂牛，减少饲料的购买。由此，仅种植玉米，就能够得到多方面的收获，玉米自然为火石垭人的首选。时至今日，即使火石垭的家家户户都能吃上白米饭，也买得起肥料、饲料，但他们对玉米的依恋从未消失。

随着打工经济的兴起，如今火石垭村里只留下了中老年人。他们很难承担繁重的农业劳动，但他们放不下对土地的感情，只要有能力，便种点东西，增加收入，而其中首选仍是玉米。村里有几户养猪大户，有村民还开有一家酒厂，对玉米均有需求。留守在家的人，将玉米卖给附近老板，能获得几千元的收入。而对于养猪大户来说，种上玉米，减少成本，何乐而不为？可以说，玉米的效用，在火石垭村民的手中得到了充分的展现。

相较于玉米的多用途，油菜的功能较为单一。油菜一直是村民食用油的主要来源。在过去，吃得上油是一件奢侈之事，买不起就只能自己生产。而如今，市面上各种各样的食用油琳琅满目，可任意挑选。不过留守在家的村民显然有着自己的种植逻辑，他们大多觉得吃自己种的油菜榨出来的油更好。这个观点尤其体现在老年人身上。一位奶奶曾描述她现在的养老生活，特别提到她之前种了油菜，现在吃油不花钱，十分自豪。除节省之外，村民也认为自家种的油菜没有打农药，拿去榨油格外香。

类似于玉米、油菜这类传统粮油作物，火石垭人之所以选择种植，很大程度上是受传统农业生活的影响。当地人吃饭、种地、养殖，都离不开它们。从过去作为必不可缺的粮食，到现在更多地发挥其他作用，足以说明玉米和油菜在火石垭人心目中的地位。

（三）新时期政策影响的烤烟种植

在经济条件匮乏、交通不便、以土地为生的时期，国家的引导与政策支持对农民来说无疑有极大吸引力。分产到户之后，仅种粮食使很多家庭只能维持基本温饱，要想靠种地挣大钱，只能谋别的出路。1978年，在政府的指导下，火石垭村民开始走上烤烟种植之路。在对烤烟的选择上，虽然一开始被动为之，但之后几十年已经成为村民们的主动选择。1986年，烤烟价格高达1.35元/斤，收成也不错，使种植烤烟的村民们赚到不少钱。政策与收入的共同激励下，火石垭的土地上出现了越来越多的烟叶。可以说，火石垭村在20世纪末，漫山遍野都是烟叶，家家户户都有烤棚。直到2000年以后，出现了烤烟一栽就死的情况，村民才不得不放弃，开始寻找其他出路。2019年，火石垭种植烤烟的大户还有四五家，2021年仅有一家。据村民所说，本来这位大户也决定放弃，是村干部们劝他说当年行情不错，他才勉强坚持。

回顾这过去几十年，对于"看天吃饭"的农民来说，烤烟的收成好坏有极大的随机性与不可预测性——烟叶种在地里，没人可以保证收成一定会好，是亏是赚也没人可以预料。不过，因为有了一定的政策补贴，才给了村民们尝试的勇气。

第二节　开拓生计，多元养殖

在火石垭村，养殖业是农业生产的一部分。主要养殖的是猪、牛、蚕、蜜蜂、兔子、鸡、羊，种类虽多，均没有形成较大规模，多以家庭散养为主。火石垭村对于养殖种类和养殖方式的选择，主要受以下三个方面的影响：第一，地形地势的影响。当地山高坡陡，土地分散，如五组被小河一分为二，不利于发展养殖业。第二，村中留守的人员大多为中老年人，他们因自身精力原因，只好选择相对轻松的养殖业。第三，家庭选择和需求。长期生活在村里的人，倾向于养头猪，再养几只鸡，平时可以吃鸡蛋。

不同于家家户户都在地里种点玉米、办个菜园子，养殖的人家并没有全员覆盖，养什么、如何养，全靠自己决定。养殖实际上分为两种情况：一种是满足自家需求的日常化养殖；另一种是追求经济效益的规模养殖。一旦进行规模化养殖，便容易出现技术不到位而亏损的情况。例如，此前蜜蜂养殖十分流行，村里几户人家投身其中，但由于缺少经验，蜜蜂不产蜜，只好放弃。再如，NCP几年前从外地打工回来，当时的养羊行情好，他便加入养羊的队伍中，但因为不太会养，再加上第二年价格下跌，最后放弃了。之后他又转而养猪，猪价行情好的时候赚了不少钱，但后来由于猪价下跌忧心忡忡，考虑是否转行。

一、小农经济下的日常养殖

养猪、养鸡、养牛是小农经济中养殖的重要构成，直到如今，农村依然有着"喂猪过年、喂鸡称盐、喂牛耕田"的说法。

生猪的喂养来源于村民的生活需求，是一家人食用肉类的来源；土鸡与鸡蛋主要是为满足平日肉类和蛋白质需求；牛则主要当作耕作工具。养殖业与种植业形成了良好的能量循环，种养结合的模式在充分利用生产资料的同时，大大减少了喂养成本，也保护了生态环境。但随着时代的发展进步，村民的观念正在悄然改变。

（一）"喂猪过年"到"打发时间"

生猪作为农业经济中的传统养殖动物，在村民的心中有着至关重要的地位。在传统的小农经济中，每家养上一两头猪，可供第二年的脂肪摄入。在肉类稀缺、鲜肉不易获得的火石垭村，生猪养殖对家家户户有着重要的意义。

当地养殖的生猪品种主要有根毛黑猪、猫头猪、本地黑猪、白猪等。一年喂食的饲料400~500斤，一般而言一天喂食两顿即可。在20世纪村民所育生猪数量不多时，可栽种红薯与洋芋喂食，现在多以饲料为主。当然，大多数村民认为，吃粮食的生猪会比吃饲料的生猪"出油多"，即粮食猪在制作时可炒制出一大碗油，作炒菜用，但现在的饲料猪在炒制时还须额外放菜油。

喂养母猪是一门技术活。母猪日常进食苞谷（玉米）和猪草，一天喂两顿，一顿三四斤。苞谷是自家种的，一旦产量不够时还可承包村里其他人的闲置地种植。母猪养育大概六七个月后便迎来第一次发情，以后不论季节，大约20天发情一次。判断母猪发情的办法除时间规律外，还有母猪的状态。发情时母猪通常会嚎叫，甚至啃猪圈围栏，食欲不佳。当村民作出判断后，便去石家镇领取政府免费提供的公猪苗配种。这一过程被称为"拉苗子"。拉苗子并非次次成功,每次配种后得等待约20天,观察母猪是否仍旧处于发情期,如果是,意味着配种失败,须重新领取公猪苗,如果不是则怀孕成功。除"拉苗子"的人工配种之外,还可以直接找村里养公猪的人家进行"配种",无论次数,直到配种成功为止,只需花费50元配种费。母猪在怀孕期间需要护理,调整进食比例,猪草少一些,其他配料多一些。当母猪面临生产时,农户需要守着猪圈观察。因为母猪一般侧躺着生育,小猪出生以后容易被母猪压倒,因此要将小猪推远,避免事故发生。生崽以后,母猪进食比例需再次调整,方便下奶,准备一个月(80斤)的饲料,每一次喂一两斤,其余苞谷和猪草要一并增多。小猪出生一个月后即分栏,此时村民们可以售卖部分小猪,剩下的继续养育。养小猪也需要注意饮食,村民们通常选择一包80斤售价290元的精饲料。

据村民回忆,大约在1989年前后,火石垭村开始推广养殖猪。当时采取自愿模式,一方面是自家食用,另一方面可以销售。但此时养殖猪的村民人数不多,直到20世纪90年代中期,猪肉价格猛涨到二十多元一斤,村民们才开始增加猪数量,有的甚至养育几十头,如YCH家最多喂养30头猪。但当时养猪技术并不发达,猪瘟流行,治疗手段不完善,常出现猪莫名死亡的现象,养猪的盛况昙花一现。

目前,养猪大户较少,仅喂养一两头猪的村民也不多见。一方面,村民大部分盖起了楼房,为了环境卫生将原先老式猪圈及旱厕拆掉,没有留下养猪地方;另一方面,大部分村民举家外出,家中无人,即使有留守的家人,也因为喂养麻烦且易得猪瘟,风险很大,也不愿意养殖。如ZZY说:"养猪就是麻烦得很,走哪里不太方便,平时走人户那些走不脱,当天去当天回来,急急忙忙的。"CXY也回忆:

以前我们养猪那是养得多嘞,每个人家都是好几头。那时候我们都是喂的粮食,家里面种的庄稼多嘛,屋里人也多,过年自己家里面的人也要吃。现在家里面的人都出去了,我们也不爱育猪了,觉得育猪还是麻烦得很。现在猪价也不是很贵,想吃了就去买点就是,想买哪里就买哪里,只要你有钱嘛。

YMX也表示:

我平时一个人带着这些孙子孙女们在屋里,育猪的话,熏的腊肉他们出去打工之后没有人吃,那些肥肉娃儿又不吃,光吃瘦的,就我一个人吃肥肉,我也不爱吃,育猪又麻烦,还不如去场上买,要吃瘦的就买全瘦的,省得麻烦。

村里现在还在喂猪的人家,基本上为吃苦耐劳又闲不下来的老人家。与其种庄稼整日上坡,不如喂一两头猪来打发时间,干点农活。TYQ老人就是一个典型的例子。

TYQ是一位六十几岁的老人,家里面喂养有8头猪,其中一头是母猪,用于下猪仔的。谈起养猪，TYQ觉得自己老了，也干不了什么工作，就这样与老伴儿在家种点庄稼、喂点猪，生活十分满意。这也是与小儿子商量后的结果，因为夫妻二人也上了年纪，平时做不了什么重活，但又闲不得，儿子就给父母买了猪来喂。其实TYQ一直在喂猪，刚开始喂猪只是一两头，一头给家里面吃，一头用去卖，一年也能赚个几百上千元。虽然TYQ觉得喂猪并不一定能赚钱，但他想的是自己家也种有玉米和土豆，可以充作饲料，所以养猪就相当于一个辅助性的作业，而且现在主要是喂饲料，没有以前累，所以养猪也是可以的。

关于养猪的成本，以TYQ家的七头猪为例。饲料：120元/包，7头猪两天就吃完一包，目前喂了三四个月已经消耗掉了60~70包饲料。饲料每次都从镇上送来，由于需求量大以及道路较远，每次配送都是20包的量，这个钱是由TYQ儿子出。每天给猪喂两次，早上八九点一次，下午五六点一次，家里面一共有四个猪槽，每个猪槽喂的差不多。40厘米长、20厘米宽的勺子的量，等到猪吃完饲料再给每个猪槽上一盆水，这就是猪的一顿，但母猪的喂养却显得格外不同。TYQ家的母猪是五六年前的猪仔，是为了养幼猪崽而单独圈在一个猪圈。给母猪须单独喂食，母猪一次的量是，一勺土豆切碎，一勺切碎的菜叶，一勺玉米面，一勺先前切碎泡酸的菜叶用少半桶的水，搅匀就得到大半桶猪食。这个母猪是家里面其他七头猪的妈妈，当时一共生了十几头，年初的时候TYQ家已经卖了七头，每斤40元赚了一万多元。

从这两年的市场行情来看，养猪还是能够获得一定的利润。2020年，TYQ生猪的成本为：700元（小猪儿）+500元（浓缩饲料+玉米面）；2021年生猪的成本为：500元（小猪儿）+1200元（生饲料70~80元、玉米1.6元/斤）。TYQ介绍2020年猪价行情好，一头猪能卖5000~6000元，但是2021年的行情不太好，一头猪只有2000~3000元。

家里有三四亩玉米能够收成300~400斤玉米粒，家里面的母猪和30~40只鸡要吃玉米。如果要吃猪肉，就会选一头猪喂粮食。30~100只鸡一年也能卖个好价钱（20元/斤），鸡蛋留自家吃。

要是在以前，一个家庭的重心都在生猪养殖上，那不管走到哪里都会将家里的猪牵挂着。而现在更多是饲料喂养，生产工具也变得先进，减少了很多人工成本，生猪养殖成了一件打发时间的事项。

（二）"喂鸡称盐"到"鸡蛋盛宴"

常听村民CXY说："鸡生的蛋才卖了十几块钱嘛，能做啥子嘛，不就相当于买盐那点钱嘛。"可见，养鸡并不赚钱，但在火石垭村家家户户几乎都喂养着三五只的鸡。究其原因，他们不在意卖鸡赚钱，而在于养鸡下蛋。村民ZFZ和ZZY说：

在农村嘛，有地盘就育几只鸡嘞，到时候吃鸡蛋自己屋里也得吃，省得去买嘛，去买还要花钱嘞。

我那个外孙喜欢吃土鸡蛋，他硬是挑食，只吃土鸡蛋，买的那种他吃得出来，觉得不好吃他就不喜欢吃，所以每次从城里回来我都是给他炒番茄鸡蛋，想起我在屋里育几只鸡生鸡蛋，他们回来好捞到城头去嘛，买的话又不好买，还不一定买得到土鸡蛋也。

村民喂养的鸡有两种类型：一种是本地鸡，是由家中喂养多年的老母鸡生的崽儿；另一种是市场上购来的良种小鸡仔。村民们普遍表示喜欢喂本地鸡，虽然生长较慢，但是肉质好。

村民们采取"种养结合"的模式，鸡饲料以自家种的苞谷籽为主。一只本地鸡平均一天吃2两苞谷籽，良种鸡则需要3~4两，每个月喂一只鸡需要6~10斤，一年算下来一只鸡需要喂100多斤苞谷籽。要是喂上三五只鸡，那么至少需要准备三五百斤，要是十来只更要预留1000多斤。如此看来，养鸡的成本实不算低。CXY老人就感叹道：

今年育鸡是干育哟，苞谷贵了嘞，现在苞谷每斤1.7元，育鸡的成本高了，原来苞谷每斤1元的时候，育一个鸡能赚三四十元钱，今年就是光育鸡哟，相当于只得鸡蛋吃了。

尽管如此，CXY仍旧坚持喂着，在他的心中自有一杆秤。

反正不管怎么样，自己家里面育得有鸡，可以吃鸡蛋还是好一些嘞。市场上的话鸡蛋一个都卖1.8元了哟。鸡生的鸡蛋可以自家吃，吃不完也可以卖掉一点。而且我们家的鸡一般都不用把鸡和鸡蛋拿到场上去卖，基本上都是那些住在城头的人回来找我们买，拿起走了。

GJH和HCQ老人在自家的果园喂有几十只鸡，时常能见到附近村民去他家购买鸡蛋或鸡，他们也常常将攒了好几天的鸡蛋拿到镇上赶场时售卖，根据每天市场价定价，收益有时还可以。打工回家的村民，偶尔也会到他家挑选一两只鸡，拿回家作为食材，或直接买来养着吃鸡蛋。

（三）"喂牛耕田"到"生态经营"

牛在传统的生计中是必不可少的犁地工具。20世纪初，家家户户至少喂养一两头牛。为了让牛更好地辅助生产，极为重要的事情便是"照牛"，即放牛，每天至少要将牛牵去山坡两次，保证牛吃到足够的草。"照牛"一般交给家中的小孩，所以当前三四十岁的村民，对"照牛"有着深刻的印象。

随着时代的发展，2000年以后机械化工具逐渐进入了乡村，尤其是犁耕机的出现让牛的犁地功能被替代，村民们更青睐使用犁耕机。再加上外出打工的人越来越多，土地闲置荒芜，牛在村民的日常生活中逐渐消失。

目前，村里已经没有人喂牛来犁地，只剩下了规模化养殖牛的养牛大户。养牛成为他们生计发展的重要来源。MXQ作为火石垭村书记，始终谨记着自己在产业发展方面的"领头羊"作用："我们做了这份工作，别个都是帮你望起的，你要是自己都搞不好，发展不起来，哪个信服你？别个会说'你自己都没搞出么个样子，还这样指示别个'。"

MXQ书记一开始并未投身于养牛事业，而是选择了更为稳妥的玉米种植，他将自己原先用于种烤烟的一百多亩土地，再加上承包其他村民的土地，共两百亩用于种植玉米。但一年到头辛苦劳作收益却极低，并且大量剩下的玉米秸秆不知如何处理。于是，他想着如何更好地利用玉米。经过他的调查，他发现养牛不仅市场前景广阔，而且可以利用自家玉米喂养减少成本。有魄力的MXQ书记立马去相关单位咨询肉牛养殖情况，从基地建设到政策补贴作了全方位了解。一开始家里人都不同意他的想法，但他想着说再多都没用，只有做出成果才行。他多方打听，发现吉林有不少大型的养牛基地，于是他将自家的牛圈修好后带着妻子一起去吉林买牛，第一次便买了42头。相关投入成本如表2-3所示。

表2-3 2021年MXQ养牛成本投入情况

项目	规格	成本投入
玉米种植成本	200亩地	1.3万元
玉米地承包	200亩	3万元
建牛棚	1200多平方米	7万元
小牛	42头	63万元
储存池	200多立方米	3.5万元
化粪池	30多立方米	2.3万元

注：本表数据根据MXQ口述整理。

由于他考虑周密，两年便回了本。至今，他已经养了七八年牛，每年需要投入的成本大致在17万元左右，利润能维持在20万元以上。利润之所以如此高，很大程度在于黔江区对农业产业的相关扶持。

根据《重庆市黔江区人民政府关于印发黔江区农业产业化奖励扶持办法的通知》的政策补贴标准：饲养5头以上牛的养殖场（户）按新生犊牛每头1000元的标准给予一次性奖补，2021年MXQ养殖牛16头，补贴16 000元；玉米种植超过50亩的可以申请大户，MXQ书记申请了174亩，每一亩补贴230元，总共补了3910元，玉米种植成本基本上降了一半。政策补贴在很大程度上抵消了每年人工成本与玉米饲料成本投入。

养好了牛也不愁销路，因他养牛出了名，每年都会有四方"牛客"提前打听，随时关注。他养的牛主要分为三种：一是种母牛，卖给村民自繁；二是商品牛，这是数量最多的；三是小牛犊，数量较少，有人提前预订才卖。除了单纯以卖牛获得收益外，配种也可赚钱。其他地方的农户将母牛运送过来，采用传统配种方式，花费200元，一次约一个小时。母牛从配完种到生产须间隔8个月。牛的价格主要依据大小体型而定，刚生的小牛犊最低6000元左右，4个月大的能卖万把块。刚出生的小牛犊养到商品牛得两年左右，根据2020年19元/斤的单价，1000斤左右的两年期商品牛，一头价格约两万元。

因此，牛长到何种体型大小才能卖，也是一本生意经。2020年，他喂养了53头牛，卖了16头，共获得收入29.2万元。2021年，他喂养了32头牛，其中母牛11头，小牛20头，大牛1头。在他看来，卖小牛显然更能获得收益，因为成本较少且卖价较高。16个小牛儿，卖了1.6万元。商品牛是按斤数卖；母牛售卖则不以斤数，而是双方按估计议价，价格合适便成交，高的价格能够卖到1.6万元/头。

从上述MXQ书记的养牛经验来看，规模化肉牛养殖，虽然在前期需要投入大量成本，但是养殖的总体收入还是相对乐观的。在MXQ书记示范之下，不少有条件的村民看到了可观收益，也加入了规模化肉牛养殖的行列。村民HYX从2018年开始肉牛养殖，两年时间过去，逐渐有商品牛可出售。2021年，他家一共养了26头牛，其中10头母牛，4只可售的商品牛，剩下的为小牛。HYX家母牛配种采用人工方式，由当地畜牧局技术人员来操作，一头牛配种费为200元，但如果要买更加优良的品种的精子，价格更高，得200~700元。

牛圈的修建与维护也是极为重要的。相关用具至少一个月消毒一次。技术人员会派发免费疫苗和消毒用品给农户，通过微信群进行远程技术指导，如在疫苗、防护、卫生、流行疾病等方面进行提醒。这些措施是极为重要的，因为牛从出生到作为商品牛出栏，至少需要两年时间，如不精心护理，一旦染上疾病，可能血本无归。

当下，牛在火石垭已经实现了"身份转型"，从传统农业生产中的犁地工具，成为市场上颇受欢迎的肉质商品，实现了从生产工具到消费商品的价值功能转换。在火石垭村进行肉牛的规模化养殖，不仅在售卖后端可以获得收益，在投资前端也可以节约成本。首先，养牛的牛圈一般为自家地或承包他人的地，在本村之内价格较低；其次，村内大规模的玉米种植，无论自家是否参与种植，也能够就地获得价格低廉且营养价值较高的玉米饲料，实现肉牛养殖的绿色喂养，既解决了饲料需求问题，又解决了玉米秸秆利用的问题。如此将农业种植和绿色畜牧有机结合的方式，既为留守的村民提供了一条重要的生计渠道，又达到了实现生态循环农业的目的，是一种极具发展前景的新型农业模式。

二、政策导向的蚕桑产业

长期以来，火石垭村除烤烟种植外，没有任何农产品可称得上"产业"，但乡村的发展需要乡村产业的支持，乡村产业是实现乡村发展的基础与推动器。[1]乡村产业想要发展必须根植于乡村土壤。根据本地区实际情况，鼓励、支持与引导发展符合本地的特色产业，才是实现乡村振兴的有效途径。因此，火石垭村想要实现现代化发展，必须从"产业"上下功夫。从实际情况上看，蚕桑产业是具有一定前景的产业之一。本地村民发展蚕桑养殖，为留守在家的村民提供了新的生计方向。蚕桑产业的发展除了提高农民自身收入外，还通过临工方式为一些留守妇女带来了劳动价值新的实现方式，在一定程度上带动了本地区的就业发展，进而促使村庄的产业经济向前发展。

拥有悠久历史的蚕桑产业是我国传统农业的重要支柱。蚕桑文化更是被誉为"中华文明的起点"。地处武陵山腹地、被纳入渝东南生态保护发展区的黔江区生态环境绝佳，是蚕桑产业发展的一方沃土。

种桑栽桐，子孙不穷。20世纪90年代，多地都在发展蚕桑，但由于受市场行情波动影响，出现了大面积毁桑改种现象。黔江区却是例外。蚕桑产业并非黔江传统支柱产业，其产业体量20年前位居重庆倒数。但自2001年国家实施退耕还林以来，黔江区因地制宜发展蚕桑产业，探索出了一条生态修复与产业富民有机结合的新路子。如今，黔江作为重庆最大的蚕桑产业基地区县，已连续10年桑园规模和桑蚕茧产量稳居全市第一。2020年，黔江区被认定为国家级的蚕桑生物产业基地。

黔江区出台相关政策，村民种植桑树可获得补贴。每种一亩桑树可得100元，来年还可获得20斤肥料补贴。蚕农们谈到此，认为2020年的补贴尤其划算，他们与政府签了10年合同，一亩地可以领到1200元的补助。

除了少量的现金补贴之外，政府也负责发放蚕种及开展技术培训。一开始由黔江林业局统一调配，再发到镇上由各农户自行前往，后来养殖户逐渐增多，政府将蚕种直接送到村口，各户在家门口就能拿到蚕种，某种程度上也提高了蚕农们的种植积极性。

---

[1] 陈亿.乡村振兴战略下四川民族地区乡村产业发展探析[J].农业与技术，2021，41（19）：164-167.

以火石垭二组的情况为例。2014年，二组养蚕的人户仅有YCH和LGL两家人，2017年加入了RZP、RZI、YCG三家人。这几户均是家里面有老人和子女需要照顾，无法外出打工的家庭。对他们来说，蚕桑虽是第一次尝试，但他们并不胆怯，想着家里面有一家老小，如果待在家里只种点地，根本不够养家费用。既然政策上支持蚕桑发展，那就安心做下去。

（一）精心养育，望蚕长好

养蚕是个技术活，要非常细致和耐心，正如蚕民们所言："蚕也是一个生命，有着它娇气的一面，需要好好地饲养它才会给你茁壮成长。"对于养殖经验丰富的蚕农而言，已不需要按照书本上的技术流程严格把控，换言之，他们在长年的饲养过程中总结出经验。蚕农HXX谈道：

> 刚开始我们学养蚕让我们去开会，我们听开会那个人讲的那些技术流程，心想拐了拐了，那么麻烦，哪个学得会，听下来整个人的脑袋都是乱的，这样需要注意，那样也不行，又有这种比例那种比例，我们这些没得文化的肯定做不来。后面我们就只有慢慢地摸索嘛，一点点地做，后面做习惯了就找到套头了，技术流程只要大概是那个样子，严格做到卫生消毒其实也没得那么难的。现在我们做习惯了，自己也都晓得各个环节需要注意啥子，遇到问题了需要怎么解决。

蚕一年可以育"四季"，分别是春季蚕、夏季蚕、正秋季蚕和晚秋季蚕。每年的第一季蚕是从5月开始，蚕种先在共育室待上9天，经过一眠、二眠的过程，等到二眠长成再拿回家，在各家蚕棚里育三眠、四眠。每一"眠"的生长周期约为三四天，此时的蚕长期处于睡眠状态，睡醒进食桑叶，然后再睡上三四天（表2-4）。

表2-4　2021年二组某蚕户四季育蚕生长周期表

时间	领种日期（月.日）	收蚁日期（月.日）	一龄日期（月.日）	二龄日期（月.日）	三龄日期（月.日）	四龄日期（月.日）	五龄日期（只吃不眠）（月.日）	上蔟结茧日期（月.日）	售卖日期（月.日）
春季	5.6	5.6—5.7	5.8—5.11（吃）5.11—5.12（眠）	5.12—5.14（吃）5.14—5.15（眠）	5.16—5.19（吃）5.19—5.21（眠）	5.22—5.26（吃）5.26—5.29（眠）	5.30—6.5	6.5—6.15	6.18—6.20
夏季	6.19	6.19—6.21	6.21—6.23（吃）6.23—6.25（眠）	6.25—6.27（吃）6.27—6.29（眠）	6.29—7.1（吃）7.1—7.3（眠）	7.3—7.6（吃）7.6—7.8（眠）	7.8—7.13	7.13—7.22	7.23—7.25

续表

时间	领种日期（月.日）	收蚁日期（月.日）	一龄日期（月.日）	二龄日期（月.日）	三龄日期（月.日）	四龄日期（月.日）	五龄日期（只吃不眠）（月.日）	上蔟结茧日期（月.日）	售卖日期（月.日）
正秋季	7.27	7.27—7.29	7.29—8.1（吃）8.1—8.2（眠）	8.3—8.5（吃）8.5—8.7（眠）	8.7—8.9（吃）8.9—8.11（眠）	8.11—8.13（吃）8.13—8.16（眠）	8.16—8.21	8.21—8.31	9.1—9.3
晚秋季	9.3	9.3—9.5	9.5—9.8（吃）9.8—9.9（眠）	9.9—9.10（吃）9.11—9.12（眠）	9.13—9.15（吃）9.15—9.17（眠）	9.18—9.21（吃）9.22—9.23（眠）	9.24—9.30	10.1—10.10	10.11—10.13

在三眠、四眠期间，要将处于睡眠状态的蚕用石灰将桑叶隔离，避免蚕在睡眠时误吃桑叶而长得大小不一致。四眠后蚕醒，便到了大蚕时期。大蚕一直保持清醒状态，吃六七天的桑叶后才会形成蚕茧。从这个周期看，养蚕的每一季周期差不多二十五六天，一旦出了蚕茧，便可以拿去售卖。

1. 共育室里的小蚕共育

蚕的生命力比较脆弱，尤其在蚕种时期，需要特殊的生长环境。为了更好地保障小蚕的成活率，领取回来的蚕种需要在共育室先育过一龄和二龄期，这便是"小蚕共育"。共育室是一个较为封闭的空间，集中共育着本村所有蚕农的蚕种。

共育室是一种较为新型的养蚕技术，村民自建时会得到一定的补贴。YCH家的共育室获得补贴现金1万元，再加上配套的空调设施，共补贴了约1.4万元。而修建一个共育室的实际成本差不多1万元左右。以此看来，补贴价格恰好可以覆盖成本。虽然共育室修建时补贴不多，但是村民从共育室购买育好的蚕种的价格比共育室从蚕茧站领取蚕种价格高1倍，即共育室蚕农从蚕茧站购买约50元/张，其他蚕农从自家手中拿催育好的蚕种则100元/张，这样可从中赚取50元/张。再加上每张蚕种政府再补贴30元，总的计算下来，在共育室养一张蚕种可以赚取约80元。待到蚕种育成时，如所育蚕种合计超过40公斤，那么每张将再补贴7元。因此，选择育蚕种的蚕农最终卖出给其他蚕农的数量越高，自家利润也越多。

不仅如此，养蚕并不需要前期的资金投入，想要育蚕的村民，只要在政府登记，提供银行卡信息，等到蚕种育成售卖之后，政府将根据售卖的收入减去领蚕的成本，计算好每户的利润，再将利润通过银行卡打入账上。

共育室由村民自愿修建。以二组YCH家的共育室为例，室内共有2个窗户、8个通风口，分为两个隔间：外间靠近门，光线较好，作为桑叶储存区域，放置切桑机和几个盆；里间为蚕种生长的地方，环境比较黑暗，配备蚕箔100多个，以及空调、温度计等设备。养蚕期间，共育室内需要保持清洁，所以共育室内四周墙面均是石灰粉刷的白墙，灯光是光线极暗的红光。因为蚕种见到白光容易出种，会生长得参差不齐，而使用红光不容易出现这种情况。

蚕种进共育室之前，蚕农将育蚕室的四周与两边窗户用黑布进行遮阴处理，然后在育蚕架的蚕箔上放置好所需薄膜。每次用于育蚕种的薄膜使用完毕后，会进行清洗与消毒，晾干后方便下一季使用。

蚕种进入共育室时，用一个碗状或其他圆形的容器将蚕种盛入，在每张蚕箔上盛满半张蚕种的重量。智慧的火石垭村民发现，以往使用刻度仪器精确称量会影响效率，而用饮料瓶盖充当量杯，可以盛差不多的重量。盛满一瓶盖后，将蚕种均匀撒在薄膜上，再用羽毛做成的分隔条形物，将其组成方形边框将蚕种框住。采用羽毛是因为羽毛足够轻柔，不会伤到蚕种；摆成方块状则是为了使蚕的成长均匀而集中。最后，在方形边框的四周再撒上一圈石灰，一是为了吸水除湿；二是为了清凉稳定。

石家镇共有6个村庄养蚕，建有共育室10多个。蚕农们在微信上组建了"石家蚕桑产业发展群"与"小蚕共育群"，在群里分享养蚕技术，交流病虫害防治方法与经验。笔者调查期间，正巧遇到2021年7月27日火石垭村村民正秋季蚕种领取。拥有共育室的蚕农于7月25日向镇上蚕茧站上报所需蚕种的数量，27日上午6:00左右，这些蚕农前往镇上蚕茧站附近领取，6个村来领取蚕种的蚕农共12个人，其中11个男性，1个女性。待到6:50左右，蚕种便送来了。此时蚕茧站的站长也来了，向大家介绍情况：一是介绍上两季的育蚕情况与数量；二是分析上两季蚕茧单产低或者质量差的原因；三是讲解政府对于育蚕的相关政策补贴以及具体的操作方法；四是新一季蚕种的生长习性及相关的注意事项。站长讲话完毕，各个共育室负责人便前往蚕茧站领取蚕种，按照各村各个共育室先前预定上报的蚕茧数量领取。火石垭村一共有3个共育室，分别是二组、三组、七组，一共育蚕数量为148张。共育室负责人领取完自己所要的蚕种，签上名，然后用预先准备的黑布将蚕种包好，遮阴避光，带回村中。

蚕种进入共育室，就需要对蚕种进行共育了。在开始育蚕种的前一天需要将通风口打开，通风半小时左右，实现共育室内室外换气。将蚕种拿回共育室后，最开始的两天称为"收蚁"，此时共育室须全部为全封闭的黑暗环境，室内温度维持在24℃~25℃，目的是保证所有蚕种都能够在同一时间均匀生长。等到第三天，小蚕全部长出，才可开窗透光透风，此时温度可升至26℃~27℃。这时候需要对小蚕喂养桑叶。在小蚕阶段，蚕食用桑叶较少，但须准备桑树顶端嫩绿的桑叶。摘回桑叶后，根据蚕的成长阶段用切桑机或者人工剁碎，要控制大小，一般一龄的蚕所吃的桑叶都须切得极细。他们是敏感动物，也是娇嫩的，对桑叶的青绿程度与大小都有不同时间段的要求。

在共育室育蚕期间，环境卫生有着极为严格的讲究，采摘回来的蚕叶不能直接放在地上，桑叶喂养之前也一定要经过石灰水消毒。同时，喂养的人身上不能携带任何香味。因为蚕对于气味特别敏感，当人靠近时，它能闻到人身上的气味。

小蚕一天需喂三顿，每一天的生长变化较大，每吃一顿就会长大很多，如果少喂一顿就会长得慢。俗话说"良桑饱食"，桑叶管够，蚕就育得好。蚕农一天的生活作息如图2-20所示。

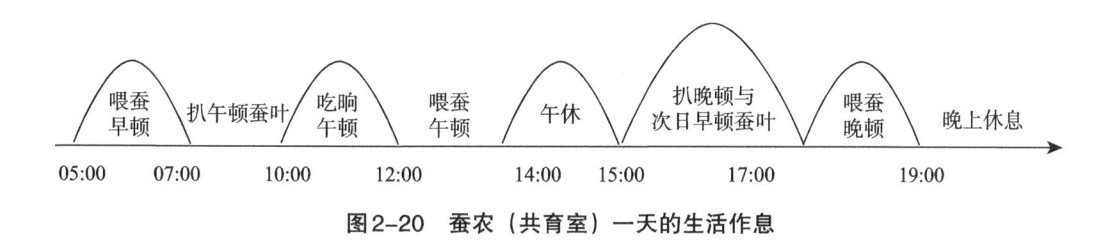

图2-20 蚕农（共育室）一天的生活作息

由图2-20可见，在小蚕共育阶段，村民们尤其辛苦，每天得早起采摘桑叶。一天三顿之中，一般下午顿喂桑叶较多。

蚕是很容易满足的动物，一龄、二龄、三龄、四龄蚕吃饱了就眠了，五龄蚕吃够了全身都是透亮的。蚕吃东西的时候嘴巴是尖的，眠的时候是团的，团了过后就不吃东西了。蚕是从头到身慢慢眠的，一龄蚕眠20个小时，二龄蚕眠24小时，三龄蚕眠36小时，四龄蚕眠48小时。一龄蚕眠的时候颜色呈米褐色；二龄至四龄蚕眠的时候蚕的生长特点是从头到身子是乳白色的，并且头会变大，比身子大很多，吐丝定住，挺胸昂头。小蚕在共育室成长个七八天就能够达到二龄的标准了。

2. 大蚕棚里的大蚕饲养

二龄蚕眠后快要醒时，村民就可以从共育室将蚕领回自家的蚕棚。家蚕饲养要遵守二十字诀：石灰少不得，蚕药离不得，稀得密不得，饱得饿不得。在这个时期需要把握的饲养技术要点有以下七点。

（1）蚕前消毒：在养大蚕前5~7天消毒完成，按照消、扫、洗、泡、再消的步骤进行。

消：每季养蚕结束清除蚕沙，首先用5%的石灰水（95斤水加入新鲜石灰粉5斤搅拌均匀即成）。将养蚕大棚喷洒一次，保湿30分钟以上杀灭病菌。

扫：将大棚内外和环境彻底打扫干净，做到无灰尘、污迹。

洗、晒：所有物品用3%~5%的石灰水浸泡洗净、晒干后搬入大棚内，搭设好蚕架、蚕台，铺好竹帘。

（2）蚕期消毒：每天早上喂桑叶前消毒一次，中午和晚上喂桑叶前用新鲜石灰粉消毒，眠期用三七灰（三份石灰加七份焦糠）防潮。蚕座尽量保持干燥，蚕座湿度大且有僵病发生时，可加福尔马林溶液，上覆盖薄膜半小时，后揭膜通风，一天一次，眠期不能用。

（3）良桑饱食、稀养：桑叶新鲜卫生无毒是确保养蚕无病高效的关键。一般来说，早晚采叶、松装快运，日中高温不采，采回来的桑叶储藏时不能用塑料薄膜覆盖，可选用湿布覆盖，布干了可喷洒灭蚕病水1~2次。储叶、给桑做到桑叶不落地；根据蚕儿发育阶段、天气、残叶（余叶）情况掌握给桑量，每次给桑后要保证蚕座内至少2个小时有桑叶吃，让蚕充分饱食。五龄蚕大量用叶期每张蚕每天至少250斤桑叶，要让蚕吃饱，才能丝量多、产量高、质量好。稀养是增强蚕体质、养蚕高产的关键措施之一。四龄蚕每张蚕座面积为20平方米，五龄蚕每张蚕座面积40~45平方米。

（4）大棚通风换气：做到大棚内通风良好，空气回流、不闷热，做好大棚的遮阴降温，严防阳光直射。

（5）提青分批：大蚕期，尤其是四龄期要做好青蚕和眠蚕分开饲养，淘汰病弱蚕和小蚕。加强眠期的处理，做到饱食就眠，眠期不齐时，要进行分批分开养育，尤其是四眠；眠中要做到前干后湿。

（6）加强蚕台管理：一是蚕台垫底材料不能选用塑料薄膜，或不透气花胶纸，因为容易因蚕台内湿度大造成蚕沙蒸热发霉腐变，诱发僵病，增加细菌感染机会；二是遇特殊天气，有条件农户尽量在五龄期除沙一次以上。

（7）蚕病防治：夏、秋季整个蚕期处于高温季节，极易发生蚕病，因此在做好消毒和养蚕防病卫生的同时，要做好桑叶采、运、储工作。夏季分早、晚两次采叶，以早采为主，日中不采；运桑叶要做到松装快运，防止发热变质；贮桑室要求做到低温卫生，保证桑叶新鲜，严禁在蚕室内储放桑叶。

（二）天晴下雨，种桑养蚕

"养蚕比较累，天晴下雨都要去摘桑叶。"这句话道出了养蚕的艰辛。养蚕是一项不允许有任何怠慢的工作，只要蚕在食桑阶段，不管天气怎么恶劣都必须去桑园里采摘桑叶。因此，桑树的管理也是养蚕过程中至关重要的一环。

桑树一般是在农历的二月至三月种下，第一年桑树还没有完全长好，不能养蚕，等到第二年的农历三月，桑树差不多长成，可以开始养蚕。此时需要进行桑园管理，主要是除草、施肥等。以春季为例，桑园春季管理时间从3月上旬到4月底。

中耕除草：从农历二月上旬至四月上旬，要对冬季未翻耕的桑园进行浅耕，做到桑园"坎细耙平"。时间必须在桑树开叶前结束。结合春季中耕进行人工除草，桑树不能用化学除草剂，尤其是新栽桑树对除草剂特别敏感。对田桑及地势低洼的土桑要理好排水沟，保持沟沟相通，排水通畅。

施肥：小蚕共育用叶的桑树可适当早施，第一次于农历三月中旬（即桑树发芽初期）施放蚕桑专用复合肥（总养分达40%以上），第二次在四月上旬补施一次尿素。其余在三月下旬至四月上旬，一次性施入复合肥或复合肥+尿素。新栽桑树在四月下旬和六月中旬各施一次尿素肥料。距桑树主干30厘米处打窝深施或沟施，施肥深度达15厘米以上，施后一定要盖土，防止肥料流失，新栽桑树要兑清粪水淋入。

定干疏芽：新栽桑定干。桑树发芽时，在离地25厘米左右处剪梢定干，留2~3个生长芽；若只发一个健壮芽，待芽长到距地面30厘米时，离地面25厘米左右摘芯，培育2~3个生长芽。对苗径小于0.5厘米的桑树，在离地3~5厘米处剪去梢部，留一个上位芽生长，重新培育主干，来年再定干。

桑树疏芽：在桑树新芽长到3~5厘米时，只有主干的桑树留2~3个上位健壮芽；一级枝干成型的桑树每根枝干先端留2个健壮芽，每株保留4~6个芽；二级以上支干成型的桑树每株枝条先端保留8~12个健壮芽；当年嫁接的桑树要及时拔除砧芽，以提高嫁接成活率。

不管是小蚕共育、大蚕饲养还是桑园管理，都离不开蚕农们熟悉的养蚕三字经。

养蚕三字经

要致富，栽桑树，要用钱，多养蚕，脱贫快。

学技术，抓管理，求质量，提单产，增效益。

促发展，领导抓，桑树好，施肥多，桑叶好。

春管早，用叶前，要杀虫，治虫早，病虫少。

治虫药，敌敌畏，桑虫清，敌畏马，少不了。

养蚕前，要消毒，要全面，消周到，消毒好。

石灰水，灭蚕病，聚甲醛，每一季，要用好。

小蚕期，温度好，桑叶嫩，食桑少，发育快。

一龄期，温度高，二十八，食桑快，蚕儿壮。

二龄期，略高温，二十七，发育齐，眠期快。

三龄期，端回去，分得稀，消毒好，切叶喂。

每早上，鲜石灰，灭蚕病，薄霜状，要跟上。
下雨天，阴雨天，湿度大，防僵病，用甲醛。
石灰多，石灰鲜，病毒少，不发病，单产高。
大眠期，要喂饱，不整齐，要提青，分批养。
大蚕期，夏秋季，气温高，防闷热，搭凉棚。
太阳大，遮阳网，挂湿布，安风扇，要通风。
四五龄，灭蚕蝇，添食好，无蛆茧，蚕茧好。
五龄期，要通风，要稀养，不吊食，要喂饱。
上簇期，方格簇，二百片，准备好，捆扎好。
挂簇时，不放稀，要通风，防闷热，捉浮蚕。
采茧前，晾蚕簇，双宫茧，黄斑茧，要分开。
上车茧，下脚茧，不混装，抽样茧，价格高。
售茧后，立即消，要全面，消彻底，消三次。
上归纳，六句话，十八字，消毒严，养得稀。
通风好，喂得饱，添食好，茧选好。
养蚕不消毒，养蚕养得哭；防病一把灰，养蚕全靠鲜石灰。
石灰多得，少不得；蚕子稀得，密不得；蚕子饱得，饿不得。
方格簇密得，稀不得；蚕茧选得，混不得。
养多养少在于桑，病多病少在于防，茧大茧小在于叶。
收多收少在于病，茧好茧坏在于簇，价高价低在于选。

（三）上簇结苞，收益变现

待蚕进入五龄期时，蚕农们的生活似乎稍微轻松一点，但他们的内心时刻处于紧张状态，因为此时蚕结出的蚕包好坏，关系着最后的收益。许多人每天都要跑到自家的蚕棚转上几圈，希望大蚕能够快速结苞。

"勤育猪懒养蚕，四十天得现钱。"相较于种庄稼，养蚕是可以较快见到收益的。因此，留守在家的村民，如有足够的精力与劳动力，大多会选择养蚕。

选择养蚕的人家多数家中至少有两个青壮年劳动力。因为养蚕虽然成本不高，但是管理需要投入极大精力。留守在家的大多是妇女，如果没有另一个人帮衬，基本上忙不过来，尤其是大蚕期扒桑叶，往往需要雇工才能完成整个养蚕过程。折算下来，蚕农最后所能够赚取到的利润并不多。2021年火石垭村部分蚕农育蚕成本与收入情况如表2-5所示。

表2-5　2021年火石垭村部分蚕农各季的育蚕数量及成本与收入情况

蚕农姓名	季度	育蚕数量/张	育蚕成本/元	卖蚕收入/元	所赚资金/元
YCH（有共育室）	春季	7	蚕种：350 肥料：1200 请工：1100	12000	9350
	夏季	6	蚕种：350 肥料：1000 请工：700	10500	8450
	正秋季	4.5	蚕种：225 肥料：1000 请工：1100	8438.6	6113.6
	晚秋季	3.5	蚕种：175 肥料：1000 请工：700	7000	5125
LGL	春季	16	蚕种：1600 肥料：2730 请工：13500	25000	7170
	夏季	14	蚕种：1400 肥料：2600 请工：9500	23000	9500
	正秋季	7.5	蚕种：750 肥料：2600 请工：10000	21969.5	8619.5
	晚秋季	8	蚕种：800 肥料：2600 请工：10000	18000	14600
YCG	春季	4	蚕种：400 肥料：600 请工：800	8500	6700
	夏季	4	蚕种：400 肥料：500 请工：600	6400	4900
	正秋季	2	蚕种：200 肥料：500	3772.8	3072.8
	晚秋季	2	蚕种：200 肥料：600	—	—

续表

蚕农姓名	季度	育蚕数量/张	育蚕成本/元	卖蚕收入/元	所赚资金/元
RZP	春季	1.5	蚕种：150 肥料：1200	4500	3150
	夏季	2	蚕种：200 肥料：1200	5000	3600
	正秋季	2.5	蚕种：250 肥料：1200 请工：2000	7000	3550
	晚秋季	2	蚕种：100 肥料：1200	3800	2500
RZP（与上同音不同人）	春季	2	蚕种：200 肥料：600	3000	2200
	夏季	2	蚕种：200 肥料：600	2600	1800
	正秋季	1.5	蚕种：150 肥料：600	3408	2658
	晚秋季	1.5	蚕种：150 肥料：600	2800	2050

可以看出，养蚕利润微薄。如LGL家育的蚕最多，所赚利润也最高，但成本特别是请工的成本有时比利润还高。只靠自己养蚕也赚不到多少钱，如RZP家每季只育一两张蚕，虽不用请帮工，自家也不辛苦，但每季收入并不高。因此，养蚕对于村民来说，并不能完全地支撑起家里面的各项开支，像YCH、LGL这样每季育得相对较多的蚕农，且四季都育，一年才能赚个两三万元钱。

三、日趋多元的养殖观念

综观火石垭村从事养殖的人群，大概可以分为两类。第一类，独自留守在家的老人。他们受年龄限制，在外很难找到工作，只能在家里靠种地养殖维持日常生活。对于这些老人来说，技术高、难度大的产业，都不是他们的选择，而传统的养育猪、牛、鸡、蜜蜂一类，较为合适。四组的养蜂大户ZSF便是如此。他在五十多岁时回到家乡，选择较为轻松的蜜蜂养殖。第二类，在家照顾家人的青壮年，一般四五十岁左右。他们留下来最主要的原因是照顾在家的孩子和老人。例如，HCW家有两个孩子一个老人，必须留人在家。妻子便在家养蚕，丈夫HCW时不时出去打工。第三类是因为身体受伤，无法外出的村民。如NCP十年前在外打工时腰部受了重伤，只好回家养殖。对他而言，无论是去外面打工，还是在家里种地，均十分费力。他现在的身体状况只能进行养殖，因为养殖只需一天喂食三顿，不时到圈里看看，相对来说比较轻松。

在这样的情况下，养什么、怎么养、是否成为大户，都是村民需要考量的。首先，从政策支持方面，种养结合时，种植面积要达到50亩以上才能算大户，享受到政策支持，而要想达到这样规模，对于火石垭村民而言难度太大，因此村中种植大户极少。如玉米大户，仅有一家达到了大户的标准，享受到国家补贴。

养殖是一件极具投机和风险的事情，当年的价格好，不代表来年可以保持。一旦养殖超过他们的承受能力，就会面临风险。在他们看来，养二三十头，规模不是很大，既可以自己照顾，也可以兼顾种地，种养结合。一旦养得太多，既需要承担价格波动的风险，也需要承担较大的饲料成本。以养牛为例，如果养了五六十头，光靠自家地里的玉米远远不够，需要额外购买。若遇玉米收购价格上涨，仅仅饲料开支就难以估量。因此，村民即使发展规模性养殖，也多维持在二三十头。

但也有极少数人的养殖数量较为庞大。如五组的ZXQ养了八十几只鸡，是全村养鸡最多的人户。附近村民如果要买鸡、买鸡蛋，一般都去他家。但是，据他所说，自己也不是一开始便有如今的规模。他谈道，之所以会养这么多的鸡，是因为某年他家的鸡蛋还没来得及找到买家时，便孵出小鸡了。既然都已经孵化出来了，就只能养了。九组有一家养羊大户，2020年时，他家的羊已经超过百只了，2021年上半年仍有七十几只。最开始时，由他的儿子买了四五十只羊来喂养，后来夫妻俩从新疆打工回来，将赚的钱投入养羊产业，才逐渐扩大规模。

总的来说，火石垭村的养殖观念正在朝着更为多元的方向发展。首先，长期以来自给自足的养殖观念仍旧在持续，如饲料的投入，每日只需割猪草、煮猪食，这是日常，也是习惯。

其次，养殖逐渐规模化，同时面临增大的风险。对于养猪大户来说，猪价不稳与猪瘟给他们带来了极大的恐慌。据他们所说，养猪如同"赌博"。不过，即便如此，对于火石垭村几户规模化养殖的村民而言，他们也不会对自己的养殖规模进行太大的调整。他们认为村里猪瘟较少，即使价格低，自家猪也不会低价卖。CQF道："就是多吃点饲料，我育的不多，还养得起。"相较于养殖大型牲畜，养蚕的风险较低。从蚕种育种到蚕茧售卖，既不用担心没有销售渠道，也不用担心没有技术指导。对于他们而言，最需要考虑的恐怕就是劳动力问题——请工在火石垭越发困难，如果在大蚕期，请不到工，无法及时扒桑叶喂蚕,那将血本无归。因此,是持续养殖,还是放弃养殖外出打工,火石垭村民自有打算。

小　结　农业基础与生计保障

　　农为邦本,传统社会发展稳固的农业,方能稳定农民,维护社会安定。火石垭村是一个极为普通的农业村庄,这里的生产活动十分依赖土地。村民们靠山吃山,没有种水稻的条件,就种点玉米当粮食,种点油菜供油脂,种点麦子做面条,从这个意义上讲,即使1949年后国家开始大规模的社会改造活动,将经济活动和资源直接控制起来,也没有对火石垭村的生计结构产生较大影响,其仍旧以农耕与养殖为主。直到"分田到户"后让农民拥有自留地,他们才与其他村庄一样种点自己想吃的蔬菜,从中获得收获的快乐。

　　与此同时,火石垭村的生产组织形式也受到了国家政策的影响。在国家力量的安排下,火石垭村开始了从粮油种植到烤烟经济种植的转变。烤烟经济在火石垭村有一定的代表性:烤烟从种植到销售,都有固定渠道——村民从国家的手中领种来种,精心培育,烘烤后卖给烟站。巨大的市场需求让烤烟价格不断攀升,种植烤烟的村民也越来越多,直到家家都种烤烟,人人都会烘烤。但此时的烤烟种植技术并未完全成熟,村民们为了获得更大收益,放弃了轮作,季季均种烤烟,使用大量的化肥。这让村民种烟面临极大风险,包括自然风险和市场风险。除种植技术的缺乏外,村民对烤烟如何定级、定价均无话语权,全部由烟站的定级员决定。由此,村民们不得不围绕烤烟开展"策略性"活动:有人脉有头脑的村民的烤烟更容易卖掉,而许多普通村民只有等待。同时,土质下降让他们试图跳出种烟困境,寻找新的出路。在市场经济兴起的背景下,火石垭人逐渐外出务工,烤烟种植逐渐退出历史舞台。以上产业的发展规律,在很大程度上体现了武陵山区烤烟种植村庄的生计发展路线。

　　在养殖业方面,猪、鸡、牛在传统社会均有着重要价值——猪和鸡是重要的肉类来源,杀年猪是村民一年到头最快活的日子;养鸡可以吃到鸡蛋;牛则可以用来耕地。但随着年轻人的外出,养猪成了老人打发时间的活动,养鸡成了获取鸡蛋的手段。随着农业科技的进步,牛不再用来耕地,商品化养殖逐渐流行。

　　可以看出,火石垭村作为非典型村庄,一方面,无论有着怎样的改变,它的乡土底色仍没有变,人们留守在村庄,依恋着土地,土地成了他们维持平稳发展的基础性保障。另一方面,它与其他村庄一样,在新时代背景下也不得不开始探索新的发展路线。

第三章

务工、流动与产业：
非典型村庄的生计张力

凉风度秋海，吹我乡思飞。连山去无际，流水何时归。

——唐·李白·秋夕旅怀

夏日清晨，除了街上的小卖部之外，火石垭村其他支路，许多人家大门紧闭，道路上也难以见到行人。等到山中薄雾散开，太阳初升，才隐约传来人声。放眼望去，几个小孩在奶奶的帮助下，正在自家门口的水池旁洗漱，那一声声的"奶奶"，亲切而自然。

　　这是火石垭村生活场景，也是无数个"非典型"村庄的日常。在这些普通的日常中，火石垭村的面貌并没有因人员外出务工和流动而呈现萧条之景。在这里，仍可以看到小微企业的微微火光和被组织起来的集体经济，以及形形色色的兼业选择。许多火石垭人并没有完全抛下自己的家乡，这一个非典型村庄仍旧存在着生计张力。

第一节 "闯"造生活：外出务工的生计探索

　　以农为本的火石垭人，世世代代都勤勤恳恳地经营土地，但土地却没有一如既往地给他们同样的回应。原本带来希望的烤烟种植，因为种种原因无法持续。老人要赡养，孩子要上学，自己要吃饭，一个个难题摆在前面，村民们不得不面对如此棘手的人生难题。此时，外部世界向他们开放，出于生计谋划，火石垭人与其他村庄的村民一样，开启了外出谋生的发展之路。直到目前，务工收入依然是火石垭人主要的生计支撑，并且呈现出明显的"流动的共同体"状态，远在他乡而心系家乡。

一、"农工"变"劳工"

　　传统的火石垭村没有流动，一切依托土地，但随着社会的发展和村民的生计维持需要，一批批青壮年逐渐放弃了农业种植，选择外出打工，从传统以农为本的"农工"身份变成了靠劳动输出的"劳工"身份。

　　（一）被迫选择：烤烟衰落下的无奈选择

　　火石垭村第一批人外出务工的时间，约在20世纪90年代末至21世纪初。20世纪90年代的火石垭村，烤烟种植依旧是最为主要的家庭收入来源。烤烟的高收入让许多人家将自家的土地全部投入烤烟种植，烤烟成为村民们内心最为重要的"希望"。但烤烟种植是一项非常辛苦的工作，苦与累是常态，CXY回忆起当时不断叹气：

　　那时候我们种烤烟硬是娇（形容烦琐而累）得很，哪管是莫想能睡个好瞌睡嗷（别想睡得好），睡起心里面都是把烤烟默起的（惦记），好久又要去加火，好久又要起来看看烟烤得怎么样，唉，硬是娇！

不仅是小户们，连大户也在感叹烤烟种植的巨大风险。作为曾经的烤烟种植大户的WLL谈道：

种烤烟要想赚钱就得有很大面积，大面积的种植在收烤烟的时候是需要请工的，产量下降，价格下降，而成本却显示出上升的状态，再加上农民大面积种植其实需要承担的风险是比较大的，一旦收成不好就是亏本买卖。

村民认为，种庄稼和种烤烟，气候对收成影响极大，即使每日关注天气，精细管理烤烟，仍旧得听"老天爷"的话，天气一旦不好，便对收成造成很大的影响。同时，由于烤烟常年被作为单一作物，过量使用化肥、农药，让土质大幅度下降，导致烤烟"成片死亡"。渐渐地，烤烟种植已经演变成一项"信用透支"的生计，需要向小卖部赊账，包括肥料和农药的钱。到后来，甚至家里的许多开支都需要赊账，正如CXY所说："家里面的生活开支很多都是先赊账，总是盼着等到烤烟卖了就赶紧拿钱去结账，一年到头就指望起烤烟能够卖个好价钱。"简短的话语道出了心中深深的忧虑。因此，面对沉重的生活压力，他们不得不另谋出路，结伴外出，其中以"60后"和"70后"为主。此时的他们已经成了家里的顶梁柱，孩子在长大，家庭要发展，但唯一让人信赖的土地，却不能带来更多的回报。他们焦虑、无奈，如何养活这群嗷嗷待哺的孩子，如何面对老人着急的神情，如何使自己的家庭更好地经营？作为家中的顶梁柱，村民们不得不到处寻找求生之机，哪里有机会就往哪里去。SSP就是此时选择外出闯荡的：

在（20世纪）90年代的时候，我出去打了三次工，先是在浙江，去那边搭钢管架，做半年就回来了。在家里面待了半年，又去湖北宜昌打米❶，打几天米之后，又要到武汉城内去，又在武汉做一两个月，然后才回来的。

村民CFJ 1998年第一次外出。前一年时，家里烤烟产量大幅度下降，且收成的烟叶烤不出颜色，挣不到钱，于是第二年选择外出，不过外出后心里念着还是应该在家乡发展，因此仅仅出去一年便又回到家乡种起了烤烟。但因为烘烤技术欠佳，反而亏损1000多元。此次亏损让CFJ产生了畏惧心理，烤烟需要成本，若失败了便彻底失败。当时家里两个孩子要上学，一家老小住着破旧窄小的木房，沉重的家庭压力让他再次外出务工。他当时的看法是，外出务工虽不一定能赚大钱，但是每个月只要工作就一定会有收入，可以获得安全感与踏实感。一开始，他去福建的莆田砖厂上班，但不能适应，抱怨道："哎哟，我的天哪。太累了！看到砖厂的火升起来到膝盖，把小腿烤得很痛，要哭啊，哎呀，不该来的呀！"但每当他想要放弃的时候，便看到砖厂里另外一个小伙子，还未

---

❶ 方言，指用碾米机脱壳碾米。

结婚却将这份工作干得热火朝天，于是他激励着自己："别人都能干好，一个单身汉家里面还没什么负担，他都行，我为什么不行！我家里还有一家老小等着我挣钱养活！"他不断地给自己加油打气，一次次咬紧牙关，一次次泪水在眼眶里打转，最终还是坚持了下来。第一个月，他拿到了1000多元的工资，喜悦与激动可想而知，内心充满了坚持与干劲。他把钱寄回了家里。妻子表示，有了钱，内心踏实了，一家老小的生活也就有着落了。

从CFJ的故事可看出，村民们在家乡从事农业活动，不仅收入低，而且需要承担巨大风险，收入难以保证。种种情况下，他们只能另谋出路。

（二）主动外出：城市高收入的良好前景

传统社会的信息流通相对封闭，将农村劳动力"积压"着无法流动，严格的户籍制度又让他们只能守着那一亩三分地。直到改革开放后，特别是20世纪80年代开始，政策逐渐松动，农民有了外出的机会。此时许多村民向往着外界的生活，都想外出闯闯，ZZC便是最早外出闯荡的一拨人之一。

我是1967年生的人，火石垭初中毕业。我16岁（1983年）就出来社会了，那时我们一帮人，去苏杭逛啊，做小生意，拿些电子表去贩卖。不比你们现在，那时候我们挑担担，没有车，只有自行车。

（20世纪）90年代的时候，在火石垭村一说要出去逛，就有很多人一起。我们一群人去广州，钱都用白布缝在衣服里面，在腰上转一圈，那时候没有50元的面额，10元一张的捆一圈在腰上，坐火车睡瞌睡都不好睡。1997年拖煤炭最多，我也给种烤烟的拖煤炭，卖点小百货。后来我又跑车，跑成都方向，因为要送小孩读书，跑了一阵就没有跑了，在我手上算上今年（2021年）7月份买的车，我已经开了10辆车了。蹦蹦车、哈宝、双排座、大车、面包车。买第一辆车的时候，火石垭还有综合商店、供销社。

20世纪90年代开始，逐渐形成的外部市场给予火石垭村民"往外跑"的勇气与机会。东部沿海地区的改革开放，基础建设和制造业的快速发展，对劳动力产生了大量的需求。火石垭村第一批人在外赚到钱后回到家来，忍不住宣传自己在外的高收入，让越来越多的人蠢蠢欲动。经过比较，村民们发现，外出务工比在家种烤烟更能赚钱。比起靠天吃饭，外出务工是有一定的收入保证的，做一天便得一天工资，而在家务农虽一天到晚都在忙，却只有作物收成时才有一点收益。几番比较之下，村民们普遍认为，一方面外出打工的收入较高；另一方面打工回来之后在家乡会更有地位，外出回来的村民都西装革履，回老家旧房换新房，这进一步刺激了村民想要外出看看的欲望。"那些出去打工回来的人，他们回来都是修房子嘞，其他人看到就会觉得外面很赚钱，那大家都想出去了。"

（三）谁离谁守：家庭角色的分工转换

在火石垭村，一开始迫于生活压力走上外出务工之路的村民主要是男性。这样的选择是在夫妻双方慎重考量之下的决定。夫妻二人在外出与留守间践行了家庭角色的分工。男人们为了赚钱而选择与亲人别离，妻子为了家庭稳定而选择留守在村里。因此，外出务工看似是一个人的流动，实际上却是一个家庭的选择，是多方的考虑。

CFJ第一次外出务工时，妻子HZP内心极其不舍与害怕，因为自己即将一个人照顾家庭，包括一个5岁和一个2岁的儿子，生活并不轻松。在村里，她必须种庄稼获得日常生活的来源，因为丈夫并不会每个月寄钱回家。她内心明白，丈夫的外出和自己的留守，是为了整个家庭发展。"没得办法，当时穷嘛，就只能兼顾到一头，哪个不想一家人都待在一起，但是没得钱嘛。"交谈的话语和无神的双眼，体现了她心中的挣扎。她只能按捺住内心的孤独与不舍，让丈夫独自外出打拼。不过她也做好了随时外出的准备，如果丈夫一个人赚不到钱，自己就跟着丈夫出去。

丈夫在外面工作了四年后，果然把她也带了出去。大儿子当时9岁，正在读小学五年级，可以安排住校；小儿子6岁，只好交由家里面的弟媳照顾。一开始她十分不舍家里的两个孩子：

唉，当时没得办法嘛，我们也不想这样的，但是看着孩子一天天地大了，我们一家四口与弟弟家还是两家人一起住着3间房子，又窄又不方便，我们是想着出去挣点钱回来给家里修一个房子。

HZP到打工目的地福建的第一件事，便是赶紧购买一张电话卡打电话回家。好在当时弟弟家已经安装有座机电话，自己能够与家里的孩子通上电话。回想这段经历，HZP有着深深的感触，自己在电话的那头听到儿子的声音就泪流不止。所以没到一年，HZP便将小儿子也带出去，留在自己的身边，直到6年后才回来。

打工刚回来时，她还有些许不适应：外地有着方便的生活，而火石垭的交通一如往昔，连去石家场镇上买东西都需要用背篓背，而从自己家走到村委会，至少也需1个小时。但对她来说，最不适应的是她回到家后与丈夫再次分离的现实。虽然HZP话语里表示："还好，刚开始有点儿不适应，但是在农村嘛，我们就这个条件，也是没得法。"但她的眼神中却充满着闪躲与孤独，也许这就是打工者的内心独白。表面看似平淡，其实内心充满了各种无奈。

好在几年之后丈夫也回到家乡，二人合力将新的砖房修建起来，三层楼大概花了30多万元。一开始只能修简单的毛坯房，装修是在后面的几年中一点点地补足起来的，今年修个厕所，明年修个门窗。之所以如此这般紧巴巴地过日子，是因为两个孩子逐渐长大，教育成本不断上升，只能先照顾家里的孩子。直到2021年暑假，房子装修依旧没有完成。但即便如此，CFJ一家已经感觉相当满足了。因为他们用自己的双手赚了钱，有了自己的家，一家人可以在家中团聚，获得了归属感。CFJ曾表示，有了家，就有了内心停留的心灵港湾，不管在外面打拼多苦多累，一回到家，身上的疲惫立马解脱了。

当然并非所有家庭的男女分工与外出选择均是如此，一般情况下，受传统农村男女意识的影响，男性作为家中劳动力外出打工比较常见。但是在面对家中男性因各种原因难以承担外出打工重任时，为了维持家庭生计，火石垭村的女性也能承担起家中顶梁支柱的角色。

ZZY与JXQ两位女性，前半辈子基本上是丈夫外出，自己在家从事着简单的家务劳动和农活琐事。但是后来在四五十岁的年纪，她们因为丈夫的身体原因不得不外出，为家庭谋划，在建筑工地从事着风吹日晒的活路，原本白皙的皮肤在短短几个月的工作强度下变得粗糙黑黄。她们赚取到了家中所需的支出，但她们也不得不面对强度极大的体力劳动。这在她们看来既是偶然也是必然，是与全家共同商量得出的生计选择。ZZY的丈夫说道："没得法了嘛，我身体不行，做不得，屋里这些开支也不小，她不出去做不得行了嘛，还是不想她出去的。"

二、受限的工种选择

火石垭人从乡村来到城市，虽然生存奋斗的空间发生了巨大转变，但"好日子"的向往依旧在进行，如想要获得更好的物质条件、为子女提供更好的教育机会、给予足够的家庭支持，等等。从这个意义上，赚钱是他们外出打工的终极目的。但由于学历不高，可供选择的工作类型有很大的局限。

（一）条件受限：建筑工地成佳选

从火石垭村民外出务工的范围来看，从一开始的东南沿海到后来的西北，再到北方，几乎遍布全国。有的村民表示，务工几十年来，全国各地基本上都跑完了。但村民们的工作地点虽然在天南海北，但大多数村民所从事的工作基本上以建筑工地的工人为主，只有少数的年轻一辈是以电子厂、服装厂为主。

老一辈的人之所以对建筑工地"情有独钟",主要因为工地对工人的要求低。进工地的这一批村民,文化程度普遍在小学左右,只有少数的"80后"具有初中学历。他们从小在家务农,直到十五六岁出去闯荡。因此,这批人无法承担那些较为轻松但有较高技术要求的工作。ZYC感叹:"我们只有在工地啊,上次别人喊我去做其他轻松点的活,喊我看一个图纸,我看都看不懂,也不会做,只有回来做这个。"掌握一项技能,是选择工作的重要条件,但文化水平不高的火石垭人,在求职时因为没有过硬的专业技能,只能在工地做些简单工作。CHS于2000年开始外出务工,虽怀着无限憧憬,却苦于缺乏技术只好干些体力活:

我是干工地,什么修桥、修路,都干过,那时候的工资比较少,并不是去赚钱,只是出去打拼闯荡的。后面又去过江苏、北京等一些地方工作。但不管是去哪个地方,几乎都是围绕建筑方面的苦力活进行。

除了客观条件他们不得不选择在工地打工,在主观条件下也有不少因素促使他们选择工地。一是工地工资的日结性和管理随意性。建筑工地工作是有周期的,并不是天天需要出工,且工人的工资每天日结,让他们能够随到随走。如果在工厂,不仅请假需要层层审批,工资会被扣除,还不一定能马上拎包回到老家。于是建筑工地"随时走""日日结"的优势,受到他们青睐。老人RCY于2021年暑假去世,她的两个侄儿能立马从河北回来,也有着在工地工作的原因。在外务工十几年的YSW谈道:

我之前也进厂去做过的,但是说实在的我还是愿意在工地上班,至少它的钱是我在厂里面的一倍噻,再说做工地也相对自由一些,我随时想走都可以,尤其是在暑期,外面热狠了遭不住的时候我们也可以随时回来。而且,在工地遇上下雨天或者一个工程做完了还可以有几天时间休息。

二是工地工作普遍报酬较高。虽然从劳动量来说,工地的工作比进厂的工作累得多,但他们仍旧愿意忍受高强度、生活条件差、无基本福利保障的建筑工地工作,这很大程度上在于较高的工资抵消了工作的苦。"80后"的CYE认为,建筑工地的活一点都不累。"在老家的时候,什么农活没干过,什么苦没吃过。""就是很晒,我怕晒。"他们在感慨自己文化程度受限的同时,也在内心接受着这样的现实:没有文化那就只能靠蛮力来挣钱!自己作为一个农村人,拥有最多的就是力气,在能用力气挣钱的年纪,再苦也甘愿吧!建筑工地的工资在他们能够接触到的领域来说是最高的,一天差不多300元以上,而在村里打零工一天只有80~100元。

也有部分村民并不是一开始就选择了建筑工地。RGB是2000年中专毕业外出务工的一批人。最开始他进城到黔江当销售卖车,主要是向大公司老板和有钱人推销,一个月基本工资300元，一辆车的提成600元，但苦于自己口才不好，销售只干了一年就放弃了。2002年又去了福建，仍旧没有去工地，去了较为轻松的面条厂工作。他第一个月就拿到了700元工资，这在当时来说是一笔不小的收入。在厂里他还认识了现在的妻子，也算圆满。在面条厂工作几年之后，他从小工上升到管理层，工资也从几百元上涨到三千多元。看似较为顺利，但也到了他能够上升的"职业天花板"——由于缺少技艺，虽学会了面条制作工序，但终究对老板而言价值不高，且面条厂较小，工资上涨较慢，无法满足家庭的需求。于是他在巨大的家庭压力下，放下面条厂"体面"的管理层工作，去了工地。

前文提及的CFJ与RGB较为类似。最开始打工的前10年，他都在砖厂，炎热的夏天，烧得红亮的火炉子里散发出来的蒸腾热气，让人难以忍受，恶劣的工作环境让CFJ几度想要放弃。"晚上六七点上班做到早上十点，累起来，那个泥巴汤汤就往我背后脊椎骨里冲哦！"在厂里这几年，他用赚到的工资慢慢地将家中新房子一点点修建起来，两个儿子一个上了大学，一个中专毕业。眼看生活越来越顺利，谁想到2012年砖厂突然倒闭，新开的砖厂需要掌握新技术的工人，他自己无法胜任，只好找新出路。在多种工作的比较之下，他选择了建筑工地。他清晰地记得，同村好友YSW在电话里面问他："你做过没？没做过的话工资每天只有170元。"CFJ坚定地回答："170元我也要来！"

（二）技能获得：从徒弟熬成师傅

在建筑工地上班，并不一定都是干同样的活。据村民介绍，工地主要有木工、钢筋工、泥水工、电焊工、水电工五个工种。木工可以细分为钢模板、铝模板、木模板；钢筋工可以细分为制作（后台）与绑扎（前台）；泥水工可以细分为砌砖、抹灰、混凝土。

村民们通过对相关工种的技术需求、性别选择、工资待遇、工作时长等进行了解，发现木工的工资相对较高（平均工资400~450元/天），但劳动负荷强度最大，比较适合夫妻档搭配；钢筋工的工资比木工低一些，不过一天也能赚300~350元，且男女任何一人都可以胜任，工作时长相对较短，这由此成为火石垭村民在建筑工地最主要的选择；泥水工、电焊工、水电工三类工种需要一定的技术，工资一般200~300元/天，且工作时间相对固定，通常一天9小时，因此很少人选择（表3-1）。

表3-1 建筑工地工种介绍

务工类型		技术需求	性别选择	工资待遇	工作时长
木工	钢模板（先前做，现在基本不做）	技术含量不高	男（多）/女	包工：800元/天 点工：视地域重庆350元/天；广东400~450元/天	包工：12小时以上/天（强度大） 点工：9小时/天

续表

务工类型		技术需求	性别选择	工资待遇	工作时长
木工	铝模板（会做铝模不一定会做木模，会做木模一定会做铝模）	技术含量不高，需要力气（已有成型模板）	男（多）/女；夫妻搭配	包工：800/天 点工：视地域重庆350元/天；广东400~450元/天（没有损坏的成本计入，工资相对木模板高）	包工：12小时以上/天（强度大） 点工：9小时/天
木工	木模板	需要模板制作技术，根据数据制作	男（多）/女；夫妻搭配	包工：600~800元/天 点工：视地域重庆350元/天；广东400~450元/天	包工：12小时以上/天（强度大） 点工：9小时/天
钢筋	制作	会看图纸、需要抬钢筋到机床	男（多）/女	包工为主男：350元/天；女320元/天	包工：11~12小时以上/天 点工：9小时/天
钢筋	绑扎	技术含量不高	男/女（多）	男330元/天；女310元/天	包工：11~12小时以上/天 点工：9小时/天
泥水工	砌砖	需要技术：砌直，内角讲究	男（多），女的打杂	男：300元/天 女：200元/天	包工：11~12小时以上/天 点工：9小时/天
泥水工	抹灰	需要技术：墙抹平，垂直度，平整度	男/女；女的打杂	师父：280~300元/天 打杂：200~220元/天	包工：11~12小时以上/天 点工：9小时/天
泥水工	混凝土	技术含量不高，下苦力	男（多）/女	包月：6000~7000元/月	工作时间不定，开工了就将工作全部完成，1天、半天
电焊工		特种技术：必须考电焊工技术资格证	男	算天：300元/天 包月：1200~2000元	9小时/天
水电工		需要技术：懂图纸，会埋线	男	点工：300元/天	9小时/天

注：根据2021年8月18日访谈资料整理而成。

火石垭村民所选工种最多的是木工和钢筋工。因为这两项工种在每一个工地的工作内容相差不大，他们能够在几个建筑工地之间来回切换。在木工中，村民们倾向铝模板工作，因为技术含量不高，需要付出的成本相对较小——将已经是半成品的铝模板填充好即可。木模板则需要自己从头制作，技术含量高。无论是铝膜板还是木模板，均适合夫妻搭配，因为内在分工和强度有些细微的差异，一般情况下工人不能接受他人干着轻松的活，拿的工资和自己差不多，而只有夫妻搭配才不容易出现矛盾。

村民也提及，木工和钢筋工这两个工种极难混做："搞木匠就不喜欢搞钢筋就不喜欢搞木匠。"这便意味着，一般选定之后再难更改。

在开始选择工种时，通常入行时选择哪一行，就会一直干下去，但这并不意味着他们将几十年如一日做重复劳动。由于技术和经验的积累，让他们从徒弟熬成师父，让他们可以自由决定是否继续干、在哪干。如此一来，便进入了可控与蜕变的阶段。

技术和经验是否到位，通常以是否会"看图纸"为标志。例如，当一位村民从始至终从事钢筋工种时，便意味着他有可能接触到有一定专业要求的图纸操作，更有可能学会看图纸、选材料、画平面等技术性的工作。CHS曾炫耀道："别看你们是大学生，我们搞建筑这套你们还是不懂哦，我们会看图纸、平面图那些啊，我们虽然没得什么文化，但是做钢筋这几年还是学到了很多东西。"工作中，长年的耳濡目染，让村民们或多或少能够学到简单的技术，掌握基础知识。

当成为"老师父"之后，他们会对工地进行大致判断。在工期即将结束时，他们会早早地联系其他工地，打探情况，多家对比，综合判断是否换地方，以及换去哪里。RZP说道：

一般我去工地，如果是新工地的话，最开始的半个月我是不会去的，因为不确定是不是稳定，而且一开始也没几个人，会比较累。一个工地我也不会等到他完全做结束才走，一般我到了差不多还剩10来天结束工程的时候，我就已经联系好下一个工地，就走了。

（三）不分性别：女身担起男力活

通常，人们对建筑工人的性别有着刻板印象，认为工人以男性为主。但火石垭的情况打破了此番认知，火石垭的女性不甘示弱，她们中的许多人成了女钢筋工。

JXQ原本在家种植烤烟，种点庄稼，可2020年丈夫身体出现问题，无法继续在外挣钱，因此当时48岁的她毅然扛起重担，面对家里翻新木房、儿子上学与成家的经济压力，决定外出务工。最开始，她选择进厂，虽然避免了风吹日晒，但JXQ却不太喜欢：

厂里面上班，每天要按时上班打卡，并且随时安排你加班。平时有事更不好请假，关键是进厂的话工作时间长得很。但是在工地，每天只需要上满9小时的班，可以随时走人，也不会被压工资。每天晚上下班了，我洗漱好就可以躺在床上看手机，一天也不会那么累人。当然最主要是工地上工资高一些，一个月拿着六七千元的工资也是常事，我还是熊（喜欢）做工地一些，干脆简单。

后来她进了工地，一人出卖苦力，挣钱养家：

不做没得钱了嘛，你看我们这个家庭嘛，压力还是大也，没得房子，儿子找女朋友的话哪个愿意到我们这样的家庭来嘛，我还能做满都多做几年噻，等工地不要我了，我再回来办点庄稼嘛，现在我是喜欢在外面打工，不喜欢在屋里办庄稼。

比JXQ大4岁的ZZY，同样人到中年去工地打工。家中两个孩子都已大学毕业，本应该享福的夫妻俩，家里却出现了变故：ZZY的丈夫尾椎骨和臀部骨头做了大手术，无法干重力活，只好在家中休养身体。家庭一下子失去了可靠的经济来源。虽然两个儿子有稳定的工作，但他们仍旧有赚钱的需求——必须在2021年国庆节大儿子订婚之前，把家中160平方米的砖房装修好。经过计算，大概需要十几万元的投入。于是ZZY收起了享清福的安逸之心，独自去了外地的建筑工地。丈夫YCJ看到妻子很辛苦，也无能为力：

当时我没想到自己身体会像现在这个样子，早晓得当时就不应该把房子做那么大。当时修的时候是自己做的嘛，想着也花不了好多成本，就将房子做大一点嘞，现在还是有点后悔了。

YCJ说完看着远方，沉默着低下了头，既有对自己肩不能提手不能扛的无奈，又有对妻子在工地每日每夜干活的愧疚。

2021年8月底，妻子ZZY从广州回来操持装修房子的事宜。看着她黝黑的皮肤，瘦弱的身体，YCJ一下子就感受到她在工地上所受的苦。可她回来之后，一天也不敢停歇，联系工人，准备材料，一会儿在楼上拎水泥，一会儿去一楼准备饭菜，展现了"女身当男力""巾帼不让须眉"的气魄。

三、变中不变：流动的"共同体"

火石垭人外出打工，变化的是务工的地点与工作类型，但始终不变的是村民之间的联系。他们因经济困难选择外出，也在不知不觉中将村内"共同体"关系带出了火石垭。

（一）走出去：一个带一个

一个人带上一些人，一些人带走一群人，在这样的趋势下，"走出去"似乎成了20世纪90年代末的村庄"潮流"。对于一直生活在传统村落的火石垭人来说，外出打工通常由熟人带出去，即"一个带一个"。熟人既可以充当工作的技术指导，又可以给予他们远在他乡的情感陪伴。图3-1是火石垭村二组YSW的打工溯源情况。

大水井村Z姓村民 → YSW二姐夫的妹夫 → YSW二姐夫 → YSW → 二组其他村民

图3-1 火石垭二组YSW的打工溯源情况

YSW第一次出去打工在2002年9月。在他的记忆中，自己是在二姐夫的带领下去了浙江杭州。二姐夫也是由邻居带出去的，他们一行人打工最开始可以追溯到一位大水井村的Z姓村民。这个人在外面打拼了很多年，陆续带着他的兄弟及同村村民出去打工。

谈到如何开启第一次打工的场景，YSW记忆犹新。当时，他在家中务农，赚不到钱也苦于没有门路。好在那几年家里安装了座机电话，交流也比较方便，于是YSW与二姐夫打了一通电话后，开启了自己的外出务工之路。

二姐夫："你在屋里做么子？"

YSW："在屋里耍。"

二姐夫："你要出来不？"

YSW："我想出来。"

二姐夫："那你要出来，你就到我这里来。"

那时候没有手机，坐车也需要两三天时间——先从黔江坐客车去株洲，在株洲歇息一晚，再从株洲坐火车到浙江。

我都不晓得打工（有好累），那时候我们都没得视频电话，也没得手机，别人（工厂老板）说几点钟到达，我就会提前来车站候车室出站口那里等起，否则的话你都找不到。

那一年，YSW才16岁，一天可赚得40元，晚上加班可以多赚20元，一个月可得1000多元，他一直做满3个月才回到村里。16岁的年纪就外出闯荡，让YSW对自己颇感得意：

16岁，身份证一得，我就出去打工了。那时候是想起出去买手机嘛，打工的话个人有点资金，随时有钱嘛，个人也蛮想买个摩托车嘛，我二姐结婚嘛也需要钱，那时候老的一年在屋里也没挣么子钱。那时候（烤烟）好便宜嘛，在火石垭街上卖烤烟，打架哟，想卖好一些要和烟草公司打架才卖得好啊！当时（自家烤烟）也不哪个卖得好，当时我们卖烤烟都是父亲五兄弟一起去卖的，卖烤烟和烟站关系好的就会收得好一些（价格高），也卖得快一些，有些不占关系的话就收得不好（价格低），有可能上午背着去，到了下午都没能卖出去。这种其实在社会上一直存在，你有关系嘛人缘就广些，你没得关系人缘就少些。

YSW回来后不久，在2003年又选择外出，此时工资上涨为一天50元，一年下来的工资要比前一年多两三千元。YSW在外发展得越来越好，附近的亲朋好友都看在眼里，也想跟着他一起出来。YSW十分热心，只要有人想跟他一起出去，他都愿意带：

那时候打工嘛，大家都是想着出去挣点钱嘛，在屋头烤烟不行了，做其他的也不行，大家都是想打工嘛。（二零）零几年的时候，夫妻两个人一年都要做个七八万块钱回来。……所以那时候我们在杭州，认识我的人有点广嘛，只要提我的名字，多数都认识，那时候我认识的老板也多，能做的活路也比较多。

(二) 常联系：务工新圈子

YSW带出的村民，很多都是相互认识的。由于他们在本地是"一个圈子"，所以出去后更强化形成了"工友圈"。2021年9月初，CFJ在家待了两个多月后，本计划独自一人外出，可最终变成了四人——RZF、JXQ、RZP和他自己。CFJ原本是联系本村的另一位村民，工资一天有350元。正好此时，本村的JXQ听说本村RY所在的工地正好需要大量的人，便组织火石垭的亲人们前往，不过一天的工资并没有达到350元。但即使工资较低，也让CFJ选择与熟人一起，他说："我不得行呀，人家RZF回家没出去，主要是在等我，不能让人家白等吧。JXQ经常都是要和我一起，而且我们几个一路出去也有个伴有个照应嘛。"

可以看出，村里的圈子和外出工友圈有着一定的重合。他们认为和"工友圈"的人干活，既熟悉又方便做事：

工地上你肯定要和熟人一起做才不得那么累人嚏，你觉得哪里不好，有啥子意见，你可以直接说，熟人之间就会听。和不熟的人做有啥子问题，一个是不好支（说），二个是你说了别人还不一定要改，他会偷懒嘛，这样做起来也没得么子意思。

此外，他们普遍认为熟人做事比较踏实靠谱，不投机耍滑。"和他们几个做事还可以，大家都肯做，也不怕吃苦，这样做起来才轻松点嚏。"尤其是强调搭配组合的钢筋工，他们更倾向于与2~4个熟人搭配：二人搭配为一起排梁；三人搭配为二人排梁、一人打窟；四人搭配则是二人排梁、二人打窟子、抬窟子。

除了工友之间的圈子，村民与众多老板之间，也形成了各自的"老板圈"。老板圈是指村民多年在外积累下来的老板人脉，如CFJ有三四个关系较好的老板，每次需要外出务工时，都会优先考虑这些老板的工地。老板发工资时爽不爽快、老板为人处世是否妥当、工作好不好做、工程时间长短，是他们在选择工地和老板时特别关注的几点，这在很大程度上决定着村民们的意愿和选择。

在这几点中，能否立马拿到工资与工程时间长短，是村民最为看重和考量的。一方面，村民外出打工是为了挣到更多的钱回到家乡，他们很在意工资能否在工程结束时可以立马拿到工资；另一方面，他们关心的是工程时间长短，是因为短期工程或马上要结项的工程，将让他们面临再次寻找工地的奔波，浪费时间又无法挣钱，因此这样的工程不是他们的首选。

与此同时，老板也会对工人有一定的筛选标准。任何一个老板都喜欢踏实能干、为自己创造更多价值的工人。因此，干活认真的村民往往成为工地老板心中的"抢手人才"。

村民CFJ在二十多年的外出务工中，因为老实本分、干活踏实，受到各个工地老板的喜欢。由于其身形较胖，老板们时常调侃他，为其取了一个"胖子"的代号。但是在遇到问题时，CFJ却丝毫不会示弱，一双眼睛再配上严肃的表情让陌生人感到有点害怕，也正因此他帮助老板解决了不少工地琐事，令老板刮目相看，并得到老板的器重。

之前在X老板手下干工地的时候，他经常来工地巡查，平时也关注到了我做事踏实认真。后面，他们（其他工人）去总公司要管钳，只要到了两三把，老板觉得我胆子比较大，就对我说："胖子，你去，你去公司拿几把管钳回来！"我就去公司要了，公司那边人说："你们才拿走的。"我不带任何微笑，十分严肃地回答："你们那个管钳不行嘛。"公司那边人可能看我也比较凶，就让我自己去拿，我走过去就拿了七八把。拿回去老板看到了很震惊，说道："你真是厉害，一般只拿得到四五把，你拿那么多！"然后他就拿几把存放起来。后面我要回老家了，就对老板说："我某期某日要回去。"老板也爽快地回复："你回去没得问题，你的钱。"等我走的时候大家的钱都没得就我一个人得了。后面我再次想要外出务工的时候打电话给他："X老板，你那有活路没有？"每次都能得到X老板热情回复："胖哥，你快过来，我这里随时都有你的活路，你过来就是。"

另一个圈子则是指"工地圈"。在同等情况下，村民更倾向于选择南方的工地。

我熊（喜欢）起去广州干工地，一个是冬天它不是很冷，做起活路来要轻松点，二个是它雨水少一些，我们能做的时间就长一些，一个月最少可以做二十七八天嘛，我们能做的钱就多一些噻。

经过这几十年的亲身经历，村民们已经十分享受在外务工生活，因为在外可以短期内获得现钱，而在火石垭村一年到头辛苦劳累，却只能等到庄稼收成后换到微薄的收入。这正应了村民所谈及的"楼房瓦屋无人坐，好田好土无人耕"的场景。

在外奔波换来了高收入，也带来了身体劳损。较为普遍的是肩颈劳损，甚至不幸在外遭遇事故。而且，随着年纪的增长，他们的工种选择会变得越来越少，工资也会相应降低。

第二节 守在家乡：小村庄有"新姿态"

不管在哪里，火石垭村民从未停止过对于家乡的思念。对于外出务工的火石垭人而言，外面的城市只是他们短暂谋生的地方，他们的归属始终是火石垭。他们坚守在火石垭，在这个毫不起眼的小村落努力活出新的姿态。

一、"资源"变"资产"

火石垭村作为一个传统村落，有着不少可利用的自然资源，让留在本地的村民们得以发挥智慧，发展强村产业，在很大程度上实现了"资源"变"资产"，使村民向致富之路进一步迈进。

（一）经营有道的火石垭酒厂

火石垭酒厂老板是一组具有"商业经验"的ZZC，这家酒厂也是周围唯一一家。酒厂的建立与ZZC的人生规划有着很大关系。ZZC是火石垭村一组尤家屋基的人，其父亲是老一辈的共产党员。因家族中只有他一个男丁，因而对他要求十分严苛，让他从小对自己的人生有所规划。

我是1989年21岁结的婚。结婚了之后，要两个人都要有收入嘛，一个人的收入不行啊，养不活家庭，有两个小孩要读书啊。必须要有一定的规划，起码有一个对生活的规划。现在的人都必须要有大志向。

于是，在1996年，他选择开酒厂，取名为"火石垭酒厂"。ZZC选择开酒厂是基于他对于本地市场的勘查与资源的了解。

我最开始开小卖部的时候，就在卖苞谷酒，酒很好卖，都卖得走，只不过那时苞谷酒是找别人进货。我当时觉得我们这里种苞谷子的人很多，而且很便宜，没有人做这个东西。我觉得做酒是不会坏的，酒是越放久就越好。现在我随时存着几万斤酒，可以卖几十万的钱。但是其他货就容易坏，容易烂。……酒厂的地方嘛，就是我们老家那里，现成的地盘。但是做酒的技术，这是一个传统的东西，都有一些常识，要去学。这个跟搞实验是一样的，你做了这个你就要总结。我就出去考察，去学习。当时去陕西看过酒，但是他那种我不敢做，我学不会，那个是12道工序（太复杂）。又去泸州看，但是他们的规模我达不到，它是国有企业。

1. 酿酒的传统步骤

酿酒技术是酒厂发展最为重要的条件，火石垭酒厂能够经过几十年的发展而长久不衰，在很大程度上得益于其独到的酿酒技艺及精细化的制作过程。

第一步，泡苞谷（图3-2）。每天吃完中饭，一袋袋的苞谷撒入厂房地下的池子，用水来浸泡。浸泡时，师傅会不断搅拌，让水浸没每一粒脱好粒的苞谷。此时浸泡好的苞谷要在此处静静待上12个小时，等到夜里的两三点，师傅们会再来操作。

(a) (b)

图3-2 泡苞谷

为了不让水溢出来，须准确掌握苞谷泡水量。ZZC总结了很多经验：他习惯在池子上横着放一根木柱，当注入水将要挨着木头下边沿时，便停止注水。泡苞谷的水是上一锅用来蒸苞谷的水，因此在这个环节中，水被多次使用，完成了它的使命。要使水便于循环，必须将泡苞谷的池子修到最矮处，因此可以看到，泡苞谷的池子是最矮、最低的。

第二步，架火，焖蒸苞谷（图3-3）。当头一天下午的苞谷被温润的水泡上约12个小时后，师傅们大概会在夜里的两三点起床。遇到特殊情况，起床的时间也会有所变化，如师傅们头一天太劳累，抑或温度太凉或太热，都会调整时间。

师傅们凌晨一起床，第一件事是蒸苞谷，苞谷需要蒸两次。先是干蒸，即先不加水，直接在原有的状态开蒸两个半小时。第二次是放水湿蒸，也是两个半小时。

在池子里已经泡了十几个小时的苞谷，需要师傅们搬运到蒸锅内，开始第一次干蒸。因为苞谷泡完12个小时之后，水池里面的水大多被苞谷狠狠地吸收，师傅们将打开水槽中的水阀，将水槽中剩余的水排去。水排完后，师傅们就得动用自己坚实的臂膀，用扬钏和筼箅，一钏一箅将苞谷搬运到蒸锅上，蒸锅直径大概有2米。

图3-3 架火，焖蒸苞谷

苞谷被师傅们均匀地铺撒在锅面上，下面是滚烫的水。将薄膜搭在苞谷面上封闭，让宝贵的水汽得以充分留在锅内，随着时间的流逝，薄膜会鼓胀起来。因此，在蒸锅的边缘也会有一根曲折的木棍，恰好搭在壁沿上，它的作用是压好薄膜，防止水分流失。

3个小时之后，师傅们会观察薄膜下被水蒸气抚摸过的苞谷子，一粒一粒，是否达到了应有的硬软。焖一段时间后，再复蒸一次。至于蒸到何种程度，师傅们表示，这是一种手感和手艺，全凭自己的感觉，"基本软了，但是不要太软"。如果还没有达到想要的效果，不妨再蒸上几个小时。

蒸好之后，需要等待苞谷的温度降下来，这时需要掀开薄膜，让室外的空气透进来。等滚烫的热气退去，师傅们还会不时翻动苞谷，让它们尽快冷却下来，以便后续的发酵，防止苞谷彻底变软。

第三步，加曲（图3-4）。蒸好的这一锅苞谷，之后便是加曲，第三天早上6点左右，苞谷的温度已经降到30℃左右，与当时的气温差不多。此时将苞谷用筬筬一筬一筬地摊在地上进行发酵。首先，在地上撒一层糠壳，然后按700斤的苞谷三斤半到四斤的曲的比例，一筬苞谷放一点曲，用筬筬让苞谷和曲均匀混合，撒在糠壳之上，堆成长约3米、宽约1.5米的梯形，在顶层也撒上糠壳，保持苞谷和曲混合后的红糟温度在30℃左右。

图3-4 加曲

然后，在最外围堆上一堆微糟，微糟是经过蒸煮已经出过酒的酒糟。最后，在红糟上插上温度计，随时观察温度的变化，当温度过高时，师傅们会抬出大风扇，对着地下正在发酵的红糟吹，让它能够降低温度（图3-5、图3-6）。

图3-5 给红糟降温　　　　图3-6 插上温度计，观察温度

第四步，装缸。午后的时间，除了对下一批苞谷进行泡水之外，也要对上一批在地上发酵的红糟进行装缸。如何判断糟已煨好，一是温度保持在40℃以下，用手拨开上面的一层微糟，将红糟拿出捏在手中，如果能够一手捏出清亮的水，那么就代表这一摊已经煨好，可以进入下一个步骤——装缸。装缸之前，师傅们会将缸壁上堵住的气孔打开，帮助排出缸内存留的浮水，防止苞谷在缸内发酵的过程中因为水分蒸发而发霉（图3-7）。流出来的水顺着地上的水流小道排到缸外。所有的浮水排出之后，师傅们会在缸的底部放上一筐糠壳，作为底层。

图3-7 排浮水

装缸是又一次对体力的考验。700斤的苞谷泡了水之后，重量增大。师傅们会先把堆在一旁的微糟用铁铲铲开，检查温度，如果温度过高，他们会再次拿出大风扇进行降温。然后，他们用扬铲，一铲一铲地将其铲进缸内。笔者曾经尝试过，看似轻松，实则需要一次又一次动用手臂的力量，仅几铲之后笔者手臂就已发麻，但师傅们要铲700斤的苞谷，难度可想而知。

图3-8 踏板踩实

当红糟已经全部进入缸内之后，师傅们会再将这些红糟推平，并用踏板踩实（图3-8）。踩实是为了让这批红糟能够尽量保持温度，最好保持在25℃~30℃。

在踏实压平的红糟上盖上两层厚厚的胶纸，铺平后再次在胶纸顶端撒上谷糠，并且一个缸的四周都要用压板压实，把糠壳堆在胶纸和墙壁的缝隙之间，确保红糟完完整整地被包裹在缸内。而接下来等待着这缸红糟的，是六天培菌发酵的过程。

第五步，烤酒（图3-9）。经过六天的发酵，苞谷变成红糟，它早已准备好接受自己的命运，将精华经过高温蒸馏出来。师傅们在凌晨时间，必须赶工将已经煨好的红糟装入烤酒锅内。首先，将火架起，等待蒸汽出来，轰轰的蒸汽逐渐将室温升高，烟雾开始弥漫；接着，师傅们将烤酒锅顶端的锅盖放下，让蒸馏管对准锅盖顶端，放好位置后，不一会儿，酒便被

图3-9 烤酒

蒸馏出来，来到冷却器。经过冷却后的酒滴，一滴滴流入到早已放好的酒桶里面去。烤酒的时间在3个小时左右。

第六步，兑酒（图3-10）。出酒的度数保持在由高到低的水平，最开始有70度，到最后只有十几度或几度，接近于没有度数。因此，师傅还必须掌握的一个技能——兑酒。

(a)　　　　　　　　　　　　(b)

图3-10　兑酒

如何兑到准确度数的酒，是考验酿酒师傅的又一关，幸好火石垭酒厂的师傅们已经具有一定的经验。他们告诉笔者，只需用温度计和酒精度数计便可，"三度管一度"便是他们的秘诀，即3度酒精与1℃温度形成比例，但具体配比，仍是酿酒师傅的独门秘方。师傅们会将酒兑成50度、53度和57度，这三种度数的酒最受欢迎。

第七步，储存。刚兑好的酒不会立马售卖，而是要储存一段时间后再开缸售卖。师傅们在午后将冷却后的酒一缸缸抬进酒窖中，幸好酒窖与做酒的场地仅一步之遥，不然师傅们抬着三大缸酒，可谓相当辛苦。

ZZC目前所卖的酒都是一两个月之前酿造的。在储酒方面他毫不害怕，除了极端条件下酒会挥发得极快之外，一般情况下可以储存很长时间。在ZZC的老宅更是藏有几十年的老酒，这是他开始做酒以来特意储存的，是精品。

2.酒厂的营销与运转

当前ZZC销售的主要为苞谷酒，50度的每斤8元，53度的每斤10元，57度的每斤15元。也有售卖高粱酒，价格20元一斤。不过火石垭村民更喜欢苞谷酒，因此酒厂也只在冬季和春节做高粱酒售卖，其余时间则用来酿造苞谷酒。

前文提及，酿酒的原料有两个来源：一个是前去黔江农产品批发市场购买外地粮食；另一个便是从火石垭村及周边村民手中收购来的苞谷。每当苞谷成熟的季节，火石垭酒厂老板ZZC便去熟悉的村民家中商量收购事宜。

酒厂的成本主要在煤炭、原料和人工费用上。煤炭一天500斤，价格约250元（按照一斤5毛计算）；苞谷粒一天消耗约700斤，价格大致在1.5元/斤，约1050元，因此每天的成本约为1300元，一个月原料成本约为39 000元。酒厂请有三位师傅，人工费一共为7800元，因此酒厂一个月成本为46 800元。每天700斤苞谷可酿出300~350斤酒，一个月产量为1万斤左右。在2021年9月12日调查当天，他刚从煤炭老板手中买了6300斤煤炭，煤炭的价格在0.5元/斤~0.6元/斤，当天煤炭花费3432元。据ZZC口述，他的酒厂一个月大致可卖出两三千斤酒，收入六七万元不等，除去成本外，酒厂利润可得二三万元，再加上小卖部的盈利，ZZC一月收入稳定在3万元以上。

酒香也怕巷子深，ZZC懂得，要想把酿酒生意做大，必须进行营销。开始时，他曾试过包装成瓶装酒售卖，可基本上卖不出去。"我们酒厂没有这个名气呀。以前我也注册过商标，但搞不出去，最后还是要讲究实惠。"说到此时，ZZC的话音一转，大声喊道："老百姓要实惠！你做的瓶瓶再乖，还是这个味。"关于做酒，他一直强调："工艺酒是几种酒来勾兑的，勾兑之后的价格会随着工艺的不同而上升，但我只做原酿酒。放在锅炉之中蒸馏出来，这种工艺比较传统，成本也好控制。"

虽是原酿酒，但消费群体也已超出火石垭村与石家镇，最远的地方可以到达湖北的咸丰。ZZC在黔江成立了酒厂门市部，专门负责酒的销售，他每周都会从酒厂里拖上几百斤酒去门市寄存售卖。黔江门市也是他一人所有，只请了一位员工专门负责管理和销售。"我专门请了一位兄弟来管理销售，他也有钱赚啊。一年找了一点稀饭钱，虽然不多。"不过，ZZC从没有放手给员工有关销售的客户渠道。

我也要送，他也要送，我负责几个市场。我都有固定的客户，他们卖完了会给我打电话，第二天我再送过去。一开始推销的时候，我在每家都铺两个缸子，最开始是欠账卖，卖了之后再给我结算，多年之后对我这个产品就信任了，就不存在对产品有什么怀疑了。我做生意就是诚信地对待。经商还是有套路的。

目前，火石垭酒厂的产量和销量不太稳定，经常处于波动状态。"以前喝酒的人好多啊！鹅池的人喜欢喝酒，都在我这里买。鹅池是老九区，是属于石家范围的。我以前开辟的市场，就是老九区。"随着市场经济的发展和饮酒观念的变化，喝原酿酒的人逐渐减少。一是因为"喝酒不开车"的观念深入人心。即使在火石垭村，这条规则也执行得很彻底。笔者曾经在火石垭村到石家镇上多次看到交警设下的关卡，检查是否佩戴头盔及是否酒后开车。二是生活品质提高。"人们的生活品质提高了，不喝我这种原酿酒了。从去年起，基本上都要剩几万斤酒，但是前年以前特别是过年的时候，我的库存都一扫而光。"不过ZZC并没有担心，因为2021年需求量再次上涨。红火事业让他决定在这个夏天扩大产量,把已经废弃的旧酒缸重新利用起来,甚至多请一位酿酒师傅。

酒厂做得有起色,离不开他的经营理念。火石垭酒厂从20世纪90年代末开到现在,生意长盛不衰,ZZC的心中一直有着自己的"生意经":

做生意,市场营销是个关键。我觉得烟草公司是做得非常好的。市场营销这一块做通了,是非常不得了的。我觉得我在这一块还是非常有经验的。我一直都没有合伙,从来都是自己做。我请师傅,自己也要学,看也看得懂呀。最开始请了三个。这个是传统的东西,就跟做饭一样是需要学习的呀。

一是劳动力,这个累,需要请师傅。二是酒糟,我们的酒糟一年有六十几万斤。酒糟就是一种连环的,用不着去卖,需要的人每天会自己来拖走,后面再一起算钱。我本来是准备把我的酒搬到火石垭的街上去的,但是那个时候我在城里面做生意,经常不在村里面,就没有搬。

我的酒厂做了20多年了。一开始一个月要收400多元的税。这几年改成小微企业了才不收税的,有这个政策。国家经常来检查我的酒有没有超标,还要去化验。现在一年两次,以前一年四次。因为这个毕竟是食品,还是要放心地喝,也是要面向社会。

关于酒厂的未来发展,ZZC有着自己的安排。当自己不愿意做,或者因为身体的原因无法持续经营时,就将酒厂交给自己的侄儿侄女。酒厂的技术他可以亲自教学,所有的设备和人员都可以一起转让。甚至是最重要的销售渠道,ZZC也表示可以帮助维护客户关系,稳定销售。

(二) 拉动就业的采石场

火石垭采石场于2003年建立,最初是受本地建房热潮影响。20世纪末,烤烟让村民生活逐渐富足了起来,千元户、万元户纷纷盘算着修新房。二组的RZW此时瞄准了大家在建房时对沙子的需求,准备就地开一家采石场,将石子粉碎成砂石,然后将砂石原材料卖给周围的工地或小企业。

采石场的运行和管理需要雇用工人,RZW在村里及周围村子招聘了不少村民。他考虑到,就近招聘能够节省寻找劳动力与选聘时间,再加上当地人对于本地各方面情况熟悉,上手快,人员相对稳定。当前,火石垭采石场雇工薪资情况如表3-2所示。

在采石场务工最少的薪资能够达到3000元/月,如家中再种些庄稼,生活开支基本够用。如果会一些技术活,收入情况更好,一年下来能够存上两三万元。其实,许多村民都透露过不愿意外出的想法,不管外面发展得多么好,他们依恋的依旧是本村的一草一木。

表 3-2 火石垭采石场雇工薪资

工种	薪资
钻工	10000元/月以上
爆破工	120000元/年
挖机师傅	8000元/月
铲车师傅	7000元/月
运砖	租用车和雇人20000元/月
下料工	保底5000元/月
机修工	保底8000元/月
安全员	3000元/月
总工	10000元/月
库管值班员	3000元/月
开票	3000元/月
会计	4000元/月
炊事员	3000元/月

村民WWF长时间在外面务工，学习了简单的技术，2000年左右回到家乡发展。因为自己与采石场老板MGF是邻居，又是从小玩到大的伙伴，在老朋友的盛情邀请下，自己成了采石场员工，主要从事打沙工作——先去山上用钢管把石头撬下来，再用二锤打细，装到车上。一天需要工作十一二个小时，一个月工资三四千元。后来，因为采石场经营不善，工资时常欠发，为了家庭考虑，WWF选择再次外出："工资太低了，我只好出去了。我是好员工，一般我们回来，老板都还是积极要我的。"这期间，WWF又陆陆续续在外面工作了十来年。在空当时间，他回到家乡，仍旧在火石垭采石场上班（表3-3）。

表3-3 村民WWF近年来的务工情况

时间	工作地点和强度	工资
2007年	×煤矿，一天工作十余个小时	工资高，两个人做一个煤洞，一年做三四个月（煤矿和本地采石场交替着做），一个月工资五六千
2008年	×砖厂，一天工作9~10小时	误进了黑厂，做了十几天没拿到工资，只好回村
2009年	×地做钢筋，一天十几个小时	承包，工资10000元/月
2009—2016年	在火石垭采石场工作	
2017年	×地修铁路，一天8个半小时	工资9000元/月
2017年	黔江另一处采石场	工资6000元/月，做到年底回村
2018年	火石垭村采石场，一天12个小时	机修工作，工资8000元/月

WWF的务工经历丰富，他表示，自己更愿意在家乡采石场工作，一方面在家可照顾老人，另一方面则因为采石场老板是熟人，方便离开。

在家里上班讲究，本来打算今年（2021年）走，外面给一万多，8个小时，活路轻松一些。不过我是觉得这里人好，不愿意走，我们关系都好，一起耍二十几年。但是工资低，2018年回来的时候，工资才八千，之前才三四千。

WWF的选择表明，在众多因素的权衡下，更多的人倾向于选择工资较少但能兼顾家庭的工作，正如WWF所说："虽然在外面工资高，轻松一些，家里工资低还累，但是要顾及家庭。"采石场的存在为他们提供了稳定的生计来源。

二、商业发展：经营副食小店

在火石垭村成立小微企业，既需要经济头脑又需要资金支持，只有极少数的人才能够成功，因此，更多村民只能寻求其他的商业模式。在众多可选择的模式中，开小卖部便是其中一种。

从20世纪90年代起，市场经济的蓬勃发展和烤烟种植的红红火火，让大家钱包鼓了起来，购买力也节节攀升。胆大的村民抓住经济发展与道路修通的时机，在火石垭村的主街道上修起了一间间房子，开起了一个个小卖部。经过二十几年的发展，一条不到两百米的街道上，竟然有5家小卖部，再加上前文所提到的采石场旁也开有一家小卖部，小小的火石垭村竟有6家小卖部。据村民说，过去开小卖部的人家更多，只是因为长年留在村中的人逐渐减少，生意难做，才慢慢关闭经营。即便如此，小卖部的老板们也有自己的生意之道。小卖部的经营主要分为两个方向：一是以小卖部经营为主；二是以小卖部经营为辅。两种不同的经营方式，使得火石垭的商业虽并不十分繁荣，却也如涓涓细流般持续不断地流淌着。

（一）以小卖部经营为主

YZS是火石垭村最早开小卖部的老板。她本是火石垭人，嫁去彭水后与丈夫选择在石家镇上做生意。当时她时常回到村里，发现本村竟然没有一家小卖部，于是她赶紧抓住这个商机，于1998年在火石垭街上开起了小卖部。2001年，她买下了地，修起了房子。俗话说"物以稀为贵"，在仅有一家小卖部时，村民们常在此处集聚，再加上她本人情商较高，为人处世颇受好评，积攒了一定的客源。开始的几年，生意特别好，往来村里的人都会到小卖部逛上一圈。"刚开始生意好得很，一年至少能够赚七八万元，那时候我身上随时都是几百千把块的钱揣着。"她的父亲已经90多岁，是火石垭最高龄的老人，女儿开小卖部他很支持："开超市嘛，赚的是轻松钱、愉快钱！你来买，我来卖，讲的是你情我愿，没得么子纷争，是很和谐的！"

但红火的场景没有延续多久，她的生意渐渐不同往昔。一方面，是由于小卖部开的时间较长，装修陈旧，部分货架已经褪去颜色，显露岁月痕迹，她也无意更换。另一方面，在进货上，比起时兴的货物她倾向于经典货物。例如，她青睐洗衣粉而不选洗衣液；在进货人员向她推销某奶茶品牌最新口味时，她拒绝并仍旧选择最早的口味与包装。她的保守与求稳，是她做生意的准则。

另一家小卖部老板XKB于2003年租了街上的一处房子开店，直到2006年出去打工便将小卖部关闭。2009年，她回到家乡重新开起小卖部。据她回忆，火石垭小学开办的时候，学生多生意也很好。可现在收入不稳定，生意好时一天可卖到几千元，差时只有一两百元：

这两年生意要欠点，再前几年生意还是要好一些。那时候火石垭有蔬菜基地，种葛根生意好，每天有几百个工人，需要解决工人每天中午在山坡上的餐食，水、方便面、豆腐干零食包是几十件几十件的下（订购）。现在没有多少人办蔬菜基地了，葛根都没做了。现在都是靠过年大家回来卖得一些钱，有时一个人一买，都是几百千把块。

日常的顾客主要为过路客，主要是买烟，XKB认为：

开小卖部一定要卖烟，要以烟为主，还需要办烟证。另外就是产品的牌子与质量讲究，正宗的牌子货好卖，在售后上也包换，现在进货最为主要的也是牌子货，其他种类的只是稍微地带一些。

以上两家小卖部，选择开设的地点在街上最繁华之处，但XJF的小卖部则开在采石场旁的周家垭口，此处不仅拥有交通县道的优势，更是紧靠采石场，为进出村的必经之道，顾客来源更广。20世纪90年代交通不便时，XJF的小卖部还是村民出行赶场时的停歇之地。

XJF为人爽快热情，常常会询问休息的村民是否吃了饭，如果回答仍饿着肚子，还会邀请着一起吃，久而久之，周围村民都爱去她的小卖部购物。

她的小卖部于2000年开始经营，据她所说，她早就看中了此处的绝佳地理条件，花费5万元买下地皮修建房屋。一开始只有一层楼，仅有两个房间。为了赚钱，他们一家四五个人挤在一间房里，将另一间房出租："当时好艰苦哟，一家人人又多，当时烧火烧炉子，没办法只好在炉子旁边打个地铺就歇了，（另一间）租出去也算是一点收入。"

最开始的商品比较单调，只有水、方便面和小零食，销量较好，随着村民收入增加，消费需求逐渐提高，货架上的商品也越来越丰富。

那时候我卖的品种多，我店里面的挂钩上全部挂满了东西，啥子猪蹄（零食，单个一袋）、鸡腿、鸡爪，凡是牛肉干哟那些都有，货是一点点增加起来卖，钱一点点节约，慢慢扩建起来才成了我现在这个家。

服务与信任，是她经营出色的重要原因。不过她也感叹生意的萧条："现在车子得直接送进去（小组内村民家中），直接到屋头去接人，东西也是直接拖到屋里去，原来的话经过我这都会停留一下。"客流量减少，利润也在逐步减少，她透露："以前的话一年有个三四万元的收入，到现在一年下来有两三万元的收入，利润才有一万多元。"但即便如此，XJF从来没有想过将小卖部关闭。"自己年纪到了，也不想做什么活路，小卖店也能挣一些钱，虽然不多。"由此可见，小卖部带给她们更多的是生活稳定与家乡的温暖。

（二）以小卖部经营为辅

除以上3家以小卖部经营为主的村民外，仍有3家以其他收入为主，小卖部只是家庭收入的一部分。以YXP小卖部为例。比起其他老板一大早将小卖部的大门敞亮打开，仔细打扫、反复擦拭货架的不同，YXP家总是时而敞开，时而紧闭，他那令人捉摸不透的行踪让所有人疑惑，这真的是一家开了十几年的小卖部吗？而后，在另一户人家见到了正在给猪治病的他，才明白原来YXP的主要身份是一位兽医，开小卖部只是他的副业。2000年，YXP从兽医站的手上接过这间门面，一开始有着两间房，一间用来卖猪饲料与兽药，另一间他尝试开个小卖部。不过一直以来，小卖部对于他来说都不是主要收入来源，他的店也主要售卖最简单的洗衣粉、盐巴、酒、烟、零食等，经营范围局限于柴米油盐等生活用品和庄稼所需的种子、农药、饲料等农用品。

"哪样做得来、工资高我就做么子。"这是他做生意的准则。作为兽医，他能说会道，医术精湛，兽医生意十分火爆，自然看不上来钱慢的小卖部。妻子对经营小卖部也不感兴趣，主要以打零工为主。在妻子看来，零工这种"来现钱"的工作更适合自己。不过，尽管YXP时常感叹"生意不好做了"，但他仍旧坚持着开着小卖部，多年来也积累下一批稳定客源，让这间看似最为陈旧的小卖部在十几年的风雨中坚持运转。YXP认为，开小卖部最为重要的是服务态度，其次是薄利多销："现在农村哪怕你便宜一块钱，他觉得你便宜了一块钱，下回他就还会到你这里来买，重要的是捞（拉）回头客。"

与YXP的小卖部斜对着的，是村中最为红火的两家小卖部之一——YXQ家小卖部。他们夫妻俩吃苦肯干，颇有商业头脑。早在1993年，夫妻俩就在石家镇开了小百货商店，此时的镇上只有供销社和综合商店。可百货商店只营业了一年便因门面问题结束经营，他们只好回到火石垭来种植烤烟，但种烤烟收益极不理想。1995年，她们再次回到石家镇开餐馆,生意虽好却有些纠纷。1997年,夫妻俩回到村里,在火石垭街上租了30平米的门面开店。

当前,他家已经不再局限于"我开店你选购"的模式。他俩将火石垭村所能想到的生意一网打尽。不甘于只围着小卖部打转的丈夫YXQ,在1999年买了一辆小货车用来做粮食买卖生意,如在本村低价收购粮食再送去城里高价卖出,与面坊商量好帮村民加工面条赚差价,卖肥料、卖煤炭等,这些均是他们眼中的"常规生意"。有生意头脑的夫妻俩渐渐越做越大,一间门面装不下货物,他俩就租下闲置的粮站仓库用来存放收购的粮食。但好景不长,20世纪90年代末,附近种植烤烟的人越来越少,生意没有以往红火,还亏了不少钱,YXQ只好放弃。就在这时,村中陆续有人干起了"司机生意",即开车接送在石家镇、火石垭村和新华镇来往的村民,YXQ抓住了商机。于是他买了一辆长安汽车,并在后来黔江区规范私人客车时,顺利加入了政府统一运营和管理的"农村客运司机"团队。

一方面是YXQ的客车生意,另一方面是红火的小卖部生意。他家小卖部布置如镇上超市一般,货物较全且较新,时常有村民越过其他人家的小卖部走到他家购买,他家的店最受年轻人喜爱。

人际关系、诚信、顾客服务与体验是YXQ生意场上最为重要的准则。在他看来,小卖部生意好主要源于邻居关系的经营。不能因为他人不来购买自己的商品就生气,要尊重顾客的选择,有的人关注价格的便宜,有的人在意质量与品牌。他在几十年的经营中总结出了自己的经验,并将其制作成《做生意的服务指南》,张贴在自家小卖部的店铺里面,指南内容如下:

一、生客卖的是礼貌,生客就是要非常有礼貌地对待,让他有宾至如归的感觉。❶

二、熟客卖的是热情,你的回头客对你是有信任的,而你一定要热情的对待,不要因为他是熟客你就太过随意,甚至都不积极地招待了。

三、急客卖的是效率,急客要当机立断,不要拖拉,不要耽误人家的时间。

四、慢客卖的是耐心,耐下心来跟客人的节奏走,别总着急卖东西,先建立良好的印象和信任感。

五、有钱的顾客,卖的是尊贵,有钱买东西要侧重讲东西的好处与高端。

六、没钱的顾客,卖的是实惠,物美价廉,这是他们的追求,让点利给客户。

七、时髦的顾客,卖的是时尚,越是潮流新颖越符合他们的心意。

八、挑剔的客户,卖的是细节,细节越好他越满意。

---

❶ YXQ解释说:"认不到的来到这了,你是还要热情点噻,生客来了,你喊他坐呀,喝点水呀,喝茶呀。"

九、犹豫的顾客，卖的是保障，犹豫是因为他拿捏不准呢，你要帮他下决心，并给他一个承诺，这个是最好的。

十、随和的顾客，卖的是认同，这类顾客最好成交，这是一生用十亿都换不来的经验，希望你们能够牢牢地记住，并且灵活地运用到极致。想要生意做得好，一定要懂一些心理学，所有的销售冠军都不是随随便便就做出业绩的。

这样的理念也贯彻落实到他发展的其他生意上，如快递收发服务和"美团优选"等电子商务生意，因此他的小卖部即使面积不是最大，却是比较热闹的一家之一。

火石垭酒厂的老板ZZC，也经营着一家小卖部，这是他的另一种生计策略。他曾经在黔江城里开过几年小卖部，没有成功。"当时我又要管酒厂，又要跑车。我的家属文化有点浅，而且在城里面相知相识的人少，所以顾客不多。"在城里开门市，要承受经济压力，但在火石垭开门市，压力可以降到最小。

ZZC的小卖部选择开在火石垭村委坡下，位于火石垭一组与二组之间的路口处，有许多从二组开来的车，会很自然地到他小卖部前的院坝旁处调头，再停下车来购买几样生活用品。在笔者充当半日小卖部帮工时，曾有一位阿姨买东西后，把钱通过微信转给ZZC。笔者在他忙碌回来后将此事转告于他，他表示这很正常："都是熟人，有些人长期在这里买东西，他们晓得什么价格，钱也不多，他们直接转了也不管事。"除此之外，更有阿姨直接把120元钱放在小卖部内的抽屉，ZZC看到钱后甚至想不起为何，一番通话后才明白，原来是他前几天帮忙换液化气罐的钱。

独到的生意经让ZZC不仅酒厂生意做得好，小卖部也十分受欢迎。他的小卖部时间开得长，经营得也有声有色，与其他火石垭街上的小卖部有不同的风格。他对经营自己的小卖部非常有自信："其他几家没有我这里的条件好啊！我这里过路的人更多一些。还有为人处世，另外一点就是货。我的货都是买真卖实。"笔者曾看到一天之内，一共有3个经销商向ZZC及其妻子推销产品，但他们选品有着自己的标准。仅卖烟的一项，他是几家小卖部中，拿烟的级别和数量最多的：

我必须跟烟草公司拿好烟，只有跟他们拿好烟，才能拿到更多的龙凤之类的烟。这里的人最爱抽的是10元一包的龙凤（本地品牌），但这种便宜的烟不好开，所以我贵的烟也要拿点，把自己的级别提高。下面的几家除了YXQ家，其他的级别都比我们低啊！

卖不掉的烟也不用担心，ZZC有着自己的渠道。笔者曾看到，有一位其他村的烟贩来ZZC的小卖部买烟，一次性买了五千多的烟，包括天子、云烟一类稍贵的烟。ZZC从中赚差价。"他们的级别不高，就在我这里开烟。我今天收他的钱还收少了，其实零售我卖得更多。但是他们要就给他们吧，这样我不久又可以开烟。"他始终强调，要用良心去面对消费者："不管做什么都要用心，要做出经验。"但是生意好坏，在他看来差别不大。"我们的客户都是周围的邻居，不需要一次来赚多少，只要他经常来，来的话买得到，你想一次赚多少是不会的。"

他认为电子商务对自己的生意影响不大。

他们来找过我们的，美团的人。我的一个熟人来找我，我说我没有时间搞这个。搞美团要建群，每天都要发（信息），每天都要给他收货，如果我有一天没在家的话就没法搞。去年有个人来找我，今年又有人来找我。我确实不喜欢搞这些。

ZZC不太看得上这些小钱，包括收寄快递——他曾经也是邮政发展下沉业务的对象之一。"我的家属经常去黔江，我没有时间。那个钱也少，一次快递就一块钱，又要收又要扫（条码），我不想做。"对于ZZC而言，小卖部只是维持生计的手段之一。在乡村，靠着种地是无法成为"村中首富"的，他当前主要的收入来源，仍旧是火石垭酒厂。

总结以上小卖部经营策略，可以大致透视火石垭商业的变迁过程。在小卖部刚开始兴起的20世纪末，正是火石垭村烤烟事业最为红火的时期，此时在火石垭街上设有烟站。每到收烟的季节，来来往往的烟农与火石垭学校的学生是庞大的消费群体。因此，那时经营小卖部的人户较多。21世纪初，蔬菜、葛根等承包种植，也给火石垭村带来了一定的客流量。ZZC的妻子谈道："那时候的钱就叫钱了，一天卖几百块哟，现在一天卖数千块我觉得都没有以前那时候经用哟。那时候办烤烟，没有人去打工，烟站粮站在这上面，学生也挺多的。"

随着烤烟种植的衰落与打工经济的兴起，小卖部一家家倒闭，目前所剩的6家小卖部生存压力也较大。老板们时常抱怨道，如今生意难做，"来钱快"的日子已然不再。不过他们在村中门面为自家产业，无须交租金，且每个小卖部都有着自己的经营之道和稳定的"顾客圈"，能够保证最低收入，这也是每个小卖部仍旧经营的原因所在。

三、集体经济：自主合作寻未来

经营小微企业和小卖部的人户毕竟是少数，留下来的火石垭人仍旧指望着土地生活。近年来，随着集体经济的经营模式陆续进入火石垭村，在很大程度上改变了村民们"单打独斗"的方式，他们明白只有合作才能有大收益。换言之，集体经济给当地村民的生计带来新的面貌。面对新机遇，许多村民都主动加入了这场集体式发展的列队当中。

（一）一波三折：探索中的合作组织

20世纪80年代初，农村真正实现土地包产到户之后，农业得到大力发展。21世纪后乡村的价值越发凸显，随着"统筹城乡发展"政策的出台，新农村建设也于2006年登上舞台。特别是2008年通过的《中共中央关于推进农村改革发展若干重大问题的决定》，明确指出要"发展集体经济、增强集体组织服务功能，培育农民新型合作组织"，并且要构建"多元化、多层次、多形式经营服务体系"，农村经营模式较之以往已开始有了质的变化。在这一大背景下，火石垭村获得了发展"集体经济"的机会。2008年，湖南的PQY来到火石垭，在政策帮扶下建立了第一个"渝湘蔬菜专业合作社"（图3-11）。PQY承包了火石垭一组中最为平坦的三四百亩土地，用以种植白菜、萝卜、辣椒、丝瓜和豇豆等，付给农民们一年一亩地100~150元的租金。按照蔬菜生长周期计算所需劳动力，雇佣村民负责蔬菜的种植与收获，一日工资60~70元。

(a)　　　　　　　　　　(b)

图3-11　渝湘蔬菜专业合作社办公区域旧址

一到夏季，火石垭一组一眼望过去绿油油的一片，顶着太阳衣着简单的村民正在地里忙活。虽然一天六七十元的工资并不高，对那些留守在家里的人来说也增加了收入。但好景不长，由于政策改变，农业补贴取消，合作社入不敷出，只好停工。现如今，原合作社的基地已经被承包给外地公司修建猪场，以前的办公区域已然荒废。

虽然蔬菜合作社尝试失败，但火石垭村集体产业的探索并没有就此止步。党的十八大提出"壮大集体经济实力"，火石垭村通过"招商引资"，引进山东企业进行葛根种植，面积扩大到一千二百多亩，一亩栽种三千株，租金每亩100元。葛根苗为藤生植物，对生长环境要求不严格，只要每年四月间施肥即可生长。但因种植面积较大，所需的劳动力也较多。据村民回忆，一亩地至少需要60个工人，8元一小时，如此算来，一亩地一小时仅劳动力成本就达480元，成本较高。

刚开始葛根苗的价格较高，约一元一根，尚能从中盈利。但葛根苗市场波动较大，后续价格持续下跌,基地开始难以为继,甚至到最后连火石垭村民的土地承包费和工钱都无法结算。村干部介绍道:"当时的合同是十年,前两三年卖葛根苗还是赚了钱,后面支撑不下去了,欠农民四十多万元,欠了租金和工人工资就无法再进行。"当时的干部们将全村的劳务合同收集起来,找了律师打官司,历时三个月才下达判决书,但企业法人已拿不出钱。2018年,村支书和人民法院的工作人员,远赴山东去企业法人老家追回债款,但追查后发现,他名下已经没有财产,无法强制执行了。

几次的失败,让火石垭村村民既尝到了集体经济的甜头,又苦于难以持续,只好等待下一次机遇的出现。2017年,习近平总书记在中央农村工作会议上指出,走中国特色社会主义乡村振兴之路,让集体经济成为乡村振兴的重要载体。这一次,火石垭村的集体经济在乡村振兴的背景下焕发生机。2018年,根据政策要求,石家镇在石家当地、火石垭村和青塘村共划定1000亩土地用以发展集体经济,因火石垭村的经济实力强、地理环境好,被划分了800亩,拨款40万元。

火石垭村依托重庆市和山东省建立的"渝鲁"扶贫协作机制,承接"飞地经济园"建设,建立无花果种植基地,采取"党支部+合作社+农户"的发展模式。该模式由山东日照投入帮扶资金上百万元,同时负责技术培训与产品回收,保证火石垭村的无花果产品有稳定的销售渠道。土地从村民手中流转出来,再次用以发展种植无花果,此时的土地租金提高到每亩150元,共种植无花果495亩。

由于无花果的种植周期较长,为保证收益,村里决定在无花果基地上套种南瓜,将种植南瓜的收益投入无花果的管理。每年南瓜种子需120包,100元一包,年年都种,一年的种子成本为1.2万元,肥料成本为1000多元。一年一亩地能产6000斤左右,约0.3元一斤。2021年,预计南瓜收益有20万元。当年,无花果预计产量1000多斤,每斤1.75元,由山东日照公司收购用于果啤生产(表3-4)。

表3-4　火石垭村集体经济无花果套种南瓜成本与收益情况

产品	成本	收益情况	销路
无花果	采购苗:80000元 管理期:肥料1500元/年 请工:3个月,每个月共51000元(1700元×30人)	1500斤,一斤1.75元	山东日照的公司
南瓜	种子:12000元 请工:3个月,每个月共51000元(1700元×30人)	495亩,一亩6000斤,一斤0.3元	重庆、浙江、上海

(二)参与凝聚:"留守村民"的新机遇

集体经济作为一种村级经济发展模式,在政策支持下不仅能够整合当地土地资源,还可以整合劳动力资源。以上文提及的无花果、南瓜的套种模式为例。村民自愿报名，经由干部筛选，确定人员。村党支部书记MXQ说道："那报名的人有点多嘞，我还是要选一下，要看你做事得不得行，肯定要那些能干活、勤快的。"考虑到留守在家的劳动力通常为老人，他们虽年纪较大，但勤快麻利，且种植技术成熟，因此在筛选人员时并没有将年龄作为最主要的标准。许多70岁老人由于腿脚硬朗，做事稳当，也依旧入选。

目前集体经济工种包括蚕桑养殖作业和无花果套种南瓜种植作业，其中蚕桑养殖包括洗蚕棚揭盖膜、蚕厨（蔟）消毒、喂蚕打药、养蚕；无花果套种南瓜种植作业包括栽南瓜、补南瓜苗、淋南瓜苗、南瓜藤打药、施瓜肥锄草等。每年3月至7月是需要劳力最多的月份，被选入的村民几乎整月都在劳动。活路主要包括下种、施肥、采收等，工作方式为点工，工资为10元一小时，工作10小时（6:00~11:00，14:00~19:00）。而6月至9月时，一天工作8小时（7:00~11:00，15:00~19:00）。2021年5月，集体经济作业雇工32人，某村民工作28天（210小时），获得工资2100元；2021年7月集体经济作业雇工20人，某村民7月工作20天（244.6小时），获得工资收入2446元。

按照以上算法，一个村民做满5个月能够赚得一两万元钱，这在火石垭用于日常生活开支完全够用了。因此，对于留守在家的村民来说，加入集体经济较为稳定且环境熟悉，算得上是一项十分不错的工作。由此可见，集体经济的劳务收入，在很大程度上为没有外出务工的人（尤其是留守妇女）提供了稳定的收入来源。他们只要勤奋，愿意耐心做工，手脚麻利，一个月也能有一两千元的收入，这也是许多人选择就近务工的原因之一。

YXP的妻子JXS与丈夫共同开着小卖部，在丈夫作为兽医外出时，她没有留守在小卖部，而是尽力给自己找更多的活路。"我们一开始就没打算把小卖部作为最主要的收入来源，一开始种的地多（十几亩），主要是种玉米、洋芋、花生、油菜、麦子等，那时候农忙的时候就关门种地，种完了就开门。"2009年，妻子JXS开始给蔬菜基地打零工，起初只有30元/天，她便懒散着，通常先把自家地里的活干完后再去基地。但随着工资上涨，她逐渐减少了自家种地面积，更加专注做集体经济的活。"打零工比自己种庄稼划得来一些，才慢慢地把一些土给荒了。"JXS做事认真，经常被村支书提前"预订"。2021年5月，JXS集体经济劳务收入1365元，7月收入1814元。

与JXS一样的村民还有许多。2021年8月至9月是南瓜收获的季节，有几十位村民共同参与收南瓜。他们或在地里摘南瓜，或骑着小车送南瓜，或在粮站空地堆南瓜，各司其职，井井有条。这些留守在火石垭村的"精兵强将"，为村里的经济发展提供了源源不断的活力。

总的来说，集体经济为留守人口提供了较大的生活支持，使他们在照顾家庭的同时也减轻了部分生活压力。成为稳定的集体经济雇工，不仅获得了物质层面的经济收入支持，也获得了精神层面的劳动价值肯定。

第三节 生计家计：家庭生活的新策略

村民们的生计活动围绕着家庭而展开，村庄的生计与家计往往交叉融合。

一、村庄内的务工选择

熟人关系下的乡村社会，村民之间的互助是家庭发展的重要条件，尤其是在资金与资源都相对匮乏的年代，仅靠个人的力量很难高效地完成需要大量人力物力投入的工作。在此情况下，"帮工换活"成为农村生活中最常见的"等价交换"形式。为了维持家庭的运转，他们相互帮助，共同劳作。但随着务工经济在20世纪90年代末期出现，越来越多的青壮年外出务工，村内劳动力逐渐减少，由于缺少了能够帮忙的"亲戚力量"，慢慢地出现了"雇工干活"的情况。目前，火石垭村民在村内从事的工作，多为其他村民因各种原因提供的工作，称为"临时性散工"，即打零工，之后因小微企业的发展，出现了固定雇工。

（一）打零工：哪里有活去哪里

蚕桑养殖是黔江区大力发展的产业之一，当前已经在火石垭落地生根。前文已述，养蚕在大蚕期时需要众多劳动力，仅靠家庭内部成员无法获得每日蚕所需要的桑叶量，且蚕的生长由不得人为控制，必须在规定期限内提供足够的桑叶，因此养蚕大户们在大蚕期得请工摘桑叶。摘桑叶分为抛工与点工两种（图3-12）。抛工为计件工，以摘的桑叶重量为准，一般每斤1.5~2元，多劳多得。点工则有着固定工资，约100元/天，必须做完当天的任务量后才能休息。一般的作息时间是：6:30~12:00（扒蚕叶、育蚕）、12:00~14:00（午饭、休息）、14:00~18:00（扒蚕叶、育蚕）。对于蚕农而言，一般有五六张以上的育蚕量便要请工人，一季蚕需

图3-12 村民在采摘桑叶

要的人工成本是1000~2000元。

虽然付给工人报酬，但大户们普遍反映工人不好请，在5月底、6月底、7月底和8月底，是摘桑叶工需求最为旺盛的时候，因此有经验的大户总是会提前与自己多年合作且干活踏实的村民说好时间。有时在本村请不到合适的劳动力，甚至要去邻村寻找。养蚕大户YCH表示，自家每到大蚕生长期时要到离火石垭村车程半小时以上的茶溪村请工。不仅如此，还要给他们提供一日三餐和上门接送服务。一日三餐的饮食也不能太差，要荤素搭配，如早餐有鸡蛋、面条、粉条、馒头、包子、稀饭，中午饭备上六七个菜，必定有肉，晚饭则三菜一汤，依然有肉。

不过，即便有着如此诱人的条件，依旧难以请到青壮年。从村里从事摘桑叶的零工的情况来看，主要是五六十岁以上的中老年妇女。她们由于年龄限制无法外出务工，便利用空余时间在附近做点零工（表3-5）。她们有一个极大的共同点——极其能吃苦。一般情况下，依照她们的年纪应该是在家安心享福的，但是她们仍旧靠劳力挣钱，过着相当节俭的生活。

表3-5　村落部分中老年妇女做工情况

摘桑叶人	请工大户	工种	一年工作时长	所获收入	收入使用情况
ZLX	LGL（本村）	抛工1.2/斤	30天左右	4000~5000元	家庭生活开支
ZCY	YCH（本村）	点工100/天	20天	2000元	生活零用
ZYZ	YCH（本村） LGL（本村）	点工100/天 计件0.27/斤	60天	8000元	生活开支及储存

但摘桑叶并不是第一项在村里红火起来的零工工种。在过去，帮别人家种烤烟也是一种普遍的零工选择。到了七八月扒烤烟的季节，很难请到工人。种烤烟需要请工的环节包括：下烟籽、打土开厢、施肥盖地膜、大田移栽、追肥打药、打顶抹芽、扒烟，一年下来有七八个月左右的时间可以雇工。除扒烟120元/天外，其余均100元/天，一年能收入2万元左右。

如今火石垭村已经没有人种植烤烟，能见到的二组烤烟也由附近新华乡的烤烟大户承包种植。他一共种了七八十亩，每年须固定请工十二三个。按照当时的工资水准，每个扒烟工一年人均能赚七千到一万元。

养殖业也是打零工的一个选择。前文提及火石垭村书记MXQ建立了一个较大规模且规范的养殖场，名为"银蓄养殖场"。该养殖场在"玉米+农业"的生态循环模式利用下，采用"种玉米提供饲料给牛—牛的排泄物作为农家肥施到玉米地"的模式。其工作内容自然需要雇工，主要包括肉牛喂养工、玉米种植工、采收工等。其中，玉米种植工与采收工是临时性雇工，需要在玉米种植与采收的时节聘请。玉米种植工为季节性招聘，10元/小时，一天需要十几个人，工作时间约在3月至9月中旬，负责玉米播种、移栽、除草打药等环节。玉米采收工作分为砍玉米秆、托运玉米秆、粉碎玉米秆三种，砍玉米秆5元/百斤（100元/吨）。采收时为了抢时间，需要一次请十来个砍工工人，一天砍2车，连砍4天，平均每人能赚一两百元。夏天由于天气太热，工人们为了不晒太阳，手脚勤快的3小时便能赚130元以上，多的能赚200元。托运玉米秆则以车计算，200元一车，大约一车能运五六吨。切玉米的工人使用切割机将玉米切碎，再放入储存室，100元/天。在养殖场内部的工人，其工作时间相对短，但工资水平和其他零工工作是一样的。一个有三四十头养殖规模的肉牛养殖场，在某种程度上既带动了本地养殖业发展，也能为本地留守人口提供一种新的生计渠道。

在火石垭，还有更加多元的零工工种。如建房工，多为本地男性，他们在农闲时间或家里事务有其他家人照看的情况下，可以到附近的乡镇做建筑工。他们中的大多数有过外出打工的经历，回到家乡后可以靠这项技艺吃饭。虽然赚到的钱并不多，但是他们很满足。YCH说：

在家附近找一点事做嘛，虽然没得好多钱，但是也勉强能够维持一家人的生活嚷。换一个角度想自己也是为了家庭，兼顾到了家庭嘛，能和家里面的人待在一路，一天生活也很开心。虽然说我们赚到的钱并没得好多，但是够用就可以了，我们的要求也不是那么高，人一辈子嘛还是要学会享受。

聪明的火石垭人，总是将自己的时间安排得极为紧凑。他们拥有着众多技能，能够在一年之中将自家的农活时间与零工时间安排得井井有条。YCJ除2012年曾外出务工几个月，其余时间均在家从事烤烟种植与打零工，至今已有30多年。除种烤烟外，他的收入还包括帮人修房和养殖生猪。据他回忆，自己在周边做过10元一天的泥水匠、修房匠、修圈匠，也做过40~50元一天的水池修建、公路修建等。一年在周边做零工，能够赚到两三万块钱。

（二）固定工：收入来源有保障

相较于零工的不稳定，一年四季都能赚钱的"固定工"似乎较受欢迎。火石垭村的"固定工人"主要是依托两家小微企业和几家养殖场。火石垭采石场开业后聘请了几位固定村民，有二三十人，工资水平在3000~12000元。

火石垭酒厂也聘请了几位酿酒师傅，与采石场需要一定专业技术人员不同，酒厂酿酒技术较为简单，因此工资较低。酒厂雇有一位师傅、一位帮工、一位煮饭阿姨。2021年9月因酒厂扩张，又请了一位酿酒师傅。酿酒师傅一个月工资4800元，主要负责兑酒、烤酒、掌握微糟温度；帮工一个月2000元，负责帮衬师傅做一些杂活；煮饭阿姨一个月1000元，负责师傅和杂工的早午饭。在酒厂厂房最里面有三间简易的小房间，是师傅们的住宿空间。房间里有一张不算宽敞的床和一个小桌。虽然生活条件比较简单，工资也不高，但对他们来说已经算是一份较为不错的工作了。H师傅说道：

  我最开始的时候是在石家居委Z老板酒厂当师傅。我并不是一开始就做的酿酒。1997年刚结婚的时候我没有马上出去打工，想着家里面必须有个男人才可以，所以我就在家种地，平时没有事就在石家街上搞搬运工，下货，搬了五六年。当时下货是装米、下啤酒。4元一包，一包有50或者80斤，尿素就是80斤。那时候一天可以做100多元。基本上天天都有活可以做。后来我的身体不行了，颈椎经常用力，抬肥料使不上劲，就跑到外地进厂打工。进厂要轻松一些。最开始进厂时，工资只有1000多（元）一个月，后来逐渐上涨到两三千元，最后四千五，出入就不大了。多数都是在福建的厂。后来我在外面打工，打累了。人在哪里的时间待长了，就想换一个地方，我还是想回家来。

一次偶然的机会，他来到火石垭酒厂工作。据他所说，之所以会进入酒厂，是当时老板ZZC在石家街上赶场，正好遇到他的媳妇。

  我的媳妇是做小生意的，从石家的各个农户手中收菜、收鸡蛋，再卖给需要的老板，从中间赚点中间商的钱，一斤几毛钱。当时他们在街上聊，我的媳妇听到了，回来就跟我说，我觉得可以。我来学习怎么掌握酒糟温度，盖微糟，通过微糟来控制红糟的温度。跟人一样，冷了就把衣服穿多一些，热了就少穿一些。

与H师傅不同的是，54岁的帮工F师傅从来没有出去打过工，只在渠道附近的Z家寨修过马路，在F家坝修过铁路。2010年开始，他到石家镇的酒厂帮工，一做就是7年。一天的工资从25元涨到60元。后来酒厂的师傅ZCL与他发生矛盾，于是老板解雇了他。他只好回到家中继续种地、养猪。一年之后，ZZC找到他，让他在火石垭酒厂好好干，并付给他2000元一月的工资。在他看来，自己是"一辈子的苦命"，但好在酒厂工作比种地轻松，他也觉得值得。

师傅和帮工除夏季一个半月与冬季春节期间停工外，其余月份需要日夜不断地做酒。老板ZZC为了保证师傅们的生活起居，从2020年开始请了一位做饭阿姨。30多岁的HFQ被ZZC喊来帮忙，她本是ZZC的侄媳妇，现在专门负责酒厂两个工人的早饭与中午饭，一个月1000元。HFQ只负责做饭，食材的购买一律由ZZC负责。HFQ每天早上4

点多便要起床准备早餐,让师傅们在6点多干活完之后可以吃上。随后她上坡做农活,或者休息,等到中午11点开始做中午饭。有时农活较忙,她的时间非常紧张。

很多时候我回来,东西一放就要立马做饭。累啊!每天的心思都在做饭上,做完了还要负责洗碗、打扫,一个月就1000元。其实我也不是很想做,但是他(ZZC)喊到我了,我不得不做。这个钱也算稳定,就是把我给绑住了。我其他的活都不能去干了,也不能去打其他零工,一天到晚就围着酒厂转。

虽然HFQ早饭和中午饭的时间比较忙碌,但到了晚饭时间她便可以休息一下。"他们晚上要吃什么就自己做了。老板会给他们准备好面条、饺子,他们饿的时候就可以吃,我不去做。"HFQ的这份工作让村里部分中年妇女很羡慕,认为这份工作很轻松。"HFQ平时没有什么事情,而且做饭的话还搭着一起吃,多好啊!肉都不用自己买,全部都是老板买。平时就用些自己的园子菜煮着给大家吃。"

ZZC的酒厂经历过几任师傅的流动,原因如下:一是酒厂的工资较低,对于家庭经济压力较大的人而言远远不够;二是酒厂长时间的劳累让年纪大的人难以忍受,如师傅ZSY干了很多年,后来年纪大了就不能继续工作;三是因为酒厂是一个较为封闭的生活环境,且师傅们之间需要搭配默契,一旦出现矛盾会给工作带来不小的麻烦,所以时常有师傅辞职出走。

除两家小微企业外,养殖场也请了不少固定工人。如银蓄肉牛养殖场常年聘有肉牛喂养工,负责每天给牛喂食及打扫栏圈,工资是一个月2000元,工作相对轻松,尤其适合一些五六十岁的留守乡村的中年人。

还有一些因为家庭原因留守村庄的青壮年们,他们会根据自己的实际情况,长年承包本地房屋修建工作,往往以一栋房子建设为一个周期,这也算得上是一种较为固定的工作。火石垭村二组的JB,因为两个孩子的教育问题及赡养老人,选择留守。但即使留守也没有限制其务工,会修房子的他经常在附近承包些小工程,如房屋修建。按照该地平均每次房屋修建的行情来看(140平方米、一平方米150元),收入也较为可观。

二、绝活手艺副业变现

在火石垭,有一群拥有"绝活手艺"的村民。平日里,他们隐藏在普通村民的打工队伍之中,可每当需要他们出场的时候,他们会毫不犹豫地"亮出剑来"。当然,这些"绝活手艺"一般是不易学来的。其中,市场化经营的"打鼓队"与传统手工匠活,成了火石垭村典型的绝活手艺。

(一)"打鼓队"市场化

2020年，火石垭村成立了两支打鼓队，两个队伍都由7个人组成，5女2男。女性负责打鼓和跳舞，男性负责吹唢呐。两个队伍都是市场化经营，承接外面的生意，即受人之邀在红白喜事上表演节目。

在客源上面，两个队伍有所区别。LGY的腰鼓队主要是接邻近村庄的生意，XWX队则接远一点的。这主要是受两支队伍成员的人际关系、交往圈子影响。前者队员包括3个小卖部老板，南来北往打交道的人多，还有一个妇女的丈夫是火石垭村前书记，人脉广。LGY的丈夫向我们透露："因为我们这一团转熟悉的人多，有时候都是直接打电话。铜楼这边，包括新华、石家、鹅池、太极、渗坝这些，我们都熟人多嘞。"

另一队的队员大多在村里打零工为生，认识的人有限，多数活路是口口相传后有人来找。由于两个队伍的成员都生活在火石垭，在人际网络上有所交叉，所以偶尔出现被不同人请到同一个现场的情况。

演出费用方面，两个队伍的差别不大，一次白事的出场总价是1500~1800元，红事则不能低于2400元。总价中包含了车费，如果距离远就要加上200元/趟的车费，距离近一趟100元。不同客人要求不一样。如果需要坐夜（熬通宵）表演，去得早回得晚，价格就会高一些，通常加价100元；如果不坐夜，就会便宜一些。一个月内，队伍大概能出去六七次。如果出去一次按最低1500元算，7个人均分下来差不多是214元。在红白喜事的会场，一般邀请的人家和办事的主人会给每一位成员一个11元的红包和一包零售价11元的烟。因此，算上红包和烟，每个人出去一次的收入大概是240元上下。她们自己也说："出去一次，如果每个人没得200元，就懒得去。"

但是，对于这一笔兼职收入，两个队伍的成员有着不同的看法。LGY的队伍因为主要成员有3个小卖部老板，相较于一个月小卖部的收入，跳舞的收入就显得无足轻重了。如小卖部老板之一的YZS就表示："这都是好耍！赚不到什么钱！就当锻炼身体！"但是，对于XWX的队伍来说，这笔收入还是挺重要的。她们会与打零工做权衡，如果出去一次人均超过200元，她们甚至会放弃当天的零工而选择去表演。

(二)传统手艺再变现

火石垭村至今仍有少量具有传统手艺的匠人，他们依靠自己的手艺补贴家用。YJK便是这样的老人。他从小跟着哥哥们学习修房子、做木匠，等到成为老师傅后就自己接活，赚得不少钱。在调查期间，他时常外出几天，帮附近的人"割方子"。方子指的是老人家去世时所用的棺材，他从方子的木材原料准备，到最后的砍修棺材成型，一人可以单独完成。一个方子大约5000元，除去成本他可赚得三四千元。

ZZC是三组的一位瓦匠，靠着自己捡瓦的手艺支撑起家庭开支。2021年时，年近四十的他，选择学习捡瓦。这项手艺据他说看似简单，但如何用料又少又不漏水，也是一门大学问。他靠着摸索，手艺一步步变得精湛。他养育了4个子女，老大已经23岁，嫁去了邻近的新华乡；老二18岁，正在重庆上大学，每年需要学费与生活费；老三16岁，读高二；老四才7岁。笔者遇到他时，他正在给一组的YZH家捡瓦，由主人家准备瓦片，自己只出手艺，一间房200元，三间房工钱为600元，一天半的时间便可完工了。但捡瓦生意并不是天天都有，特别是如今家家户户都修建了楼房，没有木房可供捡瓦，因此生意冷淡，他只有靠打其他的零工来维持收入。

三、不同形式生计策略

在火石垭人的观念中，生计是以一个小家庭为单位的，因此他们的生计策略也围绕家庭而进行。1949年后，随着土地制度的变革，村落生计方式逐渐变化。烤烟种植的红火、衰落与打工经济的交替出现，让火石垭的家庭生计模式不断变迁。

（一）小农延续：种养结合，稳步前行

当前，一部分家庭仍以传统农业为主，以种植玉米、油菜、土豆、红薯、花生及养殖少量的猪牛等为收入来源。这些家庭基本上以年纪较大的中老年人为主。他们与孩子已经分家，自己留守在村里，种点庄稼维持日常。住在瓦房湾的ZHQ夫妻俩便是如此。ZHQ已经六十多岁，在一组的山上种了几亩苞谷，在家附近办了菜园子，还养着几十只鸡。妻子负责养育3个孙子、孙女。平日里，妻子在镇上常住，接送孩子读书，他自己一个人在村里，日子过得十分快活。他说，一年四季庄稼的收益刚好够买米，日常所需的菜可以从菜园子获得，两个儿子也会打钱给自己。不过夫妻俩十分节省，维持着较低的生活开销。像ZHQ夫妻俩一样的老年人还有许多，他们自给自足，是一个较为传统的生计单位。

CJH夫妻俩虽已经70岁，但二人依旧身健力壮，从事着大面积的庄稼种植，并养有两头猪。儿子离婚后长年在外务工，家中只有老两口自己。勤劳的CJH夫妇从来不让生活闲下来，不种烤烟之后，买来几头生猪作为生计来源。2021年，他们一共养殖了八头猪，为了减少养殖成本，除种自家的土地外还将本村其他人家闲置的土地承包过来，共种有三四十亩的苞谷。对于他们而言，种养的搭配是主要的生计来源，一年下来有两三万元的收入。

一组的NCP本来是五十岁的壮年,但因前些年腰部手术,近几年只能在家中从事养殖业。虽然自己的身体无法干重活,但考虑到家中有正在上学的两个孩子,只好咬着牙进行养殖,并种了些养殖需要的苞谷,有时玉米不够,只能靠买饲料来支撑。

2013年,他开始养羊,此时毛羊30元/斤,价格很高。为了降低成本,他自己修建羊圈,共花费两万多元,占地300多平方米,直到2014年才正式上圈喂羊。刚开始购买了41只羊,持续养了一年多,直到羊长到了八九十斤才卖。所以2013—2015年,NCP并没有实际收入,只在2015年年末卖了14只,得到了七八千元的收入。但是那时羊价已大幅度下降。2016年10月,又卖了48只,收益17 000元。羊价下跌让他放弃了养羊。2017年末,他转为生猪养殖,将此前的羊圈改建为猪圈,又投入几千元。同年,他们种了7亩的玉米,一亩可以产500斤苞谷,足够猪食用。2018年,毛猪价格上涨,他们卖了14头,收入30 000多元。2019年猪价再次上涨,他当时卖的价格是15元/斤。2020年,毛猪价格达到20元/斤,他们又陆续买了4头母猪。但好景不长,因村里修建大型生猪养殖场,他们自家养猪场与之相距太近,面临关闭的风险,他们只好在2020年5月把母猪全部卖掉,总共收益10万元左右。随后,村里的大型养猪场停工,他们趁机又买了6头猪,花了9600元。本想着这次是一个大好的时机,但是2021年猪价下跌到8.3元/斤的现实给了他们沉重打击,养猪甚至难以回本。

从家庭策略来看,NCP一家人主要围绕养殖开展生计活动。不过,无论养羊还是养猪,都需要承担一定风险。

(二)留守发展:合理安排,农工互补

更多留守在家的村民,不会只靠着土地和生猪过日子。农闲时,他们时常选择附近的零工赚取额外收入。

村民RWB已接近70岁了,但他的身体仍旧健朗,家中的庄稼农活从来没有停歇过,收入来源以自家土地种植与烤烟零工为主。2021年,他主要种植的农作物情况如表3-6所示。

表3-6　2021年RWB主要种植农作物情况

农作物	种植规模	收成	自用或售卖
玉米	5亩	3500斤	预留2500斤喂猪,1000斤售卖(市场价1.0~1.5元/斤)
油菜	3亩	700斤	全部榨油(得油266斤油),卖菜油100斤(市场价11元/斤)
红薯	1亩	3000斤	喂猪
洋芋豆	2亩	3000斤	家里食用、喂猪

由表3-6可见，RWB种植的作物中，用于售卖的是玉米和油菜。据他估计，一年能收入3000元左右。长年的忙碌让他无法停歇，所以在闲暇之余，他习惯于帮其他人家扒烤烟，挣点生活费。他的老板是来自新华乡艾子村的CYQ和CYH，RWB给他们打了三四年零工，包括盖地膜、栽烟、管理施肥、打顶抹芽、扒烟上棚都干过。一年下来3个月的零工时间能够赚取7000多元的收入（表3-7、表3-8）。

表3-7　2021年RWB在烤烟种植大户CYQ家打零工情况

月份	工作日期及内容	工资说明
4月	10号、11号、17号、30号（栽烟）	栽烟：100元/天/10小时 背喷雾器：120元/天/10小时 打烟芯、脚叶：100元/天/10小时 扒烤烟：120元/天/10小时
5月	5号、9号（栽烟） 10号、11号、31号（背喷雾器）	
7月	8号、9号、10号、11号（打烟芯、脚叶） 15号、16号、22号、23号、29号（扒烤烟）	
8月	2号、4号、8号、11号、15号、18号、21号（扒烤烟）	

表3-8　2021年RWB在烤烟种植大户CYH家打零工情况

月份	工作日期及内容	工资说明
4月	5号、6号半天、8号、9号、12号（栽烟） 22号（烤棚修建打杂） 28号、29号（栽烟）	栽烟：100元/天/10小时 背喷雾器：120元/天/10小时 打烟芯、脚叶：100元/天/10小时 扒烤烟：120元/天/10小时 烤棚修建打杂：120元/天/10小时
5月	2号、3号、6号、7号（栽烟） 12号、14号、17号、19号、20号、21号、22号、24号（背喷雾器）	
7月	3号7小时、4号5小时、5号5小时、6号8小时、7号、12号、13号（打烟芽、脚叶） 18号、19号、20号、21号、28号、30号、31号	
8月	1号、3号、5号、6号、9号、10号、12号、16号、17号、20号、23号、30号（扒烤烟）	

CXC也已70岁，平日在家办点庄稼，接送孙子孙女上学。虽然儿女希望老人在家休息，但是习惯做农活的CXC根本闲不下来，他感觉自己身体还可以坚持，就在附近干起了零工。因为做事勤快，经常被老板预订。他所从事的主要为烤烟种植与蚕桑养殖工作（表3-9）。

表3-9　2021年CXC零工情况

务工类型	作业内容	一年工作时长	工资水平
烤烟种植	盖地膜	10天	100元/天
	栽烟	12天	100元/天
	管理施肥	11天	100元/天
	打顶抹芽	13天	100元/天
	扒烟上棚	20天	120元/天
蚕桑养殖	三轮车拖蚕叶	20天以上（一年四季，每季五天以上）	120元/天
房屋修建	背水泥工	4天	200元/天
	打杂工	20天以上	180元/天
收玉米	三轮车拖玉米	3天	100元（总）
庄稼办土	砍草	3~6天	200元/天

CXC一年的零工收入有1万多元，并靠收入买了一辆小三轮车。每当其他人调侃他十分能干时，CXC总是笑着回答："赚点钱嘛，能够买到几个棒棒糖。"

除独居的老年人外，也有壮年夫妻在家留守。YCH夫妻俩均已年过五十。YCH凭借自己的手艺在附近从事瓦工工作，一天可赚280元。因手艺娴熟，常常这家还没做完，下一家已经来找他，一年到头十分忙碌。妻子LGQ在镇上陪读，只有假期才会回到村中种地。两个人的收入主要是YCH的零工和庄稼所得，一年也有四五万元收入（表3-10）。

表3-10　2021年8—9月YCH的务工情况

时间（月.日—月.日）	地点	作业内容	工资水平
8.26—8.30	TYP家	修水池	280元/天
8.31—9.1	CFJ家	修厕所	280元/天
9.2—9.27	YCJ家	装修房子	240元/天
10.27—11.1	CXP家	修建房子	260元/天

村民YCH是村内第一批开展蚕桑养殖的蚕农，他家自费修建了蚕桑共育室。一开始，夫妻两人在家坚持种烤烟，再在附近做一些零工，近几年发展起蚕桑养殖之后，主要精力也花在了蚕桑管理上。在他看来，在家养蚕虽然累，但仔细衡量，一个月中只忙半个月，剩下时间可以在附近打零工，一年也能够赚到五六万元钱："虽然挣的钱没得出去打工多，但是时间花给家人了，也兼顾了家里面的很多大事。"

2021年，他在附近承包了村民自家的房屋修建工程，约150平方米，价格600元/平方米。除自己作为包工头外，还请了一个师傅和一个小工一起作业。因为是包工，相对自由，平日里仍以养蚕为主力，养蚕闲暇的月份才去修房。这项工程他当时预计能够赚2万多元。

要说赚钱的话还是育蚕子多一些，在外面打工的话要是像我们这样只能有一个人出去的话一年满打满算也只有三四万块钱的收入，要是四五万块钱的话还要经常性地加班或者是做包工才得行。一年其实就是当4个月在做，你还有一个月在耍，就是说要这种算法，我们一年按往年的算，我们连共育室一起一年的毛收入都在8万元左右，算2万元成本的话你还是有6万元。

由此可见，YCH的家庭收入主要还是靠蚕桑养殖支撑，零工仅是一种补充性收入。

（三）流动规划：外出务工与农业反哺

近年来，随着市场经济的不断发展，外出务工的人逐渐增多，改变了以往以农业为主的生计结构。在这之中，有部分人家并没有一家人"关门走"，或因子女教育，或因身体疾病，会留下一人在家从事其他工作。勤劳能干的妇女JXQ，因丈夫身体原因独自外出务工，丈夫在家种植玉米，每年的七八月份，请上几个零工砍玉米秆售卖。2021年他们共种有3亩多地，但是收成不好，砍了8吨，一吨600元，除去工钱和运输费用能够收入4000元左右。JXQ谈道："唉，面积是种了有那么宽，但是苞谷一年就得那么点钱哟。"丈夫辛苦一年才能得到4000元，与她的务工收入相比，实在算不得什么。她在外务工一天有320元的收入，一个月至少能做25天，除去生活开支至少可以收入6000元，工作七八个月能够赚到三四万元。正是因为她的务工收入，才支撑起了整个家庭。不过，她十分赞同自己和丈夫的分工模式："他身体不好，跟我出去打工那啷个得行嘞，他在家一年还是要种点嘞，也有几千元钱的收入嘞，在屋里平时就买点米、面、油、肉，那点生活开支还是差不多了嘞。"

如前文所述，养蚕虽一年有"四季"，但集中于夏秋季节，总有忙闲之分。因此火石垭村民中，许多人将养蚕与外出打工相结合。每年的5月至10月是最佳的养蚕季节，部分无法全年在外的人家便在这段时间内养蚕，其余时间安排外出。

火石垭的养蚕大户CZB，他早在15岁时就开始参与家里的生产，学习种地。1992年，迈入青年时代的他抓住了商机，开了个小型粮食加工坊，用柴油机将小麦玉米磨成面，给稻谷脱皮。他一般凌晨三四点就开始加工粮食，然后天亮了再去做农活。到了21世纪，村里开加工坊的人家慢慢增多，竞争压力大，生意不好做。正在此时，他又发现随着村里掀起了盖新房的热潮，建房用的水泥砖十分紧俏。于是，CZB决定开一家采石和加工于一体的砖厂。他在附近山里开山获取砂石，再投资几万元买来加工砖的机器。他做了五年，在这期间虽没有亏损，但每年赚得不多，大致有一两万元，不如种烟叶挣钱。不仅如此，由于在村中做生意，顾客大多为熟人，常常赊账买砖，资金难以周转。2006年他放弃做砖，又回到了烤烟种植上。此时虽然土质变差，烤烟产量小，但种烤烟的农户少了，竞争也小，烟叶价格上涨，也算颇有收益。

这些年来，他陆续租了村内闲置的土地种烤烟，扩大面积，同时土地租金也从一亩100元涨价到150元，每年毛收入约有几万元。他仍记得2016年时种了20多亩烤烟，毛收入达到十几万元。这些经历，让他既收获了经营的经验，又锻炼出了吃苦耐劳的品质。2016年，在政府出台政策鼓励养殖蚕桑之际，CZB抓住了补贴尾巴，转向种桑养蚕。2018年他开始养蚕，养殖时间在每年的4月到10月，由于养蚕产量与气温关系极大，因此CZB会根据每年八九月份的气候判断是否养第四季。每张蚕能赚上千元，一季一般10张蚕左右，每季蚕桑能赚上万元。冬春季节，CZB夫妇前往海南打工，两个人外出每月能有一万元左右的收入。如此安排，在生活和生产方面达到了完美的和谐。

与CZB夫妻俩在家养蚕与外出打工相结合的策略不同，RZP夫妻俩是通过男女分工，实现生计互补。丈夫RZP在每年的正月十五过后外出，一年在外八九个月，妻子长年在家育蚕。在RZP看来，家里收入来源依旧是务工，养蚕仅为补充性收入。因为在外务工的工资较高，他2021年上半年仅3个月就赚了3万多元，一年工作八九个月能够赚到八九万元。妻子在家养蚕，四季约可赚得一万多元，夫妻二人加起来能有10万元的收入。不过近年来家中开销极大，家里正在修新房，仅是修完毛坯房就已经花了20多万元。

（四）多措并举：其他复合经营模式

以上模式，仅是火石垭村民生计策略的冰山一角，实际上每个家庭根据各自情况，有着更加复杂的生计模式。如前文提到的YXP家，他家经营着一个小卖部，一年有两三万元的收入，平时自己当兽医一年收入约有两三万元。除了兽医之外，YXP曾有公益性岗位——公路养护员的收入，一年收入一万多元。妻子JXS平日种点庄稼，其余时间常常出去打零工。JXS的零工集中于本村，如村里集体经济种植南瓜，从南瓜的播种、除草、打药、收割，她全部参与。遇到养蚕时间，她也会去其他人家的蚕棚里打零工。JXS打零工的收入大概有两三万元。除此之外，她加入了村里的打鼓队，一次约200元，一年下来可得一万元。总的来说，他们一家的年收入在七八万元以上。他们二人的孩子均已工作，不需负担，二人平时生活节俭，开销甚少，一年还能存下五六万元的养老钱，也算十分不错了。

同样经营小卖部的YXQ家也是如此。除了开小卖部，丈夫YXQ开着一辆农村客运车，每月赶集的日子，逢初一、初六到新华乡拉客，逢初四、初九到石家镇拉客，车费是5元/人/次。每周星期五与星期日也负责接送中小学生，同样为5元/人/次。其余时间还可以接包车：从火石垭去彭水100元、去黔江城区200元、去渗坝乡100~150元、去鹅池150元、去水市100~200元。他们家的收入是靠小卖部和农村客运支撑起来的，一年下来有10万元~15万元。

由此可见，火石垭村民的生计方式是复合多元的。一方面，他们充分利用了农业自然时间，如CZB将养蚕与打工按照季节的时间划分，依据蚕的生长特性合理安排；另一方面，也根据自己的智慧和技能，充分发挥主观能动性，不断寻找着合适的机会，增加收入。

小　结　非典型生计张力创造美好生活

非典型的火石垭村，人们的生活水平不断提高。以农为生的单一化传统经济模式看似难以维持村民的生产生活需要，但无论是外出还是留守，火石垭村均给村民们提供了生存与发展的机会，人们能从中找到生存空间。他们谋求生计的方式变得多元化与灵活化，呈现十分明显的生计张力。

这种张力的基础，仍旧是土地。火石垭村的村民与土地未曾完全脱离，村庄仍承载着村民们的生活底色。村民们有着自主生活的主体权利，具有吃苦耐劳的精神品质，总能从生存缝隙中如花朵般缓缓盛开。他们在火石垭多年生活中实现了对美好生活的向往与追求。乡村土地在他们心目中被寄予了深切的情感，是他们安身立命的依托，也是他们的归属。所以，尽管社会经济快速发展，使村民生计发展如此多元，土地依旧在各种生计模式中发挥着重要作用，未来也不会被替代。

第四章

婚姻、家庭与养老：
非典型村庄的结构韧性

琴瑟在御，莫不静好。知子之来之，杂佩以赠之。知子之顺之，杂佩以问之。知子之好之，杂佩以报之。

——诗经·国风·郑风

股股来自婚姻家庭的温暖，汇聚成庞大的热浪，翻涌在更广阔范围的社会空间，让日常生活气息里弥漫着更多的甜蜜。暑假一到，平日里稍显安静的火石垭村陆续传来许多的欢声笑语。阳光虽然炙热，但路过人户，总能看到一家人欢聚一堂，其乐融融的场景。这些久违的陪伴，虽然短暂却令人倍加珍惜。

人是社会性群体，需要参加社会性活动才能更好地成长和发展。火石垭村虽然是非典型村庄，但有着最直接的情感来源——亲属中的情感联系。而婚姻与家庭的组建，是最主要的情感来源的渠道。家庭作为社会最基本单位和细胞，在当地急速变迁环境里，受到的冲击和影响也较为明显。在火石垭村，传统的婚姻家庭有何变化，又是如何在新的社会环境中得以存续，由婚姻家庭带来的情感韧性，或许是理解当前非典型村庄应对中国社会巨变的一个重要窗口。

第一节　婚姻与两性关系

随着时代的发展，即使是在山峦环绕的火石垭村，也能让人充分感受到现代发展带给小山村的各方面冲击。其中，婚姻观的变化让火石垭村婚姻的缔结形式与文化内涵都发生了改变。

婚姻不同于爱情，它不仅是男女双方的结合，也是两个家庭的联结，甚至包括社会网络的认同。在火石垭村，想要从非正式的"恋爱关系"转入正式的"婚姻关系"，需在经过了父母双方的同意并举办婚礼仪式之后，方能完成。但随着村民们择偶标准的变化，传统的婚姻与两性关系已经开始变化。

在火石垭村，一段基于互联网相识、相知、相恋的幸福婚姻，成了当下村民婚姻观念变迁缩影。21世纪初，在微信、抖音还未风靡的时候，最流行的社交软件便是腾讯QQ。此时在"网上冲浪"的年轻人，经常会通过搜索"附近好友"来和陌生人交友。GXQ便是在QQ上与YSW相识。那时的GXQ在浙江当幼师，YSW则在杭州轧钢筋，两人通过QQ搜索认识并很快熟悉起来。仅过了一个月，他们便确立了恋爱关系。在这一个月中，他们通过视频见过一次面，过年后就相恋了。异乡认识的二人快速坠入爱河，女方GXQ在没有告知父母的情况下，独自前往YSW的老家火石垭村办了简陋的酒席仪式，没有彩礼没有嫁妆，更没有领证。几个月后，她才回家告诉爸妈，爸妈不得不同意，二人才去领证。如今，二人已经养育有两个儿子。GXQ回忆起这段过去，笑称是被"连哄带骗"带到村里来的，但笑意间是满满的幸福。这个婚恋故事算得上是前卫与新潮，一定程度上反映了火石垭人对待婚姻的新态度。

婚姻是一个人走向成熟的重要一步，一幅婚姻画卷是需要两个人共同绘就的，而每一幅画卷从起笔到完成的过程并不完全相同。这个过程中有着各种辛酸苦辣的考验，而经营婚姻的两个人既扮演着书写人生故事的"体验者"与"经营者"，也扮演着成长与经验积累的"模仿者"和"探索者"。

一、婚姻的缔结与相处

婚姻作为一个永恒的话题，是每个人生存发展都会经历的大事。婚姻，有人因神圣浪漫说它美好，也有人因经营不善说它丑恶。走进婚姻后，人们开始在决定自己后半生的这座"围城"里，精心经营着自己的生活，如同一个匠工在细细打磨着属于自己的"梦幻城堡"。火石垭村婚姻缔结的故事，展现了不同时代的婚姻观念与择偶标准的变化。

（一）择偶方式与通婚圈的变化

婚姻影响着双方的未来，所以在选择另一半的时候一定要慎重考虑，这是对两个人负责的表现。火石垭村男女双方选择另一半的标准与实践行为，在不同的年代各有不同。

1.父母之命，媒妁之言

"父母之命，媒妁之言"主要指"包办婚姻"，即儿女的婚姻大事最终决定权掌握在父母手中。包办婚姻主要集中在1949年前，此后的十几年内也有出现。那时的婚姻，结婚双方大多没见过面就已被父母决定，是否满意都由父母说了算。在这个过程中，父母主要关注男方家有多少田土，女方是否勤劳。结婚的年龄普遍较早。

两位新人结婚后才开始熟悉对方，似乎从结婚那天起才是双方正式认识的开始，因而许多夫妻婚前没有感情可言，是在婚后才慢慢有了感情。火石垭村的MXQ已经60多岁，18岁时媒人介绍妻子给他，一开始他并没有看上妻子，主要在于岳母爱说闲话。但受火石垭风俗影响，如果父母去世，要么一年内结婚，要么就要等三年后。当时他父亲刚去世，作为长兄必须立马成家立业，因此即使不愿意也与妻子结了婚。

那时候的婚姻没有任何的感情基础，我们只有偶尔一起干活的时候碰见过。在农村风俗里面，未婚男女经常一起会被别人说闲话，所以我们没有一起玩耍，感情是结婚后才培养起来的。

MXQ的婚姻由长辈指定，但婚后他与妻子生活总体是和谐幸福的。然而，更多由于"父母之命"结婚的夫妻吵了一辈子，有着许多辛酸往事。JXZ1952年出生，13岁左右通过媒人说亲，与丈夫ZZX家定了亲："当时他们家觉得自己家好，看不起我，我来这边耍的时候他（指丈夫）也不理我，其实我不想嫁。但是父亲一定要让我嫁过来，结果我嫁过来之后过得很不好。"

2. 媒人介绍，自己优选

随着时代发展，完全由父母决定的婚姻缔结形式在慢慢改变，逐渐转变成媒人介绍和自己选择相结合的婚姻。1949年后至20世纪七八十年代，火石垭村民基本为"介绍"成婚。在这个阶段，媒人是一个十分重要的因素。如果男方中意一个姑娘，就会提礼物到媒人屋里去，"请他"帮忙。媒人一般是和两方关系都好的人，因为两边都认识，所以劝说起来会更容易一些。

媒人并不好当，因为一段婚姻的成立并不是简简单单说辞一番就能成，媒人说媒也有自己的一套方法。首先，媒人会充当中间人约双方见面，即"踩屋基"。通常是女方和女方的亲戚到男方家来看房子，媒人会根据男方的具体情况，用不同的方式称赞男方，达到说媒的效果。如一家人户经济条件不是很好，就要从另一方面来说他家的好："他们离水又近，柴山又隔着近，又有田又有土，你们去了就享福，图轻松。"如果双方均同意进一步交往，女方便留下来吃饭，并收下男方父母给的礼物，如果不满意，便不吃饭直接离开。

已年过五十的CFJ谈到了他与妻子的相识：

我碰到她是我的缘分，我们一见钟情。介绍人说今天某人来赶场，我们会个面，赶第二场的时候介绍人就把她带到我家。从她家渗坝到石家要三个小时，石家到火石垭又要三个小时，来一趟就6个小时，所以当晚她就留下了，住了三天，后面我又送她回去。我没有当天回来，就在她家耍了三天。

如果经过"踩屋基"，双方家庭都认为合适，就会把亲事定下来。定亲的二人并不会马上结婚，一般几年之后，等到双方年纪合适才会正式结婚。在这期间，二人不会经常见面。见面的时间和场合通常来说是有规定的，在节庆时节、探亲探病和其他特殊时间里，二人才可以见面增进了解，培养感情。只不过双方大多处于羞涩的状态，并不会深聊。节庆时节的见面称为"走人户"，多数集中在端午节和春节。男方会去女方家看望女方亲戚们，送女方几套衣服，准备好酒、糖、面条等。除此之外还要专门带上给女方的爸爸、叔叔的砍肘子，给亲哥哥的砍扭扭（一条肉），亲戚多的话还要挑几大挑去。而女方则准备好自己亲手扎的布鞋，送给未来的丈夫及丈夫的父母，既表现了她的勤劳聪慧，又增进了双方的感情。

此时，在身份上，双方家庭早已认定了二人的"婚姻关系"，所以往往在生产生活当中，一方会主动参与另一方的家庭事务。当一方农忙时，另一方会来到对方家里帮忙，既增加了见面的机会，也能更深入地了解对方，家里父母也能判断对方的性格、能力。YMX的丈夫RZP，在婚前常来家里帮忙，给她家留下了极好的印象。

我屋和他屋隔得不远。我父亲是长年生病，不能干重活，家里男娃少，缺劳动力，所以每年收苞谷、挖洋芋、收油菜的时候他都会过来帮忙，和我们一起吃饭。有的时候留下歇一晚。那刻儿（时候），我父亲就发现他老实、能吃苦，很喜欢他。后来他家种烟的时候，我也经常去帮忙扒烟、串烟。一来一往就有了一些感情，这样过了两年多就结婚了。

有时，一方的父母生病，对方也会来探病与照料。探病分短期探病和长期照料，能体现对方的品行和孝顺程度。

当然，在确立关系后的几年中，也会经历异地恋情况。老村长CJG和妻子定亲后，去了湖北当兵，二人只能通过写信联系。但是妻子不识字，所以每次老村长只能写家书寄给她的哥哥，问候她的家人时顺便提到她。

几年之后，二人到了适婚年龄，媒人再次来到双方家作为中间人提出结婚事宜。HYH对此印象深刻："那时候男娃就要走女方去，女娃呢，一般脸皮薄都不跟你搭话，她怕脏（害羞的意思）啊。像这样一走，走了两年三年，男方就请媒人去女方家，问女方走这几年有些其他想法没，把婚结了吧。"双方结婚后，新婚夫妇一般会感谢媒人，会给媒人打酒，送面条和糖。在过年时，还会再给媒人送一条肉。媒人并不是一个专门的职业，而是男女双方的亲戚朋友，或周围邻居。

20世纪80年代至90年代末，相比于前一阶段，人们的恋爱观念已开放了许多。双方在"踩屋基"之前就可以见面。媒人在给双方说上三五次后，约定一个日子让双方先见面。大多时候是安排在赶场的时候，双方在集会上见面，由媒人介绍双方，最后由媒人传达双方有无进一步发展的意愿，然后再约期，看什么时候去"踩屋基"。不过也有从小就认识的男女双方，男方主动给父母说看上了哪家哪户的姑娘，然后请媒人去说媒。这种情况下双方对彼此的家庭都非常了解，婚姻自主性有所提高。如ZCY与丈夫是小学同校的同学，从小就认识，媒人说亲的时候，自然而然地就走到了一起。

同时，此时的男女双方，在自主择偶上已经有了一定的话语权，如NCP在与妻子JLX相识之前，前后说了好几次亲，由于种种原因最后都没有说成，或是女方不愿，或是男方有因，最终在快到30岁时，才与23岁的妻子结婚。

3. 自由恋爱，自主择偶

随着时代的发展进步与外出务工浪潮的兴起，越来越多的火石垭村民有机会走出村庄，能够接触、结识到更多的人。总体来看，20世纪末到21世纪初，年轻人逐渐有了自主择偶的权利。自由恋爱开始成为年轻人的主要择偶方式——自己认识，自己选择，自己决定。经历过父母之命或媒人介绍而成婚的绝大多数父母，观念已逐渐开明："只要他们两个合得来，我们大人也不会干涉他们。"

1983年出生的CXH是个典型的"80后"。十七八岁时，他在贵州修隧道。工地上除外来打工仔之外，也有附近的村民。CXH想要在这里找一个女朋友，于是他找到工地上的一位阿姨，向她询问能不能在村里给他介绍一个女朋友，阿姨回答他说："有啊，我家就有一个18岁的姑娘。"CXH一听，下班后立刻买好东西跟着她回家去，走过山路蹚过河沟，最后到她家一看，没有人，这才得知自己被骗了！但他没有作声，还是一起吃过饭后再离开。后来CXH常常询问阿姨，让她一定给自己介绍姑娘。最后，果真把她的外甥女WLL介绍给了CXH。为了每天能跟WLL见面，CXH绞尽脑汁，想了一个办法将WLL留在工地上。他观察到，工地上每个人都要自己做饭，十分不便，于是他跟队长说，找一个会做饭的人来做饭给大伙吃，队长一听，自然同意。于是他把WLL带来了工地。幸福的日子才过了10天，两人的恋爱关系也刚刚确认，工地上的活却做完了，工钱一结就要散伙回家了。CXH为了心爱的姑娘，不想回家。他去找之前的阿姨，同她说想要认她做干妈，并且按照黔江的风俗，提着肘子、肉等成功结成了干亲。于是，他在那里又待了一个月。两人感情迅速升温，CXH便去见WLL的爸爸，经过一番交谈，她父亲觉得这个小伙子人实诚、有干劲，便同意两人交往。没隔多久，CXH就带着WLL回到火石垭村举行婚礼，然后又回贵州在女方家里办了一次酒席。

两人结婚后恩爱有加，生了三个孩子。在家庭困难时期，妻子WLL也没有埋怨，平日里勤俭节约，但舍得给孩子买好吃的。用CXH自己的话说："我这辈子最大的幸福就是有一个好妻子。"

从CXH的故事可以看出，选择另一半，个人已经有了很大的自主权。更为重要的是，随着火石垭村逐渐市场化，特别是交通的便利、教育的发展以及网络的发达，通婚圈的地理范围逐渐扩大到省外，跨省通婚的现象逐渐出现。

在相对封闭的火石垭村，由于交通因素的限制，几十年来村内通婚和本区内通婚的情况占比较高，尤其集中在渗坝和关口两个村子，以及新华、太极两个乡，有时还与接壤的彭水县人通婚。近十几年来，由于打工潮的出现，不断有村民外出务工，地方遍布全国各地，因而省外通婚率逐步提高。以调查所在的一组、二组为例，通婚范围见表4-1、表4-2。

表 4-1 2021 年以前火石垭村一组、二组通婚范围统计

单位：人

内部流动	娶进（除本村）					嫁出（除本村）			
本村	本镇	附近乡镇	本市	外省	总计	本镇	附近乡镇	本市	外省	总计
76	22	61	28	39	150	22	35	19	15	91

表 4-2 2021 年前嫁入火石垭村一组、二组的女性及所属地区

单位：人

同石家镇不同村								同黔江区不同乡镇						
冉家坡	渗坝	长山	从林	茶溪	新安	关口	水田	共计	新华乡	太极乡	冯家镇	马喇镇	水市乡	石家居委	正阳镇	濯水镇	共计
11	66	33	11	22	22	66	11	242	331	113	44	44	11	22	33	33	631

同重庆市不同区县						重庆市外					
秀山	黔江	重庆主城	酉阳	彭水	共计	贵州	湖南	山西	四川	广东	未明省份	共计
1	9	2	1	15	28	8	1	1	4	1	14	29

由表 4-2 可知，通婚范围逐渐从村内通婚、不同乡镇通婚，再到省内外通婚。其中比较明显的表现是外嫁进来的女子越来越多，这些嫁进来的"外地媳妇"也会和自己的家乡进行比较。从火石垭村来看，外嫁过来人数最多的省份是贵州。当然，本村的女子也想嫁到经济条件更好的地方去。由此看来，婚姻圈的变化已经形成了一定"阶序"，火石垭村虽不至于在底部，但仍处于阶序的中下部。

虽然通婚圈的扩大促进了婚姻资源的大范围流动，但也带来了更大范围的不平等。火石垭村的适婚男女比例本就不协调，而本地女性往外流时，适婚男青年的选择空间便越来越小，择偶竞争越来越激烈。此外，打工潮所裹挟的现代性、婚姻自主性给"传统通婚圈"带来了挑战，地方性知识对于婚姻行为的约束力下降，结婚自由的同时也出现了离婚现象。

（二）不同因素影响下的择偶观念

正所谓"男怕娶错妻，女怕嫁错郎"，如果夫妻双方在选择时匹配得当，那么婚后的日子将十分顺利美满；反之则可能产生一些家庭不和的现象。从古至今，选择配偶的过程，不仅涉及夫妻双方个人的生理、心理和利益，还涉及双方的家庭、亲属及所属区域间的关系，是多方因素作用下的选择过程。

1. 家庭因素：从家中有地到家中有钱

20世纪八九十年代以前，男女双方须"门当户对"。针对男方家庭，主要有以下考虑：一是男方家交通是否便利，家住在交通便利的地方如公路旁，就比住在高山里更容易获得认可；二是男方家所在区域是否平坦，平坦的地段干农活相对轻松，也更容易被认可；三是男方家田土数量，较多的田土意味着有更多的经济收入，不容易挨饿受苦。1970年出生的ZZY，由原来大水井村嫁到火石垭村二组大坟坝，丈夫家虽地处高山，但交通相对较好，出行方便，且大坟坝地势较为开阔，适宜种植庄稼。父母来丈夫家"踩屋基"时，就看中了这片好地，同意将女儿嫁过来。像ZZY这样因为男方土地条件较好而缔结成的婚姻关系占据大多数。在生产力低下的时代，结婚是生产力的重组，家庭生计劳动以务农为主，土地是生产力发挥作用的最主要对象，因此土地是婚姻缔结的重要因素。

从21世纪开始，经济结构的转变使家庭条件中的经济因素变得更加重要。在火石垭村，常从村民口中听到："现在的女娃眼光高，要有房子、车子，还要十几万元的彩礼。"当前，结婚条件中的房子已从砖瓦房变为城里楼房；车子由自行车、摩托车变为现在的小轿车；彩礼由实物为主变为万元以上的礼金。

ZZC作为火石垭酒厂的老板，在儿女结婚之时，特别注意亲家的家庭背景："你自身条件好的话，你必定也要按照家庭条件差不多的找，这个就是规律。我给我的孩子说的是，你结婚是要互相般配的。"他和妻子WH的婚姻结合，十分重要的原因便是双方的家庭条件匹配。ZZC的父亲是老火石垭村的大队队长，在大集体时期条件较好，而妻子的母亲出身于1949年前姜姓大地主家庭，即使到了1949年后，娘家也颇有些门路和家底，甚至妻子的家庭条件略好于丈夫，因此即使ZZC脾气不好，且"大男子主义"，但妻子也从不怕他，有自己的底气。

2. 个人因素：从身体素质到心理素质

无论包办婚姻还是自由恋爱，夫妻个人条件都是其中重要的因素。但此因素在不同的阶段有着不同的标准，个人能力、性格脾气、为人处世等是村民普遍看重的方面。

在过去，双方的身体素质如何是极为重要的，尤其是在丈夫的选择上，村民们普遍认为找丈夫，第一要身强体壮，能做活路；第二，丈夫要性格温柔，不要冲动莽撞，脾气暴躁、打女人的是万万要不得的；第三，要有素质，在为人处世、待人接物方面比较会处理。FCY今年已经50岁，上门来到妻子家时，十分勤奋且优秀，个人能力较为突出，得到了妻子家人的赞誉。但爱喝酒的他，常常酒后说胡话、打人，有一次JXQ打翻了他的酒壶，他一言不合就动起手来，为此妻子非常想不开。后来身体逐渐虚弱的他不能外出打工，JXQ不得已只好去珠海工地打工赚钱，维持家庭开支。自己在婚姻方面受过苦，对子女在择偶标准上要求也就较少。

儿媳妇只要性格合得来，他们感情好就好，现在的女娃挑得很，能看上儿子就不错了。女儿就嫁得好，女婿性格特别好，家里条件也稍微好一点，他一回家就做家务，女儿就玩手机。现在挑女婿，都不注重家庭条件，主要是看性格人品。

在挑选妻子的标准上，村民们认为，女孩子第一要性格好，第二要孝顺，第三要勤奋。HXX曾教育自己的女儿："我首先说，要自己会做才行，假如说对方爸妈会挣钱，你去用了，你也会受气。如果你分家出来，你老公会找钱，你只会用钱，你也是过不长的。"

身为"90后"的YY，在高中时就开始谈恋爱，毕业后她考上了大学，但男朋友没有考上。男方准备出去打工，于是YY向家里提出想放弃上大学的机会与男朋友一起打工。对于女儿因为爱情放弃前途的选择，母亲ZZY"恨铁不成钢"："我当时生气，差点儿要打人了，哪个不想她多读点书嘞。"但是女儿执意要放弃，作为父母也没有办法。男孩子虽想要来火石垭村拜访女方家长，但一直被拒绝。四五年中，YY和男朋友一直有联系，到了她谈婚论嫁的年纪，ZZY终于有了一丝让步："我想起他们也耍了那么多年嘛，既然坚持，我就要考验这个男孩子合不合格，为人处世、有无责任担当、值不值得将女儿托付给他呀。"男方来到YY家，一个多月的总体考验下来，ZZY发现男孩子会说话、对人好，见到家里面的家务事也会主动帮忙做。她觉得男孩子靠得住，这才同意了两个人的亲事。

现在这个社会是这样嘞，现在都是看人，只要能做事，能挣钱，女方跟起他不受苦，能够承担起一家之主的责任就差不多了。不是像我们那个年代父母看的是男方家有好多地，地好不好种呀。现在的年轻人从小都没接触过农活，你还指望他们回来种地嘞！

从ZZY的态度转变上可以看出，对于男女双方个人因素的考量也经历了一定时期的变化。近年来，随着时代的发展进步，人们的文化教育程度越来越高，谋生发展越来越多元，只要踏实做事，就能谋出路。对男性而言，传统"身体强壮""能干农活"，也逐渐被"知识能力""为人处世"等新时期的个人能力所取代。对于女性而言，除了"孝顺勤奋"之外，也有更多的考虑。大学毕业的CJL如今26岁，在事业单位上班的他对未来的另一半充满了无限遐想：

我理想中的对象就是温柔体贴，气质修养好，豁达忍让，开朗幽默，以及具有责任心。我希望我们的理想志向、兴趣爱好和性格脾气能够相容互补。年龄不能比我大太多，大两岁我都觉得不舒服，最好比我小。距离远没关系，只要最后能在一起。我觉得最重要的是要聊得来、玩得到一起，能互相体谅。每个人、每种方式的恋爱都有幸福，也有煎熬，能共同走过，那就是无比珍贵的感情。

3. 感情基础：从情感忽视到真诚相待

随着个体意识与自主权利的不断发展，村民择偶时较为看重两人的感情基础，感情因素逐渐成为择偶标准的关键。彼此之间的情感是否牢固坚定，双方之间是否能够做到真诚相待是重要的考量因素。已经52岁的HZP在讨论年轻人的婚恋时，认为："老一代挑选的标准是门当户对，要勤奋、有孝心。我认为现在的人，不在乎家庭条件，最主要的是要两个人感情好，也不管距离远近，不管女方是不是独生子女。"

这种以感情为主的婚恋观，主要存在"异地婚恋"之中，彼此之间的感情成为考验男女双方能够成为一家人标准。农村年轻人进入城市，在摆脱了父母的"掌控"后，有了更加开放的恋爱观念，他们倾向于自己找对象，而不是周围的人为自己介绍。即使父母为自己介绍，也要经历一段时间的自由恋爱，以此判断对方是不是自己要选择的人。

出去打工的年轻人，许多人想通过择偶实现生活条件的改善，但更多人有着全方位的考虑，拥有着对爱情的向往和对高质量婚姻的憧憬。在两人间的感情经过了考验，并对未来生活有了充分的把握之后，才到达谈婚论嫁的阶段。

4. 其他因素：个性多元的差异凸显

村民们在接受新事物的同时，也经历着新事物发展带来的影响。在婚姻方面，根据个体不同的经历与认识，有着极大的差异。

火石垭村的部分村民，对独生女的嫁娶有自己的看法。YCG认为，独生女如果嫁过来了，她自己的父母没人照顾，对于她个人而言不能很好地尽孝道，对于夫妻二人而言负担太重，因此不希望自己的孩子娶独生女。ZYF谈到自己的儿子以后找儿媳妇，也不倾向于找独生子女家庭。

有兄弟姐妹的话，要是婚后家里面遇上什么大事，可以有人商量，对老年人的抚养负担也没有那么重。而且我们这一辈人都是生活在农村，自己的家庭条件比较穷，不想找什么城里面的独生子女家庭，不只是门不当户不对的问题，而是独生子女的性格，可能从小被父母娇生惯养着，有许多公主脾气，还是娶农村媳妇好，他们会做些家务，勤快持家。

同时，在"异地婚恋""跨省婚姻"逐渐兴起时，火石垭村逐渐有了反对女儿远嫁的声音。二组的YMX坚决反对女儿远嫁：

我们家一个儿子一个女儿，女婿是达州的。他们读大学的时候就已经耍起了。回来就跟我说要结婚，我说远很（太远）了，我不同意，我不准你远嫁。像我们这个地方有几个都远嫁了，出去就经常被打，自己家人都不知道。我就跟我的女儿说，你看前面也有例子，你远嫁，你去当得了家，掌握得了经济，算是好一点，但是别人一家人都不喜欢你，那你自己就是孤独的。如果说你当不了家，掌握不了经济，你更吃亏。开始才去一年半载，那还基本把你当人，到后面真正过日子的时候，那就不是那样了。

YMX以其他嫁女儿远嫁过得不好的事例反复规劝自己闺女，他不想女儿嫁得太远受气，提出二人必须在黔江定居："最后他们在黔江买的房子，女婿的户口、外孙的户口都是上到黔江这边的。"

笔者在田野调查期间，适逢火石垭村一组ZSB的儿子娶媳妇。女方在黔江经贸职业学院当老师，儿子在部队当兵。二人相识时，女方已经顺利考上研究生，在当地算是学历层次比较高的女性。女方认为二人能够走到最后，主要有以下几点原因：第一，他们在一起的时机非常合适。自己一直都是以学业为重，不会为了爱情耽误学习。自己在大学是师范专业，大学期间学业繁重，没有心思谈恋爱。二人认识时，正是她顺利通过论文答辩、成功考上研究生的日子，这是一段比较悠闲的时间。"我们算是在合适的时间遇上合适的人！"第二，在择偶上，她坚持了自己的选择。事实上，女方亲戚对男方的学历并不满意，认为像她这样的学历应该找硕士或者博士，而男方仅是在军队考的专升本，真正待在学校学习的时间并不长，不过她对此并不在意：

我自己在上大学、读研的时候也看到过很多男生，但是在我看来他们都很差劲。我老公虽然没有接受正规大学的教育，但是我觉得他在部队接受的教育一点都不比大学差，甚至是更好。我也跟他的战友接触过，他们都是情商又高、又聪明、又勤奋的人。关键是他们身上的家国情怀，他们时刻把国家和人民放在第一位！没得几个人能有他们这种信仰！我记得有次，我不小心拍到了他肩膀上的国徽，他都是很认真地告诉我，平时我们怎样打闹都行，但是国徽、党徽这种是不能打到的。

她自己也坦言，正是因为接受过硕士教育，让她学会用另一种角度去看待问题。在面对亲戚们的建议时，她能够非常清楚地知道自己更看重什么，不会跟着所谓的"世俗"眼光走。她可以接受夫妻俩聚少离多的婚姻生活，并且丈夫所在部队离黔江不远，她也可以过去看望：

国家现在对部队的政策好了很多。他再过三年就可以分配工作了。我和他结婚了之后，他就可以随配偶分配工作，就安排在我工作单位的附近，这样我们都可以留在黔江了！

不同的时代，呈现多元的择偶观。在"包办婚姻"时期，人们对婚姻的看法大多是遵循"父母之命，媒妁之言"，结婚就像完成人生一个阶段任务一样，两个人搭伙过日子，看重基本的物质需求和安全需求。改革开放后，火石垭村民走到外面的世界，表现出对金钱的渴望，择偶时要求对方有一定的物质基础。同时，也逐渐强调感情因素，注重内心精神需求。总的来说，他们的择偶观开始注重人的内在品质、有保障的经济条件，以及共同的理想和兴趣。

（三）夫妻之间的相处方式

夫妻两个人从相识、相知到相守，从互不认识到守望一生，在这过程中，是隐晦地说出自己的感情，还是直截了当地表达需求，或是冷漠以对、相对无言，均是夫妻间相处方式的重要表现。对夫妻间相处方式的研究，既是婚姻研究中的重要方面，也是透视火石垭村庄社会发展的一个侧面。

1. 行为言语的平淡表达

如何表达夫妻间的亲密关系，不同年代出生的人有着不同的感情密码。20世纪五六十年代出生的火石垭人，很难用言语直接表达情感。20世纪50年代出生、有过当兵经历的老村主任CJG，与妻子定亲后异地七年才结婚。二人虽在婚前没有培养出浓厚的感情，但在婚后二人的相互扶持也让旁人羡慕和感动。他们二人的感情蕴含在行动之中，很少用言语来表达。每日的傍晚，CJG会提前走到妻子打零工的人家去接她，相见时自然地接过她背上的竹背篓，走在前面，妻子跟在后面，虽临近花甲，但感情深厚。如他们一般相守的老夫妻，即便没有直接的话语表达，但在举手投足间，也会感染身边的人们。

性格内敛的LGL夫妻俩同样如此。两人一起上坡干活的时候，丈夫LGL总是一个人捞起锄头，把最难挖的地方留给自己，只让妻子挖松软些的土地，甚至有时把所有的土挖好，只让她丢种子。丈夫平时虽沉默寡言，但对长年病重的岳父却很好，经常替岳父买药。外出打工时虽将妻子一并带去，但没有让她下工地，而只留妻子在家煮饭、洗衣。在外地时，他看到有人靠养蚕赚钱，于是回来跟村里干部说，只要村里有养蚕的名额，第一个就算上他们家。因此，二人抓住了政策机遇，逐渐做成养蚕大户。在养蚕期间，从喂蚕到扒蚕叶都是请工人，宁愿多花钱，也不会让妻子背蚕叶。说到这些，YMX总是眼带笑意。

较为年轻的RGB夫妻俩的相处模式则与年老的夫妻不同，20世纪80年代出生的RGB在表达上明显开放得多。夏日傍晚，妻子XG手拿一束洁白的栀子花，丈夫满眼爱意地看着妻子与之交谈，在落日余晖下散步远去。凉风袭来，传来阵阵栀子芳香，让旁人捕捉到这对夫妻间的亲密关系。

同样是娶外地媳妇的"80后"CXH，他与妻子相处也十分融洽。CXH在黔江工作，基本上隔几天回村一次，因此家中时常只有妻子WLL一人。每当丈夫回来时，妻子总是十分兴奋。2021年夏天，CXH工作地点换到了离村子更近的水市乡，虽然仍早出晚归，但比之前有更多的机会可以回来。

目前，在火石垭村出现了许多"异地夫妻"，其相处方式较为多元。一般来说，他们之间主要通过电话与视频联系。据CFK的妻子回忆，20世纪末，座机刚出现时，她想要与身处外地的丈夫联系，得背着孩子花1个多小时，走到石家镇或火石垭村街上的小卖部打电话才行。当时长途电话1分钟要1角2分，比较昂贵，因此夫妻间如无必要均不联系。直到近几年，村子开通了无线网络，打视频电话比较方便，两人之间的联系才变得紧密起来。

如今，随着互联网的发展，人们之间的联系更加便捷、频繁。ZZY与外出的丈夫每晚都会视频通话半小时以上：

你在一方，我在一方，都要打电话问一下噻，最少都是要半个小时，平平常常摆龙门阵呀，以前出去打工也是天天都要打。现在网络也方便，开视频也问，问下一家人发生啥子事了呀。如果你不问我我不问你，那像啥子家庭呀。

与丈夫每日面对面视频，化解了ZZY一人留守家乡的孤独。

SSC的妻子2021年第一次出远门打工，去了遥远的新疆。夫妻双方平日只能通过微信交流，有时一打视频就是一个小时，即使夜深了也不想挂断。接起电话时，SSC总是一脸憨厚的笑意，轻声询问妻子的近况，即使是琐碎的故事也轻声细语地表达。妻子在工地十分忙碌，平时干着体力活，SSC非常心疼，总是在视频中提醒妻子照顾身体，吃饱穿暖。为了照顾妻子的上下班时间，SSC会选择在特定的时间联系妻子。

可见，无论是相处多年的"老夫老妻"，还是身处两地的"异地夫妻"，他们的相处均以十几年的深厚感情为基础。在火石垭村，人人都希望夫妻俩互相敬爱，相守与陪伴到终老，久而久之，热烈的感情转换为浓厚的亲情。

2. 经济往来的现实维系

夫妻二人的相处，除日常的行为与语言表达外，还有最为核心的因素——经济往来。以异地夫妻为例，此种模式在火石垭村多表现为一方流入大城市打工，另一方留守照顾家庭。这种分工的要点在于，外出打工一方需要给留守在家的另一方提供经济往来。如果此种往来没有持续，那么婚姻生活便难以为继，如ZZY谈道："现在离婚的很多原因就是，你如果在外头做了钱，不给家里寄钱，那不离婚啊！屋头家属没钱了，日子过得不好，那肯定就想离婚噻！"

GJL与丈夫ZYK于2003年结婚，婚后丈夫在火石垭酒厂上班，几年后，酒厂工资逐渐不能应付家中日益上涨的开支，于是丈夫决定外出打工，妻子GJL待在家照顾孩子。当上妇女主任的GJL平时忙于村里的事务，平日里只能通过电话联系，时间一久，联系的次数不断减少，只有在"给钱"的时候才联系几次："一年到头，家里都是我在操心。有什么事情他都不在，但是我现在觉得，只要年年把钱给我打回来就行了。"这种情况在火石垭村十分普遍。虽然有了便捷的网络沟通渠道，但长年不在一起生活的夫妻俩没有了共同话题，平日里沟通的话题也仅限于孩子和老人的情况，双方联系的目的成了经济往来。

不过，以上单方面的经济往来，容易造成夫妻双方的分歧与矛盾，其焦点在于经济分配权上。在经济分配权难以处理好的情况下，夫妻二人的婚姻关系时常受到威胁，甚至会到一拍两散的地步。SSP对这一点极为关注：

这钱是我们共同做来的，你一个人花掉，这算什么？你捞去吃喝、玩乐、交朋友，为什么我找你要2分钱？或者说买点什么，你就说没得。她就怀恨在心头，那就想到我有什么钱就是我自己用。

需要关注的是，虽然很长一段时间以来，男方挣钱、女方持家是当地一种普遍的夫妻相处方式，家庭主要的经济来源主要是男方负责，但随着男女平等观念的深入人心及对教育的重视，大部分女性的教育水平迅速提高。女性不再只关注家庭再生产，而是和男性一样出入城市各大行业。对于较为年轻的夫妻来说，双方均有工作，也有各自的经济来源，可以共同为家庭付出努力，这样的经济往来与此前有了极大不同。丈夫HCW与妻子FXM便是一对在各自领域发光发热的夫妻。HCW原是村中文书，在家一直与妻子共同承包土地挣钱。从2020年开始，他放弃了文书的工作，选择出去打工，妻子仍留在家养蚕。由于妻子勤劳能干，成了养蚕大户，挣得并不比在外打工的丈夫少。妻子FXM在家不仅可以照顾老人孩子，还支撑着家庭经济来源，这对于二人和谐夫妻关系的维系十分重要。有了这样的经济来源，FXM在看似大男子主义的丈夫面前显得颇有底气，HCW也十分尊重和爱护她。

二、婚姻的延续或破裂

两个人结成婚姻共同体之后，不久便会迎来新的人口诞生，二人共同抚养孩子、侍奉老人，构成新的家庭关系，一起经历风雨，携手到老。这是最为理想的状态。但婚姻的存续也会出现各种各样的问题，甚至关系破裂，最终走向离婚。

（一）生育：新生命的诞生

每一个新生命的到来都是上天赐予最好的礼物。火石垭村的生育情况随着社会发展不断变迁，其中一方面是生育观的变化，另一方面是社会政策的变化。

1.多子多福的传统生育观

在没有受到生育政策限制的时期，想要种更多的土地，就需要更多的劳动力，于是人们倾向于多生孩子。火石垭村民的传统生育观以多子多福为主，在老一辈的观念中只有儿孙满堂、四世同堂才是家庭和谐的体现。目前，火石垭村三四十岁以上的村民基本上都有三四个以上的兄弟姐妹，如S家有五兄弟，Z家有四兄弟。

在生男生女的选择上，过去人们普遍倾向生男孩。

那个时候想多生几个，农村人就是说"有儿穷不久，无儿久久穷"。有儿的就是传宗接代哦，始终是接下去啊。光是几个姑娘，你再有本事，也是给别人传的，也不是自己的。为什么说农村有祖宗，几代几代人哦，没得儿传不到，这些就是封建哦。

JXZ已近70岁，据她回忆，刚结婚的几年没有怀孕，受到了丈夫的冷遇与婆家不公平的对待：

我嫁过来没有命啊，最开始的几年没有生孩子。33岁才生的老大，39岁生的老二。刚嫁过来那几年，他看着他兄弟生得多，就为了这些事情打我。我天天都是在刀尖上过日子。打得头破血流的，动不动就喊我滚，喊我走。

从她的话语中可以看到，生育对女性的家庭生存状态和一个家庭的和谐多么重要。JXZ表示，丈夫几兄弟除自家外，均生有不少的儿子："他们兄弟一家生了四个儿子，觉得自己很了不起了，经常来数落我、嘲笑我。他们确实生得多，别人家都羡慕他们。"

2.计划生育的限制与妥协

自20世纪七八十年代开始，生育政策有了极大的变化。1982年，计划生育被定为国策，这一时期，群众的生育行为随之改变。然而，在政策实行过程中，各地会根据人口增长的实际情况，作出不同的调整与规定。火石垭村根据当时的政策及实际情况，规定每对夫妻可以生育两孩，但需间隔四年。

YMX回忆道："我们那个时候计划生育，可以生两个孩子，但是必须间隔四岁。如果老大生了还没有满4岁再生第二个，那就不行。"

在政策的影响下，火石垭村的生育率逐渐降低。此时的生计结构以种植土地为主，到了大办烤烟时，急需健壮的劳动力，因此对男孩的出生期盼持续上升。YMX说道："计划生育那刻儿只准生一个，如果只能生一个的话，男娃儿肯定是比女娃儿要好些嘞。养家呀，老人养老，还是要靠他嘛。"

3. 多元化自主的生育观念

自进入21世纪之后，火石垭的大部分村民都接受了仅生两个孩子的生育观，不再追求多子多福。如GJL结婚后只生了两个孩子，老大和老二间隔了四岁。比GJL年纪稍大的ZCY，她的两个孩子更是间隔了12岁。显然，21世纪后，火石垭村民的生育需求和观念更加多元化。虽然传宗接代、养儿防老的观念依然存在，但强烈程度比以前减轻了许多。HXX的女儿说：

我以前没有打算生孩子的，后来觉得还是要生一个，也不可能说一辈子都不生噻，也不是因为家里人催我，主要是自己想要有一个。现在生这个女儿，一天天还是多开心的，有个细娃儿还是好耍。

相较于计划生育时期的被动妥协，当前阶段是人们主观上不愿多生，主要在于养育子女的成本不断上升，育龄夫妻普遍有多生不如少生、优生的想法。ZYX说："现在不想多生，你生那么多起么子作用嘛。现在养一个细娃儿负担好重嘛，从幼儿园开始，学费都要花好几千，还莫说高中大学，都是要花个几十万元。"由于教育成本的提升，孩子并不是"给他一口饭吃"便是好，现在除了养得活以外，更要养得好。

此时，对于生男孩的强烈需求也逐渐减少，一组的ZCY就提道：

生儿子等你老了孝顺你，还说得过去，要是不孝的话还不是要靠自己。我说生个女儿好些，女儿生下来亲近些，她嘘寒问暖，走哪里去还要把你手一挽到，你跟她话都多。主要是身处农村，你不生个儿子，好像会被别人看不起一样，我第二个是女儿，当时都不太想生第二个的。大人还是觉得两个好些，两个细娃儿搭伴也不孤独，后面他们养老的压力也要小些，最好是一男一女，儿女双全。

从情理和事实的结合角度，村民们的理想生育状态是一男一女，既满足了政策要求，又延续了"传宗接代"传统，还留下了女儿的贴心与孝顺。LKY也表示：

像这个社会，说个实在话，实际上生女儿还好些，小的时候在大人身边，成人了出去在别户。女儿没经常在大人身边，她觉得欠大人的，大人也想细娃儿，女儿也想大人，多久没看到大人，女儿也热情些。儿子经常在大人身边，性格好的听大人的，不听话的还更容易吵架。从来生男生女，传宗接代哪一代都有，现在都是个名誉，所以现在还是觉得女孩好。

传宗接代思想逐渐淡化的背景下，村民们更加注重的孩子对自己的情感关怀，他们有了更多的生育自主权，产生了多元自主的生育观念。

（二）离婚：情感的破裂

婚姻有时是"摸不着头脑"的，或因父母的命令，或因各自的感情。有些夫妻在扶持中相伴一生，有些则在半路分开。在火石垭村五六十岁以上的夫妻中，极少出现离婚的现象。他们的婚姻虽由媒人介绍、父母商定，但比较稳定。这一方面是由于他们具有强烈的家庭责任感，婚后生活一切以家庭生活为中心，将离婚看作"天大的事"。另一方面，他们被传统乡村社会的环境舆论所约束，"生怕成为别人摆龙门阵中的笑话"。在这种情况下，20世纪70年代以前出生的人很少离婚。但有趣的是，在他们的下一代，"离婚"已不再是一个令人诧异的现象。

1. 离婚的原因

一人外出打工，一人在家操持家务、种地带孩子，在火石垭是比较普遍的夫妻相处模式。长期的两地分居，虽然能够通过电话、视频联系，但通过声音和屏幕所看到的人，终究无法日夜相伴。电话中的人越来越陌生，每天的嘘寒问暖不再令人期待。感情发生动摇，成了婚姻危机产生的前兆。

青年时期的CFQ颇讨女孩子喜欢，他经常在外"闯荡江湖"，外出打工后不久，便带回来了一个女孩，之后结婚领证。在日常相处中极易发生矛盾的他们，在孩子出生后更是经常发生"大战"。"两个年轻气盛的人，说不了几句话就动手，那刻儿还是太小了，考虑得太少了。"两人最后一次打架由父亲拿着扁担打CFQ终止。在这种尴尬沉闷的气氛中，CFQ看到重庆江津港航招工的广告，立马瞒着家人报名，只留下了伤心欲绝的一家人和几个月大小的婴儿。他的一走了之，成了压垮这场婚姻的最后一根稻草。女孩在他走后的几个月后抛下孩子跑回娘家，与他离了婚。这样的例子在火石垭村并不少见。

除个人因素外，网络上的"花花世界"也成了火石垭村民离婚的导火线。抖音、快手等短视频，一下子打开了村民们的新世界，无论男女老少都习惯在休息时间浏览，互联网已经成了他们日常生活中不可或缺的部分。他们关注的好友中除了同组同村的人，还有各种形形色色的陌生人，这让足不出户的他们容易受到外面世界的"诱惑"，让部分火石垭夫妻关系受到了严重挑战。

LD与妻子同是火石垭人。二人结婚生子后，为了增加家庭收入，LD外出打工，留下妻子在家。妻子性格开朗，LD的母亲谈到她的儿媳妇时说："她还是像孩子一样，我们感情也还不错，她经常和我一路赶场还挽着我走，平时都是把她当女儿一样。"

两人婚后养育了两个孩子，大女儿已经十岁了。在大女儿的回忆中，母亲总是以手机为伴：

妈妈在家时，除了做饭，在家扫扫地，其余时间基本都在房间里玩手机、刷抖音或者跟别人聊天，有时我们放学回来有不会做的题问她，她也不耐烦，会让我打电话去问爸爸，有的时候嫌我笨，还要说我，打我手板。

丈夫LD在外打工，妻子则在抖音的虚拟世界里玩耍，时常为获得几百名粉丝的点赞而开心。由于二人结婚时年纪小，并没有深厚的感情基础，所以在互联网上找到所谓"真爱"时，妻子对一眼能望到尽头的生活产生了厌倦，在他人的花言巧语下，不顾孩子与家庭责任，最终选择离婚。

2.对离婚的态度

在同一个村落共同体生活着的村民，对于除自己之外其他人的生活与行为，往往有着各自的评价和看法。对于离婚，许多老一辈的村民们持反对意见，不管想要分开的原因是什么，他们均"劝和不劝离"。如ZZY谈道：

一家人，口角言语是很正常的，要说因为点点小事就要离婚的话那你一辈子几十年要离好多道哟。有些人三婚四婚，还是有人议论你的，男方也还要看你是什么人。

73岁的CXY同样认为：

人的心子是肉长的，成了家就应该考虑一些家庭的因素，就不再以个人的思想为中心，不管男男女女，都应该是对别人有怜悯之心，要晓得痛心别人，所以离婚是不行的。

但离婚在年轻人的心中已经不算一件大事。外出务工打开了年轻人的视野与格局，在与老一辈人交流与沟通中，他们常常充满着对老人家传统思想的调侃："你那个思想太古板，都是你们那些老传统，和现在社会发展不一样。"在这种观念的影响下，老年人的想法逐渐有了改变，从原来的绝对反对转变到如今"现在这个社会发展是这样的"，"年轻人有他自己的想法，我们做老的讲他又不听"。此外，老一辈的妇女在看到儿媳妇的懒惰行为时，选择保持沉默。ZFZ认为：

只要他们两个人不吵不闹，一家人和和气气地就行了，自己辛苦点就辛苦点。现在这些年轻人，有几个下过地、干过活？有几个像我们以前那样？现在时代和说法都不同了嘛，要是你吵我闹的，两个人给你来个离婚，娃儿怎么办嘛！所以我说管他的，我也不说，他们年轻人好就行了。

不过她仍旧认为，离婚是不好的，最大的坏处在于孩子养育的问题。不仅如此，没有经济收入的女人离婚之后很难维持生活。

当然，针对不同的离婚因素，也会有不同的离婚观点。部分夫妻离婚仅因为一件小事，一时冲动。村民HZP说道：

人的一辈子，两个人的关系是需要大家商商量量、心平气和地处理、解决问题的，嫌妻不得好妻，嫌夫不得好夫，那种离了婚的人不仅对娃儿不好，自己又不好嫁也不好娶，即使再结婚其实还是会有点影响。尤其是对于娃儿，后爸后妈能不能好好对娃儿还是一个问题。

也有许多离婚决定是在夫妻双方感情破裂、二人有了不可调和的矛盾之后作出的，此时，村民们对离婚会表示支持。如CJK与妻子的离婚便是如此。CJK和妻子长年在外打工，打工期间妻子多次要求离婚，最终二人分开。

同样，RZK的离婚得到了侄子的支持：

以前，么娘去我们家的时候，一天都在田里拍照、聊天，我不喜欢我么娘，因为她去逛超市买东西都大手大脚的，我认为他们离婚离得好，原来没有离婚之前，我么爸坐着就是跷着二郎腿，但是现在就很好，脾气也变得很好，对我也很好。

3.离婚后的影响

虽然青年人在婚姻过程中自主性不断提高，但婚姻并不仅仅是两个人的事情，它背后牵扯着双方家庭及更多的关系，牵连着几代人的努力，尤其对核心家庭中的子女教育与未来发展影响较大。在打工经济背景下，留守家庭离婚后时常陷入困境。

父母离异，最直接的影响是孩子，村里大多数孩子不愿意自己的父母离婚。已经成人的CJL平时对任何话题均侃侃而谈，但从未提及他的母亲。成年人会隐藏自己的情绪，小孩则表现得较为明显。从小在父母身边长大的孩子，对离婚的反对更强烈，受到的影响也更大。当话题一转到妈妈为什么离开爸爸时，十岁的LRX眼眶里瞬间充满了泪水："虽然妈妈有的时候会凶我，但是我还是不想她跟爸爸离婚。"另外一个有相似情形的男孩是上初二的TJ，笔者第一次见他，就不禁感叹这个小男孩眉清目秀的相貌。他性格略显内向，时常一言不发，当人忍不住想要关注他时，他长长的睫毛扑闪着，认真地倾听，稚嫩的声音让人怜惜。问到妈妈的时候，他一下子眼泪盈眶，但还故作坚强，只说妈妈跑了，让人十分心疼。

由此看来，离婚让留守在家的孩子们变得更加脆弱敏感。CJK的两个儿子自父母离婚后不再出门玩耍，基本都在家里打游戏。更极端的是CHS年仅12岁的女儿RYC，她原本是一个成绩非常好、很听话的姑娘，在父母离婚后，丧失了对学习的兴趣，她看似满不在乎地说：

我也不知道他们为什么离婚，我一直都是跟着爷爷奶奶生活的，他们反正也没怎么回来过，离就离嘛，我们班也有很多同学的爸爸妈妈离婚了，但是没得爸爸妈妈来开家长会的时候还是有点难过。

火石垭村离异家庭的孩子，一般都由年迈的爷爷奶奶抚养。老年人的文化水平不高，农忙时也没有精力来管教他们。这些孩子长期得不到关注，极其没有安全感，成长充满不确定性。他们的性格不仅更加内向、害羞、自卑,甚至部分孩子还会以叛逆的行为来释放、宣泄。总的来说,父母离婚对孩子们产生了很多的影响,使其日常行为、性格,以及思想价值观都发生了很大变化。

离婚除对孩子有很大影响外,也给父母增加了很多的烦恼与压力。YMX谈到离婚的儿子时说:

我现在就是愁我那儿子,离婚了也不见再找,一个家里面有个女人还是要好些。还有孙子些也要用钱,一个人在外头压力也重,也没得人照顾他,我们给他带学生,主要是没得好多文化,又耐不活,现在还小还管得到,以后大点就有点娇了,生病也娇,最怕生病了,我煮点饭洗点衣服就还好。

事实证明,因为隔代抚育,给留守在家的老人造成极大的经济压力,甚至面临"照料赤字"。CXY回忆道:"HL他爸爸不怎么打钱,我也不找他要,因为卖木料赚了点钱可以给HL当学费,高三的时候有几个月差生活费,没得办法,还是找别个借的。"年轻人离异后将子女的抚养责任转移给老人,使老人在本该颐养天年的年纪还要承受照料负担和经济压力,对家庭的维持带来了很大影响。

(三) 再婚:关系的重建

一般而言,离婚之后家庭成员会在不同方面和程度上受到伤害,而再婚则可以让他们"重拾幸福",重新连接不同人员和家庭之间的关系,保证了一个家庭的完整性。在火石垭村,再婚的情况并不仅仅限于当前,实际上在改革开放以前,再婚现象就已经比较普遍了。

1.传统时期的丧偶与再婚

正所谓"男女搭配,干活不累"。在生产力水平较低的年代,人们的生存经常受到限制,男人作为家庭的劳动主力,一旦去世,会给整个家庭带来严峻的生存问题。因此,许多老一辈的女人会带着孩子寻找另一个结婚对象,这是在经过深思熟虑后为了生存的被迫选择。HCQ先后嫁了两任丈夫,如今八十多岁的她回顾以前的岁月,不时显示出对当时再婚的庆幸:

我的第一任丈夫三十多岁的时候就死了,他得了心脏病。当时老大才12岁,老五才1岁。本来他活着的时候就不能干重活,连蹲在地上扫地都不行,我又要照顾他,还要照顾孩子,太累了。他死了之后,我一开始还没有想再找。反正有生产队,我就天天去做,可以把这5个孩子带出来。但是那个时候听说马上就要分产到户,自己干了,他们就来劝我,让我跟他(指前夫)兄弟在一起。这样的话他可以帮我带孩子,不然的话这几个孩子带着特别累,拖不动。有个老师姓梁,过来劝了我一整夜,说如果我不信的话,后面就娇(难)了,这些孩子要受苦啊,没有人来帮衬我。本来我还是不想,但是梁老师说:"你不信我的,不仅是你自己吃亏,孩子也要吃亏。你做不动的时候,你就让他去吧,你不要让孩子去。"什么都要劳力,拌菜挑水全都要人呀!如果我不结婚,周围的人还会说闲话,我又要受气又要吃苦,划不来。我知道梁老师劝我的都是本心话,他跟我说,他是我丈夫的兄弟,欺负不了孩子,会爱我的孩子,因为都是亲侄儿子。

我说梁老师,我就听你一句劝。然后我就跟他在一起了。结果很快就下放到户了,自己办自己的土地。确实是这样的,后来我只跟他生了老么一个,但是他对所有孩子们都特别好,现在儿女对他有孝心,也特别好,就当自己的父亲一样。

类似于HCQ奶奶在丈夫去世之后选择与其兄弟结婚的情况,在火石垭并不少见。许多村民对此解释道:"也是想的是自己兄弟,照顾起来放心一些。再加上结婚之后亲戚关系也简单些。"这是基于对家庭和孩子的双重考量。事实上在改革开放以前,有许多的丧偶村民均会选择再婚。今年50多岁的YZH,便是由他的母亲带着嫁来火石垭的F家,在此落地生根。60多岁的LKY和LKH两兄弟,同样是母亲带着他俩来到火石垭,嫁给S家,从此两兄弟也跟S家几兄弟成为亲戚邻居,在火石垭获得了一席之地。

2. 现代婚姻破裂后的再婚

人是情感动物,需要另一个人的情感给予慰藉。在村里,因感情破裂而离婚的年轻人,并没有对婚姻产生恐惧,他们在合适的时候依旧会选择重组家庭。火石垭二组的HXX离婚后嫁给了村里的YCH,丈夫YCH是初婚。两人是经人介绍认识的。他们在经历过一段时间的感情培养后领了证,没有办酒席。婚后夫妻俩都在为这个重新组建的家庭而尽心奋斗,非常和谐,二人生的两个女儿也十分优秀。经过几年的努力,他们在火石垭二组修了一栋新房子,又在家里养蚕,承担了蚕种的共育室,成为火石垭二组的养蚕大户。妻子HXX和前夫生有一个儿子和一个女儿,女儿已经出嫁,经常带着外孙女来火石垭村看她。现任丈夫也把她女儿当成亲生女儿一样看待,这家人成了火石垭村再婚后生活幸福的典范。

二婚的TD和妻子同样过得十分幸福。据村民所说,TD第一个妻子是陕西人,两人在外地打工时认识,在外漂泊的他们互相把对方当成依靠,感情到位后便商量着回到火石垭来领证结婚。但幸福的日子转瞬即逝,两人结婚后一起外出打工,没几个月就传来了离婚的消息。离婚后没多久,TD与就与现在的妻子结了婚。TD再婚后与妻子共同育有两个儿子,并在黔江城区买了一套小洋房,双方都在为未来生活奋斗着。虽然压力比较大,但是一家人齐心协力,朝着好的方向在前进。

村民们对再婚多采取中立的态度。如果是别人家的事情，他们会一笑而过。如果是自家，还是会考虑到再婚一方的具体情况。如村里的G爷爷，年事已高，想和一位奶奶共结连理，但是孩子们不同意，认为老人家的结合将会带来两个家庭一系列的麻烦。对此，G爷爷也很无奈："她还说我是不是嫌弃她老了，我自己都那么大年纪了，怎么会觉得她老。"由于再婚后的财产问题，孩子们多支持他们搭伴过日子，不愿他们领证。

3.新时期的搭伴过日子

当下，火石垭村有许多中老年人"再婚"的形式，是不领结婚证、不办酒席，仅是两个人在一起生活，这就是村民所说的"搭伴过日子"。FTX已年近五十，住在火石垭老街上，她与邻村的另一位男性搭伙过日子多年。据她所说，第一次婚姻是包办婚姻，前夫对她不好，不关心她，夫妻俩总是吵架。丈夫早逝后，她找到了另一位男性一起生活。问起为什么会如此选择，她诉说了这样一个故事：

我一直都身体不好，都是病。有天我做完饭，就突然在外面摔了，两只手都动弹不了，又喊不出来，后面是别人看到我晕了，才帮我送到医院去的！你说我一个人在屋头，要是又遇到这样的情况哪个办哦！他们（孩子们）都在外面，平时又不回来！

这是中老年独居经常遇到的问题，通过搭伴过日子，可以在一定程度上避免，尤其是一个人留守在农村，如果有突发情况时身边无人，可能还会有生命危险。

对于是否办结婚手续这件事，FTX看得比较淡，觉得自己已经一把年纪了，是否有张证不重要。FTX很满意现在的生活：

他每次过来都会给我带点吃的、带点穿的。他带多带少、带好带撇（差），我从来都不说。他带来我就吃我就穿，不带我也不说。但是，他每天过来手上还是拿了些菜之类的。有时候我哪里有个不舒服，他都还会给你买药，带你去看医生，像原来那个都不管你的！

不仅如此，FTX作为打鼓队的成员，要去外地跳舞，对方也会帮忙托运器材。二人之间虽然没有年轻人的甜蜜、浪漫、热烈，但平平淡淡对他们来说已经足够。

不过，二人并没有住在一起。"他儿女的房子，他住无所谓哦！我就不一样了！人家讲究有付出有回报！我什么都没出，哪里好意思在那边住！他是经常喊我过去哦，我一般最多过去吃个饭，还是在自己这边安逸自在一些！"对于居住的话题，FTX始终有着自己的坚持，她只是想两个人有个关照，并不想牵扯家庭纷争。一开始双方的子女都不同意，后面看他们在一起之后过得比较开心，也就不再言语，现在是不支持不反对的态度。

从FTX的故事可以看出，搭伙过日子是中老年人"在一起"较为便利和舒心的选择。

第二节　家庭继替与代际延续

婚姻关系一旦成立，新的家庭需要成员们共同经营与维护。结婚后不久，小家庭便会从联合家庭中分离出来，成为核心家庭。核心家庭的成立过程中，涉及分家与家庭关系维护，容易产生各种各样的矛盾与问题，正所谓"家家都有一本难念的经"。矛盾与问题的化解，得益于理解与包容的家庭经营之术，良好的处理方式能够营造和谐的家庭氛围。

一、分家：新家庭的诞生

家，是每个人生命历程中最为温暖的港湾，也是一个人最具归属感的地方。有了家庭的呵护，一个人在成长的道路上才会蒸蒸日上。孩童时期，父母负责挣钱养家，孩子茁壮成长。长大成人后，兄弟姐妹纷纷迎来了各自成家立业阶段，成家后面对的不只是家庭成员人口数量的增加，更多的是一个屋檐下相处的问题。在这种情况下，分家成为必然。

（一）时间灵活

总体上看，火石垭村民的分家时间各有差异，有的兄弟姐妹多的家庭在还是十几岁的青少年时就分家出来自己奋斗，而有些兄弟姐妹较少的家庭到了有孙子、孙女的出现后才分家，还有一些以结婚为时间点开始分家。分家时间的差异，显示了分家的灵活性。

家庭的分裂与新家庭的诞生，在火石垭是以"分财产"和"分灶"为标志的，即"一分房间二分灶"。通常在儿子结婚之后，便可以着手分家事宜，但并不是一结婚便"分家"。在生产力水平较低时，几对年轻的夫妻会依旧与父母在一起生活，直到父亲去世前后才开始各立门户。CXY说："老汉❶死了后，哥哥嫂嫂同我们一屋，就一年吧，然后老二和我就分出来，又同一屋一年吧，我就又分出来。"

到了20世纪90年代前后，大多数家庭在结婚后不久就分家了。此时的年轻人有了干活的资本与活力，土地可以自己办，饭可以自己做，早早地分家过自己的小日子是众人共同的想法。尤其对于兄弟姐妹多的家庭，若不分家，在一起生活人数太多，生活习惯的差异往往引发矛盾。同时，大家庭生活的开销基本上来自于父母的储蓄，父母压力极大。

R家是火石垭二组的大家庭，RZP的父亲和RZW的父亲是两兄弟，当时经济条件不好，各自成家后有了矛盾，便想着分家自己单干：

---

❶ "老汉"是对爸爸的称呼。

有的时候饮食方面不太一样，早的早一点，晚就晚一点。如果有的时间我们早上起来就煮着吃，那他们都还没起来，就因为这样他就要单独分出来。我们是结婚五六年后才单独分出来吃饭。堂屋一个得一半。再下一代又从这个厢房中分，再分两间出去。

此时的分家意味着"分灶"，即不再一起吃饭。正式分家时，一家人吃上一顿"分家饭"，由被分出来的核心家庭在分家当天用自己新打的灶请家中所有人吃饭，也传递出信号："我们分家出来了，自己分灶开始煮饭了。"

分灶不一定分房，在火石垭村，父母没有必须帮助新分出来的孩子修建新房的要求。因此，当分家出来的小家庭有能力另起炉灶时，才想着尽力修新房，从过去的旧而拥挤的房屋中搬出去。ZCY与丈夫便是如此。刚嫁来Z家的第二年，由于家里儿子众多，妯娌关系复杂，她便与丈夫商量着早早分家单过。他们很快分了灶，分了土地，但仍旧与父母住在尤家屋基的老木房子中。丈夫外出打工后挣得一些钱，回来后，两人迫不及待地在瓦房湾修得一栋二层小楼：

我是早就看中这个地方的，这里离他们不远不近的，我想过去要我就过去，平时我们自己在家里非常清静。但是尤家屋基那里还留有我们的地基，我们想回去住也可以，不过还是这里住舒服。

随着社会发展，分家的时间越来越靠前，更有在结婚当天就分家的，CFJ告诉笔者说："我们在结婚当天晚上就分家了，指哪间屋是你们的，自己就在那里打个灶，就单过了。"当然也有更早的，即在没结婚之前就被迫分家。如Y家的五兄弟，在老大、老二结婚后，其余未婚的兄弟都同父母分家了，原因在于老二性情古怪刁钻，认为其余兄弟不分家就是多占了便宜。于是其他兄弟被迫独立出来。在种植烤烟的年代，兄弟们日夜苦干，努力维持自己的生活开支。种植烤烟的风潮过去后，未婚的几兄弟外出打工，相比于留在家里继续种植烤烟的老二，后面几兄弟个个都争气，赚了钱回来盖了两三层的砖房。

值得一提的是，分家并不代表绝对的分离，有些独子实行"分户不分家"，一些兄弟姐妹较少的家庭也是分户不分家。LGL有一对儿女，在女儿嫁出去后，儿子LD一直在外打工，成家后也没分家，只是把家里的房间分了一间给他，事实上日常生活均没分开。LD回家后还是跟父母一起吃饭，子女交由父母照管。又如RZP的两个儿子依次分家，两人各有一间歇屋（卧室），按照以往的分家即分灶模式，应不在一起吃饭。但是由于两对年轻夫妇都在外打工，只有节假日才能回来，所以回来时所有人一起和父母吃饭。众人围在一个圆桌上吃饭，儿媳妇勤快地炒菜、洗碗，有时也能见到RGB去帮妻子洗碗收拾屋子的场景。正值养蚕的大蚕期时，RZP家没有请帮工，儿子儿媳帮父母扒蚕叶、喂蚕，孩子们也一起帮忙，但父母仍旧按照工钱给孩子们结算。一天早晨，笔者还没走到RZP家的院坝，就已经先听到一家人的笑声了，RZP手里拿着现金，一个个叫来，孩子们像过年得压岁钱一样开心。RZP说："工钱结算得比请帮工还高，主要是自家人嘛，图个乐呵。"

大部分家庭虽然分家后都过着自己的小日子，但是在春节的时候，还是会叫上所有人一起吃饭。CFJ说："在过年的时候，轮到我家做年夜饭时，都会叫上老人一起吃。"

随着年轻人走出火石垭村，有些人甚至把户口也转出去了，不再回火石垭村生活。即使没有提到是否分家，也构成了事实上的分家。ZZC有一儿一女，均在黔江安了家。他帮儿子在城里全款买房之后，与妻子一直住在火石垭村。2021年，孙女出生，妻子每周去黔江城区帮忙带孙子，周末回火石垭村休息。他们一家虽没有提过名义上的"分家"，但早已经是事实上的"分家"。类似的事例在火石垭比比皆是。YXQ的女儿好多年前便到了东莞定居，儿子成年后也到了姐姐所在的地方，儿女都在东莞买了房定居。虽然YXQ夫妻俩在黔江城区也买了房，为儿女在黔江提供居住休息的地方，但孩子们是不会回来了。YCG对这样的情况已经有了预见：

等到儿子自己在城里有一套房子了，自己成家立业后，我们就一直待在老家里，也不和他们住在一起，免得万一生活习惯不同产生矛盾。以后没事可以上去耍两天，但是时间久了还是不得行，年轻人总有自己的事，不方便。以后老了，生活不能自理了再看让儿子来服侍吧。

子女一旦结婚生子就会组成新的家庭，一些人会和父母的大家庭居住生活在一起，但大多数新婚夫妇都会在结婚后不久与联合大家庭分开，成立自己的核心小家庭。在这样的情况下，火石垭村核心家庭的数量不断增加。

（二）财产划分

一个家庭里面，有着家人、家产和责任，所谓分家，就是划分这三种要素。分家首先要分人，从联合家庭分为核心家庭，夫妻俩关起门来过自己的小日子。其次是财产分割，一般情况下，父母有绝对的权力来决定分配给每一个子女的财产多少，此时他们所需要考虑的问题较为复杂，除看得见摸得着的家庭财产，大到房屋、土地、牲畜，小到锅碗瓢盆之外，还有养老、未成家的弟妹抚养与嫁娶的问题，后者即责任分割。如果在伦理责任的分割问题上没有"公平分配"，便会给分家的兄弟姐妹之间带来隐藏在财产之下的长期矛盾。因此分家时，所有现实的物品和概念上的伦理责任，都要经过仔细考虑而分配。从S家多次分家的经历中，可以窥见火石垭村分家的情况。

以前大的结婚了要分家，后头还有小的，小的结婚了又要分家，一个一个来，各是各的来。分家并不是单纯分房子，而是因为你结婚了，家里人口多了，统筹不住，就要分出来住。为什么要分家呢？农村家庭，找媳妇进来了，有句古话说"媳妇是外头进来的人"，她进来了性格也不合，夫妻两个就想要自立成才。一个杯杯、一只碗、一双筷子，每样都要一点，都要享受一点。反正都是你大人留下来的财产、田土。就是这么回事。

我是家里的老三，我们家分了无数道。大哥先分出去，后来我们剩下的三兄弟又继续分，结一次婚分一次。房子和锅碗瓢盆都要分，大哥分出去没有得房子，我们三兄弟还给他补了钱的，如果这个杯子分给他，他不要，那么我们三兄弟还要给他补钱，还是很麻烦。

虽然所有火石垭村民都表明，自己给孩子们分家的时候是公平的，但人心不可能做到不偏不倚，许多时候父母都藏着自己的私心，如果喜欢哪个儿子，或者老年想要跟哪个儿子一起生活，让他为自己养老，便会多分一些东西给他。就算儿子去做上门女婿，分家也是要给他占一份。

CFJ对分家那天的印象十分深刻：

我1991年结婚，当年正月十六就分家。先是和老四住在一起，上面有一个小间是歇房，我家在厨房的边边搭了一个小房另起炉灶。分家那天早上，家里面杀三头猪，就分老二一点点肉，老三分了一头猪，因为老三媳妇是自己过来的，就跟没花钱一样。老二的媳妇是花了大钱娶过来的，所以分家的时候就少分点。母亲和小儿子一起住。那个时候复垦，我们把房子搬下来了，她觉得小儿子没有房子，就自己贴钱帮小儿子做了一个砖房。

分家之后，许多家庭虽分割好了房间和土地，分灶吃饭，但仍旧住在一起，矛盾颇多，于是大家都迫切想要自己建一个新房子，以示家庭独立。"人一辈子嘛，就两个心愿，一是做一个又大又宽敞的楼房，二是送学生（孩子）考上大学有出路。"为了能修得新房，他们会将分家时获得的一部分钱积攒起来，小家庭平时所挣，再加上前些年有许多国家政策，如"易地搬迁"和"复垦"等补贴，基本上可以凑足建房经费，过上真正单独居住的独立生活。

不过近两年来已经没有了上述政策，年轻人想要在分家后建一栋属于自己的小楼房，除了自己的打工收入以外，依然要靠父辈的积蓄。同时，高额彩礼和高额嫁妆成了年轻人建设小家庭时重要的经济来源，甚至有的年轻人要求父母先给他们建房子才愿意结婚。YCS催促自己的儿子YB结婚，但是YB认为家里的条件太差，要求父母给自己建一座新房子或者买一套房他才结婚,他说女孩子是不会看上自己家的。分家过程如图4-1所示。

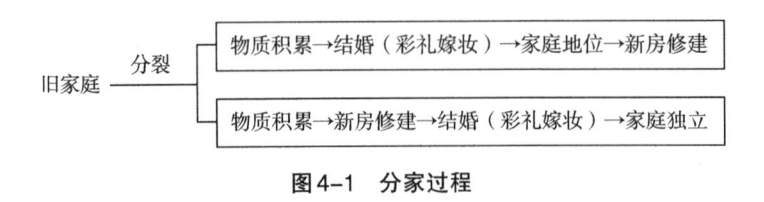

```
                    ┌─ 物质积累→结婚(彩礼嫁妆)→家庭地位→新房修建
旧家庭 ──分裂──┤
                    └─ 物质积累→新房修建→结婚(彩礼嫁妆)→家庭独立
```

图4-1 分家过程

因此,分家不仅仅是家庭内部关系的重组,在现实中更多体现为物质关系的分离与伦理道德责任的细化。

(三) 伦理责任

父母与子女分家之后建立了核心家庭,但在传统道德伦理的影响下,家庭伦理责任并不会被分散与抛弃,而是受到了极大重视。其中老人的赡养是分家之后子女需承担的重要的责任。

多数情况下,分家之后老人与孩子分开居住,各自独立。有少数老人跟着孩子一起居住,这种情况多半是只有一个老人健在,由于担心老人自己一人生活不便,比较孤独,已经分家的子女会将健在的老人接到自己的核心家庭里一起生活,核心家庭便重新组成了主干家庭。此时的主干家庭组成有着不同的方式,有的家庭是分家后老年夫妇自己独自生活,直到有一方去世后才和子女住在一起;有的是分家时就想好了和哪个儿子住在一起,或者是儿子自己抽签选择;有的是独子没有分家,一直住在一起。

LGL和YMX夫妻俩跟父母一起居住。

我们家是四代同堂,我们两个和老人没有分开。最开始的时候,老的说要分家让大家分出来,我们就分出来了,后面我们又合起来了。我们就是想一路嘛,和老的统一搞生产,就由老的统一安排,反正儿子只有这一个,你再做得多嘛,老了还是归我们,老的也是我们的责任。所以我们一路吃,一路住。

S家作为有着好几个兄弟的大家庭,其分家除财产分割几次之外,责任的分割也是重要的环节,SSP解释道:

我们几个兄弟是成家之后就分家,还要分姑娘们哪个管。当时妹姑娘结婚兴打木家具,就请木匠来把家具打起。大妹姑娘是父母打发(安排出嫁)的,也是他们出钱给大妹出嫁打的家具。大妹姑娘出嫁之后,还剩二妹姑娘、幺姑娘和父母一共四个人要负责,我们4个弟兄就一个承担一个,就不要父母来承担,就写起沟头来捻(抽签)。我负责母亲，后父（继父）是老幺在管，后父死了之后就归他们埋。老二打发幺妹，老大打发二妹。当时我们分家，说的是母亲跟着我，后父跟着老幺。但是两个老的不能让他们分开过噻。所以他们就在我们两家一年一年地走，今年在我屋，明年在他屋。后来后父去世了，母亲才和我们住在一起。

从S家的分家中可以看出，分家不仅是财产的转移，也有责任上的分割。当父母分家之后，他们会选择跟其中一个儿子一起生活，或自己独立生活，但当父母丧失劳动力之后，必定需要下一代的照顾，下一代要承担养老送终的责任。

这种责任划分，有时也包括对弟弟妹妹的抚养，但总的来说，都蕴含着伦理道德的约束。老二SPJ的妻子HCM叙述过自己分家的过程：

分了之后，幺妹跟着我们了好几年。跟我们一起吃一起住，我对她从来都是很好的，不让她多做活，她总的来说跟着我们还是很顺心。最后打发她（嫁人）的时候，也是我们做的主，我们来出钱打发的。

老二夫妻俩在分家中分到了照顾妹妹的责任，实际上也是由传统道德中"父与子"关系派生出来的"兄弟一体"的连带关系，正所谓"长兄如父、长嫂如母"便是这个道理。

在火石垭村，老人的赡养通常以小儿子为主，其他兄弟各自根据情况对老人尽孝。不过老人在生病和处理后事时，所有兄弟均会共同分担。如ZZY说：

多数吃住跟着老幺，生病就大家一起斗钱。老幺没有和他们分家，家产土地都给老幺，小小感冒都是他们的，过年的时候递点钱都是自愿噻。各尽各的孝。但是安葬呀，打碑呀，是大家一起去搞的，没有分开。

火石垭村子里的老人，但凡自己还能走动，都没有闲下来过，调查过程中常看到CXH的老妈妈每天做饭、带孙子、做农活、养殖一些家禽；LGL的老妈妈每天喂鸡喂猪。一些稍微年轻一点的，或者是即将步入老年阶段的人，在儿子去外地打工时，他们便承担起照顾孙辈生活起居的任务及上坡种菜薅土。老人在被赡养的同时，也在照料被抚育的孙辈，加强了和谐的家庭关系。

二、相处：家庭关系的维护

良好的家庭关系需要家庭成员共同维护。从联合家庭分家成立核心家庭后，家庭成员面临各种家庭关系的建构与代际照料的问题，关系的维护与问题的处理中，有着许多值得诉说的故事。

（一）和谐家庭关系的建构

从很大意义上说，家庭是社会的细胞构成之一，家庭和谐为社会和谐稳定奠定了深厚的基础。因此，和谐的家庭关系既是和谐家庭建构的基础，也是和谐社会形成的一个必不可少的条件。

和谐家庭的建立，最为重要的是人与人之间关系的和谐，这里面包含着婆媳关系、夫妻关系及妯娌关系等。这些关系如果得不到妥善处理，就会导致家庭不和睦。

在火石垭村的调查中，许多家庭表示，自家或多或少都曾出现过矛盾、争论。1968年出生的HZP身材瘦小，但深入交流之后发现小小的她却有着大大的智慧。自己是新华乡渗坝村的人，家中有两个弟弟，原本应该排行老二的她，因为哥哥去世成了家中的大姐。HZP性格温柔，从小懂事听话。她认为自己的父母是平等开明的人，虽然当时家境很穷，但是因为自己读书成绩好，父母始终坚持送她读书。上学的日子结束之后，HZP就在家里帮父母干农活。在她那个年代，只要不上学，生活主题就是婚姻，所以父母为她张罗找对象，HZP在这一阶段，也将料理家庭的基本技能全部学会，为成家做好了准备。

经人介绍，HZP与火石垭的CFJ结了婚。婚后的HZP在与婆婆和妯娌之间的相处过程中发生了一些矛盾，但HZP对外却从不说自家的问题，相反，她十分维护自家形象，认为家里人即使有小的矛盾也不应有大的争吵。除了在处理妯娌关系中有不少心得外，她也在经营自家的小家中颇有经验。

面对矛盾冲突，HZP有着自己的处理之道。在不出现原则问题时，她总是会选择让步平息。在她看来，一个家庭的经营总是要有人让步的，"男吵官司女吵败"可不行，所以无论有多大的问题，她都不会恶言相对，而是以理服人。如果问题较大，则减少来往，仅在必要的礼节上尽力做到，如过年过节叫上所有人吃团圆饭，有大事时也放下以往的摩擦互帮互助。在她的心中，总归是一家人：

人不管任何情况下，不管是家里也好、外面也好，大家在一起相处要想相处得长久，要把性格搞清楚，才晓得对与错。别人说什么你就相信了，觉得别人是错的，这是不可能的，要大家亲自了解清楚，那个才能分清是对是错，是真是假。

她曾经受过委屈与恶言，但即使眼泪流干也不会向娘家透露半分，她的观念是：

自己的苦自己吞，自己想办法克服，一定不能遇到问题就找娘家评论，因为自己已经是嫁过来的人了。一来娘家的父母不管是对是错总是会站在女儿这边，会特别心疼自己的女儿，增加了父母对自己的担忧；二来告诉了娘家父母，会造成娘家父母与婆家父母的矛盾，这样的话自己在婆家的生活会更难过。

正是在这样的观念之下，纵使她有再多的苦楚也不说半分。她用手重重地指着自己的头和胸口，比划着说道："所以我再难过我都只会藏在这里（指着脑袋）和这里（指着胸口）。"

HZP在结婚之前就深深地明白，一个家庭的经营得靠女主人支撑。知人待客是应有的标准，家中大事小事商量解决是和谐氛围建构之道。由于夫妻俩会为人处世，不管何时都会有周围的邻居朋友来到家里做客闲聊：

一个家庭确确实实要全靠女的去体贴，特别是知人待客，管你男男女女，管你老老少少，到你家来了，该泡茶还是泡茶，一个家庭希望的女主人应该是这样子的。

这样一来，也就明白了为什么每到傍晚，周围的邻居吃完晚饭总爱到她家玩耍，因为日常的她虽言语不多，但总会在第一时间喊客人"快来坐，这里有板凳"，"吃饭了没有"，"喝茶还是白开水，我去给你倒"。

实际上，HZP看似软弱，内心却极为坚韧，清楚事理。她是为了整个家庭的和谐，为了一家人能够过着和平的日子，才选择"无声"地应对，正如她所说："自己弱一点、不争强好胜总归是要好一些。你不比别人强，就不容易吵架争论。"

（二）隔代照料与代际关系

在分家的流程完成之后，年轻夫妻双方与孩子组成核心家庭，孩子由夫妻俩共同抚养，经营着自己和谐幸福的"小家"。但生活在农村，仅仅依靠农业很难满足家庭发展的需求，多数年轻人不得不外出务工来赚取更多的经济收入。这种情况下，许多家庭不得已将孩子留守家中。有时为了家庭经济收入的最大化，年轻夫妻俩双双外出打工，留下孩子在村中学校上学，这个时候就由祖辈来照料抚育孙辈，进行"隔代照料"，发挥旧巢里的天伦余热，温而不熄。

1.隔代照料与家庭反哺

农村常有"隔代亲"的说法，指的是爷爷奶奶对孙子孙女的溺爱。总体而言，爷爷奶奶的监管比较宽松，在平时会顺从孙子孙女，甚至孙子孙女成为强势的一方。开明的父母会支持爷爷奶奶管理、训导自己的孩子，不理解的父母会对爷爷奶奶产生误解，进而影响家庭关系的和谐。所以，为了避免种种家庭矛盾的出现，爷爷奶奶在隔代管理照料中往往比较宽松。

仅从火石垭村的情况来看，经过"隔代照料"的孩子，长大后自理能力相对强，因为祖辈大多从事传统的农业生产，大部分时间是与土地为伴，孙辈从小便需要学会自我管理，包括生活起居与日常学业，待稍微长大后，便要学着帮家里分担家务，承担简单劳动。

7岁的LWQ和10岁的LRX两兄妹是单亲家庭的孩子，父亲外出务工，二人从小由爷爷奶奶带大。爷爷奶奶平时忙于庄稼生产种植，很少有精力能够管到两兄妹的休闲娱乐生活，只要两兄妹吃饱穿暖就行，道德品质好是更进一步的要求。兄妹两人从小虽然顽皮却很听话、懂事，到了养蚕忙碌的季节，兄妹俩会去蚕棚帮忙。爷爷奶奶没有时间照顾他们，两人便自己管自己。7岁的LWQ在家里会主动给客人倒茶，每隔两三天自己烧水在院坝中洗头。两兄妹洗澡换下的衣服自己用洗衣机洗好晾干，收拾整理……这些行为是城市里成长的孩子中很难见到的，但是兄妹二人生活技能的娴熟让人大为赞赏。

当前，造成隔代照料的因素有两种。一种是由于儿子媳妇均外出打工，留下孩子与爷爷奶奶一起生活。老村长CJG与妻子只有一个儿子，儿子与儿媳在外地务工轧钢筋，无暇照顾孩子上学。由于孙子们太调皮，在学习上又需要人指导，但妻子年事已高且没有读过书，在管理两个孙子上有点儿"耐不活"（搞不定），因此CJG只能亲自去黔江城里"带学生"（照料孩子）。由爷爷承担隔代照料的例子还有许多。包括WDY，他常年患有疾病，干不了重活，因此妻子留在家里种地，他去黔江城里带孙子，包括给孩子做饭、洗衣，照顾生活起居，督促孩子学习。年轻夫妇会经常打钱给老夫妇，一是给孩子当生活费，二是对老人的代际支持。

另一种则是夫妻离婚，孩子没有跟随任何一方，只好交给老夫妇带。对于经济条件较好的家庭，这种模式会形成一个稳定的家庭经济共同体，有着长远的互惠作用。YMX的小儿子与妻子离婚后，留下两个孩子在村中，孩子均已上小学。小儿子RGJ负责孩子们的学费和部分生活费，YMX则靠着养蚕和种庄稼的收入支持日常生活，让孩子不缺吃穿。但是，对于收入水平不足以支撑家庭开支的个人而言，无论是孩子的照料还是老人的赡养均出现失衡的现象，造成最后只能依靠老人的收入来反哺子孙。CXY谈道：

我孙子小学的时候给他一天一块钱，上五年级一天两块钱。他爸爸不关心他，11个月就在我们身边，两年后他奶奶死了，一直都是我带，他爸妈那时候早都脱（离婚）了。我一个人做4个人的田土，我孙子在城里读书的时候，他妈都没来看他。他爸出去打工也没有寄好多钱回来。孙子读小学初中的学费都是我交。人是机遇和命运，他读初中的时候，我就让他爸把他弄到城里去读。那个时候，我卖山里的木料，卖了一万多元，孙子就去城里读书了。大学的时候也是我拿的学费和生活费，考大学我卖木头又卖了26000（元），一个月给他1000块的生活费。高三的时候他爸拿了点，也不多，我不找他要钱，因为木料钱我没有给他。给了他，他拿去用了，孙子上学就没得了。我从来不求回报，只要孙子安安心心过得好日子，我就心头满意，不像我这样靠一把锄头一背太阳一背雨。钱花了起不到作用，我就心泱（着急），有效益我就满意。

从以上的话语中我们能够直观感受到爷孙二人相依为命的感情。在奶奶去世之后，孙子CJL也逐渐长大，家中农活和大小家务他自觉承担下来。多年的陪伴已经让CJL认为爷爷是他人生中最温暖的依靠。如今大学毕业的他在城里有了一份稳定的工作，虽然离家有三四个小时的车程，但是爷爷始终是他最大的牵挂，每隔一两周都会回到家中看望爷爷。CJL认为，经济上的给予不再是最重要的目标，情感上的陪伴才是最珍贵的财富，以前爷爷抚养孙子给的是"心疼钱"，现在孙子回报爷爷给的是"孝心钱"。CJL每次回到老家，仍旧习惯与爷爷同睡一张床，爷孙间彼此的一个微笑，温暖着二人的心。

2.代际关系与矛盾冲突

在火石垭村，改革开放前出生的人对代际关系问题，往往用"九女十强盗，别样没得菜都要"来调侃，形容嫁出去的女儿每次回到娘家总是会从娘家带上一些东西回到夫家，所以很多火石垭人说，姑娘一旦出嫁就成了婆家的人了。在缺吃少喝的情况下，有些姑娘就想去娘家占一些便宜，用以维持在夫家的生活。见到娘家的父母时，往往诉说自己在夫家的生活不好过，而娘家的父母听了女儿的诉苦便会竭尽所能帮助女儿，要么是金钱给予，要么是物质支持，不会让女儿空手返回夫家。这样一来，看似女儿没有偷窃娘家财物的行为，但在无形中是变相"偷窃"了娘家的财物，因此被形容为"九女十贼"。这样的情况，对娘家有兄嫂或弟媳来说，总是不被理解的，在她们眼里是父母对于外嫁女儿的一种偏心，由此容易激发母子之间、婆媳之间的矛盾。

但娘家父母对于外嫁女儿回娘家后财物的给予，有着几个方面原因的解释：一是女儿是嫁出去的人，娘家父母一年半载或者三月两月才能见到一面，就会感觉亲切一些（难得见上一面）；二是儿子和儿媳妇是与父母朝夕相处陪伴着的，经常待在一起，好处总是在平日里点点滴滴地浸润，是一个过程化的东西；三是儿媳妇与公公婆婆是几辈人的缘分才凑合成一家人，每个人有每个人的性格与思想，不一定完全契合，在长时间的接触中因为生活中一点点的小事就你计较我、我计较你，久而久之就容易引发矛盾，在这样的情况下就会显得女儿更亲近一些。

正如村民所言，并不是娘家父母对于女儿返回娘家的关心与给予引发了婆媳之间的矛盾，更多原因在于婆媳关系的建立是基于家庭的长期组合，婆媳之间本朝夕相处，性格与脾气不断磨合，难免出现矛盾，如果积怨已久，就会发生冲突。

所以，在代际关系的处理中，需要注意方式方法，需要彼此之间的互相理解与包容，尊重差异。

第三节　老年生活与养老智慧

变老是每个人一生中都必然经历的阶段，从婴儿到懵懂少年再到成为父母，一系列的成长后便迎来了老年生活。

精神抖擞的身体，背上背着一大筐玉米，脚步坚定地往地里走去，这是在火石垭常会见到的场景，也是火石垭老人日常生活中的状态。在火石垭村，有大量留守的老年人。但似乎一听到"留守""老人""农村"几个词语的组合，就会认为他们丧失劳动力，成为社会发展和家庭变革中的"牺牲品"。社会在他们身上贴上了"落后""苍老""不幸"等标签，但实际并非如此。

生活在火石垭村的老年人并没有丧失自己的价值，他们在家庭中依旧扮演着重要角色，有着强烈的主观能动性，积极适应社会，接纳社会发展。他们在付出劳动力的同时，也在内心深处关注自己的情感需求。一群群在院坝晒太阳的老年人总是对前来做客的客人笑脸相迎，那是他们阳光豁达的内心写照。

一、老有所依："留守"老人的生活保障

火石垭村作为一个传统的农业村庄，在打工潮的冲击下，长年留守在家的多是老年人。他们在村里劳碌了大半生，土地是他们一生中十分重要的生活依靠，对于土地有着别样情感与眷恋的他们，最终也将在这片土地上度过自己的晚年生活。

（一）有地耕种：稳定来源与温饱保障

土地种植是农村老一辈人一辈子的事业，以土为根的他们，无论年纪多大，只要还能走得动，无论如何都会种上一点庄稼，办上一片菜园子。在他们的内心深处，土地是可以永远依靠的对象，有了土地便有安心的存在。正如CXY爷爷说："一背太阳一背雨，靠天吃饭，靠地生活。"凭借对土地的浓厚之情，即使没有其他经济来源，能劳作的老人也能靠着土地种植，不用担心生活基本保障。"反正在农村，有土的话生活是没得问题，不会饿着嘛。"可以说，土地给了他们极大的生活依赖。纵使年轻时在外漂泊无依，他们年老之后依旧也要回到火石垭村。

土地是沉默的，也是最为厚重和可靠的，它一直静静地待在火石垭，等待着人们的利用。火石垭老人是最会与土地打交道的，他们知道何时该播种、何时该下地、何时该薅草、何时该收获，一桩桩、一件件重要农事已经印刻在老人们的脑海中，不用仔细回

忆便可信手拈来。火石垭村信任他们，他们也给了火石垭最低调的热爱。

RZK的子女平时在外工作，偶尔会打钱给他，但他总是将钱都存起来，自己平时种上点玉米、油菜和蔬菜，就可以保证基本生活了。他总是在一大早就起床，轻松地给自己做一顿早饭，吃完饭后休息一会儿便上坡。九月正是种油菜的季节，他就去地里打理自己的油菜。虽然一直在地里，但他并不会从头做到尾。休息时他选择在地里多待一会儿，或坐在坎上休息，或跟周围种地的老人聊聊天。到中午11点半时他回到家，炒一点青菜简单吃下，有时候选择午睡一小会儿。等到下午两三点时，他便起床去家旁的菜园子里，看看自己精心打理的蔬菜，或种下新一季的蔬菜，或收获上一季的蔬菜，给菜施施肥、松松土。如此一来可以消磨掉许多时间。在菜园里待上一段时间后，傍晚时分回到家，给自己下一碗简单的面条，或就着中午的饭菜直接吃下，总之方便简单是他的首选。此时，天色早已暗淡下来，他会打开电视机，看新闻或电视剧，什么时候困了便去休息，等待第二天重复的生活（图4-2）。

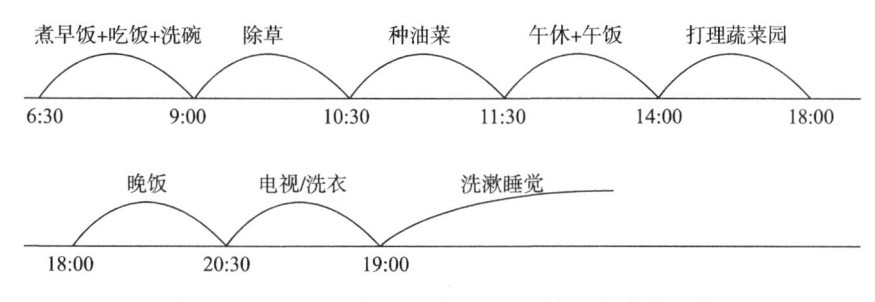

图4-2　RZK老人在2021年9—10月每日的劳作安排

LCJ是生活在火石垭村二组半山腰的一个独居老人，她没有低保，也没有儿子留在身边养老，女儿也早已嫁出，只是偶尔回家。她的生活来源主要依靠山上的土地，种点苞谷、蔬菜等够自己生存的粮食和作物。她靠种植获取微薄收入，在"流动小摊"前来组上售卖东西时，也会购买一些厨房调料和自己喜欢的食品。CXY老人更是种植了一千斤左右的玉米，认为其他的像油菜一类的作物都可以不用种，但是苞谷是一定要种的，种植苞谷可以卖钱换大米，既是粮食作物又是经济作物。在不能种植水稻的火石垭村，总能看到成片的苞谷。

总的来说，火石垭村的"留守"老人虽年事已高，但仍旧坚守着以土地为核心的传统生产生活，空旷宽阔的土地里总是能够见到他们的背影，即使子女无法理解，为何已经年迈的他们还要背着玉米、挑着重物，但辛勤劳作了大半辈子的火石垭老人心里十分明白，在他们的生命里一定要做些什么才能够感受到存在的价值。如果还能种点菜，卖得一些钱，将会是他们最为开心的事情，这与跟子女"伸手要钱"有很大不同的地方。虽然大部分子女会主动给老人养老钱，反对他们继续种地干活，但他们依旧坚持着："我习惯了做事，我停不下来，我也不想自己买点几块钱的东西都要让他们拿钱。"或许留守老人并不是放不下家中的那片土地，而是他们不愿意放弃自己认同的安全感与价值获得感。

（二）有工可做：生活补贴与价值补充

除了种植土地之外，老人们与青壮年一样，会在村子附近找一些活路来干，有些活路是只有老年人才会的传统手艺，有些则因为工资太低，年轻人不愿去，但老人们不怕辛苦也不嫌工资低，依旧会前去。YJK和ZGX老两口便是如此。60多岁的两人抚养着家里的三个孙子孙女，承担着极大的隔代抚养压力。YJK作为"掌墨师"，掌握着许多传统手艺，如做房子、做方子（棺材）、做木家具等，他是火石垭村远近闻名的一把好手，总会有人请他去干活。这些工作不仅需要一定的体力，更需要熟练的技巧和一颗对传统虔诚的心。YJK正好是这样的老人。他做一个方子可挣5000元，除去原料成本以外，能挣得两三千元，大大补充了家庭收入。不仅如此，妻子ZGX也是挣钱的一把好手，当YJK在家照顾孩子的时候，她会跑去周围的菜老板处干活。有时干活的地点在街子下面的火石堡，她从山上的家中走到此处需要半个小时，但她认为十分值得，因为距离很近，一天可以挣得七八十元，这些工资也可以补贴家用。

Y家老两口是双方都"留守"在村中的老人，也有部分老人仅有一方留在家。二组的老村主任夫妻俩就是如此。老村长平日里在城里接送孙子，老伴ZYZ留在家中种地，平时寻找各种零工来做。ZYZ虽瘦小但能吃苦耐劳，更是做得一手好菜，做任何零工都能做得"巴巴适适"，得到众人的称赞。隔壁邻居家是养蚕大户，每到大蚕期时都会请ZYZ去扒蚕叶。虽然她年纪已大，但手脚麻利，丝毫不慢。每天扒蚕叶至少能赚130元，一季可以做10天左右的工，每季可以赚1000元以上。"这点扒蚕叶赚的钱还是够我们零用的，年年去扒几回还是要得。"除此之外，等到外地老板来本地找工时，她也会去做零工，一天100元的收入，再加上组上其他人家请工她也会去，一年下来至少有七八千元的收入。

70多岁的CXC作为男性能够承担一些力气活，他除了平时家里的农业种植生产，还帮附近的人扒烤烟、用车拖蚕叶、修建房屋等，在每一种零工间切换自如，一年的零工收入能有一万多元，日常生活中的他脸上总是洋溢着满足的笑容。

在主要的农业生产种植之余，扒蚕叶，扒烤烟，帮忙养牛，跟着集体经济种南瓜、摘南瓜，都是火石垭村老年人的"打卡项目"。他们忙碌在火石垭村的各个角落，虽然"留守"，但并不空虚，也不觉得自己是被"留"下来的。

(三) 儿孙可靠：资金支持与保险购买

习近平总书记强调："满足数量庞大的老年群众多方面需求、妥善解决人口老龄化带来的社会问题，事关国家发展全局，事关百姓福祉，需要我们下大力气来应对。"❶可见，老年人的养老问题已经成为国家和社会重点关注的民生话题，被提到了更加重要的位置。好的养老服务离不开作为家庭成员的子女们的赡养责任。

虽然老人们在土地上和村中其他活路上可以挣得现金，但后代支持依旧是他们重要的生活来源。日常开支、走人情关系、生病住院等大事发生时，主要靠子女支持。

在火石垭村，一些年迈的"留守"老人的外出务工的子女都会给予他们生活费，负责老人的医疗健康。78岁的YSQ独自一人生活在火石垭村，每天的活动就是与土地为伴，因为年纪大，体力大不如从前，只能从事一些蔬菜种植等轻活路，生活来源主要靠唯一的女儿YXF。若是老人身体不舒服，孝敬的女儿会立马从城里回来，将父亲接到城里去看病。

为了更好地保障老人的健康生活，子女一代往往会为家中的父母购买养老保险和医疗保险，那是除了金钱给予最为稳靠的事情。RYZ夫妇如今已经接近80岁，操劳了一辈子的夫妻二人终于过上了享福的日子。两个儿子都很有出息，在黔江城里购买了房子，将两位老人接到城里，以便照顾老人的生活起居。他们在很早之前就为两位老人购买了几万元的商业保险，两位老人很体谅子女："现在我们是做不得了嘛，是他们的责任没得办法，其实他们压力和负担也大。"

CFJ夫妇今年50多岁，但是其儿子也为两个老人购买了几万元的保险，每当说起这个事情的时候，夫妻二人的内心总是充满着知足与自豪：

我们那个保险是我大儿子帮我们买的，他想的是自己现在有工作能挣钱嘛，就先帮我们的买起了，以后我们两个大人老了自己一个月也可以领钱用，他都是提前帮我们想好了的。

商业保险由于费用较高，需要缴纳万元以上的资金，并不是每个家庭都愿意承担。对比之下，医保价格相对低，普及率高，RZP说：

医保要住院才能报得高一点，经常拿药报不了什么。我们就是养老保险，一个月800块，我们是四十几快满五十岁才买的。那个时候一个月才交100块，现在你一个月领125元。医保一年一个人280元，今年是300元。

---

❶ 习近平在中共中央政治局第三十二次集体学习时强调 党委领导政府主导社会参与全民行动 推动老龄事业全面协调可持续发展 [N].人民日报，2016-05-29.

老人们一个月领得的100多元钱，对于他们来说只要没有大病大灾，可以足够自己的日常消费。JXZ奶奶更是表示："这100多块是这辈子唯一可以由我拿的钱，是我真的拿在手上的钱。"由于跟丈夫关系十分僵，JXZ这辈子从来没有掌握过家庭经济，两个孩子都已经出去定居，丈夫在黔江城里带孩子，现在的日子对她来说是这辈子最平和的时光。"以前我种点烤烟，全部都被他拿去卖了，又不给我拿钱回来，现在还有点钱可以盼到。"JXZ自己仍旧种有苞谷，办有菜园子，平日里也不喜欢赶场，有时会在流动的面包车前买点小东西。她在年轻时由于过度劳累，患有许多慢性疾病，特别是类风湿病一直折磨着她，她一直靠着大儿子给她平时买点药来止痛。跟着侄儿一起居住的PDF也表示："以前你老了就老了，就看子女给不给钱。现在一个月国家还给你100多元，你自己再种点菜，还是不会饿到的。"

保险在一定程度上可以减轻老人对子女经济上的依赖，因为有了保险，老人们也多了一份安心。在很多老人的内心深处，他们都希望自己的老年生活是尽可能地减少子女的负担，不希望自己成为子女们的累赘，所以养老保险和医疗保险某种程度上可以满足他们心中的那份自尊。

二、老有所乐：精神生活的给予与丰富

生活不仅有物质的满足，更为重要的是精神获得，尤其对于老年人，他们的内心精神世界需要更多关照。火石垭村因为大量的年轻人外出务工，许多老年人的精神生活往往是在与子孙为伴、与同龄人闲聊或者与"抖音"媒介互动中获得满足。

（一）子孙陪读与情感满足

在中国传统文化中，照顾父母是子女的责任和义务。但在火石垭村，青壮年都去城市打拼，老年人在很大程度上承担着隔代照料的任务。父母与子女的关系纽带链接到了孙辈身上。在这种情况下，出现了许多"陪读的爷爷奶奶"，他们或许文化程度不高，但因为对孙辈的爱，使他们放下了村里种植的土地和菜园子，选择去镇上或城里照看孙子。他们不仅可以得到子女的经济支持，有更多的机会与子女联系，同时可爱的孙子孙女也为他们平淡的老年生活增添色彩。

通常情况下，老两口会有一人在外照顾孩子，留下另一人在家中侍弄土地，ZHQ爷爷与老伴就是这样的分工模式。两人有两个儿子，均在外打工，有不错的经济收入，老两口在瓦房湾路边修了两栋楼房，他们平时就住在这两栋房子里。几年前由于火石垭小学被撤，所有的学生必须到石家镇上读书，所以儿子们提出想让母亲去石家镇代为照顾

孩子的要求，母亲有些不愿意。"照顾孩子好累啊，还是三个孩子！"但她仍旧拗不过孩子们的请求，答应了他们。于是两个儿子在石家镇上租了房，一年房租由两个儿子出，平时孩子的学费、生活费也由儿子负责。虽说经济上不用负担多少，但年纪已大的她在照顾三个孩子上仍然有些劳累：

我平时一大早就要起来做早饭，送孩子去读书，先送一个读初中的，再送两个读小学的。送完之后我就去买菜，等他们中午回来吃，下午再送过去，晚上去接。买菜做饭还是累啊！现在的小孩挑食，想吃这个想吃那个，我还要专门给他们去准备。

这位奶奶虽是一个传统的火石垭村老年妇女，却为了孙子们学会做他们爱吃的"新菜"，如炸鸡腿等，把所有的爱意都通过日常的行为表达了出来，孩子们也十分依赖奶奶。学校开学时，ZHQ还会跟着老伴儿一起去城里住上几天，把最忙碌的几天日子度过。平日里，ZHQ会一个人在家，种上一片苞谷，办上菜园子，在屋后的山坡上养上十几只鸡，给在石家镇读书的孩子们送去新鲜的蔬菜和鸡蛋，两个人的老年生活过得还算充实与自在。

去镇上"送学生"的老年人不在少数，YMX同样要去镇里送学生，她是一个对家庭认真负责的老年妇女，有着不图孩子回报的善良心灵，儿子与儿媳离婚了，她主动承担起带孩子的重任。事实上，她要送4名学生，还有两个小女孩是她的侄孙女。她很能体谅年轻人的辛苦，想的都是自己能做多少都尽量去做。

孩子都是自己回家，不用接。他们去读书了，我就在屋里拖地呀、洗衣服啊、睡觉啊。衣服洗好了，我就个人在屋关起门跟着跳操，我是跟着手机跳操。早上跳到十一二点钟，我就睡会儿，到了快3点的时候，就去接学生。接回来了就看着他们做作业，有些时候回来暗（晚）了不做作业就先煮饭吃。吃完饭后，他们作业没写完的话，我就看到他们做作业，我都不玩手机。他们不会做的，我会的，就说一下，说不到的就打视频给他爸爸，喊他爸爸讲，有时候就给她幺爸打电话问。做完作业八九点钟就烧水给他们洗澡啊，然后就睡觉了。

待在那里就是无聊，其他人还说我一天天都在屋头做么子哦，又不出去耍，我想那个街上一天都是那些人，摆龙门阵，没有意思。有时候还可以去打牌，不打牌你去做么子嘛，人又不是很熟，我觉得没得要法。

暑假回来的时候，有时就要督促他们写作业、背书。当时觉得网课不贵嘛，就买来，学而思是20块钱一星期，还送好多书哦，帮你送到这里，总共才20（元），猿辅导是49块钱，也是一大盒书，暑假上一个星期，直到你上学。你报的数学就上数学，教方法哦；你报语文就上语文，讲作文啊，知识点啊，怎样写。学而思我觉得还好些，20块钱的话语文数学都教，像早上8点开始上语文，10点过点就开始讲数学。每天早上还要给你发晨读的诗啊，做作业还要检查，做不到的或者打字啊或者语音啊，老师还要跟你讲。

YMX是一位极为称职的奶奶，除了给孩子们洗衣、做饭之外，还特别关心他们的学习，经常都是亲自指导、监督着孙子孙女的作业，这在一般没有接受过多少教育的老人群体中，是一件不容易的事。

除在石家镇陪读的爷爷奶奶，其生活环境仍旧嵌入村里生活，还有一批进入城区带孩子、完全脱离乡土环境的爷爷奶奶。RZK的妻子即是如此。妻子进了黔江城带孩子，他自己留在家种地，妻子ZCY开玩笑地说道："再说愿不愿意，反正都是这样，他（儿子）喊你给他带子女，你不可能不带，不然等你老了也不管你了，怎么办？"在黔江城带孩子一点不轻松。孩子上学时，早上6点起来做饭，让他们一起床就可以吃到热腾腾的早饭，7点送上学。然后去买菜做饭。等到中午12点接小孙子回来吃饭，然后简单收拾休息，很快就已经到下午2点再送上学。回家休息不到一会儿，3点多便要走出门接放学，花40分钟左右走到学校。接到小孙子之后再回家做晚饭，等到晚上7点才做好，收拾完到晚上8点了。但此时的她也无法休息，因为大孙女要到10点才放学回来，还需给她做宵夜。等到一天结束，休息睡觉时已是夜晚12点了。暑假一到，她便带着孩子们回到火石垭村，时间安排上需要兼顾孩子的生活起居和田间劳作（图4-3）。

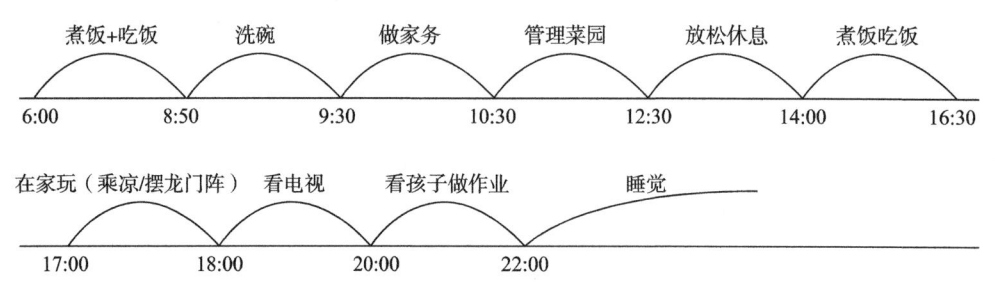

图4-3 ZCY老人暑假一日生活作息

ZCY的老年生活围绕孙辈开展，除了照顾饮食起居之外，也会照看孙子写作业、背书等任务。儿子和儿媳经常打电话来嘘寒问暖。ZCY说：

只有这一个，也只能对他好嘛，孙子拿给我们带也挺好的，他们在深圳打工也不容易，我要是么子都不做，光在家里等着他把钱递到我手里，我还不好想哎。孙子在屋头也是陪我们，也没得那么孤单，我们还能帮他们带就帮他们，以后老了我们还不是要儿子来照顾，都是互相的。

除了奶奶之外，也有一些爷爷在外陪读的例子。前文提及的WDY是典型例子。据他所说，他带孙子的一天是比较愉快的，因为他们在学校旁边租的房子，从家到学校只要1分钟。

据他描述，孙子早上赖床，自己等到孙子该起床的时候就把电视机打开，孙子听到电视里《熊出没》动画片的声音，就立马起来洗脸吃饭。这都是爷孙俩在日常生活中的种种趣事，给平淡的日子增添了不同的色彩（图4-4）。

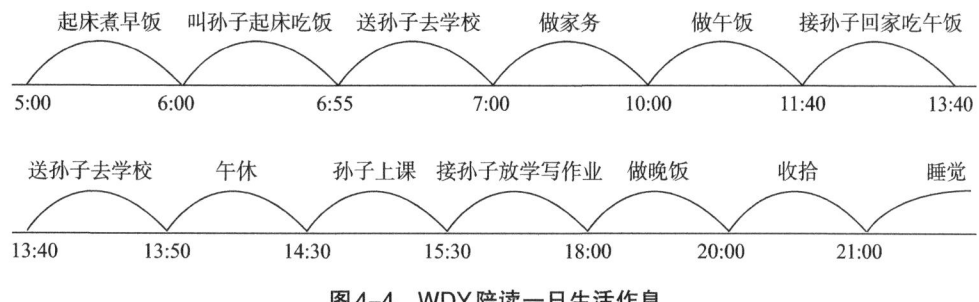

5:00	起床煮早饭
6:00	叫孙子起床吃饭
6:55	送孙子去学校
7:00	做家务
10:00	做午饭
11:40	接孙子回家吃午饭
13:40	送孙子去学校
13:50	午休
14:30	孙子上课
15:30	接孙子放学写作业
18:00	做晚饭
20:00	收拾
21:00	睡觉

图4-4　WDY陪读一日生活作息

从上文可看出，陪读的老人们在生活上十分忙碌，因为照顾孙子的衣食起居远比在家干农活烦琐。农活只是一项力气活，而陪读则需要耗费极大精力。但是对于他们，陪读、照顾孙辈更多是自己老年生活中孤独的解药与情感满足的途径。

（二）群体娱乐与新事物学习

种地、打零工，看似将火石垭老人们的日常生活全部填满，但并不代表他们没有自己的娱乐生活，老年人们有着自己的生活乐趣与娱乐消遣方式。

老奶奶们在村中有一帮"闺蜜"，每当吃过饭后，不用相约就直接到家中找她，或说说最近家中遇到的趣事，或聊聊最近村里的家长里短，或谈谈自己的儿子媳妇最近的生活状况，或者看看院子里的菜，看看天上飘忽的云彩。例如，生活在火石垭村二组、现今六七十岁的FCY、RYG、TYQ、CXY、CXC、RWB等人，他们总是会在平时几家人之间串门聊天，互相点上一杆草烟，再聊聊当天的新闻和村里近期发生的事件，在质疑与争论中，也时不时地传出一阵阵欢声笑语。此外，CXC和RWB两人在下雨的时候还经常约上组内的人喝上一杯自家酿制的酒，再打上半天的牌，又是愉快的一天过去了。

在线下，老人们有着自己的固定相聚的地方；在线上，老人们也有着不一样的娱乐生活。互联网嵌入火石垭村时，在很大程度上丰富了老人们的日常娱乐生活。他们习惯了在劳累之后，掏出手机来"刷一刷"。LKY爷爷一直以来对国家大事比较关注，早就对年轻人天天玩手机十分好奇,儿子为他装上了无线网络后,终于可以跟大家一起玩手机。他最爱看的是西瓜视频,他兴奋地介绍:"我在这个里面什么都能看,美国那些政策我都晓得,我们国家外交官说了什么、干了什么,西瓜视频里面都有,我还是喜欢看,没得事情的时候就会看看。"

ZHQ爷爷是一位"比年轻人都会玩抖音"的老人,当了半辈子原火石垭村二队队长的他,一直以来学习能力都比较强,接受新鲜事物较为容易。当看到周围的年轻人都在刷"抖音"之后,他也开始了自己的短视频之旅。除了"刷"之外,他还会自己"拍"抖音,甚至熟练地使用软件里的各种功能,让其他老年人和年轻人感到不可思议。

在火石垭村生活的老年人,他们的生活虽然简单,但他们很少感觉到孤单、无聊,因为他们懂得在日常生活中找寻精神寄托。

三、老有所需:养老现状与所遇困境

对于逐渐步入老年生活的人来说,如何适应角色、身份的转变,是他们需要考虑的头等大事。比起过去依靠儿子养老,火石垭老人的思想观念已经发生了改变。他们普遍希望在自己还能做的时候,多少攒点钱,不给孩子添负担,也让自己能够过一个相对体面的老年生活。但是,面对火石垭年轻人大量外出及传统的农业型村庄,在多重冲击下,当地老人的生活也不免苦与乐相互交织。

(一) 养老现状

总的来说,在火石垭村生活的老年人,并不是人们想象中那样既孤独又无助。火石垭村给了他们幸福的土壤,但他们总归是以家庭为核心开展的老年生活,这也是我国农村地区最重要、最普遍和最基础的养老方式。家庭为老人们提供了最基本的生活支持与精神关怀。从上文的叙述中,可以看到老年人养老生活基本上可以分为两类:一类是在火石垭村一直"留守"的老人;另一类是在城里与村里来回"摆动"的老人。

对于留守农村的老年人来说,若是夫妻双方都健在,子女又外出打工,会选择与子女分开住。YMX和RZP均认为,年纪大了应该单独住在老房子里,不过经济来源大多还是依靠子女。他们的观念是,自己能动的时候就不要麻烦子女,给子女减轻点负担。直到一方去世后,另一方便同子女住在一起,方便生活上的照料和情感上的沟通交流。如RZA家当前只有老妈妈一人,他就把老妈妈接过去一起住。CXH母子俩也住在一起,儿子说:"我基本一有空就会回来看看家人,特别是老年人,只要我人在,她就觉得安心,就没有那种孤独感,精神上也好得多。"老人们想继续待在村里,子

女们也尽量听从老人的意见，为他们着想。如RZW在城里和沙场都买了房子，但是他家老人的两个耳朵都听不见。如果去陌生的地方，连出门都十分困难，因此只好待在村里。

对在城市与乡村之间流动的老年人来说，养老是一种调适性的选择。RZF的父母已八十多岁的年纪了，他不放心两个老人在家里种植庄稼，就将两个老人接到黔江城区，但是父母又放不下家中的那片土地与老家的房子，于是在城里住一段时间他就会带着两个老人回到火石垭村看看，种上一点玉米和一些蔬菜，隔段时间再开车载着父母回老家看看玉米地，摘上一些自家种植的蔬菜回到城里。2021年9月，玉米熟了，RZF约上弟弟一家从黔江城回来摘玉米，一天时间就完成了。因为家里面没有任何牲畜，也无人在家，种植出来的玉米都是直接售卖。显然，他们的玉米种植只是不想让自家的那片土地荒废，还有基于父母亲对于家乡土地的那份感情。把父母亲接到城里去生活，父母在城里面放不开、不习惯，所以RZF隔几天就会带父母回老家看看，或者带父母到周边游玩。

两个人或相互扶持或分隔两地的老年生活模式，近几年才出现。在过去，火石垭村老年人的生活基本上遵循"养儿防老"的观念，年轻的时候必须生个儿子，老了则必须跟着儿子一起住。对此，火石垭一组的YZH是这样说的：

你平时有个三病两痛的，靠的都是儿子。姑娘最多回来看你几天，又不可能天天在你当门（面前）服侍，一年到头都见不了几回。还是跟儿子媳妇待在一起的时间长，都是你的媳妇天天在照顾你。说个不好听的，你死了，你的那些丧事都是儿子来弄。姑娘从外面回来，有点孝心的还哭一下，没得孝心的就回来望一下就走了！扶你上山还是要靠儿子和媳妇！我也不指望她，她那边的家庭也需要她去顾。

他们普遍认为，女儿终究会成为别人家的媳妇，需要照顾成婚之后的小家庭，娘家父母难以顾上。所以，他们对女儿养老不抱期望。

当然，这样的养老观念与过去的生育观念是紧密相关的。在实行计划生育之前，火石垭奉行"多子多福"的观念，当时一个家庭至少有两个孩子，因此女儿不会成为他们养老的唯一选择。既然有儿子可以选择，加上又考虑到女儿还要管夫家的事情，自然也就不会把养老重担交付在女儿身上，这其实是基于女儿在婚后对婆家所需承担的一系列责任的理解。

如今，火石垭老人的养老观已经发生了天翻地覆的变化。比起以前依托自己的儿子、跟着儿子一起住，现在他们更愿意自己住在乡下，不愿进城和孩子们一起生活。火石垭一组的R奶奶就是其中之一，她的大儿子在黔江买了房，想接她过去住，被R奶奶拒绝了："我还是不想到那边去，不安逸！前几天又在喊我去，但我那边的苞谷还没弄完,我的鸡没有人喂,我就不大愿意去!"R奶奶说的不安逸,主要指在城里居住不习惯,因自己多年来早已习惯了农村生活的方式和节奏。人到老年却要重新适应另一种城市生活,她不期待,只感到局促、不安和尴尬。对她来说在家里种点菜、喂点鸡的生活更自在。九组P爷爷对老年生活的期待与R奶奶十分类似:

你莫想盘儿盘女(养儿养女)就可以享清福,那是错误的。(在你年纪大的时候)你的儿子上有老下有小,他要顾两头嘛,顾一头是不行的。现在(养老)还是要靠自己身体好、保养起,少给他们增加负担,这才是正当想法。无论是过去还是现在,生活都有压力,你不去劳动就没有收入。以前,你哪怕老了,你自己做的有就有,做不来就完全靠别人来抚养。现在国家政策好一些,你老了每个月都给你一些钱。自食其力种点蔬菜,用退休金买米,再节约点,后人再给你拿点,一个月的生活就差不多了。但是,这种你就莫想吃很好了。

而且,现在对儿女都要一样地疼爱。如果你首先就区别对待,认为女儿是嫁出去的,对她不够支持,她就会想你对我都没得支持,那我对你就该我的责任我就管一下,不属于我的责任,让你的儿子儿媳去管。你为子女们服务,他们就会多回报一些。并且,你还要在精神上对他给予支持,这样他就会对你的事情上心。比如,老人要经常给孩子打电话问寒问暖,他们就会觉得大人很关心我、很爱我。哪怕他们最近经济紧张,都觉得问题不大,可以解决。同时,孩子也要关心父母。不说天天打电话问嘛,也要干(隔)一天两天问哈爸爸妈妈身体如何啊,老了有没有病痛啊。只要关心到位,即使老人有点病痛,他都说没得问题,身体健康。相反,如果孩子对大人不闻不问,心中没有想到大人,大人没得困难他都要说有困难,多数大人都是这个样子。我儿子基本上没给我打过电话,都是我打电话过去问。我打电话过去的时候,那些我都不说,只不过说你们自己解决你们自己的,有些该怎样负担的还是要负担。像那些亲戚朋友有哪些事情啊,反正你要拿钱来走。

在P爷爷看来,养老首先要靠自己。无论儿女,你都不能完全依靠。等你到了需要养老的年纪,他们肩上的压力也很大。既需要考虑到家里的老人,又要顾及小孩上学成长的问题。父母生病了,哪怕独生子女能请假回来,假期期间你身体没有康复,也还是要回去。所以,关键还是要你自己能做,身体好;其次,不能区别对待儿子和女儿。人与人之间的关心照顾都是相互的,如果你厚此薄彼,更看重儿子,女儿之后在对待你的养老一事上也只会尽到她的责任,多余的也就不会操心了;最后,在如何养老上,他提出子女要给予老人精神上的慰藉,时不时打个电话关心询问,让老人觉得自己是被在乎的,这样也有利于减少因养老问题引发的一些矛盾。

现如今，比起经济支持，老人更需要精神上的慰藉和生活上的舒适。他们也希望凭借自己的双手能够安排好自己的老年生活，因此，宁愿在自己熟悉的地方接触父老乡亲，自由自在地度过晚年。

(二) 养老困境

许多老年人长年受病痛折磨，养老成了一个大问题。一般来说，经济问题是老年生活中最大的压力来源。对于他们来说，在乡村种地养鸡，日常的温饱基本可以解决，但一旦生病将会面临极大生存难题。很多老人即使自己生了病，也会因为钱的原因而瞒着不告诉子女，或是拖着直到病情严重的时候再告知。如二组的CXY爷爷摔倒把腰伤到了，但一直忍着没告诉孙子，直到最后难以忍受才告诉孙子，送去了医院。每每提起这件事，他在意的不是身体的病痛，而是强调自己生病花了几万元，由此看出老年人养老生病背后的底层思考。作为S家曾经的顶梁柱，50多岁的SSP自受伤终身残疾后，便对老年生活有了一些担忧，他向我们表述：

说起供养老人，钱多有钱多的孝（顺）法，钱少有钱少的孝（顺）法。往往在分家的同时，就会为了老人养老的问题而吵。说直白点，以前是分财产，现在来说就是划分老人的问题。如果说没有落实跟谁一起，几弟兄一起供养的话，那老人就造孽（难过）。你不管我不管的。

为什么这么说呢？那个老的如果有钱，如果说有退休工资领，那我把你安排来和我一起。那农村哪个老人在屋头待起的有钱、有工作的？到时候你要花多少钱来养活他们？遭了毛病，现在的医院一般都是几万几万的，或者严重一点的毛病都是十几万元、几十万元，谁顶得住？

我这个家庭就是，母亲的责任是分给我的，那么换过来，你不管是老大也好，还是老四也好啊、老么也好，你要出一点钱，是你自愿，但是我没有说让你给我拿一点钱。我母亲也花了不少的钱在医院，医院就说拿费用，我没有让他们任何哪一个拿1分钱，只是说你自己要拿就拿给老的，因为任务是我的。

像我们那种家庭的分法少，其他家都是像你说的，这种有病就大家一起来斗着（凑钱），因为一般来说不管是有钱还是没有钱，几兄弟都是他身上掉下来的肉，凭什么我要一个人负责？有些媳妇心里就会有个想法，他们为什么不拿钱呢？就不平衡。但我就不像这种，我和我家属一起这么多年，她从来没这么想过，所以各是各的思维。有些其他家庭那么计较，老的就造孽。

因为自己已经残疾，大儿子也得了慢性病不能劳累，全家只有小儿子在外打工挣钱，妻子也不得不出远门去打工。去年SSP的母亲摔倒，造成粉碎性骨折，在医院花了好几万元，让本就不宽裕的家庭雪上加霜。像这样的例子在火石垭村不在少数。

许多家庭孩子们长年外出打工，父母留守在家，一旦一方生病不能自理，那么另外一方便较为被动，力不从心。77岁的CXQ一直以来都照顾着生病的妻子，没有时间与村里人交流，日子越来越难熬。他将多年来的心酸娓娓道来：

>她从1988年就开始遭（得）类风湿病，30多年，四肢无力，像瘫起（瘫痪）了。她还有高血压，身上全是病，一年输好几千元的液啊。前几年，4个月输了18天的液，花了3000多，医疗保险费用都是花完了的。眼睛从2021年6月间就看不见了，大脑神经压迫到了，我现在就是服侍她，格外（其他）没得哪样办法。
>
>她睡在床上一个多月，我也在沙发上睡了一个多月。她有时候晚上要起来几道哦，我耳朵听不到，我侄儿子（CXH）就给我安了一个电铃，她要上厕所就按一下我才听得到哦。这个日子是过一天得一天哦。（我）耳朵聋了十多年哦，现在稍微隔点距离就听不到，感觉自己像个植物人。有人摆龙门阵，我也听不到，我只好不摆龙门阵。电视开起听不到也望不到，这有好久没开了。原来政府发了个手机，经常打电话问我们两个的情况，有时候有人打电话来，我又接不到，又不会用。后来我给亲戚都打了招呼的，不要打电话来。

独自居住在山腰上的LCJ老人也很少与人交流，只有自己照顾自己，言语中也透露着对生活不抱希望。这些老人缺乏生活照料、情感交流和精神上的慰藉。

可见，有的老人在子女的经济支持与精神陪伴之下过着幸福的老年生活，而有的老人却处于经济与精神双重欠缺的困境之中。这种困境是当前的普遍现象，在老人们的内心深处，或许精神陪伴比物质给予更为重要。在他们的老年生活中，充满着对幸福的渴望与精神慰藉的需要。

小　结　传统小家与和谐大家

在火石垭村，两个人从相识、相知、相恋，再到喜结连理步入婚姻殿堂，共同孕育子女，婚姻生活或和谐美满，或走向破裂，都是小家庭之事，每一个小家庭的背后关联着的是几辈人共同生活的大家庭。在多数情况下，双方结婚后女人带着忐忑不安的心走进一个陌生家庭，在这个家庭中生活，或磕磕绊绊，或步履蹒跚，于是两个人想着分家，去过自己的小日子。于是他们手牵手，带着孩子一起，通过自己的双手修建新房子，开始自己的全新生活。当时间慢慢过去，皱纹逐渐出现在眼角，肩膀不再能扛得起重量，孩子也逐渐远去，身边又只剩下了对方。有时或许可以享受老年的美好，有时却不得不继续帮孩子们带孙子，他们总结自己的一生，既在小家庭中绽放，又在火石垭村这个大家庭里遨游。

尽管现在的养老观念已经发生了很大的变迁，养老方式也衍生出多种多样的形式，子女鉴于生计方式和追求的生活方式的不同，不一定要和老人住在一起，但是归根结底，小家与大家是分不开的。一方面，是近年来隔代照料与陪读的现象普遍出现后，大部分年轻人想要到外面工作，于是孩子成了联系大家与小家的中介，几代人在日常生活中发生着频繁的互动。另一方面，在传统的孝道表达方面，独居老人的生活起居需要子女的照顾，在外务工的年轻人总会回到家乡看望年迈的老人、祭拜已经去世的祖先，因而"大家"与"小家"是互相交融共生的。

在这一阶段，以村落为基础的情感依托，凝聚和塑造了火石垭村这一"大家"。人生于斯长于斯，最后又终老于斯，这就是火石垭村这一个非典型村庄的生命循环。哪怕游子飘零他乡，始终牵挂故乡的土、故乡的家，乡愁缕缕，以"小家"链接的情感一定会加强对"大家"的情感。因此，在一定程度上，这种以亲属关系联结的"小家"，与乡村这个"大家"应该看作以情感为依托的交融与共生共同体。"小家"和谐对乡村事业有一定的推动作用，"大家"的振兴更能保障人们的幸福安康。"大家"与"小家"的交融共生，才能更好地成就乡土本色，促进乡村振兴。

第五章

饮食、居住与交通：
非典型村庄的生活韧性

草满池塘水满陂，山衔落日浸寒漪。牧童归去横牛背，短笛无腔信口吹。

——宋·雷震·村晚

在火石垭，没有城市繁华热闹，只有熟悉的田野阡陌；没有出门可坐车、转角见超市的便捷，只有自种蔬菜的健康与特色小吃的独特；没有各种丰富多样的休闲娱乐措施，只有出门可遇的温暖陪伴与话语闲聊。火石垭村平凡却不平淡的日常生活，给当地人留下了最温馨的回忆，这一切都成了火石垭村非典型村庄日常生活的韧性基础。

第一节　风味多样的饮食

"民以食为天"，每去一个地方总是最先被当地的美食所吸引。在火石垭这样的小村落，有丰富多样的美味佳肴。村民们延续着一日两餐的饮食传统，常备着开水、热茶以礼待客，热情常驻。

一、极具特色的饮食风味

一个地方的饮食习惯在很大程度上反映了当地地理位置、农作物和经济发展状况。受高海拔与喀斯特地貌的影响，火石垭村没有水田，当地不能种大米，吃不饱的年代，人们常以玉米和红薯充饥。直到20世纪80年代包产到户后，村里才以大米作为主食。在口味和菜品上，火石垭村传承着以麻辣为主要口味、以自家菜园子种植的四季蔬菜为主要食材，以及以炉锅煮烫菜的特色饮食方式。看似平常的餐桌菜肴，处处展现着武陵山区的特色。

（一）"麻辣主风味"

受武陵山区地理环境影响，当地气候潮湿，吃辣可以开胃消食、驱寒除湿，因此辣椒在当地盛行。火石垭村作为武陵山区一个小小村落，在饮食上展现出本地的特色，"无辣不欢"可以说是当地饮食特色最好的缩写。除"辣"以外，"麻"也是驱寒除湿的"利器"，辣椒和花椒是家家户户必备的调料，在餐桌上几乎次次都能见到辣椒与花椒的身影。长年在家务农的妇女HZP十分喜爱辣椒和花椒，她介绍道：

我们炒菜都会放，作为配料噻，都要放一点才香，花椒还可以去味，放一点还是要好吃一些。海椒（辣椒）这些基本上每家都种得有，不放辣椒吃起来没得味道，特别是凉菜那些，像我们胃不好、不吃太辣的话就少放点噻，我屋里种的都是那种大辣椒，它不辣。

因此，在菜园子里，辣椒和花椒是比较普遍的种植品种。即使是没有种植庄稼的村

民,也一定会在菜园子里种植上一点辣椒,或是花椒树,随吃随摘。CXY爷爷说道:

> 海椒(辣椒)我们园子头都种的有,自己种的好一些嚓,又没打药那些。在农村嘛,反正有土(田)自己家种点,随时要吃随时摘,又是新鲜的,还方便嚓,用不着么子都要去买嚓。

可见,不管是颜色上的红绿点缀,还是口感上的味蕾刺激,"辣"与"麻"已经成为火石垭村民饮食中的重要色彩。

(二)"菜园供整年"

以农为本的乡村生活,只要有人还在家里劳动,土地便永远不会荒芜。即使放弃种庄稼,也一定会在房前屋后办上"园子",那是火石垭村民眼中最为宝贵的"绿色"。正所谓"萝卜青菜,各有所爱"。每一次赶场,总能见到村民们在镇上的种子售卖点挑选自家喜欢吃的蔬菜种子,回家"点上"(种植下地)。蔬菜是季节性的产物,一年四季接替上桌,从不间断。在火石垭村,虽然每家种植的蔬菜并不完全一致,但总有一些是季节里普遍出现在各家各户餐桌上的。

哪个季节种什么菜,是村民们"办园子"的乐趣(见表5-1)。在四季中,早种还是晚种,可以根据自己的时间与喜好选择。笔者从村民口中了解到,日常食用的蔬菜中白菜、萝卜和洋芋是一年中食用时间最长的。即使是长年累月食用,村民们也不觉得腻,因为他们有着不同的吃法:如白菜苔可以与酸辣椒切丝炒,达到开胃的效果;萝卜可以用来炖肉,家中的泡菜罐里也时常能够见到它的身影;土豆的食用方法最多,如洋芋丝、炒洋芋片、蒸洋芋块、炸干洋芋片、做洋芋粑粑等。

表5-1 火石垭村各月份村民的"园子菜"上桌时间

月份(农历)	季节性蔬菜
正月	家里面以前做的腌菜、白菜、萝卜
二月	白菜、萝卜、饵菜、青菜、娃娃菜、大头菜
三月	包菜、莴笋
四月	热白菜(四季菜)
五月	四季豆、洋芋(种得多能管一年)
六月至七月	茄子、辣椒、豇豆、黄瓜、丝瓜、葫芦、热白菜
八月至十二月	玉米、豆子、白菜、萝卜

园子不停种,在很大程度上节约了生活开支,尤其是一些较为节俭的人家,如果不是重要节日有待客等特殊需要,"园子菜"足以满足日常生活。同时,自家菜园种植出

来的蔬菜产品是天然无农药的，基本做到了绿色安全，也是村民们极为自豪的一点。ZZY就特别喜爱"办园子"，她表示：

>自己种出来的菜好吃一些嘛，自己吃起来也放心一些，毕竟没打农药那些嘛。自己种的方便一些，用不着去买嘛。女儿她们从城里回来，屋里有么子菜她喜欢吃，就自己捞点去城头吃哟，她还是觉得屋里人种的菜好吃一些。在农村不比在城头，都是要用钱买，在农村你哪来那么多钱，农村又没得固定的职业，没得固定的收入来源，那还是娇嘛。

虽说节约生活成本是村民们"办园子"的最初目的之一，但在当前，也已经成为村民们追求更高生活质量的体现。一些村民虽然常年在城里居住，却不会让村里的"菜园"空着，到了季节，他们还会开车回到老家种菜，不时回来看看生长情况，做一些必要的除草施肥工作。等到蔬菜成熟了，还能看到这些人从园子里采摘一批又一批的蔬菜，一两个小时便可满载而归。如HZP时常看到自家邻居开车从城里回来摘菜：

>现在种菜又不需要好大的精力去打理，像我们这边，有些住到城里的，平时都会经常回来看自己家的菜呀。他们有车方便，经常性地开车回来捞菜。过年我们儿子回来，都说还是屋里的这些菜炒出来要好吃一些。

村民的菜园子一年四季都能够有菜可以采摘。即使园子面积有限，村民们也会精心规划，种类丰富多样是村民的更高追求。

RYG家门前的菜园子，几方天地里种有白菜、辣椒、萝卜、葫芦等，白菜与萝卜有着不同的种类，种植时分批种下，这样成熟有早有晚之分。"虽然都是白菜，但是种的时间不同嘛，有些都可以吃了，有些还是白菜苗，这样可以一直吃嘛，所以就有些点得早有些点得晚。"

虽然每家的菜园子常常会种一些蔬菜，但毕竟火石垭村海拔较高，并不是所有蔬菜都适宜种植，如家中来客人或者逢年过节，村民们仍需要到石家场镇购买方才齐全。这个时期，他们本着宁可多不可少的原则，准备上一大桌，如此一来常有剩余。

（三）"一炉过秋冬"

9月中旬的火石垭村，一场雨下来气温骤降，昨天还穿着短袖吃着冰棍的小孩，今天冷得只想赖在床上。若是连续下几天雨，气温会越来越低。此时，家家户户原本到了饭点才会出烟的烟囱，开始一整天冒烟。原来是屋里的炉子已经用来烤火，一家人围坐在炉子边，一边烤火一边摆着"龙门阵"。看似炎热的夏季，但面对这样的变幻莫测的天气，村民们却表现得十分镇定。"现在降温冷了嘛，我们是都要开始巷（烤）火了。"

到了真正的寒冬,火炉更是必不可少的温暖之源。早在20世纪90年代,村里就出现了现代式的火炉(表5-2)。

表5-2 火石垭村火炉更新换代情况一览

火炉代数	火炉名称	形状样式	价格	优缺点
第一代 (1990—2000年)	铂金炉	一个圆柱形炉子,炉芯是用泥巴做的(10~20斤重)	10元	优点:轻巧方便,价格便宜 缺点:①架锅、加煤需要将火炉盖子揭开从上往下加进去,容易增加很多灰尘;②泥巴炉芯容易炸裂;③炉子上方无桌子
第二代 (2001—2010年)	钢板炉	下方是一个圆柱形火炉,火炉有火门和灰箱,炉上方有一块正方形的桌子,炉子穿过桌子正中央可架上锅(80~100斤重)	700元	缺点:炉子烧久了后,桌子上的漆被熏成黑色,难以擦洗干净
第三代 (2011—2020年)	玻璃炉	下方圆柱形的炉子外围再加上四方形的散热板,上方是一个正方形或者圆形的玻璃桌,火炉带有火门、灰箱和烤箱,火候大小可控制(500~600斤重)	1000元	优点:散热快,干净卫生,方便多用 缺点:笨重
第四代柴炉子 (近几年才出现)	村民普遍称为"柴炉子"	与第三代类似	1400元	目前已经出现了第四代火炉,样式与第三代类似,最近才陆续有人购买。第四代比第三代性能更好,干净卫生,但价格不菲。

每到秋冬,村民的一日三餐便在火炉上完成。冬日一大早,村民们用玉米棒将炉子火点燃,再架上两大根砍得大小合适的干柴放入灰箱,控制进风口大小以便持续燃烧,然后就可以放心准备菜品了。将米饭蒸上,切上一点肉,准备洋芋、豆皮、木耳和园子蔬菜。等米饭蒸熟,在燃烧着的炉子上架一口锅,锅热后将肉炒熟,待各种调料放好后往锅里加上半锅水,瞬间汤锅底料完成。汤水一烧开,将事先准备好的菜品放进去煮,煮开后即可享受"烫菜"美食盛宴。吃的过程中还可以继续在锅里加菜,种类与量的大小由自己定。喜欢吃面食的村民可以在汤锅里面煮面,再加一些蔬菜就是一餐。一顿饭结束之后,将锅里的剩菜盛出,锅中倒入干净水,几分钟烧热后便可在炉子上用热水洗碗,免去了秋冬季节手与冰水的过多接触。待收拾干净,炉子口的铁盖盖上,再在盖上放一壶装满水的水壶,不一会儿烧开的水又可以给家中的客人泡一杯热茶饮用。到了晚上,再如此烧上一壶热水,又可以供一家人泡上脚,从而暖暖地进入梦乡。

火炉除了满足村民一日三餐的美食制作之外，还具有及时加热的功能。秋冬季节，家中赶场购买的各种粑粑，刚购买时还是热乎乎的，等回到家中早已冰凉，这时只需拿出几个粑粑放在家中烧着的火炉盖上，烤上三五分钟，就又热气腾腾了。到了红薯收获的季节，回来之后先把挖回来的红薯去泥巴洗净再放进火炉底下的"烤箱"，半小时左右又可以吃上味美的"烤红薯"。亲戚邻里来到家中闲聊，摆"龙门阵"之余，拿出刚从地里挖回来的花生放在炉子上烤，一边烤一边翻动着花生，不一会儿就能吃上烫嘴的花生粒了。花生越来越脆，"龙门阵"越摆越起劲，欢声笑语也越来越多。

可见，火炉承载了秋冬时分村民几乎所有的生活饮食功能，正所谓"一炉过秋冬"。73岁的老爷爷CXY对火炉子感情很深：

有这个炉子秋冬的生活要撇脱（方便）好多，冬来有个十来个人坐起，饭煮起了之后，就用炉子架锅煮一锅，要吃就自己拈（夹）哟。往年的话杀猪都是要煮八九碗菜哟，现在用炉子是一锅儿哟，瘦肉这些炒一下，其他的都是一起在炉子锅里煮上一大锅，肥的、瘦的，豆腐呀、香菜、甜菜这些蔬菜呀，洗净了用塞子装起呀是一锅儿哟，开了熟了吃就自己挑哟。

妇女HZP也喜爱火炉，方便她招待客人：

我们冷起来了就是这样（烧炉子）耶，用起来方便，煮饭炒菜呀，炕粑粑呀都可以，特别是到了过年大家打工都回来了噻，大家都喜欢到我屋里来耍，有时候我们就用这个炉子架锅来炸洋芋吃，十来个人坐在一起，炸上满满的两锅都管吃得完嘞，他们都觉得好吃，在一起玩耍摆龙门阵嘛，反正在一起好闹热嘛。

即使现在有些家庭不烧柴，但仍然用电来模拟火炉，保持烤火与吃烫菜的习惯，"天气冷的，炒菜容易冷，吃了不安逸"。因为有火炉，秋冬不再感到寒冷。炉中有柴，炉上煮菜，人在烤火也在吃菜，屋外的寒风终究吹不冷围坐在火炉旁吃饭聊天的温暖一家人。

二、种类各异的地方美食

一方水土养一方人。在饮食上，火石垭自有一番特色，如洋芋饭、腊肉、炸洋芋片、腌"荒瓜鱼"、斑鸠叶豆腐、干豇豆等，既有主食，也有各种各样的小吃，是火石垭独特的地方风味。各种各样的特色美食背后有独到的做法讲究与独特风味。大体上，具有火石垭特色的美食主要有以下六类。

（一）主食类

在火石垭村民的日常生活当中，米饭是主食。通常情况下，村民们喜欢做洋芋饭、粉子饭和苞谷稀饭等当作日常主食满足生活需求，不同的主食之间也有一定的做法讲究。

1. 洋芋饭

洋芋饭称得上是火石垭村民的待客之饭，每当家中有客人，主人家便会操持着为客人煮上一顿洋芋饭。对一些常年外出的人来说，家乡的洋芋饭也是他们的别样寄托，尤其那边缘的一大块锅巴，吃起来嘎吱嘎吱地脆响，那是最深刻的回忆与想念（图5-1）。

洋芋饭的制作较为麻烦，先将洋芋洗净去皮切块，在锅中用油翻炒几分钟后加盐，然后把洋芋取出备用。锅中重新放入米，加水煮至五分熟再捞出，然后把备用的洋芋块铺在锅底，把米盖在洋芋块上，加水后盖上锅盖，焖熟后便可食用。这个过程，当地人习惯叫"ōng洋芋饭"，如果上一顿做好的米饭没有吃

图5-1 煮好的洋芋饭

完，那下一顿它就成了做洋芋饭最好的食材，这样不仅能解决掉剩饭，而且做起来还方便好吃。端上一碗热气腾腾的洋芋饭，映入眼帘的便是炸得金灿灿的洋芋，鼻尖是米饭与油炸洋芋的清香。一口下去，米饭的软糯配上洋芋外皮的酥脆，让饱腹感和美味达到了完美的融合。

2. 粉子饭

粉子饭是用玉米粉与大米混合在一起煮出来的饭，这会让原本寡淡的大米饭增添了些许玉米香味和不一样的口感。谈起粉子饭，几乎每个村民都对其有着特别的喜爱："别的我不熊（喜欢），那个粉子饭吃起来还是安逸，隔久了我还是想吃，吃起来确实好吃。"尤其是长年在外务工的人，对家乡的粉子饭尤其想念，回到家乡总是会叫家里人煮上一顿粉子饭。已经搬到城里居住的人也不例外，偶尔回到农村老家，能够在村里吃上一顿粉子饭就是一份格外的满足。

一到玉米采收的季节，村民们从地里摘回玉米，挑选出比较饱满的玉米单独晾晒，待其晒干之后用机器磨成玉米粉，储存起来方便随时食用。粉子饭的做法比较简单，等白米饭几乎快要煮熟时，将事先磨好的玉米粉倒在米饭的最上层蒸，等到饭完全熟时玉米粉也熟了，将玉米粉与大白饭均匀搅拌，一锅热气腾腾、香气扑鼻的粉子饭便做好

了。一口吃下去，既有米饭的回甜，也有玉米的清香；既是劳动苦累后的甘甜享受，也是色香味美的食物体验。

3.玉米糊

玉米糊是用玉米粒煮成糊状食物。玉米刚成熟时，将玉米剥成粒，然后再用石磨磨成玉米浆，现在这一步骤也可用机器代替。在锅中倒水烧开，放入洗净的豇豆、南瓜块等菜品，加入适量的盐拌匀，豇豆煮至五分熟后，用勺子舀一勺玉米浆，成团状放入锅中，等锅中水再次烧开，煮熟的过程中注意搅拌，不要沉底。这样煮出来的玉米糊既营养又美味，是火石垭村民在夏季最喜爱的主食之一。

（二）面食类

"闲来饿了煮碗面"，面食在火石垭人日常饮食中占据着重要地位，不用特地准备，也不用大张旗鼓，一把面条、几张菜叶，再加上一点姜蒜配上酱油醋等调料就是一碗美味佳肴。比起煮饭，村民们觉得面食类的食物做起来更方便，尤其是在庄稼生产种植忙碌的季节，家中常备面食已是村民的常态化举动。

1.绿豆粉

火石垭村作为一个土家族村落，在绿豆粉的食用上延续着本地区的饮食传统。据了解，绿豆粉是享誉渝黔湘鄂几个省市的名牌美食。土家族人爱做绿豆粉，更爱吃绿豆粉。绿豆粉粉香味鲜，粉质细腻，更继承了绿豆的特性，可以清热消暑、凉血解毒，是排毒养颜的佳品，备受土家族人的青睐。逢年过节，走亲访友，招待客人，绿豆粉因味美和制作方便成了土家族人的首选。这一具有浓郁土家风味的小吃，已经被国家列入了第二批非物质文化遗产目录。

吃腻了面条的人，一碗热气腾腾的绿豆粉成了更优的选择，软软稠稠的特殊口感，方便快捷的同时也是一餐美食满足。

绿豆粉是用绿豆与大米为原料制作而成。首先将绿豆和大米混合，磨成细细的米浆后放置一小段时间；接着架火烧锅，小火状态，锅烧热之后将混合米浆用勺子一小份一小份地倒入锅中烙成薄片，厚薄均匀，当一面开始泛白时就烙另一面，两面都烙好后起锅晾冷。等差不多凉了，将饼状的豆面用刀切成手指宽的条状，绿豆粉便做好了。需要煮来吃时，直接生火烧水煮汤，汤开之后放入绿豆粉，煮上两三分钟一碗香喷喷的绿豆粉便煮好，再根据口味调上一碗酱料就能品尝了。不同于面条，绿豆粉的口感更为筋道，配上麻辣的汤料，非常美味。

在经济不发达的年代，许多食物都靠着双手制作。随着时代的发展，村民的生活水平不断提高，许多食材可以在市场购买，人们便很少再做绿豆粉了。而曾经掌握这些制作技术的人也上了年纪，再加上现在家庭人口不多，村民们也就更倾向于直接购买。ZAR时常去场镇买绿豆粉：

> 现在我们都不能（想）做了，平时想吃拿点钱买就是了，还方便一些，随时都买得到，也不是好贵。平时不想吃饭呀，就煮点粉（绿豆粉）吃就是了，10分钟就能吃哟，快得很。

2. 苞谷粑

苞谷粑是村民们物尽其用的选择之一。该地区曾种植了大量的玉米，在温饱难以解决的年代能吃上一个苞谷粑，算得上是一种不可多得的满足。苞谷粑承载了20世纪七八十年代以前出生的村民的生活记忆，成为当下他们回忆过去的一种寄托。而对于一二十岁的年轻人来说，他们对苞谷粑印象不深，也不太爱吃。

苞谷粑的制作方法是将玉米粒打成浆状，取出1/3在锅中炒熟，炒的时候可以加入适量的水，将炒熟部分与剩余的2/3混合，之后加入白砂糖，也可以加入适量米面一起拌，拌匀后将面团表面打湿抹平，等待发酵（可以加入一点酵母粉，不加也行），发酵好后就捏成圆形的粑粑，上锅蒸着吃。

苞谷粑有着消饿解乏之用，有时村民们因为上山干活路太远，会在出发之前带上两个来当干粮，这样就不用再返回家做饭，也就有更多的时间来干农活。

3. 苦荞粑

苦荞粑，听名字就会让人感觉得到它的苦味。粑粑的原料苦荞是荞麦的一种，成熟的苦荞籽是黄色的，在火石垭村民的描述中，"苦荞有两瓣（籽），吃起来带点苦味"。

做苦荞粑，首先将苦荞籽磨成粉状后，再用细格筛将比较粗的苦荞壳给筛去，保留最细的粉，即"面面"。将苦荞面面放入盆中，少量多次地加水，将面揉成团，吃不惯苦味的人可以在揉的过程中加入一些白糖将苦味淡化，另外还需要加入一些发酵粉促使苦荞粉团能够更好地发酵。待揉成一般干（有流动性但是不稀）的时候，就将其置放等待发酵。一般发酵需要两三个小时以上，在发酵的过程中苦荞粉团会慢慢地膨胀，等到膨胀到一定体积并且开始冒出一些小气孔时，就表示差不多发酵好了，这时就可以进入下一步蒸的阶段了。在灶上生火，锅中加水，架上用竹子编制成的圆形"粑壁"，为了不让粑粑直接接触蒸汽进水变软，在"粑壁"上拿不出锅，村民们往往会在"粑壁"上铺上几张芭蕉叶大的叶子，叶子铺好之后才将已经发酵好的苦荞面团平坦均匀地倒在叶子上，盖上锅盖加火蒸，一两个小时就能够蒸熟。蒸好的苦荞粑是绿色的"发糕"样，再用刀将苦荞粑切成一小块一小块的形状，装入盆中存放。

现在，村民们基本上不会自己做苦荞粑，一般去场镇购买，每到赶集日总能看到老奶奶摊子上手工制作的苦荞粑很快就销售一空了；集市上也经常会遇见有老人手里提着绿色糕点，那必定是苦荞粑。

因为苦荞粑带有苦味，很多村民都不太吃得惯，而喜欢吃的人却对它有着特殊情感，每到赶集日都会称上一斤，如CXY所说："苦荞粑粑很多人都不熊吃，但是我还熊吃，每次赶场我都会称个一斤回来吃，那个是降火的嘛，各是各的口味。"

4.花荞粑

花荞粑与苦荞粑一样都是用荞麦制作而成，与苦荞相比，"花荞是黑色的，有三瓣（籽），吃起来不苦"，这是村民口中的对比描述。

花荞粑的制作方法与苦荞粑类似，先将晒干的花荞籽打成"面面"，再用细筛将粗壳筛去后留下细细的粉，放入盆中加入适量的水与发酵粉揉捏，喜欢吃红薯的人会加入已经去皮蒸好的红薯泥一起捏，再静放发酵。发酵好后，再架锅烧水蒸粑。蒸之前，先将其捏成团状，一个个放在铺有叶子的"粑壁"上，全部弄好后便可加火蒸，蒸熟的花荞吃起来的口感如同馒头一般，香香软软的，深受村民喜欢。

花荞粑常常被作为一种休闲生活的零嘴，尤其是到了连续的下雨天，村民闲着没事就喜欢做点花荞粑来吃。不过现在种植花荞的人户已经很少了，村民们如果想吃了，会直接去集镇上购买。

（三）油炸类

刚出锅的热气腾腾、焦香酥脆的油炸食物非常诱人，广受好评。

1.炸洋芋鼓

火石垭村民将油炸出来的洋芋片亲切地称为"洋芋鼓"。在火石垭村，不管走到哪一家吃饭，饭桌上总少不了炸洋芋鼓这道菜，这既是村民日常生活餐桌上常见的菜，也是招待客人尤其是外来客人的"特色菜"。

洋芋鼓的制作分为两个主要的步骤，一是晒，二是炸。村民们将从地里挖回来的洋芋摊在家中的院子里，挑选一些未被虫吃的比较大个的洋芋，洗净削皮之后，切成薄片放入装有水的盆中泡上一段时间，然后将洋芋表层的淀粉过滤洗掉，再烧水放入锅中煮上一段时间，待洋芋快要煮熟但未煮烂时就可将其捞出，用冷水浸泡一会儿后，便可拿到太阳下晒干。

干洋芋片的制作一定要挑选天气，因为洋芋片一般要在连续几个大太阳天下才能够完全晒干，未晒干的洋芋片容易发黑或损坏而不能食用，所以村民们常常选择在炎炎夏日晾晒洋芋片。晾晒的洋芋片每隔一段时间就需要将其翻面晾晒，从而将两面晒制均匀，待洋芋片扭曲变形完全干透时，表明已经完成晒制工作，可装袋存放，平时需要时随取随作（图5-2）。

图5-2 晒干的洋芋片

需要注意的是，洋芋的切片不能太薄，也不可太厚，太薄了容易在大太阳的暴晒下贴在晾晒的石板上，以至于难以翻动或一翻就破；而切得太厚晾晒的时间更长，遇上不好的天气容易因晒不干而发黑坏掉，因此妇女们对切片厚薄的掌握自有一套独门秘籍。

炸洋芋鼓则是将油倒入锅中烧热后，再调至小火，将洋芋片倒入锅中炸至金黄即可食用，也可撒适量的盐调味（图5-3）。酥脆的洋芋片是火石垭人家家户户每年必做的一道小吃，就算自己没有种洋芋，也会自己买来做。

图5-3 刚炸出来的洋芋鼓

2.炸油糍粑

每逢赶集日，总能够看到小吃摊周围围着一波又一波的村民等待着，走近一看，原来是小炉子上架锅烧着一锅滚烫的油，摊主正在炸着一个又一个圆圆的粑粑，本地村民称为"油糍粑粑"。刚出锅的油糍粑吃起来香香脆脆的，深受村民喜欢，是赶集日比较好卖的小吃。

油糍粑用大米与豆子的混合物制成。大米与豆子打成的浆加上一点发酵粉，盛入模具，放入烧开的油中用温火炸至膨胀金黄，再出锅将油滴干，稍冷后即可食用。以前村民们会自己在家中制作，但是现在购买方便，价格也不贵，村民们更愿意花钱购买。

对于当天未吃完的油糍粑，村民们会将其先放置在冰箱的冷藏室，等到第二天煮饭，待米饭快要蒸熟时，再将油糍粑放在米饭上一起蒸热，方便食用。

（四）干制类

太阳给予了植物阳光以更好地生长，同时也让智慧的火石垭村民发现将家中种植的一些蔬菜通过晒干的方法可以达到长时间保存的目的，各种阳光照射下晒制出来的干制食品也是火石垭村的一大特色。

1.干豇豆

到了豇豆成熟的季节，村民们将豇豆采摘回来，两头去茎，洗净放入锅中用水煮熟，再用筛子放置或直接放在自家院子的石板上晾晒，每隔几个小时翻一次，等到豇豆弯曲变形、完全干透，便可用袋子装好储存，等到需要吃的时候再取出来食用。

火石垭村民一般喜欢做干豇豆炖猪蹄或者干豇豆炖肉。吃的时候将晒干的豇豆取出，用开水将其泡涨后，洗净再放入锅中炖煮，炖煮出来的干豇豆带有一定的嚼劲，回味甘甜，让原本发腻的肉汤变得清新许多。

2. 干四季豆

干四季豆的做法与干豇豆类似。采摘回来的四季豆去茎之后，用水煮熟后再晒干，等到萎缩变形完全干透后就可装袋储存。村民们对于四季豆的食用一般也是用其炖肉，但总体上，在口感上村民们更喜欢吃干豇豆。

3. 干野生菌

在火石垭村，野生菌可以算得上是一大特色（图5-4），不同季节生长有璇璇菌、牛肝菌、阳雀菌、大脚菌、蜂窝菌等。菌子在下雨的天气容易生长，所以在连续下雨之后的晴天，在山上便会见到寻找菌子的村民身影。他们往往满载而归。采摘回来的菌子一顿吃不完，一些村民选择将其制作成干野生菌保存。

图5-4 山中繁密的野生菌

煮熟的野生菌捞出锅后将水分沥干，将其摊在炉子的桌上烤干，也可在太阳底下晒干。用炉子烤要保证一整天炉子里的火不会熄灭，等到菌子弯曲变形干透后就可以包装储存。烤干出来的菌子一般呈黑色。

野生菌是季节性的食物，干制的野生菌能够储存很长一段时间，因此，村民们选择将吃不完的野生菌进行干制，满足随时都能吃到野生菌的愿望（图5-5）。

图5-5 村民家中风干的野生菌

（五）腌制类

腌制类的食品让一个个看似普通的火石垭村妇女在腊肉、渣肉、腌"荒瓜鱼"、腌酸菜、腌泡菜等技巧的展现中显得不再普通。

1. 腊肉

火石垭许多人家的火炉上方或者旁边的木桩上经常会吊着几块腊肉，熏得发黄的腊肉让人垂涎欲滴。切成薄片的腊肉混合上青辣椒一同炒制，看起来焦黄透亮，让人忍不住想要动筷品尝。夹一块放入嘴中，没有丝毫油腻感，只有想多品尝几块的念头。

在以前的火石垭村，几乎每家每户都喂养一两头猪，每年到了十一月（村民口中的"冬月"）的时候就有村民家开始陆陆续续地杀年猪、吃煲汤、熏腊肉了，这是年前村民最喜庆热闹的时候。年猪杀好之后，除内脏和一部分鲜肉用来待客外，剩下的肉可用来做熏腊肉，以便保存。将刚杀出来还带着热气的猪肉，切成条状，将其一头用尖刀切割出一个眼，再将肉放在大盆中，倒上几包食用盐，用手将盐均匀地抹在每一条肉上，在这个过程中需要注意两点：一是保证盐足够多，二是保证每一条肉的每一个地方都能够被盐抹到进味（图5-6）。这样做的目的是防止盐少而使肉变质发臭。抹好盐的肉条放在盆中静置一周，待盐味完全浸入肉中，可拿到自家的火炉旁或者专门准备熏腊肉的地方，用棕叶子或绳子从原来切出的洞中穿过，将肉条绑起来挂在火上熏。此时需要每天都烧火，火不能太大，主要还是靠烟或者火炉热气将其熏干，一般一两个月就能够吃上美味可口的腊肉了。判断腊肉是否熏好，是看整块肉都差不多快烤干并开始滴油时，就意味着腊肉熏得差不多可以炒着吃了（图5-7）。

图5-6　村民家中用盐腌制待"熏"的腊肉

以前熏腊肉主要是用百香树、桐子叶、椒子树、红椿树等树枝或者叶子，这样腊肉的颜色好，味道也香，但现在已经很少有人用这些树木来熏腊肉了，一方面觉得麻烦，另一方面现在育猪的人户少了，每年即使需要熏点腊肉都是去场镇上购买肉，用盐"渣"好后放在自家烤火的炉子旁边熏制，少了许多麻烦。

图5-7　村民家中挂起的腊肉

吃腊肉最麻烦的是洗腊肉的过程，这让很多妇女都感到烦腻。HXX曾抱怨道：

我硬是不能洗腊肉，真的是麻烦，一道二道还洗不干净，硬是要用刀一点点地刮才得行，麻烦得很。无奈平时我们做活路比较忙，没得那么多时间来弄，一般都是得空了就取两块下来做一下就洗了，洗好了就放在冰箱，随时要吃就随时拿出来炒就是了。

洗干净的腊肉切成薄片，再配上自家菜园的青椒姜蒜炒制，既有辣椒的呛人也有腊肉的飘香（图5-8）。炒制时一家子人经常会因为辣椒呛而连续咳嗽，炒菜的人就会调侃道："耶，我还没炒熟嘞，你都管得吃了嘛。"如此有趣幸福的场景让人忍俊不禁。

图5-8　锅中正在炒的腊肉

2.渣肉

渣肉是火石垭村民饭桌上常见的一道菜（图5-9），它的制作十分讲究。首先，将大米面或者玉米面蒸到七分熟，放凉待用，然后将买来的鲜肉洗净切块或切成片状，抹上米面，加入适量的盐、花椒粉拌匀，放入坛中，但不能放太满，再用粽子叶塞住坛口，把坛子倒置，放在装了水的坛盘上，如此可以密封起来，最后置于阴凉处。此时注意，坛盘的水需要经常更换，等待一周左右就可以食用。每次取出之后要及时封住。夏季时，一旦开坛，渣肉只能保存一个月。煮饭的时候顺便在上面蒸上一碗渣肉，简单方便。蒸好的渣肉口感酸酸糯糯，夏天吃有解暑之效。

图5-9　渣肉

3.腌"荒瓜鱼"

腌"荒瓜鱼"是火石垭村特色小吃之一（图5-10），其用"荒瓜"（南瓜）花制作而成，因外观形似鱼而得此名。村民常常一大早在露水还没有被蒸发掉时，就去地里摘南瓜花，回来之后洗干净撕开，铺平，整齐摆放在簸箕上，晒一两小时等到水分晒干，然后在南瓜花的背面涂上面糊，再将花瓣卷起来。涂面糊的时候要注意量的大小，多了容易包不住，常常一蒸就裂开了，少了便只剩叶子，不好吃。包好之后，再把它放进锅里蒸熟，接着又拿出晒干，此时所需的时间较长，晴天需要晒一天，晒好后可用袋子密封保存，也可放入罐中密封发酵一周后食用。烹饪时，常与青海椒一起炒，入口软，嚼起来却又十分筋道，不仅有黄花的清甜，还有青椒的辣味。

(a) 晒干南瓜花　　　　　　　　　　　(b) 涂上面糊

(c) 包好了的南瓜花　　　　　　　　　(d) 上锅蒸

(e) 炒好的"荒瓜鱼"

图5-10　"荒瓜鱼"制作

4. 腌酸菜

火石垭村民总喜欢吃了一碗饭后喝一碗酸菜汤。酸菜制作首选的是青菜，因为村民们喜好酸菜，所以几乎每家每户都会在菜园中种植一些青菜。想要吃酸菜时，村民就会到园子里采摘一些青菜，洗净后用水焯过一遍，放在密封器皿（村民一般使用的是胶桶）中，加入大半桶特制的水，让其密封发酵制酸。根据气温与季节的不同，制酸的时间也有所差异。炎炎夏日一般两三天就能够吃上酸菜，而在寒冷的秋冬季节则需要两三周的时间才能够制酸（图5-11）。

腌制好的酸菜，想吃时便可从桶中捞出，清洗之后切成颗粒状（青菜茎）或者丝状（青菜叶），放上油与盐、鸡精、花椒、姜蒜等调料做成酸菜汤，也可以直接炒制而吃。寒冷的秋冬时节，喝上一碗暖暖的酸菜汤让人的胃口不觉大增，饭菜都要多吃几碗，也能够化解吃肉的油腻感。

图5-11 村民家中腌制的酸菜

5. 腌泡菜

在火石垭村，喜好吃酸的家庭总少不了腌泡菜（图5-12），比较常见的泡菜食材有豇豆、辣椒、姜蒜、萝卜等，村民们腌制好的泡菜一般用于与新鲜肉炒制食用。

泡菜的制作较为简单，将想要制作泡菜的材料充分洗净并将水分沥干后，切成大小、长短适中的形状，放入自家泡菜坛子里，均匀加入一些花椒、大量白醋与食盐，配料须将泡菜坛子约4/5的位置覆盖，最后再放入冰糖，将其放置上两三周，待泡菜食材浸味变酸后便可夹出直接食用，或者与肉等炒制食用。

泡菜的腌制需要注意：一是食盐不能放少了，盐放少容易使泡菜不能完全浸味而出现泡烂发臭损坏的现象；二是需要放入一定量的冰糖，可以使泡菜保持脆感，不至于腌制出来的泡菜吃起来软绵绵的。

(a) 泡菜坛 　　　　　　　　(b) 餐桌上的泡菜

图5-12 腌泡菜

（六）其他类

除了上述主食、面食、油炸、干制、腌制等几大类的食物，火石垭村还有一些其他具有本地特色的饮食小吃。

1. 斑鸠叶豆腐

斑鸠叶豆腐，因其使用的原料是斑鸠叶而得此名，村民们也习惯性地称其为"神豆腐"。斑鸠叶豆腐的制作主要有五道工序。

第一步，将斑鸠叶树枝从山上砍下来，再将斑鸠叶采摘下来放在盆里或桶里。撒适量盐加水泡斑鸠叶半小时，起到消毒杀虫的作用。这时在灶里架柴烧水，然后再拿一个盆子装1/3盆的草木灰，将草木灰的黑色固体杂质挑出，再加入清水搅拌均匀，待草木灰沉淀，呈现水灰分离的现象。

第二步，时间到后，将斑鸠叶漂洗两遍，然后加热水烫熟，用锅铲按压，加冷水揉搓（像洗衣服一样），将其揉搓挤压成糨糊状，然后两个人用手挤压已经熟软的斑鸠叶，将残渣捞出（如果还要做第二盆），留下绿色的粘稠斑鸠叶液体。

第三步，拿出白色纱布，此时需三人协作，二人也可以。一人两只手扯住纱布的两端，另一个人用水瓢舀斑鸠叶浆液到白色纱布里，然后两个人一上一下地摇晃纱布，再合拢纱布变成球状。一个人全部捏住纱布，一个人双手挤压纱布球，不带任何杂质的绿色浆液就从纱布中渗出来了。如果想要得到更加纯净的浆液，只需要重复以上的步骤即可。

第四步，将绿色浆水静置（装浆水不能太满，因为要混合草木灰水），此时草木灰水已经沉淀好了，然后把装有二次残渣的纱布拿来"垫草木灰水"，即把草木灰水搅拌均匀，倒入有二次残渣的纱布里过滤草木灰水的杂质。

第五步，按4盆浆水与1盆灰水（视斑鸠叶汁液的多少决定灰水的量）的比例将1盆灰水分别倒入4个浆水盆里搅拌均匀，顺时针或逆时针搅拌，然后静置1个多小时。斑鸠叶汁液的浓稠程度、草木灰水的量会影响斑鸠叶豆腐成型的时间和软硬程度。1个多小时之后，斑鸠豆腐就成型了。

吃的时候只需要将斑鸠叶豆腐切成小块，然后调好蘸料蘸着吃。冷藏之后的斑鸠叶豆腐口味更佳，在炎热的夏天干活回来后，来上一碗冰凉的斑鸠叶豆腐，一天的疲惫感仿佛瞬间消失殆尽了（图5-13）。

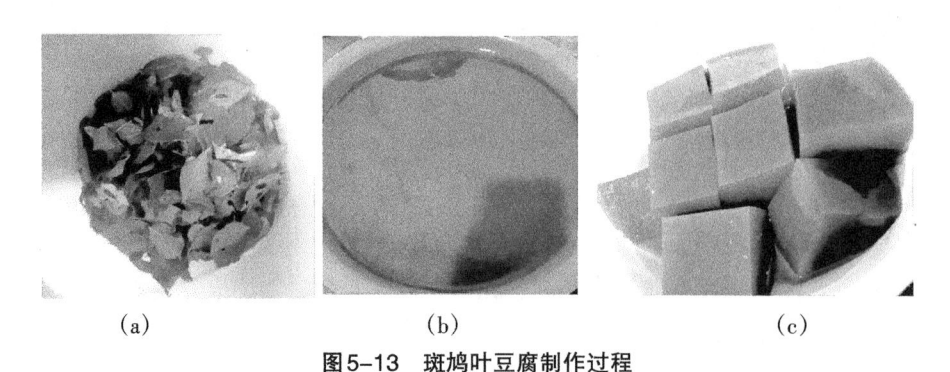

(a)   (b)   (c)

图5-13 斑鸠叶豆腐制作过程

2. 野生菌

火石垭地处山区，野生菌生长较多，村民们常常去山上寻找一些"山珍野味"。大山中有很多野生菌，有的是可食用的，有的却有着剧毒。所以在采摘野生菌的时候，一定要注意辨别。

村民们经常捡的菌子种类有羊肝菌、鸡油菌、蜂窝菌、旋旋菌（九月香）、大脚菌（乔巴菌）、露水菌、牛肝菌、红菌、板栗菌、牛苞菌、三塔菌、刷竹菌、黄奶浆菌、石灰菌（白奶浆菌）、阳雀菌等（图5-14）。

据村民口述，他们现在能辨认出的菌子已经有十几种，但即便是经常捡的菌子，大家还是习惯加入大蒜再验证一下是否有毒。对于野生菌的做法也有几种，一是煮沸后直接炒，称为"鲜菌"；二是沥干水后密封保存；三是做成干菌，晒干或者烤干后放进冰箱密封冰冻保存，用来炖汤或加入其他肉类一起炖着吃，十分美味。

图5-14 村民捡回来的野生菌

HCM爱吃菌，她早上6点就去摘菌子。她家在山上，因而比街上成群前往的妇女去得早，每次都收获满满。她说："我摘的都是完整的，乖的（好看的），他们街上的人摘的菌子没有我的乖。"回来之后，她把洗干净的杂菌放在柴火灶上的锅里用小火慢煮，至少需要两个小时。菌子一定要煮熟，没有煮熟的菌子可能带有一定的毒性。煮熟之后，再将菌子放在清水中泡着，然后淘洗。至少是四五道水的淘洗，让盆中水变得清亮，菌子摸上去不滑腻之后，再挑选好的装罐储存。装罐时，她放上一两勺盐，盐分的加入会让这一整罐菌子在冰箱存放的时间适当延长，"这样弄了之后，十天半个月都不会坏"。除这些杂菌，HCM还捡了一小盆的奶浆菌，用同样的办法煮好洗净，不放入冰箱，而是立马吃掉。HCM最爱将奶浆菌与面条混煮一锅，加了菜油的面条汤与鲜美的奶浆菌混在一起，是最美味的搭配。

3. 野菜

阳春三月，野菜正当时。所谓野菜，指的是可以食用的野生植物，是没有经过人工培育、在自然条件下生长成的纯天然的植物。生活在火石垭村的人对于野菜并不陌生，三五成群带着一把小锄头上山挖野菜，既是一次观光游，也是一次美味探寻之旅。在火石垭村民的记忆中，他们常见或者经常食用的野菜主要有折耳根、蕨苔、红椿天、蒲公英、汉菜、地木耳、薤头、野艾蒿、马齿苋等，每一种野菜都有着其独特的风味而受到村民们的青睐。

图5-15 村民采挖的折耳根

（1）折耳根。折耳根也叫"鱼腥草"，一般长在山脚和路边（图5-15）。每年2月就可以挖来吃，等到5月时，可以直接用手"扯"出来，不需要再挖。村民们采挖回来的折耳根一般用于凉拌，因折耳根具有开胃的功效，村民们普遍喜食。CXY谈起折耳根就笑容满面地说道："我熊那个，一个人吃（凉拌）的我可以吃一碗，那个是开胃的嘛。"折耳根也是一种药用植物，因此一些村民会将采挖回来的折耳根晒干之后拿去市场上卖，一般是1元/斤。

（2）蕨苔。村民口中的蕨苔也称为"蕨菜"（图5-16）。明代诗人罗永恭曾这样描写蕨菜："堆盘炊熟紫玛瑙，入口嚼碎明琉璃。溶溶漾漾甘如饴，但觉馋腹回春熙。"说的正是蕨菜味道鲜美。蕨菜也被称为"山菜之王"。蕨菜一般春天才会有，采摘蕨菜需要到山林中去。所以，每到蕨菜成熟的季节，村民们都会成群结队地上山采摘。

图5-16 蕨菜

图5-17 红椿天

（3）红椿天。红椿天即香椿，因上市的时候价格较高，又被称为"贵族菜"（图5-17）。香椿树的嫩芽可食用，每年春天香椿树开始发芽，叶厚芽嫩，绿叶红边，一般将香椿嫩芽洗净后切碎与鸡蛋一起炒着吃。在火石垭村民中有"一年吃上一两顿红椿天能够把身体里面的毒素排出来"的说法。据村民回忆，用红椿树熬水喝，对于"出肤子"（一种类似疹子的皮肤病）特别有效。

（4）汉菜。汉菜，火石垭本地村民叫"天肖米"，学名"苋菜"，是一种营养价值极高的野菜，在村民的田间地头随处可见（图5-18）。民间有"六月苋，当鸡蛋；七月苋，金不换"的说法，其具有清热解毒、补血、补钙、降血压的功效。

（5）地木耳。在火石垭村民家门口潮湿阴暗之处，远远望去能看到黑绿的一片，摸起来滑滑的，不注意踩上去很容易摔跤，这便是地木耳（图5-19）。有些人吃不惯地木耳软软的口感，有些人觉得地木耳长年生长在土地表面，携带的泥土很多难以清洗。喜欢食用地木耳的人一般将其炒熟或者煲汤食用。

第五章 饮食、居住与交通：非典型村庄的生活韧性　205

图5-18　汉菜

图5-19　地木耳

（6）藠头。藠头叶子长得像葱但又不是葱，茎长得像蒜但又不是蒜，但其与葱蒜是同一家族（图5-20）。藠头花颜色为灿烂绚丽的紫色，比葱蒜好看。《尔雅》中"释草篇"记载的四种辛辣的蔬菜"葱蒜韭藠"中的"藠"就是指藠头。藠头喜冷湿，所以在火石垭村海拔较高的地方都生长有藠头。村民们一般将藠头炒食，更多是腌制，清脆爽口。

图5-20　藠头

（7）野艾蒿。在火石垭村，野艾蒿是一种常见的野菜，多生于路旁、林缘、山坡、草地（图5-21）。野艾蒿具有理气行血、逐寒调经、消肿止血等功能，能治疗感冒、头痛、疟疾、皮肤瘙痒、痈肿、跌打损伤、外伤出血等症。

（8）马齿苋。马齿苋耐旱亦耐涝，生命力强，在村民的菜园、路旁随处可见，

图5-21　野艾蒿

为田间常见杂草（图5-22）。马齿苋虽是一种可食用的野菜，但在火石垭村民记忆中一般用于猪食，即他们口中的"猪草"。马齿苋具有清热利湿、解毒消肿、消炎、利尿的作用。

4.合渣

图5-22　马齿苋

合渣，火石垭村民称为"菜腐"，是一种用豆子和青菜做成的美食。制作菜腐需要用的原料是豆子、青菜、酸水或者石灰。先将豆子用石磨磨成浆，或用机器将豆子打成浆，浆弄好后在锅里烧水煮磨好的豆浆。这时需要准备一些青菜，洗净后切成细小的颗粒，等到锅里的浆煮开便可将青菜放入锅中与浆搅和，到浆快要煮熟的时候盛一

点家中的泡菜酸水或者使用石灰倒入锅中搅拌，为的是使锅中的浆与菜叶凝固成团。这时锅中的上层水逐渐变得清澈，然后再用"筲箕"压已经出浆的菜叶。为了加大重量有时还在"筲箕"上放一把铲子，让多余的水从"筲箕"的孔隙中冒出，再用勺把水舀出，这些水可以用来泡制酸菜。多余的菜腐水舀完之后就把锅中的菜腐盛入"筲箕"里再用锅铲将其按压一番，使菜腐里面的水尽可能沥干，沥干后菜腐就算制作完成了。

菜腐的吃法一般是汤煮，需要吃多少就往烧开的汤中煮多少。菜腐的制作讲究的就是"干"与"团"，做得好的菜腐在煮的过程中是成团不垮的。

可见，菜腐的制作还是需要一定的技巧的。现在村里很多人家都已不再使用石磨，所以菜腐的豆浆基本上变成了机器打制，但在村民看来用石磨推出来的更好吃。

5. 地牯牛

地牯牛，又称"宝塔玉珠""草石蚕"，因其生长在地下，茎洁白如玉，形如蚕蛹，成螺旋状塔形而得此美名，是黔江地区的特产（图5-23）。

在火石垭，地牯牛一般用于泡制食用。泡制的配料主要是饮用水、山椒、盐等。泡制的地牯牛吃起来酸酸脆脆的，别有一番风味，现在已经不再有野生的地牯牛，想吃的村民只能用钱去场镇上购买制成的"宝塔玉珠"，一包400g，市场售价为8元，一包可以吃两三餐（图5-24）。

图5-23 生长在地里的地牯牛　　　　图5-24 市场上购买的"宝塔玉珠"

三、饮食规律与待客之道

与大多数村落一样，在长期的生产生活中，村民们形成了一定规律的生活、饮食习惯，其待客之道也有当地特色。

(一)"一日两餐"的规律饮食

中国是农业大国，尤其是在传统社会，人们"日出而作，日落而息"，很多书籍都有一日两餐的记载。《后汉书·王符传》中说道："百姓废农桑而趋府廷者，相续道路，非朝铺不得通，非意气不得见。"其中，"朝铺"指的就是"朝食"和"铺食"，也就是早餐和晚餐之意。

火石垭村延续着"一日两餐"的规律：在太阳升起之前，火石垭村民就已经在田间劳作两三个小时了，这时候他们会回家吃早餐休息一会。一天中的第二顿饭要在太阳下山、结束一天的劳作之后才吃。虽然现在生活条件比以前好得多，但火石垭村的人们已经形成了一日两餐的习惯，很少改变。一直以来，火石垭村缺少水田，没有办法种植水稻，在饥荒年代，村民常常没有粮食吃，主食以玉米为主，在不得已的情况下以"一日两餐"拮据度日。随着经济社会的发展，村民的生活水平有了很大的提升，如今村民的用餐习惯根据自家人的喜好有所差异，有的人户延续着一日两餐的饮食习惯，而有的人户选择"一日三餐"，还有一部分人家有时候吃两餐，有时候吃三餐，根据每个家庭的情况自行决定。老人家CXY笑着说：

以前是没得条件嘛，一天能吃上两顿都不错了，现在条件好了噻，想吃么子都买得到，自己想吃随时都可以煮，看各家人习惯。像我热天基本上不爱吃，也不晓得饿呀，但是要做活路，一天起码还是要吃两顿才得行，才有力气噻。

不管生活条件如何改善，变的是村民根据自家情况自行决定的饮食餐数，不变的是为劳动保障体力的两餐规律饮食。

(二)"泡茶倒水"的待客之道

以茶会客是我国博大精深茶文化精神的体现。调查中，笔者在每家每户都能看见厨房零散地摆放着几个热水壶，本以为只是秋冬的时候才会派上用场，但却在主人家一句"喝茶还是喝开水，我去给你qūn点儿"的话语后发现了这些水壶的用处，是家中随时准备着的为前来做客的人"泡茶倒水"所用的。

"喝开水"是村民们即使在炎热的夏天依旧坚持的习惯。以前的火石垭村水资源十分匮乏，常年处于缺水状态，家中饮用的水主要是山泉水。村民上山挑水，以满足家中的日常需要。山泉水多多少少带有一些灰尘杂质，村民为了尽可能保证卫生只能够烧开后再喝。

我们以前那些水全是泥巴汤汤哟，挑回来就澄（放）到那里，让它下沉噻，两三个小时差不多泥巴都沉下去了，上面的水就干净了噻，就用来煮饭那些。那时候伏天天干缺水，干筋（大家）都是抢水嘞，我觉得有些人生病可能就和水不干净有关。

白开水味道过于单调，因此，便宜的茶水成了火石垭村民不可或缺的饮品，为来客泡上一杯热茶也成为村民的待客之道。当地每家每户都备有茶叶，只要家中一有客人来，便会端上一杯热茶，以茶话家常。村民喝的茶叶，有的是场镇上买来的碎茶，有的是自己种的"土茶"——等到茶叶成熟时，便去采摘，然后自己在家用锅炒，炒好之后封装起来。

村民们经常喝的茶有红茶和绿茶之分，其中最具特色的是每年夏季极受欢迎的"老鹰茶"。老鹰茶是毛豹皮樟的嫩枝嫩叶晒干后制作而成的，具有解渴去暑、消食解胀、解毒消肿、明目健胃、散瘀止痛等多种功效。炎热的天气，当村民们顶着烈日从事农业劳动时，习惯带上一杯泡好的老鹰茶，能够在补充水分的同时达到解渴去暑的功效，在很大程度上减少了中暑情况的发生。HXX说：

一到了热天，我们屋里就喜欢喝老鹰茶，我每天都要喝这个壶（约2升）两大壶，我硬是要喝这个老鹰茶才止得到渴，像我们一天做活路太热了遭不住呀，但是喝了这个老鹰茶就要好很多。

一杯热白开水或者热茶，不仅表现了主人对客人的一种尊重，同时也拉近了宾客之间的关系。暖的不仅是身子，更是人心。不仅如此，村民已经将为客人主动倒茶作为一种待客礼仪，传授给自己的子女，培养子女礼仪意识。如YCH每次提到两个女儿很懂事就十分自豪：

我们没有特别教她们，但是从小都给他们说客人来了要喊人、qun茶倒水呀这些，这个是最起码的礼节嘛，她们还是算懂事，来客人的她们都晓得qun茶倒水这些，做这些还是得行。

常备白开水，以茶待客，将火石垭村民的养生之道与待客之礼彰显得淋漓尽致。

第二节　舒适安逸的居住环境

一个村庄的整体面貌在很大程度上与房屋建筑有着直接关联。走进火石垭村庄，既能看到土家族传统的吊脚楼民居，也能看到一幢幢高低错落的小二层砖房。不同样式的房屋，显示出新时代环境下逐渐变化的居住观念。

一、房屋结构的变迁

房屋建筑是反映一个族群或区域历史记忆的直接形式，也是其保存和维系共同历史记忆的重要方面。目前，生活在村里的村民关于房屋的记忆，是从土房开始的。当然，大多数村民对土房的记忆并不深刻，有记忆的仅是七八十岁以上的老年人。谈起土房，他们总会说："原先那个土房是用墙板打好、用土泥巴糊成的，就像我们原来那个黄色的土烤棚一样。"但他们对具体的修筑技艺已经没有更多记忆。对于村民而言，当时重心是生产，温饱问题都难以解决，何谈修房？房子对于他们而言仅是一个取暖避风地方。不过，这样的土房到了20世纪末逐渐消失，当前已经难以见到。

（一）尚存民族特色的木房

现在村里的房子主要有木房和砖房两种。前者被当地人称为"木房子"，有普通木房与土家吊脚楼等混合形制。

吊脚楼是土家族最具特色的传统民居，在古代文献中被称为"干栏"。它虽然是用木材建造的，但是与普通的木房有着一定的区别。普通的木房是平地修建起来的，而吊脚楼有着一个转角，底层悬空专门用来育猪堆柴，只有上面一层供人居住，因而整个吊脚楼只有柱头在地面。当前火石垭村的木房多为普通木房（图5-25、图5-26），其修建常常以五柱三间，七柱三间为主，在同一空间内有不同的功能划分，如堂屋、火塘间、卧室、厨房等。

图5-25　火石垭村搭建的木房　　　　图5-26　火石垭村现存木房

从房屋的设计形状上看，传统的木房大体包含了一字形、L形、U（簸箕）形等几种类型。一字形沿横向依次拼接形成三开间。一字形布局是以往修建的房子中最常见的住宅形式，但即使这种最简单的类型在内部空间的划分上仍有许多不同之处（图5-27）。

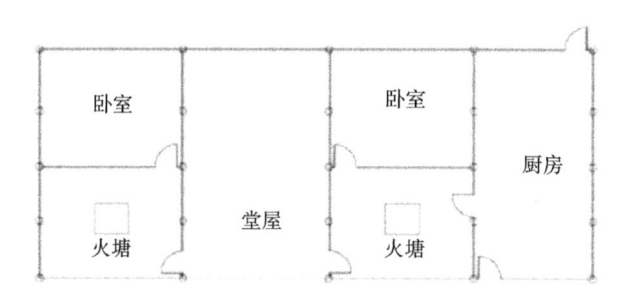

图 5-27 一字形木房布局示意图

L 形即一正一厢的纵横连接形式。有的会将厢房做成两层，其底层常随地形高差架空或稍加围隔用于储存杂物（图 5-28）。大部分人家是在分家后开始修建厢房。

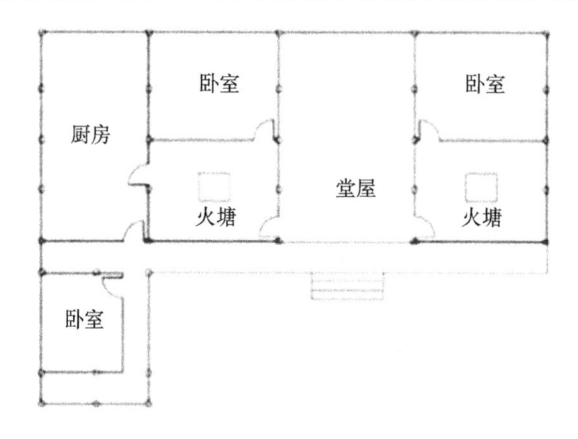

图 5-28 L 形木房布局示意图

U（簸箕）形在村里并不多见，目前仅发现一组的 YJK 家老房子是此房型，只是现已复垦，只留下一侧厢房可想象当时情况（图 5-29）。

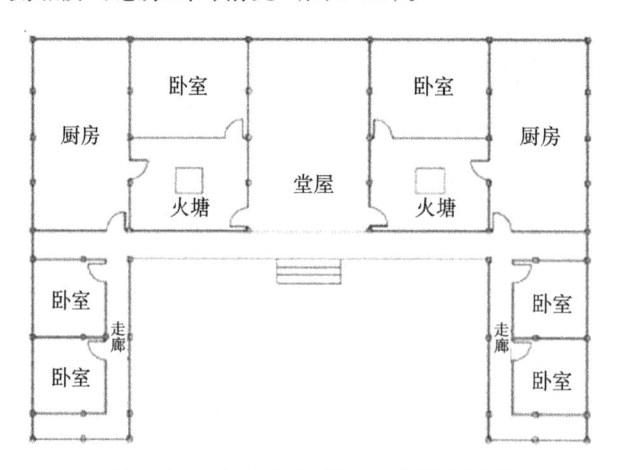

图 5-29 U（簸箕）形木房布局示意图

U（簸箕）形的堂屋没有天花板，屋架外露，正面墙上设有神龛，贴有"天地君亲师位"，供奉香火，两边配以对联，神龛下通常安放香火桌。堂屋具有象征意义，是家中最神圣的地方。家中的重要仪式如祭祀祖宗就在堂屋中进行。同时，堂屋也具有生活实用功能。除平时兼作部分起居室外，更主要是作为家庭对外社交的活动场所，婚丧嫁娶、接人待客、设宴办礼都在此进行。

堂屋旁边两间称"小二间"，会铺上地板并盖上天花板，依中柱起木隔墙分作前后两间，前设火塘，后设床（图5-30）。火塘嵌于木地板中，周边封以条石，其中常置三角架以搁放锅盆，其上悬挂木架以熏制腊肉。火塘为日常做饭、取暖之用，是家庭的核心生活空间。

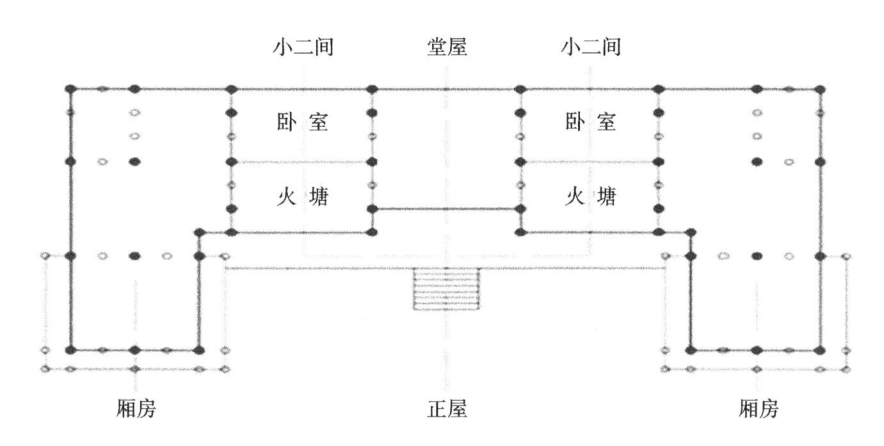

图5-30 "小二间"木房布局示意图

附属房间为厕所、猪圈、牛栏，构造简单。厕所为旱厕，早期厕所与猪圈同在一起，不设隔间，后面因为人们的卫生意识提高，才设有隔间与猪圈相邻，便于清理人畜粪便用作农肥。附属房间常与正屋保持一定距离独立设置。

（二）装修各异的砖瓦楼房

20世纪90年代末，在市场经济的影响下，一批批火石垭村民走出家乡到沿海发达城市务工，有了一定的积蓄后便回到家中修建房屋，将自家原本较小的木房子拆掉重新修建楼房。一时间火石垭村的传统木房一间间消失，一栋栋装修各异的小二层砖瓦楼房拔地而起。

许多村民结婚成家后开始分家，几年后生育几个子女，他们分家出来的房子不足以满足一家四五口的居住，修新房子势在必行。在选择修建什么样的房屋时，村民们认为从稳固性与潮流性方面来说，楼房比木房可靠。所以，务工几年的村民，回到家中第一件大事就是修一栋小二层的楼房。

火石垭村一组是最接近街区道路的地方，住在这里的居民最早修建砖房，在2000年陆续有人家开始修建，并在2010年后达到一个小高峰。因为根据国家易地扶贫搬迁政策，从2009年起修房子可以获得1万元以上的补贴，因此村里许多人户都趁此机会修建了新房。在"精准扶贫"时期，一些建档立卡户也借助政策，利用贷款和补贴住上了新房。SSC家的房子是2018年建成的，共花费27.8万元。他在2016年先修了第一层，从银行无息贷款5万元，贷款了两年，直到2018年攒了几万元钱后开始修第二层。2019年评上了建档立卡贫困户，6口人获得补助6万元，后来将居住的木房复垦又获得补助5万元，建档立卡贫困户补助3万元。靠着这些补助，他才将家中的二楼陆续简单装修好（图5-31）。

图5-31　火石垭村砖瓦楼房

住在山上的CFJ与父母分家之后，分到的房屋不足以满足一家四口的居住，于是他从1997年开始外出务工，储蓄好资金后于2008年开始修新房。房屋大约150~160平方米，一楼有9间房，包括2间卧室、灶房、火炉房、冰箱房、2间储物间、2间厕所，二楼有7间房，包括5间卧室和洗漱间、厕所间，总体修建下来花费30多万元。这幢房子是夫妻二人奋斗大半生的积蓄换来的，也是为两个儿子修筑起的温暖的家。

> 我们劳苦劳累大半辈子，我们能做的也就是给他们修个房子嘞，格外没得么子钱可以存啷，全部都在这房子上了，现在楼上都还有厕所那些没整，都没得钱嘛，打算明后年就把它整起来，我们做这幢房子还是不容易。

现在的砖房基本为平顶结构，为了降温，房顶上通常会修建一个水池用来存水，里面的水叫作"板水"，在停水的日子可以用蓄积的水。房屋一般都是两层，少数三层。从装修风格来看，一层基本不会有过多的装饰，基本上保持原来的乡村味道；二层多数会进行装修，向现代风格靠拢。

现代民居楼房建造技艺相对木房结构较为简单，在用料上主要是钢筋混凝土加水泥砖，有规范的图纸参考借鉴。以村民LKH家为例，他和自己的妻子长年在外打工，2021年回到家乡后，打算建一栋给自己养老的房子（图5-32）。一层的层高为3.2米，二层、三层的层高会逐层递减，门为2.1米高、0.9米宽，窗户为2米高、1.8米宽。这些数据并不是固定的，可以根据主人的要求变化，有些村民觉得房子太小会在二楼两边进行延伸扩建。

2000年后，村里面一幢幢的木房子替换成了楼房，并且因为各家的喜好不同，建筑方式与装修风格也不相同：有的人家大门是木制的，有的人家用的铁门，还有一些人家安上了卷帘门。不仅如此，在内部装饰上也根据不同人的审美有着不一样的风格，尤其在地板砖的选择、洗漱台与厕所的架构，以及门窗等的装饰上有着较大的差异。

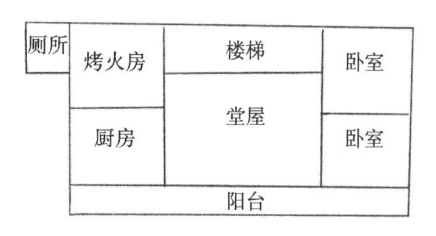

图5-32 村民LKH家一楼构造

二、房屋的建筑技艺与仪式

一个地方的风土人情能够通过房屋建筑的结构布局得以体现，对于外来者来说那是村落对外展现的"明信片"，让人第一眼就能对村落的特色有较为深刻的印象。作为一个少数民族传统村落，火石垭村的房屋在修筑的时候有着一定的技艺讲究与仪式过程。

（一）设计与建筑技艺

传统吊脚楼一般正屋落地，左右加设与正屋正交的厢房作吊脚形式，由此围合成半干栏院落。火石垭村的吊脚楼修建结构为穿斗木构架体系，这是南方传统民居普遍采用的结构形式。穿斗架由柱子、穿枋、斗枋、纤子、檩木五种构件组成，以柱子和骑童（短柱）承檩，檩上承椽，各穿枋既有拉结作用，又起承重作用。每排构架纵向由檩和斗枋连接，柱脚以纵横向的地川和地斗联系，上下左右联为整体，组成房屋的骨架（图5-33）。

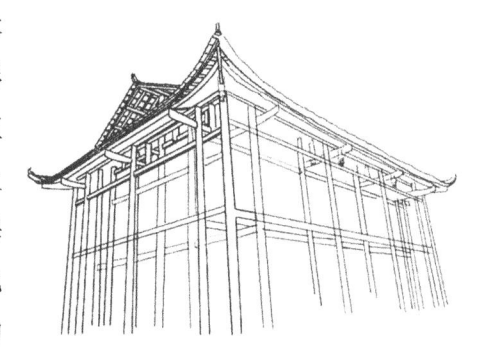

图5-33 穿斗木构架体系房屋建筑

平面层面上，吊脚楼由正屋和厢房组成。正屋大多为四排三间，中间称"堂屋"，为增加房屋前坪活动空间，堂屋入口处一般略向后退，左右两间称"小二间"，室内用中柱划分使用空间，前半间作火塘屋，后半间作寝室。两厢房大多左右对称，也可根据实际情况灵活调整。

厢房一般比正屋矮一步水。"一步水"是穿斗架每两檩之间的构造形式，"步"是檩间水平距离，一般为3尺；"水"是檩间垂直距离，若屋面为5步水，则水为一尺五。吊脚楼的开间和进深大小都由步水的多少来控制，这样，"步水"就成了整个吊脚楼穿斗架的一种度量单位。

穿斗架的构件主要有竖直方向的柱子和水平方向的穿枋、斗枋。柱子是竖向的构件。其中落地的柱子，从内向外依次为中柱、一金柱、二金柱、檐柱；不落地的柱子，像小孩骑在大人肩膀之上，被当地人形象地称为"骑童"。穿枋和斗枋是横向的构件。其中，进深方向的叫穿枋，自下而上分别是地川、一川、二川、挑枋、三川、顶川（图5-34）。

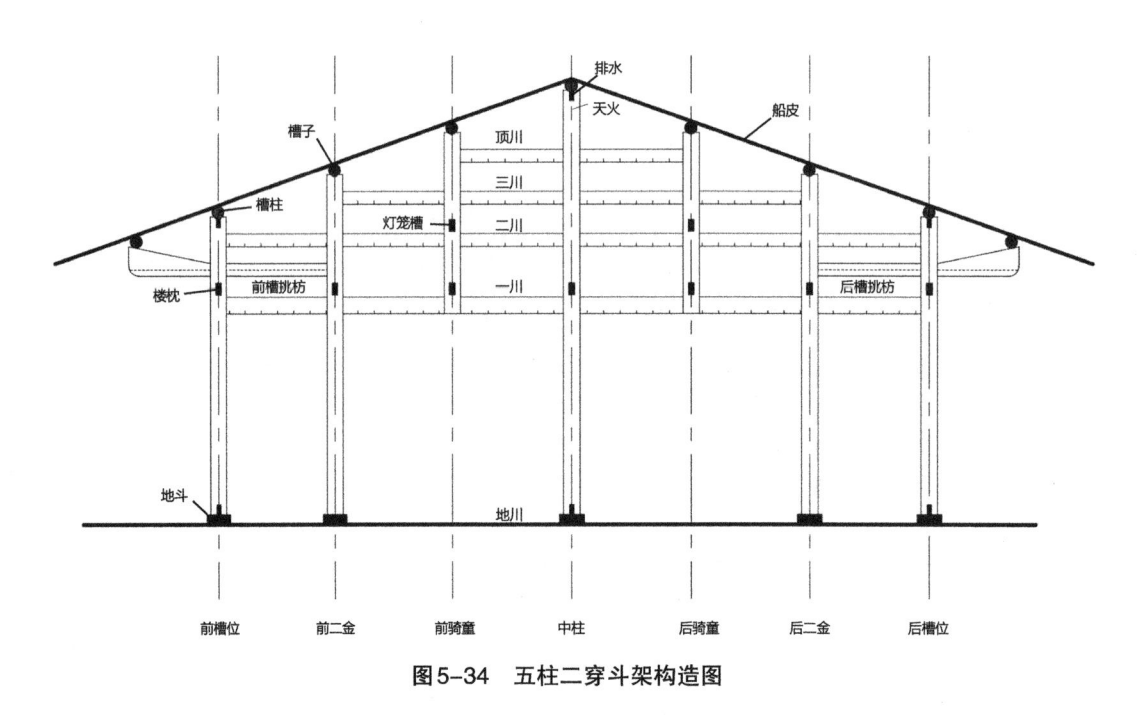

图5-34 五柱二穿斗架构造图

穿斗架方位及构架上，传统木屋有正屋和厢房两套平面方位体系，以前、后、东、西来划分。在正屋的平面方位体系中，前，是正屋面朝的方向；后，是正屋背朝的方向；人面前背后而站，左手为东，右手为西，但并非真正的东西方向。同样地，厢房也是按照这个来确定方位。

柱子的命名上，原则上是每一根柱子都有独一无二的名称。

正屋各排扇从前往后依次是（图5-35）：东山排扇：东山前檐柱、东山前二柱、东山前骑童、东山中柱、东山后骑童、东山后二柱、东山后檐柱；

东中排扇：东中前檐柱、东中前二柱、东中前骑童、东中中柱、东中后骑童、东中后二柱、东中后檐柱；

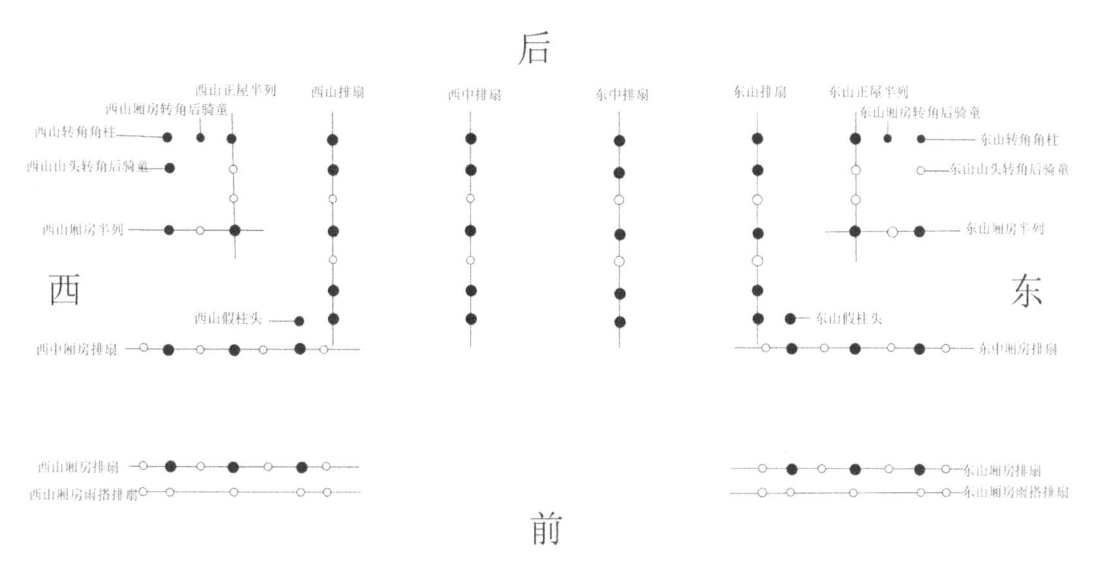

第五章　饮食、居住与交通：非典型村庄的生活韧性　　215

图5-35　吊脚楼平面方位及排扇示意图

西中排扇：西中前檐柱、西中前二柱、西中前骑童、西中中柱、西中后骑童、西中后二柱、西中后檐柱；

西山排扇：西山前檐柱、西山前二柱、西山前骑童、西山中柱、西山后骑童、西山后二柱、西山后檐柱。

厢房各排扇从前往后依次是：

东（西）山厢房雨搭排扇：东（西）山厢房雨搭前角柱、东（西）山厢房雨搭前檐柱、东（西）山厢房雨搭中柱、东（西）山厢房雨搭后檐柱、东（西）山厢房雨搭后角柱；

东（西）山厢房排扇：东（西）山厢房前雨搭柱、东（西）山厢房前檐柱、东（西）山厢房前骑童、东（西）山厢房中柱、东（西）山厢房后骑童、东（西）山厢房后檐柱、东（西）山厢房后雨搭柱；

东（西）中厢房排扇：东（西）中厢房前雨搭柱、东（西）中厢房前檐柱、东（西）中厢房前骑童、东（西）中厢房中柱、东（西）中厢房后骑童、东（西）中厢房后檐柱、东（西）中厢房后雨搭柱；

东（西）山厢房半列：东（西）山冲天炮、东（西）山厢房半列后骑童、东（西）山厢房半列后檐柱；

东（西）山正屋半列：东（西）山冲天炮、东（西）山正屋半列后大骑、东（西）山正屋半列后小骑、东（西）山正屋半列后檐柱。

通过比较可知，选取的构架类型柱子越多，房屋层高和进深尺寸越大。大木匠师一般通过房屋地基大小和屋主财力情况来选取构架类型。当地吊脚楼正屋构架以五柱三间最为常见，屋面八步九檩，前后各四步水，与之搭配的厢房构架为三柱二间。

对于当地传统木房穿斗架的构架及构件如何设计定位，几位掌墨师给出了一致的说法，以正屋为例，具体步骤如下：

一是中柱高度，一般在一丈六尺八到一丈九尺八之间，多为一丈六尺八。

二是屋面坡度，当地称为"水面"。一栋房屋的水面要适度，太陡会出现滑瓦，太缓不利于排水。房屋水面一般在四分半到五分半之间，多为五分水。

三是步水，当地房屋的檩间垂直距离"步"一般在二尺五到三尺二之间，多为三尺。再结合五分水面，可计算出檩间垂直距离"水"为一尺五。

四是正屋进深，五柱二骑的排扇每根柱上都承托檩子，那么就有八个檩间空隙，每个空隙的水平距离"步"为三尺，可知正屋进深为二尺四。

五是余下柱高，根据"水"的尺寸可知，余下柱子高度在中柱高度基础上从内向外依次递减一尺五。

六是各穿枋位置，按照当地"天空地不空"的说法，房屋下层的使用空间高度要小于上层的屋架高度。一般为了达到这种效果，下层使用空间的上沿，也就是楼枕上沿，在中柱高度一半的位置下移8分；楼枕下沿往下3寸是一川上沿；檐柱往下6寸是二川上沿；二金柱往下6寸是三川上沿；骑童往下6寸是顶川上沿。厢房的中柱高度比正屋矮一步水，除此之外，其他部分的设计定位方法同上。

在保证结构构造的坚固和稳定的同时，也兼顾房屋整体和构件的形式美，甚至有的做法本身就是一种美的形式。穿斗架中这类做法大致有以下几种。

一是冲天炮。正屋和厢房的连接部分叫"磨角屋"，立于磨角屋中又同时承接来自正屋和厢房屋脊荷载的柱子叫"冲天炮"，也可称作"伞把柱"。"冲天炮"是正屋和厢房在构造上能完美结合的关键，它的创造体现了木匠师傅的高超技艺。

二是板凳挑。板凳挑能加深屋檐的出挑，增大檐下的使用空间，一般只在正屋前方使用。因板凳挑做法自身所呈现的结构美，掌墨师WTY又将其称作"白马亮蹄"。具体做法为：一川出挑（作平挑、曲挑均可），上立短柱，称"前瓜柱"，前瓜柱柱头承檩；前檐挑枋在原有基础上多出挑一步水，其上承檩；二川也出平挑，穿于前瓜柱，使整个结构更加稳定。

三是踩檐冲脊。踩檐冲脊是指通过升高中柱和檐口高度使房屋屋面形成富有规律曲面的做法。该做法能增加建筑美感，并防止滑瓦。可分为踩檐和冲脊两部分。

四是升山。升山是指中排排扇柱高保持不变，山排排扇和"冲天炮"柱高依次升高从而使房屋屋脊形成一条优美曲线。山排排扇上的柱子在中排排扇柱高基础上升高三寸；"冲天炮"在山排排扇中柱柱高基础上升高三寸。该做法在技术上解决了因檩子树兜大和树梢小的尺寸问题（安放檩子要树兜朝向堂屋，树梢向山头）；在审美上使房屋的两头略微上翘，形式更为美观；同时，矫正了因为观察距离而形成的错视现象。升山是南方穿斗架的常用手法。

五是构件榫卯收分。大木构件粗大笨重，安装难度较大，这就要求制作榫卯时要注意松紧适度，既不可过于松懈丧失节点的结构功能，也不能太紧给安装带来困难。榫卯收分能让构件入榫后连接更加稳固，不易脱榫。

在火石垭村更多现存的木房是普通的平地修建起来的木房，普通木房子的房屋主体结构与吊脚楼差不多，只是有一个空中转角的区别（图5-36）。

木房子的修建主要以丛木树与百香树为材料，由于百香树价格较为昂贵，所以总体上以丛木树居多。木房子的修建需要大量的木料才能完成，村里修建的房子一般都是三间或者加上转角（灶房、火炉房）五间起修，三间的木房子需要20多立方米的木料才能修筑完成。

图5-36 村民家的吊脚楼

村民CXY描述了自家1978年修建的一丈二八长、一丈三八深的三间木房子需要的木料，木头一般是村民从山上砍伐回来请木工师傅改造而成。

无论是吊脚楼还是普通的木房子，传统房屋建筑的保存都能够看得到火石垭村庄的土家族特色与历史文化底蕴。

（二）立屋过程的讲究

无论是传统的木房，还是现代化的砖瓦楼房，在修建的过程中都有着一定的建筑技艺讲究。首先为选址、定向，选址又称"选屋场"。选址的方式多种多样，一般情况是请先生秘密进行的，一是测山势吉凶，确定房屋的形制；二是定吉利的方向，确定大门向何方开。其次是平地基。以前修建木房子不像现在修房子一样挖很深的地基，只需要把地面弄得平整就行了。

再次是正式营造。选完木材后（常用白杨树、杉树），破土动工。具体流程有画墨、荒料加工、角斗、排扇、立屋、砍梁木、加工梁木、上梁、装木板，最后完成装修。每个步骤的工序都十分复杂。由掌墨师画柱头眼，这也是权衡掌墨师技术是否达标的标准，掌墨师还会在每根柱子上画代表方位的符号（各掌墨师画法有所不同）。

最后便是立房上梁。上梁是立房中一个重要的仪式，上梁前，要先把正梁和看梁（安装在堂屋屋檐的梁）用高凳架在堂屋，并严禁人从上面跨过。准备好后，主人家对着梁中央跪在地上，然后掌墨师手持"八分凿"❶，开始"开梁口"。这时，掌墨师傅口中会念"福事"，即吉祥的话语，开梁口时候产生的木渣，由跪在梁前的当家人用上衣接收，再用红纸包好，放置在中柱的梁口里。村民认为这样做了，主人家就能发财。于是上正梁，正梁上进中柱梁口，要刚好压住包着木渣的红包。上完梁，主人用茶盘端上糍粑进行"抛梁粑（糍粑或米粑）"的仪式，再扯上正梁。茶盘置于正梁中央，然后从掌墨师傅开始，木匠师傅们手持酒瓶，沿着木梯子爬上去，边往上爬边念福事。此时的大梁正中会挂上红布并写上"紫微高照"，两侧会写"富贵双全、天长地久"，挂的梁布通常为八尺八长（图5-37）。

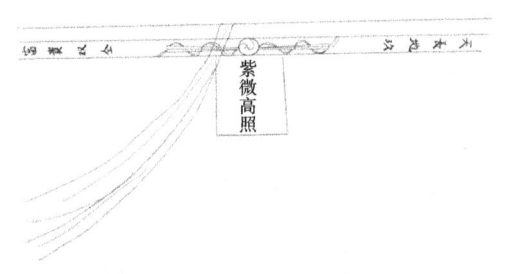

图5-37　木房大梁示意图

整个仪式持续一上午，这是修房过程中最热闹的一天，主人家会邀请亲朋好友前来共沾喜气，共享快乐，热闹非凡。这一天过去之后，木房正式开始立柱。新式的房屋则没有这么多的讲究，只在修成当天请好友邻居前来做客吃饭便可。

三、居住观念的变化

随着火石垭村民生活水平的提升，村民的居住环境与条件也发生了很大的变化。经济基础决定上层建筑，有了更好的条件对于生活质量的追求也更高，从木房到砖瓦楼房，从乡村建房到城市买房，表面上变化的是村民的居住条件与村民对居住环境的选择，实质上最为主要的是村民的居住观念有了新的变化。

（一）面积由小到大

在传统的木房子里，村民围绕着只要能够满足一家人的居住需求，基本上一人一间，家中来了客人就与家里人合铺而睡。但楼房不同，面积普遍是120平方米以上，每家每户都有多余的空房间。家中修建了大房子的YCJ说道：

---

❶ 一种房屋修建木工工具，主要用于大木和装修上柱枋榫眼和门窗装修的打眼挖孔。

现在这些房子都是要做大，做小了不得行，屋里人多的话来个客人都不得行，加上现在楼上楼下都做得有厕所，还是要修大点，小了不好看，最起码每个人至少有一间噻。我当时想着两个娃儿结婚了他们回来住，一家再有两个细娃，那还是要够那么多人住噻。

生活条件变好的同时，村民的需求也在不断地提升，YMX回忆：

我们这个老房子有点窄，娃儿他们自己家都有四个，等以后孙子他们长大了就不好住了，所以儿子修了一厢砖房子在下面。但是现在还没得那么多钱，还没装修好，所以他们都还是和我们住到一起的，等过两年都弄好他们就会搬下去住，也宽敞一些。这个老房子就我们两个老的住，也不会那么挤，像我们这样人多了的话房子必须修大点才得行噻。

（二）装修由简到精

在木房子时期，各家各户的房子看不出多大的差别，而各自建的小楼房单从外观上就能看到巨大的差别，装修风格各异。房子对于村民而言是生活的避风港，是长期居住的地方，因此在自家能力范围能够承受的情况下会选择更好的装修风格与材料。

RZA家的房子是二组上修建最早的，2008年就开始动工，与CFH家修建的"小别墅"有着较大的差异。HZP评价道：

现在时代不一样了，前面那些先修起来的房子装修和现在这些肯定不一样，现在这些样式要好看得多。而且现在的人都比以前有钱点噻，他就要讲究点，以前是没得钱满，款式那些也没得那么多，当时人也没得那么讲究嘛。

村民对于居住的要求不再是能有地方睡就行，出现从"居者有其屋"到"居者优其屋"的转变。村民YXQ家的房子，二楼装修就花了十几万元，买家电也是选择知名品牌，并专门去黔江城里购买，因为在他看来选择品牌货一是质量优，使用感好；二是有良好的售后保障，用着放心。

（三）地点由乡到城

十几年前，火石垭村中有许多村民就已经去黔江城里购买小区商品房了。以火石垭村二组为例，目前在黔江城区购买房子的有十二三户，占组内1/5的户数。这些去城里买房的人大多为了子女的教育，因为只有在城里定居，拥有房产证或者购房合同才能够拥有在城里上学的权利。CJG叹着气说：

没得法，细娃（指其孙子）那些要读书嘛，如果他们到城里去读书，一年房租加上生活开销算下来就是一两万块钱，读十几年书下来的话也要三十几万块嘞。当时在城里买房子房价也还没得好贵，我们就觉得买房子还是要划得来些，所以我们很早在城里买房子了，他们（孙子）两个现在读书那些就比较方便了，平时我们两个老的去城里玩的话也住得下。

还有一些受过高等教育的人，因为工作或者同辈压力等因素在城里购买房子。一方面，他们本身不会种地，主要依靠知识文化谋生，在农村没有适合他们的职业，只能在大城市工作；另一方面，他们有更高的追求，所以城市是他们的打拼之地。CXY说到自己的孙子搬进城区，也表示认同：

他们这一辈读书出来的人让他们回到农村来住也不太现实，回来工作都没得，肯定要到城里买房子的嘛，只是说看他们的工作在哪里，就把房子买到哪个地方，他们这一辈人从小都没吃苦，你让他回到农村来他都耐不活。

"80后""90后"一代人到城里买房，他们的父母表示理解与支持，也不一定坚持让子女陪伴在自己身边，为自己养老，而是想让子女有更好的发展。如ZZY表示：

现在这个社会发展是这样嘛，你不可能喊他（儿子）一直都陪在你身边嘛，他要工作呀，在这些小地方又没得合适他们的职业，回来了起么子作用嘞。所以我儿子以后要到重庆买房子我们也不会反对，只是说我们当老的帮不到他么子嘞。我们老家有这幢房子，他们以后回来的也有个住处，他们以后到城里满邀请我们，我们也去耍哈看哈，没邀请我们，我们两个老的在这里也耐得活，不用他们太操心嘛。

在城市买房是大趋势。但是目前留在村里的中老年村民认为，如果可以兼顾的话，他们还是希望能在老家的农村生活，如CFQ表示：

我在城里硬是住不习惯，一天都是待在屋里，一出去就是要花钱。邻居那些又不认识，都没得个串门的地方，去别个家屋里还要脱鞋子，注意这样注意那样，家里面来客人多了，一点菜还安排不下来，还是在农村安逸一些，没得那么多讲究，空气都要新鲜好多。

已经工作两年的大学生CJL也曾说自己喜欢在农村生活，觉得家里温馨舒适，让人特别安心愉悦，所以他几乎每个月末都会回老家待上两三天。虽然路途是奔波劳累的，但是想到家中等待自己的家人与新鲜的空气和可口的蔬菜美食，一切的疲惫都是值得的：

我每次回来睡觉都睡得特别的香，总是觉得觉不够睡，但是在公司我经常睡不着。我可能还是比较喜欢屋里（老家）一点，空气都新鲜好多，无聊了还可以到处串门，尤其是我们小伙伴大家一路到处耍。你看那些城里面的小孩子，哪里有农村的这些活跃嘛。所以每个月我基本上都会回来待上个几天，真心觉得很安逸。

第三节　快捷便利的村落交通

"世界上本没有路，走的人多了也便成了路。"这句话在火石垭村民的心中有着深刻的记忆，一步一个脚印走出来的山路是他们联系外界必不可少的途径。在交通不便的年代，不管天气多么恶劣，路多么崎岖，都只能靠双脚步行走出山路，走上一两个小时对于他们而言只是小菜一碟。时代发展进步了，道路条件变好了，大家逐渐买了车，出行便利了起来。

一、从双脚步行到班车搭乘

在道路交通并不发达的年代，村民们的出行只能够依靠双脚的"11路车"走出村里到村外的泥巴小路，直到社会不断发展进步，在国家政策的支持下，基础设施得到不断的完善，进而使村民们能够实现从"脚走"到搭客运班车的变化。

（一）用双脚丈量土地

步行是交通出行中最为原始也是必不可少的一种方式。20世纪90年代以前，火石垭村民的出行通过双脚来完成。平日里最主要的出行活动就是走人户与赶集，不管多远都只能靠走，火石垭村民在谈到曾经的步行生活时都是一句句"好娇"来回答。CXY回忆：

我们以前那时候全部是泥巴路，到处都烂得很，特别是落雨下来，走哪里又没得个么子车，就是靠走哟。赶场那些你需要买么子东西还不是都要走起去，走到石家去都要一两个小时。那个时候生活硬是娇，要发展庄稼，去赶场都不是光空手都得行嘞，还要背几十斤的肥料从石家回来，不过那时候的人都还硬扎（形容体力好），大家走路都得行，走起背东西还不是要做，现在的人背个三四十斤东西从石家背回来怕是耐不活嘛。那时候的人走路都走得快，现在这些人不得行了，还是缺乏锻炼。

当时村民的步行并不是像现代人饭后散步那样轻松的，常常是为了农业生产，肩挑箩篼、手提口袋的。因此要等到必须远行时，村民才会出远门。HZP作为农村妇女，对赶场出远门的时光仍旧记忆犹新：

我们那时候去赶场都是要背背篼去背东西嘞，从石家背回来，还是几十斤嘞，那还是娇，一般我都是背一下就会歇气。路有那么远嘛，一般没得事很少去赶场，去的话一般都是买些种子呀、肥料呀。那时间也没得人下来村头卖东西，反正要么子是要管人去场上买哟，我走路的话要走上一个多两个小时。

只能靠双脚的岁月，也是村民种庄稼最繁忙劳累的年代。经历过长途跋涉劳累的村民，常常把自己曾经受过的苦累说成故事，讲给后人听，希望后人好好学习，不再吃自己曾经吃过的苦，遭受过的罪。RWB感叹道：

你们没过过那些苦日子，你体会不到。我们以前生活硬是好娇哟，种点烤烟要自己去山下火石垭背煤，烤烟烤好了要自己挑起去卖，那时候又不是像现在这个大路那么宽，就是点点窄窄的路哟，难得多次调（来回）满就多背点、挑点，弄不起满就只有歇气哟。现在社会条件好了，你们也很幸福，出生在一个好时代，所以你们应该更懂得好好珍惜。现在不需要你们做那些体力活路了，你们就是好好搞好你们的学习就行了，将来毕业了找个轻松的好工作那就得行了。

到了20世纪90年代，为了更好地发展当时的烤烟产业，运输煤和肥料等生产资料，火石垭村里通往各个小组的路开始慢慢地通起来。以前，大多数人家都种有烤烟，种烟卖烟，都要自己一步一步走，非常不方便，所以村民们根据集体意愿，由政府号召大家开始计划修公路。

以火石垭村一组村委到黄教一段路的修建为例（图5-38）。这条路于1992年开始组织修建，一开始是每家每户自己出劳力挖，路面最宽处有3米，多数在2.8米。土路挖好后，村民们找了石头铺在路面上，但是下雨后路面仍旧泥泞不堪，开不了车，一开就容易陷进去。几年后，政府隔一两年会出钱维修一次，由政府出碎石，每家出劳动力铺石子。一直到2001年才开始由政府全部承包，将道路扩宽至3.8米。2015年这条路由政府出资准备硬化，总路程大约1.5千米，只用了一个月就完成了整个路段的硬化。二组黄教至蔡家堡的路段硬化于2020年彻底完成。同时，一组上山的路，因为正在修建的养猪场后期运营需要大卡车运输，于是又将部分路段扩宽至6米。

图5-38　火石垭一组上山的道路

虽然现在村里早已基本实现了"户户通"，但是许多人家还是选择走路。罗家堡位于火石垭九组，相对偏远，并且常住人口大多是老年人，年轻人基本外出打工。据九组的ZXW老人讲，村里的老人一般很少上街赶场，如果要去，很多都是走路去。因为从罗家堡到石家镇距离较远，甚至比山上的二组还要遥远。

九组的人选择走路有其特殊原因。虽然村里有农村客运，赶场5元钱一个人，但是住在罗家堡的人却不能享受这待遇，因为罗家堡地理位置相对偏僻，从火石垭街上到罗家堡还需要近20分钟的车程，所以司机师傅都不愿意花费更多时间和精力来这里拉人。

除非这天九组赶场的人刚好拉满一车,打电话让师傅专门过来,他们才会特意绕道前来。但是由于九组都是老人在家,一般需要办事情的时候才去镇上,否则就留在家里干农活,所以平时很难拉满一车人。而且老人们觉得5元钱到石家镇赶场有些不划算,毕竟以前没有车的时候他们还是靠走路。如果有人实在不愿意走路,当然还有一个办法,便是先走到三组的沙厂门口,在那里等车。不过从九组走到沙厂也需要一个小时左右,如果单靠走路,从罗家堡到石家镇赶场在路上要消耗两三个小时。

除了赶场,村子里的学生周末放假返校时也有部分人选择走路。一是因为有时候搭车的人太多,坐不下,与其长时间无聊地等待,还不如早点步行回到家中;二是一些学生想要把车费钱节省下来当作自己的零花钱,几块钱的车费也能让他们在校门口挑选上几包可口的小零食了。

(二)客运班车的"碰运气"搭乘

在村民的记忆中,大约在20世纪末,开始有了从石家镇到黔江区的客运班车。最开始的时候一天只有一趟,近几年才逐渐多了起来。现在村民去黔江城里,如果搭乘班车的话需要先到"六道拐"处等车。"六道拐"在前文已有提及,此地是一个重要的交通枢纽,是黔江城到石家镇与新华乡的分叉口之一,每天来来往往的车辆较多。但从火石垭村走到"六道拐"距离较长,不想走路的村民可以在村里碰碰运气,搭乘另一路车,即每天一趟从新华乡往返黔江的班车。这趟车,大概上午11点左右途经火石垭村开往新华乡,下午两点多途经火石垭村开往黔江。班车路过火石垭时,如没有人挥手叫停,便会直接开走,因此许多人表示,能够坐到车完全靠碰运气。火石垭村二组山上73岁的CXY爷爷说因为客运班车数量少,不好搭乘,所以即便有车开运营了,还是走路的多。

开始一天只有一部车嗫,又不方便,也不晓得么子时候有车满没得车,我们去赶场,等我们从(山)上面走到下面关口那里又不一定碰得到那个客车,在那里站起等也像划不着,又不晓得有满没得,万一等不到不是时间也耽搁了?再加上我们去石家车费要3角钱,我们走到关口那里就相当于走了好长一段路,没必要花钱去坐车,所以还是靠我们自己走哟。

2000年后,客运班车的数量虽有所增加,但是因为火石垭村民出行赶场走到能搭乘客运班车的关口或者"六道拐"也需要走很长的一段距离,在时间与价格的考虑下,坐车的频率还是比较少,只是偶尔运气好碰到客运班车或者是购买一些比较重的物品时才会坐车。下午1点多时,许多村民拖家带口,提着大包小包地来到街上的小卖部前等待,一等就是一个多小时,他们等的就是这趟"珍贵"的班车。

二、从私人载客到农村客运

道路交通条件在一步步完善，乘坐的交通工具也在不断地改进，村里面慢慢出现了私人购买面包车进村载客的现象，随后又在政府的支持下发展起了较为规范的农村客运车。

(一)"一站到底"的私人载客

道路的修建完善给村民们的生活带来了新的希望。当村里的道路逐渐修通，村民外出的愿望就可以轻松实现，同时私人载客的现象也开始出现。一开始，有头脑的村民买的是"川交"牌和"黑豹"牌的货车，前面为司机驾驶座，后面是装货物的车厢，村民乘坐时只能站在后面的车厢里，一次能拉二三十个人，车费1~1.5元。赶场热闹天，这些私人载客的小车从早上八九点开始拉客，一直持续到赶场天的下午三四点结束。一天至少跑七八趟，赚上几百元不成问题。

到了21世纪初，"长安"牌面包车（村民们简称"长安车"）逐渐取代小货车，成为拉人载客、更新换代的首选。村里最早开始买长安车拉客的是ZSF，1986年高中毕业的他，先学习修表成为修表匠人。那会儿人人都有手表，只要是周边乡镇的赶场日他都会去，生意不错。过了七八年，大约1994年，他觉得修手表没有前景就转行开了一个修车店面，买了一辆长安车，开始了自己的拉客生活。火石垭村二组的LD也在这个时候购买了一辆长安车专门载客。因为没有办正规手续，一旦被交警发现需要缴纳大笔罚款，所以每次都只能载熟悉的同村、同组的村民。

(二)农村客运的规范运行

2006年后，政府开始注意到私家车载客现象，并陆续规范私家车运营，统一换成8~10座的小型面包车用以专门经营。刚规范经营时，从事农村客运的师傅需要办理运输证与客运资格证，并且每年给运管所上交1万元左右的养路费。办证后的车跑了几年，随后由车管所统一分配车辆，统一管理，司机只需要交足公司的相关费用，其余收入由个人支配。这些费用包括5000元保证金和每个月的安全检测费，用来支付公司每个月对客运车辆的一级维护车检、每三个月一次的二级维护。除此之外，每个月还要交500多元的考核费，其中450元是管理费，其余为税费。除以上费用，由政府购买基本保险，其余车险由车主自行购买。在统一管理下，车管所和公司对农村客运车辆的安全要求逐步提升，对超速超载车辆实行严格的惩罚措施，如交警罚款多少，公司会相应再罚款相同金额。近几年，为了维持运营，公司还每月给车主们几百元的补贴，春节等节日还会有额外的节日补贴。燃油补贴也在公司补贴范围之内，据ZSF回忆，2013年之前燃油补贴一年为3万元左右，2013年之后燃油补贴有所下降，当前一年为1.1万元左右。

据农村客运的司机师傅们回忆，农村客运收入最好的时段是在2008—2012年，主要原因有两点：一是外出人口相对少，村内流动人口多，尤其是在赶集日，往往是农村客运车比较繁忙的时候；二是那几年私家车较少，村民出行包车的情况多，赚得也多。现在的火石垭村，平时在家的基本上是一些老年人与小孩，年轻人大量外出务工，农村客运的主要客源是村里的独居老人及去石家上学的学生。因为客源的变化与减少，司机们为了获得更多客源，提供了更方便的服务，如去偏远的小组亲自接送客人，而不是如以往那样只在街上等着客人。

YXQ是村里一名农村客运司机，也是前文所述的小卖部老板。早在1997年，他开始了自己的司机生涯，起初以运货为主，兼代做些客运生意。一直到2008年，他因为开货车出了意外，不再开货车。在那之后，又花4万元买了辆8座的长安车专跑客运，一开始收费每人4元，但坐车的人并不多，"万事开头难，3元都没得人坐，那时好多人不坐车，晕车的多，有伴儿在一起的通常会走路"。2010年，他加入重庆市汽车运输集团黔江运输有限公司，正式跑客运业务。他的生意一直以来较为顺利，只是乡村的熟人社会让他在收费时偶有困扰，"人熟了，有时点吧点（一小段）路就不收钱，人不熟就是讲生意"。YXQ跑客路线主要围绕新华、石家、彭水、渗坝、黔江、水市几个村镇。同时逢初一、初六新华乡赶集拉客、逢初四、初九石家镇赶集拉客，车费均5元/人/次，也包括接送学生（5元/人/次）。其余时间可接包车生意，彭水包车100元、黔江包车200元、渗坝包车100~150元、鹅池包车150元、水市包车100~200元。如果仅是在石家和新华范围，则40元/趟。

当前，火石垭村共有5辆农村客运车，司机分别为ZH、YXQ、ZSF、LZP、LCY，他们的经营范围为相邻乡镇，如火石垭村的经营范围为太极乡、鹅池镇、石家镇、新华乡。但这几位师傅经营策略各有不同，ZYF感叹着：

现在赶场方便了嗫，只要给ZH打电话，他场场都会上来接我们，就用不着走路了嗫。但是ZH来接一般都是比较早，所以要早点起来。一般来都会有一车（坐满），坐满了他就开起走了，所以动作还是要搞快点，有时候慢了的话就没得位置了，那就要走到下面堰塘湾马路上去等车，但是一般情况下不得。我们一路去赶场，到时候回来一路的话他又把我们送上来，就用不着走路了。

火石垭二组的生意基本上由ZH师傅负责。每到赶集日，ZH会在早上六七点开车来到二组的堆窝坝，长按喇叭提醒村民自己到达，这时赶场的人就会来乘车。为了避免人数太多坐不到车，许多村民们往往提前给ZH打电话，预订好第二天赶场的车位，或第二天一大早来到停车点的路边等待。车一停，村民们蜂拥而上。有时候赶场的人太多，一趟拉不完，ZH会叫村民们等半小时，把第一车的村民送到镇上后再回来接，村民也愿意在组上等候。通常同一批赶车赶场的村民会乘同一趟车回来，尤其是偏远小组的村民。因为如到某一个偏远目的地的人多，师傅们会把村民送到小组上，但是如只有一人到达，便只送到路口，不再进组。

第四节 多元和谐的休闲生活

每个在乡村生活的人都有着自己的生活节奏。不同于城市里各种令人眼花缭乱的娱乐方式，村里的娱乐生活比较单调，上街赶个场、出门走人户、下雨天打牌、空了摆"龙门阵"、饭后游马路、无聊刷抖音等都是火石垭村民的休闲娱乐方式。虽然不同于城里生活的丰富多彩，但长于这片土地的人们，回到家来总能寻找到自己的消遣方式。

一、吃穿住用行的日常消费

吃是人类最重要的消费行为。随着生产力的发展和生产关系的变革，人类吃、穿、住、用、行等消费行为逐渐发展起来，生活质量不断提高。当前，人类已进入高速发展的现代社会，吃、穿、住、用、行等传统消费行为的具体内容发生了急剧的变革。看书、看报、看电影、看电视之类的娱乐行为，以及旅游、社交等正在成为人们重要的消费行为。

（一）结伴赶场的生活消费

火石垭村的每家每户都办有"菜园子"，因此除买菜外，他们的生活消费主要集中在生产资料、肉类荤菜、家居服饰、日用百货、柴米油盐等方面，总体上消费金额不大，如果不是经常吃肉，可以几个星期都不用赶场。

73岁的CXY爷爷平日里一个人生活，自家种有各种各样的蔬菜，平日的生活开销较小，又十分节俭，很少赶场。如果一定要去赶场，那便是购买必要物品和工具。总体下来，他觉得自己一年一两千元的生活费就足够了。

我平时赶场比较少，要不买种子呀，买工具呀。我一个人也吃不到好多，屋里菜都管有，衣服也不用买，过年娃儿都买的有，在农村穿不到么子衣服。所以就我个人来说，一年算下来开销也不大。

像CXY这样独自一人在农村生活的人较多，生活开支少，物欲也低。但是对于一家三四口都在火石垭的家户来说，生活开支则较大。YMX说道：

像我们人多的话，买点吧点东西还不够也，现在的钱不经用哟，去赶个场感觉没买么子东西一百块钱都管没得了。一屋人生活的话开销就是大哟，平时赶场买点肉那些，孙子他们再买一些零食呀，我们平时开销算是比较大的。

可以看到，赶场在村民们的生活中占据着一定比重。村民常赶场的地方是石家场与新华场。

除了购买食物，许多村民的日常消费结构比较多元。YCH是一个乐观开朗、会生活的人。在他看来，挣来的钱就是用来花的，所以对于家庭日常生活开销他从来不会限制，只要不是浪费奢侈他都愿意买单，也从来不会和妻子精打细算。他家水果不断，新鲜肉常吃，新奇蔬菜常买。YCH一家人在服饰上的花费也不少，衣服基本上都是在网店购买，一方面他觉得网店的衣服款式较多，另一方面在价格上有优势。

除了在网店购买服饰，YCH的妻子还时常带着两个女儿去城里玩。夜晚时分一家人出去逛街，最爱在街边买衣服。两个女儿看到喜欢的衣服，会嚷嚷着让YCH妻子购买，只要女儿喜欢，穿起来好看，她都会给女儿们购买。平日里，夫妻二人也会以购买服饰作为对女儿们学习进步的奖励。YCH说：

我这个人很乐观的，不像有些人生活硬是节俭得很，我觉得挣钱了还是要会享受，不享受挣那么多钱来存起也没得好大个意义。像平时屋里要买么子我们基本上都还是会买的，我觉得人一辈子都还是要乐观一点，钱是挣不完的，挣来的钱也要懂得花才行，我也不说挣多少钱，只是说需要买么子的时候自己买得起就行了。

（二）流动小摊的便捷购买

赶场天是热闹的，物品也是齐全的，但是对于年迈且出行不便的老人，或者忙于农活没有时间赶场的人，"流动小摊"走村入组的叫卖，给他们带来了很大的便利。"流动小摊"是装载有水果、零食、粮油杂货等商品的货车或者面包车，这些"流动小摊"在村中开着大喇叭循环播放着"卖水果、卖佐料……""泡粑、苞谷粑……"，一旦有村民回应，便直接将车停在这户人家的门口，供人任意挑选。

在火石垭村民的描述中，"流动小摊"是近几年才出现的。以火石垭村二组情况为例，经常来到组上叫卖的"流动小摊"约有三四个，来得较勤的是太极的Z大哥、太极的JW夫妇、石家的Z大哥。因为村民的购买力有限，所以这些"流动小摊"彼此之间也存在竞争关系。例如，他们均选择在逢初三和初八的这天来村里叫卖，这一天也是石家镇赶场的前一天，离上一场赶场也间隔了三天的时间，所以需求量高，售卖情况好。这些小贩会开着车，比比看谁更早到村中，谁有更多的市场优势。因为人们往往会选择在第一家到村的小贩处购买，晚来的则会面临减弱的购买力。当然，这些小贩并不会只选择火石垭村，他们会规划有利于销售的路线（图5-39）。

图5-39 太极Z大哥的"流动小摊"

每次"流动小摊"来到火石垭二组的堆窝坝时，村民都会捧场。村民们听到叫卖声后，就从家里出来挑选商品。购买最多的是蔬菜类的花菜、胡萝卜、卷心菜，粮油副食类是面条、粉丝、面粉、大米及各种各样的厨房佐料和零食、水果（图5-40）。

可见，村民购买的商品主要集中在家中没有种植的蔬菜、水果或是厨房调料用品，也包括稍重的商品，如洗衣粉、米面等，从"流动小摊"购买省时省力。同时，"流动小摊"缺的商品，村民也会向老板提议，让其进货售卖。虽然在价格上"流动小摊"较场

图5-40 村民前来"流动小摊"购买

镇贵几毛钱，但对于居住在村里日常出行不方便的村民而言，性价比较高。总的来说，"流动小摊"的出现给村民们带来极大便利（表5-3）。

表5-3 2021年11月13日二组堆窝坝村民在"流动小摊"的购买情况

村民姓名缩写	购买物品	花费金额
YMX	脆枣	10元左右
XBJ	胡萝卜、盐巴	55元
LCJ	雪饼、盐巴	65元左右
RYZ妻子	雪饼、泡面、白酒、粑粑	83元
GGZ	面条、酱油、胡萝卜	29元
GQZ	孙儿零食、豆腐、粑粑、豆干	30元
ZYF	女儿零食、梨、橘子、盐巴、豌豆	101元
HZP	橘子、金针菇	18元

（三）人情往来的礼金支出

人情往来是中国社会人与人之间情感维系的重要途径，因而在村民的消费结构当

中，这一项支出也占据着极大比例。村民的人情往来是其社会关系的表征，而社会关系的建构和维系往往要遵从一定的规则，如此才能保持人情往来的持续性和有效性。人情往来建构起了包括血缘、地缘、业缘等相互交织的社会网络体系。

在"熟人社会"体系下，人情往来更是必不可少的维持关系网的方式，在火石垭村称为"走人户"，即随礼金。走人户在村里每个家庭的开支比例都极大。一般而言，每年一般家庭在走人户上的开支在2万元左右，如果家庭经济条件较好、送礼的金额较大、社交范围较广，这个金额甚至可以高达10万元。

在村民的记忆中，大概是2000年以后，走人户开始流行直接送礼金。在这之前，人情往来多以实物为主，包括谷子、苞谷、面条等粮食，礼金只占极小的部分，如10元、20元左右。如今，礼金一般200元起步，大家认为，即使仅是同村的关系，仅送100元礼金，也"拿不出手"。不过这样的情况因人而异。如ZGB和RCY是一对老夫妻，妻子RCY不善交际，一家人也较少与村中人接触，因此在RCY夏天去世时，许多村民仍旧只送了100元。此次丧礼有240位左右的送礼人，共收了76 000元左右的礼金，其中送的最多的是他的孙女婿，礼金6000元；其次为妻子RCY的后家（指娘家）送礼较重，多为千元；逝者儿子的朋友们送礼在300~500元，同村的村民送礼在100~300元。在礼金的金额上，800元被认为是不吉利的，而礼金簿上"36"位也被认为是不吉利的，所以许多人家在登记礼金簿时，遇到第36位会选择直接空着跳过，或在此位置上写上"紫微高照"等吉祥话。

记录着人情往来的礼金簿或人情簿，各家各户都会精心保存，遇到下次其他人家"过会头"时拿出来查阅，为今后人情交往中适当随礼、适当回礼提供依据。如NCP家就精心保存着三本近几年"过会头"的礼金簿，分别是2012年乔迁新居礼金簿、2015年母亲葬礼礼金簿和同年大女儿婚礼礼金簿，主要金额集中在100~200元；来往人员中同村的最多，其次是外出务工的朋友同事。从各个随礼场合的参与者来看，整体随礼人数变化不大，说明N家整个的交际圈是较为固定的。在N家的三本礼单中，姻亲关系随礼金额最大。可见，以妻子"娘家人"为代表的女方姻亲关系，在N家的人情关系网络中举足轻重。

从年份上看，礼金在不断上涨。相互送礼时，会默认遵从不能少于上一次对方送给自己的礼金金额原则。至于加多少，则根据自家情况及当前两家的关系如何而定。

从礼金金额上看，N家2012年乔迁新居礼金收入接近4万元，2015年母亲丧礼礼金收入约4.3万元、2015年大女儿婚礼礼金收入约4.5万元，整体数额变化不大。当然，这是几年前的礼金情况，最近一两年的人情开支更大，平均一次会头礼金收入在六七万元，庞大的人情开支成为村民日常生活消费的大头。YCJ感叹：

现在就是走人情开销比较大，一年的话最撇（少）也要一万多块钱。我们还算走得不是浪广嘞，在农村嘛是这个风俗，有事的话亲戚这些都要走嚒，平时就这团转（附近）人过会头都是送200元了，其实算下来开销还是大的，反正一年必须要找钱（赚钱）嘛，走人走户这些开销是肯定要的嘛。

村民YMX也在感慨着自家的人情开支大。"我们家的人情大也，每一年都是两三万块钱，就是人情有点大了。"YMX一家未分家，所以需要走三代人的人户，不管对方与自己的小家熟与不熟，每次都是100元礼金起步，近几年甚至到了五百元的数额。她无奈地说："但是一些人以前从没有走过，做客的时候来了递了礼金，那别人有事的时候必然要回礼。"现在，信息沟通与交通出行方便快捷，几代人的朋友圈也在不断扩大，人情开支越来越多。面对这样的情况，YMX觉得很苦恼，不知如何是好，因为自家碍于熟人社会的面子与情理，不能"硬性"切断联系。由此看来，人情往来是个人或者家庭社会联系的必要开支，随着社会的发展变化和人们生活条件的提升，村民的人际关系网络也在不断地扩大，相应的人情支出也成为生活消费中的大头。

二、打发时间的休闲娱乐活动

忙碌了一天之后，火石垭人终于可以开始他们的娱乐时光。他们靠着这一方土地和一片山水，开辟着独属于他们的娱乐方式，享受着平实又简单的快乐。村民们有的热爱棋牌游戏，有的乐于刷抖音，还有一些喜欢走街串户。

（一）下雨天约打牌

调查中发现，村民时常会在下雨天相约到某户家中打牌。对此，时常参与这项活动的RWB解释道：

落雨天，坡上的活路做不成，大家在屋里耍，没得事觉得无聊嚒，大家就约起打哈牌玩耍哟。因为天晴的时候干筋（大家）都是忙自己的活路，没得时间，就落雨天没得事才会打哈牌玩耍，又打得不大，就当打发时间哟，坐起也是无聊嘛。

在火石垭村，打牌的规则也带有本地区的特色，主要的玩法有双扣、长牌和跑得快。双扣是纯娱乐活动不涉及金钱输赢，长牌和跑得快会有金钱输赢，但作为娱乐休闲活动，村民只会玩0.5元、1元的大小，输赢也就几十元。

1. 双扣

双扣的玩法是用两副扑克牌组合在一起由4个人参与完成。一桌四方各有一人，相对的村民为合作方，分为抢分方和守分方。游戏中每张5、10和K是分牌，5代表5分，10代表10分，K也代表10分，一副牌共有100分，两副牌共200分。游戏中，每方都要尽量抓获这些分牌。牌次从小到大分别为：4、6、7、8、9、10、J、Q、K、A；对4最小，对A最大；主牌由大王和小王、所有花色的2、3、5和主花色牌构成；除主牌以外，其他牌都是副牌；两张同点同花色的牌称为"对牌"。

第一轮洗牌时将黑桃5翻出，抓到黑桃5的则为庄家且轮到此玩家坐庄时一直以黑桃为主牌，轮流坐庄，依次以红桃、梅花、方片为主牌。由庄家（收分方）先出牌，如首家出了红桃，如果对家有红桃必须先出红桃；在没有首家出牌的花色时，可以用主牌杀掉或垫其他花色牌；首家可以单独出对和单牌；如果首家出牌中出了对牌，则其他方如果有同花色的对，必须出对；如果没有对牌则随意出同花色的两张牌。

守分方要帮助自己的对家尽快消分。例如，庄家第一轮出牌通常会出副牌的A，最后看抓分方本局所拿分数，100分为平局，每多出或少20分需要给守分方进贡一张牌，进贡规则为输家拿出手中最大的牌进贡给顺家。例如，现在玩家1为庄家且这局为输的一方，需要进贡一张牌的话，就是玩家3拿出手中最大的一张牌给玩家4，玩家4任意返还一张。

2.长牌

长牌是一种长方形上印有黑点与红点的点数纸牌，玩家2~4人，通常4人玩，共有84张牌，有21张牌面，相同牌面有4张，有三个花色分别为红牌、黑牌、混色牌；分为6个牌类，为天牌、地牌、人牌、和牌、孤牌与其他，还配有长牌口诀："天牌配红九黑九，地牌配草帽儿二六，人牌配黑七三四，和牌配一四拐子，丁字配二四，孤牌本配本。"红九黑九只能与天牌配对，不能互配，后面的地牌、人牌、和牌同理。

首家抓牌抓16张，后面玩家抓15张，抓完牌后就按口诀整理手中的牌，进行两两配对，没有配上的就等着在后续抓牌出牌过程中进行配对，直到手中的牌都能两两配对，则游戏结束，最先完成的为赢家。

首家先出一张未配对的单牌，下家看看出的这张牌能否和自己手中未配对的牌配上，能配上就可以吃，吃完后再出一张牌；不能吃就直接抓一张，再看和手中的单牌能否配上，不能配上就直接出掉，如此循环。当手中只有两张未配对时，且一张为孤牌、一张为其他任意一张，就要把孤牌出掉，轮流抓牌直至一位玩家完成所有配对且这位玩家的所有牌面点数大于等于32点，游戏结束。红牌上的点数全数，黑牌不算点数，混色牌只能算牌上的红色点数，且只算一半，32点为中胡，80点为大胡，90点为台胡。

3. 跑得快

跑得快，顾名思义就是谁先出完手中的牌谁就赢了，一般由三人完成，玩法与"斗地主"相似，使用的是一副扑克牌，去掉大王、小王和一张2，总共有51张牌。

三个人开始时每人先翻一张牌比大小，最大的就是庄家并负责洗牌的工作，牌洗好后由庄家发牌，由庄家开始，每人发17张牌。

出牌的类型有单张、对牌、五连以上的连子、连对（3连对以上）、"飞机"（3张一样的带1张/2张）、"炸弹"（4张一样的），牌的大小为：3、4、5、6、7、8、9、10、J、Q、K、A、2。

拿到黑桃7的人，在别人没有包牌的情况下第一个出牌，谁先出完手中的牌谁就获胜，另外两家如没有出完手中牌，则根据剩余牌的数量向赢家给钱，规矩为多少钱一张，村民普遍是0.5元或1元一张。

包牌是指如三个人中有一个人觉得自己的牌容易赢，可以提出"包牌"，即先出牌，另外两家形成联盟打包家的牌，若包家赢则另外两家给包牌钱，金额大小是在开始打牌前3人共同商量的，一般为10元、20元，如甲家包牌赢了之后，乙家和丙家都要给甲家10元，若甲家包牌输了则由甲向乙家和丙家各给10元。

（二）闲暇时"刷抖音"

如果说打牌是少数对牌类游戏有兴趣的村民的娱乐活动，那么"刷抖音"就是火石垭村民娱乐的大趋势。空闲的时间总能看到村民们拿着手机看，"抖音"已经嵌入村民们的休闲娱乐生活中，并且让村民们陶醉其中。

智能手机使用方便，可以不限时间、不限地点地使用，因而成为村民最贴身的陪伴。ZYF说：

我喜欢"刷抖音"，以前没用这个智能手机的时候，我一个人在屋里就觉得好无聊嘞，现在不得了，我一回家就是"刷抖音"，我觉得好有意思，看哈别个拍的呀，我自己也会拍呀。现在我觉得一天时间过得快也，一哈都过去了，上坡那些我都是把手机揣起的，做累了休息的时候我都会拿出来耍哈，有时候耍迷了，活路都做不了好多，好有瘾那样，就和现在那些年轻人喜欢打游戏那样，感觉我现在一天不耍哈抖音就不当舒服那样。

对于平日里忙于庄稼农活的村民，晚饭后的休息时间就是他们的抖音娱乐时间，看看一天下来自己所关注的人更新的动态，心情好的话也会随手记录一下自己的心情。村民ZZY平时忙于家中的农活，白天基本上不会玩手机，到了晚上八九点，就是独属于她的抖音娱乐时间了。经常能见到她一个人笑得嘻嘻哈哈的场景，即使一个人留守，也不觉得孤独。

我不觉得孤单，都习惯了。白天我是很少耍手机，要做活路嘛，只有到了晚上把饭吃了，么子都搞好以后才得空板哈（玩）手机，一般都是刷哈抖音呀，看别个发出来的那些视频，有些硬是几么搞笑也，耍哈蛮，到九点多钟、十点多钟的样子呀就睡了，一天就管这样过去了嘞。

村民HXX也喜欢玩抖音，在她的抖音里，经常会记录自己制作的美食、跟着音乐唱歌、参加了什么仪式活动或者是生活中发生的趣事等。有了智能手机后家中的电视基本上没再看过，她觉得手机方便，看到喜欢的视频和音乐会收藏起来以备自己拍抖音时模仿使用。

我现在基本上都不看电视了，平时就是耍哈抖音。现在我每天睡觉前，一般都是早早地都管到铺头去了，但是都要耍哈抖音才睡瞌睡，都像一种习惯了，早上的话也是醒了在铺头耍哈抖音才起来。

村民NCP在抖音共发布了90条视频，其中获赞数最多的是拍摄村里猪场开工的视频，拥有810个赞、169条评论，对于评论NCP都会一一回复，他现在有2008个粉丝。NCP发布的视频内容大致可分为两类：一是村里大事件的短暂记录；二是经过自己构思的一些幽默内容。他经常会拉着妻子与儿子一起拍，拍摄的过程中还会使用一些拍摄特效，抖音对于他已经不仅是娱乐工具了，他还想通过抖音创造收益，有过开直播的想法。

可见，玩抖音已经成了村民娱乐的主要方式之一。他们在抖音拍摄的视频的主要内容是日常记录，包括走人户、过会头、美食制作等。对于他们而言，互联网带给他们的是新奇，也是最方便的打发时间方式，没事"抖一抖""拍一拍"，在欣赏着别人作品的同时也向别人分享自己的生活日常与趣味印记。

（三）有空走家串门

"走，我们去×××家屋里耍哈去，这个一天坐起无聊呀。"在一声邀约中，两三个妇女就关上了自家的门开启了走家串户的乡村生活。

在乡村的熟人社会中，村民的居住也相对集中，走家串户的生活让乡村充满着热闹的气息，同时这也是一种信息的交换与情感交流的途径。闲谈的地方，往往会成为一定意义上的"公共空间"。

村中的小卖部承担的是村庄基本生活用品的消费任务，而对于那些常年居住在村庄的人而言，小卖部可以说是他们与外界沟通联系最为紧密的场所之一，每一个前来购买商品的村民都会在小卖部里停留一小会，或是与主人家交流最近村中的闲人闲事，或是坐在小卖部门外的凳子上，只看着街边的人来人往。

除小卖部外，还有许多村民自发形成的聊天场所。时常可以见到在午后、傍晚的村落里，几户人家相聚某处，三三两两坐在一起，有说有笑。这种情况在高山上的二组尤为明显。二组依据地势，分为上（堆窝坝）、中（秧苗地）、下（大坟坝）三个片区，每个片区都有一户是村民们经常串门的场所，那是村民们默契生成的公共空间。在最顶上的堆窝坝——CFJ家，每天上午11点之后，陆陆续续便有几个人来到他家玩耍，要么是带着小孩单独过来，要么是约上几个邻居一同前来。CFJ家之所以成为公共空间，一是在于地形地势的原因。他家的地理位置坐北朝南，门前是十分宽阔的坝子，天气好时凉风吹过，放眼望去一片青山，视野开阔。二是人际关系的原因。CFJ是一个幽默的中年男子，无论是大人还是小孩都能够玩到一块儿。每当有人来家里玩耍闲聊，CFJ总是给客人递上一支烟，或端上一杯酒。CFJ的妻子虽不爱说话，却十分好客，俗称"嘴巴紧"，无论哪位妇女在她家闲聊多少闲话，她都不会往外说，得到了妇女们的一致认可。正因为CFJ的幽默和妻子的稳重，大家才愿意齐聚于此闲聊。

在中间片区的村民则爱去秧苗地附近的LGL家。LGL是本组的小组长，某种程度上肩负着政策信息的上传下达。有时，村民们对村里信息了解不甚透彻，或不擅长使用智能手机了解最新消息，就会聚在LGL家获取信息。同时，LGL家也是小组内的养蚕大户，在育蚕的季节里，蚕农们选择在傍晚饭后到LGL的蚕棚逛上一圈，交流本季的育蚕经验。另外，家中雇佣的养蚕工人在忙完当日摘桑叶与喂蚕任务后，也会几个人聚在一起聊天。旁人了解到工人们的休息时间后，趁着人多也适时来到LGL家闲聊一会儿，缓解一个人在家的孤独感。

下片区的大坟坝处YCH家也成了这一片区的公共空间，来往的村民要么是住在附近，要么是路过本组前来乘凉休息。加之他家是沟通二组山上与火石垭街的必经道路之一，所以，村民们走路上下山常会路过他家，在他家休息会儿，寒暄几句。YCH妻子曾说道：

我屋平时吃饭的人都多，整天去来人多得很。一年摘一两口袋花生，是一颗都没卖过，全部给客人吃完，就是在这炉子上炕呀，有时候吃没得了，马上来烤现成的。

旁边的大女儿YYH补充道："每次那些比较亲的人来玩，聊天都会聊到半夜三更，我都困睡着了，他们才回去。"

（四）饭后闲游马路

晚饭后的火石垭村，经常能够见到三三两两的妇女带着几个小孩在马路上散步，这是村民口中的"游马路"。尤其在夏日的傍晚，白天比较漫长，太阳刚刚落下，伴随着微风的凉爽，众人一起游走在村庄的马路上，心情格外舒适。此时家中的孩子也会追随着大人的步伐在路上打打闹闹。散步路线一般是沿着村里水泥路边走边聊天，看看路边人家的庄稼长势，交流着村里的家长里短，教育着调皮打闹的小孩，不知不觉就走了几百上千米的距离。走到一些人户家，还会就此停留闲聊上一番，眼看着天快要黑了就掉头往回走，整个过程轻松愉悦。

2021年的11月从第一天开始，村里的雨就没有停过。到了11月6日下午，外面的天慢慢变晴，天也逐渐亮起来，几位妇女提出了出门游马路的想法。

ZFZ："无聊，去游马路嘛。"

HXX："是呀，快和妹妹出去耍一圈回来，你老是不爱出门。走，我们也出去游哈马路，今天硬是吃太饱了，将就这时外面也没落雨了。"

YYH（HXX大女儿）："我不去。"

YQY（HXX小女儿）："我要去！"

ZZY："去嘛YYH，出去耍哈，不然你们连我们这个队上的人都认不全嘞。"

5个人立马开始游马路。路线为大坟坝向下走至堰塘湾一段，正常速度走的话有20分钟的路程。几个人边走边看路边庄稼的长势，聊起了一些庄稼的话题："他这个菜豌应该栽到土里面，不应该在这外面，怕以后长起来不好摘。""他这个油菜栽得太密了噻，不应该那么密。"

然而快乐休闲的时光总是短暂的，天公不作美，走了十几分钟，天空又开始飘起了雨，游马路的人只好打道回府，急忙坐到家中热乎乎的火炉旁边烤火取暖，生怕感冒了。时间虽然短暂，但大家都还是出去走了走，打开了几天没有游马路的心结。

小　结　平凡生活中的能动性

对于长期生活在火石垭的村民来说，村里的微小变化他们都能很快发现。作为个人，他们是村庄集体中的一员；对于外来者，他们是守护村庄并对村庄一切都有着话语权的主人翁。火石垭村民日常生活中的饮食习惯、居住条件、交通出行，以及休闲娱乐都展示出本地区特色。如今，村庄有快捷便利的现代交通工具，但村民们依旧怀念走路步行的出行方式；市场上有出售的新奇美食，但村民们更加想念的是自家菜园的蔬菜和纯手工制作的地方美食；有新奇有趣的智能手机，但村民还是喜欢走家串户的热闹氛围。

看似平凡的乡村，孕育了丰富多样的生活方式，演绎着平凡却不平淡的乡村生活故事；生活在这里的每一个人对于家乡这片土地都有着独一无二且难以用言语形容与表达的情感。火石垭村的日常生活，彰显着村民的能动性与实践性。

第六章

仪式、节令与风俗：
非典型村庄的文化韧性

爆竹声中一岁除，春风送暖入屠苏。
千门万户曈曈日，总把新桃换旧符。

——宋·王安石·元日

文化是一个族群的重要象征，包括人生礼仪、岁时节令和信仰崇拜等诸多方面，反映着一个族群的历史传统、道德准则和深层观念。火石垭村作为一个武陵山区的"非典型"村落，在婚丧嫁娶、传统节日和信仰风俗等方面，长时间延续着当地传统。近年来，在现代化的影响下，不少风俗文化呈现出对现代性的适应性，成为一种"传统的发明"。总体来看，火石垭村的文化在面对现代性风险时，并没有迭代对立，也不是简单相加，而是在满足自身需要的同时，完成对区域风俗的再建构，呈现出传统与现代交织互构的复杂过程。

第一节　成长路漫漫：人生礼仪

每个生命的降临都是上天赐予的独一无二的礼物，它不仅是传宗接代的需要，更是未来生活的期盼。每当有新生命的降临，必定有着不同的欢迎方式。为迎接新生命的到来，火石垭村民会为其举办隆重的出生礼仪。在成长过程中，不少火石垭的孩子通过拜认干亲顺利长大。成年后找到自己的人生伴侣，又将操持婚礼，效仿着父辈为人处世的方式，不断探索学习，承担起家庭的重担。长大成人后，也会迎来至亲的离别。以上是每一个火石垭人均需要经历的人生历程，历程背后伴随着众多风俗习惯，值得细细挖掘。

一、新生命祝贺：送饭酒

生命诞生常被当作一个家庭中最重要的事情，意味着给一个家庭带来新的希望。伴随着孩童的出生，各种人生礼仪也随之而来。一个人的生命中，第一个人生礼仪便是"诞生礼"。火石垭村有着"一家有个孕妇就当一架活丧停着"的说法。把孕妇比作"活丧"，一方面是指孕妇生产的不易，同时也表达了家庭对孕妇的关心。孕妇生产后通常需要在家休息调整一段时间，俗称"坐月子"。在此期间，新手母亲有许多禁忌，如一个月之内不能洗头，不能吹风，也不能吃硬的、辣椒和生冷的食物。最特别的是，在火石垭村，她们不能吃鲜肉和菜油，只能吃腊肉和猪油。

孩子出生的第三天，孩子父亲要带上一只鸡和少量礼品，去孩子的外公外婆家报喜。如果生的是儿子，就带母鸡；如果生的是女儿，则带公鸡。这意味着，娘家人看到鸡的公母，便知生的是男孩还是女孩了。报喜完成后，娘家人也会送一只鸡，但公母正好相反，如孩子父亲提来的是母鸡，娘家人会还一只公鸡，表达女儿生了一个男孩，希望再生一个女孩的心愿。

在报喜时，两家人会商定"送饭酒"的时间。"送饭酒"是为了庆祝家中增添新成员，邀请亲戚朋友尤其是娘家人前来做客的宴席。"送饭酒"顾名思义，指娘家人来看望刚生产的女儿，带来各种补品，有一种给女儿送饭的意味。因为在这个仪式上，娘家人是最为隆重的客人，并流传着"送饭酒整的是后家"的说法，意思是娘家人越多，礼品越多，就代表孩子母亲的娘家势力越庞大，"靠山"越大。所以，许多娘家人在当天会不遗余力地送上礼品。

过去，"送饭酒"的时间通常定在新生儿出生后的十几天，现在则多是小孩出生的第三十天。这一天，新生妈妈刚好出月子，可以和亲戚朋友一起娱乐。"送饭酒"的日期商定好后，娘家开始邀约自家亲戚一起参加宴席，同时准备送去的物资和补品，主要包括母鸡、鸡蛋、大米、炕腊油、膀（猪大腿）、红糖、海带、黄花、婴儿服饰、背篓、摇篮（婴儿手推车）、被子、毯子等。东西如太多，往往用箩筐挑来，故也有"箩筐越多，娘家越富"的说法。

到了"送饭酒"当天，娘家人带着礼物前来庆祝，进门后的第一件事是"进屋恭喜"，即娘家人将东西全部放置在堂屋后，外公外婆须先"参祖"，在堂屋给亲家的祖先作三个揖，再跪下磕三个头，起身后再作一个揖，不过往往此时主人会出来打断这些礼节，并说道"用不着，用不着，客气了，客气了，都是一家人"，说完便把娘家客人带去产妇的房间，看望产妇和孩子。

下午是"送饭酒"正席，在过去一般为9个菜，主要有团肉、扣肉、膀子、鸡肉、羊肉等荤菜，现在大多为13样，增加了鱼、猪蹄、鸭肉、小炒肉等。吃完席后客人陆续离开，只留下娘家人住上两天，而孩子的外婆可待上十天半月，陪伴自家女儿。娘家人返程时，主人家会再次准备丰盛的饭菜。随后，娘家人感谢主人家的热情招待，并在堂屋作三个揖，叩三个头，再作一个高揖，之后返回家中。

"送饭酒"期间有"烧包符"的环节，指男方主人家给男女双方各自去世的长辈写包符，并在包括娘家客人都走完后的第二天烧掉。

特别需要注意的是，"送饭酒"整个过程中，不允许燃放烟花爆竹。因为在村民们看来，放鞭炮会让孩子像火辣子一样叫唤、哭泣，今后不好养活，是一种不好的预兆。所以，即使是娘家人到达家中这一隆重时刻，也不允许放。

近年来，红白喜事趋于简化办理，火石垭村"诞生礼"大办宴席的情况越来越少见。当一个家庭增添人丁的时候，亲戚们会自行前往探望，不会再等主人家大摆筵席办"送饭酒"了，而是简单探望吃顿便饭。

二、"多个亲戚多个家"：认干亲与抱养

由婚姻关系建立起来的核心家庭，链接了血缘和姻亲，而干亲关系的拜认和抱养的确立，拟制了血缘关系，使得传统亲属网络得以链接，正所谓"多个亲戚多个家"。如此的拟制行为在火石垭极为普遍。

（一）拜认干亲

在当地，认干亲的现象十分普遍，几乎家家户户都有，有些还会多家拜认。认干亲这一行为，拉近了火石垭村人与人之间的关系，增强了他们对村集体的认同。

1. 认干亲仪式

认干亲前，需要提前选择好拜认对象，并将拜认的原因告知清楚，得到对方同意之后方可举行仪式。得到允许后，先给干父母准备至少六种礼物，包括"一方"和"一肘"，"方"是"腊条"，指一长条腊肉或新鲜肉，肉条的宽度根据猪的大小而定，如果猪比较大，则两根骨头宽的肉即可，不然就需要三根骨头宽的肉条，一条通常2~3斤。肘子则是完整的一个，约20斤。另外，还需面条一包、白酒一瓶、白糖一包、封饼一包（一盒10个装的老式酥饼）。

东西准备好后，就得去干亲家中行"打喜钱"的礼节。"打喜钱"是两束用红纸包裹住并分别捆绑打好结的钱。准备过程中，须请懂得如何捆的村民处理，到达后，再将两束喜钱分别挂在干父母家堂屋中间摆放着的方桌两边，一边一束，然后点上香和蜡烛，站在干父母家的香火前准备举行仪式。仪式须邀请到干父母家亲近的长辈，进行仪式时，先从最老一辈开始喊，比如干爹的父母在，就需要喊"姥爷好""姥姥好"，再喊"干爹好""干娘好"，每喊一个人都作揖一个。喊完之后，仪式也进行完了。

一般情况下，认干亲后需将对方看作自家亲属往来。如春节时需要去干亲家拜年，干爹会给自己的干儿子干女儿发红包，金额依据自己家经济条件而定。如果干儿子干女儿已经结婚生子，那么要给儿子辈和孙子辈都封红包，即双份。但是火石垭村民普遍反映，拜认干亲后，双方平时联系不多，仅仅有事情需要处理时才会联系。许多村民认为走动得少的原因，在于干爹家给干儿干女的东西少了，长大了后不太瞧得上了，因此两家的关系也淡化了很多。曾有两个干儿子的YJC就说道："现在老了，没得钱了，还有哪个来认你？"村民CXY也谈道：

我认得有三个干儿干女，但是现在基本上没走了，平时也没得啥子联系了，但我也看淡了，走就走哟，不走就不走，我也不指望到她来，这个全是凭一个人的心嘛。

CQF则从来不认干儿干女，也不许他的儿子收干儿干女："你给他递得多他就行了，你递得少他就不来，家庭条件不好的话坐也不是站也不是不好意思嚯。"

2.认干亲的原因

为何火石垭村拜认干亲较为普遍，其原因是多元的。

一是感情因素。干亲多在交好的两家之间建立，其中一方孩子幼年时拜认另一方为干父母。但有时有好几个孩子，究竟是哪一个孩子拜认，双方父母可以沟通商量，有时甚至可以调换人选。如NCP的小儿子NQG便是认了与N家交好的XYH为干爹。而实际上本要拜认的是大女儿NLR。据NCP说，某天大女儿跟着母亲去地里干活，回来时背篓沉甸甸的，刚好在路上遇见了XYH，一直以来与N家关系很好的XYH为了减轻孩子的负担，就说要帮她，但是必须叫他一声干爹。本以为是一句玩笑话，但XYH却说他是真心想认这个干女儿，不过NCP却不愿意。因为大女儿已经有男朋友，到了出嫁的年龄，如果再认干亲，出嫁之后有两家的父母需要照顾，会让她非常辛苦，N家便没有同意。最后他们提出让小儿子拜认他为干爹，XYH也欣然同意。拜认之后XYH还给自己的干儿子用"X"的姓氏取了新的名字。不过这个新名字很少用，只在X家在场时使用，日常仍旧使用自己本来的名字。

二是保佑孩子平安健康。许多拜认干亲并不是因为感情，而是有着更为现实的原因。父母们为了自己的孩子能够平安长大，常会利用超自然力量获取祝福与保佑。在村里，部分父母会在孩子小时候请算命先生算八字，如先生算出孩子命里"犯关煞"，注定多灾难，那么父母就会依照村里的风俗，根据孩子的八字寻找八字相符合的人拜认干亲。许多村民曾说，一般自己的孩子缺啥、犯啥，就会去"打干亲"，此时的干亲叫作"保爷"。而这个"保爷"的选择较为严格，要求"五行相生"，即金生水、水生木、木生火、火生土、土生金。MXQ曾说："我的干儿子来拜我就是因为他缺水，因为我的八字里面是么子都不缺的，么子都管有。"有的孩子想要保平安，还改姓名，那么干父母便用自己的姓给孩子取新的名字，如此一来，干父母便可以为干子女"背过"，帮他们度过或避开命里不好的事情。

火石垭村民相信，这些超自然的力量可能会对身体带来伤害。如果孩子在成长过程中，身体突然出现莫名问题，或久病不愈，就会请先生再次测算八字，拜认干亲。此时的"干亲"不一定是村里亲近的人，如有人曾拜认过杀猪匠、乞丐、孤寡老人、残疾人、石匠等。不仅如此，拜认的对象甚至可以是"非人"的物品，如关口村的大石头。JGR说道：

在关口村有个大石头，以前很多人就在那里拜祭，拜石头的时候要给它烧一些板子钱。有时候，有些人会随便就找个大石头或者岩头拜祭，叫石保爷，然后再找一个与自己同辈分的人假装是石头来答应，回答他的拜祭。

火石垭小学原址的院坝里，长着一棵茂密粗壮的大树，那棵树也曾是村民拜认的对象。此树已有百年树龄，原长得非常茂盛，孩子们喜欢在树下玩耍，但后来学校被撤销后，大树开始长虫子，还没到秋天时叶子已经掉光，呈现未老先衰的迹象，众人也不再将它看作拜认对象。

三是学艺。在火石垭村民看来，手艺是非常重要的，特别在过去，如果能掌握一门手艺就意味着能混上一口饭吃，养活自己。因此，许多家庭的父母在孩子小时候，帮他们寻找有手艺和技艺的人来认干亲，以此学习并掌握这门手艺。JGR表示，以前有不少孩子找他认干爹，因为自己会安置土地庙和香火，算得上是个手艺人。但是他并没有答应，因为他觉得这些手艺并不算大事，他说："好了就是亲家，不好就是冤家。"

四是补充劳动力。在过去以土地为主的生计中，劳动力是最为宝贵的，当自家人口较少、劳动力不足，且亲戚帮工力量薄弱时，为增加劳动力，便会主动找几个干儿子和干女儿"打亲家"，逢年过节的时候走亲戚也很热闹。

可见，认干亲的原因是多方面的。如今，认干亲不再局限于以上几种原因，随着社会发展，村内认干亲已没有传统讲究，显得更为随意。时常是朋友间的玩笑，便可让两家成为"干亲"关系。在这种情况下，不需两家人举行实质上的仪式和礼物交换，而多在于情感的巩固。

但并不是所有提出拜认干亲的请求，都能获得对方同意，许多人家不愿意接受干亲的存在，主要原因在于过去有着"招一个干儿子、干女儿，自己家就要损失一房（少生育一个子女）"的说法，所以许多想要亲生子女人家，就会拒绝别人的请求。

在认干亲中还有一种特殊情况，称为"过房"，即认干亲的人与被认的人，如果姓氏相同，那么便可叫作"过房女儿"或"过房儿子"。如果两人姓氏不相同，则直接称干女儿或干儿子。

（二）抱养与还宗

抱养在火石垭村也是一种比较普遍的习俗。据火石垭村民说，过去人们普遍重男轻女，如果自己家里没有生男娃，就会去其他家抱养。抱养时，两家须签订契约，称为"抱约"。

除了因缺少男孩去抱养外，村民谈道，在实行计划生育前，有的家庭子女较多又没有能力抚养，就选择把其中的某个或几个孩子抱给他人，交由他人抚养。签订"抱约"

的仪式十分简单，通常是原家庭给养父家包12元红包和一包烟即可。"抱约"完成后可以把孩子抱走。

抱养时有一个不成文的规定，即"抱小不抱大"，指抱养一般是孩子3岁之前，因为孩子稍微懂事后对自己原来家庭有记忆，不容易亲近。3岁之前大多没有很深的记忆，长大之后也不清楚自己的身世，养父母也不会告诉他们原来的身世。

通常情况下，抱养后三代内不能用自己原本的姓，三代之后允许改回原来的姓，即"三代归宗"。火石垭村当前存在抱养情况的家庭，均遵循"三代还宗"的规矩。在他们的意识中，如果三代之后不还宗改回原姓，就是对原本祖先的不尊敬，自己的后代将受到影响，家族以后不会兴旺。因此，火石垭村民一直保持着三代还宗的习俗。

以火石垭村NCG抱养和还宗情况为例。NCG今年约66岁。据了解，他的养父母家共有六个兄弟姊妹，而他自己已有两个儿子。老大NSQ一直在广东打工，二十多年都没有回过家，目前是离异状态；老二NSW，妻子ZCY，生育了一个女儿WJN。从小孙女的姓"W"可看出其还宗的情况。因为NCG从小被抱养，本姓为W，所以三代还宗后孙女改姓为W。

又如YZX，自己未结婚，没有子孙后代，所以便去濯水的H家抱养了一个儿子，并让孩子跟着自己姓，取名为YHQ。YHQ结婚后，与自己的妻子生下一个男孩，但这个男孩不再姓Y，而改回H姓，名为HKZ。

三、"男怕娶错妻，女怕嫁错郎"：婚姻仪式

婚姻是人一生中身份转变的重要节点，需要经过深思熟虑再作选择。在仪式方面，婚姻礼仪十分重要。当下火石垭村的婚姻礼仪包括定亲和结亲两个环节，有着许多的习俗讲究。

（一）定亲仪式

1. 提话

"提话"，又称"念话"，是介绍人代表男方，去女方家说亲。"提话"有"三回九转"的说法，即需要"提"好几次，女方家须经历多次"考虑""拒绝"，短则几天长则几个月，几次后才能知道女方真正意思。1949年后，"提话"过程中，男方还可跟着介绍人去看女子的模样。如果男方看到后不情愿，介绍人便再不进门去提话。

2. 答话

"答话"，又称"头道礼信"，指男方通过介绍人带去的第一次礼物。通常是三四十

斤的猪腿、酒、糖、鸡蛋和面条。介绍人问女方同不同意，如果同意便收下礼信，如果不同意便不收。答话后开始约期，即"踩屋基"。

3. 踩屋基

"踩屋基"指女方和亲属跟着介绍人一起去男方家的环节，主要看的是男方的房屋、田土、齐备家具和生产工具等家庭条件，关注男方个人的人品与为人处世等。踩屋基时，男方需给做客的女方准备礼品。而能否走到"踩屋基"这一步，需要中间人多次说和，比如经常夸奖男方人品与他的家庭，为的是让女方同意去"踩屋基"，因而在村民中也流传着"媒人不得哄，亲事不得成"的说法。有村民曾说：

假如我是媒人，我要提前给男方沟通，如果女方后天来，我今天就得告诉男方："她们同意了，要某天某日来你们这踩屋基。你们男方，地要扫干净，还用石磨子打点汤粑（汤圆）啊，推点绿豆粉。还要准备一套衣服，一双鞋子，一根帕子。"男方妈把东西交接给我，我就递给女方，她们觉得可以就接东西，看不来她就不接，有些都不吃你屋的，大不了坐下来就沏杯开水吃就走了。

4. 拿八字

一旦双方说定，等时机成熟之后，便是拿八字和确定婚期，相当于定亲环节。在传统社会，男方去女方家拿八字有着很多礼节。首先准备礼物，主要是给女方的舅舅和姨娘（母亲的姊妹），也包括男方自己家族"共公"（爷爷）的亲戚。每一户准备一个肘子、一把面条、一包糖罐或者一盒月饼。男方将自家主要亲戚，主要包括"共公"亲戚和老辈子叔爷等邀请好后，请最亲的伯伯们"押礼"，这些亲人也被称为"贤客"。组织好"贤客"后，男方再请介绍人即媒人一起到女方家"拿八字"。媒人在前，男方在后，众人背着背篼，背篼里装着肉和肘子、十几套衣服、两双鞋、两双袜，以及香皂、肥皂、牙膏等生活用品。村民们记得，20世纪80年代左右，富裕的男方还要准备手表、小电器等。

到女方家后，首先把带来的礼物在堂屋摆放好，称为"摆礼"。接着，媒人请女方主人家，特别是吃行礼的老辈人来陪男方的贵客，同时媒人给每个老辈人作揖。此时，女方亲戚开始收起男方摆礼的物品，端到女子的卧房去。下一步是"插香过门"，即女子的兄弟或亲侄子，在堂屋作高揖，拜祖宗，再一人点一支蜡烛，插入堂屋的香火炉，称为"点烛撑风"。此番仪式结束之后，男方亲戚将在女方家休息一夜，两边的老辈人可以摆上龙门阵，交谈一下。

正式拿八字的时间通常在晚上，称为"开八字单"。须先让算命先生算好时间，一般为深夜的12点到凌晨1点。双方长辈提前在堂屋里坐好，一人一边。准备两支毛笔，两瓶墨，以及一张红纸。时间到后，双方长辈各自写好小辈的出生年月日，然后写上

"天长地久"等吉祥的话，两边写好后，收拢到桌子当中的茶盘里。

第二天早上，女方家准备汤粑，一人四个，安排"过早"（吃早饭），家庭条件好的做的是包心汤圆，其余则没有包心。"过早"后，老辈人可以各自回家，但是女婿得留在女方家，和女方家一起走人户。由女方的父亲同姑娘一路引去，一天走三户五户很快可走完。每去一户亲戚家时，女婿要递上准备的礼品，再吃顿饭，亲戚们会给新女婿买根帕子或递件新衣，当作还礼。

5.约期辰

男方拿着双方的八字单回去后，去找熟悉的算命先生看期辰。算命先生拿着双方的八字拿书对照，落实时间。男方的期辰查好了，还须将日子送到女方去，叫作"送期单"，意思让女方也看看，如果女方的先生说期辰可以，"双不亏"，那么约期辰便定好。

时间定好后，待嫁的姑娘开始准备扎鞋，如果男方亲戚多，至少要准备好四五十双鞋，给娘娘、姑爷、舅舅、叔侄伯爷、哥兄弟、长姑子等。

（二）传统结亲仪式

随着时代的变换，婚礼有着传统与现代的区别，传统的婚礼有极多的习俗和讲究。

1.过礼

送彩礼是结亲的第一步，在火石垭村称为"过礼"。彩礼的内容与金额，根据男方的家庭情况，双方自行商定，在过去多以实物为主，后来逐渐演变为以现金为主、实物为辅。实物包括两个肘子或者"一方一肘"、几套新娘衣服、一双新娘鞋、2斤盐、茶、米、豆、2瓶白酒、2包面条、12个封封（将糖果、饼干等用红纸包装起来的封糖，村民称之为"封封"）。"过礼"时间一般在婚礼举办前一天，男方带着彩礼与接亲的人一起去女方家，将所有东西放置于女方家堂屋桌子上，同时男方亲戚要与新郎一起在新娘家进行"参祖"和"叫人"仪式，即在新娘家堂屋作三个揖，磕三个头，再作一个高揖后改口喊新娘家的亲戚。

CXY描述了他记忆中男方过礼的情况：

假比说第二天要结婚噻，管你在当地或者是外地啊，始终你头天要去过礼。男方要抬一头猪，有些是砍两个肘子，有些是砍半边猪。还要带彩礼钱噻。现在火石垭最撇（低）都是四五万元、五六万元了，这些都不上档次，也有八万、十二万元的，大人有名气的话是二三十万、三四十万元的。一般八万、十二万元的占多数嘛。

20世纪90年代，火石垭村彩礼钱已经高达一两万元，主要归功于烤烟生意的红火，但具体也视家庭情况而定。近十年，随着村民收入的提高，彩礼钱也逐渐攀升。不过部分家庭将彩礼钱又返给新婚夫妇,作为新家庭的储备基金。

2. 上头与哭嫁

新娘在出嫁时需要梳整妆发,盘好头发,在当地称为"上头"。"上头"的人十分关键,其八字必须与新娘吻合,且上头的时间一般在寅时为好。同时,火石垭村20世纪60年代前还有土家族哭嫁习俗。在新娘出嫁的前一天,新娘将以带着哭腔的唱调,喊到谁对谁哭,亲友会提前准备好帕子擦眼泪。

3. 接亲押礼

接亲押礼指将新娘接到新郎家并将陪嫁品送到新郎家中的仪式。在婚礼的前一天,女方的亲叔亲侄等亲戚将提前去女方家,清点好女方的嫁妆,并做好第二天结婚帮忙抬嫁妆到男方家的人员安排。女方的嫁妆主要有柜子、箱子、桌子、凳子、铺盖被褥、碗筷调羹等,一开始摆放在女方堂屋里,桌上点有两根大红蜡烛,将调羹、杯子、碗放在桌子上,摆成"品"字形,两边矮,中间高。

接亲押礼的人,一般在前一天过礼,然后在新娘家等到第二天早晨。新娘出门的时辰快到了,亲戚们把新娘的嫁妆各自搬运着,时辰一到,新郎背上新娘出门。据村民所说,1949年前有轿子负责接新娘。新郎需要骑马,新娘穿红色的嫁衣,坐轿子,搭盖头。同时,新娘一方将有三四名女性走在轿前,女方的亲哥哥或亲叔叔走在轿后。但当前坐轿子等习俗已经消失,多由小轿车替代。

4. 踩堂

男方接回新娘后,新娘首先需要"过"新家的堂屋门槛,此时由事先请好的"牵客"(一般由儿女双全、家中子女多的家庭妇女担任)引路跨过。同时,牵客要递给主人家事先准备好的红包,当地称为"下轿封"。如果没有"下轿封",新娘是不会进来的。之后,新娘由牵客牵至新房休息,过程中要换衣、洗脸、梳头等。未婚男女及怀孕或来例假的女生不能进入新房,即使进入也不能触碰到铺好的新床。等到中午12点,"踩堂"仪式开始,两位新人一同来到堂屋,另有两人在一旁喊礼,"香火照花烛""新婚者就位"等,并有专人读文:某年某新婚者,奏乐(唢呐)生炮(火炮),夫妻双方拜堂屋的天地君亲师,拜天地、拜高堂。然后新郎带新娘熟悉亲人,称呼改口,同时作揖。如果是长辈,要跪下去磕三个头,再作高揖,对平辈则只作高揖。作揖时,需给亲戚递烟,亲戚们也提前将准备好的红包递给新人。

5. 穿鞋

作完揖后,新娘拿出自己婚前做好的新鞋,给所有亲戚穿鞋,然后亲戚们又发红包给新娘。

6. 安席

结亲当天吃的宴席极有讲究,称为"安席"。首先是席面座位安排,香火为重,因此堂屋中应安排最亲近的亲戚,至少三桌,祖辈亲戚安排在中间正上方的一桌,男方亲戚坐到右手边的一桌,女方亲戚坐到左手边的一桌。门外安席则是给乡邻朋友。席上的菜肴必须为单数,一般是13种,包括红烧肉、红扣(又称"转碗")、鸡肉、膀、团肉等荤菜,必须有"红扣",代表一种喜庆的祝愿。

7. 回门

结婚后第三天"回门"。回门指新娘和新郎一起回到娘家,新人招呼剩下的客人,吃最后一顿饭,再回到男方家。一般是当天去当天回。这个仪式表示,今后男女双方已经成为亲家,要多多来往。

从以上传统仪式可以看出,仪式过程比较烦琐,且主要由双方亲属主导。也需注意,过去男女双方结婚时年龄较小,结婚仪式常被众人看作"成年"仪式,如为新娘"上头",将新娘的头发盘起,不仅是发型的改变,也是新娘社会身份的改变。因此,传统婚礼正是通过举行各种复杂的婚姻仪式,完成了身份的过渡与认证。

(三) 现代结亲仪式

当前的传统仪式已然简化,加入了许多新的元素。2021年夏天,火石垭村举办了一场婚礼,调查组参与了婚礼全过程。这场婚礼的新郎名叫ZJS,新娘是石家镇渗坝村人,名叫XAR,两人是初中同学,有五年以上的恋爱期。

1. 婚前仪式

两人是自由恋爱,自行商定结婚的。在期辰的选择上,新郎父亲ZSB学过如何选期,但为了稳妥起见,还是提前两年找到他的师傅看好期辰。之所以提前如此之久,ZSB解释说:"一是可以多点时间商讨、准备婚礼,也是当时她才毕业,还是需要先找工作稳定下来,再商谈婚姻大事。"看好的期辰专门写在一张红纸上面,记载道:"选择结婚佳期辛丑年小利月八月二十四日辛巳,属木,日属:天黄,三合,天恩,成日双天双地,周堂过,土木二人卜头(寅时),坐东向西,辰时出阁,辰时入宅。"其意寓吉祥之日、吉祥之时,表示以后万事顺利,心想事成。最后婚礼的时间定在2021年9月30日,即农历八月二十四日。

眼看着期辰渐近,新人Z家与X家开始着手准备。在临近婚礼前几天,趁着中秋佳节,新郎父亲ZSB的女儿、女婿和儿子、儿媳全部回来欢度佳节,并且一起准备婚礼的各项事务。中秋节当天下午,一家人围坐在堂屋中包喜糖(图6-1)。他们准备的是新式

第六章　仪式、节令与风俗：非典型村庄的文化韧性　　249

喜糖（图6-2），一盒装6颗糖和一包烟。参与包喜糖的主要人员有：新郎父母ZSB夫妇、ZSB的女儿一家（包括两个小孩，都在读小学）、新郎新娘、ZSB的嫂子，以及她的两个孙子，一共组装有600多包。

图6-1　一家人与亲戚包喜糖的场景　　　　图6-2　包装好的喜糖

婚礼的宴席，他们请来了"一条龙"服务❶，从煮饭到办菜，共六个人负责正席的一餐。席面食材由ZSB提前买好，但做菜的工具包括煤气，均是"一条龙"自行准备。"一条龙"服务当地价格约有两个档次，30桌以下1800元，30桌以上每桌加收35元。当天差不多有四十几桌，最后花费了2000元。笔者问为何不自家准备，ZSB解释道："还不是考虑到他们（新郎新娘）。他们以后又不怎么在这里住，欠了人情是要还的。你现在喊别人来帮忙，到时候别人有事你不回来就不好了。所以啊，干脆多花点钱。"根据当地的风俗，自己在别人红白喜事的时候常去帮忙，等自家办事时村里人才会来帮忙。但此次的新人以后打算在黔江城里定居，婚后难以和村里人接触，也就难以在他人需要帮忙时出现。为了避免落人口实，只好请"一条龙"。不过，由于ZSB是土生土长的人，有许多关系好的人家还是会不约而同前来帮忙。只是相较于过去婚礼的盛况，帮忙的人少得多，仅是自家亲戚和周围几位邻居。

在婚礼上，男方家会请有经验的人充当"照客师"，以统筹当天的各项安排，如谁负责洗碗、谁放置桌子板凳、谁"办菜"等（图6-3）。由于"一条龙"服务只负责婚礼正席，其余时间均需要主人家自行准备，那么一般情况下照客师会根据情况，安排村里经

图6-3　婚礼人员安排单

---

❶ "一条龙"服务是举办宴席过程中，所有厨房事宜的全流程包办，包括桌椅、饭菜、厨师等的配备齐全。

验丰富的妇女负责炒菜做饭，其余人员则负责茶水、车辆安全、放火炮礼炮、接管厨房等十余项任务，共计34人。

新娘在自己家中办酒席，招待女方那边的亲戚（图6-4）。同时，准备好嫁妆，将堂屋收拾好，等着押礼的人过来。

2021年9月29日上午11点，即婚礼前一天，新郎出发去新娘家所在的渗坝村"押礼"。跟新郎一起"押礼"亲戚共有12人，分别是新郎的干爸、叔叔、大伯、姑爷、堂哥、媒人夫妻及孙子，还有3个战友作为伴郎。其中，干爸LB和姑爷RBX是主要"押礼"人员，一行人带到女方家的物品大致可以分为以下三类。

图6-4 新娘家宴席

第一类是食品类。具体包括：2桶装食用油、2袋豆子、2箱八宝粥、2袋旺旺雪饼、2瓶白酒、2袋达利园蛋糕、2袋装茶叶、2袋装红枣、2袋白糖、4袋盐（两种捆在一起）、2袋维维豆奶，共12个品种24件，除此之外还带了2个猪蹄。听新郎的叔叔说，按照当地的规矩，押礼至少要12个品种24件物品，除了猪蹄之外，其他任何都可以，没有强制要求。在数量上也可以增加，是12的倍数即可。

第二类是毡包。所谓毡包，即用红色毛毯包着的衣服用品等，这里面的东西都是由男方家庭买给女方家庭的，包括给新娘从上到下换的2套行头，同时给新娘的父母、爷爷奶奶、外公外婆各买的一套衣服。ZJS带过去的毡包里带的是：两双高跟鞋、两件衣服、两条裤子、两支牙膏、两支牙刷、两条皮带、两双袜子、"三金"和给新娘家人的五包衣服。

第三类是押礼仪式所需要的物品，如烟花爆竹、龙凤蜡烛、大红烛、小红烛、烟、红包、香，等等。

新郎一行人抵达女方家里时，女方家里正在办酒席。进屋前，先在门外的空地上燃放烟花爆竹，两个小烟花和两卷炮火，向众宾客告知新郎家来人押礼了。燃放时，新郎一行人带着准备的东西，慢慢地走进女方家里。进到女方堂屋，先把东西放在地上，然后再由媒人去和女方家请的照客师沟通，何时正式开始仪式，商量好后才开始押礼。

女方家的堂屋装饰如下：正中间摆放了两张桌子，两侧堆放的是女方亲戚家人送的礼物，即新娘的嫁妆（图6-5）。这些物品全部贴上红条，上面写有赠送者的姓名。有些亲戚不仅送了被子，还送了红包，不过一般为新娘的亲姑姑、亲舅舅等。而在最靠墙的那张桌子上也放了三件礼物，分别是十字绣、礼盒和一束花，一般为新娘的叔伯送的。

第六章 仪式、节令与风俗：非典型村庄的文化韧性　251

在和女方请来的照客师商量好后，新郎一行人中，两位押礼和两位接亲的人员将开始第一次摆礼，先将彩礼钱拿出，放在红色盘中，再依次摆两袋零食，上面均贴了红条，最后再在桌子外两个角各放一根红烛、用红条绑好的三炷香、喜钱、一包烟和一个打火机（图6-6）。

图6-5　新娘的嫁妆

东西摆放好后，女方的两位亲兄弟或是亲侄儿过来"发红烛""烧喜钱"，他们先对着香火堂鞠躬，再用打火机点燃小红烛，然后在红烛上面将香点燃。两位男士各自拿着一根红烛和一炷香，分别插在桌子中间位置的两侧。插好后，开始蹲在桌子前面的地上烧喜钱（图6-7）。喜钱烧完，再把桌上的烟、红包带走，只留下了打火机。完成这一道程序之后，媒人将新娘请来的照客师叫来。照客师进来后便拿着话筒简要介绍当天的情况，然后新娘父亲再与众人寒暄几句。

图6-6　发烛准备 　　　　　图6-7　烧喜钱

随后，新郎的押礼先生和接亲的人，把带来的所有物品全部摆在桌子上，然后将龙凤蜡烛，一边一个插进提前绑在桌子两侧的竹筒里面。送给新娘家人的衣服均用红色袋子装好，上面贴好红条，写明送谁；另外还放了6沓现金，一边3沓，共6万元。除此之外，还特意放了一个红包在新娘的衣服上，意思是"请新娘这边收下衣服"。同时，将一直摆放在红盘中的10万元彩礼钱取出，分两排放在桌子上。在靠近门口的两个桌角，又各自放了一包烟、一根小红烛、一个红包，再加上之前留下的一个打火机。两个喜钱则分别绑在桌子角上。最后，在桌子下面放了两箱大的烟花、两个小的礼炮和两卷炮火。

此次摆好之后，将再一次发烛，依然是之前发烛的两个年轻男生。他们二人先对着香火堂鞠躬，然后点燃小的红烛，再用小红烛去点大的龙凤蜡烛，三炷香则是直接在蜡烛上面点燃。小红烛和三炷香插好，然后将喜钱从桌脚取下来，在地上烧喜钱。

这一道流程走完，男方接亲的人，即新郎的伯伯须对着女方堂屋中间的香火堂鞠躬，接着新娘父亲鞠躬，最后是新郎鞠躬。鞠完躬后，新郎一行人把带来的烟花爆竹于屋外点燃。烟花一放完，代表着押礼的全部流程走完。

在这过程中，男方一行人还会专门派人去女方厨房里，给帮忙的亲朋好友送红包，一人20元。忙完之后，一行人才可以休息。午饭后，新娘将男方接亲和押礼的四位亲人带去休息，当晚他们将住在新娘家，等第二天新郎来接亲时一起回去。其余的人则在吃完饭之后，随新郎一起回到火石垭村。

此时，男方家也在马不停蹄地准备第二天婚礼相关事宜。下午5点左右，婚庆公司的人抵达ZJS家，开始布置第二天的婚礼现场。傍晚6点半左右，唢呐师傅（又名"九层师"）们到达现场，一边吹着唢呐一边进门，进门的同时放鞭炮。唢呐一进门，后厨帮忙的人便明白可以开始准备做晚饭。这时，唢呐师傅不会马上进堂屋，而是会在堂屋门口坐着吹，等待男方家请唢呐师傅进到堂屋里。

与此同时，主人家也提前在堂屋里准备好唢呐"开哨"需要的东西，东西全部用大托盘摆放整齐，托盘上放了2碗红扣、1碗米、2个杯子，杯子下放有2个杯碟、2瓶白酒、3根红烛、2份喜钱、2条红布、2个红包（每个红包120元）、2包烟和6炷香。东西准备好后，新郎连同托盘，端进堂屋香火堂下的桌子上，由新郎点烛，先点桌子中间的那支蜡烛，寓意是敬重本家祖宗，然后再点两根红烛，分别立在桌子左右角，再向祖宗鞠躬，喊一声"请九层师"，唢呐师傅才被请进堂屋，准备开哨。先由新郎对着香火堂三鞠躬，再请唢呐师傅将香点燃，插进香火堂正中位香炉里面，寓意唢呐师傅敬重男方本家祖先；再点3炷香插进米里面，寓意敬重唢呐学艺师祖。唢呐师傅再各自点燃一支蜡烛，立在桌子左右角，各烧一份喜钱，和新郎一起对着香火堂三鞠躬。这个时候，新郎之前点的3支蜡烛和唢呐师傅点的2支蜡烛形成了"品"字形，寓意是为人离不开品德。接着，唢呐师傅拿起托盘里的红布，绑在自己的唢呐上，对着香火堂鞠躬，吹一首喜庆曲子，同时唢呐声音一起，外面开始放火炮，表示开哨仪式结束（图6-8）。

图6-8 开哨

一曲完毕，唢呐师傅各自烧一份喜钱，拿起托盘里的白酒向杯子里倒了三巡（次），均浇在喜钱上，再继续吹唢呐。吹第二首曲子时，新郎要点燃香敬祖宗，再将香插在香炉里，并把托盘里的蜡烛移出来插在桌子中间。白酒瓶也移出来放在桌子上，红包和烟分别放在唢呐师傅面前；最后，倒2杯酒放在唢呐师傅面前，寓意敬重唢呐师傅。唢呐师傅根据新郎家情况断断续续吹奏，累了就休息，休息好了就继续吹。第二天须跟着新郎一起接亲。

在开哨仪式进行的同时，婚庆公司将院坝也布置得差不多了，搭设了舞台，装饰了鲜花，以橙色、白色为主要色调，看上去十分温馨。这期间，婚礼主持人也来了，开始和新郎、伴郎彩排明天正式婚礼的环节，一遍又一遍，认真且仔细（图6-9）。

2. 接亲仪式

举办婚礼当天，凌晨4:25，新郎家的人陆陆续续起来了，虽然大家都睡眼惺忪，但还是马不停蹄地准备，如在车上贴喜字，做一些装饰。

图6-9 婚礼彩排

4:27，唢呐师傅准备好唢呐。

4:33，男方家的照客师将所有人召集起来，嘱咐众人注意事项：第一点，凡是过去接新娘陪嫁物品的人，一律不能上街沿，要在下面等；第二点，整个接亲过程中，大家尽量都待在一起，不分散，接陪嫁物品时，动作要麻利迅速，不能耽误接亲时辰。

4:38，新郎一行人开车从火石垭村出发，去新娘家接亲。接亲共有10辆车，其中7辆接亲车，3辆负责装东西的皮卡车。整个接亲队伍有三十几个人，其中有7个伴郎、2个唢呐师傅，其余均是亲戚朋友。过去路上，唢呐师傅坐在车上会间断性地吹上几曲。

5:25，抵达女方家。男方一行人不会立马进去，而是在外面做准备工作。

5:39，由3个人放鞭炮，唢呐师傅吹起曲子，一行人一起走进女方家。进去后，4个接亲客先被带进了堂屋，分别是新郎的姐姐、伯母、大娘和二娘。在接亲客进去之前，女方堂屋桌子上的东西都已经全部摆好了，分别是白糖、红枣、八宝粥、盐、蛋糕、维维豆奶、白酒、毛巾、毡包和猪蹄，均为一份，当作女方给男方的回礼。接亲客进堂屋之后，先由女方亲人给她们一人倒一杯茶。这时，前一天住在新娘家的2个押礼先生和2个接亲男性长辈也在场，他们需将桌子上女方回礼的物品全部放进男方准备的纸箱，之后带回男方家。桌子上的物品撤下去之后，旁人需将准备的3碗饭、3杯茶、3杯酒、3碗菜放在桌子中间，按照同一类别依次排序，共4行3列，寓意是在正式开饭之前，先敬重X家祖先。孝敬完祖先后，由女方亲戚分别给4个接亲客喂一口菜，这才正式开饭。

6:00，女方家开饭。根据当地习俗，男方家接亲客的席面得提前安排好，由女方亲戚用红纸折成三角形放在每一份餐具旁边。其他客人看到这个标志，就不会去坐那个座位了。早饭共有15道菜、1瓶白酒、2瓶啤酒和1瓶饮料。因为是喜事，餐桌上一定会有红扣。当地人说，这道菜只有在结婚的时候才能够吃到。

6:20，吃完饭之后，新郎的2个押礼先生和2个接亲长辈，跟新娘的照客师商量，继续布置堂屋里仪式需要的物品（图6-10）。在3碗菜、3碗饭、3杯茶、3杯酒的下方放了一个红色托盘，上面是新娘的嫁妆钱，均是现金，10张一沓，用印有"喜"字的红色纸条封好，包括男方一共给的16万彩礼钱，加上女方陪嫁的10万，一共26万元。然后在靠近门口的2个桌角放了1包烟、1个打火机、1个红包、3炷香、1根小红烛和1份喜钱（发烛所需物品皆由男方提供），然后再在桌子腿中间两侧和桌子绑在一起的竹竿里插上一对龙凤蜡烛。之后，由新娘的长辈点燃香，插在香火堂佛龛正中位的香炉上；然后将佛龛旁边的包封全部拿下来，在街沿上面烧。一般是在佛龛上面烧，只是当时堂屋有很多被子作为嫁妆，为了安全，就选择在外面。

图6-10 新娘家堂屋的仪式物品布置

6:21，女方的两个年轻男生进堂屋开始发烛，对着香火堂鞠躬，用打火机点燃小红烛，然后用小红烛点燃龙凤蜡烛和3炷香（图6-11）。之后，蹲在地上将喜钱点燃，再对着香火堂鞠躬，拿走红包和烟便退出去了。

6:24，女方照客师开始交代发亲的相关事宜。

6:30，接嫁妆，将堂屋里的嫁妆搬出去。堂屋里所有的嫁妆全部用红色袋子装好，红色象征着吉祥。因为新郎这边接嫁妆的不能上街沿，所以是通过传递的方式搬出去的。男方的人则将嫁妆全部搬上车，有棉被、箱子、洗脸架等。搬完之后，就开始在桌子前面的地上铺凉席，凉席铺上之后又拿一套被子出来，当作下跪磕头的垫子使用。

图6-11 发亲前的发烛

6:43，在堂屋右侧的房间里，送亲客交代新娘出嫁事宜。与此同时，堂屋里的人则将桌子上的杯子、碗、现金等全部撤下去。

6:44，开始吹唢呐。

7:00，照客师为发亲致词："同邻居要团结友爱，夫敬妇，妇敬夫，互助相亲，男尊女，女尊男，男女平等，一生和睦，妯娌笑和，家庭过上幸福、美满的生活……"都是给这一对新婚夫妇的美好寄语。

7:02，新郎进堂屋对着香火堂下跪鞠躬，之后依次是4个接亲客、媒人和押礼先生。新郎这边敬完祖先，女方亲戚就拿了一把红色的伞放在桌子上。

7:04，新娘幺爷进来牵新娘，对新娘说："幺儿，我今天来撑你出去，你管出去样样都有哈。"

7:05，新娘出门礼俗，先作3个揖，然后拿起桌子上的红伞撑着，半蹲背向堂屋，母亲洒水、撒米各三下，将新娘"赶"出门（图6-12）。

7:07，新娘出门，在接到新娘出门的时候，由两人鸣放一对礼花。

7:10，接亲队伍出发。装有嫁妆的皮卡车先行，由牵客和铺被子的人先把东西收拾出来，主要是棉被和枕头叠好放在新床上。这两人必须是子女多且子女发展顺利的。ZJS家请的是他的伯母RTX，她有4个孩子，两儿两女，发展得都挺好。对此，新郎父亲ZSB也是认真挑选，表示："必须是她！要精选。"

图6-12　新娘出门

7:15，纳礼先生与新郎家人确定男方到达的时间，因为看好的时间是7点至9点，并且8:00~8:13进屋为吉时。因此，排在接亲车队第一辆车的司机，即ZSB的女婿在接了新娘之后，一路上都在和ZSB进行沟通，确保能够在这个区间抵达家里，同时也方便家里做一些接亲的准备工作。因此，平时半小时的车程，当天早上要努力按照期辰上的吉时到达。跟着过去吹唢呐的师傅坐在另外一辆车上，为了保证一整天精力充沛，他们一路上只有在路过村庄的时候和人多地方就多吹一会儿，目的在告诉更多人今天有人结婚；在人较少的地方，就稍作休息。

8:03，车队抵达男方家里，送亲客不急着下车。新郎新娘下车的时候，有两个男生拉响礼炮，不仅是对新郎新娘的祝贺，同时也是在告知各位亲朋好友新娘到了。

8:05，新郎新娘进家门的时候，又放了一对礼炮。牵客在一楼堂屋等着新娘，然后新娘由牵客牵至新房休息，牵客对新娘说："一梳夫妻和好，二梳人才两发，三梳喜气洋洋。"按照当地习俗，一般是会给"下轿封"，但是因为请了婚庆，就在婚礼现场给的，ZSB夫妻分别给新郎新娘一人3280元的红包。

在新娘到达新房之前，男方这边已做了一些布置。有些是接亲当天早上做的，有些则是在得知女方那边发亲之后才做，具体如下：第一，先由新郎两个侄子在堂屋发烛，站在佛龛左边是右手点烛，站在右边是左手点烛。先点燃小红烛，再用小红烛去点1对龙凤蜡烛和3炷香，龙凤蜡烛和小红烛立在桌子两边，3炷香是插在佛龛正中位的香炉里面，寓意在Z家堂上迎接新人进屋。第二，仍由这两个小孩提前去山上摘桐子树上的桐子，每人摘12个，分别装在2个碗里，在新娘到之前就放在床下。

到了新房后，牵客会给新娘递一杯水，然后在梳妆台上放一对蜡烛，之后便开始另一个仪式——关门点烛。在新娘进新房之后，由媒人告诉送亲客，他们可以下车准备进屋了。本来送亲客进屋时要放礼炮，但是由于新娘的八字放鞭炮不适宜，所以就取消了这个环节。在婚礼当天，未婚女性、正值生理期的女性、怀孕的都不允许进入新房，甚至是负责拍摄记录的摄影师也不可以，用他们当地的话就是："毛姑娘不让进，即使进了也不许挨床。"这也看出虽然现代婚礼很多习俗已经简化，但是传统习俗仍然影响着人们的行为。哪怕新娘自身不太在意这些，在娘家不完全遵照，但到了男方家时，也不得不妥协。

8:20，新房里，牵客和铺床的人一起点烛，给新娘换上衣服、鞋子，再给她上头。过去"上头"是重新梳头，现在则是用梳子简单梳两下。新郎妈妈端水进去，给新娘洗脸、洗手。

在婚礼仪式未正式开始之前，新娘要一直待在新房，等到婚礼开始时才能出来。

3. 婚礼仪式

不管是对于新人及其家庭成员，还是前来参加婚礼宴席的宾客，最为激动人心的就是婚礼仪式。尤其在现代婚礼中，仪式举办环节对于两位新人而言有着十分重要的纪念意义。在婚礼仪式即将开始的时候，婚礼主持人会开始活跃现场气氛，通知在场的所有人婚礼开始的正式时间，这个时间也是经看良辰算好的。倒计时五分钟，主持人开始张罗，请亲朋好友们都聚集到舞台周边准备观看婚礼。台下已经挤满了人，连院坝旁的菜园子地里也站着人，一个个都探出头，生怕错过一个细节。"5、4、3、2、1"，在主持人的倒计时声中，婚礼正式开始了。

首先，主持人讲述两位新人从相识到相知再到相恋的过程，然后请新郎站在舞台上，向各位来宾致谢。婚礼最令人激动的便是新娘的出场，在一阵欢呼声和掌声中，

第六章 仪式、节令与风俗：非典型村庄的文化韧性　257

新娘和新娘的父亲登场。在激昂的音乐声中，新郎迈着步伐，一步一步走到新娘的面前，从新娘父亲的手上接过新娘的手，这意味着从此以后，他需要好好对待新娘，连同父亲的那一份。交接完之后，新娘新郎便手挽手一起走向舞台中央，交换戒指，相互承诺。然后再由伴郎伴娘们为他们送出自己最真挚的祝福。在结婚这天，都会请一位证婚人来见证婚姻的神圣性。在Z家的这场婚礼中，证婚人是新郎新娘的初中班主任。

当然，双方父母在这场婚礼中也是很重要的角色，父母含辛茹苦将子女养大成人，在他们人生的转折点，当然需要父母的见证。在伴郎伴娘送完自己的祝福之后，新人双方的父母在主持人的引领声中一起走向舞台中央，这时候新娘新郎要给自己的父母及对方的父母敬茶，并改口叫对方的父母"爸爸妈妈"。父母双方在接受新茶之后，一般都会给新人改口费，相当于承认他们的婚姻，也承认他们以后做自己的儿媳和女婿。到这一阶段，婚礼基本上已经接近尾声了。

最后就是撒红包阶段了，这是新人向来参加婚宴的各位亲朋好友表达谢意及分享喜悦的一种方式。在一片欢呼声中，大家都竭力去抢新人撒下来的红包及其他物品。其实，人们抢的并非红包本身，而是抢着红包图个吉利，沾沾新人的喜气。到此，婚礼算是告一段落了。这场盛大的婚礼，将所有人都聚在了一起，听村里的老人说，村里已经很久没有这样热闹过了，他们觉得现代婚礼非常好。

婚礼结束之后便是正席。本次的宴席是流水席，每一轮上菜和吃饭时间很短，轮上四五轮后，所有人才能吃上。在火石垭，流水席的吃法十分有趣，在上一轮的人准备吃好离开之后，还饿着肚子的人早已准备好站在吃饭人的身后，仿佛早已盯住，就等着他离开。有部分原因是一轮开席的桌数较少，一轮只有5桌，但是客人又比较多，所以大家都很着急，想着早点吃完早点走，因此就会出现等位抢位的情况（图6-13）。

酒席一般是16个菜。主人家依据做菜备菜人给的清单去菜市场买菜。必备的菜品一般包括鱼、排骨、鸡爪、虾子、鸡肉、鸭肉、牛肉、鸡腿、膀及素菜，菜品得看主人家的经济状况。素菜主要有豇豆、四季豆、黄瓜、瓢儿白、莜麦菜、洋芋、豆腐等。每一样菜按人数估算，如30

图6-13　流水席

图6-14 现代婚礼中的菜品

桌的宴席，四季豆一斤炒两盘需要15斤；膀一桌一个，需要购买30个膀；称十几斤鸡爪；鸡腿、鸡翅一桌各10个（图6-14）。

宴席结束之后，按照习俗应该是媒人在堂屋的佛龛上点燃3炷香，然后在桌子上一边点燃1支小红烛，再是三鞠躬，随后向主人家打招呼便离开。因为ZJS的媒人和父亲ZSB是同行，就免去了前面的规矩，媒人和主人家打了招呼就离开了。媒人走了之后，按照顺序是送亲客，送亲客的时候也是同媒人一样的流程，但现在由送亲客中辈分大的作为代表来完成这个仪式，然后再打声招呼，说几句客气话，由堂屋出去，门外放炮欢送，送亲客必须丢下红包，但只能新郎拿红包。送亲客走了之后，便准备唢呐师傅离开需要的东西，包括他们的工资（400元/人）、红包（10元/人）、2份喜钱、9炷香、2支小蜡烛、花生、瓜子、喜糖、24个糍粑、24个泡粑，以上这些均放在茶盘上，其中糍粑和泡粑要分别放在两侧。东西安置好了之后，唢呐师傅先点3炷香放在香火堂佛龛正中位的香炉里面，然后再各自再点3炷香，插在佛龛下面桌子上的碗装米里。之后，各自点燃1支蜡烛，分别立在桌子两边，吹一曲唢呐，寓意是大门开，唢呐师傅准备回去了。吹完之后，唢呐师傅就去拿茶盘上的东西，除了工资和红包，其他都是每样随便拿点，但是，糍粑和泡粑必须两边各留2个。最后，他们拿起挂在桌子脚上的2份喜钱，各自烧在桌子的两边。烧完之后，唢呐师傅就对新郎新娘说一些祝福语，如"早生贵子""白头偕老"之类的话再离开。

唢呐师傅走了之后，新娘便在嫁妆里选取一整套床单、被套、枕套，给男方父母抱过去，寓意是敬重父母。男方父母则给新娘两个红包（1200元/个），新娘接受之后返回新房。随后，男方父母开始准备新郎新娘回门的东西，一般是一些饮料、喜糖等几样礼品，都是双数。准备好了之后，新郎新娘先向父母道别，然后就从堂屋出去，开车带上礼品回门，在新娘家吃顿饭回来，回来时也要从堂屋进门。晚上，由新郎父亲ZSB将堂屋佛龛上的包封取下来，本来应该在堂屋烧，但考虑烟味太大，就选择屋外烧。烧完包封，就意味着这场婚礼全部结束。ZJS婚礼大致花费见表6-1。

表6-1 ZJS婚礼大致花费

项目	单价/元	总计/元
婚庆	8000	8000
"一条龙"服务	2100	2100
席面食材	16000	16000

续表

项目	单价/元	总计/元
厨房的红包	1760	1760
女方发烛	120	360（3次）
照客师	120	240（2人）
女方上头妇女	120	240（2人）
"半边礼"	4000	4000
杂物物品	—	4000（24件）
猪蹄	500	1000（2人）
上轿夫	120	240（2人）
发烛钱	120	360（3次）
烟钱	8800	8800
烟花礼炮	4000	4000
酒水	5000	5000
接亲车夫	120	1200（10人）
新娘客人	320	8000（25人）
送亲客	200	800（4人）
红包	3280/3280/1200	7760
平日菜钱	500	500
送期辰	9000	9000

注：根据新郎父母口述整理。

ZJS夫妻的婚礼是典型的融合式婚礼，虽然取消了很多仪式，但是一些关键的流程仍保留了下来。对于观礼的宾客来说，一场婚礼不仅是男女双方的结合，更是对自己与主人家、与村落关系的定位，在礼金方面尤其突出。据NCP口述，火石垭村的婚礼礼金大致经历了以下几个阶段（表6-2）。

表6-2 火石垭村礼金情况

时间	送礼情况
1984年以前	2斤绿豆粉、2斤南瓜、几颗白菜
1984—1986年	1厢豆腐、50~100个泡粑
1987—2001年	送粮食（苞谷）、苞谷酒
2001—2008年	粮食（豆腐、苞谷、鸡蛋）与钱并重
2008—2015年	送钱（30元/50元/20元/100元）
2015年后	送钱（100元最少，嫡亲上千元）

从火石垭村礼金情况可以看出，21世纪以前主要以"物"的流动为主，当时人们的生计以务农为主，农产品更符合村民的实际需求。21世纪之后，火石垭村已经逐步迈入现代化的轨道，挣钱成为他们的生计目标，于是礼金开始流行，并且随着时间的推移，金额逐渐增大。

不同的金额标志着村民们在村中的"地位"，体现了客人与主人家的亲疏关系，因此对于普通村民来说，水涨船高的礼金是一件令他们颇为头疼的事。RZP谈道：

送礼的翻一下礼簿，一看前几年的礼簿，大家都还送个几十块，近几年最撇（低）都是一两百（元）了。我们送礼都是要么别人送好多，我还好多，要不就是再加点，不会比别人送的少，一年走人走户的开销大得很啊。

ZZY也表达了自己的看法，人情开销越来越大，占据着家庭生活开销的大头，并且还出现了一些人情攀比的现象：

人情事务有点娇，娘家那边侄儿子要给得大点，以前都送的少噻，以前是递铺盖（被子）那些哦，打发女结婚生细娃都是送两千，都是亲戚，不管细娃多不多。

近几年来，在文明村风的倡导下，许多活动都取消了，只保留了结婚和丧葬两种，并且这两种活动请客数量都作了限制，一般来说只能请7桌到8桌，但当地村民依然会偷偷增加人数，人情往来让许多家庭感到深深的苦恼。

四、丧葬习俗

"生有所养，死有所葬"，人的生老病死犹如季节更替，自然而正常。在火石垭村，老人葬礼被称为"喜丧"，家里人会为逝者欢欢喜喜办一场丧事，"热热闹闹送亡人，欢欢喜喜办丧事"便指如此。从人去世的那一刻起，到棺材下地那一刻结束，便是一场生者与逝者之间灵魂对话的丧葬仪式。火石垭村目前仍以土葬为主。丧葬仪式十分复杂，一场丧葬仪式的参与者往往覆盖整个村子，村子在那段时间会显得格外地繁忙。

（一）葬礼仪式的准备

按照火石垭村的传统丧葬习俗，在预知某人即将去世时，其亲人会提前做一些准备工作，如根据家庭情况预计葬礼规模大小，要来多少人，会花多少钱等。除此之外也会提前准备好寿衣，棺材是一早就预备好了。

1.报丧

老人去世后告知大家，称为"报丧"。放鞭炮是第一件事，鞭炮轰隆的声音响起，周围的邻居好友便知道人已经离世。放鞭炮的时间要在一个小时之后,接下来便通知最为紧要的人,以前会先通知血缘更近的亲戚,其他人则是把灵堂设好之后再通知。一般由去世之人的儿子即"孝子"通知,孝子到亲戚家门口时会先下跪,向人说明来意,再请他们吊唁。不过现在只需一通电话、一则微信即可。

2. 净身

落气之后,需要为逝者净身。用事先备好的艾草泡的水打湿毛巾,擦拭逝者的身子。为逝者净身的人一般较贫穷,靠此事赚钱,通常400~600元一次。擦身体通常是胸膛前擦两下,背上擦三下。如果去世的是男性,就会请男性去帮忙擦,如果去世者是女性,会请女性帮忙擦。

3. 换装

净身完之后,给逝者穿上寿衣,一般为7身、9身或11身。7身是指3件下装,4件上装。在火石垭村,村民们多数准备7身,因为他们有着"七生九死"的说法,9身被火石垭的村民看来是不吉利的。寿衣一开始为裁缝制作,现在则有专门售卖寿衣的业务,寿衣的颜色不定。为逝者穿好衣服后,将尸体放入棺材。

棺材是一早就准备好的。在火石垭,上了50岁的人就可以为自己准备棺材了。有些是自己出钱,有些是儿女们准备的。当地将准备棺材这一流程称为"割方料"。村民们通常会找本地木匠定做,如火石垭一组的YJK便常常帮人做棺材,价格5000元左右。请木匠制作棺材,也须看期辰,不能随意请,而是要找先生算,一般会选在闰年或者闰月,因为这段时间比较吉利。

棺材的尺寸有一定的标准,俗话说"天下棺材七尺三",成年人棺材长七尺三。三尺为一米,所以棺材的长度通常是2.4米。棺材的颜色也有区别,主要以红色和黑色为主。红色象征着吉利,主要是为90岁以上的老人准备。在当地,村民们觉得上了90岁就是高寿,所以红色棺材又被称为"寿材"。而黑色一向象征着严肃与沉稳,主要是90岁以下使用。红主喜,黑主凶,一般那些意外死亡或是病逝的人习惯使用黑色棺材。

通常棺材一头高一头低。高的那边为头部,低的那边为脚部。棺材分内外两层。外面一层由上下左右四块木板组合,这四块木板又由数块小木板粘合而成(图6-15)。木匠师傅须按照规定的尺寸,用工具将木头压成厚薄合适的板子,再用胶水粘在一起,然后利用传统工艺固定拼接,最后刷上油漆即可。一般在棺材的头部高处刻寿字,象征吉利。棺材内层称为"匣子"(图6-16)。匣子是一个长方体形状,尺寸比外层小,也是由上下左右及侧面6块木板粘合而成。现在,市场上有现成的匣子出售,如果人去世之前没有准备匣子,可以直接买一个。据村民说,有些人户准备棺材只准备外层,不准备匣子,有些则是两层都会准备。

图6-15 棺材外部

图6-16 棺材内部匣子

4. 看期与选地

人去世后,逝者的孝子们会商量去请道士先生来算下葬的日子。如果最近三天有合适的日子下葬,则会将逝者置于棺材中。如果最近没有合适的日子下葬,需要"停棺",需要将逝者放入冰棺之中,冰棺类似于大冰柜,用以防止尸体腐烂(图6-17)。

因期辰不定,因此在火石垭使用冰棺的现象十分常见。冰棺的尺寸与棺材大小差不多,也是长方体形状。顶部是透明的双层玻璃,隔层内会放置一些假花,冰棺的两头也写有"福"字,以表示对逝者的尊重和怀念。在火石垭,使用冰棺的一般停放5天到10天,租借的费用大约是一天80元。

先生将日期算好之后还要选坟地,通常是根据逝者的八字来定,使用罗盘定方位。定好地点之后,在选好的地方烧香并放火炮示意。如果逝者生前就已经定好埋骨之地便可以省略此步骤。

图6-17 冰棺

5. 停棺

尸体安置好之后,将棺材或冰棺放在进堂屋门的左侧,谓之"停棺",这期间各方亲戚朋友会前来吊唁。孝子孝女为往来的客人准备饭菜。在停棺期间，人们将会准备正式丧葬摆酒当天的所需之物，主要是招待客人所需的食材、烟、酒等，同时还要安排各项事宜，如搭棚子、借桌子板凳、借碗和盘子等。但现在，许多人户都选择"一条龙"服务。

从逝者去世一直到下葬，家里人每天都要给逝者烧纸，一天三次，位置在棺材下，也就是逝者脚下，同时也要在此处点上两支蜡烛，不能熄灭，称为"长明灯"。家里人每吃一顿饭，都要先给逝者准备一碗，以表示对他的怀念。孝子要为逝者守夜。

调查期间，居住在火石垭一组风背崖的RCY老人去世，她的葬礼过程一共持续了10天。第一天至第五天，基本上没有什么客人，只有自己家的至亲。第一天主要工作是搭建棚子，来帮忙的都是附近邻居，大家一起砍竹子搭架子，铺塑料胶布，遮风避雨。第二天到第五天，主要是准备食材、烟、酒等必需物品，并陆续报丧，通知亲朋好友来家里做客；同时要将家里通往坟地的道路清扫干净，以便出丧之日众人行走方便；还要收拾屋子，腾出专门的房间放置烟花、火炮及食材等。当然，最重要的工作还是要将正式下葬使用的木棺材清理干净。

RCY早已为自己准备好棺材，但只有外层，没有匣子，因此孝子们去镇上临时购买匣子，但购买时没有测算棺材外层的尺寸，所以匣子太大不能放进棺材，于是请人来改匣子，将尺寸改小。不过改装棺材对木匠来说不是一件难事，这次帮他们改装的正是火石垭村的木匠ZHQ，同时也是逝者丈夫的哥哥，所以没有收钱。改匣子需要使用的工具有锯子、锉刀、刨子、墨斗等。由于Z师傅已经很久没有使用过这些工具，所以在使用前还要用磨刀石将工具磨得更加锋利，改好之后便可以将匣子装入棺材备用。

（二）丧礼仪式

如今的火石垭，在葬礼方面还是延续着以前的传统，体现着火石垭的文化底蕴。

1. 敲道场

在火石垭，有人去世，家里人都要请先生来敲道场。敲道场是武陵山区丧葬祭祀活动中不可缺少的部分。敲道场的时间依据停棺的时间而定。如果停棺的时间长，就会在正式举办丧葬的前三天、前五天或者前七天请先生来敲，因一般敲道场的时间为三天、五天或七天，也有敲九天的，但是不常见，主要是依据主人家的经济情况决定。火石垭敲道场的师傅主要是石家镇及周边村民组成的团体，他们专门负责为去世的人超度。此次葬礼从第六天开始敲道场，一直到出丧那天结束。敲道场的人员有五位先生，主要包括：

（1）文书师傅。文书师傅主要是写经单簿，负责整个道场的正常运行。经单簿主要记载逝者的去世日期、办丧葬的日期、敲道场的日期，以及生者与逝者之间的亲属关系，就像一本家谱。每到办丧事的时候，文书师傅都会为孝家写一本经单簿，用来纪念、追忆。在整个道场的运行过程中，如果遇到特殊事宜，文书师傅也要负责解决和处理。

（2）主坛法师。主坛法师为道场过程中念经之人，也负责打铙。在一场道场仪式中，主坛法师通常站在堂屋主坛案的前面，念经的时候经书放置在主案上。打铙也要根据经书上的内容来敲打。

（3）敲鼓、木鱼、铰子师傅。其主要负责在敲道场过程中敲鼓、木鱼和铰子。但不是每场仪式中都会用到这三种乐器，因为每场仪式所念经的内容是不相同的，因而所使用的乐器也有所区别（图6-18）。

（4）吹号角、打钹师傅。吹号角主要是在送文书的时候吹，目的就是传递信号。钹通常是两只为一对，通过碰撞而发出声音。

（5）打铃师傅。其主要负责在道场仪式中摇铃铛，并在道场仪式开始之前写文书。

（6）其他人员：主要包括香烛师和写包符的人。香烛师傅的主要职能是烧板子钱、烧香、送文书等。写包符的人主要是写烧给逝者的包符，以纪念亡人。他们都是道场中的辅助人员，并不参与念经和敲锣打鼓。

敲道场的主要过程如下。

（1）布堂设案。师傅们一般上午到达，到达之后先布置场所。敲道场的主要场所为堂屋，因为棺材一般都是停放在堂屋内。布置场所时，首先在堂屋的两侧墙上挂上冥府十殿的画像。在香火正面挂上三身佛香位，左侧挂上师祖神像，并在神像下方的小桌子上摆上1碗香米、3杯茶、2支蜡烛、1盘供品，主要是豆腐和供果。同时将道具"海角"放在供桌上，以表示对师祖的尊敬。在堂屋正中间的桌上放置逝者灵牌，并摆上3炷香、2支蜡烛、1盘供品及1碗水，是谓"正坛"。然后将敲道场用具摆在桌上，摆放的时候要在各种用具下面垫上一叠板子钱，表示对逝者的尊敬，同时使各种乐器在敲打的时候发出更大的声音。除了中间的桌子之外，堂屋的两侧也各放置两张桌子，与正对香火的桌子拼接在一起，构成正方形的三边。在中间桌子的对面架起两根竹竿，将南无普贤王菩萨和南无文殊师利菩萨的佛像悬挂在竹竿之上。

第六章　仪式、节令与风俗：非典型村庄的文化韧性　　265

(a) 铰子 　　　　　　　(b) 木鱼

(c) 敲道场的乐器 　　　(d) 敲道场的乐器

(e) 灵堂主案

图6-18　布堂案

除了布置堂屋周围，冰棺也需要装饰。将纸做成的棺材放在冰棺之上，然后在纸棺材上装上彩灯。大门外也要布置，用竹子搭成架子，竹子下方插进砖里，以保持稳定。竹架上使用白纸贴住，整个架子呈拱形。堂屋设置有五道门，最两边是最宽的，中间三道门大小大致相同，门的尺寸及竹架子的高低以房屋的高度为标准。在五道门上要贴师傅写的对联，每道门的两侧都要贴。中间一道门的上方要挂上逝者的遗像，并在左右两侧贴上"灵堂"的字样。贴好各种对联之后，要在对联的周边再贴上白花装饰。在正大门的两侧还要贴上左右门神像，这个左右方位以背对堂屋为准，在左门神一侧还要贴上晓谕牌和本宗堂中内、外百客姻亲香位。在大门的左侧放置着纸房子，这是逝者的阴宅。阴宅必须放置在板凳之上，因为在未正式下葬之前，不能碰到泥土，否则会被认为不吉利。板凳下方还会放着几箱冥币，是献给逝者的。到此为止，布堂设案的工作基本结束。

（2）起经开坛。布置好灵堂和香案之后，要将超度逝者所用的经书请出（图6-19）。道场仪式中所念的经书主要是佛经，在这五天时间内，要将师傅带来的所有经书诵读完毕。每本书的章节长短不一，如果太长，晚上加班也得念完。念经的时候有读有唱。遇到经书上有空格的地方就开始唱，剩下的部分读出来，读的时候主坛师傅下跪，这时后面拿着"引魂幡"的孝子也要跟着跪下。由于经书有长有短，敲一场时间长的约30分钟，短的也有十几、二十分钟。

(a) (b)

图6-19 敲道场诵经的经书

（3）起灵。起灵即安慰去世之人的灵魂，并请亡灵吃饭。在火石垭，一般只请早上和晚上两顿饭。在去世到下葬之间的每一天，只要家里人吃饭，都要给逝者准备一份。

（4）拜土地。拜土地即敬奉当地的土地神，要点上3炷香、2支蜡烛，倒上2杯茶，并在地上烧一些板子钱，以告知土地神有人即将在此开展超度亡灵的仪式。

（5）请神与请水。请神主要是将佛法中的各路神灵请到道场中来，主要请的是灵堂中挂着的冥府十殿神灵、文殊菩萨和普贤菩萨神灵，以及自己的祖师爷。请水时，通常是让师傅亲自去请，主人家中喝的水来自哪里就要去哪个地方请。通常的过程是要先去水源地将水请进厨房，再从厨房请到灵堂之内的香案上。请水过程中只是对水进行一种象征意义上的邀请，并不涉及水这个实物。

（6）送文书。如果说师傅们念的佛经像课本，那么文书就像学生的作业。送文书的活动贯穿于整个敲道场的仪式，但是每天送的文书都不相同。送文书的时间也没有规律性，文书上写的内容主要是各神灵的名字及逝者的姓名（图6-20）。送文书有专门的负责人，称为"香烛师"。他不仅要负责送文书，还要负责点香和蜡烛及烧纸等事务。每当敲道场仪式开始时，香烛师就开始准备，首先要用一张一张的板子钱铺满整个装文书的茶盘，然后将板子钱撕成三观钱的形状，最后再将本场要烧的文书放在茶盘中（图6-21）。

图6-20 文书 　　　　　　　　　图6-21 三观钱

（7）开五方。开五方是道场仪式中不可缺少的环节。五方是指堂屋的四个角落及中间五个方位。在道场仪式开始之前要在各个方位摆上香、蜡、纸钱，然后在诵经的过程中，每开一个方位就要在相对应的方位烧纸，意味着打开亡灵通往阴间的道路。开五方的顺序是右上、右下、左下、左上，最后是中间。

（8）破狱。破狱是道场仪式中重要的一个环节，主要是敲道场的师傅通过念经将逝者从地狱之中解救出来，扫清通往天堂的障碍物，帮助逝者更加顺利地通往灵魂世界。

（9）请灯。师傅在敲道场过程中，香烛师要点燃长明灯供奉在神案前，并且要使长明灯一直到下葬之前都不能熄灭，快要燃尽时就换一根。

（10）打绕棺。打绕棺即师傅带领孝子及其他的道场人员围绕棺材敲打乐器并诵经，同时身穿黄色长袍和花色长袍、戴莲花冠的两位主坛法师要穿插跳舞，进行娱神娱亡的活动。此时，孝子要跟在身后，跟随主坛法师的步调，如法师跪下，孝子也要跪下；法师弯腰，孝子也要弯腰（图6-22）。

图6-22 孝子跟随法师打绕棺

（11）端灯。端灯活动贯穿整个敲道场仪式过程之中，主要是法师带领孝子进行诵经，然后要将之前供奉在堂屋门外的灯端到堂屋内的正坛之上。灯和茶水都被置于茶盘内，并用白色的孝布垫在下方，以表示孝子对逝者的尊敬。孝布要留出一部分，在端灯的过程中，由法师带领，将孝布的一头搭在自己的肩膀上，另一边则由孝子端住。孝子要跟在法师身后进行绕圈活动，待诵经完毕之后，把灯放在正坛上。

（12）过殿。人们相信，人去世之后不会马上通往灵魂世界，需要先经过十二殿阎王的审查。如果逝者生前做过很多的善事，就不会被殿阎王扣留，能够顺利通往灵魂世界；如果逝者生前做过很多恶事，就会在通往灵魂世界的路上遇到挫折，这时候，法师就要通过诵经为逝者赎罪，使他能顺利通过殿阎王的考验，从而顺利到达灵魂世界使灵魂得以安息。

（13）焚香、秉烛、辞圣。在敲道场结束的前一天晚上，道场人员要点上香和蜡烛，然后向自己的祖师爷告别，感谢他的传承，同时感谢他保佑道场活动的顺利进行。通过这样一种简单的仪式，道场人员表达了自己对祖师爷的尊敬。

2. 摆酒席

摆酒席通常从出丧的前一天中午开始，一直到出丧早上结束，约三顿。此次摆酒席由"一条龙"服务的人员负责，他们与敲道场的师傅来自同一个团队。酒席上每顿菜品相同，为流水席。午饭基本从12点开始，依据客人规模，可持续到下午。晚饭大约从9点开始，一直持续到10点。第二天早上出丧之后才开席，此时人员基本已经减少到之前的一半，因为许多人出丧之后就会离开。出丧这天，吃过早饭之后，就会有客人陆陆续续地到来。最先到的基本都是附近的邻居，许多来帮忙的还会在这里吃早饭，早饭的时间一般是10点左右。

上午10点多开始，远方的亲戚陆续到达，刚走到家门口时，孝子就要赶紧去迎接，并且在地上跪拜一下，等亲戚叫起的时候再站起来。到达屋内之后，照客师要按照亲戚关系给他们发孝布。孝布通常是白色，每个人戴的孝布都是不同样的，有不同的长度和尺度。孝子戴孝布时要将孝布的一端折成三角形，然后戴在头上，另一端就披在背上，腰上系上麻搓成的绳子，将孝布固定起来。搓麻绳的时候要注意不能顺手，而要反手搓。女儿和儿媳妇戴的孝布也不一样，主要是为了让来的客人区分孝子的身份。一般的亲戚戴孝布不需要戴在头上，只需要折成长条状包在头上或戴在手臂上，男左女右。由于天气太热，大多数的人都选择绑在手臂上面。头孝和腰孝要用一张白布对破，用二尺长的竹块按尺寸画好，然后从中间对半撕开。孝布专门有人发，一般按辈分发。如果逝者是女性，则她的弟弟要披，哥哥则不披。除了亲戚，同一个姓氏、字辈的人都要戴孝布，只要沾亲带故都必须佩戴。因为在他们的观念中，只要是一个姓氏，祖上他们就是一家人。

照客师是负责葬礼摆酒的总管，从客人来安排人端茶倒水，到开席时请客人入座，再到安排队伍表演都是他的职责。该次葬礼的照客师是HYD，称自己干这个行业20多年了，一般村里哪家人要办什么事情都会请他去，但因为都是邻居，所以他不收1分钱。吹打队伍来之前，一般都会先打电话通知照客师，然后照客师再安排人去门外约1公里处迎接，并让其记录下吹打队的人名及队伍种类，主要有吹师、锣鼓、大鼓队和参坛等。

3. 锣鼓队、唢呐匠与打鼓队

亲戚到来时，通常都会带着自己请的打鼓队和唢呐队一起来。如果逝者是女性，那么请打鼓队和唢呐的通常是逝者后家那边的人；如果逝者是男性，那么请打鼓队的通常是他的侄儿。锣鼓、唢呐和花鼓队基本上一户亲戚请一个队伍，但也存在一户请两个队伍或者两三户一起请多个队伍的情况。在葬礼这天，会有专门的人记录来的队伍。

该次葬礼的锣鼓队共有13队，吹师有8队，大鼓队2个。队伍来的时候，通常是请队伍的客人走在前面，如果来的人还带了花圈，孝家就要安排人去接，然后放在门外面。紧跟在客人后面的是唢呐吹师，接下来是打腰鼓、敲铰子和锣鼓的人，最后面是打笼笼的人。一般有2个吹师，腰鼓、锣鼓、铰子、笼笼各1人。队伍到达的时候要放鞭炮和烟花，以通知孝子前来迎接。

这时候，队伍先要在外面演奏一段时间。演奏之时，亲戚要站在队伍后面，拿着"永红幡"，吹完后亲戚随队伍进灵堂屋，继续吹奏，但是吹唢呐和敲大鼓的人不能进灵堂，因为他们不太懂得灵堂内部演奏的方式和细节。随着越来越多的队伍到来，整个家里已经挤满了人，各个演奏的队伍也会在一起合奏。大鼓队的成员还会在空闲时间表演现代舞蹈。在整个葬礼上，各个队伍轮番演奏，从白天到晚上基本上不会中断，吃饭开席的时候也会有人演奏。

4.哭孝与坐夜

在表演过程中，逝者后家人会来哭孝，一般都是女性。若逝者为女性，她的后家即指自己的娘家，三五两人围跪在棺材周边大哭。她们嘴里还会念叨些什么，如问逝者"为什么走得这么早""你走了我们怎么办"这样的话语。哭孝的时间有长有短，她们之间也会互相劝告不要再哭，自己也会一边哭一边拉其他人起来，场面十分悲壮（图6-23）。

图6-23 逝者后家哭孝

之后，大家就会一直等到晚上坐夜。坐夜是火石垭村葬礼过程中不可缺少的一个环节，包括周围的彭水乡、新华乡也有这样的习俗。逝者的孝子和亲戚朋友在一起整夜不睡觉，为逝者守灵，一般演奏队伍会在晚上十一二点的时候结束表演。

（三）送葬仪式

家中的丧葬仪式举行完毕后，安葬也有各种讲究。

1.装棺

出丧这天是仪式过程中最忙碌的一天。出丧的时间是师傅根据逝者的八字测算出来的，通常会在早晨6点至7点左右，很少有下午出丧的情况。从凌晨四五点开始，孝家要组织人去装匣子和棺材。由于村里的劳动力大幅减少，许多年轻人出去打工了，所以能帮忙抬棺材的人很少。因此，孝家请了专门抬棺的人，每人200元，此外还为他们准备一包烟表示感谢。在以前，孝子会给帮忙抬棺材的人磕头表示感谢，现在不再这样做了。

一般停棺时尸体由冰棺冰冻住，所以在装进棺材之前，首先要停止冰棺的运行，将尸体"解冻"，待"软化"后，再装进匣子里。装尸体的人与之前给逝者穿衣的是同一个人。如果孝家的棺材没有匣子，则直接将尸体放在棺材里面，再将棺材抬到堂屋中间等待出丧。如果有匣子，则将匣子放在堂屋中间。通常，有匣子的孝家在出丧时，会先将棺材外层抬到已经挖好的坟地旁。在出丧之前要开棺，让孝家看逝者的最后一眼，与逝者作最后的告别。

挖坟地的时间是在出丧的前一天下午开始。在以前，挖坟地还是要靠人力。人去挖的时候基本都是凌晨一两点开始动土，挖好之后就接近出丧的时刻了。现在许多时候都是挖掘机直接挖好。在临近出丧的时刻，敲道场的师傅们再为逝者敲最后一场，以祝愿她顺利到达灵魂世界。

2. 打火

打火即是点燃用竹子做成的火把。如果逝者是女性，那么点火把要找女方后家，与逝者一个姓的人，通常为孝子的舅舅；如果逝者是男性，打火的就是自己的内人或者侄儿。当孝子去请打火人的时候，必须要带礼物，以前是猪蹄、米、酒、面条等。去的时候不能进堂屋，孝子只能在外面，喊了之后等人出来，给他跪下，被请的人叫孝子起来之后，孝子跟他说明情况，请他打火，至少提前一天请来。

等出丧这天，打火先生先站在一旁，照客师喊"收灵"，负责的人把棺材抬到大门前。敲道场的先生把之前准备好的公鸡拿来，掐一把鸡冠子，把鸡血在棺材匣子上滴几滴，化字灰，再摘几根鸡毛粘在棺材上面，然后把鸡扔向棺材。打火的人立马点燃竹子火把，接着将火把交给掌坛师傅和道士先生。他们拿着火把在匣子边上走几圈，称"绕棺材"，然后把火把拿出去。在点火之前，孝家将孝布取下来放在茶盘里，然后把酒和烟也放进茶盘里。孝子要端着茶盘跪着请打火的人。打火人叫孝子起来后，孝子就开始准备板子钱，在出丧的时候烧。

3. 出丧

一切准备就绪，待出丧时刻来临，主坛师傅大喊一声"起"，帮忙抬棺材的人员就把棺材抬至堂屋外面，放在门外的院坝摆好的椅子上，这时候不能放在地上。因为在正式入土下葬之前，棺材不能碰到泥土。待人员到齐之后，大家就一起用绳子捆住棺材，然后将抬棺材用的杠子系在上面，固定好。八个人同时出力，用各自肩膀扛住。这时候，门外开始放鞭炮，各种锣鼓唢呐开始演奏起来，专人跟随棺材，边走边撒板子钱，为逝者送行（图6-24）。

一路上，都可以听见鞭炮声，因为丧家提前在出殡的路上放置了一些鞭炮，每到一个鞭炮点，会有专门的人负责点燃。除了撒板子钱的，棺材前面还有举花圈和引魂幡的，后面通常都是打锣鼓、吹唢呐的师傅。等棺材抬到坟地时，要将周围打扫干净，再请主坛法师在坟地前念一些咒语，为逝者超度灵魂。主坛法师念咒语的时候，孝子们都要跪在棺材旁边，待念完之后方可起来。念完之后，将棺材放在挖好的坑里，再送进"筒子"（坟地上用砖块砌成的长方形石堆）里。

| (a) | (b) |

图6-24 出丧

火石垭实行土葬，因此当地的坟墓多数都会打"筒子"。筒子左右两边和后面用石板和砖块连接。前面会做一个门，一般情况下，人还没有去世就不会"关门"。一旦人去世，把人装进棺材后，会把棺材直接放进之前打好的筒子里，然后把门关起来，用水泥将门和石板牢牢地固定起来，然后用土把门盖住，最后能看到只有上半部分的墓碑，下半部分的筒子是看不见的。打碑的筒子尺寸有一定的标准，一般长五尺九寸八，高二尺四寸八，主要是含有"8"。"8"寓意好，意味"发"，是儿女们对过世亲人的美好祝愿，同时也是希望去世的亲人能保佑自己和家人身体健康、发财兴旺。

棺材入筒子后，除了孝子之外的其他人不能先填土，必须要等年龄最大的正孝子开始挖第一铲土后，其他人才可以帮忙，直到填完整个坑。另一边，其他孝子们要去"烧灵"（图6-25）。烧的时候要找专人点火，请人的时候孝子要用板子钱做包符，将钱包在里面，另外还要准备一包烟，给钱的时候孝子还要下跪。被请的人接过钱和烟之后，专门选择一个合适地点，将出丧时搬上来的逝者阴房和孝子们的孝布烧掉。但在点火之前，还要请法师敲一场，敲完之后即可以点火。点火的时候先用板子钱引燃，烧的时候要再次放鞭炮，之前插在坟地前的引魂幡也要一起烧掉。花圈放在坟地前，不烧。坟地填完之后，要将之前的纸房

图6-25 出殡烧灵

子放在上面，最后再放一次鞭炮仪式结束。

4.送神

待一切烧完后，所有人跟随法师回到家里时，法师最后再敲一次道场、念经、吹号角、送文书，表示送各路神仙回家，并把灵堂中剩下的所有草纸、板子钱等烧干净，至

此整个敲道场的仪式彻底结束，丧葬仪式也接近尾声。法师们要将之前布置灵堂的佛像收起来，将堂屋收拾干净，然后将冰棺和一系列器具拉回去。没有去送葬的妇女们则一直在家中为客人准备早饭，待所有仪式完成之后，客人回来吃完早饭散去。在出丧这一天，孝子们早上不能吃饭，以纪念逝者。在逝者去世到下葬的这一段时间内，孝子们吃饭也不能坐在上席，为了表示对逝者的尊重和敬仰。

5.守孝

亲人下葬之后，孝子们还需要守孝七天。在这七天里，每天晚上都要去坟前点蜡烛送亮。从下葬后的第一天算起，每过一个七天，就要有人去坟地给逝者烧纸、点蜡烛、放鞭炮。一直到第四十九天结束，以此来表达对逝者的怀念及美好祝愿，希望他在阴间世界可以顺利度过。

（四）打碑与立碑

人去世之后，孝子们为了纪念逝者，会为他立碑。立碑之前首先要打碑，火石垭当地墓碑的样式和种类比较单一，但形制却有讲究。碑有大有小、有简有繁，都是根据订购人的意愿决定。虽然大小不统一，但不同的碑大致结构都是相同的。通常情况下，碑一般分为三层，底层是主体的一块大石碑，石碑上会写明死者的姓名、生辰，以及自己父母和儿孙后代的名字，还有打碑的日期，石碑上通常会从左至右刻"乙山辛向"或"辛山乙向"。再上一层刻有一个大大的"福"字或"寿"字，字上面通常会从右至左刻"恩深似海"四个字。顶上一层通常为刻的雕像，如果墓主人是男性则一般刻罗汉形象，如果墓主人是女性则刻观音佛像，如果是一男一女同葬，则还是刻罗汉形象，意思是说一家之中，男性做主。在顶部的横梁上，通常会刻有八仙的形象。除了八仙，有时还会刻上狮子图案。中国人历来把石狮子当成一种吉祥之物，认为狮子威武雄健，因而以前常常在大门口左右两边立狮子石像，用以保卫家庭，但现在大多是一种装饰。有的有钱人家还会要求将石柱和两旁的狮子像镀金，显得更加宏伟（图6-26）。

在众多精致的墓碑当中，有一种墓碑显得格外单调。一般只有一块大石板，上边缘呈扇形，墓碑仅仅刻逝者的名字、生辰、立碑时间。这种墓碑说明逝者没有子孙后代，大多数都是朋友和邻居出钱为他打碑和立碑。

GZB原是金溪人，在火石垭村一组老街租下了两间老木房，做了几十年打碑生意。除了火石垭的村民，周围乡镇的人也会来找他打碑。现在打碑立碑的人比以前多了，一是因为人们都有钱了；二是因为以前的碑都是手工雕刻，完成的时间很慢，有些人等不住。而现在一般都采取机器雕刻，制作的时间大大减少。

(a)   (b)

图6-26 火石垭村常见的墓碑

    GZB打碑的原材料是从其他地方运来的。他们通常自己联系卡车司机，运一次的费用大约要1000元。他还说现在用机器打的碑没有以前用手慢慢雕刻出来的精美，现在做完一套碑大约能卖一万、两万元钱。现在他年纪也大了，打算再干一年就不做了。他的儿子们也没有继承这门手艺，因为他们觉得打碑的灰尘太多，又挣不到钱。

    有的人选择在生前就打好墓碑，为自己准备好后事；有的人去世之后由儿女或者其他亲人为他打碑。一般打碑都需要提前预订，因为打一块碑从选材到最后安置需要花费很长一段时间才能完成。

    除了打碑，立碑也是有讲究的。立碑的时间要找先生测算，主要是根据逝者的生辰八字和去世的时间测算。碑文主要记录逝者的生平事迹及在世的亲属与逝者的具体亲属关系等。打碑师傅说在安置墓碑的时候有许多规矩需要注意。比如，在安置墓碑时，人们因为运送材料和修建一定会在打的筒子里踩上自己的脚印，而踩上脚印会被认为不吉利，所以在离开之前一定要把里面的脚印擦干净，一般是谁安置墓碑就由谁去打扫。打扫完后，要在墓碑的周边烧五封板子钱，倒上两杯酒，然后再滴几滴公鸡血在酒里，观察是否有不好的现象。如果有不好的事情发生，则由安置墓碑的人烧纸、念咒语，通过一系列方式将不好的东西驱走，然后放鞭炮和烟花。

    结束之后，打碑师傅需要带几根鸡毛回家，主要是为了祭拜自己的师父。首先需要做的是将鸡毛插在木头上，然后开始烧纸。当然这个插鸡毛和烧纸的地点都是有选择的。烧纸祭拜的主要目的就是感谢自己的师父教给自己这门手艺，表达对师父的尊敬和赞美。立碑的时间也有要求。许多家里的老人去世多年，虽然已经打好了碑，但还没有立碑，因为没有合适的时间。火石垭人在生死大事上对于时间的把控非常严格，他们一定要选择在最适合的时间来办最重要的事情，可见他们对于生死大事的重视。

立好碑之后，一个人在去世后需要完成的仪式则宣告结束，以后只需要后代子孙逢年过节的时候烧纸祭祖便可。

五、"祈求祖上保佑"：祭祖烧符

与大多数乡村一样，火石垭村自古以来就延续着祭祖的传统，这是对祖先的一种尊敬与问候，一般在每年过年、农历七月中旬、去世祖先的生辰日，以及搬新屋等时间进行。

祭祖需要用到的物品有香烛、板子钱（纸钱）、刀头、白酒、酒杯、碗筷等，最主要的环节是"写包符"与"烧包符"。"包符"是火石垭当地的称呼，是用草纸将七到八张板子钱（香纸）包好，并折成一个类似于信封的样子，再封起来（图6-27）。

(a) 折了大半的包符　　　　　　(b) 折好的包符背面

图6-27　包符

折好的包符需要在正面写字，一般用毛笔写上烧纸人的姓名及包符献祭的人的姓名，不过现在许多人家直接用签字笔或马克笔书写。写自己的名字是为了让被祭拜的人知道是谁孝敬了他们，写被祭拜的人的名字是为了方便逝者领自己的那份钱，不要搞混淆。一般被祭拜的人是从自己开始上溯四辈去世的人，包括自己的父辈、爷辈、祖辈，以及同辈，如叔叔、伯伯、堂弟、堂兄、嫂嫂等。亲属关系较远的就不用。四辈中，有多少个人就要写多少个包符，并且在包符的封面要写清楚这是第几封及一共有多少封。最重要的是，要在包符的反面写上一个大大的"封"字，并要求"封"字要在包符中间折叠线的两边各写一半，才能表示真的将里面献给去世亲人的板子钱装好了，以防掉落或是亲人接收不到自己的心意。除了自己的亲属，村民有时也会给没有子孙后代的人烧包符。

写包符时，如何称呼辈分有具体规定，这个称呼主要是烧包符的人与收包符人之间的亲属称谓（表6-3）。

表 6-3 烧包符的辈分称谓一览

收到包符的逝者	写包符的亲人
曾祖	曾孙
祖	三年内孝孙——嗣孙
父母	孙婿
岳父母	女婿——半子
母舅	外叔——外甥
老表叔	表侄
老表	表兄或表弟
胞兄	胞弟（同父同母）
堂兄	堂弟（同公弟兄）
胞伯、胞叔	胞侄
堂伯、堂叔	堂侄
姑爷、姥姥	内侄、胞侄
姨叔、姨姥	姨甥
姑公、姑婆	内侄孙
干儿子	契男
随母儿	继男、继父母
姐夫、姐姐	内弟、胞弟
舅子	内兄或内弟
师父	后裔徒
师祖	后裔徒孙
外公	外孙

注：死去三年内称"孝男"，三年外称"嗣男"。

通常情况下，写包符的时候，家里都会找出以前的包符照着写，虽然各家各户写的包符有一些区别，但大致都是相同的。例如，NCP家在中元节写包符的时候，会写"中元寄钱具备冥财共×封",而YXQ家则写"中元化钱具冥财×封"。不同的事件包符的名称各不相同(表6-4)。

表6-4 不同包符名称一览

事件名称	包符名称
大年三十	除夕寄钱
月半(中元节)	中元寄钱
过世老人生期	生期寄钱
进新房	落成寄钱
立碑	立碑寄钱
死去媳妇	完婚寄钱
死去子女	嫁娶寄钱
其他逝者	安葬寄钱
过世长辈	寿终寄钱
本人生日给死去父母写符纸	恭逢母难之期寄钱

不同时间和场合在包符上所写的字是不一样的,但仪式基本相同。

1. 节日烧包符

(1)春节。春节时期烧包符的时间,多在除夕之日,此时烧包符的对象多是家中过世亲人(图6-28)。

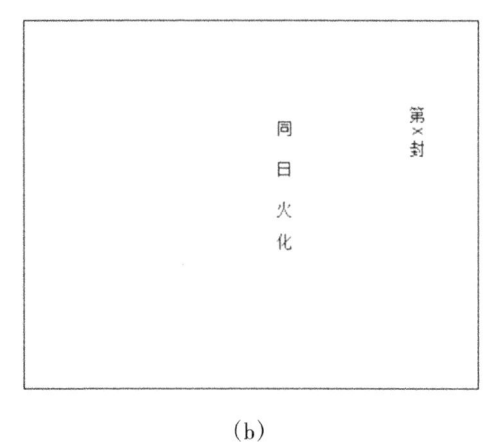

(a)　　　　　　　　　　　(b)

图6-28 春节包符

（2）中元节祭祖包符。中元节，火石垭村民称为"月半"，即每年农历七月十五。在火石垭村，每年的月半在农历七月初一就开始了，一直到七月十五。村民的烧包符仪式只要在这半个月内任何一天进行都可以（图6-29）。

火石垭村中元节烧的包符有两种类型：一种是大部分人烧的草纸包符（图6-30），另一种是佛教信仰人士烧的特定包符。草纸包符选择在七月半之前烧，至于具体是在七月初一至七月十五的哪一天烧，由村民自行决定。而佛教信仰人士烧的特定包符要在农历七月十六烧。

图6-29 中元节写好的包符

图6-30 火石垭村民中元节烧的草纸包符

2.其他日子烧包符

（1）生辰祭祖包符。在火石垭村，到了已故长辈生辰日子有着祭祀慰问的习俗，即给老人"送钱"，"请老人回家来吃顿饭"，是后人表达孝心的方式。

村民在为老人生辰举行祭祀仪式时会连同其他几位已经去世的至亲一起举行祭祀礼，每人写10封包符，但只有在第一封从右至左依次写上"寿辰寄钱具备冥财共十封""第一封奉上""故显考×公讳×××老大人（妣×慈讳×××老孺人）名下收用""孝男×××记"后面九封只需要写"第×封"字样（图6-31）。

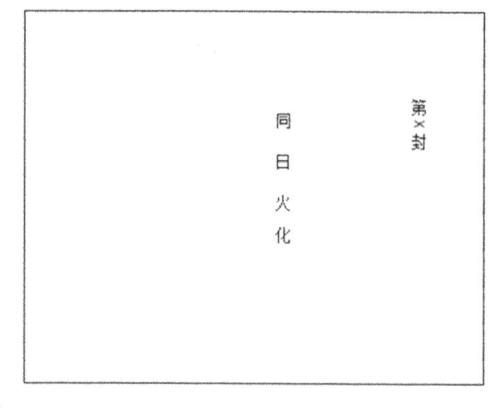

图6-31 生辰祭祖包符

提前写好的包符就放在堂屋神龛下的桌子上，桌子上倒有三杯茶，并向老人请示："明天是你的生日，我给你们送点钱用，明天请你们回来吃顿饭。"

在去世老人生日这天，吃早饭的时候需要先给老人祭祀了再吃，用三只碗各盛上一点饭，另外三只碗各盛上一点菜，准备三个酒杯（用于倒酒）、三双筷子，全部放在堂屋神龛下的桌子上（图6-32）。放的顺序从里到外依次是：三个酒杯、三双筷、三碗饭、三碗菜，酒杯和筷子的位置摆放遵循的规矩是背朝里（类似老人坐在神龛的位置）"左杯右筷"。酒杯摆好之后就需要倒酒，面向里屋从右往左依次倒，一共分三次倒，顺序不能乱。酒杯、饭菜都摆好之后就要点三炷香，作揖三个后将香插在神龛的香盆中，然后在桌子下面烧一些纸。纸烧完了再在桌子右边的位置将事先准备好的包符烧掉（图6-33），包符在烧的过程中把三个酒杯里面的酒倒向燃烧的包符，每个碗里面的饭和菜也要夹上一点添加到燃烧着的包符中，意思是请老人享用饭菜、酒水。需要注意的是：第一，整个仪式过程中堂屋门必须是敞开的，意思是打开家门老人才好进屋享用后辈人祭祀的东西；第二，祭祀所用的菜品不能是自家园子种植出来的蔬菜，村民们一般准备的是肉、豆腐、油糍粑粑等。

图6-32　摆好的酒杯饭菜　　　　　图6-33　焚烧的包符

（2）特殊日子烧包符。火石垭村烧特定包符的人较少，主要是一些有宗教信仰的人士（图6-34）。

(a)　　　　　　　　　　(b)

图6-34　特殊包符

火石垭村一组的JGR信仰佛教。夫妻俩有两个女儿、三个儿子，分家之后跟着最小的儿子一起生活，但不幸的是，小儿子几年前生病去世了，所以只剩他们两个人相依为命。虽然其他子女有时间也会回来看望他们，但大多数时间还是他们两人独自留在火石垭村。由于JGR吃素斋，所以在吃饭这件事情上，他与老伴儿SCJ是分开的，两人各自有一个厨房，煮好饭之后就在一起吃，吃完之后各自洗碗，不能交叉使用碗筷等。这三十多年来JGR一直如此。

在七月半这几天，JGR就需要折包符了。他折包符的方法与普通的包符折法没有区别，只是在用的材料上不同。他使用的外层折纸并不是普通的草纸，而是在石家镇上专门买的。外层的纸上写满字，纸上的字是从右到左书写，最右边上面印佛像，下面盖章。除此之外，里层包的东西也是不一样的，这种包符里面装的是黄色的草纸，装的时候也要将它拆分成尺寸较小的纸张。这种包符与普通包符相比，在尺寸上几乎小了一半。

JGR爷爷除了自己家烧这种包符外，村子里的人也会请他折这种包符带去家里烧。一组的GJH在农历七月十六这天就请了JGR来家里折包符。去别人家折包符的时候一般由JGR爷爷自己带材料，不用主人家自己购买。通常请来之后，都要给他一定的报酬，大约100~200元即可，外加提供一顿饭。有时候，两家交情深也会不收报酬，就当是帮忙。

第二节 岁时节令：节庆习俗的传承

我国的节日文化博大精深，岁时节令往往蕴含着重要的文化意义。一年中有着各种各样的节日，在火石垭村，每一种节日的背后都有着当地的习俗和讲究。作为村落共同体的成员，每一个村民在节日里，或多或少都在践行着本地区的传统习俗，这些习俗会随着社会环境的变迁，发生一些变化。

一、过年习俗

谈起过年，村民们总是一副高兴而期待的表情："我们这里过年闹热呢，个个都回来了。""年"对于全国人民而言都是喜庆团圆的日子，不管这一年有多少不顺心的事情，到了过年这几天，个个都是面带笑容，为家务事忙前忙后。

(一)"大年三十"的仪式

火石垭村在大年三十当天有着不少讲究。除夕那天有两个时间段会放鞭炮,一个是中午12点后吃饭时,另一个是深夜12点。年夜饭的准备也是极其重要的,有鸡、鱼、肉,鱼意味着"年年有鱼(余)"。在大年三十那天,年夜饭一般是从中午12点以后开始,喝酒的话持续的时间就比较长,在本地有着"一坡喝上顶"的说法,形容喝酒吃年夜饭的时间比较长。"捞起一瓶酒,在家里面喝了又去旁边的亲戚家喝,喝没了又在亲戚家捞上新的一瓶酒去往下一个亲戚家喝"。

1. 为祖先"送亮"

送亮,即为去世的老人点灯照亮,这是一种祭祀仪式。大年三十当天早上,准备好蜡烛一支、三炷香及板子钱,到先人的坟墓前为他们点蜡烛"送亮"。蜡烛点好后插在墓碑前,再烧香、烧板子钱,最后作揖三个并跪下磕头三个,起身后再作一个高揖,"送亮"仪式就算完成了。去"送亮"的人并没有要求,只要是后辈人无论男女都可以。

2. 祭拜讲究

在大年三十这一天,村民们会早早地将年夜饭准备好。在吃年夜饭之前需要经过祭土地—祭财神—烧包符、献年—祭灶几个环节的祭拜仪式,每个环节都有着相应的讲究。

(1)祭土地。在专门的茶盆上(图6-35)准备好三碗饭、三碗菜、三杯酒。酒要倒三次,倒好后再点上香,烧一些板子钱。

(2)祭财神。准备一升米、四双筷子(因财神是四个人)。以前米用升子装好(四方形),因现在没有升子,多用圆的汤勺代替,将四双筷子均匀插在四个方位,准备一个刀头(切成正方形形状的一块肉)放在桌子正中央,四杯酒放在香火脚下,分三次倒好。需要注意的是,祭财神的

图6-35 祭祀所使用的茶盆

刀头一定得煮热,古话说"刀头不论大小,只要热烙"。以上的物品摆放好后,便开始烧香和烧板子钱,最后再作两个揖,跪下磕三个头,站起来在桌前再作一个揖。

财神祭好的米需要手抓一撮,按照堂屋重边(右手边,本地区说法是"右手为重")角落到轻边(左手边,本地区说法是"左手为轻")角落的顺序,四个角落都撒上一点米。

(3)烧包符、献年。准备三杯酒(分三次倒好)、三碗饭、三碗菜、烧香与板子钱

(纸钱),之后作三个揖,再跪下磕头三个,起身之后再作揖一个。祭好之后,在每一个杯子里放一点饭菜,叫"和水饭",然后用板子钱盖起来放在香火架下的桌上。等到天黑时,用大瓢从水缸中舀起一点水,只能舀一次,舀到多少算多少,将水倒入"和水饭",然后去灶孔里取出七个明火子(燃完带红的石头称之为明火石子)放入其中,带上无名包符,包符上写的是"上车下礼,无路哥魂收用"。

第一杯烧在家外的十字路口,烧给"无路之人"。烧完后,人背着烧尽的灰堆,将大瓢中的水饭反手倒下,倒完人就走回家。回来路上一定要注意,瓢口朝下,手背身后拿回来。这样做的目的是因为祭的是"无路"之人,让他在外享用,别跟着自己回家。拿回来的大瓢不能马上舀水,需要盖着静放上半小时后再用水洗净。

第二杯烧在大门前,祭拜"门神"。在过去不管家里面再穷,都会在大门上贴两幅门神画(尉迟恭和秦琼)。酒杯中装有饭菜、一炷香、一撮或一沓板子钱,香点燃插上后烧板子钱,双手端上装饭菜的酒杯,往前倒,向着燃烧火堆顺势作一个揖。

第三杯烧在屋檐下,烧给"屋檐同志"。家中有楼梯就在楼梯梯步上,插香、烧板子钱,双手端着装饭菜的酒杯,往前倒,向燃烧的火堆顺势作一个揖。

"无路之人""门神""屋檐同志"都祭完之后,再回到堂屋香火下烧包符、板子钱,只有将全部程序都完成后,去世的老人才能够进屋享用年夜饭,村民常说"不祭门神,不祭屋檐同志,他(去世的祖辈)是进不了屋的,献年他也不得"。

(4)祭灶。准备三杯酒、三碗饭、三碗菜、三炷香、一沓板子钱,酒和饭菜需要摆在灶上,要摆得均匀整齐,要是灶上摆不下就整齐摆在茶盆中,再烧香、烧板子钱,香一般是插在切好的半个洋芋或者萝卜上,之后再作三个揖、磕三个头起身后再作一个揖。祭土地、祭财神、献年、祭灶都是仪式之后才放鞭炮,鞭炮放完之后就吃年夜饭。

3.守岁

大年三十晚上,当地村民都会守岁,一家人聚在一起倒计时,等待着新年的到来。当天晚上会洗脚,洗到膝盖处以上。脚洗得好,会给村民带来"闯嘴"的好征兆。"闯嘴"意味着无论去哪一家,都会碰见主人家在吃饭,总会有饭吃。所以,有时候村民到别家去,正好吃到一碗饭,便会调侃道"我三十夜硬是洗得好脚嘞","你盖膝(膝盖)洗得好"。

守岁时,许多人家会在晚上将第二天早上需要吃的汤圆包好。汤圆馅是自己做的,将花生、芝麻、核桃仁弄碎混合炒熟,与猪肉末混合,再加上白糖搅拌均匀制作而成,有些村民还会在汤圆馅中根据个人喜好加上橘子皮。

(二) 正月初一多"不准"

正月初一是农历一年的全新开始,这一天在一年当中是非常重要的。在火石垭村,这一天有许多事情是不能做的。

第一,初一早上不能叫人起床吃饭,要睡到自然醒。如果初一有事,需要早点起床,一般是在前一天晚上提醒大家:"火炮一响你就要起来哟,不要人来喊你哟!"早上一家人会围在一起吃汤圆。如果汤圆煮熟家人还没起床,便会放一串鞭炮提醒;鞭炮声音叫不醒时,就等汤圆煮熟了拍打他,但千万不能直接叫醒人。

第二,初一早上在10点以前是不能乱说话的,特别是不能随意开玩笑、说不吉利的话。村民认为在新年的第一天,听到不好的事情,这件事情就会一直延续到本年年尾。

第三,正月初一不梳头,这一天梳头的话,这一整年都会掉头发。

第四,正月初一不能往家门外倒水,就连洗脸水、洗菜水等都不可以倒掉。在这一天,人们通常会提前在家准备一个大桶,把当天产生的废水都倒在这个桶里,等过了正月初一这天再把桶里的水倒出去。

第五,正月初一不能给外人买东西,因为给外人买东西意味着失去自己口袋中的钱,是不好的兆头。如果正月初一就开始花钱,那么这一年就不会有什么大的收获,甚至失去自己的钱财。

第六,正月初一这天不能看扫把,因为看了会有毛虫,是对家庭不利的。

第七,正月初一不能看老式秤的秤杆,因为秤杆的颜色和形状与蛇十分相似,村民认为如果看了,出门就会遇见蛇。

第八,忌讳日不走人户。在火石垭村,一般大年初二大家会开始走人户,拜访自己的长辈。但是走人户是要看日期的,出门看皇历,逢"破日""红煞"是不能出门的。在当地有一句俗语叫:"出门犯红煞,一去永不回家。"如果出门没有看皇历,在忌讳那天出了门,一定会遭遇不好的事情。如果那天必须出门的话,就要给煞神烧纸,烧完之后再出门就会很顺利。

虽然现在很多习俗已经逐渐消失,但是老一辈对于正月初一不能梳头、不能倒水、不能乱说话等依然在坚持。除此之外的其他习俗,现在的年轻一代几乎没有听说过。

在火石垭村六七十岁以上老人的表述中,现在过年已经没有过去的感觉。以前以温饱为重心,大家都盼望着过年,过年的时候是一年之中吃得最好的时候。一家人相聚在一起吃顿丰盛的年夜饭,饭后唠唠家常,周围的一切都充满着浓浓的年味。而现在仅是一家人在一起吃一顿饭,吃完饭之后大家就各自干事去了,要么出去与邻居喝酒打牌，要么就玩手机。现在过年吃的饭菜平时也经常出现在饭桌上，并不觉得稀奇与珍贵。由于少了很多的情感交流，也就缺少了对于过年的憧憬。70多岁的CXY谈道："现在的过年哪像以前过年的那种感觉哟，按照以前过年吃那些，现在天天都可以像过年。"

（三）七不出门，八不归家

除了正月初一有许多禁忌，正月里其他日子也有着一些讲究。比如"初七不出门，初八败家庭""七不出门，八不归家"等。

过去有一种说法，家里面留有大人（长辈）在家，没有为长辈准备好柴米油盐，初七是不能够出门的。所以在正月初七、十七、二十七这几天，对于打工和长年出远门的人来讲，是一个特殊的日子，他们一般是不出门。如果需要出门的话要请先生看日子，把时间延后。村民们相信，如果不遵守这个规矩，即使出去打工挣钱也不会有太大的收获，反而会遇到一些不吉利的事情。八不归家则指在正月初八、十八、二十八这三天的日子里，出门在外的人最好不要回家。

二、节气习俗

除了过年，在一些重要的节气，火石垭村民也延续着以前的文化传统。在村民心中，各种讲究是对老一辈流传下来的文化传统的接续，也是一种祝愿。

（一）立春女性不走人户

立春是二十四节气中的重要时节，在这天，女性不能出去走人户，男性不受影响。在20世纪三四十年代，家中的土地都是用牛来耕作，如果女性这天"你来我家、我来你家"，犁头就会坏掉。现在，仅有老一辈的人仍旧记得此习俗，反映了在传统历史生活状态下，性别差异导致的不同待遇。

（二）清明插青

火石垭村清明节当天有一个特殊的仪式，称作"插青"，即在清明节这天如要祭拜逝者，逝者子孙后代要去坟地插一根缠着红纸或者白纸的木棍。红纸代表是儿子及儿子的后代插的，白色代表是女儿以及女儿的后代插的。一般来说，坟上插的棍子越多，说明逝者后人越多，家族越兴旺。如果坟上没有红色只有白色的纸，那就说明这个家没有男性后代。如果坟上一根棍子也没有，说明这个家族已经衰落，没有人记得了。

（三）立秋不摘菜

立秋是秋季的第一个节气，是大自然由阳盛逐渐转为阴盛的节点。在火石垭村，立秋有着"立秋不摘菜"的习俗，即在立秋当天不能去自家的菜园子里摘菜。如果这一天去摘菜的话，那么第二年菜园的收成就会变得不好。因此，如果在这一天需要吃菜，提前一天准备好。但是现在年轻一辈的人没人遵守这个习俗，有些根本不记得或不知道，只有少数老一辈人还在继续坚持这个习俗。

（四）端午吃粽子、插艾草

和大多数地方一样，火石垭村民在端午节这一天也会吃粽子。在以前，火石垭的人们都是自己包粽子。村民会提前几天去山上采摘粽叶，然后拿回家洗干净之后用热水煮，大约几分钟后煮至棕色或青黄色，再捞出来备用。

包粽子的主要原料是糯米。将糯米浸泡2小时备用，然后将需要包的各种不同味道的配料和糯米放在一起炒制。村里包的粽子主要有猪肉馅和香菇馅。炒的时候需要加入少许酱油、胡椒粉、糖、蚝油等调味，一直炒到糯米五分熟，然后盛出来备用。接下来，可以开始包粽子了。包的时候依据粽叶大小取材，将糯米饭包成三角状，依据个人口味还可在里面加入红枣、枸杞等。包好之后用绳子系起来，以免煮的时候散开。包好的粽子可以煮熟，也可以蒸熟。打开熟了的粽子，糯糯的米饭夹杂着粽叶的清香味，口感十分不错。

不过，这几年很少有人花费精力自己包粽子了。一是因为卖粽子的越来越多，非常方便购买；二是因为粽叶不好找，而且尺寸太小，不容易包。除了包粽子外，有时村民也会选择在端午节这天包包子。

端午节还有一个重要的习俗——插端阳艾。端阳艾是艾蒿的一种，在火石垭村一般在农历二月就开始生长，五月初五端午节采摘回来。根据大小，有大端阳艾和小端阳艾之分，村民CXY说："端阳艾是一种艾蒿，用来挂在门上，闻起来是香的。端阳艾很多，在城里面都是大捆大捆地卖。"

端阳艾一般与菖蒲绑在一起，据火石垭村民所说，菖蒲为"展龙刀"，将二者绑在一起具有辟邪气、去病的作用。在端午节这天，家家户户的门上都要插与菖蒲绑在一起的端阳艾，尤其是家中的大门两边必须插（图6-36）。

据村民介绍，如果家里面要驱虫、驱蛇，还可

图6-36 门上挂菖蒲

用大蒜捣成酱末,雄黄捣成细面,再加上白酒搅和在一起,兑一盆水搅拌均匀后在自家房屋周围撒上,就能够起到驱蛇、驱虫的效果。关于雄黄还有一种说法,将捣碎的雄黄面用手指取上一点,在小孩子的额头上抹上一层,小孩子就不容易招蚊虫叮咬。

三、其他节令

在火石垭村,还有像"六月六""六月十九""七月半"等一些特殊的时节,村民们也会有一定的习俗仪式讲究,这是村庄延续多年的文化传统,因其存在的深厚意义而被村民们传承。

(一)"六月六"晒被子

在火石垭村有句俗语:"六月六,家家晒红又晒绿。"意思是在农历六月初六这天,每家每户会把自己家里的花被子拿出来晒。因为按照村民说法,"六月六"这天是全年中最热的一天,在这一天晒被子不仅可以祛除霉味,还可以把被子里面的棉虫全部晒死。在去除被子霉味的同时,也象征着个人及家庭的霉运也被祛除。不过现在很少有人再去干这件事,许多人都已经忘记了。村民YHM说道:"现在的人有时间都望(玩)手机了,哪有时间想起那些事情哦。"

(二)"六月十九"拜观音

在火石垭村,村民在农历六月十九观音生日这天有着拜观音、赶庙会的习俗。调查期间,笔者听村民说起过观音的故事。传说中,观音不喜结婚生子,但父亲却逼着她嫁给一位男子,她自然不肯。后来,父亲生病,找了很多有名的医生都不能医治好。此时,观音已经拥有了一些法术,于是她变成一个和尚去找她的父亲,说目前只有一个人可以救他,那便是他的女儿,但是有一个条件,让他不再强迫女儿出嫁,父亲迫于无奈便同意了。后来,观音果真治好了父亲的病,从此没再嫁人。后人为了纪念她,便在她生日六月十九这天举办庙会。

在六月十九这一天,村民们会去寺庙拜观音祈愿,但是在火石垭当地没有寺庙,距离火石垭最近的寺庙是位于新华乡石钟山上的观音寺庙,也是周围许多居民每年在这天都会去的地方(图6-37)。

图6-37 石钟山六月初十九烧香

石钟山位于黔江区新华乡境内，与彭水接壤，因山形酷似倒置的大钟而得名。山顶上建有祭拜之地，据村民说，每年六月十九，各个地方的男女老少都会来此烧香。离得远的如重庆主城的人，提前几天过来，在当地旅舍或者山上农家乐住上几宿；离得近的如黔江、彭水等地的人，当天早上早早地开车来到石钟山烧香。这些人也许并不清楚石钟山的历史，但每位前来的人内心都是带着愿望和期盼的。

烧香一般准备三炷香、两支蜡烛、黄纸、板子钱、烟花爆竹等。黄纸通常用七张折成一朵花，形似莲花，就像观世音菩萨的莲座。一般情况下，去庙会都要折两朵。烧香的时候要作揖跪拜，拜三下，然后说出自己的心愿，在门口的功德箱"捐功德"（捐款）。金额没有要求，都是看自己的心意。这里有一个很重要的禁忌，女人在生理期的时候是不可以去庙会的，甚至连大门都不能踏入一步，因为这几天她们被认为身上是不干净的，有污秽。

第三节　天地君亲师：祖先与土地崇拜

天与地向来都是人们心中最为敬重的神圣存在。对于天与地，在火石垭村中，有着"立香火、祭祖先""祭拜土地庙"的表达。"每逢佳节倍思亲"说的是对于亲人的思念，而对于已经去世的祖先，在世的人每逢一些重要节日，要给祖先送去真挚的问候，"祭拜"由此成了人们表达思念的方式。

一、立香火，祭先祖

火石垭村每一户村民的家中，在堂屋都安置着用于摆放香火的神龛，神龛上有"天地君亲师"模样的牌位。对于村民而言，那是家中最为神圣的地方，容不得任何玷污与不敬；祭先祖是祖祖辈辈留下来的文化传统，不能被遗忘。

（一）堂屋与香火

堂屋在火石垭的每家每户房屋格局中占据重要地位。WWF说："堂屋是一个家里面最重要的一间屋子，是一家的主屋。堂屋修得比其他屋子更大。一般堂屋的长为一丈三八，而其他的房间大小不能超过堂屋。"

堂屋为正屋，在火石垭人的老房子里，走进屋里最先看到的就是堂屋正墙上安置的香火堂。香火堂一般由神位和对联组成。牌位神一般有九个，各不相同，但大致会有以下几位——"三教有感一切福德明神位","七曲文昌梓潼宏任帝君位","九天东橱司命灶王府君位","南海岸上救苦观音大士位",以及"唐朝敕封招财四官大神位",不同的是每家堂上历代昭穆神主位及两边的对联。昭穆神位是指列位祖宗依照辈分秩序就座,左为昭,右为穆,父为昭,子为穆。目的是要后代子孙尊敬历代祖宗,不能忘本。横联上写有"祖德流芳",包含着对祖宗高尚德行的称赞,也包含着对自己和后世的鞭策。祖德与流芳中间一般题有"紫微高照"四字。"紫微"是星官,紫微高照就是太阳一直在这个位置会对这个家庭比较好。横联下面一般会写"天垂宝盖,地涌金莲"八个字。前四个字从右至左题写在香火右边,后四个字从左至右题写在香火左边。

由于各家供奉的神灵牌位不同,设置也是不一样的。在香火上可以分辨出这家出自哪个家族,堂号或郡号代表着这个家族。不过也有不同的姓氏存在相同堂号的现象。堂号和郡号是每个家庭姓氏发祥的本源,而郡号是比堂号更高一级的氏族或家族的标志,有郡号一定有堂号,但有堂号不一定有郡号(表6-5)。

表6-5 火石垭一组部分姓氏与堂号、郡号名称

姓名	姓氏	堂号或郡号
YZH	Y	弘农堂
GJH	G	渤海堂
WWF	W	渤海堂
NJ	N	千乘堂
SCQ	S	京兆堂
YJC	Y	关西堂
ZGB	Z	百忍堂
SSC	S	广陵堂
YJK	R	太原郡
RJC	R	武陵郡
XWB	X	东海堂
YHM	Y	八贤堂
ZXL	Z	天水堂

堂号和郡号的历史十分悠久。以前许多世家大族的门口上面通常挂着一块匾,写有"××传芳"或者"××衍派"的字样。事实上,这就是现在堂号和郡号最早的一种形式。在以前,除了在家的大门上方挂这样的匾额之外,包括家里的灯笼、木制家具、石碑、宗祠等也都会刻有属于本家族或家庭的堂号和郡号,主要是用来显示身份。

（二）香火堂的安置

安置香火堂，必须选择一个好日子。通常情况下，修好新房子后，会专门请先生，并且要请远处的、以后不会再来自己家的先生。据当地人说，每请先生来一次，供奉的祖宗就会让位一次，多次之后，祖宗就会认为这是对自己的不尊敬，所以一般都不会让先生再来。

仪式中最重要的一步就是请神。首先在香火堂前的桌子上放八个玉米粑粑（当地人用新鲜的玉米面粉做成的饼），然后再放上八团（块）豆腐和一个刀头肉（类似正方形专门用来祭祖的肉，也是一头猪身上最好的肉）。之后就在刀头上切五片肉，拿五个粑、五团豆腐放在香火重边，三个粑、三团豆腐放在轻边，两边放出钱，一个碗里放菜油，一个升子里放米。抽三炷香放在前面菜油碗前，点两支红蜡烛，红蜡烛中间放香炉。用香头在香炉底下化字灰，又用香签在香炉底下板上化字灰，再把三炷香插在香炉中，还有重边五杯酒，轻边三杯茶，一共十四炷香。大门边和屋檐下各烧三炷香和板子钱。一个高叩首，起水碗前打两碗水，一碗化字灰，一碗用来念"涤坛酒净咒"。

然后先生读经书，先读阴传师父，又读阳传师父，之后再烧板子钱，三跪九叩。等先生读完，就化三碗点三炷香。到此为止，整个请神仪式就结束了。在整个过程中，不论是请神的人还是家里人，只要参与进仪式之中，都应该保持一颗敬畏之心。

（三）香火堂的现代发展

香火堂代表着自家的祖宗神。人们信仰祖先神的历史十分悠久。在火石垭村，关于香火的来源有一个感人的故事。相传，以前有一对母子，儿子对母亲不好，经常打骂母亲。有一天，儿子独自去山林里砍柴，他观察到鸟妈妈叼着食物不远万里飞到鸟窝里给自己的孩子喂食，这时候他才认识到母亲的艰辛。刚巧这时候母亲上山来给他送饭，他见了后立马跑过去。但是他的母亲以为儿子又要打骂她，于是慌乱地逃走了，更加不幸的是母亲在逃跑的路上撞到一棵大树去世了。后来，他的儿子便砍下那棵大树，制作成一块板子，在上面写上母亲的名字及生辰忌日，以后每到过节就以此祭拜自己的母亲。周围人看到后，称赞他的孝顺之心，于是纷纷模仿他制作木板，以纪念自己去世的亲人，并祈求祖先保佑自己的后代子孙。后来，木板渐渐演变成为我们今天所说的香火。

香火除了各种牌位之外，两边还贴有对联。对联通常写"福神位下广招财，家龛堂前常进宝"，"玉盏常明万载灯，金炉不断千年火"，"香炉冲天天赐福，烛花落地地生财"，等等。除此之外，在香火下方与香火前的小桌子中间还常常贴有各种字符，有的贴的是大大的福字，有的写有"镇宅长生土地"或"永镇尧堂"的字样（图6-38）。

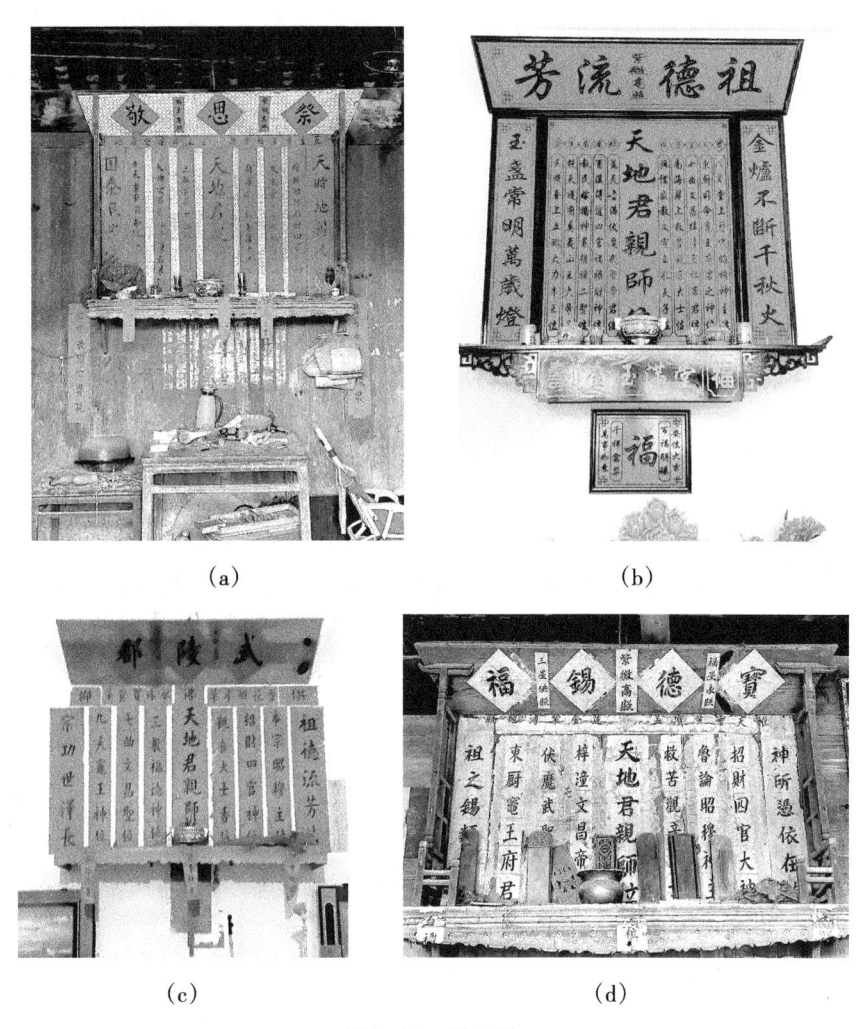

(a)　(b)　(c)　(d)

图6-38　香火堂

二、土地庙祭拜

土地在中国历史上占据着十分重要的地位。从最开始的刀耕火种，到后来各个朝代的井田制、均田制，再到抗日战争时期的减租减息政策、人民解放战争时期实行的"耕者有其田政策"，以及1949年的土地改革，都凸显了土地对于人民的生存生活的重要性。因而，在漫长的历史发展过程中，人们自然而然地就产生了对土地神的崇拜，凸显了人与土地的亲密关系。土地神原是汉族民间信仰之一，但随着多民族交往交流交融的深入，火石垭村所在的武陵山区,对土地的信仰也逐渐增多,这从土地庙的数量上可以看出。

在1949年前,基本上家家户户都供奉有土地庙,为的是保护自家一方的土地和全家人的健康。正所谓"一方水土养一方人,一方土地保一方人",讲的就是这个道理。"文革"时期,土地庙被列入"四旧"而拆毁;改革开放后,国家颁布宗教信仰自由政策,许多之前被损毁的土地庙开始陆续得到修缮(图6-39)。

(a)

(b)

(c)

(d)

图6-39 土地庙

(一)土地庙的安置

土地庙的安置地点及安置时间是需要找先生算的。方向一般是阳年安在东西方,阴

年安在南北方。❶

安置土地庙时，第一步做好前期准备工作：一是用砖或者是石头砌一座小房子，可以遮风挡雨；二是请木匠或是安置土地庙的人准备一块木板作牌位，让安置土地庙的人写字，如"顶敬本境当方土祇"等字样。其中，"本境当方土祇"六个字要竖着写，"顶敬"两个字要横着从左到右写，与"本"字处于同一水平线上。牌位的尺寸有固定标准，一般长为一尺二寸，宽为四寸。

第二步是挂纸。纸一般是由安置土地庙的先生提前用草纸制作好，纸的样式为八开或十六开。用工具将纸钱做成类似于板子钱的样式，然后拆开成呈长条状。等到安置那天，就把纸挂在小石房的侧面。

第三步是摆杯子、水果盘、香米与点蜡烛。需要杯子两个、水果盘两个、香米一满碗，摆在石房子的正前方，杯子里要倒满水。这时候只需要一支蜡烛，点燃之后也放在正前方，然后继续点香，一共三炷香，点好后插在香米碗中。

第四步是请师父。"师父"指安置土地庙人的师父，目的是告诉他，"我"正在干这件事，感谢他教会"我"这门手艺。

第五步是开光放牌。将之前准备好的木牌放在石房子正前方开光，再把牌位放进去，如果有土地公土地婆的泥像，也一并放进去。牌位放在土地公、土地婆两者中间。放进去后，先生念保祷词，意思就是告诉土地公和土地婆他们的职责所在。

保祷词如下：

庞眉高寿鹤发童

为九天之慈命

为六地之神仙

降祓优有求必应

鸡肋志敬无叩不灵

作一方之主宰

保四境以平安

本境当方土祇

礼狱真神

---

❶ 当地民俗，阴年、阳年的划分是"紫微斗数"的算法，是按照年份五行的阴阳来确定的。具体来说，不同年份对应不同的天干，不同的天干对应特定的五行，五行分阴阳，五行的阴阳属性决定了年份是阴年还是阳年。凡事天干五行属阳就是阳年，天干五行属阴就是阴年。

念完保祷之后，还要念嘱咐。主要是为了让土地公和土地婆保佑这个家庭平安和健康。嘱咐词如下：

此间土地神之最灵

通天达地出幽入冥

为吾传奏不得留停

有功之日名枢上请

急急如律令

念完之后，还要再念一段安慰神咒，咒词如下：

原始安尊普告万灵

欲读尊官

上下七灵为吾传奏

左社右吉

不得志今

回想正道

内外澄清

国安方位

必守家庭

太上有命

收不邪精

护法神王

皈依真道

元亨利贞

念完之后，将准备好的板子钱和挂在石房子上的纸一起烧掉，最后将杯子里的水洒在周围，整个仪式宣告结束。

一般来说，土地神分为本地和本境。本地土地神只保护主人家一家人，而本境土地神保护周围一大片地方或者整个村子。火石垭人多立本境土地神，用以保护自家及周围邻居的平安。

调查中发现，土地庙的选址，大多选在自家房子附近不引人注意的某个小角落，面积偏小，并且年代比较久远，庙主体已有损坏。有些土地庙仅仅用六块砖加上一块石板制作而成，六块砖分别置于两边和后方，围成三面垒起来，前面留门。然后将石板搭放在顶上，石板下方便用来供奉土地牌位或者摆放土地公和土地婆的塑像，石板上方则是人们逢年过节用来敬奉烧纸时放酒杯及供品的地方。火石垭村大多数土地庙都安置在路旁边，就是在这样一个静谧的小角落里，土地庙身兼要职，保护着整个家庭和一方土地的平安。

（二）拜土地庙的过程

在农历二月二这天，部分村民会去拜土地庙。拜土地庙的过程并不复杂。首先是前期的物资准备工作：两支蜡烛、一把香、半斤或者一斤板子钱（纸的多少看自己的心意）。

然后就举行拜祭仪式。先点燃蜡烛，然后滴下几滴蜡烛油在土地庙前，将点燃的蜡烛固定在蜡油上。接下来是点香，火石垭当地点的香基本都是绿色的，点香的数量是一人三炷香，一般是在刚刚点好的蜡烛上去点燃香，点好之后就插在旁边。然后开始烧纸，来几个人就烧几堆，不合在一起烧，烧完之后，烧香的人就一个一个地站在土地庙正前方作揖，双手合十先作三下，然后口中说出名字、家乡、愿望（一般都是求土地公和土地婆保佑自己到处走不会受到伤害，不遭灾，保佑自己身体健康等）。说完之后，整个拜土地庙的仪式就结束了。

这样一个仪式看似步骤简单，但其背后有着非常深刻的内涵。土地庙本身发挥着一个重要的功能，即对于供奉土地神之人的约束。不论是安置土地庙还是拜土地神，这一系列动作的发出者都被要求要有一颗虔诚的心。因此，土地庙对于敬奉者来说还存在一定的教化作用，它教导人们要纯洁、善良，保持一颗宽容之心。

第四节 腰鼓与唢呐：民间艺术

在火石垭村，腰鼓与唢呐的表演可以算得上本地区的特色。这两种表演目前都能在红白喜事中看到，其中腰鼓主要出现在丧葬活动中。腰鼓与唢呐的表演彰显了本地村民丰富多彩的生活方式，更体现了火石垭村文化的传承与发展。

一、传统的唢呐吹奏艺术

笔者在火石垭村调查期间，常常可以听见唢呐的吹奏。在火石垭村，唢呐历史悠久，婚丧、嫁娶、祭祀、建新房等多种场合都需要它的出场。

（一）唢呐的吹奏技艺

唢呐的外形看似简单，但构成与技法并不简单。它由六个部分组成，包括最上面的哨、哨下面的气盘、唢呐管、连接管和气盘的侵子（哨子）以及最下面的喇叭。唢呐管上有八个音孔，正面有七个，背面有一个，其中自下而上第七孔为背孔。唢呐八孔以八仙命名，圆孔形状似洞，正好对应了八洞神仙。上排七孔分别被命名为何仙姑、张果老、吕洞宾、汉钟离、韩湘子、蓝采和，以及曹国舅，下排被命名为铁拐李（图6-40）。

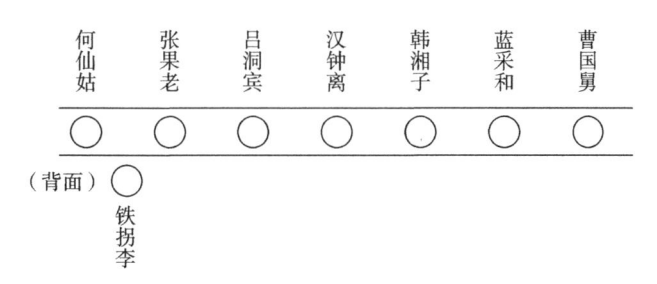

```
何  张  吕  汉  韩  蓝  曹
仙  果  洞  钟  湘  采  国
姑  老  宾  离  子  和  舅
○  ○  ○  ○  ○  ○  ○
─────────────────────────
（背面）○
        铁
        拐
        李
```

图6-40　唢呐吹孔图

虽有八个音孔，但唢呐师傅们在实际的吹奏中并没有使用到所有的音孔，一般人只会使用其中的两三个音调来表演。白事和"立方子"（制作棺材），吹奏的师傅叫"八仙师"；红事吹奏的师傅叫"九层师"。学手艺，传统时期有许多规矩，如第一个引子需要学习《过街调》。

CFJ曾学过一些吹奏技艺，他回忆自己当年参加红白喜事时，红喜事吹《过街调》《过河调》《泽子》《老配少》和《兰牛下坎》等，白事则吹《道士令》《将军令》，白事的调子不能乱吹，要分清场合。

以前的唢呐和现在有所不同，唢呐师傅ZXW说："以前吹的是那种老唢呐，那种唢呐吹起来声音好听些，现在卖的这些唢呐都是经过改造的，不是纯粹的唢呐，而是变成了和其他乐器相配合的。"MXH医生是一组的老唢呐匠，他向笔者展示了自己的唢呐，一共有四个，每一个都不一样，有些是银色，有些是黄铜色，还有黑色的，大小也不相同，但具体的构造看起来大同小异。唢呐分高音和低音两个音。通常小的唢呐都是高音，大的唢呐都是低音，每次演奏时，需要一高一低相配合，声音更好听。

唢呐哨片在整个唢呐构造上占有非常重要的位置，它是唢呐的发音部分。ZXW说，唢呐的吹哨是用以前的麦秆做的。把麦秆捡来以后，弄到热水里面过一下，称为"杀青"，一般就煮两到三分钟，然后捞起来晾干，做成长短不一的小节，主要是为了匹配合适的唢呐。有时候，吹哨和唢呐不一定配得上，所以要多准备一些不同长短大小的。

一般来说,上面有竖杆的吹起来声音是最好听的。

现在火石垭及彭水周边的唢呐匠,他们吹的唢呐通常都是从同属重庆市的南川和万盛买来的。ZXW还说,唢呐并不是想买就能买到的,像他们的唢呐都是订做的。唢呐的引子都是有谱子的,MXH医生说他们之前都有自己抄的谱子,但现在已经没有了,大多数都只存在他们的脑子里了。火石垭当地吹的这些曲子很短,就像读书念课文一样,是一句一句的。而邻近的鹅池镇的唢呐引子当地人称为"大引子",主要的特点就是尾音长,会拖很长的音,不像火石垭的唢呐引子那样干脆利落。

(二)唢呐的历史与变迁

据村民回忆,至少在民国时期,吹唢呐就已经存在了,但当时吹唢呐的人地位很低,吹唢呐被看作不正当的行业。即使如此,吹唢呐这一行依旧非常繁荣,一般结婚娶媳妇时与轿子、四面旗子、两面锣、四把伞、两个大号组成一个大队伍。1949年之后,结婚时的演奏队伍简化了,但唢呐依然存在。到"文化大革命"时期,吹唢呐的人更少了,一直到改革开放才重新流行起来。

在火石垭村,会吹奏唢呐的人已经非常少,目前,主要有HYH、HYD几兄弟及MXH、ZGB等中老年人。这些中老年人对唢呐十分有感情,时不时拿出来吹上几首。住在高山上的ZGB平时很少下山,周围的邻居也全部搬走,妻子刚去世,只剩下他一人。他时常拿出珍藏的唢呐轻轻擦拭,再吹奏起熟悉的旋律。一声声高亢嘹亮的声音回荡在高山上,使干农活的村民也会不自觉地停下手中的活路开始倾听。一组的SSP曾经是一名吹唢呐好手,但目前也已放弃:

原来我吹了几十年的撒拉(唢呐)嘀。一般是别人来请我吹撒拉嘀了。那时间不算钱,一天有一包烟,那个时候就给人送白活路,又记不得你好哦,有一点点什么别人倒说你的不对,我就不吹这个了。不是怪撒拉嘀,但是现在我不吹了,做伤神了。

如今,学习吹唢呐的人又逐渐多了起来。如开小卖部的YXQ对吹唢呐十分感兴趣,他在闲时常常跟着抖音里的人学习如何吹奏唢呐。老唢呐匠开始不断学习新的曲子。MXH作为一名赤脚医生,空闲时间较多,学习唢呐已有几十年,是一名远近闻名的老唢呐匠了。据他所说,以前的老曲子已经不再受欢迎,现在的人们喜欢听新曲子,因此他经常在自家的堂屋中吹奏。因为他家在火石垭街上,交通极为方便,时常有附近村的唢呐匠过来一起练习技法。

近些年,吹唢呐与兴起的打鼓队组成了新型的合作方式,让唢呐这一传统民间技艺再次焕发生机。

二、现代打鼓队的表演习俗

近年来，火石垭村民兴起了一股打腰鼓的风潮，并将其加入传统仪式中进行表演。

（一）打鼓队的形成与发展

火石垭村民在办红白喜事时除请唢呐匠外，还会请打鼓队。火石垭村打鼓队这一民间艺术组织，显然是受到了邻近彭水县的影响。据说彭水县打鼓队众多，形式多样，火石垭村民受其影响也组建了自己的打鼓队。火石垭村的打鼓队共有两队，一队成员包括JLX、XWX、JXS、MS、ZXM、LGF、ZSQ，二队成员包括LGY、YZS、FTX、LZX、ZXW、LCC，以女性为主。

火石垭村打鼓队组建时间很短，于2019年末才开始组建。发起人为HZW，他是从彭水县学习的。其组织团队时，所有人都可以参加，人数大约有十几个人，包括现在两队成员均在其中。学习时，众人一起在火石垭街上的院坝练习，由HZW教授，但他实际上只会初级的，大家（主要为中年女性）只能学到几个简单的步子。后来妇女们开始跟着抖音上的舞蹈视频学习。可见，火石垭的打鼓队基本靠自学。即使舞步简单，节奏缓慢，妇女们也需一两个月后才能基本学会。

团队刚成立时，所有人一起凑钱去黔江购买乐器，每个人大约凑了480元，乐器由HZW保管。后来分队，HZW一队的妇女要求退钱，一人退了400元，剩下的80元算作乐器的维护费。

此后每次出场，跟随HZW妇女，每人必须交给她5元的乐器费用。这样的情况并没有持续多久，过了几个月，HZW觉得打鼓队挣不到钱，选择出去打工，退出队伍。此时，HZW所在的一队妇女又凑钱买了新的乐器，一共花了2180元，所有的费用都是领头妇女XWX一人支付，乐器也由她保管，后续参与的妇女仍旧每次需要交给她5元使用费。表6-6显示了打鼓队乐器支出情况。

表6-6　打鼓队乐器支出情况

单位：元

名称	音箱	大鼓	军鼓	铰子
价格	1600	380	200	180

打鼓队中不仅有跳舞的队员，还有其他队员，包括大鼓1人、军鼓1人、铰子2人或3人，还需要唢呐匠2人，负责一大一小两个唢呐，所以一个打鼓队的人数，至少为6人。

表演时，首先吹小唢呐，起领头作用，然后打大鼓。先打鼓的侧面，然后鼓声结束后吹大唢呐，接着又打鼓的中间，鼓响的同时打军鼓，铰子再跟上节奏，众人边打边走脚步。

打鼓的基本调子：

咚咚（慢敲两下）　　　　　　咚咚咚（连续敲三下）

咚咚（慢敲两下）　　　　　　咚咚咚（连续敲三下）

咚咚咚（快敲三下）　　　　　咚咚咚（快敲三下）　　　　咚咚咚（慢敲三下）

咚咚咚（快敲三下）　　　　　咚咚咚（快敲三下）　　　　咚咚咚（慢敲三下）

咚咚咚咚咚咚咚（连续慢敲七下）

咚咚咚咚（连续慢敲四下）　　咚咚咚（连续快敲三下）　咚（敲一下）

通常办喜事的时候，打鼓队演奏的花样会多一些，如打花棍、跳扇子舞等，有时候还会使用音箱配乐。而办丧事的时候演奏形式就比较单一。当前，打鼓队演出以丧事居多，喜事较少。

由于吹唢呐的大多是中年人，多吹奏传统老式曲调，因此与新生的打鼓队无法协调，而学习新曲调、可以与打鼓队配合的唢呐师傅并不多。打鼓队成员XWX表示：

他们这吹的唢呐引子和我们跳的舞合不上，他们吹得没得人家彭水的吹得好，他们吹那个节奏太慢了，吹得太软，像是没得力气一样，他们这么一吹，我们打铰子根本就听不清节奏，但是人家彭水的师傅就吹得很有节奏感。

有时候唢呐师傅太忙请不到，打鼓队就会用音箱放音乐，然后众人跟着音乐的旋律跳舞、打铰子。婚礼上播放的曲目有《酒醉的蝴蝶》《九月九》《欢聚一堂》等，葬礼上有《相思夜难眠》《咱的爸爸妈妈》《十跪爹娘》《爸爸别走》《梦中的妈妈》等。

有时，打鼓和打铰子的人可以互换。在一场仪式中，打鼓队通常会表演多个曲目，从下午一直延续到第二天早上。在耗时如此长的活动中，人的精力和体力都是有限的。所以，为了保证队伍继续演奏，成员们常常会在一个曲目结束之后，相互交换各自的演奏乐器。

在调查中发现，现在火石垭两队的成员都在积极扩大自己的队伍，队员也都在积极学习其他乐器种类。例如，一队成员JLX在团队中担任的主要是打铰子、跳舞的角色，但是最近她也在学习打大鼓，她说：

现在我们人越来越多了，外面请我们去的也越来越多了，我就想到时候万一有两家同时请我们去表演，我们就可以分成两队，就不得拒绝其中一家了。而且现在加上两个吹唢呐的人一共有八个人，每次出去走人户最多需要七个人，那总有一个人是单独的，所以还是以后再来两个人就直接分成两队，免得到时候又分不清。

因打鼓队为团体表演，所以要求服装统一。还没有分队时，她们一共购买了两种款式的服装。一套蓝色，一套红色，蓝色为订做。但是分队之后，队员均购买了新款服饰。两队的服饰款式虽有区别，但也有着基本规定，如丧事活动女性一般穿白色，喜事则穿红色，象征喜庆。

一般情况下，别人请去表演有两种形式。一是需要在主人家过夜，称为"坐夜"。这种情况一般是中午十一二点出发，主人家会派车来接，或自己搭车去，然后报销车费。坐夜时，队员们住在主人家，第二天早上待仪式完成后才回来。坐夜的出场费通常为1人200元，但是主人家一般情况下还会给每个人三包烟和三个红包，一个红包里装12元钱，象征着月月红，共36元。所以一场表演下来，一个人到手的实际收益约有280元。二是不坐夜，早上去下午回，出场费约1人150元，再加上红包等其他费用，实际收益均230元。表6-7是火石垭LGY姐妹吹鼓队2021年10月营收情况。

表6-7　火石垭LGY姐妹吹鼓队2021年10月营收情况

日期（月.日）	地点	收费/元	所含车费/元
10.8	新华乡梨子村	1500	100
10.10	石家镇	1500	100
10.15	梅子乡佛山村	1500	200
10.20	彭水县桃子垭	1500	200
10.24	太极乡鹿子村	1600	200
10.26	彭水县万家沟	1500	200

对打鼓队的活动，周围村民既有人支持，也有人不太理解。不支持的原因多是因为打鼓队在村子里练习时，播放音乐声音大，打扰村民休息。尤其是出门表演的前一晚，成员们会聚集在火石垭街的院坝排练到很晚。不过大多数村民表示支持，并且自己也想加入这个团体，因为在众人眼中，成员们每次出去"跳一跳"就能挣200多元，比在家里种庄稼要容易得多。

如今，打鼓队也成了仪式过程中主客之间"争面子"的载体。因为请打鼓队的人，多为办事主人家的亲戚，主人家自己是不请的。FTX阿姨说："如果不请的话会没得面子，因为别人家都会请，不请会让人觉得没有能力。"是否需要请，在亲属关系上有较为严格的规定，如葬礼上女儿必须请，儿子可以不请；侄子结婚，舅舅必须请，姐姐和姑姑也要请。至于数量，没有规定。

(二）被"发明"的传统与"传统"的延续

火石垭村民均认可唢呐是一种老玩意，而打鼓队是新玩意。有趣的是，新旧两种事物却可以在同一红白喜事的场域内出现。显然，新兴的打鼓队融合了传统唢呐吹奏，形成了新的发展模式，成了本地的一股"潮流"。

可以看到，无论是一队还是二队，生意均比较红火，时常听到他们讨论谁家又邀请了他们，偶尔还会出现某天同时被多家人邀请的情况。因此，时常有村民想要加入他们。他们认为，相比于种庄稼，这种获得收入的方式是十分轻松的，只需要掌握一门技艺，不需要耗费大量的体力和脑力。

这种形式实际上是一种经济的补充。许多妇女平时空闲的时间较多，便加入打鼓队，既可以消磨时间、锻炼身体，又可以挣钱。如小卖部老板YZS说："我平时一个人在屋里就守这个店子，其外也没得啥子事。人年龄越来越大了，出去做这个（打鼓）可以锻炼身体，还可以挣钱，也很安逸。"

现在，火石垭打鼓队伍不断壮大，新加入的成员大多来自本村。每次在走人户之前，队员们会找空旷的地方排练多次，以确保第二天正式表演的时候不会出错。平日里也会聚集在一起练习，教新成员舞步。其他村民听到音乐声也会赶来观看。事实上，这种活动已经不再属于个体或者某个小团体了，它更像是一种集体活动，好比在城区里流行的广场舞。通过这种集体活动，不仅让村民们锻炼了身体，同时也有助于打鼓和唢呐文化的传播与发展。进一步而言，它拉近了村民之间的关系，使得家庭与家庭、个人与他人之间的关系得以良性发展，有利于村庄的和谐稳定发展。

小　结　文化变迁与韧性坚守

风俗习惯是一个家庭、一个乡村或是一个社会历史上流传下来的关于思想、道德、政治、制度和人的行为方式等方面的文化，历代相传成为一种传统。自1949年后，特别是改革开放以来，面对快速发展的现代社会，火石垭村的传统风俗习惯不得不面对现代性的挑战，传统与现代不断在火石垭村这个非典型村庄内上演着碰撞与交融。传统风俗习惯在村民的实践中不断适应新的社会发展，如在传统的地区举行新式的婚礼，以及部分活路交给包干制的"一条龙"服务，但是其中仍旧保留着许多传统礼节与习俗。

对于村民而言，正是因为种种习俗背后的行为逻辑和思维方式，才让这个村落的一些历史与传统被后辈人所了解并延续，即使在互联网快速发展时代，也没有被抛弃与放弃。从此种意义上说，优秀传统文化的发展与延续，需要村庄中每一个人在变化中默默坚守与实践。

从更大的范围来说，在广阔的中国大地上，每个地方都有独一无二的风土人情。在乡村振兴的大背景下，以风俗文化为依托的文化韧性，对于非典型村庄而言具有更加重要的现实意义。它可以增强民族自信，成为鼓舞人们积极向上的精神动力。同时，村民们对风俗文化的挖掘、探索、继承和适应性改造，也有利于对许多濒临消失的传统文化的保护和发展。

第七章

学校、家庭与社会：
非典型村庄的教育韧性

> 古之学者必有师。师者，所以传道受业解惑也。人非生而知之者，孰能无惑？惑而不从师，其为惑也，终不解矣。
>
> ——唐·韩愈·师说

炎炎夏日，阳光灼烧着这片土地，但深处山区的火石垭村依旧凉风习习。行走在村里的大路小道上，有不少成群结队的孩子，他们活泼可爱，眼神中充满天真、好奇。暑假的日子，村委会的运动场上，肆意挥洒汗水的学生，一个个或古灵精怪、或内敛懂事，让人不禁想要探寻这群孩子的未来究竟如何？他们承载着怎样的希望？

教育是现代人成长成才的永恒话题。孩子出生之后，主动或被动地接受着各种教育。他们寄托着一个家庭最美好的期望，承载着长辈对孩子未来的无限期许。让孩子获得更好的教育已经成为现代人努力奋斗的目标之一，但非典型村庄的火石垭村，没有丰富的教育资源、没有浸润的教育环境，孩子们如何获得优质教育，又如何依靠教育走出大山，村民开始寻找着各自的方式。

在人类文明历史上，教育是文化传承的主要方式，也是文明得以延续发展的重要手段。从古至今，孩子主要是通过师生传授、父母教导、社会教化三个途径习得知识和经验。但这样的传递在很长一段时间内并不普及，只有部分人才能够获得。1949年后，火石垭村的孩子真正拥有了受教育的机会。随着时代变迁和经济发展，教育已经在村民的观念中逐渐占据了重要地位。从以前的"只有锅儿煮茫茫（米饭），没有锅儿煮文章"，到现在"哪怕我只有一口吃的，都要送孩子上学"，其教育观念和教育方式已经发生了质的变化。而这些变化，也正是非典型村庄教育韧性的具体呈现。

第一节　学校教育的变迁

学校教育是人们成长过程中接受规范化教育的重要范式，一个人完整的人生过程必然需要有学校教育的参与，包括习惯规范的养成、书籍知识的传授和群体环境的监督。这样的过程能够让学生在学习知识的同时，提升自身的素质。这是学校教育以"德、智、体、美、劳全面发展"为目标的人才培养模式，也是人们经历的知识文化洗礼过程。

从历史的角度来看，对学校教育而言，过去与现在有着很大的差别，其变迁总体上以社会大背景的变迁为基础。1949年前，火石垭村学校教育仅有私塾教育，这私塾是少部分家庭才能享受的"特权"。虽然民国以来新式学校在逐步发展，但基本上只存在于县城周围，只有地主乡绅子弟才可以参加。身在火石垭村如此偏僻的村庄，村民是难以送孩子出去上新式学堂的。1949年后，现代学校体系逐步在火石垭村建立，打破了特权阶级对教育的垄断，人们才渐渐有机会将孩子送去读书，先进的教育观念才在村子里逐渐普及开来。随着火石垭村市场化的发展，人们逐渐向外奔走，重视教育的观念更加凸显。自近些年火石垭村小学被撤销后，教育分流更加明显，一部分孩子选择到镇上读书，另一部分孩子被家长带去县城里上学。这一变化，进一步引发着火石垭村民对于教育的思考与谋划。

一、私塾

所谓私塾，是指在1949年之前民间自行举办的一种学堂形式。在古代，私塾是读书人求学的一个重要途径。火石垭村也曾出现过私塾的身影，它让火石垭村的"乡土精英"获得了基本的识字、书写与算数能力，同时也成为他们通往更大舞台的重要法宝，但在经济条件与思想观念的影响下，这种私塾教育仅是一小部分人拥有的特权。

（一）私塾开办的不同模式

1949年以前，火石垭村并没有新式学校，村民唯一接受教育的机会就是上私塾。在村民口中，私塾又名"私学"。相较于现代学校，它的规模要小得多。在火石垭村，私塾大概分为两类，一类是十几户有钱人家共同请一位先生，先生在不同的人家轮流上课；另一类是先生在自己家办私塾，让学生来家中上课。

第一类较为常见，不过只有经济条件比较好且有意愿让孩子读书识字的家庭才会加入。教室一般设在场地宽敞的人户家中，上课时十几个孩子都去此处。有时候为了减轻某一家的负担，也会让先生轮流去各家上课一个月，先生的吃住由主人家负责。第二类学堂随着先生的居住地点而变动。在先生教学期间，他的一切生活需求都必须满足。不过过去经济条件较差，先生一般不会提过分的要求。

CXY的父亲和二公[1]曾是私塾先生，据CXY回忆："那时候我的父亲CZY和二公CGY都是私塾老师，名气大嘞！哪个地方请的人多就去哪，吃住都在那边，最长的时候还在水市乡待了两年。"据他所说，自己的父亲成绩优异，但因爱好打牌错过了进入新式学堂的时间，之后又被他人冒名顶替，无奈之下于1938年前后回村里当了一名私塾先生。作为村里为数极少的几位私塾老先生之一，父亲CZY授课时间长，名气也大，去过彭水、酉阳等地授课。而二公CGY于1945年前后在家中开办私塾，作为曾经的保长，他的文化水平较高，再加上教书厉害，名气不亚于父亲CZY。两人从事私塾教育时间不

---

[1] "二公"即二爷爷。

一。直到1949年后，政府在高洞子村（现火石垭村六组、七组）兴建了新式的农村小学，他们才停止私塾教育。

第二类在火石垭村十分少见，村中仅有YHM的父亲在家中开办过私塾。据现今90余岁的YHM回忆，他的父亲是一位"开明地主"，曾在村中"农会"担任会计，家里有马和大片土地，生活十分富足。小时候，他家院子四面都是房子，中间是宽敞的坝子，有充足的财力支持办私塾。借助父亲办私塾的机会，他在家里完成了小学教育，走上了求学之路。

虽然以上两种形式略有不同，但均须收费，标准不一，多是根据学生家境而定。较富裕的人家会多给一些，普通的人家在凑不足学费时，多以实物作为补偿。如条件好的地主家庭一般会给3~5吊（当时一碗面2个小钱，10个小钱为一吊）作为学费；而普通家庭则给先生120斤粮食作为一季度的学费，学生上完课后还要帮先生做农活。但如果和私塾先生关系好，还可以免去学费，以劳力代偿，YCG就曾提道："我父亲和先生关系好，那时候读了两年私学，没有给学费，只是每天上学前会给老师挑一担水或者一篓柴。"

上私塾的资源与机会，因来之不易让人倍感珍惜。虽然私塾已经停办多年，但村里有过私塾教育经历的爷爷奶奶仍旧对那段时光记忆犹新。当年的他们对学习充满热情与期待，对知识的渴望远远超过现在的人，他们的教室只是一间不太明亮的房子，没有一张像样的桌子。记忆中，教室的地面是不平整的，角落里堆放着杂物，桌子也高矮不一，有的小孩坐在单个小板凳上，有的则三两个坐在长条板凳上。但无论条件如何，他们都端坐着，珍惜这来之不易的机会。

私塾的条件虽然简陋，但这一方小小的天地承载的是火石垭人读书识字的梦想，是村里许多小孩想去却去不了的地方。每天早上，当那些孩子兴高采烈地往私塾跑去时，拿着锄头和镰刀的小孩只能在家门口望着，要么去山坡上一锄一锄干活，要么背上背篓、牵上牛，去山坡上待上一整天。从人生发展来看，或许这已经显示出了不同的人生轨迹。

（二）灵活的授课方式与内容

火石垭的私塾往往规模较小，通常只有一个班，最多有20个学生。孩子们在早饭后上学，每节课时间不固定，一般会多个钟头一起上，直到先生觉得累了才休息。私塾不提供午饭，有的孩子会自己带点干粮，有的则会一直饿着肚子，等到放学回家。饭后是短暂的午休时光，下午继续上课。待到下午三四点时，私塾就放学了。

上课教授的内容是传统国学，如《三字经》《百家姓》《弟子规》《千字文》《笠翁对韵》等。教学方式主要是先生领读、学生背诵，如不能完成则会被先生"留堂"。每天清晨，当太阳从东方升起来的时候，温暖阳光照进教室，只听见琅琅读书声，先生一句，孩子们摇头晃脑跟着读一句。

私塾里学生年龄差异较大，领会程度也有所不同，有的孩子五六岁就开始送到私塾，有些则十一二岁才被送去。所以先生会根据大多数学生的实际程度，采取因材施教的办法。

YHM自己深受私塾教育的影响。90余岁高龄的他是目前村里年纪最大的老人。他与儿子儿媳生活在一起，在家中配有单独的书房。

他向调查组成员讲述了他的私塾时光：

我是1928年出生，原来读的私塾，我父亲就是教私塾的老师，那会儿还没有解放，（我在私塾）上了七八年。（私塾）都是我父亲自己全在管，二十来个人，都是男娃在读，只有我父亲一个老师。我们学百家姓、人之初这些，又学古书、学繁体字。（上课是）从早，中午休息，下午学几个钟头（再）休息。那个时候就不像现在（上课）45分钟，都是连着几个钟头。也不布置作业，放学就是耍。

火石垭一组的JGR也上过私塾。回忆起以前的上学时光，他说自己的父亲在他两岁时去世，家中困顿，没办法上学。一直到他七岁的时候，伯伯才送他去私塾，后来又因当地的土匪和地主闹得厉害，私塾先生不敢继续办学，他的求学之路也就停了。因此，他只读了三年私塾。上学的时间虽然不长，但也给他的人生留下了深深的烙印，让他至今记忆犹新。他回忆道：

"四书"里面的内容，我现在还记得，《述而》《学而》《中庸》《大学》。读完后面接着读，相当于现在小学读完了读初中，那时候读的《诗经》《幼学》《古文》《左传》，以前能背半本，现在记不到（住）了。我那时候读书，悟性高，记忆力很好，先生都夸我。一年要背八本书，我拿书到先生那里去背，八本我都能全部背下来！

JGR讲着讲着就大笑了起来，神采奕奕，眼中充满着光。与其漫漫一生相比，三年上学时光的确太短暂，但他如数家珍。谈起上学时一些调皮事，他总忍不住笑，不自觉地就挺起了腰板，满是自豪和骄傲，但聊到辍学，又连连感叹："可惜了，可惜了啊！"须臾间，几十年就从指缝间溜走，他也从青葱孩童变成了古稀老人。可当再问起曾经的私塾经历时，他好似一瞬间又变成了那个坐在教室里摇头晃脑的男孩。

从以上两位老人的私塾经历可以看出，火石垭村的私塾教育存在虽然短暂，且当时火石垭村能受到私塾教育的孩子十分少见，但也对上过私塾的孩子产生了莫大的影响。

私塾教育很大程度上属于启蒙教育的范畴，而正是这样的启蒙教育，一定程度上属于"精英化"教育。

从学习内容上看，主要是"四书五经"，而教学方式更多的是一种灌输性学习，老师读学生跟，再凭借记忆力背诵。这种传统的教学方式给山区孩子带去了文化知识。人们普遍向往私塾教育，虽然读书在当时的生活条件下需要付出较多的钱财，但是也在一定程度上培养了孩子们俭朴好学的德行，为后来的发展打下坚实基础。

（三）教育中的"社会性差异"

私塾是1949年之前火石垭村唯一可以称得上"正规"受教育的途径，很大程度上呈现出当时的"社会性差异"，这种差异体现在不同家庭之间对教育的不同态度上，也体现在男女不同的受教育机会上。

首先，一再强调的是，并非所有的孩子都有机会去私塾接受教育。家庭必须有一定的经济收入和足够的教育意识，才可能送孩子去读书。而过去，火石垭的村民对孩子并没有很高的学习期望，也没有试图让孩子通过上学改变命运，许多人只是抱着至少认识字的简单想法。

其次，在重男轻女的观念下，男孩比女孩获得私塾教育的机会显然更加容易。在教育还没有成为每一个家庭必需品的年代，即使是家境良好的家庭，也多是将男孩子送去私塾上学。如果女孩要去的话，得遇上比较开明的家长。村里的不少爷爷都表示1949年之前，家里如果有男孩，即使家里困难，也会想办法送男孩去上学，女孩子则不会。正如HCQ奶奶所言："那时候只有地主家的姑娘才可以去读书，穷人家读不起，有也不让她去！要留她做活路（干农活）啊！"重男轻女的观念再加上经济条件落后，使火石垭村的男孩获得了更多接受教育的机会，而女孩只好留在家中操持家务，帮父母干农活，这种情况直到1949年之后才开始改善。

HCQ奶奶是为数不多在1949年之前接受过私塾教育的女性。HCQ奶奶与上文提及的90余岁的YHM爷爷毗邻而居，她的家是由两侧老旧的木房和新修的砖房拼凑组成。两侧的木房主要用作平时做饭和起居。中间的两层楼砖房是2018年老两口自己出钱修建，只为让几个子女回到家能有个宽敞的落脚之地。平时只有她和老伴在这里生活，再加上狗和猫，生活十分惬意。每次听到狗叫，HCQ奶奶就知道有人来了，立马出来安抚住黑狗。奶奶对人十分热情，长年戴着助听器。要知道，虽然在农村中听力下降的老年人十分常见，但助听器在此地仍旧是一件较为"新式"的高科技用品，在其他老人身上几乎从未见到。从这个细节上便可以看出，这位奶奶见识不一般。果然，经过深入交谈与了解之后，发现奶奶的言谈举止中透露着一股文化人的气息。她于1940年出生，至今已80余岁，虽是高龄但还能认字和写字，这在偏僻山村里实不多见。经过询问得知，她曾在小时候读过私塾，这成了她习得文化的起点。她的娘家在火石垭村隔壁的新华乡，据她回忆，小时候就读的私塾共有十几个孩子，但只有三个女孩。背靠椅子，HCQ奶奶看向远方，目光微亮，缓缓讲述了她的读书生涯：

我家有母亲、父亲，还有一个兄弟。我爸妈都是在家里务农，我兄弟不喜欢读书，他们都硬要送他读。我当时坐在家门口，早上看到学生过去，下午看到学生回来，我就好想读书啊。我跟家里人说我也要去读书，我妈不同意，说哪个姑娘去读书啊！爸爸非常开明，说她要去就让她去！这样我才去读的。

读私塾我们一起的有十几个学生，大家请起先生在别户读，一起商量到哪户上学，先生生活是大家一起来供，每户给他两斤烟、一斤茶叶，他想吃什么就供什么，不兴开工资。早上来（上课），晚上回去歇。那个时候是（学）《三字经》《五字经》《女儿经》《百家姓》，进来（刚入学）都是拿毛笔，才去的学生就在老师旁边，（老师）坐着教你。一天背书，背不到打板子，男娃就打屁股，女娃就打手板。

在HCQ奶奶生活的年月，她认为虽有土匪恶霸横行霸道，但总的来说比起大城市的风雨飘摇，这里仍旧算得上安逸祥和。在这种大环境下，HCQ作为一个女孩能够接受私塾教育，是多少同龄女孩羡慕不来的。据她说，她的父母虽以务农为生，但父亲是文化人，自家的经济条件也要比一般人家好，为孩子上学提供了经济保障。只不过对于上学一事，她的父母在教育观念上有较大的差异："我妈当时说，男娃读了可以跑世外，女娃只能在灶门前做饭，不能出去跑。我爸只觉得我要去的话就去。他说不读几个字不行，读几个字就认得到。"母亲的观念在一定程度上反映了当时社会对男女的不同社会期望和角色要求。送男孩去上学，认为他学了之后可以出去闯荡，干出一番事业；而对女孩来说，只需要在家里的灶门前做饭，懂得操持家务就可以了。因此，在火石垭村也有着"女娃儿读那么多书做啥子，读好还是要给别人家当灶头"的说法。HCQ奶奶上私塾的时间只有短短一年，但对于她教育观的形成却影响深远，为她后来对自己子女的教育重视奠定了深厚的基础。

从私塾发展上说，1949年后私塾骤减，最后停办。虽然私塾教育在很长一段时间里是作为"奢侈品"而存在，但还是做到了将有限的教育资源最大化地利用，火石垭教育的雏形就此成形了。

二、乡村小学

中华人民共和国成立后，村民受教育的机会变得普遍，几乎人人都获得受教育的权利。为了普及现代教育，火石垭村建立有"村小"，并且为了照顾"走不出脚"[1]的村民，还就近兴办了小班规模的扫盲班，村民称之为"民办学校"。但实际上二者都为"公办"。随着时间的推移，家庭条件的改善，火石垭村的孩子不满足于在村里接受教育，渐渐地有不少孩子从小山村走了出来。而生计方式的改变和计划生育的实施，大量的孩子被父母带到城市读书，或者是转到镇里上学，本地学校生源大量减少，村级小学也被撤销，剩下的孩子不得不另谋他校，前往车程20分钟左右的石家镇小学就读。以上种种均是在近些年发生的变化，这使得火石垭村的教育面貌发生了极大改变。

（一）高洞子村小学的建立与探索

在火石垭村中，最早创办的学校是高洞子村小学，这是目前已知的周围行政村中最早创办的一所公办小学。根据村民回忆，高洞子村小学大致于1949年之后建立，20世纪60年代末期关闭，存在的时间只有短短的十几年。

在百废待兴的年代，学校在村民的眼中算是极为"崇高"的存在。一开始，村小学的选址定在J姓地主的大宅院中。校门坐南朝北，教室坐东朝西，有12间教室、2间教师办公室、1间原J姓地主香火房和1间厨房，厨房是提供给老师的。教室设置较为简单（图7-1）。

虽是地主房子，但也仅能提供一个挡风遮雨的地方，在其他方面仍较为简陋，教室里只有木桌子与木板凳。在师资上也只有两三位老师，一个年级由一个老师负责所有科目的教学。

教学安排上，周一到周五上课，早上十点左右上课，下午三四点放学。每

图7-1 原高洞子村小学的平面示意草图

节课45分钟左右，课间休息15分钟，除了周末放假，每年春季4月会放一次农忙假，共7天，让学生回去帮家里种庄稼。此时，高洞子村小学仍沿袭1949年之前的学制，即

---
[1] "走不出脚"形容因种种原因，不方便离家出远门。

"四二"年制，初级小学4年，高级小学2年。据《黔江县志》记载，此种学制一直到1968年才取消，改为5年制，只不过此时的高洞子村小学已经撤销。

在科目设置上，主要是语文、算数、写字（毛笔字）、体育、劳务等课程，语文课以传统经典名著教学为主，如CJG记得主要学习课本为《三字经》，数学是简单的加减乘除法。劳务课是当地的特色课之一，它充分考虑了农村的生计生活，将本应由父母传授的生产知识转移到学校。当时，学校有自己的土地和茶园，到了种植和收获的季节，学校会组织全校师生到地里干农活，如犁地、浇水、摘茶叶等。所有农产品销售的钱都会成为学校经费。此外，书法课也是一门较为传统的课。据CJG回忆："一进去就学习写大字，用草纸写，草纸订成本本写，草纸都是自己买。"时至今日，还能够在火石垭村遇到写得一手流畅毛笔字的老人，经询问多在高洞子村上过小学。这样的课程设置契合了当时农村生活的需要，铅笔、钢笔等难以获得的年代，毛笔作为传统学具可以在人情打点、祭祀包封、会头记账、走亲访友时发挥作用。

为了保障学校的日常运行更加顺利，学校开设了"勤工俭学"的项目。让学生在放假时回家务农，开学时将一部分收成上交给学校，每家上交的数量根据家境而定，条件好的就多交一点，条件差的就少交一点。据P爷爷回忆，当时还有相应奖励："交最多就有奖励噻，笔啊、本本、一张奖状啊。交得不多的就没得。"

学校虽设置在高洞子村，但并非只有本村的孩子才能去读书，隔壁砂石、鹅池、太极、新华、彭水的孩子也会过来读。人数上，每个班20~40人，以男生居多，女生较少，全校总共一两百人。年龄上，当时学生年龄普遍较大，大多已经十来岁了。如PDF是10岁才去高洞子村小学上学，他表示："那时候读书都是十多岁才架势（开始）读书，不像现在五六岁就开始。"因为上学的年纪比较大，再加上当时一个家庭孩子较多，父母忙于农活生产，所以家中老大来上学的时候，还会将年纪尚小的弟妹背来学校，方便照顾。他们在教室上课，弟妹们就在教室外的院子里玩。

20世纪五六十年代出生的适龄儿童，接受教育的机会和渠道有了，但无奈受经济情况和教育观念影响，仍有许多孩子没有上学，上了学的孩子也读得很艰辛。作为公办学校，高洞子村小学的学费一学期只有一元多，但以当时的生产力来说，仍有许多家庭无法负担。CJG说：

我是1955年出生，1963年我8岁，开始读书，在高洞子读一、二年级，学费是1.4元/学期。当时读书家里面也没有钱，都是先欠着学校，等到年底的时候集体分钱了，再去把学费给交了。

因此，孩子们经常因为学费问题而退学。

即使可以上学,孩子们因为上学也吃过不少苦。一方面是生活饮食条件艰苦,上学时营养很难跟上,RYG说:

那个时候上学条件十分艰苦。1958年我刚上一年级,村里才兴办伙食团,吃的是不需要动筷子的稀饭,米少汤多,是吃不饱的。无论有精神还是无精神都要去上学,读与不读书是另外一回事。最后,我还是在高洞子小学读完了。

另一方面是教育基础设施差,PDF回忆冬天去学校最为艰难:

我是1954年去的高洞子,读了4年初小。冬时要提个火桶烤火去学校,先用柴烧了钢碳,弄到桶里去。那时候学校早上还要烧一锅开水,学生去了,十个有八个用一盆水来烫脚。那时候都打着光脚板嘞,没得哪个穿鞋这些。

冬天来临,孩子们身上只有单薄的衣服,走在路上瑟瑟发抖,只能是家家户户做一个简单的火桶给孩子拎着,让他们取暖。好在到了学校,老师会提前烧一锅热水,孩子们一来就可以泡一泡脚,减少冻伤。

据村民回忆,约1967年、1968年,高洞子村小学整体搬迁到火石垭街上,自此高洞子村小学结束了它的办学历史。在那里读书的人,即使没有完整读完小学,也十分肯定这一段经历在他们身上产生的影响。正是接受了一定的学校教育,能够简单读书写字,在面对后来迅速发展的社会时,才不至于脱轨,也才能比较好地适应智能化、信息化、数字化的现代生活,并且在面对子女的教育问题时,他们的教育观念也比他们的前辈人更先进一些。

高洞子村小学作为中华人民共和国成立后,在该区域成立的第一所公办学校,标志着火石垭的学校教育迈出了现代化教育的第一步。它不仅给予了当地孩子走进学堂的机会,也促进了乡村小学教育事业的大发展。

(二)火石垭"完小"的完善与繁荣

火石垭村学校是在火石垭村民心中存在时间最长、感情最为深厚的学校。在它最为辉煌的时候,曾是一所拥有九年制体系的"完全小学"(完小),即包括幼儿班、小学和初中,是九年一贯制。它是自高洞子村小学搬迁到火石垭老街附近时成立的。此时的火石垭街已经开始修建公路,交通方便,便于管理,可以吸纳更多的学生前来就读。

建设火石垭学校,是村中集体记忆里十分重要的部分,当时选址在街边的土堡处,G爷爷回忆:"那个时候是记工分,村里组织的,出多少工就是多少分。修了几个月,没得机械化嘛,纯靠手。"简陋的校舍修好之后,所有的教学设施都要从高洞子村小学搬来,甚至瓦片都是学生一块一块背来。20世纪60年代末期,在高洞子村小学上学的学生，基本上都参加过这次行动。Z爷爷提起这件事的时候，显得十分骄傲和兴奋："我去那边读了一年，就开始搬学校。那个时候上劳务课，全校的学生都来背（瓦）。"ZSP也说："我记得我们那个时候背瓦就差不多背了一千多片，是全校一起背的。"虽然很辛苦，但对于能参与搬校这样的历史性事件，他们感到非常光荣。

一开始的学校为石木结构的平房，共有两排。靠近马路一排有6间教室，在学生少的时候一间房一个年级。"当你从最右边的教室坐到最左边的教室时，你就（小学）毕业了。"另一排则是两层，主要为教师宿舍和大礼堂，教师宿舍背后还有个小厨房，用来给老师做饭吃。大礼堂则主要用来开会和举办晚会。

搬迁之后，新的火石垭学校距离其他地方交通更为方便，吸引了白羊、水井、高井、新华、艾子五个生产大队连同原来高洞子村小学的孩子们前来读书。大部分孩子的上学距离缩短了，以前走小路都要两个小时才能到学校，现在直接缩短到一小时。火石垭完小的学杂费大约为一学期3元钱，而当时一个劳动力平均每月能挣9元钱，一个家庭有父母两个劳动力，基本上能够承担孩子的上学费用，只是生活条件差，特别是吃的方面基本吃不饱。在师资配备上，全校有十一二名老师，包括六七名公办教师和四五名民办教师，公办教师为国家调配的公职人员，民办教师则是请的当地文化人充当兼职教师。民办教师有自己的土地，在上课的同时还要兼顾家里的农活，即半工半农状态。一位民办老教师这样描述：

公办教师就是国家请的人，跟现在有编制的正式的老师一样，民办（教师）就是村委请的村里头有文化的一些人，就是现在说的代课老师，公办的不够啊，只有再请点老师。自己有时间就来上课，屋里还要种地，一天又要上课，又要种庄稼，一般做不到好久就不干了。

课程设置上，与原高洞子村小学的课程相比科目更加丰富，除了语文和数学之外，还增加了政治、体育、美术课。之前在高洞子村小学开设的写大字和算盘课保留了下来，劳务课则被合并到体育课中。

原本将高洞子村小学搬迁过来是为了当地教育更好地发展，无奈搬迁过来不久，"文化人革命"便开始了。受特殊历史时期的影响，学校在成长之初就经历了沉重的打击，一直到20世纪70年代末教学秩序才逐渐恢复。20世纪80年代，在全面恢复教学秩序的基础上，学校终于实现了稳步发展。

等到火石垭村包产到户后，条件逐渐好了起来，有村民表示：

虽然那时候条件苦，我们还是有办法填饱肚子。那时候学校附近1角钱买13颗水果糖，1角钱5根玉米秆（米花秆），我自己去砍柴拿来卖给×老师，5分一斤，一次最少都是拿20多斤。换了钱买些零食，回家摸都不敢摸出来，被父母看到了就被打，一般去放牛的时候吃。

虽然那时候的生活只够填饱肚子，没有网络和电子设备，但孩子们也找到了简单的放松方式，比如去田里烧东西吃，去山上打扑克、捡石子等。对他们而言，那些经历编织成了珍贵的童年。说起上学时的故事，他们总是有说不完的话，Y叔叔讲述道：

我不爱读书，那时候就喜欢玩，特别是每天上学放学，走到村小（学）只要40多分钟，我一路上和一起走的同学这里玩玩，那里待一下，一般放学要走一个多小时才回到家。那时候也没什么玩的，就是追着跑都能玩很久。

看似单调的乡村生活却在孩子们的心中有了不一样的体验。

20世纪70年代末，火石垭村增设了初中，即小学6年，初中3年。每个年级的班数不一定，一般是2个班，根据成绩分为甲班和乙班，课程设置上区别不大，但进度上有快慢之分。

1986年，在火石垭村小学的基础上又增设了幼儿班。"幼儿班"是当地的叫法，其实是所谓的学前教育阶段。火石垭幼儿班的教学内容比较简单。一般是基础的读、写、画，再就是教小孩子唱歌跳舞。幼儿班老师会单独找，有时候也会直接让村小学老师兼任。1986年，YZS初中毕业后经亲戚介绍去了火石垭小学教幼儿班，刚好带的是第一届幼儿班。据她回忆："当时只有一个班，一个班有二三十个人，我平时就教他们唱歌跳舞！"后来因工资太低，几个月之后便辞职了。

结合村里对幼儿班的认知，再加上她的经历，可以初步推测火石垭学前教育的发展仍相对滞后。对幼儿班的看法，火石垭村的村民主要存在以下两种：第一，不认为读幼儿班是学习，即使送去更多也是随大流的行为，持这种观点的家长觉得幼儿班读一年便可，没必要按照小班、中班、大班的形式一直读，只要孩子年纪到了就直接送去上小学；第二，将幼儿班看作对学校生活的提前适应，有这种想法的家长认为让孩子去上幼儿班，既可以多认识几个朋友，扩大一下交际圈，又能让孩子提前适应学校的环境，上小学时能减少对学校生活的适应时间。

ZCY的两个孩子都上过幼儿班，对于学前教育她更倾向于第一种观点：

我这个姑娘2010年12月出生，4岁多在火石垭读的幼儿班，读了两年。本来她12月生，9月份上学都还没满6岁噻，她硬要满六岁（才能读一年级），所以她就多读了一年。那个时候600元一个学期，就中午在学校吃喝。我说就给她读一年大班，就上一年级了。

对此，八十几岁的PDF持第二种看法，他的孙女1996年出生，是在火石垭读的幼儿班。

那时候就在她舅舅屋那里，上去不远嘞。幼儿班那还是有点用，学点基本知识，懂了学校那些规矩嘞，一二三四这些她晓得啦。

20世纪90年代末期，是火石垭学校最繁荣、最鼎盛的时期。ZZC对此十分自豪：

那个时候石家镇好像还没有开办中学，我们这里都有了。我们火石垭村人多，自然学校学生也很多，成绩好的人更是比镇上多的是。

确实如此，从这个阶段开始，从火石垭走出来许多大学生，如HCQ奶奶的小儿子、ZZX爷爷的大儿子，更有甚者GDH一家六个孩子，老二到老五全是大学生。

（三）"民办学校"的教育补充

前文已经提及，在火石垭村完小出现之前，村里曾开办过"民办学校"。在完成农村土地改革之后，农民日常生活水平有所提高，学习知识的愿望增强，显然一所高洞子村小学并不能完全覆盖周围所有想要上学的孩子，于是"民办小学"应运而生。据《黔江县志》记载，自1955年开始，黔江开始贯彻国家办学与群众办学的"两条腿走路"方针，发展民办小学。火石垭村响应号召，几乎与高洞子村小学同时期办起了"民办学校"。

"民办学校"并不是一种拥有完整学制和科目设置的学校，在火石垭人眼中，这只能算是一个学堂。事实上，这是由火石垭村集体出资所建，初衷是满足以下三种情况的孩子上学：第一，距离村小学太远，家长不放心孩子一个人去上学；第二，家里农活太多，孩子作为半个劳动力不能离家太久；第三，家里有年纪尚小的弟弟妹妹需要照顾。"民办学校"的校舍选在一户人家里，桌子、板凳都是直接用家里的。只有一个班级一间教室，所有来上课的孩子都坐在一起。老师由公办学校进行分配，或者是由村里指定有文化的先生过来教书。

根据调查，"民办学校"大概分为两种：第一种作为学前班，在"民办学校"读完再转入村小学学习；第二种是针对村里的成人开设的文化知识普及班，开在白天的叫"扫盲班"，开在晚上的叫"夜校"。上课的时间不会很长，上午或者晚上两三个小时。上完之后，无论是孩子还是大人都要回家继续干农活。1955年出生的村民CJG最开始是在"民办学校"上的学，他的记忆较为深刻。他说：

火石垭村只要愿意去读的都可以去，因为高洞子村小学太远了，单边走路都需要一个多小时，收的学生都是小的，所有人不分年级都在一个班里上小学。另外，政策上对没有知识文化的文盲提倡"夜课校"，商定一个地点，白天干农活，晚上去上课，条件艰苦，没有蜡烛，还是照的煤油灯。

在村里有幸找到了一位曾任民办教师的ZGB，他说起了那段从教经历仍历历在目：

我在农业中学毕业之后，村里面的人就喊我来民办学校教书。当时只有一间房子，一年级坐一排，教语文、算数、写大字。只有我一个老师，一个班7~15人，桌子都是木板，下面用石头堆着。先给一年级上完课，给他们布置作业之后就去教别的年级。工资是一个月5元，我干了三年就没干了，学校也拆了，之后他们都去火石垭（完小）读了。

可以想象，若是再过几十年，老一辈的村民去世了，很难有人再记起这些"民办学校"。虽然规模小、不正规，但是它们发挥的作用却不容忽视，"走不出脚"的孩子和愿意补课的成人进入"民办学校"学习，也是一个十分宝贵的经历。对于小孩来说，这是他们无法去小学的"补偿"；对于大人来说，这给了他们一次学习机会。虽然他们当时的主要精力都在农业生产上，但是多认几个字、多学些简单计算，对往后的人生都是有百益而无一害的。

许多的乡村小学自1949年后，都经历了从无到有、从小到大、从多到精的过程，让身处大山深处的孩子看到了能够通过教育"走出去"的曙光，教育逐渐在村民心中占据重要位置。像火石垭村小学一样的现代乡村小学，已经成为农村培养人才的重要基地，它不仅承担着为国家培养人才的职责，也承载着村里家家户户的期望，更具有着对乡村社会的文化传承、传播与发扬的功能，对于乡村整体稳定和长远发展有着重要的价值。

三、城镇学校：火石垭教育的新发展

随着烤烟种植的衰败，不少青年人和中年人都选择外出务工，接触外面更优越的环境，收入得到了增加，以前的教育观念也受到了冲击，许多家长愿意给孩子创造条件，让孩子接受更先进的教育，将孩子送进城镇读书。在国家裁撤村小学的大潮流下，繁荣了四十几年的火石垭村小学因人数不断减少在2017年被彻底撤销，火石垭村小学的历史就此落下帷幕，新一阶段的城镇教育给火石垭人的教育生活带来了更大的改变。

（一）镇小与村小的继替

自20世纪90年代开始，火石垭村迎来了历史上又一次"转折"。烤烟种植让大家手里攥着票子、心里想着孩子。他们开始思考如何让孩子获得更好的教育，有一些家长外

出务工便把孩子一同带了出去，如火石垭村二组的RXR、RJ等就被父母外出务工时带到福建接受了几年的他乡学校教育。RJ跟随父母在外一直读完小学才回到家乡，在经济发展较好的城市接受更好的教育，再回到本地区时学习起来十分轻松，成绩一直名列前茅。这某种程度上体现了城乡教育资源的差异性，从而家长选择教育地区时倾向于将孩子带出乡村。

招不到学生，留不住好的老师，火石垭村小学开始走下坡路，渐趋颓败。每个年级由原来的两个班变为一个班，班级的学生人数也在减少，只能维持二三十人，师资力量也在减弱。YZS表示：

（一九）九一年、九二年的时候我在这儿卖烟，那时候这里学生就多。后来它（村小学）没得资源啊，吸引不到好的学生，也留不住好的老师。好的老师全部调走了，好的老师最多在这里教一两年全部都要调走，直接都上黔江了。

2003年，火石垭村小学进行了改建，将原有的平房教学楼推倒改建成操场，在一侧另修建了综合楼，2007年又修建了教师宿舍。显然学校一方面努力增加投资，更新设施，但另一方面村小学情况仍不容乐观。NLK是一名大学在读学生，他回忆了2000年以后在村小学上学时的情况：

我那时上小学，一个年级才一个班，我们班就三十五个人，一个老师负责几门课，她还要上其他年级的课，学校所有的工作人员加上老师，可能就十多个人，没得计算机课，没得机房。我上课又不认真，老师会经常打学生，我就经常挨打。

DHL今年23岁，已经在外打工几年了，他也是2000年以后在村小学上的学。

那个时候读什么书哦，家长他们要做农活，没得时间管我们，老师也不想管了，上课就想下课要玩啥子，下课就去疯……2007年左右修了老师宿舍楼，2009年的时候，有一个老板，以前也在这里读过书的，说是感谢母校的培养，给学校捐了几台电脑。我读书的时候，还有好多人，后来人越来越少。我毕业三年以后，有的年级都收不齐人了，到我妹妹读书的时候就办不下去了。

从2014年开始，因为学生人数不足，村小学逐渐撤销了四至六年级，只开设一至三年级，一个年级十几个学生，老师也只有三四个。这时候，火石垭的孩子在村小学上到三年级后，就只能去石家镇上学了。许多嫌麻烦的家长干脆直接把孩子从一年级就送到石家镇或黔江城。等到了2015年、2016年，火石垭村小学一个班只有五六个学生。2017年，生源越来越少的火石垭村小学彻底停办，原村小的老师和学生全部转到石家镇上的小学了。谈到火石垭村小学停办的原因，在黔江城里读高中的ZYZ是这样说："当时校长给我们说的是学校提供不了住宿，因为四五六年级要住读嘛！"事实上每一个火石垭人都清楚，招不到学生、留不住老师才是村小学关闭的重要原因。

火石垭村小学自繁荣后逐渐衰落，并不是个案，而是众多中国乡村小学发展的缩影。生计方式的改变，人口的流动，教育观念的变化，都让乡村小学生源陆续减少，同时教师也不愿到偏远的村中学从教，村小学的繁荣已经成为过去。面对这样的衰败趋势，国家开始对乡村中小学进行布局调整，对生源较少、办学水平较差的学校进行撤并。2001年，《国务院关于基础教育改革与发展的决定》颁布，期望农村的小学在就近入学的前提下适当合并，实施"以县为主"的教育体制。火石垭村所在的石家镇也在这一股潮流之中，逐渐形成以乡镇小学为核心的教育格局，教学点移到了乡镇和县城。

当前，石家镇上有幼儿园、石家镇中心小学和石家镇中学三所学校。石家镇中心小学位于石家镇石家居委会二组，由渗坝小学、火石垭村小学和交溪小学合并而成，校园占地面积有12763平方米，在编教师53人，教学班22个，学生700人，四至六年级的孩子可以在学校寄宿。除教学楼外，学校有学生宿舍、学生食堂、综合楼、塑胶运动场等设施，还有计算机教室、多功能活动室、实验室、图书阅览室、音乐室、科技室、劳技室、美术室等，专用教室齐全，是一所建设规范化、配备现代化设施的农村寄宿制小学。

YXY在2021年秋季升入五年级，在石家镇中心小学寄宿。每周五下午放学由爷爷接回家，周日下午再送到学校去，周一到周五全部在学校上课住宿。从小父母离异由爷爷奶奶带大的她，非常听话懂事，每当行人被夏天炙热的太阳烘烤得难以忍受时，她总会腼腆招呼着进家门来的客人，贴心递上一杯冰水，拿出零食分享。在奶奶做饭时，她总是守在奶奶的身旁，为她打下手。奶奶曾自豪地表示，10岁的YXY已经可以一个人做一整桌饭菜。在学习方面，她很好强，对自己的成绩十分看重。她表示，在学校里女孩比男孩成绩更好，但她的成绩还比不上同村的同学，因此她总是铆足了劲加紧学习。

在城里，上小学的孩子还是父母怀里的宝贝、贴心的小棉袄，但火石垭村的孩子大多数已经学会料理自己的寄宿生活。对于他们来说，学校的生活总归是满意的，他们拥有比父辈更好的学习资源、更充足的学习时间，没有生活和挣钱的压力。义务教育政策的实施，让他们只用每学期出一点生活费便可以顺利读书，上学不再是"好家庭"的特权，而是每个孩子都可以享受的权利。无法寄宿的低年级孩子或不想寄宿的孩子，家长可以选择村中几位农村客运司机提供的接送服务，一学期1200元，负责周一到周五的早上送学与下午接回，也给家中父母减轻了很大的接送负担。

小学读完之后，在九年义务制教育政策的保障下，孩子们在石家镇小学念完便可以直接升到石家镇初级中学就读，石家镇初中就在小学的旁边，实行寄宿制。

（二）城区学校教育的新选择

根据马斯洛需求层次理论，当人的温饱问题得到解决之后，更多的是对发展问题的思考，生活条件大步改善的村民，思想观念更加开放，社会见识也更为广阔，因此，送孩子在黔江城里读书成为越来越多家庭的选择。

WF是2005年出生的孩子，父亲在火石垭村的采石场工作，母亲则在家务农。5岁时他先在火石垭就读学前班，一至三年级也在村里就读，此时火石垭小学已没有了四至六年级，如果想要读书就必须在石家镇。WF回忆道："我妈觉得那时候（我）太小了，担心我一个人住校搞不好，再加上当时我姐姐在黔江读高中，就干脆把我弄到黔江城头去了。"WF到了黔江后进入黔江区育才小学读书。

我去的黔江育才小学，有六个年级，一个年级七个班，一个班三四十人，每一门课都有一个老师。我们租房子的地方离学校不远，走路过去10分钟。早上7点出发去学校，中午有时候在学校吃，有时候妈妈送，下午上完两节课就回去。我还是觉得去黔江读书好一些，人多一些，设施也好一些。四年级的时候转过去也没有不习惯，有个认识的朋友在那里。之后也在黔江育才中学读书。

孩子们到黔江读书之后打开了眼界，感受到了外面世界的繁华，校园生活变得丰富多彩。

没能去黔江城里读书的孩子，对那些能去城里读书的同学满是羡慕，RJC说：

我觉得肯定还是城里面读书安逸一些，老师都要好一些，然后买么子学习资料，或者是放学补课那些都方便些，城里拥有的资源比我们在农村多很多，我都很羡慕他们。

是否让自己的孩子去黔江城里上小学，不同父母的观念有较大差异。有的父母认为黔江城里教育资源更好，便想方设法让孩子去城里读书，村民YW为了让自己7岁的儿子去城里读一年级，本应在外务工的他8月专程回家，寻找各种关系，更是在凌晨4点排队报名去城里的小学，让孩子顺利进入黔江城里一所比较好的学校读书。CYE的孩子在新疆出生，2008年孩子到了读小学的年纪，她便和孩子一起回来，并选择直接把孩子送到了石家镇中心小学读书："我回来的时候火石垭村小学还在，但是我没有送他去，他们说石家镇好一些。"可见，越来越多的父母选择从幼儿园或者小学开始，就把孩子送到黔江城区接受教育，这既与家庭经济条件的改善有关，也与父母的教育观念及对教育的重视有很大关系。

（三）接受城区高中教育的必然性

石家镇目前只有义务教育阶段的中心小学和初级中学，想要继续读书，无论是高中还是职业学校，均须到黔江城或更远的地方。此时孩子们也已经十五六岁，相对而言更加懂事，有能力照顾好自己的在校生活，不需要父母的全天候陪同。

在黔江区，高中一共有三所，一所是名校黔江中学，其余两所是黔江新华中学与黔江民族中学，后两所学校的教学水平在村民看来差不多。中考时，成绩优异的孩子努把力可以考去黔江中学，成绩一般的孩子选择新华中学或民族中学。如果这三所都没有考上，那么只有到黔江区的职业学校就读，或者去其他县区就读。

ZYZ是一位考上黔江中学的高材生，他自述：

我是2004年出生，从小是外公外婆带大。爸爸一直在浙江工地上打工，妈妈也是在那边的工厂上班。（我）5岁在火石垭上幼儿班。2011年，我在火石垭读小学。四年级的时候就去石家镇了。中考的时候，我是全镇第一，考上了黔江中学。我上高中之后，妈妈就回来陪我了，这是全家的想法，给了我更好的支持。

WF则在中考中失利，没有考上任何一所高中。

我初中毕业之后，没考起高中，就去了黔江职业经贸学院，现在学的是汽修，一年学费6000元，一个月生活费1200元。选汽修是看身边很多朋友都选，就觉得应该好找工作，就定了。

住在大坟坝的YX，小学是在火石垭村小学读的，初中在石家镇，而他的心里一直有着去城里读书的梦想，后来因为父母担心他身体健康，找了关系才去了黔江城里读了余下的初中课程，并升上了黔江区新华中学，最后考取了一所本科大学。谈到自己的教育经历时，他说道：

我小学都是在火石垭村读的，我那时候就算成绩好，也不能去黔江读，初中在石家镇中学读了一学期多。那时候可能对城市的向往大，就想着去黔江读中学，父母最开始也不送我去。后来初二的时候犯过一次病，父母可能怕我不开心，托人转到黔江读书去了。进去后最开始挺听话的，但后来学坏了，还在学校打架，有一次差点被学校开除了。中考没考好，还是在那个学校读高中。其间大多数时间都是我妈送我，他们对我读书也没有太多要求，就很平常。最后我爸对高考的成绩可能不太满意吧，让我复读了一年，也没太大效果，就读了一所普通本科大学。

中考是一道分水岭，考得好便可去普通高中继续就读，考得差就只有在职业学校接受教育。而此时，孩子们从前所受的基础教育以及家庭教育观念的作用逐渐凸显。

第二节　多元教育的发展

人的成长过程中，除了学校教育，还有家庭教育与社会教育的共同推动。某种程度上，长期以来广大火石垭村村民习得知识与文化，更多依靠家庭教育和社会教育。可以说，在火石垭形成现代学校教育体系之前，家庭教育与社会教育两种教育模式已经在这片土地上产生了重要作用。村民生于斯、长于斯，处于国家建设与社会发展的大背景下，潜移默化地受到家庭和社会的熏陶，这很大程度上形塑了他们的精神世界。

纵观1949年后火石垭村几十年的发展变迁，每一代火石垭人所接受的教育模式都在发生着变化。在家庭教育方面，从最初只要求孩子会干农活，到现在期望孩子文化水平高、情商高，懂得为人处世；社会教育方面，从早期整个村庄以农业生产为主，致力于让村民吃饱饭、穿暖衣，到现在将文化建设、乡村文明熏陶纳入村庄治理中，使得社会教育的作用更加突出。除此之外，从最开始只能通过稀有的电视、广播获得外界的知识，到现在人手一部手机，数字化、信息化时代正在加速火石垭人接受多样化教育的步伐。当前的火石垭村，已经形成了多元教育模式，生长在火石垭村的孩子，也将接受更加全面的教育。

一、家庭教育

立德树人是教育的根本所在，培养出品德高尚、人格健全、学识渊博且能力卓越的优秀人才是教育发展最为核心的目标。为了实现这一目标，需要家庭教育、学校教育和社会教育的有机协调、配合。

家庭是社会的基本细胞，家庭教育是教育体系的重要组成部分，是一切教育的基础，也就是说，它是每个人接受教育的起点与成长的基础，家庭教育所产生的影响在人的一生中是最直接、最深刻，也是最为久远的。它不仅关系着一个孩子的健康成长，而且关乎整个国家与社会发展的未来。家庭教育做好了才能让孩子以更加自信饱满的精神走向学校，并以更加完美的姿态完成人生的"成人礼"，最终走向社会，成就更大的人生价值。

在九年义务教育未普及之前，尤其是"40后"到"70后"这几代村民，他们通常只有小学学历，很少有人能够上到初中。一天中，他们更多的时间是和自己的家人生活在一起。在火石垭村，如果一个孩子没有好好成长，通常会成为他人背后的议论话题："是他大人没有教好！"同理，在孩子长大之前，父母也会把教育孩子作为自己的责任，这里面体现着家庭教育的重要性。具体而言，火石垭人对自己的孩子进行家庭教育，主要分为生产生活知识和道德礼仪两个方面。

（一）农活家务"小助手"：生产生活技能的获得

家庭教育是平日里父母对孩子言行举止的教化过程。在火石垭，家庭教育并不是作为学校教育的补充性教育模式存在，在传统时期，想要在火石垭生存，就必须学会农活和家务等技能，而这些技能学校难以系统传授，主要是孩子在家庭教育中习得，通常由父母教导，或是田地里耕种实践亲身示范，或是蚕棚中进行喂蚕技术指导，抑或厨房灶台旁动作比画，过程潜移默化，影响深远持久。

1.家庭种植生产的"好帮手"

父母给火石垭村的孩子上的第一课，往往不是字怎么写、诗怎么背，而是锄头怎么拿、菜怎么种、木头怎么砍、庄稼怎么收等。他们教育的场域在田野间、在山林中、在家庭里、在饭桌上，没有固定的场所，没有特定的时间，顺着一年四季的作物生产，跟随着每一天的生活轨迹，无处不实践，无处不教学。

火石垭村的孩子，特别是21世纪以前出生的孩子，他们从小生活在农村，对于庄稼农活耳濡目染，十分熟练。留守在家里的父母常常为了多一份干活的劳动力，会让刚扛得起锄头的小孩去田间地里，父母在哪儿他们就在哪儿。起初幼小的他们只是出于新鲜跟着父母去玩耍，父母对于不知事的他们也任其"捣乱"，但随着年龄的增长，父母就会根据他们的能力所及，教授不同的生产知识和技能，如怎么用锄头、怎么扒烤烟、怎么摘蚕叶、怎么掰玉米……

教学方式多为言传身教，父母在自己做的时候顺便传授，孩子操作几遍后就学会了。如果遇到什么问题，父母在旁马上指导。已经68岁的RWB时常回想起自己教授孩子们扒烤烟时的场景：

> 细娃她们在做的时候，我就会教她们。她们去地里扒烤烟，就要给她们说怎么判断烟叶成熟了，哪些烟叶是好的烟叶可以扒，那根烟叶它的土壤没得肥料它就黄得多一点，土壤好的地方烟就要晚一点扒，要达到成熟的标准才能扒嘞，没成熟烤出来的是青烟又卖不出去。还有她们放学回来要去坡上照牛，那时候家里面喂得有三四头猪，她们去照牛都要背一背猪草回来，要给她们讲哪些是猪草可以割，有些猪吃，有些又不吃，肥猪苗、竹叶菜、蒿子、沃艳草这些草草是猪要吃的，可以割回来。

久而久之，在平时的聊天与实践教学中，孩子们懂得的农业生产知识越来越多，渐渐地就成了家中的"生产小助手"。

尤其是21世纪以前出生的村民对于小时候干农活的记忆格外深刻，谈起小时候，"割猪草""山坡照牛""扒烤烟""串烟叶"等回忆接踵而来，话语中充满着兴奋，似乎那是令他们骄傲的童年回忆。

我读小学、初中的时候这些农活啥子没干过嘛，放学回来照牛，还要背个背篓出去，带一背猪草回来，家里种烤烟的时候我还会去帮忙扒烤烟、串烟叶，城里人哪做过这些哟！

26岁的CJL说起这个，脸上都是带着笑容，似乎他比城里孩子收获得更多。

俗话说："穷人的孩子早当家。"没有优越的条件，村里的小孩从小看到忙于农活的父母的艰辛，由此更加成熟懂事。38岁的ZAR有两个儿子，大儿子15岁，小儿子12岁，虽是"00后"，孩子们放假在家时，也会帮忙做活。

我大儿懂事嘞，放假回来我们在育蚕子他都会帮忙，从小的时候我们在做他就在旁边玩耍，看着也会一些。你再给他讲，给蚕丢蚕叶的时候，莫丢密了，也莫丢稀了，手怎么去撒得匀均一些。讲一遍，他再看我们怎么做，就学会了。后面我们在做的时候，他就自己得行嘞。他自己会一些东西，以后长大了成家还是要轻松一点嘛，么子都会一些还是好嘛。

对男孩的锻炼是为了让其多学习生产生活技能，为将来的成家立业做准备。除了男孩之外，父母们也会让女孩做一些简单的工作，培养女孩子的勤劳品性。HXX有两个女儿，2021年时大女儿14岁，小女儿11岁。两个女儿在放假时都会帮着家中的父母干少量的家务农活，尤其帮助父母在养蚕时"抢时间"挣钱。

我家这两姐妹从我们开始养蚕，都会帮我们做一些活路。开始是跟起我们去地里面扒蚕叶，后面做了几年之后，她们两个都不爱去地里面扒蚕叶了，觉得晒人得很，就是在屋里帮忙育蚕子、摘蚕苞这些哟，特别是到了要摘蚕苞那几天，有她们两个的帮忙我都少请一个活路哟。

2. 熟操家中事务的"小大人"

不同于城市的孩子，农村的孩子在小时候就需要担当起家里"小大人"的角色。父母除了传授相应的农业生产养殖技能和经验以外，日常生活中一些常识和经验也通过言传身教的方式教给孩子们，在这方面火石垭的家长们主要是强调做家务和照顾弟弟妹妹。

无论是对于父母长年在外打工的留守儿童，还是对于父母在家务农的孩子，他们都需要承担一定的家务，帮爷爷奶奶、爸爸妈妈减轻负担。他们的生活必备技能之一就是一个人在家也要能吃上饭，即要会做饭。在没有用上液化气的时候，家家户户都是烧火做饭。

因此，对火石垭的孩子来说，他们学习做饭首先就要学习怎么砍柴、烧火。生火问题解决了才可以进入下一阶段。有时家里农活重，父母干完活回家又累又饿，没时间给孩子做饭，甚至农忙的时候，还需要孩子提前把饭做好，这样上午忙完地里的活回来可以直接吃，吃完又继续去干活，中途不会有耽误（图7-2）。

图7-2 火石垭的孩子在烧火

教孩子烧火做饭时，家长还是看年龄，至少都是五六岁之后才会慢慢地教。孩子太小，会因为端不动锅碗或者行动莽撞而伤到自己。如果家长时间充裕，会选择在饭点的时候教，自己一边做一边教孩子，中途也会让孩子跟着试一试。要是遇到家长比较忙，无法回来做饭，时间紧张，一般都是口头教授。

有时孩子不愿意，家长会故意给他们一个选择，要么替父母去地里干活，让父母回来做饭，要么自己在家做饭。孩子一般会选择后者。虽然对于他们来说，要做一桌子菜的压力很大，但是相对去地里面干晒人的活路，他们更想待在家。在这样日常锻炼下，火石垭的孩子们多数都能一个人完成一家人的饭菜。

除做饭外，父母还要培养孩子们做基本的家务活。对一年级的学生来说，做饭可能有点难度，但是烧火、洗碗、扫地还是足以胜任的。从小培养孩子做家务的能力，是养成一个好习惯的开始。一组的YXQ有一个儿子、一个姑娘，对于这方面的教育，他有自己的坚持：

他们回来了都要做家务。我会的我都教，比如挑柴捞水、煮面条。年龄小的话，就用小的桶桶。砍柴也是，锻炼为主。其他的嘛，平时就是要引导。比如你坐在这里，喊他去给你拿鞋子啊、端盆水啊。一开始他不晓得要怎么做，你带着他做一次，他后面就慢慢晓得了嘛！

像YXQ这种从小引导孩子学习做家务的家长在火石垭还有很多。

在大人长期的教育引导下，做一些简单的家务事已经成为一些孩子必备的技能，在行动中带有主动性与自觉性。7岁的LWQ会在客人做客走后，主动将客人用过的杯子仔仔细细地清洗一番，为了将杯中的茶渍洗干净，他会在盆中放一点儿洗洁精，用他的小手仔细地擦拭着每一个杯子的杯沿。除此之外，每到周末的时候，经常能够见到他端着一盆冒着热气的水在院坝中洗头，先把他小小的脑袋打湿，再挤上洗发露，揉搓两三分钟又将泡泡洗净，不一会儿听他喊道："奶奶，我这盆水洗完了，没得水了，你再给我倒点来，我还要清一下！"这是同龄城市中长大的孩子无法想象的。更让人感动的是他的体贴与细心。初秋的火石垭村在高海拔低温的气候影响下已经用上了烤火炉，某日，调查组成员到LWQ家中玩耍，家里只有他与姐姐两个人，火炉里燃烧着火，但是火力很小，只能感觉到一点温度。原本姐弟俩在认真地看着动画片，调查组成员稍坐了一会儿后，感觉有些发冷，无意识地说了句"好冷哟"，却不曾想到认真看电视的LWQ听到了后急忙打开火炉看，来了句"火都没得了"，便马上从屋外找来一堆柴火往炉子里面放，用膝盖撅柴，用嘴巴吹火，十分熟练。在一旁的人只感到一股热流直涌上心头。仅仅7岁，怎么这么懂事暖心！这是平日里多少个日夜的学习积累！感慨与感动之余，也只能用相机记录下这动人的一幕。

15岁的RJC是村里出名的又一位"小大人"。2006年出生的他是家里的老大。填报高中志愿的时候，因自己的失误错失进入高中的机会。又因尚未成年，父母不忍他外出打工，无奈之下便去了黔江职业学校。在尚未开学的暑假里，他一直在家中承担家务活。

七八月正值村中养蚕的时节，他的父母每天都忙于喂蚕。而他作为家里的长子，主动担负起料理家务、照顾弟弟的责任（表7-1）。清晨天微亮时，他已经起床给一家人做早饭、洗衣服。父母干活辛苦，他只希望通过自己的帮忙，能让父母在早上的时候多休息。偶尔因为天气太热，没能起得来，妈妈也会手把手地教不会做饭的弟弟做饭。早饭吃过之后，父母就去蚕房忙碌，他就要开始收拾，然后开始辅导弟弟的作业。父母文化程度不高，目前只有他能辅导弟弟。除了按时完成暑假作业之外，他会让弟弟多看一点课外书籍，比如让弟弟看《三国演义》，每天30分钟。在弟弟看书的间隙，他会打扫屋子，每天他不厌其烦，拿着扫帚，弯着腰，仔仔细细地打扫，动作麻利娴熟。突然，电话响了，是妈妈打过来叫他去地里背桑叶。每次去都是四五背篓地背，有时还要把第二天早上的桑叶备齐，数量就更多。走到桑叶地，他二话不说，直接接过父亲背上的背篓，开始往回走。背篓已经超过他两个头的高度，有五六十斤重。看似瘦弱的他早已适应这样的重量，一步一步稳健地走在铺满青苔的石板路上（图7-3）。背的时候还要很小心，如果保持不好平衡，桑叶就会洒落。背回桑叶，时间差不多到中午了，他又要开始做午饭。下午依旧是辅导弟弟写作业。一天中属于他自己的时间比较少，只是偶尔有空会和朋友打羽毛球。

图7-3 帮父母背桑叶的RJC

表7–1　RJC暑期安排表

时间	做事内容
7:00	起床给弟弟辅导英语
8:30	做早饭、吃饭
9:30	收拾家里、玩手机
12:00	做午饭
13:00	收拾或偶尔午休
14:30	给弟弟辅导数学
16:30	休闲娱乐
19:00	做晚饭
20:00	吃晚饭、洗漱
21:00	看电视、玩手机
21:30	睡觉

RJC的"小大人"模样，除了自己的懂事体贴之外，更离不开他父母的引导教育。平日里，父母非常注意引导孩子学习一些基本的生活技能，如洗衣、做饭等，不会一味把孩子捧在手心。

除初高中生外，也有不少大学生在暑假放假回来帮着父母做家务。NLK是家里的第二个孩子，在重庆读大学。他有个姐姐早已嫁出去，还有个弟弟在石家镇初中读书。他的父母平时很注重对他们兄弟生活技能的培养，一般大人在做的时候带着他们在旁边学。除了示范之外，也会口述应该怎么做。NLK在七八岁时就会做饭了。现在他已经能做出一桌好菜，色香味俱全。弟弟年纪小一些，会帮着洗碗。父母规定，洗碗要两兄弟分工，你一天他一天。他的母亲JLX说："这是我对他们生活习惯的培养！谁都不去插手！今天你去帮忙，他就觉得自己可以不洗！多了之后，习惯就改不过来了！"甚至上学之后，弟弟周末回家，碗筷也交由他来洗和收拾。现在只要他们兄弟在家，一定是交给他们做家务活。除了日常做饭、洗碗之外，在收玉米期间NLK也会去地里帮爸爸搬。父亲从没有特别去教他，而NLK会看着学、跟着做。

家庭教育始终贯穿在日常生活中，许多父母甚至会对孩子调侃道："你不用心、不努力读书噻，以后就像我们这样做这些活路哟。"话语看似轻声，但听者有心。尤其是对于一些从小看着父母辛苦劳累的，为了不重走父母的老路，孩子在学习上也会更加用心，这些朴素的话语某种程度上起到了激励作用。

（二）为人处世的言传身教：日常道德规范习得

生产生活知识是生存技能，但人之所以为人，更需要掌握为人处世的道理，这些道理在学校里虽也会教授，但在家庭教育中，父母以身作则，孩子们能够更加深刻地体会到。当一个孩子表现得不符合传统道德礼仪规范时，人们通常议论的都是："这个孩子没有教养！"火石垭村虽然地处偏远，但其乡村教化的水平已经较高。这在很大程度上得益于村民自身对于文化礼仪规矩的重视。村民常说："你这个人再有能力，修行不好，德行不好，也不行嘛！"在村民的心目中，道德礼仪规范的掌握远比学习成绩更加重要。

道德礼仪规范，第一步便是对家庭辈分的熟知与尊敬，简单地说，便是村民口中的"会叫人"，懂得最起码的邻里乡亲的关系称谓。不仅在街上、在外面碰到村里的人都要打招呼，而且强调要叫对称呼，如堂表、叔伯、哥哥、姐姐，辈分不能乱，更不能直呼其名。一旦叫错，被家长发现，孩子是会受到严厉的批评的。JLX说：

像我们家，是伯伯就是伯伯，是叔叔就是叔叔。兄弟姊妹这些，是哥哥就喊哥，姐姐就喊姐，从来都是不敢喊名字的！如果说你直接叫名字，怕是要遭打的！

小的时候，我们就哪个应该怎么喊，辈分啊称谓啊这些，都是不能随便喊的！

辈分的背后体现的是对传统伦理道德的坚持。尊敬长辈，爱护弱小，是中华民族的传统美德，也是在中国广大的农村地区坚守的美好品德，这是火石垭村村民对于中华优秀传统文化的传承。

CWM是火石垭村二组堆窝坝的一个3岁的小男孩，小小的个子却有着洪亮的声音，往往老远都能够听到他用清脆的声音称呼着"姐姐""娘娘""二伯娘""奶奶"，似乎每个人该怎么称呼他早已耳熟能详。某次遇上村里许久不见刚从城里务工回来的姐姐，CWM感到有些陌生，站在旁边的妈妈立马教他："幺儿，喊人，姐姐回来了，那是喊姐姐。"CWM仍旧疑惑："喊哪个呀？"妈妈指向前方的姐姐说道："这个呀，黑衣服的，你认不到了嘛，姐姐呀。"于是CWM像回忆起"姐姐"的样貌，马上清脆地喊一声，让人感到既愉悦又暖心。在平时，他对调查组成员也总是一见面便亲切地打招呼，相处间并没有任何的隔阂。这一声声亲切的称呼、一个个灿烂的笑容背后，展现出了火石垭村小孩的礼仪风貌。

另外，父母也较为重视待客之道，待客也是一门深厚的学问。火石垭村民虽然没有较高的文化水平，但是他们一定会在孩子的成长过程中向其传授待客之礼。如果有客人到来，正好孩子们在家，父母一定会让孩子给客人倒水："女，快去逗点开水来！问一下伯伯是喝茶还是喝开水！"进门之后，给客人倒一杯茶水是当地最基本的待客之道。并且，在看到客人茶杯里的水快喝完了，又会主动去添。这样的待客之道，落实在日常生活中，执行于父母的言语间，成了火石垭每一个孩子的习惯。火石垭村大坟坝的YCH家两个女儿在礼貌待客方面堪称孩童里的典范。每每有人去家中做客，两姐妹都会主动为客人倒上一杯热腾腾的开水。"屋里来客了你们两姐妹还是要主动给别个倒杯茶喝嚯，要主动喊人嚯，嘴巴放好点嚯"，在父母的教育下，日积月累，待客之礼便成了姐妹俩的习惯，即使父母不在家，她们也能够将客人招待好。

对于孩子的言行举止与礼仪文化教育是火石垭村民各个时期都会坚守的教育理念。如今，年青一代对于孩子的家庭教育更加重视。RZF从20世纪90年代开始一直在外面打拼，一开始在石家镇水电所工作，每个月轻轻松松就有55元，后来出去闯荡，在湖北一家大公司当司机，自己的观念受到影响，眼光放得更加长远，对于子女教育更加重视。他很注意父母的言行举止对子女的影响，所以平时在孩子面前很注意。"在孩子面前有些事情该做，有些事情不该做，比如说我们大人发生矛盾了，不要让孩子看到我们的矛盾，要让他（孩子）生活在一个和谐的家庭环境之下。"在他看来，这就是所谓的言传身教，父母和谐，家庭和睦，孩子从小生活在一个阳光正向的环境里，对于他们的身心健康也会更加有利，引导着他们积极向上。

火石垭村形成了独特的家庭教育氛围，对于孩子们形成正确的世界观、人生观和价值观有着重要的作用。

（三）为社会化铺垫：不同性别之间的教育期待

火石垭村的乡土社会对于男性、女性仍有着不同的教育期待，有些轻工细活女性做更在行，而有些劳力苦活则需要男性才能更好地完成。小时候，每一个家庭对男孩与女孩有着不同的要求与期许，希望自己的子女将来长大成人，也能够担当好自己的角色，从而更好地完成社会化过程。

女孩子长大出嫁之后，需要独立地管理一个家庭大大小小的事务，所以往往在女孩结婚之前，父母就会有意识地培养女孩的生活处事之道，比如知人待客之道、洗衣做饭等，在为人处事方面会教导她们注意言行举止，不要到处"摆人户""说空话"。

作为"70后"的HZP在结婚之前父母就专门教育过她："女孩子自己要学做家务，扎鞋子这些，你么子都不会做以后要结婚都没得哪个要你。"正是因为母亲的日常家庭教育，HZP十几岁就会做各种家务活，在做鞋子方面更是在行。"不瞒你说，我年轻的时候做的鞋子那真的是透行（形容做得好）。"话语间满是自豪。正是因为母亲在婚前对其有着专门教育，婚后的她才将家中事务管理得很好，尤其是在知人待客方面。她认为：

一个家庭确确实实要全靠女的去体贴，特别是知人待客，管你男男女女、老老少少，到你家来了，该煮饭就煮饭，该泡茶就泡茶，一个家庭希望的女主人应该是这样子的。

在当地，"摆人户"的意思就是经常性地、有事没事去别家耍。过去，直到女儿出嫁之前，长辈都宁愿姑娘不出去挣钱、不去跟别人打交道。而在出嫁之后，这方面的观念依然存在，只不过引导由妈妈变成了婆婆，姑娘"摆人户"的地点范围也缩小了。FTX在她女儿出嫁之后，就对女儿耳提面命绝对不能到处"摆人户"。"我是不许她去那边的坡头坎脚摆人户！就在屋头看看电视、带带娃。"以前，火石垭家家户户都是以务农为主，基本上每个人都要从事生产劳动。如果家里的女人到处去别人家"摆人户"，家里的事就很难顾得上。为人妻、为人媳，就是要把家事打理好。家事不难，但是多且琐碎，若是认真干下来，也需要不少时间。所以，当地人才会把已婚妇女留在家里的时间长短等同于她在家做事的工作量。在当地人的观念中，已婚妇女留在家里的时间少会被认为懒，这样的话，丢的不仅是婆家的脸，更是娘家的脸，娘家在当地也会无法立足。

"说空话"指的是到处说闲话。乡土社会中，村民之间的联系非常紧密。虽然火石垭人每一组住的还是相对分散，但是组内的家家户户多少都有血缘、业缘、地缘的关系。火石垭人的社交圈不大，又多有重合。如果是在哪家议论了什么，会很快传到别人耳朵里。一传十，十传百，没多久全村都知道了。为了避免这样的情况，一般不允许已经结婚的妇女去"说空话"，就连回家说给自家人听，也是为人所不喜的，丈夫时常会抱怨："这是别个屋的事！你管这么多做什么！不要到处讲！"

出嫁之前，火石垭的女性就会被家里的长辈教育不能到处"说空话"，说人是非；出嫁之后，也会被婆婆和老公教育，不能到处议论别人家的事。如果自家姑娘出嫁之后能够做到这一点，娘家在火石垭都是能够站得住脚的。而且，对于女性自己的圈子来说，也没有人愿意跟爱说空话的人多接触。

对于男孩来说，家庭教育重在吃苦耐劳、承担家庭责任等方面，同时也会教其掌握各种家庭生活技能，保证其在未成家之前能够照顾好自己的生活。73岁的CXY爷爷仍记得，小的时候父亲就教过他作为男孩子要有责任心，结婚后要主动承担起家庭的责任，成熟稳重是必须具备的品质。一个家要靠男人养活，所以从小就要吃苦耐劳，跟随父母一起劳动，上山砍柴、挑庄稼粮食等活路都需要学会。尤其是在他们生活的那个年代，土地是家庭生活最主要的生计来源，作为男孩子就得会"办土"[1]，才能够支撑起一个家庭。

男主外、女主内，在火石垭村依旧有着中国传统社会的男女分工模式。但需要明确的是，这样的模式及对男孩女孩的不同家庭教育，已经随着现代化的发展有了极大的改变，在很多情况下也并不局限于哪些是男孩该做的、哪些是女孩该做的规定，更多的是教会子女学会更多的本领，能够更好地独立生活。

二、社会教育

现代化发展是革命性和开创性的发展，是从无到有的发展。其中，社会教育对于人的现代性的促进有着至关重要的作用。社会教育是乡土社会比较广泛的教育方式。生活在农村，儿童不仅要接受学校教育、家庭教育，更要在平常的乡村生活环境中接受社会教育。在学校教育普及之前，社会教育无论在生活经验的传授方面，还是在对村落秩序的运行和维持方面，都起到了很大的作用。

（一）拜师学艺的技能传授

在许多村民的理解中，能够独自掌握一门技艺是一项"吃饱饭"的本领，某种程度上可以用"一技在手，应有尽有"来形容，这意味着不管在什么地方都能够靠自己谋生。掌握技艺对火石垭村民而言是一份"香饽饽"，可以让自己或者家人过上好日子，但技艺需要人在社会化过程中习得，需要社会力量给予某种支持。

在火石垭村，有着许多传统手工艺人和传统技能，这些技能的传授既不在学校里完成，也不在家庭中完成，而是在社会的场域中，或通过师父教徒弟的传授模式，或自己跟着村里人一起学习。拜师学艺的模式，在火石垭村有一个专门的名称，叫作"牵桥"。只有经过"牵桥"的手艺人，才会被认为是师出有名，他的技术也会更有信服力一些；反之，人们会对他的技艺表示怀疑。"牵桥"的地点一般是在学生的家里，在堂屋放两个板凳，由师父牵着学生从板凳的一头儿走到另一头儿，意味着师父将自己的手艺传给了弟子，然后师父会给弟子分一口吃的，有钱的就分肉吃，钱比较少的就分水喝。师父分到什么就是什么，弟子必须吃下去。吃完之后，"牵桥"也就结束了。

如今已90岁高龄的GDH曾是木匠，他在人民公社时期觉得做活辛苦，想找个轻松

---

[1] "办土"，指种植庄稼。

一点的手艺，便去拜师学艺。找到愿意传授的师父是比较简单的，在火石垭村这一大片范围中，有着不少老手艺人。他跟师父表明初衷之后，就跟着边做边学，此时不用收学费，只需要在平时给师父打点酒、买点烟就行了。等学成出师，觉得可以自立门户的时候，就要开始"牵桥"。G爷爷自立门户之后，也收弟子，出去给别人修房子人手不够的时候，还会叫徒弟一起去。但是，他的弟子都没有"牵桥"。在火石垭一组的老街上，也有一位牵过桥的石匠师父。他最开始是跟着自己的哥哥学。后来仍旧找了一位师父"牵桥"，并在家里办了一个小小的仪式，整了一桌饭给师父吃。他说："往年牵桥就是办酒席，办起酒席，让师父吃点肉，有些就是师父闻哈拿给你吃。"从业那么多年，他自己也感慨现在愿意学的人越来越少了，人们担心做这种会"亏"子孙。所谓"亏子孙"，便是指"牵桥"之后的人获得了师父的传承，就必须将这门手艺传下去，如果没有找到接班人，那么最后一位牵桥的师父的后人的发展便会受到制约。

因此，也有部分师父并不"牵桥"，而是靠家中长辈的关系介绍带领。村民FCY是一个木匠，对于做木工特别娴熟。在他14~15岁的时候，因为父亲会一点木工活，便也想学习，但是父亲懂得并不多。当时他们地区有一个李姓男子精通木工制作，是一个能工巧匠，父亲就带着他去找李师傅学习木工手艺。他跟着李师傅学习一年就将木工一套手艺都学会了，可见他还是很有天赋的。他说"头三年、后三年，都别想挣钱"。后来，正是因为他有这门手艺，靠着当木匠赚钱，支撑了整个家庭的生活。

除此之外，还有一些人是自学成才。比如，一组的YJK也是木匠，但他主要是通过自学。火石垭村中有许多木匠师傅，平时经常能看到他们挑选、切割木材，YJK多次尝试，慢慢地掌握了这门技术。

拥有一门独到的技术让这些手艺人有了更好的谋生方式，一个人的一技之长也带来了全家人的幸福，温饱不愁。

（二）地方性知识的传承

如果说传统手艺的传承是社会教育中显性的，内容也较为明确，那么地方性知识的传承则是更加隐性的，是村民在日常生活中耳濡目染、潜移默化的习得过程。地方性知识是当地土生土长的各种经验和文化，根植于这片土壤，不知道什么时候产生，不知道是由谁发明，也不知道什么时候消失，但它却能够被村民普遍熟知而存在于这个村庄。它无处不在，浸润于每一个人的生活当中。火石垭亦存在这样的地方性知识。可以说，社会教育在村民社会中占据着十分重要的地位。社会教育是地方性知识传授的重要方式。

在当地，有一些"土办法"，火石垭人并不觉得有多么科学，但某种程度上算得上是一种知识或者是一门学问。在过去的某一段时间里，这些"土办法"起到的作用不容忽视。虽然没有见过任何文字记载，但总是能从村民的口中和回忆中找到这些地方性知识存在的证明。以下是从村民口述中总结出来的医疗"土办法"[1]：

第一类：针对人

1. 止血：将地锦草捻成面子药，既可以直接止血，也有止血生肌的作用。

2. 被狗咬：拿一枝蒿咬一口敷在上头，除了用一枝蒿之外，还会用辣椒面撒在伤口上，然后用东西包起来。

3. 感冒：先将海椒做成糊海椒，然后淘洗，最后和姜一起煮水，再加点盐巴，给人喝。喝了之后，身上会发热。

4. 洗胃：灌酸水、灌肥皂水，或者是拿一根鸡毛在他的喉咙里晃，让他呕吐。

5. 跌打损伤：首先，切手指长度的苦竹，放在高水（点豆腐的水）里面煮，有的是用酸水煮，借此来对苦竹进行消毒；然后，拿碗的碎片在扭伤的地方扎个眼；再然后，将烧热的苦竹蘸在伤口位置，再将瘀血挤出来；最后，烫一下白酒，白酒热了之后，倒进碗里，点燃，手上蘸上加热的白酒，然后开始揉扭伤的部位。

6. 怀孕偏方：煮"师傅汤"喝，当地人认为可以保证生男孩。

第二类：针对动物

1. 火疾病：即猪的大便排出来很干燥，需要对猪进行清热解毒、通气。具体做法是：将大木通（清热通气通便）、牛儿黄、米辣子（通气）、金银花（解毒）、黄籽籽、川芎（通气）、黄连、黄白这八样熬水，然后喂给猪。这八种药材需要大概估一下用量，其中金银花数量最多。用现在的克数算，金银花最少30~40g，其他的可以10~15g。

2. 肠炎病：猪拉稀，以前是拿灶上的锅灰或者是白樟树的果实，和着猪平时吃的东西，然后一起喂给它。

3. 猪脖黄：猪的耳朵和前脚胀得很硬。首先，几个人先将猪平着放倒，将瓜子针（用铁打出来的针，很锋利）放在桐油里过一下，当消毒；然后，拿瓜子针在猪肿起来的地方钻一个孔；最后，将桐油、锅烟子、筛过的桐子烧的灰及石灰混合，再拿放得有酸味的豆腐水调和成稀汤，敷在伤口上。

4. 牛崴脚：先将牛放倒，用桐油去揉，当瘀血揉完了之后就好了。

5. 鸡的脚骨折了：用沙树皮子将鸡断了的脚固定起来。

---

[1] 草药名均为音译。

以前，火石垭经济发展较为落后，家家户户不仅缺资金，更缺物资。为了解决日常生活中经常遇到的一些小毛病、小问题，一般都会就近取材，一是方便，二是省钱。针对不同疾病的偏方，都是无数人一代又一代摸索、传承下来的。

遗憾的是时至今日，要想在偌大的村庄里追寻知道它们的人不是一件易事。"90后""00后"，甚至"10后"，对此几乎不知道。火石垭村民中对此还留存一些记忆的，基本上都是一些中老年人。不论以上这些偏方是否真的有效，现在不管是对人还是对动物，都已经很少使用了。无论是这种民间文化、民间技能，还是民间偏方，如今都面临后继无人、知识传承受阻的境况。究其原因，首先，人才的流出让传承的对象变得缺乏。2000年以后，大批火石垭人陆陆续续外出打工。比起在家种地一年下来几万元的收入，他们在外面随便做点工作，一个月收入多的能过万元。挣钱较多的外出务工方式自然吸引家乡人，如此农村就缺少了年轻人的留守，火石垭的地方性知识自然也就少了很多传授的对象。其次，当地人思想观念的转变。在物资匮乏、资源紧缺、技术水平有限的年代，一个人身上出现三病两痛，或者是养的牲畜得了什么病，只能采取"土办法"。但如今，学校教育的普及使火石垭人的整体文化水平得到了提高。在科学知识的面前，这些"不靠谱"的民间偏方自然被慢慢摒弃，但是不会完全消失。当面对疑难杂症，他们还是会不自觉地寻求当地世世代代相传的一些经验和方法。而这些都通过社会教育的方式影响着火石垭人的世界观、人生观和价值观，塑造着当地人特有的性格，让每个人的身上都散发着火石垭的气息。

三、其他形式的教育

百年大计，教育为先。但教育的形式往往不是单一的，一个人在生命历程中，会经历各种各样的教育。社会教育中，还存在一些社区广播、电视新闻、互联网络等形式的教育，让村民在生活中受到一定的影响，并展现出一定的教育效果。

（一）乡村大喇叭的宣传教育

乡村大喇叭作为村里信息下达、传播的主要手段，曾发挥着重要的宣传教育作用。后来随着电话、智能手机等的普及，乡村大喇叭渐渐退出了舞台。如今的火石垭村，人人都有手机，可以收到村里的通知和消息，但对于一些没上过学、年纪大的老人来说，要接收一些村里的信息还是需要通过传统的方式，所以火石垭村的乡村大喇叭至今仍然是宣传教育的方式之一。

在火石垭村，大集体时期就有过乡村大喇叭的宣传，在道路与通信都不发达的年代，乡村大喇叭发挥着极为重要的宣传作用。当时的大喇叭主要安装在村活动室，不定期宣传一些政策信息。后来固定的大喇叭变为流动的大喇叭，被安装在小轿车上，更大程度上起到了一定的宣传教育作用，尤其在防范森林火灾、防控突发疫情等方面的宣传教育上。

调研期间，正值新冠肺炎疫情防控时期，为了尽可能更多地宣传疫情防控要求，村委拿出了闲置很久的三个大喇叭，并特意安在了活动室的顶楼。这些喇叭和播音机连在一起，再接上手机，手机里录制的内容就通过大喇叭传播出去了。ZFZ对此表示："为了大家安全着想，有些老人不用手机，只有靠传统方式晓得这些事情，特别是有些老人耳朵也不好，更麻烦。"村民心里都清楚，当村里开始放大喇叭，说明最近有比较严重的事情发生，需要引起注意。在这样的背景下，老年人即使自己听不清内容，也会去询问年轻人，年轻人解释后，老年人能更好地理解宣传的内容。除了老年人，每当乡村大喇叭来到组上宣传，一些村里的小孩便会兴高采烈地跑出来探个究竟，他们会调皮地跟着喇叭的内容重复跟读几遍。

如今的火石垭，除了这种传统的大喇叭之外，村委还引入了音响这一新工具来充当乡村大喇叭的角色。截至2021年9月，火石垭村委一共购置了三台音响，其中一个音响则安在村支书的车顶上。为了防止音响在开车的过程中掉下来，书记还贴心地在音响下面铺了一床棉被，他说：

这个抗击疫情人人都有责任，最近疫情反弹，所以开始在村里大范围宣传。但凡像森林防火期的宣传我们也是这样弄的，每天宣传，就怕城里回来的人不知道，效果还可以，只是我们累一点。除了这样，我们村委也有音响广播。

在手机没有普及到村里的时候，要获取村里时事信息，听喇叭广播是最有效的方式。早在大集体时期，大喇叭通知全村人一起去干活一起收工，现在则是进行一些政策宣传。哪怕现在使用较少，但当喇叭响起的时候，人们知道有重要的事情，便会注意聆听，并对广播的内容在日常生活的闲聊中加以讨论，这也成为一种宣传教育的过程。

（二）电视新闻的潜移默化

电视作为一个声像媒介，在教育上发挥了较为重要的作用，比起纯语言式的宣传教育，这种有声音又有画面的载体能够直接以场景化的方式给人更为直观的视觉冲击，更有导向性与针对性。在儿童的人生价值观念的形成过程中，电视新闻的有益正向引导，能够指引他们走向更为正确的阳光大道。

跨过21世纪的门槛，越来越多的火石垭人外出务工，经济收入较之在家种地得到了大幅度的提升，拥有一台电视已经是每一户家庭的常态。现在电视机虽然仍是每一户的必备家电，但是相较于过去每天守着电视看，如今火石垭人看电视的时间和目的已经不同以往了。

根据走访所获得的信息，如今的火石垭村，看电视的村民大致可以按照观看习惯分为三类。第一类是以观看动画片为主的小孩子，年龄从4岁到15岁。现在的动画片制作非常精良，可以通过一个个动画故事向孩子们传递正确的观念。比如看到动画片里的反派偷偷将别人的东西拿走，小朋友就会直接站起来说："这样是不对的！怎么能拿别人的东西呢？"对于年纪尚小的孩子来说，直接教他们什么是善、什么是恶，是一件有难度的事情。但是，通过电视，以一种通俗易懂的方式，并结合生动形象的画面，孩子们就一下子接受了正确的观念。第二类是以中老年女性为主，她们喜欢一些生活类电视剧，剧里播出的一些婆媳生活上的片段会引起她们的共鸣；尤其是对于长年在家、没有外出打工的女性来说，一些比较新颖的题材也是她们了解外界生活的一扇窗户。在看这类电视剧的时候，遇到她们认可的一些观点或者道理，她们也会在生活中运用。第三类则是以中老年男性为主，一般以新闻、故事类节目为主，通过电视里面的宣传，他们能够知道一些外界社会的新消息，尤其是一些法律知识，他们更多是通过电视里面的相关案例了解的。新闻类电视节目的播出一般都有固定时间，村里中老年男性往往在晚上7点会准时在电视机前收看新闻联播。除了央视新闻频道，一些与他们生活相关的，如央视农业生产频道，他们也会收看。对于老人来说，看电视是最便捷的获取新闻的途径，MXQ表示："还是要时刻关注国家的大政方针，只要了解了政策，你才能跟着国家走，才不会出错。"

电视上除了可以了解新闻，也可以学到许多农业知识。CFJ是二组的"时尚"村民，他不仅能熟练地拍摄抖音短视频，还积极参加各种农业培训。他最喜欢看央视农业生产频道的《致富经》节目，他指着电视里的画面，激动地说：

那个节目我看了很多年了，每次看都激动得很，不仅促使我有投资的欲望，还学到不少种植经验和养殖经验，比书本上教的东西形象多了。但我没有一次投资的经历，都是看看学习一下，害怕投资失败。

二组的另一位Y叔叔也说自己从电视上学到了不少知识：

以前我们种烟、种核桃都是年轻人来我们土里手把手教学，每天都在村里转悠。但是我还是经常在电视上看《生财有道》节目。我以前搞蔬菜种植都是学习节目上的内容，有专业的人员在节目上讲解如何操作等。我自己再去调研市场，说干就干，虽然干了一年就搞垮了，但是也学到了不少东西，以后可以吸取教训。

通过以上例子，能大概看出火石垭的中老年男性看电视都是带有非常明确的目的：一是希望能够紧跟时事，了解国家最新政策；二是希望能够学到一些农业或者创业方面的知识，而且对于学到的知识他们还会在现实生活中使用。

在现代社会的发展中，电视依然在悄悄地发挥着传递信息、教授知识、丰富娱乐生活的作用。在调研期间，白天很少能看到村民看电视，基本上都是晚上，在忙完一天的农活之后他们才会打开电视坐下来看看，甚至有时候没想看的节目也会把电视打开，觉得不开电视好像少了一份热闹。

除电视外，互联网的教育作用也在凸显。互联网时代的到来，让信息的传播变得方便快捷。火石垭人能从网络上学习到自己感兴趣的知识。如村民YXQ常常跟着互联网短视频一起阅读《道德经》，他表示自己一直以来都对传统文化十分感兴趣，但以前没有渠道学习，现在有了网络，打开手机一搜什么都有。除了跟着主播阅读书籍之外，他还会在网上学习如何吹唢呐："我又没有时间请师父教，再说现在谁还愿意教。我就在网上学，慢慢学。"妻子也爱在网上学习跳舞，年过半百的她仍旧对跳舞抱有新鲜感，不多时便在网络平台上发布了自己学习跳舞的视频，获得了众多好友的点赞支持。

社会教育也许没有学校教育那么系统，也没有家庭教育那么有针对性，但它的确为火石垭人看世界、接触世界开通了新渠道。它让火石垭人对外面世界、对很多领域的了解加深了，这对个人观念的塑造起到了潜移默化的作用。它以一种我们看不到的力量影响着火石垭每一个人的生产生活。

第三节　教育观念的变迁

火石垭村民的教育观念，是广大农村乡土社会思维逻辑的一种产物，也是乡村地区社会观念的一个缩影。在乡土社会中，土地是人们长期以来生产生活的主要依赖，是人们生存的根基，也是乡土社会中一切事件运行的逻辑基础。由"土地"生发出来的教育观念也必然以土地为核心。当人们逐渐"离土"时，教育观念产生的根基也随之发生了化，火石垭村的教育实践也随之多样化起来。

一、"只有锅儿煮芒芒，没得锅儿煮文章"

在火石垭村，教育并不是从一开始就受到重视，也不是每个人都能够拥有接受教育的机会。"吃饱饭才有力气想别的！"这是1949年前后火石垭村所有人的共同认识。如何能够活下来，如何能够吃上饭，这是他们在内心首先考虑的，活不下去、吃不上饭，就没有办法做其他的事情。火石垭村民长期以来生活在自给自足的小农经济体系之中，这种生活一直延续到1949年后的大集体时期，这塑造了他们的思维方式，更构建了他们独特的行为逻辑。在这个体系中，他们想要活下来，就必须向土地索求，必须以土地为生。

（一）生存边缘：以生活为重的教育思维

以往的乡村教育中，有着"大传统"与"小传统"的文化分野，长期与土地为伴的火石垭人的教育思维更多以"小传统"的方式体现，即务实的态度。他们着眼于现实需求，即种地才能有饭吃，吃得上饭后才考虑其他问题，如考虑是否送孩子去读书，如何教育孩子等。以往火石垭村民认为，能识得字固然是好的，但不识字也无所谓，最主要的是把肚子填饱，"识字不能当饭吃"，那时候大家想的是怎么活下来、怎么有饭吃。

许多20世纪80年代以前出生的人在童年阶段正处于大集体生产时期，当时"工分"是养家糊口的主要方式，父母为了养活家人，在孩子十来岁的时候就带其参与集体生产，从两三分的工分一直到成人的八九分，干农活成为生活的重心，人们没有机会学习书本上的文化知识。

今年73岁的CXY不禁回想起自己小时候读书的情形："那个时代解决温饱问题是首要的，读不读书家长也不会过多的管教，所以我也就只读到了二年级，回到家里一起做农活。"

当问到为什么家里不重视孩子读书的问题时，他说：

那时候，家里人的心思都在做工分上，小孩都是背起上坡，给小孩喂奶都只能喂十几分钟，超过二十分钟就要扣分。那时按工分来算基本口粮的，超过时间就扣半分，比如8分就只有7.5分。（家长）哪有心思来管你的学习？

69岁R爷爷也倾诉着曾经的无奈：

我小时候爸妈没有过多地关注我学习的成绩或者学校的表现，都是自己想上学才读到了农中毕业，成绩好的同学都是去了濯水二中。那时候吃不饱，哪有心思去学习？大部分同学早上都要做完农活才到学校，比如放牛、割猪草等，甚至有些年纪大的还要带着弟弟妹妹一起来教室，代替父母管孩子，长期把第1~2节课都错过，那往往也是讲新知识的时间。

在以解决温饱为生活重心的年代，父母不仅自己全身心投入集体生产当中，也会带动整个家庭生产力量的加入。孩子读不读书是次要的，只要会写自己的名字就行了，而家中的农活必须做好。CJG回忆：

我们读书的那时候条件就好艰苦呀，都是到高洞子（村）去读的，又没得车，走路都是要好长的时间，而且路也不好。书虽然读，但是屋里这些活路你必须要做，早上五六点就被喊起来上坡去照牛，因为当时年纪还小嘛，在长身体的时候瞌睡也比较多，经常在坡上打瞌睡了，牛去吃了集体种的庄稼，回来又是挨一顿打呀。照牛估计时间差不多七点多就回来，就抓紧吃早饭，吃完早饭背着书包就往学校去，还要走快点嘞，差不多九点刚打铃声的时候就到学校进教室，有时候下雨路不好走的话要迟到，迟到了就是在教室罚站。下午一两点放学又要先把牛牵到坡上去照，等到天黑了再牵回来，然后屋里才煮夜饭吃，夜饭吃了都黑了，屋里么子都收拾好了之后自己才有点时间把作业做了，点起灯做哈嘞，做了之后才去睡瞌睡。

可见，在肚子填不饱的时候，生存问题是更加重要的问题，也是整个家中最为关心与看重的事情，那些因为读书而"一步登天"的故事离火石垭村民太遥远，相较而言，干农活更为重要。具体地说，一个家庭是一个生产共同体，作为家中的成员，每一个人都可以成为劳动力，在"人多力量大""多劳多得"等思想的影响下，他们知道，只有让更多的劳动力投入生产，才能够有更好的生活保障。特别是在那个连温饱都难以解决的年代，"种地干活才是生存之道"的意识，在村民心中得到了更进一步的强化。

（二）识字奢侈：读书识字的观念变化

经济基础决定上层建筑，能否有机会接受教育，是与家中的生活条件好坏密切相关的。在大多数孩子没有机会读书时，有一些人家在经济条件允许的情况下，让孩子去读书，因此在当时读书成了一种家庭富裕的象征，成为一种"奢侈品"。

"奢侈"代表着稀少。一方面，能够读书识字的人更为全能，他们会写名字、会看古书历书，能够担当记账人，这些技能让他们的收入来源更多，许多现实需求也能够得到满足；另一方面，由于知识的掌握，让少数识字的人更有可能扮演"文化精英"的角色，他们往往是村中干部的首选人物。如SSC多次提到自己的父亲属于文化人，在1949年后成了村干部，还曾经代表火石垭村前去黔江城里开会。

同样，HCQ奶奶的父亲家庭条件较好，在1949年前读过书，属于"有文化的人"，在中华人民共和国成立后，被推选成为大队会计。因此，品尝过读书识字带来的美好滋味的人更加懂得教育的重要性，所以他们咬紧牙关也要送孩子去读书。HCQ谈道："我们家老爸他有文化，他觉得不管是儿是女，还是要送出去认字。他说不读几个字不行，读几个字至少认得到名字嚯。"

读过几年私塾的HCQ奶奶在自己么爷去世之后，听从家庭的安排回到家来照顾么爷的孩子，直到1949年后又获得机会可以重新读书。由于父亲的干部身份，让HCQ从小得到锻炼，能歌善舞，在当地是小有名气的姑娘。她说：

> 那个时候我有点出名，我们在新华读书，我是最爱唱，又最爱跳。我们学校在新华街上组织一起去搞活动，每一个节日，像国庆节，就组织起一帮人，又跳舞又搞欢送。唱民歌，唱山歌。那时候我老爸是会计，乡里面经常和他打交道啊，他们就知道我了。

这样的经历让她在当地出了名。20世纪50年代时，黔江城寄信到她所在的公社，让她去黔江接受培训当老师。

当她离家远行时，母亲不愿她离家那么远，就说："哪个姑娘走外头？"但HCQ还是抓住了这次机会，最为关键的是父亲当时没有阻止她。

> 我难得找到这个机会，那时候其他人没得这个机会，还不容易出来嘞！我是个敢闯的人，是公社给我来的通知。父亲他不得空管我，他要当大队会计，他叫我莫去哦，那时候我又想去，他就说"我不管你的"。

父亲的默许让HCQ获得了人生中最为宝贵的机会，一个女生出远门去当教师是极需要魄力的事情："我那个时候去城里面，一路都是小路，他们都说我凶（厉害）。父亲也说我胆子大。"嫁到火石垭后，由于知识的掌握让她在家庭中获得了很高的地位，先后两任丈夫都十分听从她的意见，家中事事任她做主，她是自己小家庭的主心骨："买进卖出还是我去，要做么子全是我去，就算去领个钱嘛都还要我签字。"这就是她通过读书识字获得的家庭话语权。

不得不说，HCQ一生中幸福的经历与自己所受的良好教育密不可分。未嫁人之前，自己既有开阔的眼界，又有丰富的知识，嫁人之后得到了丈夫的尊重，孩子也因为她的督促和坚持变得极有出息。

但HCQ的例子在火石垭是个例，特别在传统"重男轻女"观念的影响下，家庭往往是留下女孩干活，男孩去读书。谈起自己的前半生，妇女HXX深深感叹："唉，我好累哟，我的命运有点差，像我11岁就开始做活路了的，屋里的么子事情都要做，那时候哥哥不做活路，妹妹又还小，就是我一个么子都要做哟。"因为要忙于家中的活路，HXX的学业被耽误了。小时候HXX的父亲是一名手艺师傅，在外面帮别人装修房子、修理各种机器、搭建灶房，母亲一直以来就病多，病一发作起来几天无法下床吃饭，需要有人专门照顾，每当母亲病倒在床时，父亲就会让HXX暂停学业回家照顾母亲起居，加上父亲一直以来就认为女孩子读书并不重要，所以家中只要有事就会让HXX不去学校在家中管理家务。她说：

我读得到几天书嘛，屋里面来医生帮母亲检查病要我在屋里等到起，等过几天好了我去学校又学不走，课本知识别个都学起走了，要是遇上下雪、下大雨天，老汉（爸爸）也是喊我莫去，他不放心。我老汉出去给别人装修房子，家里面的有些活路就是要请人来做，那时候请活路必须要煮三顿饭，那又是我的事，你说这样读得到么子书嘛？

家长强调的重点是首先把生产和家庭事务管理好，再去想别的事情，但往往前者已经把个人精力耗完，即使对学习有兴趣，也没有更多精力与时间投入，像"捡贝壳"式拼凑起知识结构，最多只能达到能识字、会算术的水平。

更多的家庭会在孩子们识得一点字后，便让他们辍学回来搞生产，这样的家庭选择无关男女，有时甚至是孩子们自己的要求。他们并不理解读书对于未来发展的重要影响，从小形成了一心只想挣钱过好日子的心理。居住在火石垭大坟坝的三位Y家兄弟，均是在读了一点书之后选择中途放弃学业回家。上学时家中的生活艰苦让他们自己难以忍受，没有心思学习。

那时条件艰苦，都只能勉强吃饱。每年9月就买一双胶鞋，一直要管到第二年开学，一般过了春节就开始打光脚了，脚底磨得很厚，基本上插不进渣子。衣服就是一套至少穿三年，冬天冷的时候就提着火炉去学校，兄弟几个轮着用，这节课你烤，课间休息的时候提给兄弟烤。根本没心思学习，特别是冬天长冻疮，手、耳朵、脚全是。

Y家兄弟也提到，父母辈没有受过教育，自然不会懂得教育的作用，即使父辈有点明白教育可以改变人生境遇的道理，但他们无法指出那条读书之路，也无法将经验传授给孩子们，因此只有口头上随意表达，无法给予实质性的指导。

其实不是父母不重视我们的教育，他们自己也没受到过多少教育。他们都只有一点文化，都只是口头上说我们要好好读书，听不听都看我们自己了，没得现在的孩子这么重视。但我们也不怪父母没本事给我们提供好的条件，毕竟家里七姊妹，两个人劳作很累，后来老大长大了就帮着家里干活，三个人做十个人吃。那时候那么娇（艰苦），咋来说起教育。

从父母和孩子双方的角度出发，一方是为了生存而奔波的父母，他们上有老下有小，每天为了如何从生存困境中挣扎出来而心累；一方是迷茫的孩子，即使获得宝贵的机会，父母从极少的口粮中挤出一点供他们上学，他们也依旧要参加农业生产。同时，他们也不知为何要读书，没有目的，更没有方法。

以上，以农业生产种植为主、保障家庭生存发展成了火石垭村的乡村观念之一，在未能吃得上饱饭之前，它支配着火石垭村民对孩子教育问题的认识，也影响着孩子自己对教育的看法。

二、地要深耕，书要苦读

改革开放的号角吹响后，火石垭村逐渐落实家庭联产承包责任制，村民有了更多的机会搞生产，生存不再是一件困难的事情，他们思考的不再只是"如何吃得上饭"，而是"如何吃得更好"。1978年12月，党的十一届三中全会召开，全会通过了《中共中央关于加快农业发展若干问题的决定（草案）》，由此拉开农村改革的序幕。受益于国家政策，火石垭村家家户户有了自己的地，种植选择与产出自己负责，每一个火石垭人都像打了鸡血一样努力耕种。温饱问题得到了解决，有了基本生活保障之后，村民的教育观念也发生了些许的变化，变化中他们传统的教育逻辑和思维并没有完全消失，而是与现代教育理念相融合，种地和读书两不误，形成了"地要深耕，书要苦读"的教育观念。

（一）温饱解决，方思教育

在前文讨论中已经知晓，自20世纪80年代村民逐渐种上烤烟之后，家庭收入逐渐增加，有了更多赚钱的渠道，生活水平不断提高是许多村民的新感受。

经济基础决定上层建筑，有了一定的物质基础后，家长对孩子上学的态度发生了转变。一方面，先前的教育经验可以作为子女教育方面的参考。HCQ奶奶的小儿子于20世纪90年代考上大学，毕业后到了烟草公司，吃上了"公家饭"，成为村中人津津乐道的对象。GDH一家人中，五个兄弟姊妹先后考上大学，个个有了出息，不再"面朝黄土背朝天"。火石垭村通过读书"鲤鱼跃龙门"的例子在不断增加，这让曾经与他们一同上学但中途放弃的村民感到无比遗憾。这些村民认为如果自己当初再多坚持一下，与父母再多抗争一次，或许也会成为飞出火石垭的"凤凰"。但现实却告诉他们无法再回到往昔，因此只有吸取自身教训，把未来期望放在孩子们的身上。

另一方面，外出务工的村民长期在外谋生，吃了没文化的亏，开始重新认识教育的作用。自己小时候尝试过的苦，希望子女不要重蹈覆辙，所以只要孩子愿意读书，他们就会卖力苦干送孩子去读书。1954年出生的WDY爷爷感叹自己小时候没有受到教育，但对自己的两个孩子教育是全力支持的：

> 他们两个要读到什么时候我都无条件支持，毕竟我当时种烤烟的收入还是不错，能够负担得起。但比起现在，那时候只是给他们学费，不会给零花钱的，上学条件还是辛苦。我们每天都要忙农活，细娃儿的读书情况也没法监督，不可能去学校和老师交流，除非细娃儿干坏事了，老师才会叫我们去学校。

有了家长的支持,他的两个孩子的文化水平相较于他还是有了很大的提高。他的大女儿是高中毕业,小儿子是初中毕业。

二组的Z阿姨同样如此,她尽一切可能送孩子去读书。

当然是希望他们好好读书。为了让他们读书出来,我们付出了很多。虽然两个孩子都没有读出来,但我还是经常和他们沟通。后来我的儿子也很懂事,出去打工回来知道不容易,和我说后悔没有好好读书。我还记得,因为他们两个读书都不是很厉害,一年的学费和生活费都接近一万,那时候我只有找我的兄弟姐妹借钱,借了三年,还了十年。因为我的兄弟姐妹都读了书,条件不错。我自己没读过很多书,希望孩子继续完成自己的梦想,哪怕是去借钱,背负借债都要支持他们读书。

就如Z阿姨所说,哪怕是去借钱,背负借债都要支持孩子们读书。

但此时,他们对于如何读书并没有什么可以传授的经验,孩子成绩究竟如何,是否可以真的实现阶级跨越,全凭孩子们自己去奋斗了,父母能够做到的就是在物质上尽可能保障。今年67岁的RWB表示:

以前生活比较艰苦,读书不是最重要的,后面等我们结婚的时候,虽然条件也不是那么好,但是要比我们小时候好得多嘞,至少不得饿肚子了嘞,所以我小时候就给孩子说,读书要专心。我们就是负责做活路赚钱,但是希望他们好好读书嘞,我们只能给他们个温饱保障,各有各的命运,其他的就要看他们自己了嘞。

因为忙于生产种植,父母无法将更多的精力投入到孩子的教育管理上,他们只有做好子女的温饱、健康与安全保障,教育上则更多是依靠孩子的自觉与天赋。一方面自己本身就没有读过几年书,文化水平有限,不能指导孩子的学习;另一方面也是希望孩子能够学会独立思考,对自己有一个更好的管理,给足孩子们自由空间让其茁壮成长。只要人生大方向没有错,没有做一些违背社会道德的事情,作为父母的他们还是允许孩子自由决定与选择的。例如"70后"的RZF便表示:

我对孩子的教育和一般的家长不一样,比如说小儿子在高中的时候,高一高二还在买连环画看,高三上学期都还在看,只有高三下学期是自己主动放下的,我不限制他,只要他自己能够管制好、把控好自己的学习,我就不会插手,让他自主发挥。

(二)读书为主,农活为辅

20世纪八九十年代是火石垭村烤烟种植最为繁荣兴盛的时期,村民活跃在田野里、山坡上,哪里有地,哪里就有烤烟。此时的火石垭人,对种地的感情是比较复杂的。土地是可以获得较高收入的,甚至越精心耕作,烤烟的回报也就越高,但烤烟种植同样需要大量的劳动力和技巧。父母无法预测孩子拼命读书之后是否真的有出息，所以在孩子们读书的空隙，他们仍旧会传授一些农村生产生活的知识，以保证他们即使书读不下去也可以在社会上生存，同时也能让他们体会到农村生活的苦，以此激励他们好好读书。

HCM的两个儿子是在2000年以后才读的书，但由于家庭原因，他们俩仍旧要在放学之后干活。她的丈夫SPJ原来是几兄弟中最灵活、最能干的，虽然嫁给他生活仍旧过得紧巴巴，但她却从来没有感觉到痛苦过。夫妻俩在20世纪90年代去开荒，当时家里的两个儿子，老大13岁，老二10岁，都十分争气。开荒没有机器，纯粹靠手挖，两个孩子也跟着夫妻俩在作业做完之后一起挖土，直到孩子的手挖起泡了。"我是故意让孩子也跟着去的，我要让他们知道，农村生活娇啊，不容易，他们必须好好读书！"丈夫没有读过书，他知道不读书在当时什么都做不了，所以他教导两个孩子："我是不打算给你们建什么房子的，我有一分钱我就要送你们读书。我在农村，我要做什么事儿是很难的，我连一个字都写不上。"HCM十分钦佩丈夫："虽然他只有小学文凭，但是他教育孩子确实非常厉害。"

天有不测风云，2005年丈夫得了脑膜炎，让她的天都塌了下来。家里的两个儿子都在读初中，正是用钱的时候，她不得不辗转各个亲戚朋友，借了十几万元给丈夫治病、供孩子读书。两个孩子也很努力，在读书方面毫不马虎。同时，他们主动承担起了家庭中的许多事务，帮助母亲干活。"两个孩子放学回家之后作业做完了，什么家务活他们都要做，挖洋芋、打猪草。"但是HCM非常清楚，孩子读书才是首位的，她不希望孩子们为了家里干农活而耽误学业。"他俩回来首先还是要做作业，活路没做不会被打，作业没有做完才会被打。"两兄弟成绩在石家镇一直名列前茅，而后更是先后考入黔江最好的黔江中学，之后又双双考入大学。

如同HCM的两个孩子一样的火石垭村青壮年不在少数，他们一方面被教导一定要好好读书，但另一方面也会在力所能及的时候帮助家里干活。分包到户之后，大多数"70后""80后"及少部分的"90后"都能够掌握农村生产生活知识，这与他们的父母在教育与生产之间所做出的安排不无关系。但此时他们父母的教育观念已不再是以农业生产为主，而是作为一种苦力活让孩子在读书之余得到体验与锻炼，他们希望孩子有过干农活的苦累体验之后更加明白读书的轻松，也才更加懂得珍惜受教育的机会。但是，相较于"80后""90后"，现在的"00后""10后"做农活的经历就要少得多。有些父母为了让孩子专心学业，甚至都不会让他们碰一点农活，在父母的心中，孩子就是应该靠读书出人头地，将来要吃读书饭的。

可见，在这一阶段，家长的教育观念中对于读书的重要性已有了更为深刻的认识，清楚地划分了自己作为家长是耕地或务工挣钱的角色，而孩子只需要好好地读书就可以了，各司其职，共同努力为未来美好生活奋斗拼搏。

三、学生读书，家长陪读

21世纪开始，烤烟种植逐渐衰落，进城务工成为青壮年的首选。见识过大城市面貌的火石垭村民因缺少知识文化而遭遇过挫折，不能读书识字，外出务工只能跟随他人一起去，也只能从事建筑工地上的体力活……在种种经历之后，火石垭村民对教育更加重视，教育实践的方式也不断多元化。为了更好地管理孩子的教育，不少家长选择陪伴孩子读书。一方面，由于村小学的布局调整，孩子们不得不远离火石垭去石家镇读书，年纪幼小的孩子需要有家长的陪同；另一方面，因为重视孩子的教育，也有家长放弃在外打工的机会，主动选择回到村中陪着孩子读书，或带着孩子进城读书。而且随着时间的推移，后者的情况越来越多。于是，"专人陪读"成为火石垭村目前教育方式的普遍状态。

（一）不同的陪读类型

所谓的陪读就是家中有一人专门为了孩子读书，在石家镇上或者是黔江城区租房子或买房子，全身心陪读，负责照顾孩子的生活起居和作业辅导。

火石垭村的陪读情况，从类型上看，总体可以分为三种类型：一是因父母进城务工而导致的随迁型；二是因村小学布局调整而导致的被迫型；三是希望获得更高教育质量的主动型。

1. 随父母进城务工读书的随迁型

在打工浪潮中，家中无其他大人看管或者放心不下孩子的家长会将孩子带在身边，随他们去他乡上学。虽然重新融入新的环境对孩子们来说是有点困难的，但比起留守在家里，他们更愿意跟自己的父母生活在一起。一方面，对于父母而言，孩子在身边少了很多牵挂，自己更为心安，可以抓孩子的教育；另一方面，对于孩子而言，从小跟随着父母，在成长的过程中不会因缺少母爱和父爱而产生性格缺陷。

火石垭二组的ZS和ZJL兄弟也是如此。哥哥ZS讲述了他们兄弟的求学经历：

我和弟弟ZJL一直都是跟着父母在新疆读书，直到中考毕业后才回到黔江读高中，我现在本科就读于浙江外国语学院。虽然父母他们在学习上没多帮助我和弟弟，但很感谢他们一直把我们带在身边，陪伴我们学习成长。我也体会到他们的不易，我一直记得父亲告诫我的话，如果不努力学习，以后只有和他一样打工。我们铭记此话，不断向前进步。

在火石垭，远赴新疆打工的人不在少数，虽然很遥远，但高工资能让他们不在乎距离。比起将孩子放在家里由爷爷奶奶带，这两兄弟的父母宁愿自己带在身边。哪怕新疆的教育资源不一定赶得上重庆，但自己亲自带、亲自管教，多多少少还是放心一些。

务工而导致的随迁型看似很艰苦，但因为父母本身就在城里务工，子女随其进入城市就读，相对被动进城的家庭来说，他们的纠结更少些。一个完整的父母陪伴的成长环境是好的家庭教育的前提，也是孩子进步的基石。能够跟父母生活在一起，对孩子的身心发展来说本就是有益的。而且，因为有了在外面读书的经历，孩子见的世面多了，为人处世也大方和勇敢。

但是，如果是父母打工地点经常变换，对随迁上学的孩子也会有一些负面影响。这所学校还没适应，就换到另外一所学校，学习成绩也会不稳定。读五年级的RXR小时候便是跟随父母前往福建读书，父母没有时间带，就把孩子送去托儿所，但是由于打工地点的不固定，她连着换了多个幼儿园，到了小学父母才将其带回老家读书，现在的成绩并不是很好，以至于她的妈妈时常会反思道："我们那哈就是给她学校换多了，现在成绩才一直上不去，调来调去，还是有很大的影响。"

2. 因村小布局调整而导致的被迫型

当前，火石垭村已经没有小学，所有的孩子只能去镇上读书。而火石垭村与石家镇还有相当长的一段距离。面对如此状况，不放心年纪幼小的孩子的父母不得不选择去镇上陪读，或者给予农村客运车一定的费用负责接送。在火石垭，更多的是前者，尤其是对于一至三年级孩子的父母而言，家中必定留有一人陪孩子读书。

"80后"的母亲CYE在新疆生的孩子，等到孩子读小学的时候，她不得不与丈夫分开，留丈夫一人打工，自己则回来陪着孩子读书。

那个时候我就在街上陪读。我也在家里面种了庄稼的，就是种得少，周末星期天的时候才回来种苞谷。那时候没有买车，交通工具也没有，就只能去镇上陪读，你不可能让孩子天天走呀！

CYE的话道出了火石垭村一些父母的心酸，爷爷奶奶都有其他孙子要照顾，无法替他们带孩子，所以CYE只好回来陪读，等到孩子高中之后，她才又出去打工。像她这样的女性在火石垭村较为普遍。

WLL有三个孩子，老公在外打工，支撑全家的开支，她全职在家带孩子、照顾老人。大女儿五年级，成绩不算很好，但很阳光开朗；二儿子三年级，比较调皮，不怎么听话；小儿子马上满三岁，还未上学的他每天陪伴着母亲。因火石垭村小学拆除，为了三个孩子读书，她在镇上租住了一间房，每年支付2000元的租金。对于这个选择，她也有些无奈：

以前村小学还在的时候，我们都住在家里，每天我会去接她们上学放学，但后来没办法，村小学停办，只好去镇里租房子，对于我家来说增加了一笔不小的开销。

在镇上除了租房子，还有买菜等生活开销。陪读家属大多为女性，因为当赚钱的人从两个变成一个，出去打工的人担子一下子变重了，就需要一个人养活整个家庭。因为男性在劳动力市场一直更容易找工作，平均工资也高一些，所以只好留女性在家陪读。用YXP的话说：

男的嘛，一家之主，下苦力肯定比女人更厉害，女人就在家带孩子、照看老人是最好的了。我们这村里很多家庭都是这样的，最多娃儿妈妈会找点临工做一下，大部分都靠男人支撑开销。

3. 期望获得更高教育质量的主动型

大致从2010年开始，城乡教育资源的不均衡让村中部分家庭选择送孩子去城里的学校就读，甚至有规划的家庭还给孩子在城里买好"学区房"，就读口碑好、教学质量优的学校。但这样的家庭往往有更大的经济负担，所以几乎是夫妻两人都在外打工挣钱，只留下孩子和爷爷奶奶在城里的房子居住。

火石垭一组的MXQ在送孙女去上学的时候，就毅然决然地送她去黔江城里读书了。大孙女在很小的时候父母就分开了。三岁时，MXQ亲自将孩子从湖南接过来抚养。之所以从幼儿园开始就把孙女送到黔江，除了MXQ自己非常重视教育之外，他在火石垭多年，也认为火石垭教育水平不理想。比较之后，才做了这个决定。

2014年我就把她弄到黔江去读幼儿班。是我硬要把她弄出去的，房租是我去交，联系班上老师是我去联系，你没得法啊。去黔江租的房子，最开始喊我家属去陪，后面看着不大行，因为她没读过书，辅导不了作业，我又才把么儿媳妇喊回来。那时候还没有好多人送去黔江读书，是我把她弄去之后，好多人才逐渐弄着去。

LHY平时也在黔江陪读。8月孩子在城里的英语补习班结束了，她这才回老家休息避暑。她说道：

我们2010年就在城里买了房子，当初想着城里的教育比镇上好一些嘛，身边的朋友也都上去送孩子读书，不是为了娃儿谁去城里买房子？我们夫妻两个人长年都在外打工，一个人的工资就要拿来供房贷和孩子的开销，爷爷在城里照顾着，奶奶在家种地、打临工，偶尔去城里看孙子，顺便提一些蔬菜上去。

农民子女教育进城在更深层次上改变了教育的组织模式，以及农民家庭劳动力的分工结构。传统的农村学校对乡土社会有着高度嵌入性。在村里上学，村民家庭采取的是"以代际分工为基础的半工半耕"的模式，其中年轻人外出务工获得家庭经济的主要来源，中老年父母留守农村务农，维持家庭基本运转，孩子留在农村，老人承担起在村庄照顾孙子孙女读书的重要家庭责任。

但是教育进城之后，农民家庭组织教育的方式受到了影响，家庭劳动力的分工结构面临重组。进城之后的孩子起居生活，尤其是上小学的孩子需要家长每天接送和照料，这就必须有一位家庭成员进入城市专门照顾孩子读书。不仅如此，在当前学校教育减负的背景下，学生的在校时间减少，家庭教育的作用越来越突出，需要家庭成员进城不仅承担照顾孩子的任务，同时也要肩负起课外辅导的家教任务。这也是"陪读"现象越来越多的内在原因，也造成了老人陪读、年轻妇女陪读等现象。由于农村的爷爷奶奶文化层次一般较低，难以承担起新的教育环境中孩子的家庭教育任务，同时当代年轻人也不倾向于把孩子继续交给爷爷奶奶带，尤其是在中小学教育阶段。因此，现在的年轻人尤其是年轻妇女回归家庭陪读的现象越来越多。大坟坝的YY与YSW两家就是由30来岁的母亲在黔江城里陪孩子上学，丈夫外出务工挣钱供一家人的生活开销。

进城陪读意味着其生产生活重心从农村转向城市，原来半工半耕的家庭分工结构开始调整，进城陪读的家庭成员逐渐脱离了农业生产。农民进城之后很难获得稳定的就业和较高的收入以维持家庭生活，于是需要一部分家庭成员继续打工，以获得维持城市生活的经济来源，而留在县城的陪读成员就成为专职的陪读母亲或者陪读老人。于是，进城陪读和留守县城逐渐取代了原来的"半工半耕"家庭劳动力分工模式，进城农民家庭的经济积累能力减弱而消费负担增加。

（二）陪读的原因分析

陪读是教育实践的外在表现形式，也是家长帮助孩子参加竞争的一种基本形式。在传统的乡村社会，教育与乡土环境几乎是不分离的，孩子更多地从家庭和社会中得到教育，教育也依托于中国的乡土社会本身。然而，自现代化教育理论介入后，教育开始有了不同的分野。

1. 城乡教育资源存在差距

当乡村学校不断撤并，在村落中接受教育这一要求越来越难以实现，"文字上移"就成为新趋势。这背后所蕴含的首先是根源性的原因，即城乡发展差距的原因。火石垭村地处武陵山区，自从村小学撤销后，孩子们只有到石家镇上学。但镇上的教育质量在许多村民的眼中始终抵不上黔江的教育质量。

34岁的YSW原本在外务工，但是因为大儿子要上一年级了，为了让孩子进入黔江区的好学校受教育，他专门从外地赶回来，找关系上城里的学校。给孩子报名那天，凌晨4点就到学校门口排队，为的是让儿子能够顺利进到那所学校读书，在起跑线上占领更优质的教育资源。

66岁的CJG说起自己的两个孙子从幼儿园开始就在黔江读书，更是十分自豪：

我的两个孙子幼儿园就直接是去黔江城里头读书的，为了他们读书，他们爸妈早就把房子买到城头去了，环境不一样，教育条件也不一样，城里面还是要比石家镇好一些，他爸爸妈妈还是想给娃儿创造个好条件嘛，但是其实压力也很大，没得法，我两个老人年纪大了，也打不到工，那只有孙子爸爸妈妈出去打工，我们在屋里陪学生嘛。一开始是他奶奶去城里面陪读，但是她奶奶没得文化，辅导不了她们，后面就换成我去（陪读），反正还是要一个人管起嘛，都是希望她们好好读书哟，现在的条件比我们好得多了，吃好的、穿好的、用好的。

2. 父母的经验教训与期盼

除去城乡差距与教育资源差距的原因，也有父母对孩子们的代际期盼。一段时间以来，外出打工的浪潮在火石垭逐渐兴起。当时，许多家长并没有立刻意识到教育对下一辈成长的重要性。当打工用短周期、高收入替代了土地种植长周期、低收入时，或许父母对孩子的教育正如同他们一开始所想，读书是他们自己的事情，读得好不好全靠命；但当他们外出的时间逐渐变长，城市里有知识、有技术的大学生步入劳动力市场，毫无竞争力的他们逐渐意识到了学历和知识的重要性，明白了"知识的力量"，见识到了有"文化的人"是如何践行自身，给自己创造良好的生活环境和生存境况的。如二组的Z阿姨之前一直在外面打工，多年打工经历改变了她对教育的看法：

现在的工厂都有文凭要求，如果我有点文化，在哪里都能找到不错的工厂上班。但是，我没有文化，选择的厂就很少。现在大儿子也这样了，所以只有将好好学习的希望寄托在小女儿身上。如果我没有出去打工，一直在家里挖土，也不知道外面的世界有多大，文凭有多重要。尤其是在上海、广东打工，厂里面的机器都见不到一个汉字，全是英文字母，就扔给一本中文说明书，我只能按照颜色的图案比对着去按，根本不懂字母的意思。不仅如此，工厂要求也是只有硬背，别人有点文化很快就理解背到了，我那时候才晓得有文化多重要。

火石垭二组的RZF以前在公司开车，有幸接触到有知识、有文化圈层的人，与他们交谈后受到一定启发，改变了自己的教育观念：

我之前在外打工，直到两个孩子上学的时候，才回来陪着孩子一起学习。RJ毕业于师范专业，目前在酉阳教初中；RY本科就读于西南政法大学法学专业，现在读南京大学法学硕士。我始终相信我的教育观念是对的，通过教育让孩子走到外面去，改变现状。后续会越来越好，子子孙孙，不断向前进步，知识改变命运！

长年在外打工的YSW从城里回到乡里休息几天。说起教育，他也颇有些感受：

我那时候不想读了，一心就想着赚钱。但是当自己流入社会，打工出去接触不少人后，慢慢发现读书有多么重要。我们出去打工虽然文凭不行，但是我们社交是可以的。特别是每次和文凭高的领导吃饭的时候，总有谈家庭、孩子的时候，我也是和他们聊多了，慢慢地就形成了自己的认识。说实话，现在一个家庭，两个人都有稳定的工作，对娃娃都会尽可能的好，就像我现在哪怕一个人挣钱，都想着花钱让孩子读最好的小学。

用Z阿姨教育孩子的一句话说："读书是唯一轻松改变自己未来的方法，不然只有和我们这一辈一样下苦力。"在他们看来，进城打工并不是真正意义上的走出火石垭，大多数在城市工地打工的火石垭人每天早出晚归，被圈固在工地中，日晒雨淋，为了生活而辛苦工作，他们仍旧渴望那些风吹不着、雨淋不着的工作。读好书代表的是高收入与轻劳动，这与他们一直以来所践行的高劳动付出与低收入回报正好相反，因此他们眼中的"读书人"，是可以通过知识脱离"苦海"的人，是可以改变命运的人。

正是因为吃过"没文化"的亏，有了经验教训的这一代父母某种程度上改变了整个家庭对孩子教育的看法，深知读书多么的重要，用脑力去替代体力来赚钱是多么幸福，"知识改变命运"这句话在火石垭人的心目中已经深深扎根下去。

3.同辈压力下的陪读风潮

有时，在同辈压力影响下，人们往往会采取和他人一样的行为才不显得自己另类，同辈影响也是产生陪读风潮的重要原因之一。

陪读似乎已经成了每一个家庭都必定经历的事情，要么是在石家镇上，要么是在黔江城区。据村民所说，最开始也只是一小部分人陪读，后面慢慢地就变成了一种趋势，没有陪读的父母会觉得不好意思，因为在他人的评价中会有着"那个人也忍心让她娃儿一个人每天调来调去，好麻烦，娃儿也辛苦嘛"的闲话流出。面子效应之下，父母也会觉得对年龄尚小的孩子于心不忍。而没有被陪读的孩子也会感到很失落，有了家长陪读的孩子与自己的同学相比较，在某种程度上也能觉得自己是被爱的，与其他同学是一样的。

因此，同辈群体的影响既有来自学生群体的部分，也有来自家长群体的部分。许多孩子在成长过程中，自我意识开始觉醒，看到其他同学的家长在外租房，也想要拥独立的空间。而家长在看到村中其他人或回来陪读，或干脆进城陪读后，自己也有着一番比较。

不管是在石家镇上，还是在黔江城区，专人陪读已经成为一个大趋势。父母越来越理解教育的重要性，知识改变命运不仅需要孩子用心学习，父母也要尽可能地给孩子提供更好的条件与环境保障。父母对于教育的重视也是他们内心对于孩子通过教育出人头地的深深期盼。

小　结　乡土蜕变中的教育生态

教育观念是社会文化发展的重要影响因素之一，社会制度的运行、文化的变迁集中反映在人们的思想观念上。火石垭作为武陵山区的非典型村庄，其教育观念的变迁，既离不开国家社会政治大背景的影响，也离不开这片土地传统生产生活观念的影响。

火石垭村的教育体系从一开始的私塾教育到村中教育，再到城镇教育，经历了三个阶段，而每一个阶段对应了不同的教育实践与观念。

在改革开放之前，村民虽勤于耕种，但无奈生产力和生产技术低下，温饱仍旧是首要问题。那时候，村中既没有坚固的房屋，也没有平坦的公路，一眼望去，漫山遍野都是土地。村民为了获得更多的粮食，只有尽可能增加劳动力。比起教育，此时他们更为关注的是生产。包产到户后，火石垭村的学校教育得到发展。村民的整体生活水平有所提高，这时候，父母愿意送孩子去上学，但对孩子读书并没有太高要求，仍期望他们在学业和家庭事务中以家庭优先。

21世纪以来，随着社会经济的发展，村民紧跟打工经济的潮流，在外受到了现代教育观念的影响，对孩子的教育观念有了天翻地覆的变化，他们开始加大对孩子的教育投入，希望他们能够"鲤鱼跃龙门"。与此同时，火石垭村的乡土底色和底层逻辑仍旧在村中默默运行，家庭教育和社会教育仍旧给火石垭村民价值观念和行为逻辑的生成带来更深层次的影响。

不过，火石垭的下一代人，在这样的教育模式下究竟是否会如同父辈期望的那样，成为飞出火石垭大山的"金凤凰"呢？值得关注的是，这一问题带有苦涩的意味。对于火石垭村的孩子来说，他们被推出去与全社会所有的孩子竞争，其竞争的标准似乎只有一种，即能否考个好大学、能否有个体面的工作。如何在乡土社会的土壤中让孩子们形成更加全面的思维，如何在非典型村庄中构建一个更具特色的"典型"教育生态，是下一步发展需要深入思考的。

第八章

卫生、环境与健康：非典型村庄的环境韧性

千山抱绿净无尘，泉韵禽歌野气新。
云雾临崖舒画卷，松杉蔽日爽心神。
人间环境摧残久，世上林隈弥足珍。
自访万峰幽壑后，更怜昔日海南身。

——当代·陈振家·访万峰山

<big>青</big>山环抱、绿意盎然的火石垭村，山树掩映着干净整洁的道路。村庄环境卫生对村民而言，是关系每个人自身利益的重要方面；对村庄整体而言，则是村容村貌的集中体现，是村庄向外来人员递出的第一张明信片。

火石垭村作为非典型村落，其自然环境经历过"脏乱差"的状态，如今已经转变成"望得见山，看得见水，记得住乡愁"的美好图景，这既得益于国家卫生环境政策的落实，也得益于村民自身的观念意识转变与自觉实践。

从乡村发展大背景而言，这种转变大约于20世纪80年代开始。改革开放后，乡镇企业异军突起时，与此同时，广大城市地区以大气污染、水污染和垃圾处理不善等为表征的环境问题已十分严重，并逐渐向乡村地区蔓延。21世纪前，国家环境保护工作的重心主要集中在城市地区，许多村庄的卫生环境不理想。

近些年来，农村生态文明作为生态文明建设的重要组成部分被放到了更为重要的位置，这是实施乡村振兴战略的题中之义，也是推动农村发展、农业升级、农民转型与引领农村迈向新时代的行动指南。作为一个非典型村庄，火石垭村的环境也在这个潮流之下得到极大改善。村庄环境改善的同时，村民的健康意识也在发生变化，家庭的卫生条件从随意到讲究，村民日常生活中更加注意个人的形象打扮，村庄总体卫生环境向好发展。

从长远发展看，村民的追求已经从最开始的生存下去的观念变成要生活得更加快乐和健康。随着医疗技术的发展进步和村落医疗条件的改善，以及村民个人知识文化水平的提升，村民的就医观念也发生着改变，他们越来越关心身体健康问题，希望自己活出"健康"。一方面，乡村医疗的"土"办法仍旧在老年人的思想与行动中存在；另一方面，更多的人倾向于选择现代化的医疗技术，及时就医意识在不断提升。火石垭村的环境调适与韧性表现，成为新时代背景下推动村庄乡村振兴战略的重要力量。

第一节 个人卫生更讲究

村落由长期居住于此的个体组成，在卫生方面，个人卫生是家庭卫生和村落整体卫生的基础。个人卫生首先是个人形象管理，是一个人最为明显的外在表现形式。随着社会生产力的发展和人民生活水平的提高，每个人对于自身形象的重视程度也在不断加深，村民都更"讲究"了。如今在火石垭村，很多人每天穿戴得整齐干净，生活中时刻保持良好的个人习惯，这样的良好习惯也潜移默化地影响着身边的其他人。一种优良的乡村文明风气飘荡在火石垭村的上空，由此展现出不一样的农村发展新图景。

一、"解决温饱总发愁"

（一）几套衣服轮流穿

一个人的穿着打扮是否整洁，会给初次见面的人留下深刻印象。良好的印象是建立在良好的个人卫生习惯之上的。就穿衣习惯的养成来说，据火石垭村民回忆，大集体时期衣服不是想买就能买的，而是把布裁剪后一针一线缝制的。那时候的生活主要考虑的是怎样才能不饿肚子，至于穿新衣和拥有多套衣服随时换是一种"奢侈"的想法。而做衣服的布也不是想有就能有的，也是需要布票才能买到的。而且，那时候每家的布票都是根据配给制度有定额，一家人每年买到的布匹，刚好只够家中的每个人做一套衣服，那一套衣服则会成为他们一年中最为宝贵的"新衣"。

生活条件有限，村民家中的衣服并不多，只有在重要场合，如结婚时才会用好布料置办几套新衣服，或者是等到过年的时候做件新衣服。因此在平时，村民一般会预留一套质量较好且干净清爽的衣服等到走人户时再穿，其余时间都穿旧衣服。有时因为忙于家中农活，时常来不及更换，因此并没有区分干农活所穿的衣服和平时在家的衣服。七十几岁的CXY谈道：

我们四季穿一套哟，穷噻，衣服都是要买布去做，虽然只有一套衣服，但有的时候有什么重要的事情时，会马上把衣服洗了烘干之后再穿上。后面分下户，布票没怎么使用了，一年一年的多了几套衣服，反正就是轮起穿哟。

每天都在地里忙着种庄稼、干农活，一天下来村民的衣服总是会被汗水浸湿好几次，尤其是在炎热的夏天，每天回来都需要换洗。再加上村民做农活所穿的衣服容易在干活时弄脏，在不断清洗之后衣服常常穿不了多久就会褪色。穿着时间一长，衣服的破洞也逐渐增多，不过他们早已习惯"新三年，旧三年，缝缝补补又三年"的穿衣方式。

（二）生吃生喝不碍事

村民回忆，过去生活条件受限，他们都有过"吃生食，喝生水"经历，尤其是对于一些20世纪六七十年代出生的村民而言，"有吃的"就已极为满足，如红薯、萝卜一类的根茎类食物，他们都以生吃为主。有时在地里挖出已经成熟的食物，包括其他任何能吃的，都是直接用手边的镰刀削去外皮，然后食用。不在乎味道和种类，填饱肚子对他们来说就是一件幸福的事情；不用讲究干净卫生，只要生命还能延续。"红苕、萝卜、洋芋我们都生吃过，那时候没得吃的，只要能够吃的东西，不闹（毒）人的东西都捞来吃。"这是火石垭村20世纪六七十年代以前出生的大多数人的日常生活。他们都经历过饿肚子的年代，对于食物味道的期望并不高。除了红薯、萝卜等自己种出来的作物，村民还会生吃漫山遍野的野果子，这也是满足口腹之欲的重要食物，甚至会在人饥饿难耐时起到救人一命的作用。一颗颗的山间野果，有些高高挂在树上，有些掉落在松软的地上，拥有"火眼金睛"的村民时不时在山野中寻找着各种能吃的果子，那是他们当时为数不多的趣事。捡起来时，随意抹去灰尘，直接投入嘴中食用，很是快乐。73岁的CXY爷爷说道：

那时候我们要到山上去照牛，这山上各种野果子，野樱桃、野杨桃（猕猴桃）、野板栗、锥果子、枇杷、拐枣、酸枣、柿子……这些都有。野生的又多，大家都是到山上去找哟，反正只要是吃的，都可以拿来喂肚子。

饿了找食物生吃，而渴了找山泉水饮，在没有工具的情况下村民会直接用手将水捧起来饮用。虽是生冷的井水，但在村民眼中那是天然的，喝起来还有些许甘甜。在十分缺水的火石垭，若是能在炎热的天气及时喝上一口清甜的凉水已是极为舒服的事情了。有时去出水点排队接水，左等右等也排不上，当终于排到后，第一反应便是用手捧一口水来喝，缓解内心的焦躁。水入喉咙，焦急的心情也好像被抚平了。

（三）不讲卫生是常事

在以前，村民处理垃圾的方式是传统的"一烧了之"，那时的垃圾主要为厨余垃圾，如瓜皮菜叶等，以及部分纸屑等可燃烧物，只需要将它们全部丢入老式的炉灶中，就可焚烧干净。而且当时的经济条件有限，从总量上来说，村民本身购买的物品较少，平日里生活垃圾的产出量也较少。

随着村民生活水平的逐渐提升，商品的购买类型与数量也在增多，消费的增多带来生活垃圾的大量出现，传统的"一烧了之"已经无法消化如此大量的垃圾，垃圾随地乱扔的现象比较普遍。特别是在十几年前，市场上的商品越来越多，流动小面包车的小摊频繁进村入户，村民能够在家门口购买到多种多样的商品，而随之带来的是大量垃圾的随地乱扔。CXY说：

那时候他们那些卖菜的拖来我们这坝坝里面，很多人买了之后那些摘出来的烂菜叶叶，或者是那些细娃儿买零食吃完了的袋子就是随便乱扔哟，扔它一坝子，过路都硬是踩不下脚，热风一吹硬是臭心慌了。不过那时候又没得垃圾桶，他们能扔哪里去，都是往地下甩哟，设施不行嘛。

传统农耕方式下，村民习惯将垃圾倾倒在房前屋后的山林间，垃圾经过焚烧或腐坏可以自然消解，不会有严重的污染问题，但城市中的白色垃圾带入农村之后，农村的卫生环境公共服务却没有随之跟上，污水随处排放，垃圾随意丢弃，有些村民更是直接将垃圾丢到看不见的坎下或无人管理的路边，甚至是潺潺流水中。白色垃圾多年以来无法被自然消解，有些地方长年垃圾堆积，就成了固定的垃圾堆放点，无人管理。

二、"口袋富了讲卫生"

（一）出门打扮爱清洁

村民的"口袋变富"，生活质量也有了很大的提升。在新媒体的影响下，村民接触到的新事物也越来越多，这在很大程度上影响着他们的观念意识，表现在个人身上就是对于自我形象的关注越来越多。"等我调（换）个衣服来"已经成为村民口中日常的话语。以往总是在过年过节等大事中才会讲究换一身衣裳的他们，如今在日常生活中也较为讲究穿着整洁、打扮时尚。村民HZP平日里在家中穿得较为随意，因她时常在厨房或菜园中忙活，干活时经常穿一身旧衣旧衫，围一条围裙。外出干活时也会换上沾满泥土的解放鞋，回到家中再将鞋子脱于门外，换上一双干净的单鞋后再进家门。看似如此朴素的她，在赶场天和走人户的时候却展现出极为讲究的一面。当天早上，她必定会早早地起来，在自己的房间收拾打扮好，穿上洋气的衣服和高跟皮鞋，配上黄金项链与耳环，再好好地梳上一个马尾，给人焕然一新的感觉。

在屋里我是随便穿，那是要做活路嘛，而且在屋里又没得哪个看，穿新衣服来做事也不方便嘛。但是要出门的话我还是会收拾一下。不像有些老年人不懂得打扮，在屋里做活路尽是穿那些新的好衣服，换下来又还不及时洗，等到有么事要出门的时候又没得干净的衣服穿，就是穿旧家伙出去哟，那个起么子用。

村民在家中随便穿，出门再用心打扮，已经成了习惯，不管男女老少都有这样的意识。村民RWB今年68岁，一家六口人只有他一人在乡村生活，他舍不得自家那片土地，也不习惯城市的陌生生活，对他而言只有与土地为伴才会快乐。所以他一个人待在村里种些玉米、油菜、红薯、洋芋等庄稼，并喂养两头猪，过年宰杀供一家人食用。他的穿着是按照季节来区分的，有着夏天与冬天两种形象。夏天的他总是喜欢将裤脚卷到膝盖处，穿着破旧的短袖与沾满泥土的解放鞋，再加上他好喝酒与抽草烟的习惯，酒后的他话格外得多，他经常自我调侃："农民就是这样哟，穿成这样破破烂烂的，看起来乱七八糟。"但是某天，当他进城看望女儿时，却展现出了不一样的形象。他换上了崭新的Polo衫和一条笔挺的西裤，配上干净的运动鞋，整个人看起来利落无比，瞬间就年轻了10岁。

这番转变与生活条件的改善不无关系。大家的腰包鼓了起来，有了足够的钱购买各式各样的衣服。不只是年轻人，老年人也如此。孝顺的子女一年下来会给家中的老人添置几套衣服。CXY爷爷笑呵呵地说道：

我衣服现在至少都有30件，夏天洗衣服我两天就要洗一缸，一缸就有五六件哦。现在衣服质量又好，不容易烂，还有几件新衣服都没穿，年年他们（子女）都会帮我买，现在穿得着么子嘛。CJL（孙子）有好多衣服穿一两次就没穿了，看起来都还是新的，全部都挂在屋里的。

随着时代的发展，村民对个人卫生也越发讲究，除了换衣服之外，个人身体的卫生也十分注意，CXY回忆以前的个人卫生如此说道：

以前夏天因为要做活路，所以一天要洗个两三次，但是洗都是拿盆洗的。冬天太冷，都几乎不洗澡的。现在不一样了，家里还安装上了浴霸，冬天洗澡再也不怕冷了，也常常洗。

村民个人卫生习惯的改变，多是基于家中设施的完善。时代的发展与科技进步，村民能够接触到的事物越发多样，尤其是外出打工的青壮年，他们在外见到了更加广阔的世界，对他们的行为也带来一定影响。再加上网络媒体的快速发展，足不出户就能看到外界人们的生活状态，村民的卫生习惯也逐渐向城里人靠拢。

村民XQ是一位30多岁的母亲，生完两个小孩的她在日常生活中略显随意，但有过大城市务工经历的她，总是在重要场合展现出美丽的女性形象。某次走人户时，她换上了一件崭新的浅色外套，抹上口红，佩戴上长款耳环，将头发精心盘起，配上她那矫健的步伐，看起来十分精神，再加上一个色彩明丽的斜挎包，已经完全看不出她是一位养育了孩子的母亲！

火石垭村四五十岁的女性，也有着爱美与讲究的一面。YZS是火石垭一组小卖部的老板娘，也是时常外出表演的打鼓队成员之一。她的日常是在家中看店，偶尔跟随打鼓队出村跳舞。她每日都十分忙碌。一天之中的大部分时间都花在了打扫店铺卫生、保持个人清洁上。有时候，她会热情地分享新买的衣服或护肤品，询问大家的意见，再大方展示她身上的新衣服，让人评价一番。在火石垭村举行卫生评比时，她总能获得前几名的荣誉。但是当问到她本人关于此项荣誉的看法时，她却没有什么印象，也没有什么感受。在她看来，保持卫生已成为一种习惯，深深地刻进了她的骨子里。

（二）不净不熟不入口

如今，村民已经很少食用没有经过处理的食物了。在他们眼中，那是过去为了生存而迫不得已的选择，是没有卫生意识的举动。"不干不净，吃了没病"的习惯很少再被村民提起，不再喂牛的他们也很少会去山上游转，曾经的山菔野果已经成为过去的美好回忆了。

现在的他们在饮食方面养成了诸多新习惯，如家中的红薯是种来给猪食用的，萝卜也要煮过之后才入口，蔬菜必须洗净煮熟之后再食用，瓜果必定要经过水洗后再往嘴里塞，掉在地上的东西就丢进垃圾桶，不允许家中的孩子捡起已经掉落的食物吃。饭前便后勤洗手，家中餐具常清理，都已经成了村民的日常习惯。

村民RWB虽然自己忙于农活，平日里也没有时间在家清扫，但是如有外人来家中，他都会将地板与桌子打扫得干净整洁来接待客人。几次去他家吃饭，能够看到他家中炒菜的锅与吃饭的碗都是在清洗之后再使用的。本来盆里的蔬菜已经洗过一遍，但是遇到有客人来时，他仍担心客人注重干净卫生，于是又对蔬菜进行多次清洗，边洗边说："这些菜都是我洗过的，都是干净的，但是怕你觉得不卫生，我再洗一下，农村嘛，是看起来没得城里面那么干净整洁，但是我们还是注意卫生的，放心嘛。"

热情好客的火石垭人遇到家中有客人来时，也总是以茶水饮料和瓜子水果招待，每次客人走后，他们会仔细清理瓜果皮，再将用过的杯子仔细处理一遍。能干的妇女JLX几乎每天晚上都会统一将招待客人的公用玻璃杯清洗一次。清洗的方法是她在网上学的——首先准备一盆热水，在热水里加点醋、盐，把所有杯子放在水里浸泡一段时间，然后拿出来一个个清洗干净。如此一来，使用过的杯子的确焕然一新。有时候她不在家，需要出去干活，会交代儿子把杯子全部清洗一遍。

（三）垃圾处理有定处

自从火石垭村所在的石家镇创建市级卫生城镇以来，垃圾处理的情况有了极大的改善。现在的火石垭村民家中，房间、厨房、厕所都有专门的垃圾桶，每个垃圾桶上都套有袋子，方便垃圾的后续处理。

以火石垭村二组的堆窝坝为例，在村中道路上没有安置大垃圾桶之前，坝子里到处都是垃圾，每次需要迎接上级检查时，村委和镇上的人都会安排专人去捡垃圾。在村民看来，这是因为基础设施建设没有跟得上的缘故，这些垃圾没有相应的处理办法，加上村民以前卫生意识比较淡薄，随手扔垃圾形成"习惯"了。不过这种习惯在四五年前逐渐有了改变，在创建卫生城镇时，村里设立了专门的大垃圾箱，后来街上已经难以看到白色垃圾。当自家的垃圾桶装满之后，就将垃圾套好扔到公路边的大垃圾桶，这些垃圾会有专人来处理。YCH回忆：

以前没得这种大垃圾桶的时候，我们把垃圾都是拿到很远的那些荒沟沟去丢，离人户远噻，也不会造成什么影响，没得臭味，那时候是没得专门的集中处理，没得办法噻。现在的人文化高一些，基本上没得垃圾乱丢乱甩的情况，都晓得甩到垃圾桶里面去，个人的素质和以前相比的话那又要高很多了。

村民自己卫生意识提升的同时，也会教导家中的孩子养成良好的个人卫生习惯，当孩子还在牙牙学语时，家长就会用行为教育他，要将垃圾扔进垃圾桶，对于孩子的错误行为也会及时地制止。经常能够见到家长叫一两岁的小孩自己去扔垃圾，一方面是判断孩子是否听得懂大人的话，另一方面也是从小给孩子灌输爱干净、讲卫生的意识，如CXY说：

现在不讲卫生的还是少了，因为现在垃圾桶这些设施都给你搞好了，你没得理由随便乱甩了噻，不可能垃圾桶摆在那里，你还去把垃圾甩到地上去噻，那就是老百姓的不对了噻。现在乱扔垃圾的情况少多了，只是个别人的行为。

现在村民的素质得到了极大提升，家中常常备有多个垃圾桶，垃圾处理规范化了，这是时代背景下个人卫生意识觉醒和提升的体现。

从"为温饱解决发愁"时期的缺衣少吃、生吃生喝、垃圾乱扔，到如今的出门讲究打扮、家中注意卫生、食物讲究煮熟的变化，是整个社会大背景下火石垭村民做出的改变，一点点小小行为积累出来的大变化是对乡村整体环境提升做出的"加法"。

第二节　家庭卫生更整洁

乡村振兴是新时期美丽中国建设的重要举措，而良好的环境是乡村振兴的基础，乡村振兴战略的实现离不开农村人居环境的改造。家是人们一生中最温馨与温暖的地方，也是居住时间最为长久、与家人联系最密切的地方。家庭的卫生环境是外来者对一个家庭评价最为直接的依据。以前人们居住在木房中，受到生活条件的影响，家中普遍喂有猪、牛、鸡等牲畜家禽，这往往会给家庭环境卫生造成一定的影响。但随着村民生活条件与生活质量的不断提升，曾经的木房换成了钢筋水泥的楼房，牲畜家禽的喂养也有了专门场所。并且，在打工经济的影响下，越来越多的人走出家乡务工谋生，牲畜家禽的养殖也逐渐变少，外在的环境变化加上个人经常性的卫生清洁，也促使家庭环境卫生有了质的提升。

一、传统种植、养殖为主时期

20世纪90年代以前，村民的生计来源以农业种植为主，为了获取更多的经济收入，自然少不了在家中喂养一些牲畜家禽，猪、牛、鸡等作为生活收入的补充，也是村民过年过节餐桌上的"荤菜"。但在生活条件并不充裕的年代，在长期的养殖过程中，也带来了一些环境卫生问题。

（一）泥巴成灰难清扫

在外出务工之前，村民基本居住在老式木房中，各家的生活环境相差不大。大多数人家的木房地面是土地屋基。对他们来说无论在家还是出门，脚踏的地方都是土地，容易沾染灰尘，所以家中的环境整体上总是难以保持一尘不染。妇女HZP抱怨：

那个时候我们都是住的木房子，不管走到哪里（泥土）踩得到处都是，不像现在脏了可以用拖把拖一下嘛。那时候不是的，地经常扫，但还是这么多灰灰，一扫地灰灰飞起来到处都是，因为那时候的地下不像现在这样（的硬化路面）好扫嘛，始终还是扫不干净，只是说每天扫一下看起来要稍微好一点。那时候每个人都是忙活路，也没像现在那么讲究，回来是吃了饭又出去做哟，做活路的人身上哪里没带点灰灰和渣渣嘛。

可见，在村民的认知中，当时家中的环境即使是经常打扫，整体的木房居住条件也无法让家中整洁。

大范围来说，当时的社会条件让他们所能做的十分有限。那时的社会是以农业生产为中心，20世纪80年代以前，生活主要是为了解决温饱。包产到户后，土地由村民自行规划，为了更好地维持家庭生活，改善生活条件，村民仍旧忙碌于自家的庄稼地。当时在政策鼓励下烤烟逐渐红火发展，家家户户办烤烟，村民更加忙碌于田间地头的活路，自然很难兼顾好家中的卫生环境，也没有多余的精力操心家中卫生。

甚至当时为了不耽误劳动，生育后的妇女也会将嗷嗷待哺的孩子背在背上，带着他们到地里去干活。连照顾孩子都无法给予充足精力，何况是他们不太在意的家中清洁呢？HXX说：

我们那时候带细娃还不是要去做活路，没得办法，屋里没得人做呀，就把细娃带到坡上去哟。那个时候女的还是要苦一些，又要做活路，又要带细娃，还要料理屋里的这些家务，一天都是到处转，细娃好带还好一点，不好带的话那硬是娇。活路做了急急忙忙地回来给屋里人煮饭吃，吃了别个又出去接起做活路。

因为家庭的主要精力在农业生产上，没有太多的意识想要把家里打扫得多么整洁，能够让一家人吃饱穿暖，在冬日寒冷的午夜不至于被呼啸的冷风吹着，已经是很大的满足了。ZZY感叹着：

那时候条件是这样嚒，大家都管要种庄稼，哪有那么多精力来管屋里这些嘛！那时候的人都是想起只要不饿到、不冷到就行了嚒，屋里打扫得几么干净起么子用，又不是专门让人来参观。赚不到钱那生活才是焦嘞！

（二）人畜相邻臭气大

生活在传统的木房之中，家家户户都在家喂养猪和牛，虽然也建有专门的猪圈与牛圈，但基本上没有做到人畜分离。YMJ道：

那个时候是这样嚒，家家户户都管喂得有猪和牛那些，那时候没得钱，都是靠自己育哟，很少有买的哟，猪喂起过年来杀吃了，牛是要拿来犁土那些哟。猪圈、牛圈就是在屋旁边这些，地方小了嚒。

因条件有限，聚居点较为集中，各家各户中牲畜圈舍都与房间相邻。那时村民的房屋一般不会太大，多是平房，尤其是在没有分家的情况下，几代同堂居住在一起，房子更是拥挤。居住空间本就狭小，还要为家中的牲畜考虑，结果往往就是在房屋的左右两侧搭建猪圈与牛圈等牲畜围栏。村民CXY现在依旧居住在20世纪70年代修建的木房子中，虽然已经没有喂养猪和牛了，但是家中猪圈与牛圈并没有拆，用来堆放生产工具。他家的猪圈与牛圈修建在房子的左边，与家中居住的主体房子连接在一起，而猪圈与牛圈旁边便是厨房。想要走到他家，必定先路过猪圈与牛圈。炎炎夏日，伴随着空气的流动与蚊虫的叮扰，可以想象以前的场景。

牲畜圈舍通常与传统的旱厕修建在一起，对家庭卫生的影响也十分明显。厕所是用石板做的坑，一般尺寸为1米深、2.4米宽、3.5米长。条件艰苦的农户家只能用石灰加黄泥巴搭建，条件好的可以用4块石板搭建。坑里面沉淀着猪与人的粪便，用来当作原始的庄稼肥料，俗话所说的"养猪不赚钱，总要肥块田"便是指此。

排泄物长期堆积在粪池中，总会滋生出一些蛆虫、蚊蝇。一到夏天，蚊虫到处飞。为了解决粪池的蚊虫肆虐问题，村民想出了不少"土办法"，如在五月初五的端午节将马桑叶丢进粪池用以减少蚊虫。村民CXY谈道：

传说端午节，农历五月初五，将马桑叶采摘后扔进粪池，蚊子会少。马桑叶不仅有驱蚊的效果，还可以用来敷伤口，有止血的作用。以前种点水稻，还可以弄一点马桑叶进去当作肥料，（水稻会）生长很好。实际效果也还行，但它只能杀蚊子，苍蝇杀不了。不杀的话，那个厕所里面蚊子很多，像蜂桶，嗡嗡一直响，屁股和脸会被咬。我们以前上厕所都是速战速决，不然屁股就会被咬惨。猪也怕，但是没办法，猪可以用尾巴铲。以前土粪池，还有大量粪蛆，如果不用石灰、黄泥巴做隔断，它会把泥土弄垮，水和粪就渗出去了。

马桑叶治理粪池蚊虫虽说是一种土办法，但它的实际效用却在火石垭村民之前的旱厕使用中得到了印证，也算是村民智慧的一大体现。

村民CXY还曾提到，粪池里面的细菌很多，火石垭区域普遍的痔疮问题或许与粪池滋生出来的细菌有很大的联系。"我们这边得痔疮的很多。据说粪水溅到肛门后，就容易感染痔疮。"痔疮与粪池细菌滋生的直接联系尚有待考证，但至少能够说明，村民已经意识到了传统厕所粪池的卫生问题，认识到了传统旱厕的不卫生之处。

（三）家禽粪便随处见

各种各样的家禽养殖是农村生活的普遍形态，一是为了能够在更大程度上节约生活成本，购买幼禽所花费的现金总比去市场上购买肉类食物来得便宜，并且很多幼禽是自家家禽繁殖，不需要幼崽成本；二是为了能够让家人吃上更加美味可口的食物，自己养殖出来的家禽基本靠纯粮食投喂，虽然成长速度较慢，但是肉质更好，营养价值更高。在火石垭村，村民主要养殖的家禽有鸡、鸭、鹅，其中鸡最为常见，几乎每家每户都有养殖，土鸡的营养与鸡蛋的补给是村民的养殖初心。ZFZ说道：

自己养的鸡要好吃一些，屋里这些人也要吃鸡蛋呀，买的话要钱的嘛，哪里来那么多钱，个人育点想吃的时候有噻，特别是现在这些细娃儿挑得很，买的那种鸡蛋他不吃，要吃个人屋里育的这种鸡蛋。

家家户户将家禽饲养在房前屋后，带来了家禽粪便处理的问题。如养鸡时，虽给鸡搭建了鸡圈，圈中安有专门的鸡灶，但白天村民会将鸡从圈中放出来散养，让其到处觅食。因此，房屋周围，包括院子里，随处可见家禽粪便。甚至有时粮食收获后，他们还会将粮食摊晒在院坝里，家禽时常来吃家中摊晒的粮食，在院坝中所摊晒粮食的旁边也常见着一堆家禽粪便，从视觉上给人不好的感受。CXY说：

> 以前育鸡基本上家家都育得有，基本上都是散养起的，它是到处屙粪嚓，鸡又还专门挑干净的窝，那时候做活路都忙得很，一天哪有那么多时间来打扫哟。到屋里晒粮食的时候，要有个人在屋里守到哈，怕别个的鸡来到处乱屙嘛。以前会给它弄个鸡圈，不过是用迷条（竹条）做的，现在基本上都是用砖给它砌的，里面再倒上一些灰，屙满了就是撒点灰上去，稍微好一些嚓。

村民清理家禽粪便，需要铲一铲子的土灶灰倒在家禽粪便上，再用扫帚扫干净。不过此种方法较为麻烦，除非是在十分显眼的地方他们才会这样处理。

（四）山泉饮水未保障

水是生命之源，人离开水难以生存。村里一些居住在高海拔地方的村民，从古至今都是依赖着从地里冒出的山泉水生活，这些水源是大自然对村民的馈赠。以火石垭二组为例，村民居住在1000多米的高海拔地区，饮水一直是村民生产生活最为关心的话题，挑水喝、抢水挑是他们用水的日常。在当地，很长时间以来村民都是饮用从土凼凼里面冒出来的水，出水口的水有时可以从山上流下来，但是流下来的水带有很多泥土杂质，并不卫生，只能作牲畜饮水和生活用水。村民的饮用水只能是一担担地直接挑。他们会在天刚亮时赶着时候挑水，一连挑上两三担才够一天的用量。老村长CJG回忆，自家人口众多，挑水挑得十分辛苦。

> 那时候有十口人，一挑八十斤，四挑三百二十斤。挑水要走十来分钟去另一个湾湾，那时候还没有路，还要上坡，很不方便。挑水的人很多，去挑水都是需要排队的，早上来得要早一点，要是来晚了就只能等着，虽然水大，但用的人多了，还得等个十来分钟。我们要挑两挑水才够。其余有几头猪，还有几头牛，喂的一般是水池的水，不是挑的水，猪吃的水一般就是洗碗、洗菜的水。

由于缺水，村民不约而同地形成了对水的卫生共识，大家心里都明白，凼凼里面的水是人吃的水，不管什么时间，不管多大年龄，都不能进去洗澡，连小孩偷偷扔石子都不允许。一般大人会告诉小孩不能去水井旁边，一方面是怕小孩子出现意外，另一方面是怕小孩把水弄脏。尽管有这样的行为约束意识，但当时的水质仍不太好。村民并没有修建一些设施进行水资源的储蓄、遮盖和保护，村民CXY谈道：

> 那时候的水好多都是泥巴凼凼里的哟，挑回来的水就是澄起让它沉一下，一般两三个小时才清亮（清澈）一些。没得办法呀！吃的是这种水，人要吃，猪要吃！实际上来说，当时的水也没得几个干净的，有些水井上面还住的有人家，又育猪，还有厕所那

些，一遇到落雨天，水是往下流的嘞，多多少少可能有点影响，有些水即使煮出来都还是有点味道。还有些人家遇到特别干没得水的时候，自家凼凼里面接的雨水还不是拿来用了，这个可能和一些人得病还是有点关系。

大自然给予了火石垭水资源，村民在使用过程中只经过了沉淀一道工序，就投入生活食用当中去了。并且，当时用水紧缺，村民生活当中也养成了节约的习惯，菜与碗等的清洗一般一次就行，洗菜的水可以用来喂猪，水要尽量多次利用。对于村民而言，最主要的是生存发展，只要能够保证家中不会因为缺水而无法生存，对水质也没有太多的要求。这既是因为当时村民的卫生意识欠缺，也是由于当时没有更为科学化的设施设备来改善水资源供给。

二、新时代家庭卫生变化

新时代背景下，村民有了更多的生计出路，生活条件得到极大改善。因此，村民对环境卫生的要求也有了新的变化，随着生活水平的不断提升，村民也越发讲究生活环境的"整洁"，这让整个村落显得更加"明朗"，村容村貌焕然一新。

（一）门庭院坝常打扫

进入21世纪，村民以种地养殖为主的传统生计方式发生了很大的变化，打工经济的兴起让许多村民走出家门，开启了务工旅程。20世纪90年代中后期，越来越多的村民意识到在家乡发展农业生产很难赚到大钱。对于他们来说，辛苦地办田种地只能勉强维持一家人一年的生计，一年下来也很难真正攒下钱。面对家中的子女教育、人情开支等庞大的生活压力，村民不得不另谋出路，而外出打工为村民提供了另外的生活出路。一批批村民在熟人的带领之下走出家乡，走向了广东、福建等一些沿海发达地区寻找工作。工作几年后，村民也能够有一些积蓄，当他们再次回到家乡时，开始对自家的居住条件进行改善，首先要进行的就是家中的房屋更新。破旧拥挤的木房子不足以满足村民的居住要求了，于是原来的一间间木房，随着打工人的回归，一年年变成了几层高的楼房。木房换砖房，也让村民的打扫变得容易起来。

村民RZX在1999年还没有读完职高就出去打工了。当时种烤烟并不赚钱，家庭压力大，就想着自己出去打工。多年来，他一直在东南沿海的工地做工，后来逐渐进厂工作，做一些劳累的苦力活。他辛辛苦苦挣了6年的钱，终于在2005年的时候回到家乡修建新房。对他而言，修建的新房既是当时的居住所需，也是自己结婚成家的必备。

2005—2007年，他回到家乡修建新房并结婚生子。"那个时候出去打工都是为了回来修房子嚟，一般打几年工，存到点钱了，就回来了，原来的那种木房子不实用了嘛。"

RZX只是火石垭村庄的一个代表，许多人同他一样，在外务工几年后回到家乡修新房，有的人是为了自己成家立业，而有的则是为了子女结婚。一幢幢楼房的建立，让村庄的面貌焕然一新。

新的楼房铺上了地板砖，再也不是泥土屋基。随着时代的发展进步，村民的卫生健康意识也在不断发生改变。如今的村民家中，地面是干净的，东西的摆放是整齐有序的。

许多村民一大早总是会先把自家的门前院坝和家中的地板清扫一番，然后再去煮早饭，对于村民而言，这已经是一种生活习惯。以前是没有办法、没有条件做到特别干净整洁，现在是有能力、有条件实现了，对于家中环境的卫生要求自然也在不断变化。HZP深以为然：

以前和现在不一样，以前那种条件不好嘛，现在大家都是住的这种楼房子，屋里不打扫干净，别个来你屋头看起来也脏，自己也看不下去嘛。现在这种地又好打扫，而且现在的人也没得以前活路那么多，没得那么忙嚟，能够在屋里待的时候还是要多一些，屋里这些都还是个人要打扫得干净一些，反正看起来要比以前要舒服一些嘛。

一般来说，我还是比较爱干净的。就像以前我们是建卡贫困户嘛，像那些镇上的、村上的随时来检查，有的时候来十几个人，所以要随时保持干净。那时候不是抽查到户吗，我们是第一户，那还不是到楼上、冰柜里哪里都要看，主要是看冰柜卫生怎样。

居住环境的变化，村民对于家中的卫生也更加注意，一方面是楼房方便清扫，另一方面是家中随时可能来客人，如果不注意保持干净整洁，会给他人留下不好的印象。

（二）人畜分离远脏臭

村民住上了楼房，随之房屋结构也发生了变化。在楼房的建设中，猪圈、牛圈等已经分离出去了。再加上生活方式的改变，火石垭村养猪的人家逐渐减少，只有长时间家中有人才会养上几头猪，并且在机械用具大规模普及之下，几乎没有人户家中再养牛用于耕作，只有专门的养牛场在继续饲养。养殖牲畜所需的高劳动力与低收入，让村民陆续选择放弃。ZZY说：

现在基本上都没育猪了，育猪麻烦得很，走个人户这些都不太方便。猪天天都要吃猪食，始终要一个人天天在屋里。现在大家都是出去打工的人多，在屋里的少，出去打工挣的钱还多一些。而且现在吃肉也少了，随时要吃都买得到，过年要吃、要熏腊肉那些也可以买来熏。现在大家都爱吃点园子菜，肉没得那么爱吃了。

人畜分离，由圈舍所带来的秽物不见了，夏天的蚊虫变少了，家周围的环境干净了。即使是现在村中为数不多喂猪的家庭，也基本做到了人畜分离，居住在楼房中的家庭，如果喂养猪，一般在楼旁单独建一间小房，或者把自己曾经居住的老房子用作猪圈，与日常居住活动的地方分隔开来，既便利自己，也不影响他人。

村民NCP因为外出务工受伤无法再干重体力活，近几年都在家中疗养身体，妻子在一年前也回到家中种地。面对供家中两个孩子读书的压力，夫妻二人经过思考，决定发展养殖业。一开始是山羊养殖，因为赚不到多少钱，便改为生猪养殖。从养羊开始，NCP就专门在山上住户较少的自家地里建起了羊圈，后面又将羊圈改造成了猪圈，而NCP自己家在山下的街上，距离相当远。他选择在山上修建专门的牲畜圈舍，一方面是因为地方宽敞，能够有足够的空间修建舍房；另一方面也是出于环境卫生的考虑，因为自家是居住在火石垭街道上，若是在街道上修建起大面积的养殖区域，在某种程度上会造成不良的环境影响。

同样居住在街上的YXP为了有更好的家庭居住环境，打消了在街道周边养猪的念头。YXP家很注意环境卫生，夫妻二人将家里收拾得十分干净。为了不污染环境，他自己家的猪没有养在街道上，而是养在坎下的老房子里。

我们屋本来也是要复垦的，但是那时候政府才给我们几万块钱，我觉得不划算啊，（老房子）现在还可以喂猪。还有就是在上面（新房）没得地方，当然有地方也不行嘞，你这个在大公路上。你说你这个环保，别个不说你啊，个人都感觉（养猪）达不到正常规范，你水源和你的圈，没得高压枪，没法冲洗，没得化粪池这些，这种情况下，你达不到标准。

村民YCH家现在居住的楼房是在2016年修建起来的，出于照顾家庭和YCH本身不喜欢打工被人管理的原因，夫妻二人一直留在家乡发展。勤劳能干的两个人每年都会喂上一两头猪供第二年家里熏腊肉食用。修新房时，考虑到养猪，二人专门在地下一层的周边修建猪圈，远离房屋所在土地的周边，位置比较隐蔽，与日常生活区域完全分隔开来。平日里猪圈会进行定时清扫，没有臭味，因此很难发现他们的家中还喂养有猪（图8-1）。

图8-1 水泥砖砌的猪圈

在猪圈旁边，YCH还专门搭建了一个土灶，需要煮猪食时，直接去地下室，不像以往煮猪食所用的灶与家中生活所用的灶都放置在厨房，而且还是相邻的。如今猪圈位置的分离与煮猪食锅灶的分离，在很大程度上解决了环境卫生的问题。

（三）家禽单围不显脏

为了吃上更优质的家禽肉和土鸡蛋，家禽养殖在火石垭村从未间断过，不过相较以前，如今村民的养殖方式有了很大的变化，村民养殖家禽会专门规划一片区域，搭建一个圈舍，一方面防止家禽乱跑把别人家种植的蔬菜和庄稼破坏了，另一方面则是出于家庭环境卫生的考虑。

村民HZP家喂养的鸡是在自家房子后专门拦了一块区域，平日里将家中的剩菜剩饭固定倒在此处，鸡也形成了习惯记忆。鸡即使有时候白天会跑出去，到了晚上也会回到此地，并且鸡跑出去也只去家背后的山林当中，不会往农户家中去，不会产生由家禽粪便带来的环境卫生问题。村民ZFZ家喂养有鸡和鹅，平日里更是关在废旧的烤棚房中，即使放出来也只在杂草丛生的土地里面活动。有了专门的养殖区域，这在很大程度上减少了家禽粪便所导致的环境问题。

为了保护家庭环境卫生，村民除了专门划分饲养区域，也会通过在家中安装拦截网的方式防止家禽乱跑（图8-2）。村民RYG专门从石家场镇上购买了一大卷拦截网将家中的坝子围起来，防止鸡进入院坝。"我这个是用来拦鸡的，到时候鸡进来屙得到处都是，难得打扫嚓，拦起网它不得进来，看起来要干净些。"

若是其他人家饲养时出现疏漏，村民也会给家禽的主人及时提出意见和建

图8-2 村民将家禽用网拦起来喂养

议，主人家采纳并进行整改。所以尽管现在的火石垭村依旧延续着家禽养殖的传统，但是很少会见到家禽粪便在家中坝子或者在屋内的情况，即使偶有一两处，村民也会有意识地及时进行清扫。

（四）改水改厕求干净

水是人类生活的重要支撑，火石垭村民对于水的卫生也变得越发讲究。大约在20世纪90年代，火石垭村民陆陆续续开始自发地修建蓄水池，尤其是身处高海拔并以山

泉为饮用水源的村民。在火石垭村二组，因以前的凼凼许多是一边高一边矮，村民把原来挑水的凼凼清空并挖平，然后在出水口放置好大约深1.5米、直径1米的管桩，连着在外修建好的几十立方米的大水池。水池的修建是人口压力促使下的行动。村民CJG谈道：

  那时候人多了，吃水不够用，我们修水池还要占一户的土，又没有补贴，就用了JXF家的土建了水池。那时候砂子、水泥和石头都是我们附近这八户凑钱搞的，还要凑劳力。以前那个凼凼也就存两方水吧，现在能存更多的水了。直接在水井里挖水池不行嘛，要给它隔开，这个水才冒得出来，要是直接在上面修水池，压力太大不出水。所以我们就隔了一米的距离，在外面挖了一个水池，然后把水井里的水引了过来，再接八根管子，连接这八户。

  一时间，蓄水池陆续被修建起来，因为天然泉水不是归一家人所有，所以计划着同饮一个出水点的几户人家一起出资出力修建蓄水池。为了保证水质，村民会选择给水池留一个出水口，保证水是活水。自发修建的水池没有用上多长时间，就迎来了政府推广的"人饮工程"。由政府为村民提供水泥、沙子、石板、钢筋、石砖等必要材料，让村民自己组织劳力修建蓄水池，有旧水池的就在原来的水池基础上重新砌起更大更结实的水池，然后加上一个盖子。不过，此次的水池修建，村民也产生了不满情绪，因为许多水池质量并不合格，还出现了漏水的情况。为了解决这个问题，村民又想办法，于是出现了家家户户在自家砖瓦楼房的房顶上修建水池蓄水的普遍现象。如今，居住在火石垭村二组的很多村民都是在自家房屋附近修建起新的蓄水池，就是用水管从水池出水口牵引到自己家中修建的蓄水池中储存备用。

  蓄水池的修建让村民家中的生活用水有了更好的保障，饮用水的卫生质量也在逐步提升。随着时代的发展进步，净水器慢慢走进了火石垭村民的家庭。五六年前，火石垭村民的家中陆陆续续地安上了净水器，饮用水在使用之前，先经过净水器的过滤，接着流进家中的水缸存储，再用于煮饭、洗菜、洗碗等。后来又安装上了即时烧开的饮水器，随时有开水可用，免去了用热水壶烧水并储存备用的不便。并且热水壶的壶底总是有许多的水垢，饮水器烧的开水相较于热水壶的开水也更为干净。村民有了更好的选择后，陆续淘汰了热水壶。HZP说道：

  我家是这个组上第一个安这种净水器的，我家这个花了3000多块钱，后面他们看到我们安了才陆陆续续安起来的，用这个净水器过滤处理还是好得多，水干净些，自己吃起来也放心一些嘛，没得那些渣渣尘尘的。像饮水器现在基本上家家都是用的这种了，这个饮水器烧水快，一哈（会儿）就有热水了，用不着等好久，随时接随时都有开水。

像那种灌桶装水的那个要烧水好久，倒完那点就又要等它烧开，我们这种水直接就过来了，马上接马上就有开水，倒好多都不得没得，像屋里来个客人泡茶这些我都是用的这个水，要方便些。

不论是村民自建水池在保证活水沉淀后饮用，抑或后来通过水池牵引水再经过净水器过滤之后进入农户家中的水缸生活饮用，每一个阶段都能看出村民对水的卫生问题的关注，水的卫生条件也在一步步改善。

饮水问题改善的同时，村民家中的厕所也在不断地改造变化。自从村民修建了楼房之后，老式的旱厕自然被淘汰了，换上了干净卫生的白色便池，村民家中修建了专门的浴室，里面安装有瓷砖、热水器、洗衣机、洗脸盆、放置架等设施，看起来干净整洁，也方便打扫。但是，厕所问题的改善不只是村民自发性的行为。据村民回忆，大约在2011年的时候政府层面组织了一次火石垭村厕所改造工作，2019年组织了第二次厕所改造工作，主要是承包给村里的一些泥水工做。2011年时只是改造了部分厕所，后来的一次厕所改造也有一些人户没能改造成功。关于其中的原因，曾承包厕所改造工程的村民YCJ说道：

那年是村里把工程包给我在做，那个时候我也搞泥水匠，但记不清给了我多少钱，太多年具体都忘了。我那时当组长，加上我也会做泥水匠，有这个技术就把业务给我做了。整一个厕所给了我多少钱我也忘了，过了这么多年了。村里是按一个厕所包干的价格结算，我每做好几户就去村里结账。村里最后一次改厕，大概是2019年的时候，YCS全家外出务工挣钱，没有在家，错失了最后一次机会。目前还有大概20%的厕所没整改，应该有这个比例，因为他们不在家。

在村民的眼中，厕所改造是必要的，以前老式厕所与猪圈相连，随时有粪臭味，洗澡、沐浴也不方便，新式厕所虽然会使用更多的水资源，但整体上干净卫生，体现了村民对于更高生活质量的追求。YCJ谈道：

我认为厕所还是要改，改了之后更卫生。以前那个时候，猪圈和厕所基本上都是设计在一起的，厕所在猪圈旁边，化粪池上面，肯定不卫生嘛，改了之后水一冲就干净了。我不会觉得浪费水，水一般不要钱，用的都是地下水，关键是卫生。其实大部分（村民）都愿意改厕所，因为都觉得比较卫生嘛，只是有些人不在家或者没有砖墙的厕所。两次整改都是镇上出钱，村里没钱。

厕所问题的改造让村民的家庭环境变得更加干净卫生，这是在新时代发展下村民对于生活质量不断提升的追求。

家庭是一个个村民自身组成的小单元，而一个个家庭又是整个村庄的重要组成部分，从传统养殖时期家庭环境卫生的脏、乱、差，到如今人畜分离、厕所改造，人居环境发生了很大变化，展现出不一样的美丽乡村。

第三节　村落卫生大变化

习近平总书记多次对农村人居环境整治作出重要指示，要求努力补齐影响群众生活品质的短板，建设生态宜居的美丽乡村。加强农村环境整治，要从小处着手，先把农村家庭环境卫生搞好，营造赏心悦目的家居环境。此外，农村的"三改""五改"是农村公共环境卫生建设的重要内容，而农村公共环境卫生建设又是创建文明卫生村的重要方面。公共卫生环境的保护既需要从政策和政府层面作出一些引导，同时，在宣传环境卫生的理念时，还需要根据本地区实际情况判定一些卫生引领示范措施，必要时采取卫生方面的评优评选，让村民更为直接地认识到环境卫生的重要性，从而将卫生要求在日常生活中变成个人的一种行为习惯，通过一个个村民个体的努力进而提升整个村庄公共卫生环境的质量。

一、美丽乡村建设

在社会发展大背景下，村落环境卫生的变化很大程度上有着国家相应政策的推动支持，尤其是"美丽乡村"建设的推进，使一个个村落变得越来越整洁，展现出了和谐美丽的新农村面貌。

（一）"美丽乡村"大号召

乡村环境的改造与乡风文明建设是我国乡村振兴战略的两个重要组成部分，是建设"美丽乡村"的基础，而建设好"美丽乡村"其中一点就是保持村落环境整洁。在这一点上，火石垭村出现了崭新的面貌，整个村庄不论主干道还是小路，几乎没有垃圾。

为了更好地响应美丽乡村建设政策，黔江区对农村环境进行了连片整治，全力打造"生态宜居、生产高效、生活美好、人文和谐"的美丽乡村。2016年，已建成国家级"美丽乡村"示范村1个、市级"美丽乡村"示范村8个。同时，火石垭村从2012年开始就设立了公益性岗位，这一岗位一方面拉动了村民再就业，另一方面对环境的整治清洁也作出了巨大贡献。公益性岗位是由政府出资开发，专门用以满足社区及居民公共利益的管理和服务岗位。公益性岗位优先安排困难人员或特殊群体上岗，并从就业专项资金中给予其社会保险补贴和岗位补贴。火石垭村公益性岗位有公路养护员、保洁员和护林员三种类型，其中公路养护员最早是在2012年设立的，保洁员与护林员均是从2016年开始设立。人员的确定主要是从建卡贫困户中选择，一般为了落实责任，一个人不允许兼职两份公益性岗位的工作。

公路养护员与保洁员主要负责卫生问题。护林员的工作内容主要是对山林的管护，按照居住地划分片区管理，护林员需要每天进行山林的巡逻，并填写工作日志汇报每天山林的情况，一方面防止天气干燥山林中发生火情，另一方面也是对山林的监督管理，防止一些偷伐木料的人破坏山林。此外，政府层面还出台了以沼气建设带动改道、改水、改厕、改灶、改栏等方面的政策，使农民群众的生活环境和生活质量有了较大改善。在火石垭村，笔者对村民关于村子的环境卫生状况进行调查，多数的村民普遍认为很好，觉得现在村里的环境卫生相较以前发生了翻天覆地的变化。ZZC回忆道："我家窗子、门长期都是关起的。大车从门前过路，都是灰尘。我们打扫都忙不过来。现在你看还好些。往年大车一趟趟跑，灰都满天飞。"

在美丽乡村政策的落实过程中，村民感受到了村庄的巨大变化，对于自己所在的村子也有了更为深厚的情感。如CFQ说：

我还是喜欢住在农村，在农村我要习惯一些，做么子都方便，屋里又宽敞，没得城头进门还要脱一下鞋子呀那么多的讲究。屋里的空气都要新鲜好多，早上起来呼吸一下新鲜空气整个人都要清醒精神一些。平时还可以到处串门，大家之间都很熟悉，到屋里也随意一些。在城头你走那点去串门嘛，我都不喜欢出门，又没得么子走的，出门就是要花钱。在老家的话，一天就是花点烟钱，有时候一包烟要抽好几天，用不着好多钱。

ZFZ也更喜欢在火石垭村的生活。他说：

还是农村要习惯一些，要吃点么子菜去园子里面摘就是了，不用花钱买，个人种的又新鲜还要好吃些。在城里我硬是待不习惯，出门又找不到路，又认不到人，一天在屋里待起，那我硬是待不住。前两年我身体不好，他们（儿子儿媳）把我接到城头去住，今年我要回来，在农村安逸一些，我一天还可以到处游哈，摆哈龙门阵，人都要新鲜一些。

（二）"最美庭院"持续化

家庭是社会的细胞，建设生态文明，创建"绿色家庭"，打造美丽幸福家园，需要千千万万家庭的积极参与和共同努力。为了促进村民深入学习宣传贯彻习近平生态文明思想，树立健康、绿色的生态文明理念，增强环境保护意识，搞好农村环境卫生，政府出台了"最美阳台"与"最美庭院"等多个"最美系列"评比活动,"最美阳台"侧重于一个家庭的阳台打造,而"最美庭院"的关注点则是庭院建设。

具体负责此项评比的火石垭村村委的妇女主任GJL说:

像是我们弄"最美阳台"的评比,一般都是看他们的阳台搞得怎样。首先是看干不干净,然后就看布置得怎么样,比如有些家庭会弄一些花花草草在阳台上啊!

截至2021年8月,火石垭村当年"最美庭院"的评选已经结束,一等奖最后花落七组的一户家庭。G主任特意从手机里翻出那一户庭院的照片,从照片上可以看到,门前的院子极为干净,没有一点垃圾。更为突出的是,他们自费在庭院中间安装了一个非常大的灯,显得非常特别。从这个意义上来说,"最美"评选中,干净已经是最为基础的评选要求,以至于无法将其列为核心要求之一,反而是他们院子中间的灯G主任反复提及,足以证明在"最美"系列评比中,庭院的特色成为他们非常重要的评判标准。

从"最美系列"的评选中可知,村民已经把保持环境卫生看作一种平常行为。曾经被评为"最美庭院"的YCH谦虚地说道:

反正我们的卫生是那样,不说特别好,也不是不好,反正自己生活在里面过得去,看起来不是那么的乱和脏。你看我们育蚕子的时候比较忙,也没得好多时间来管理卫生,但是等我们不忙的时候还是要把屋里整理一下的。

(三)"卫生评比"较高下

除了"最美"系列的评比,火石垭村还有着人居环境的卫生评比活动。初衷是为了激励全村所有人养成讲卫生、爱干净的好习惯,搞好个人家庭周围的环境卫生。火石垭村把农村家庭环境卫生整治纳入了村规民约,从制度上加以约束,使农村家庭环境卫生"洁净美"常态化、制度化,让群众养成家家主动打扫卫生、人人爱护环境的良好习惯(图8-3)。火石垭村的书记MXQ曾说:

你天天在那里喊(维护人居环境)没得用啊,后面我就想了一个办法,弄了一个"光荣榜"和"耻辱榜"。"光荣榜"就是每个组(卫生评比)的第一名,"耻辱榜"就是(每个组卫生评比的)最后一名。

卫生环境评比原则上一个月一次,评比内容包括每户屋内屋外的卫生环境状况,评委是火石垭的村干部,采取入户查看家庭环境卫生情况并

图8-3 贴在村民房屋上的卫生责任牌

进行打分的形式。评比时去掉一个最高分和一个最低分，然后取平均值。评比采取突击的检查方式，不会提前通知。因此，平日里卫生习惯较好、天天打扫整理的，在卫生评比中就很容易在"光荣榜"上有名，而完全不在意自己的个人和家庭卫生的，就容易上"耻辱榜"。对于自己的名字被放在"耻辱榜"这件事，"榜上有名"的村民都会向村里表达自己的不满，但他们也知道，没有办法改变这种排名，所以都会暗暗地较劲，确保下次不会再出现在"耻辱榜"上。居住在火石垭村高山组的一户人家不太爱干净，卫生评比时，村干部让他将家庭环境卫生打扫一下，但是那人却以"很忙，没有时间"来回应，于是村干部就说他自己不打扫也行，村干部可以帮他打扫，但是他家的情况，会被张贴在村委活动室的卫生"耻辱榜"上。那人一听会被公开批评，立马回答说自己有时间打扫，并且马上开始打扫。可见，卫生评比等活动能够提示与监督村民将环境卫生工作做好。

关于环境卫生评比，村委WWB副主任说道：

开展农村家庭环境卫生整治是提升农村人居环境质量、助推农村精神文明建设的途径之一，也应该是脱贫攻坚的重要工作。长期以来，农民受生活习惯和家庭条件制约，居家环境"脏乱差"现象较为普遍。虽然经过乡村文明建设、脱贫攻坚等一系列措施的实施，村庄道路、活动场所不断硬化美化，村民住房条件大为改善，但一些农民家中环境卫生并不乐观，院内杂物无序堆放，鸡鸭羊圈随意搭建，一到夏季苍蝇满天飞，与院外整洁的环境判若两样，极不协调。所以说，作为一个村庄个体元素的每家农户，也应该是与整个村庄协调发展，院内院外、家里家外一样干净整洁。

其实卫生环境的评比工作，并不是要评比出哪家好、哪家差，而是希望通过此种形式能够引起村民对于环境卫生的关注，一个个村民家庭的干净整洁才能组合成一个美丽乡村。

（四）"道路清洁"请专人

在火石垭村设置的公益性岗位中，公路养护员与保洁员主要负责公共道路卫生的清扫与管理，人员也主要从建卡贫困户中选择，以帮助他们就业，增加其家庭收入（图8-4）。

公路养护员的工作是专门负责看护公路、下雨之后的道路要清扫，道路两旁的树枝定期修剪，以及雨天及时疏通沟渠。保洁员分全日

图8-4　火石垭村公路管护责任公示牌

制和非全日制两种类型。全日制保洁员的具体工作是负责村委活动室和主街道的卫生，包括扫地、擦桌子、扔垃圾等。非全日制保洁员主要负责清扫支路，即将安置在支路上的绿色小垃圾桶拖到主干道大的垃圾池旁边，定期清除里面的垃圾，以及将村民放置在主干道和支路交界处的垃圾袋带走。

炎炎夏日的中午，远远地看到一位妇女顶着烈日在清扫道路，走近一看，只见她那晒得黝黑的皮肤上汗水大滴大滴地往下流，一问才知道她是火石垭村一组的公路养护员。面对毒辣的太阳，问她为何不等下午太阳落山了再出来打扫时，她说道：

没得办法嘛，这个是我们的责任，要做嘛，我屋里又还有别的事情，只有抓紧做完了再回去忙别的事情。晒又晒一点，实在受不了了就在旁边的树下面阴凉处休息一下，渴了的话就找附近人家讨口水喝，现在垃圾没得好多，一哈扫完了。

话音刚落，她又继续拿着扫帚清扫起路边的垃圾，她手中还拿着一个袋子用来捡拾白色垃圾。

因为有了专人打扫公共卫生，村庄的道路环境也变得越来越干净，提升了乡村的整体形象。同时，这些参与过公共道路卫生打扫的人也更加明白了环境卫生清理的不容易，所以对于自家周围的环境卫生也会更注意，曾经担当过公路保洁员的HZP谈道：

以前我们去扫地的时候还不是遇到有些人家硬是不讲卫生，有些组上垃圾到处甩，看起来脏死了，我们都要去一点点捡，反正我是觉得卫生这种（事情）还是靠自觉，也要看得过去噻。

二、自觉意识讲卫生

习惯的养成是在频繁的实践中形成的。村庄的大环境卫生变得越来越整洁，某种程度上也给村民的环境卫生观念带来了一些影响，越来越多的村民更加注重自家周围与家庭的环境卫生，养成了一种爱环境、讲卫生的习惯。

（一）垃圾入桶等处理

村落环境提升的整个过程是在国家场域中进行改变和完成的。2018年，黔江区推进"两城同创"，后来政策逐渐下放到各镇、村委员会，由当地政府或村委带领执行。火石垭村在2017年以前并没有垃圾箱，很多垃圾都是随意丢弃。2014年石家镇政府和村委员会开始动员村民集中处理垃圾，2017年开始投放垃圾桶，并安排建卡贫困户担任保洁员收垃圾。

垃圾一般一周收两次，或者一个星期什么时候满了什么时候收，然后保洁员负责将垃圾拉到石家镇垃圾场，垃圾车将垃圾拉走后分类处理。经过统计，一组有垃圾投放处16个、垃圾箱13个、大垃圾箱2个、垃圾池1个。从垃圾点分布位置来看，主要是在人群聚居区，分布相对平衡，除少数住在山上的人家需要把垃圾拿下来放在最近的垃圾桶外，其他村民家都离垃圾点较近。

村民的环境保护意识有一个慢慢提升的过程，火石垭村村民MXH曾说：

现在我们村的环保意识还是有的，现在宣讲啊、教育啊都有。我们差不多在2008年、2009年开始处理垃圾，挨家挨户处理，家庭环境脏的我们都要帮忙处理，还指导他怎么处理垃圾。有些人不听，我们就不停地说，最后他还是按我们说的做了。过去是没有那些意识，只要吃饱就行。我们全村当时组织有七八个人，用杆杆把东西扒出来，随时给他们讲、随时下去检查，看到脏的就告诉他们怎么做，当时每家每户都有口袋、桶桶。现在对待卫生也是随时随地都在检查，政府和环保部门来检查，就是抽查，检查不合格就挂起黄牌。不过我们石家从来没有过。

垃圾的集中处理让村民的生活垃圾有了固定的归属。火石垭村一组保洁员SSC说道：

如果垃圾箱一个院子放一个就好了，不然垃圾都甩在外边，外边公路上很多甩出去的垃圾都已经长满了青苔，你看都看不到。我们在2014年、2015年开始捡垃圾，当时的垃圾捡都捡不完。一些人家里的垃圾我们也督促其处理，有一些上年纪的老人，你得多次劝说，帮他处理，才稍微好一点。但这只是个别人，大部分人都积极配合，参与这个行动。以前像一些剩饭，它都可以拿来育猪，其他塑料垃圾之前也会集中烧毁，不然没有甩的地方。到后来很多东西猪也不吃，路修了，网络有了，网购也多了，剩余的垃圾种类也多了。不过现在嘛，也有垃圾箱，大家还是比较自觉地扔进垃圾箱，但没有进行垃圾分类。

所以现在火石垭村民家中的垃圾都有了特定的大垃圾箱进行集中处理，即使是离垃圾箱较远的人户也会将自家的垃圾拿到大垃圾箱去扔。CXY也表示：

安了这个垃圾箱还是要好很多，没安的时候到处都是垃圾，后头安了这个设施之后像卖菜的那些人来，大家买了之后没得么子垃圾留下来嘛，当时就直接扔到那旁边的垃圾箱去了，隔得近噻。我们这个垃圾箱闲时一般最多一个月就会来拖一次，像过年在屋里的人多的话，垃圾多的话，一个月是要拖两次。平时没来拖的话，要是垃圾满了的话我们也可以给他打电话喊来拖。

YXQ也说："这几年因为村里都有运垃圾的车定时来收垃圾，所以一般的垃圾都是扔在外面的大垃圾箱里。周围的居住环境也是比较干净的。"

由此可见，基础设施的不断完善能够对村庄整体形象的提升起到很大的促进作用，村民也会成为村庄环境卫生的维护者。对于村民而言，那更是他们长年累月生活居住的地方，他们的心中也有一片洁净整洁的乡村田园。

（二）门前道路自清扫

作为一个村落共同体，对于公共空间的环境卫生维护在很大程度上是需要依赖村民的自发自觉的，虽然现在有专门的公路垃圾清扫员，但是村民个人的卫生意识也是在不断地提升，自家门前的道路垃圾，往往是村民自行清扫的。雨后的乡村道路上，总是能够看到一些村民拿着用竹条制作而成的扫帚清扫门前道路上的落叶，树叶先扫成一堆，再用铲子倒在旁边的土地中，让树叶在泥土中自然腐烂消解。HXX说道："虽然说有清洁员嘛，但是我们门前的马路都是我们自己打扫的，还是要把它搞干净点。"

村民YXQ家在火石垭街上开了一家超市，因是在路边，他很注意门前的卫生清洁。七八月的火石垭，总是会迎来"偏桶雨"。哗啦啦一阵雨之后，他放在门口的板凳、桌子都沾满了水渍。他几乎是在雨停的同时，马上拿起抹布将外面的桌子、板凳擦干净，没有任何拖延，没有等到自然风干，一套动作自然流畅。

平时我们也是比较注重周围的环境卫生的，每天都会扫自己门前的地。虽然自己家在楼顶喂养鸽子，但是也不会有任何味道，我们专门给鸽子搞一间房。

不仅如此，他还特意在屋外安了一个洗手池，既方便自己又便利他人。问到他如何想到在屋外安装一个洗手池，他笑了笑，很认真地说："我这里来来往往的人那么多，万一有哪个人想洗个手，不也很方便吗？"

ZZC一家也是住在火石垭街上，平时家务活他基本上不怎么插手，都是妻子收拾得干干净净、一尘不染。虽然他不怎么做家务，却经常拿着扫帚、铲子清扫自家门前的马路。"那这门口的卫生还是要管管嘛！不能太脏了！"这既是一句调侃的回答，其实也是村民自我卫生环境意识提升的表现。越来越多的村民在政策的宣传下和网络媒体的影响下意识到爱护环境卫生的重要性，并将其践行到日常的卫生行为习惯中。

村民HZP是一个十分讲究卫生的人，除了将家中的卫生打扫得干干净净之外，自家门前的马路也经常清扫。每天早上起来，她的第一件事就是打扫卫生，从里到外都要清扫一遍，尤其是她家门前的马路在大风天后总是铺满了落叶，耐心的她一点点地清扫着。打扫卫生成了她生活中很重要的一部分。她曾说过：

卫生干净那是个人的，是一个人的习惯，个人家的卫生都不搞的话那像么子样子嘛。尤其是对于女的而言，就是要会料理一个家庭，也要会知人待客，一个家庭全是靠一个女的管理出来的，男的一般都是去挣钱了，还是要女的来打理才得行。

像HZP这样的妇女很多，ZZY每天早上六七点就起床了，起床洗漱好之后她便把家中的卫生打扫好，再将自家门前的道路清扫干净，整理出来的垃圾及时拿到公路下面的垃圾箱。每次走进她的家看到垃圾桶都是新套上垃圾袋的样子，里面没有多少垃圾。家中的桌子和地板总是很干净，厨房更是摆放得很整齐。

（三）舆论约束与互相监督

在乡村的熟人社会中，村民之间抬头不见低头见，每个人是怎样的性格、为人处事的情况等，都是平日里村民之间闲聊的话题。在闲言碎语中，村民在评价他人行为的过程中也会反思自己的行为。YGQ说道：

现在新修的房子，收拾干净些、凉快些，再怎么穷，也要把地打扫干净。我们现在的房子修在路边上的，弄不干净会被别人说，不光别人家说，而且政府要下来做卫生检查。我做姑娘的时候，妈妈就教我要扫地、洗碗，将厨房卫生收拾干净，这是天经地义该做的事情。

村民HZP在看到大嫂将洗菜的脏水往门前的公路上倒时，就表达了自己的看法："你怎么把水倒在公路上嘞？到时候人来人往踩得到处都是泥洼洼的。"一开始不理解的大嫂还回了一句："那天上落下来的雨落在地上人踩过去还不是泥洼洼的？""天上的雨水落下来是干净的嘛，你这个是洗了东西的脏水嘛。"在她们的对话中，HZP鲜明地表达了自己对卫生的看法：下雨的情况是自然现象，但如果将水倒在马路上就是人为造成的脏乱。同时她的话也体现出在某种约束下现在的人的卫生观念都比较普遍了。

现在马路上都没有人乱丢垃圾，以前像在田坎上还不是到处丢有垃圾，现在（政策）有限制，垃圾那些不准乱扔，乱丢别个旁边人也会说，所以说基本不会乱丢了。虽然现在还是有这种人，但是心理上也会有一种约束，还是有那种意识，不能乱丢乱扔。

村民ZZY也曾表达过，有些人是真的很不讲卫生，就容易被身边的人说闲话，闲话在熟人社会就容易传到他们本人的耳朵里，对其产生一种约束效力，促使其做出行为改变。

有些人是不爱讲卫生嘛，别个看到也会说他嘛，他个人也会觉得不好意思嘛。我觉得卫生这些都还是要搞好点嘞，现在又不是像以前那样好忙，硬是忙得没得时间来打理屋里这些，那是一个人的习惯。

而在73岁的CXY看来，农村的老百姓都是很听话的人，只要是正确的行为，为个人或者集体好的事情，指出来之后都会被村民接纳。

其实老百姓都是很听话的，你给他说出来他还是会改正的，他听得进去的。就像之前卖菜的，买菜的人会把外头那层坏了的菜叶叶摘甩了嘛，就是甩到那地上哟。看起来硬是脏人，我们肯定要说嘛。他来卖菜，肯定要把这些垃圾处理好嘛，老百姓是在他这里买菜，因为他来才产生的这些垃圾，所以他自己要弄好嘛。后面这几年就好了，那些卖菜的走之前都会看一眼的，有垃圾的话都会捡到垃圾箱里面去。

因为有他人的评价与监督，村民便更加注意自己的行为，面子效应下也害怕自己成了下一个被他人谈论的对象，这其实是一种同辈压力作用下村民对自己行为的检查与约束的过程。

村落环境卫生的整体改善，从更大层面上来看是国家政策与村民自觉意识提升两方面作用的过程，有了国家政策对于乡村人居环境卫生的重视和一些村委实行的卫生环境评比政策，某种程度上影响了村民的内心世界，进而慢慢地形成一面"镜子"，在"镜子"里反观自己的行为，并且在乡村熟人社会同辈舆论的作用下更加重视自己的日常卫生行为，从而逐渐养成良好的卫生习惯。

第四节　健康意识的提升

健康是生命中最为宝贵的财富，难以通过其他金钱物质换取。在火石垭村这样一个传统村落，村民的健康意识和观念已经发生了很大的变化，这完全得益于人们生活水平和生活质量的提升。在温饱问题都难以解决的年代，村民的健康问题在某种程度上被看成"无病呻吟"，一个"忍"字走天下，实在禁受不住疼痛的折磨了才会去寻医看病。随着时代的发展进步，村民的生活条件好了，他们越发认识到身体健康的重要性，对于自己的身体问题也更为关注。

一、小病小痛靠隐忍

虽然农民的腰包相对以前鼓起来了，但是受传统思想观念的影响，农民的医疗健康意识并没有得到很大的提升。普遍存在的现象是：很多农民在生病后，尤其是得了小病，一般是不去医疗机构买药和看病的，而是选择自疗自医。村民的初级预防观念非常薄弱，缺乏及时就医问诊的意识，对于一些小毛病也不够重视，最后往往拖延成了较为严重的疾病。

在火石垭村的调查过程中，经常会发现一些中老年人身体上出现一些小毛病时不主动去医院看病就医，多数是实在忍受不了才会去看，但是往往因为拖了很长一段时间，最后发展为更严重的情况。RWB回忆，以前对身体健康是不太在意的：

　　以前哪像现在有么子痛呀就去医院输液那些哟，以前没得现在这个条件，当时屋里也忙起做活路，本来我们这里交通都不方便，是有哪里不舒服，没得太大问题就是忍哈，一般点把问题是不得去找医生的。我那么几十年来身体还是好的，很少去医院，也没得哪里不舒服。以前的人都没得现在这么讲究，做活路做久了哪里不痛哈，又不是止（承受）不住那种，也没得好大个问题，晚上休息一下，第二天该做活路还不是照样去做活路。当时是不做就没得吃的嘛，感觉以前的人吃得苦些，忍耐能力也要好一些，那时候是没得条件，没得办法嘛。

　　其实村民遇上小病小痛就靠"忍"有着多方面的原因：一是当时的医疗技术并不发达，就医也不像现在这么方便。二是以前在生活条件的限制下，村民本来就没有多少收入，仅仅以"活着"作为生活目的，并没有更多的资金供自己治病，所以他们不会轻易去看病。对于他们而言，看病是一个高昂的支出项目，如果在自己身体还能够忍受的范围内是不会去医院的。三是在他们看来，医院是一个充满死亡阴影的地方，也是一个避讳的地方，并且很少有村民会每年进行体检，甚至几乎没有过全身体检。四是以前的交通不便利，村民的出行基本上都是靠步行，这对于一些居住在高海拔地区的人户而言，下山去医院找医生是一个很麻烦、很辛苦的过程，本来就不太舒服的村民更愿意在家疗养身体，而不愿步行去看医生。加之看病有时与庄稼农活存在时间上的冲突，于是村民对于一些小疼痛并不会重视，觉得忍耐一下就会慢慢变好，或者是等到把家中正在忙的事情完成得差不多了再去管自己的身体。

　　48岁的HXX，因为摘桑叶淋了一场大雨，她说："（不冒雨摘完）不得行呀，蚕子要吃呀，蚕叶不够呀，这个时间等不得呀。"但是身体却开不得任何玩笑，回来虽然及时洗澡换了衣服，但晚上就开始头痛了。HXX很淡定地将家里面的所有家务都处理好之后，再去找附近的邻居询问有无感冒药拿给自己泡上一杯。本以为一晚上就能好，但是上了年纪体质没有之前那般好，睡了一觉起来依旧头昏眼花。到了第二天，她又拜托亲戚从镇上买了一盒感冒颗粒，坚持每天泡一两包。一直忙于蚕桑养殖的她，并没有把这个小毛病当回事。

　　一周后调查组成员再到她家时，正好遇到她的丈夫YCH要去镇上取快递，由于HXX头痛得厉害，就劝她与丈夫一起去镇上看看再买点药，却遭到了她的拒绝："我不熊（喜欢）去，从来我都不爱去找医生看病，不喜欢去医院，你（她的丈夫）去医生那给我带点药就是了，我就是头点点痛，还时不时咳。"说完就进入厨房忙做饭去了。丈夫知道妻子性格没有再劝，只是提醒妻子吃药。虽然HXX的感冒已经有很长一段时间了，但是感冒这种病在他们眼里始终是小毛病、小问题，用不着去医院打针输液，平时注意一下再吃上一点药就能够好的。丈夫YCH还调侃道："是这样哟，人到了四十几岁身体是要出这样那样的问题，体质也下降好多。"

53岁的村民HZP，早在2021年9月1日就已经出现耳朵时不时阵痛的情况。因为阵痛没有规律，她以为是自己没有休息好，就没怎么注意，加上那几天家里面忙着装修厕所，自己需要给师傅做饭吃，也就忽视了耳朵中隐隐约约的疼痛感。到9月4日那天晚上，HZP明显感觉到耳朵的阵痛加剧了，并且出现了耳朵流水、流脓的情况。但是由于丈夫9月10日就要外出务工，家里的几亩玉米还在地里没有收回来，所以她还是忍着，趁丈夫仍旧在家的这几天把玉米收好。他们每天早上六七点天刚亮时就出门，中午十点至十一点左右回来吃饭，吃完下午又去地里面采收玉米，一直忙到天快黑才回来做晚饭。到了晚上，她左手捂着耳朵流露出痛苦的表情。她感觉不能再拖了，才和丈夫商量第二天一大早到镇上医院做检查。9月8日一大早，检查结果为中度中耳炎，医生建议住院输液一周。可是丈夫马上要外出务工了，她实在不放心家里面晾晒的玉米，因此每天都回家，早上把玉米摊在院坝里晒上后再下山去医院，输完液下午又回到家中拾掇玉米。

对于这样的情况，调查组问她为何一开始不选择去医院时，她回答道：

一开始没想得起嘛（她很小的时候曾出现过这种情况，后面吃药好了，几十年之内没再复发），加上那几天师傅来装修厕所，又还要忙起在你叔叔（她的丈夫）出去打工之前把玉米从坡上收回来嘛，还有就是我们这里坐车又不方便，需要走好远的路（至少需要走一个小时才能坐上去镇上的客车），就想起忍一下，然后你叔叔去黔江又给我买点药嘛。我原本想的是不得好的话等到赶场的时候再去看看的，也没想到那么严重嘛。

由此可见，村民的看病就医意识还是相对薄弱，小病小痛在与家中庄稼农活相冲突时，村民作出的选择往往是先顾家中的生产生活大事，自己能够忍受的就先忍，等把所有事情忙完了再去看病。可见出行是否方便也会影响村民及时就医的意愿。另一位女性村民产后就患上了风湿，在五年后才进行拔火罐治疗。当被问及为什么不在出现疼痛症状后立刻就医时，她这样回答：

开始要带孩子，后来孩子大些就去上班，痛的时候就买止痛膏贴一贴。我最近是因为不干原来的工作了，就想趁着还没找新工作，过来把病治一下。泡药浴的疗程时间比较长，像我们要上班又要照顾家里，也抽不出时间来。我们这里人都这样，对自己的身体不是很注意。

在这些因素的影响下，原本只是一些小问题的疾病最后往往演变成了大问题，并且带来更加高昂的医药消费，也花费了更多的人力物力。

二、大病慢病寻偏方

据火石垭村民说，1949年之前由于当地医疗水平不高，最为常见的是小孩的"肤麻痘疮"等病症。如"出肤子"病，这是一种类似发疹的皮肤病，长时间得不到治疗就容易演变成"筋风"（现在医学上所说的"烧热过度"）。CFJ说："筋风实际就是火，如果医生找得不好无法断定哪根筋的话就比较严重，因为需要'烧灯火'。"❶

村民CYC曾在三四岁的时候患上了"筋风"。据她描述，当时自己的父亲请了一个懂"筋风"的老师傅来。"CYC的父亲用一只手将女儿抱在怀中，抬住其头部，另一只手按老师傅指示用桐油把灯草点着，蘸上桐油，等灯火落地就把女儿CYC的头部往正前方向一搬，只听见咔嚓一声就把CYC的头扳正回归正常了。

其实，能够治疗"筋风"的老师傅算得上是"土医生"，这些土医生有着不同的治疗疾病的"土方法"。CXY爷爷生于1948年，但是他家也算得上是"医学世家"，他的爷爷和父亲都是当地的土医生。爷爷是一名对儿童疾病比较了解的土医生，相当于现在医院里的儿科医生。那时候最常见的治疗方法就是用草药，其实就是现在常说的中药。那些草药一般治疗孩子感冒，但当时比较严重的"肤麻痘疮"的治疗需要土医生特制的"发病药"。发病药大致分为几种，有木如香、红椿、紫苏叶等。但要注意的是，用药是有讲究的。

我们那哈技术好的土医生，长包可以不用药就能医好，没有化脓的话就"记"，他有口诀念啊，这个一划，脓包就好了。或者用生豆子，放在嘴里嚼，把它头嚼尖，然后用尖的一头敷在那个包的周围，不让它发展，化脓之后用针一挑。"记"这种只能在身体外面的才能"记"，身体里眼睛看不见的是无法用这种方法治疗的。那个用现在的话来说就是迷信，但它就是得行啊。

CXY爷爷还分享了他亲身经历的自己爷爷给人看病的故事：

他被人称为"水师"，是专门为人接骨的，帮人把断掉的骨头归位、接上，然后再用药包上。他们用手摸之后判断该怎么接，然后就直接上手把骨头接好。接之前要先洗水，就是拿个小碗接碗水，拿三炷香、纸钱一烧，把香灰拿到水里划，然后水朝断的地方一喷，就开始接了。

---

❶ 烧灯火是村中的医生根据病情，用灯草蘸桐油直接或间接烧某个穴位，达到治疗疾病目的的治疗方法。

这个"洗水"的过程其实是相当于现在的敷麻药，如果没有这个步骤，人在被接骨的时候就会很痛。

谈到治疗疾病的土方法，村民LGY有着更具体的叙述：

以前土办法都是在用啊，以前都是捻成面子药，可以直接止血，也有止血生肌的，也有单纯止血的。有些是听传说的，比如说被狗咬了，一枝蒿咬一口敷在上头就好喽。这些书上没得啊，这个中草药在书上同样叫一枝蒿，但它没有说是用来专治狗咬，它是用来清热解毒的。

在以前村民被狗咬了，除了用一枝蒿之外，还会用辣椒面撒在伤口上，然后用东西包起来。如果是治跌打损伤，就用接骨胆，也是一种草药，是一种叫接骨秆的根茎。对于疾病，每个地方都有每个地方的不同疗法。同村的ZSB医生说道：

地方上都是这样搞噻，过去的医生一辈子治病就靠几片姜，姜啊或者葱子啊，就用来煎，搞推拿啊。大推就是满身推噻，小推就是说，光是头痛就只推头和太阳穴地方，如果是手痛，就单独只推一阵噻，这都属于小推。有一部分老百姓那时候确实文化知识差，请人烧破纸，以前都有这种现象，到我们是病先通通检查，检查出来是病就用药。如果普通检查没有查出来是病，先是问你有么子些感觉，给你适当给点药，给你做观察。

除了常见的土方法外，火石垭村还有一种"杠神"的民间信仰治疗方式，村民YCJ讲述了"杠神"的相关情况：

过去我们有个神叫杠神，杠神又叫"端公"，是为活人治疗的。那个时候医疗（条件）差，老百姓没钱嘛，（病了）就说是遭鬼神附体，杠神就做法。我小的时候都不信，但我要跟着他们一起吼啊跳啊，这个都是在春节，就是收兵。他们就说这个神有精兵强将哈，千千兵马万万兵器，他要在三十那天把兵收回来，十五那天把兵放出去，把那些兵放出去找那些人哈，那些脑壳痛啊啥子病的就好了。其实都是些迷信。

一组的YJC作为曾经的土医生，他表示自己的手艺在当初是不被人关注与看得起的。但在火石垭村，他仍旧救过不少村民："有个人被雷公蛇咬了，一般的医院就是打两支血清，我们那药上起就不痛，肿能消。"据他回忆，那人用了自己的药之后便不痛了，嘴巴也不肿了，不到两小时就已经可以吃饭了。

当时有个人屁股上长包包，屁股坐不得也。我说你坐在板凳上，莫起来，我今天给你弄得，你后天就可以做活路。我给他扎针，那个血就一下子飞出来，血红殷殷的，就像化了脓一样。他痛的就站起来了，我让他坐下，用拔罐儿给他弄出来，就整了两个小时，我给他上了点药，第三天就好了。

除了身体上的疾病疼痛外，在医疗技术并不发达的年代，村中的孕妇生孩子都是在家中进行的。村民谈到女性在生小孩之前应该对育儿知识有一定的了解，据说小孩在出生的时候嘴巴里面有一块"血锅巴"，母亲在孩子出生的时候用手指将这块"血锅巴"抠出来之后就不容易发生"筋风"等病症。

那时，一般是在家中请专门的接生婆来接生。接生婆剪断刚出生的小孩脐带也有一定的讲究，剪短了不行，脐带最少要剪七寸长。据说小孩长到七八岁后经常发生肚子痛是因为脐带剪短了的缘故，是村民口中的"走风了"导致的。

在传统时代，剪脐带离不开桐油，因此怀孕的妇女家中都备着桐油。那时候剪脐带需要将脐带定好长度，系紧了之后再剪，剪了后需要抱着婴儿将剪断的脐带系扣，拿在点燃的桐油灯火上烧"七叫"（脐带烧了之后会响，需要响七次），才能够达到"封风"的目的，否则长大一点肚脐就容易漏风，经常性的肚子痛。另一个是肚脐上的脐带不能让其人为地蹭掉，因为脐带干掉之后是硬的，稍不注意的话容易脱落，之后会肚子痛。因此，需要每天用温热的桐油围绕肚脐上的脐带进行擦拭，进而达到让脐带自然脱落的目的。自然脱落的脐带意味着肚脐里面的脐带口已经长好。村民CXY曾谈道：

说实话，过去盘个人是不稀道（不容易）也，不是像现在这个医院方便呀，大部分走医院那人还是松活（轻松）些，但是像过去那样的条件你不懂这些老规矩你就是难哟，现在嘛到医院它就是哪样都有嗻，它是科学化的。过去完全就是用的土办法，没有土办法还是难的，所以现在说的"盘一个，靠一个"（怀一个小孩就得一个小孩，形容只要生育下来一个小孩就有一个长大成人，而不是像过去那样容易在几岁的时候因疾病死去），我看还真的是"盘一个，靠一个"，那过去就是多嘞（小孩夭折），所以土办法记起还是不错也。

但再神奇的土方法在那个时候也只能治疗没有严重伤害到身体的疾病，对于太严重的病，比如脑膜炎，村民就瘪瘪嘴说道："只有死哦。不是不治，是没办法。当时的医疗就只能医治一下不太严重的疾病。像肠梗阻、阑尾炎，那哈都不行，得了你就走了。"

这些遗失很久的土方法，也只是停留在了那一辈人的脑海里，随着时代的变迁和社会的发展，正逐步退出历史的舞台。正如村民现在经常说的："现在还是要相信科学咯，现在的年轻人都不再相信这些方法了，都追求科学治疗。"

三、政策倡导购医保

20世纪50年代，国家开始提倡发展农业生产合作社，其中对农民的医疗和社会保障一开始就包含在建立合作社的构想中。农村"鳏寡孤独"群体多数情况下又处于"老弱病残"的境地，这一群体也是乡村医疗保障关注的重点，火石垭村农业合作化的初始便是逐步构建农村集体医疗保健制度。大集体时期，中国共产党于较短的时间内在医疗卫生各方面进行了规模空前的变革，不仅迅速建立了县、乡、村三级卫生保健网和独具特色的集体保健医疗制度，而且有力地发动了遍布城乡的爱国卫生运动。

谈到大集体时期的乡村医疗情况，村民SDL说道：

集体的时候我们分组（互助组），一般每组由四五户组成，每组有一头耕牛。各组都是自愿结合的，耕地接近、居住相连的，就结合成一组，在组里选出组长给他们讲医疗治病的知识。村民知道自己得了病要去医嘛。

事实上，合作医疗的具体形式并不复杂。现以火石垭村的实践为例，对合作医疗的具体形式进行论述。全省各地虽因地制宜有一定的差异性，但基本形式差异不大。

在火石垭村，当前建有服务方便的卫生站，村医ZSB介绍了卫生站的情况：

火石垭村开始建立卫生站，办站形式主要有两种，一种是大队办，另一种是联队办。资金由大队从公益金中提取和社会集资。每人每年拿5角至1元，大队从公益金抽一部分作为合作医疗基金，由合作医疗站统一使用。药费有的全免，有的免70%、50%、30%，有的不免，要根据本大队经济收入而确定。确有困难者（军属、孤寡老人），可按比例报销药费。

1996年底，中共中央、国务院在北京召开全国卫生工作会议时指出：现在许多农村发展合作医疗深得人心，人民群众把它称为"民心工程"和"德政"。为了更好地做好医疗保障，2003年起，新型农村合作医疗制度在全国部分县（市）试点，到2010年实现基本覆盖全国农村居民的目标。

自从国家在农村推行合作医疗以解决农民的看病难问题以来，火石垭村的村民逐渐认识到了新型农村合作医疗的好处，因而参加合作医疗的人日渐增多。据火石垭卫生室负责人ZXF估计，整个火石垭村委会参加合作医疗的村民约占85%。就三组入户调查的情况来看，村民实际参加合作医疗的比例高于ZXF的估计。

火石垭卫生室张贴着关于农村合作医疗的报销说明：

（1）门诊不设起付线，村级处方值控制在25元（含）以内，县、乡级处方值控制在35元（含）以内，每人每年报销封顶线为200元。（县妇幼保健院承担麻栗镇新农合工作,凡是麻栗镇的参合人员在县妇幼保健院就医,住院时享受乡级补偿报销标准,麻栗镇以外的参合人员在县妇幼保健院就医,享受县级补偿报销标准。)

(2)门诊报销比例:村级为35%,县、乡级为30%,对参合群众门诊就诊需要乡级设备所限不能开展检查的,对县级定点医疗机构门诊的基本辅助检查费用给予25%减免补偿,参合人员就诊时在县、乡、村三级定点医疗机构均按比例进行现场补偿。超出处方值部分和县外发生的门诊费一律不予报销。

住院费用补偿:

(1)起付线县内乡级定点医疗机构起付线为30元,县级定点医疗机构为100元;县外及县级以上医疗机构为300元;持农村特困户救助证、农村残疾证及享受低保的农民和农村独生子女及其父母四类参合人员,住院不设起付线;对参合农民在一年内患同一疾病续转院治疗的只计算其中最高级别医院一次起付线。

(2)补偿比例:县内乡镇级为70%;县级为60%;县外为35%。

参加合作医疗的好处很多,这成了绝大多数农户参加合作医疗的主要原因。特别住院治疗中有一部分农户获得了部分报销费用。在政策的鼓励之下,村民大都购买了农村合作医疗,对于村民而言,这是内心的一种保障。可以说,农村合作医疗的出现给村民带来了一定的安全感,也为他们减少了一些医疗费用。

四、乡村中的现代医疗

社会快速发展的同时,国家的医疗技术水平也在不断地提升。村民生活条件的改善,使他们对于现代社会的信息了解与各项事物的接触也越来越多。如今,火石垭村村民的就医观念有了很大的变化,出现身体不适时更多的是想着去医院做检查后再买药。村民YCJ说道:

以前父母生病,都是请医生下山,娃儿生病,土医生就搞推拿,但现在卫生室都不准这种医生打针输液了,要去正规医院,他们这里只能抓点药。国家对医疗方面的重视,使得以前的土医生逐渐消失,人们在这一方面的思想观念也在转变,身体不好时也知道去正规医院看病治疗了。

对于有一定知识文化水平的村民,除了在医院检查之外,他们也懂得利用互联网查询一些疾病健康知识。YCJ因为有风湿疾病在身,自己一个人在家时总爱上网搜索一些中医药方。在他的手机备忘录里可以看到整整齐齐备注好的药方。YCJ在发现自己吃了这些药没多大作用后,也开始吃起了西药。

村民的医疗观念与意识发生变化的原因主要有以下几个方面。

一是随着村民生活条件的改善，接受教育的人越来越多，他们的知识文化水平越来越高，对于事物的接受更多的是基于现代社会发展的科学化解释，更加相信科学技术。传统的医疗手段更多存在于一些五十岁以上人的记忆中。而有着更高文化水平的一代人也已经成长为家庭中具有话语权的责任承担者，在文化反哺的过程中，老一辈人的医疗观念在年轻人的说服中慢慢地改变，老一辈人也开始相信科学技术。

二是各方面条件，尤其是交通条件的便利，村民在较短的时间内就可以到医院就医，免去了先前因为交通不便而影响治疗的烦扰。

三是就医渠道的多元化与医疗技术水平的高精化。很多大医院都有提前预约专家的渠道，村民的问医有着多元的渠道；并且随着医疗技术水平的提升，医院对于疾病门类的划分也更加细微，专业性与针对性更强；再者在长期的实践积累中，病例的积累越来越多，疑难杂症逐渐被攻破，村民的医疗问题能够得到更为精细化的问诊解决。

四是村民生活条件与生活质量的提升让越来越多的人养成了定期体检的习惯，一些潜在的疾病问题能够及时发现，加之血压测量仪和智能手环的使用，也使村民能够直接看到自己的健康数据，某种程度上也会引起村民对健康问题的重视。

CXY谈道：

现在医疗水平要高一些，么子病去医院检查都可以检查得出来，像以前好多农村人都是不晓得是为啥子死的嚓，因为一开始觉得去医院检查一次又贵嚓，有么子病呀就是在屋里忍起嚓，一般不得去检查，等拖久了到医院去可能就是晚期了。在农村自己掏钱去检查还是贵，还是舍不得嚓。不过现在要稍微好一些了，自己对自己的身体还是有一个估计嚓。现在没得以前那些土医生了，都还是去医院的多，技术要好一些了，一去么子都给你检查哈，照片子那些，现在年轻人这些都是相信科学的，去医院了就是听医生的。我们现在不是有那个老年人体检嘛，有么子问题的话就去问医生哟，医生说不需要动手术就不动，没得么子大问题的话就用不着那么麻烦了嚓。

村民生活条件变好的同时，对于事物的认识也逐渐深刻，也更能理性，客观地看待一些事情，并通过自己的实践经验改变身边一些年老者的传统固化思维。在长期的文化反哺中，老年人的思想也会逐渐地更新。长期与爷爷生活的大学生CJL在医疗方面曾与爷爷产生过较大的分歧，后来他尝试用自己的方式影响爷爷，让他相信现代医疗技术，并时常提醒爷爷身体不适要及时就医，也会坚持带爷爷去做健康体检。在长期的生活中，他潜移默化地改变着爷爷"小病无伤大雅，等几天就好"的固有思维。

小　结　从求生存到享康乐的转变

村庄道路硬化，改变了村民"晴沾灰，雨沾泥"的状况，方便了村民的出行；村民用上了清洁的自来水，修建了节柴灶、沼气池，开始注重厨房、灶锅的卫生，保护了全村的生态环境，减轻了劳动强度，提高了劳动效率；修建的卫生厕所，能够做到对粪便实行无害化处理，猪牛栏的改造方便随时冲洗，便于保持畜禽圈内外清洁。从村民的话语表达和行为中，已经能够明显地感觉到他们卫生观念的变化。以前是没有条件讲究卫生，要水水不足，要地还是土质地面，怎么也无法像现在这样清扫得干干净净。再加上当时的社会背景是以农业生产种植为主，家中的每个人都是忙于农活，没有更多的精力操心家中的环境卫生，对他们而言，重要的是每天能有一口吃的。社会的发展进步带动了村民观念意识的变化，在各种各样的信息宣传中，村民认识到了讲究卫生的重要性与必要性，随即也付出了实际行动。

卫生条件的改善不仅切断了疾病传播的途径，减少了疾病的发生，提高了农民群众的健康水平，而且改变了农村落后的生产生活方式，带动了相关产业的发展，使村子的面貌焕然一新，生态环境不断改善。现在的火石垭人不仅活得更加健康，居住环境的变化也让他们每天的心情变得更加快乐。

农村合作医疗保险的购买服务，使村民的医疗保障得到了更多的完善；医疗技术水平的不断提升，让村民就医有了更好的精细化问诊；村民知识文化水平的提升及生活各方面条件的改善让村民的医疗卫生意识得以提高，就医渠道变得更为多元。总体上说，在这样一个非典型村庄中，村民的卫生健康观念已经开始从"被动"向"主动"转变，由"求生存"向"享康乐"转变。

第九章

媒介、移动与互联网：非典型村庄的传播韧性

烽火连三月，家书抵万金。

——唐·杜甫·春望

洛阳城里见秋风，欲作家书意万重。

——唐·张籍·秋思

江水三千里，家书十五行。

——明·袁凯·京师得家书

古有家书抵万金，现今一个电话、一个视频、一条微信便可随时随地表情达意。无论是在以口口相传为主要方式的古代，还是以电子媒介为依托的新媒体时代，信息传播与人们生活总是息息相关的。村民通过不同的信息传播渠道，接受来自外界的新想法与新观念，社会的发展运行也需要借助媒介的力量，在"接收"与"反馈"之间互动。

在火石垭村，常常能看到屋里屋外男女老少人手一部手机，每个人都目不转睛，时不时发出一阵阵欢乐的笑声。这是新传播媒介深度嵌入火石垭村民生活的生动表现。火石垭村是一个远离城市的偏僻山村，但通过不同的传播方式，火石垭村被连接到一个更大的世界中，新的生机与力量由此不断注入村庄中。

第一节 传统时代火石垭的传播方式

广义上的信息传播需要通过一定的媒介使信息在传播者与接收者之间进行互动反馈，但在即时性的、跨越时空的传播渠道还没有出现之前，以火石垭为代表的传统乡村，村民在社会交往中创造出了独特的信息传播方式。

一、出门靠双腿，传播靠张嘴

"出门靠双腿，传播靠张嘴"，这说的正是过去"口口相传"的信息传播方式。信息传递需要传播者与接收者的互动。过去，政策信息的传递需要走家进户通知，红白喜事需要派说信人通知，这些多是人亲自上门传递信息。

（一）走家串门，"摆龙门阵"

农村社会是熟人关系网络，重视的是人情互惠往来。在没有电子媒介的传统乡村社会，"串门"是普遍的交往方式之一。过去种地是他们最主要的生计支持，每家每户农闲与农忙节奏基本相同，使村民几乎在同一阶段内拥有了休息娱乐的时间。要是碰到下雨，基本不去干农活，要么在自家坐，要么去别人家里串门、"摆龙门阵"。他们聊天的内容非常广泛，大到最近政府出台的相关政策实施，小到哪一家的八卦故事。但是，关于各家家事，他们也有约定俗成的规矩，即不能到处"摆空话"。换言之，如果某一家听到别人的八卦，但是出了这个门、走出这一家，你就不能在别的地方说了。在过去，村户鸡犬相闻，消息很容易传开来。如果被人知道某人喜欢在外面传播他人隐私，他自己会受到众人排斥，并且会被打上"嘴巴多"❶的标签。

除了在家里，还有一些约定俗成的地点，这些地点形成了村落中的公共空间，成为信息传播交流的重要场所。在火石垭村，小卖部承载着这样的功能。对于常年居住在村庄的村民而言，小卖部可算得上是与外界沟通联系最为紧密的场所。曾经走南闯北的经历和店里来来往往的顾客，让小卖部老板拥有较为稀缺的有关其他乡镇或者其他省市的信息。在火石垭，几个小卖部的门口长年放着几张长条板凳，这是留给来买卖货物的村民休息之用，小卖部的老板还时常和气地说道："来坐下不？来耍一下嘛。"亲切的态度让路过村民时常停留下来喝杯茶、聊聊天。

小卖部由于商品买卖带来了大量人流，信息交流互动频繁，信息传播范围主要辐射周边的村民。而对于生活在距离小卖部较远的村民，也存在大家默认的几个类似小卖部这样的自然生成的"公共空间"。

寂静的午后，舒适的傍晚，或是淅淅沥沥的雨天，几户人家的坝子上总是聚着三三两两坐在一起有说有笑的村民。聚会的温暖氛围，在夕阳的笼罩下更显惬意，这是在白天难以看见的老人、妇女、儿童齐聚一堂的欢乐场景。在火石垭村的二组，这种现象尤为多见。根据山地地形与村民分布的区域，可以将二组划分为上、中、下三个片区，上片区以堆窝坝为名，中片区以秧亩地为名，下片区以大坟坝为名，各个片区都有一个村民默契形成的公共空间，实际上是一个私人空间的"公共化"，可能是一个人的家里，抑或一片小坝子。村民不约而同地每到饭后时间都会到这个公共空间闲聊上一会儿，有时候即便不说话，大家也会坐在那个公共空间里休息乘凉或玩手机。

在堆窝坝片区，村民CFJ家的坝子是村民默认的"公共空间"。每天早饭过后，如果太阳毒辣或大雨滂沱，大家便会在家休息片刻，而到上午时分陆续会有几个人来到CFJ家玩，要么是带着小孩，要么约上几个朋友前去打牌，每天来的人不完全相同，但多是居住在CFJ家附近的亲戚朋友。

在CFJ的回忆中，2019年大年初一那天，家里聚集了五桌打牌娱乐的村民，还有很多小孩在打羽毛球、跳绳，一些带小孩的妇女坐在一起调教子女，七八十岁的老人聊点家常等。当CFJ向笔者描述的时候总是脸上挂着微笑，头偏向一边，有一种自豪感。

串门、"摆龙门阵"作为乡土社会传统的信息传播方式，时至今日依然在火石垭发挥着作用。每个人都是信息接收与信息传播中的一员，随时都在传递着不同的信息。哪怕如今获取信息的渠道变得如此多元，串门和集会依然发生在当地人每一天的生活当中，就像是日常生活的调味剂一般。

---

❶ "嘴巴多"用来形容喜欢七嘴八舌、闲言碎语。

（二）政策信息的上传下达

政策信息的传递对于整个村庄的社会发展至关重要。以口头传播为主要方式的年代，火石垭村政策信息的传播渠道通过"国家级→市级→区级→镇级→村级"这种层层传递的方式来实现，而传播的主体则是以干部为主的各层级"信息联络员"。

在村级层面，"信息联络员"的工作方式通常是去各家各户口头通知，采取此种方式主要是为了保证信息传达准确且传达到位。这种办法虽然效率不高，却使政策信息在传递过程中多了一些人情味。小组长去村民家中时，并不是冷冰冰告知，而是伴随亲切的问候和交流。同时，他们也获得了村民的亲切招待，一根烟、一盏茶，拉近了村干部与村民之间的距离。特别是在互联网出现之前，依靠此种方式，干部与村民的感情十分紧密，曾不止一个村民表示×××书记多么多么好："他每次通知么子事情都喜欢来我家坐哈，也会经常来家里看我们，有么子事情都还是来通知我们。"有着这种回忆与情感的人，多为年过七旬的老人，他们更加享受人与人之间面对面的情感交流，对于他们来说那是最为权威的信息传播方式。即使到了现在，对一些使用老人机的群体，村委和组长要通知事情，若是电话联系不上，都会去老人的家里。在某些集体事项的通知上，干部会采取会议的形式，召集有关村民到某一地方开会。考虑到各家的庄稼劳作时间，会议的时间会挑选在休息时间。虽然有时会议的时间是在农忙时节，但几乎所有的村民都会派出家中的一个人员参加，态度认真诚恳，参会率比较高。

曾任村民委员会主任的CJG回忆，20世纪八九十年代有各种会议，参加会议的干部有党支部书记、村委会主任、村支书、治安主任、民兵连长、妇女主任。需要村民参加的会议，干部便在村庄里面的主干道上大声喊。"要开么子会议的话都是组长在路上喊，喊了之后还会去必要通知的人家里面将信息传达到位。"如是不太紧急的会议，则会去公共集会的场地，如赶场时的街道或村中的小卖部等场所，让村民自行捎信给村里的人，如："××时间，要在××地点开××会议，请大家准时参加。"

虽然村民多是政策信息的接收者，但有时也会针对一些信息询问干部，希望干部能帮助解决相关问题。此时干部就成了群众与上级政府沟通的中介，他们一方面解释政策，传递正确的政策信息；另一方面又向上级反映情况，为政府的科学决策提供可靠的参考和依据。有时村民提出的请求不在他们的能力范围之内，他们仍会想办法向上级反映。

如今互联网已经普及到村中的各个角落，但是很多时候政策信息的传达、落实还是会采取线下沟通的方式，这时"坝坝会议"就成了一个很好的载体。2021年11月28日，

重庆市黔江区"区、乡镇第五届人民代表大会候选人选举会议"火石垭二组的村民小组推荐会议在堆窝坝的CFJ家坝子里面举行（图9-1）。早上10点多村干部就将消息通知到小组长，小组长负责给村民发消息，通过微信群和电话的形式告知村民在CFJ家坝子里面召开线下选举会议。小组长通知后村民陆续来到CFJ家院坝，等到村民差不多聚齐后，村干部开始向村民讲解会议事项，包括会议内容、会议目的、需要村民所做的事项，村民耐心听着村干部的讲解并时不时彼此之间有所互动，言语交流之间，热热闹闹的"坝坝会议"一个小时就结束了。村民签字投票，选出自己认可的代表。

图9-1　2021年11月28日村民于CFJ家中召开的坝子会议场景

二、跨越山河，远距离交流

时代的发展进步，让长年生活在相对封闭空间的村民有了与外界交流沟通的渠道和方式。书信文字传达的是对亲人的问候与想念；电话里那熟悉的声音瞬间打破了时空的限制，让分隔两地的亲人能够找到亲人依旧陪伴在身边的感觉。

（一）书信里的涓涓情意

20世纪90年代逐渐外出务工的人，与留在村中的家里人交流最为普遍的方式是书信。但此时的火石垭人，并不是所有人都能认字，于是他们请一起务工会写字的工友代为书写，只不过此时的文字更多为平淡的询问，对自己的近况多是报喜不报忧，不让家里人担心。CFJ结婚后有两个儿子，一个6岁、一个2岁，均在需要耐心抚养的阶段。自家四口人与弟弟一家人共住在三间房中，生活空间狭小。眼看着孩子一点点地长大，自己却没有积蓄修房及供孩子读书，在此双重压力之下，CFJ不得已外出务工谋求生计。虽然CFJ远在城中，但内心始终牵挂着家乡的妻儿。妻子心地善良又沉默寡言，容易在妯娌的相处中吃亏，他非常担心自己的妻儿被欺负，十分想知道妻儿的近况。但苦于自己没有文化，不大识字更不会写字，为了能够与家里取得联系，于是他在工地找到同是石家镇关口村的TYQ，寻求他的帮助，TYQ答应帮他写信，问候家中妻儿。寄出的信需要半个月才能到达火石垭家中，妻子收到信后又寄来了回信。在回信中妻子表达道:"家里的事由我负责,你不要担心,你在外面好好工作,好好照顾自己。"来往间,文字中承载的力量让CFJ找到了家的归属,也让在家里留守的妻子感受到了丈夫的陪伴。

虽然过去写信人的表达水平有限,信上多是简单的问候,但在那些朴实话语的背后隐藏的却是浓浓的情意。对分离的亲人而言,有时候仅仅是一句简短的问候都比昂贵的礼物更让人期盼。

写信需要一定的文化水平,大多数没有接受过完整的教育、识字不多的火石垭村民会寻求"文化人"的帮助,将写信与读信的任务交由他人帮忙。75岁的C婆婆就曾扮演过帮别人写信、读信的角色。

C婆婆虽然只有小学文化,但她能够写字、识字,因此时常帮别家读信、写信。许多人家收到信第一时间就来找C婆婆,请她读信。据C婆婆回忆,来信的内容基本上大同小异,主要是交代打工地点、能赚多少钱、什么时候回家、身体怎么样,再就是问问家中情况。念完信后,在场的家人大多会流下眼泪。有的人会立马请C婆婆写回信,主要内容也大多围绕老人身体、孩子上学、房子修理、土地庄稼等情况,并且提醒在外的亲人照顾好自己,盼望他们早日回家。

信是传统时代表达情感的媒介,但因为交通不太便利,导致一封信送达火石垭需要经历很长的一段时间,有时会导致村民错过重要的信息,有时还会给他们的人生留下些许遗憾。

大多数情况下,信件的往复是不紧不慢地你来我往,不过也有特殊情况。某次一位长年身体不好的老奶奶在家中干活时晕倒,亲戚急忙请来镇上医生,但已经无力回天。于是亲戚火速请人写信通知奶奶在外打工的儿子,但时间已然来不及。等到儿子回来时,奶奶已经下葬了。

村民RZX于2000年外出务工。这是他第一次出远门,因为刚开始没挣到钱,又不方便,并没有与家里面联系,过了几个月才给家里面寄了一封信,问候家里人的身体状况,尤其是爷爷奶奶的健康情况。在RZX尚未寄信时,爷爷的身体就已经出现问题,但是家里着急的是无法联系上他——只知他的务工地点,并不知具体地址,因此无法传递消息。所以当信寄到时,爷爷已经去世一段时间,而在外务工的RZX一无所知。一个月后,他才收到家中的回信。信中的消息让他万分吃惊,苦苦盼来的消息却是自己最为牵挂的亲人离世,自己没能见上最后一面,心中的悲痛让他在很长一段时间里都难以承受。

（二）座机电话中的珍贵口信

座机电话的出现在某种程度上结束了以书信为主要交流媒介的时代，使信息传播效率有了很大的提升。以声音为媒介的即时对话，让双方的情感交流也更加深入。对于远在他乡打工的村民而言，听到家乡亲人的声音，不管时间长短，身心疲惫便一下子得以释放，浑身充满干劲，温暖即刻而生。

在20世纪90年代初，石家镇便有了座机电话，有时外出务工的人员在赶场时打入，将信息带给座机电话的接话人，后者再将电话中的信息以口信的方式带给火石垭村中的家里人，让双方约定好一个时间，使用座机电话交流。后来火石垭村也有了这样的公用电话，小卖部的YXQ便安装过一部，供村民交流使用。不过当时打电话还是相对贵的，1.5元/分钟，所以大家都会看着时间打电话，如果是在1分钟之内就只算1分钟，超过几秒就会再增加1分钟，用村民的话说就是："那个时候算得精呀，座机上有时间的，主人家看得清清楚楚。"

座机电话的普及则是到了21世纪初。一开始并不是家家户户都会安装座机，基本上一片区域只有一两户安装，周围的邻居有时去机主家拨打，是否要收取费用依据村民和机主家亲疏关系而定。尽管费用不低，但为了可以听到遥远的亲人的声音，许多村民宁愿节省其他方面开支也要坚持拨打。随后，家家户户开始安装电话，只需要购买座机便可，安装线路由电信局负责，座机的售价为100元，安装费150元，短途0.19元/每分钟，长途是0.5元/分钟，每个月有9元的座机费。

外出务工浪潮让大批村民走出家门。在外务工的他们，可以通过公用电话与家乡的亲人通上电话。尤其是对于留守的父母来说，电话便代表着在外务工子女的来信。每当他们空闲的时候，总是习惯性地看向电话座机的地方，盼望着电话铃声的响起。但由于电话线路不稳定，经常出现线路烧毁的情况。后来随着手机的快速普及，座机电话便逐渐被淘汰。尽管座机电话存在的时间不长，但作为一种传播媒介，却实现了在外务工的村民与留守家人的情感交流。

三、大众传播方式的初步变革

在早期的乡村社会生活，广播与乡村大喇叭为政策信息的传达提供了良好的平台，传播声音大、宣传力度强、传递效果好。广播与乡村大喇叭是村民获悉信息的"公共渠道"，也是村民的一种集体记忆。如果说广播与乡村大喇叭的信息宣传更多体现的是一种村民被动接受，在潜移默化中转变思想观念，那么电视机的广泛使用则是村民主动寻求信息、扩大认知、增长知识的体现。基于个人兴趣爱好的电视内容选择也在某种层面形塑着村民新的观念。无论是乡村广播，还是电视机，都带给了火石垭不一样的新气象，这些媒介至今仍在部分村民生活中发挥着较为重要的信息传播作用。

（一）固定的广播与流动的喇叭

文字与广播不同，文字是静默的，并且由于知识文化的限制，文字传播的效果在传统时期极其有限；广播更加灵活，以声音为传播媒介，无论文化程度高低，都可以接受。

在年纪较大的村民的脑海中均保留着农村广播的记忆，每日早出晚归时总会听到农村广播播报。日子一长，农村广播逐渐融入百姓的日常生活中，成了村里的时间播报器，国家新闻、政策的"宣传员"，娱乐休闲节目的"广播员"。1950年4月，中央人民政府新闻总署正式发布了《关于建立广播收音网的决定》，其中明确提出："无线电广播事业是群众性宣传教育的最有力工具之一……利用广播进行宣传和动员，可以发挥极大的作用。"由此，广播在1949年之后的很长一段时间里，承担着政策宣传与传播的重要作用。

Z医生回忆："（一九）七几年的时候，村里的有线广播用来播放些政策。后来不知道是因为管理还是质量问题，坏掉了就没有人修，再后来广播也就不了了之了。当时一共有4个（喇叭），朝4个方向，一放全村都知道，一年也就放个几次而已。"70多岁的JGR也有同样的记忆，"在（一九）六几年还是（一九）七几年这里成立公社的时候安过大喇叭。那时候乡政府讲话，每户都能听到。当时用了两三年，后来坏了，就没再用。"

在传统时代，人们以务农为生计中心，村民关于广播宣传的记忆并不清晰，再加上广播只在村委活动室设置，远在山上的其他小组村民难以听见，因此当时的信息广播传递效果也极为有限。后来，随着生活条件和交通状况的改变，许多人家拥有了小汽车，于是村干部开创出来一条"流动的宣传渠道"——将喇叭或者音响捆绑在汽车顶上，以"流动大喇叭"的形式宣传信息，让在家的火石垭人都能够接收到政策信息内容。M书记对此表示：

喇叭宣传效果大。我们都是到组上去宣传，家家户户都能听到了，这样的宣传比开会都还好，因为开会不一定是全部人都到齐了噻，而这个（喇叭）一吼，很大程度上能够起到警示性的作用。

现在的火石垭村，固定的广播与流动的大喇叭一起尽职运转着。据火石垭干部介绍，疫情防控、森林防火、诈骗防范是"流动大喇叭"的三大主要内容，不论是潜移默化的影响还是直接的警示，都让村民感受到了信息传递的重要性。当前，即使处于互联网快速发展的时代，农村广播与大喇叭仍旧作为传统乡土社会的大众传播方式，拥有比文字更快的时效性。在公共事务上，二者发挥着重要作用，在打通农村信息传播的"最后一公里"方面扮演着举足轻重的角色。

（二）作为"先锋者"的电视机

电视机作为一种声像结合的信息传播媒介，实现了信息传播从声音到画面的跨越，丰富了信息传播的内容与情感的表达。由于山高地远，火石垭村的信号较差，电视机能够接收的频道也不多，当时的主要频道有四川台、黔江台，有部分电视台能够看到电视连续剧。

在20世纪80年代中期，村里通上电以后，村民开始接触电视机。最初只是黑白电视机，只有家庭条件较好的村民才买得起。"谁家买了电视机"成为当时的新鲜事。

CXF是火石垭二组最先购买电视机的，他是火石垭烟站的收购人员，家中经济条件相对较好。大约在1987年，他去黔江开会时顺便购买了一台黑白电视机，花了800多元。但由于村中的硬件设施跟不上，信号非常微弱，电视观感体验不佳。即使这样，这台电视机仍旧受到了众多村民的欢迎。

晚上烘烤烤烟，火架好之后，大家就会趁着烘烤的时间去有电视机的人家晃上一圈，试着去"偶遇电视"。哪怕电视上看到的画面断断续续，也丝毫未影响村民观看电视的热情。当时忙于生产的CXF妻子会在吃饭时观看电视，但由于看得太入迷了，手里端着的饭都忘了吃。

谁家购买了电视机，村里人聊天集会的地方便自动迁到那处，一边看电视一边聊天。一开始许多有电视机的人家十分乐意与众人分享，但时间一长问题也逐渐凸现，如电费的增长。大家长时间一起看电视，但电费却只由自己一家出，某些拥有电视机的人家便不会一直大度下去，甚至在情绪上也有所显现。此时许多村民便想着，无论如何自己家也要购买一台。

YCH回忆，1994年他在哥哥YCG家第一次见到电视机。时隔多年，他仍旧记得当时的画面，能够从一个大铁箱中放出声音和画面，他惊喜万分，也在心中想着自己也一定要买一台。于是在1997年，YCH赊账购买了一台400多元的电视机，等到秋收烤烟卖了之后将钱还回。那是一台黑白电视机，通过黔江转播台接收信号获取频道信息。这台黑白电视机直到2002年才"退休"，YCH随后更换了一台价值800元左右的黑白电视机，尺寸有17英寸，比之前大不少。2008年，YCH买了彩色电视机，此时他的内心再一次被震撼，从黑白到彩色的跨越不仅是视觉感知上的变化，似乎也给生活注入了新的色彩。通过彩色电视机能够看清楚每一个人的服装样式、表情神态，里面的每一个人眼中似乎都带着光芒。YCH通过电视获取到的信息，让自己的谈资多了许多别人没有的内容，他也渐渐地养成了一种时刻关注时事新闻的习惯，不管是国家政策还是地方资讯，YCH都能掌握最新的信息。

电视在火石垭经过了几代的变迁，现在村民普遍使用的是液晶彩屏电视机。但是在智能手机出现之后，电视机在村民日常生活中发挥的娱乐休闲作用越来越小，电视机使用群体主要是60岁以上的老年人。如60多岁的MXQ虽然会使用智能手机，但手机只是他的沟通工具，信息获取还是习惯看电视。看电视的时候，他不喜欢被人打扰，因为这是属于个人的休闲时间。他比较喜欢看新闻，关注国家大事，如CCTV-1的国家新闻和CCTV-7的军事信息及农业信息。为了能让自己看电视不受影响，他和家里的孩子们都是各看各的，自己一台电视，孩子们一台。老年人有了电视的陪伴，不再孤独。1956年出生的RZK一个人居住在火石垭二组，妻儿与孙子都在外，本以为一个人在家会觉得孤单，但是他很坚定地说："那不得孤单嘞，我每天晚上看电视要看齐（到）十点、十一点嘞。"说着眼睛就望向了电视，并顺手点起了手中的烟杆："我主要看的是连续剧，什么战争片、故事片呀我都看。"白天忙于村务的他，晚上观看电视既能获得短暂的休息，又能获取国家政策和相关的农业知识。

73岁的村民CXY自老伴去世后，几乎是一个人过。本以为长年的独居生活会让他沉闷，但是他却很健谈，整个人健朗有精神，拥有着开朗治愈的笑容。他平日里经常出来走动，在他的周围总是充满欢声笑语。晚上七点后去CXY家，相隔老远会听见屋里面传来的电视声音。走进房屋就看见他嘴里叼着一杆草烟，聚精会神地盯着电视，如果来的人不出声，他很难注意到已经有人进家门。"我每天晚上都要看电视嘞，一般我都要看齐十一二点，那我还是精神嘞，不得打瞌睡，我看的话要看完才睡。"通过看电视，他总能知道最近发生的时事新闻，即使没有智能手机，他也能和村民聊起最近的热点话题。尤其在我们田野调查时，走到他家，往往刚坐下，他便主动聊起："又发生了好大的洪水……"。

广播、喇叭和电视机作为传统媒介，时至今日在火石垭都未完全消失，依然存在于村民的生活中。过去几十年，它们发出自己的声音，带给村民更为丰富的乡村生活，拉近了火石垭人与外界的距离。如今，随着各种新媒介的不断涌现，它们在火石垭的地位和作用也发生了变化。但当听到村里的流动喇叭响起的时候，村民便会知道相关消息的重要性。一些上了年纪的村民想要了解最新的国家政策，依然通过观看电视的方式获取相关信息。

第二节 移动互联时代的到来

火石垭村作为一个传统的村落，在上百年的发展过程中，信息传播从全靠面对面的口口相传方式，到纸质信件的信息传播方式，再到收音机、电视机、座机电话等声音影像的大众传播方式，经历了不同的阶段。但是，自互联网出现与普及后，其不受时空限制的特点让信息传播的范围越来越广泛，效率也越来越高。

一、跨越时空的新媒介

不以时间为限制，不以空间为距离，人人拥有一部手机，能够打破时空界限，实现情感交流，这让火石垭村民的生活发生了不一样的变化。打电话不再成为一件奢侈的事，互联网的连接让远在两地的人可以实现视频通话，这超越了许多村民的想象。网络世界无所不有，村民像发现"新世界"般不断探索自己感兴趣的信息。火石垭的村民在新媒体时代的发展中不断追寻着新媒介使用的步伐，新媒介影响着他们的思想观念与行为，同时也在记录着他们的故事。

（一）功能机换智能机

2000年左右，火石垭村民陆续开始使用手机，买手机成为那一时期在外务工人员的工作目标，但那时候的潮流手机是现在人们口中的"老年机"（功能机）。

村民YSW 2000年外出打工时刚满16岁，年纪轻轻的他只有两个追求：买一部手机和一辆摩托车。他看到别人开始用"大哥大"时，内心的好奇与不服气让他干劲满满，他告诉自己，出去挣钱了一定要给自己买一部手机。于是，当他拿到第一个月的工资时便立马买了一部手机："我发了工资之后就马上去买了个手机，当时真的好高兴哟。"他一边说着，一边露出自豪的笑容。

随着时代的发展，手机具有了更多功能，各种手机品牌在村民的记忆中留下了深刻的印象。村民YCH清晰地记得自己使用过的每一部手机的情况。他的第一部手机是从朋友手中买来的二手摩托罗拉"大哥大"，2000年购买时花费了50元左右。"大哥大"用了两年又换上了一个"绑绑机"，即套餐固定，每月的话费有最低的限制。"绑绑机"与此前的"大哥大"最大区别在于屏幕不同，"绑绑机"是彩屏的，但在功能上两者差别不大。

2006年，他在杭州打工赚到了一些钱，很快给自己换上了"夏清"牌手机，花费了

1125元，这部手机的内存空间增加了不少，有播放歌曲的功能，并自带耳机线。这个手机他一直用到了2010年，后又更换了一部康佳手机，此时手机逐渐普及，价格也较之前有所下降，花费800元，又用了4年。他的手机从只能接打电话，到可以听音乐、玩游戏，他与亲人的联系也更加频繁便捷，他享受到了社会发展进步的成果。

从以上的个案可以看出，一开始，手机对村民来说，只是一种通信工具，村民也只是为了方便沟通让手机进入他们的生活。当意识到手机的便捷后，在拥有一定的资金后，拥有一部手机便成为许多村民的愿望。手机作为科技进步的成果，对于从这个偏远的小山村走出的村民来说，有着十分重要的价值。通信技术发展迅猛，让火石垭许多村民跨越座机时代直接进入移动互联时代。尽管因为经济条件和知识文化差异等原因，村民接触手机的时间有先后，但从2010年后，村民都逐渐拥有了自己的手机，此时的手机也有了更多的功能，称为"智能手机"。

年轻人对各种新鲜事物有着更高的敏感度，再加上其休闲娱乐生活较为丰富，智能手机对他们来说不仅是通信工具，更是生活水平的象征。村民RZK就是这样一位年轻人，他属于村里第一批用上智能手机的人。"当时我们最开始用智能手机的时候，哪想过会还是不会哟，就是捞起来乱按，反正一下子又不得把它搞坏。"

一开始，智能手机是身份的象征，使用者对其功能并没有更多探索。但手机的普及是如此迅速，买一部手机对留守村民来说日渐平常。近五年，更有许多50岁以上的中老年人开始使用智能手机。63岁的P奶奶不识字，一开始全靠媳妇一点点教，她一步步学习，也逐渐习惯了使用手机，后来更是爱上了"刷抖音"。她认为自己是从抖音刚出现的时候便开始玩了。她日常会在抖音上录制视频并发到网上，内容有逗孙子、唱歌及跳舞等。

（二）无线网络家家安

随着手机的逐渐普及，无线网络的安装成了大家最为迫切的需求，毕竟手机流量的费用远远大于无线网络的资费。在没有无线网络时，村民往往刚充好话费，用上不久，便会收到欠费的短信通知，较高的流量费用让他们有了安装无线网络的想法。另外，由于火石垭二组地势偏高，手机通信信号时常不稳定，村民常常处于"失联"状态。于是在2017年，这些村民带头安装了无线网络，掀起了村中安装无线网络的热潮。

最初的无线网络是由RZW带头安装的，曾经是火石垭采石场老板的他，脑袋里总是充满着许多的想法。当他回到火石垭时，时常为家里没有手机信号而焦急，发消息要延迟，接电话要等待，对于生意人来说是有很多不便。于是他主动找到石家镇电信局，要求给火石垭村铺设线路，安装无线宽带。电信局回复说，至少需要10户人家提出需求，他们才会安装。于是RZW将此信息传达给大家，他积极动员村民，告诉他们安装无线宽带也能方便家中收看网络电视，还能将安装的宽带与自己的电话卡绑定，不需要每月支付额外费用。经过他的动员之后，组内许多人家同意安装无线宽带。

互联网络的连通让村民的手机使用更为方便，不用再担心流量费用问题，不用焦虑信号有无，村里的网络化休闲生活与大城市的差别消失了，一机在手，一切信息都有。

无线网络基本上覆盖了全村，大大推进了这个传统的乡土社会迈向移动电子通信时代的进程，也深刻影响着火石垭村民的日常生活。

二、互联网下的日常生活

互联网的联通，让火石垭村民有了探索新生活的新渠道，知识信息的获取在指尖滑动中就能快速实现；业余文化生活的丰富在学习模仿他人的视频创作中不断满足；与他人的情感沟通交流在声像结合的视频中体验中更为真挚。在互联网的使用中，村民们对手机有了更多的依赖，互联网打通了村里村外、线上线下互通有无的路径。

（一）不知不觉的手机依恋

在火石垭村，手机已经是每一位成年人的标配，村民与手机"形影不离"，主要表现为一天当中长时间地使用手机。而不同的年龄层又有着不一样的手机使用习惯。

1. 手机不离手

在火石垭村，随处可见村民拿着手机沉浸许久，好似进入到另一个令人陶醉的世界。手机对于火石垭村的村民来说，就像是一块新大陆，充满着新发现，村民在不知不觉中形成了对手机的依赖，日常生活就是与手机作伴。

以CFJ的一日生活为例，清晨5~6点，以往立即起床的他，如今要先躺在床上玩一下手机才会起床。起床后，如果地里面有农活便去地里，农闲时便在家里玩手机，一般是刷抖音，一直持续到早上9点。午后，家中陆陆续续有人来玩，三四个人可以凑成一桌打麻将。这时他会放下难舍的手机，开启下午的休闲娱乐时光。但打麻将人并非每天都能凑齐，于是下午的时间依旧玩手机。他并不喜欢串门，只会在自己家等着亲朋好友上门玩耍。有时晚上饭后，会有一群人来到家里聊天，此时的他也会陪着大家一起谈天说地。等到睡前，他依旧会玩上一会儿才睡觉。

从CFJ一日生活中可看出，除了吃饭、做农活、陪客人等事务之外，他其余的时间几乎都花在手机的使用上："我没事就耍手机哟，现在也不需要做么子。"村内的夏日午后，大树下聚集着许多的乘凉村民，但大家总是在聊几句之后，便将注意力转移到了各自的手机之上，关注的对象成了各自手机。

CFJ的妻子HZP今年53岁，是一位每天围着厨房打转的农村妇女，她一天中有四五个小时是花费在厨房里的。因为不喜欢社交，忙完厨房的事她就会拿着手机玩。手机玩累了便会出去溜达上一圈，要么看别人打牌，要么去庄稼地打点，要么去菜园里摘点菜回来。一天的时光，在农闲时极为悠闲（表9-1）。

表9-1 HZP于2021年8月30日的一日生活

时间	活动事项
7:00–7:10	起床
7:10–8:30	准备早饭食材
8:30–9:00	辅助丈夫修建瓦棚
9:00–10:00	炒菜
10:00–11:00	吃早饭、洗碗、清扫厨房
11:00–13:00	整理家中做饭烧火所需要的木柴
13:00–16:00	刷抖音
16:00–17:30	准备晚饭菜品
17:30–18:30	吃晚饭、洗碗、打扫厨房
18:30–20:00	与来家里的人"摆龙门阵"
20:00–22:00	刷抖音
22:00–23:30	洗漱，洗衣服
23:30后	睡觉

从她一天的生活可以看出，早上7点起床到晚上11点半入睡，她玩手机的时间有5个小时，将近三分之一。HZP自述自己的生活简单到一天只有三件事：做饭、睡觉、玩手机。不善言辞的她，在网络上默默地了解身边的人事变化。如调研团队于2021年8月1日在村中三组XJF家吃晚饭，整个晚饭场景被XJF拍成视频发在了抖音平台。第二天上午一大早，HZP便悄悄问调研团队："你们昨晚是不是在XJF家吃的饭？"她对于自己掌握了信息显然十分骄傲："我在抖音上看到了的。"

2.不同群体的手机使用习惯

在手机的使用频率上，不同的年龄段有着一定区别，总的来说年轻人花费的时间比老年人多。但更为明显的区别在手机的使用习惯和使用功能上。年轻人相较中年人，手机的使用时间更长、使用功能更多，40岁以上的村民最为常用的软件为微信和抖音，二三十岁的年轻人使用的手机软件则更多元，如社交软件、视频软件、购物软件、游戏软件等成为他们智能手机上的普遍存在。

YMX 61岁，每天的生活围绕着土地与家庭转，一辈子都在农村待着。由于文化水平低，接触智能手机相对较晚，学得也慢。她至今记得第一次使用智能手机时的慌乱与迷茫。从一开始茫然无措，到如今的镇定自若，微信和抖音成了她的陪伴："我就只会微信呀，刷哈抖音呀，其他的我都不会了。"对她来说，手机只是娱乐消遣的工具。"没得事的时候耍哈，打发哈时间嘛，不得那么无聊嘛。"但她平日里仍旧还是围绕着农活转，只有晚上一切事情都忙完了，才有时间玩一下手机："我们都是晚上的时候耍一下，就刷哈抖音呀，要么就是给兄弟姐妹、子女他们打个视频聊哈天呀，耍哈我们就瞌睡了。"

对从没有长时间出过远门的农村妇女来说，手机给她们带来的多是娱乐消遣。像她一样的妇女，文化程度普遍不高，经历过劳苦生产的时代，已经习惯了一辈子耕耘土地，在新事物的接受上相对较慢。"害怕没有文化做不来，又生怕自己按错什么。"在子女的多次劝说之下，她们逐渐开始使用智能手机，使用软件多为微信与抖音。

与足不出户的YMX不同，60岁的RZP是20世纪90年代最早出去打工的村民之一，现在在家与妻子靠养殖蚕桑、种庄稼维持生活。多年来在外走南闯北的他，对新事物的接受一向较为迅速，他最爱使用的手机软件是微信、抖音、快手、西瓜视频。对他来说，每个软件的使用有不同的目的，微信和抖音是用来社交的，快手是用来看搞笑视频的，西瓜视频则是用来看电视剧的。RZP的手机使用频率相对于同龄人而言是较高的，只要空闲了他就会拿出手机专注地玩。

需要特别指出的是，手机对于60岁以上的留守老人有着特殊意义。在最开始时，他们小心翼翼，担心自己的文化水平不够无法学会，后来在亲人指导下，逐渐开始学会用语音聊天、打微信视频，再后来慢慢学会了使用抖音、玩消消乐、玩扑克牌等。对于他们而言，智能手机带给他们的冲击更大，他们惊讶于能够和远在天边的亲朋好友实现实时对话，他们惊讶于所有自己想要了解的信息总是能够在网络上找到相关内容或者线索，他们惊讶于年轻人在手机上随便点击几下过几天就能够收到一大堆快递……。智能手机成了他们生活中重要的组成部分，在某些时候甚至成了他们的精神依靠。

FCY家是女主外、男主内的家庭，"70后"的他因为身体原因，由妻子负担家中的主要生计。他的手机里下载了多种软件，但他日常使用的只有四个：微信、快手、抖音、腾讯视频。软件都是让手机店店员帮忙下载的。与他视频聊天最频繁的是儿子和妻子，微信群主要有"相亲相爱一家人""F氏家族群""火石垭二组群"等。FCY与妻子、女儿、儿子有一个"老妈和老爸"群，平时子女与妻子都远在他乡打工，但他们会经常在群里发自己的动态，让FCY有家人陪伴的感觉。除了聊天之外，像他一样年龄的人也已学会使用抖音等短视频软件。NCP同样是因病在家休养的男性，抖音是他日常生活中不可或缺的娱乐软件，他不仅会看，还爱拍，他拉着妻子玩着抖音上的滤镜，展示自己的日常生活。

如果说20世纪60年代出生的人因为文化程度的限制，不会熟练使用智能手机，那"70后""80后"普遍是人手一部，抖音与微信朋友圈似乎成了他们了解同辈人生活的重要窗口。"80后"的XQ是一位外县嫁过来的媳妇，平日里话语不多，虽然为了陪儿子读书没有外出务工，但因为有一定知识文化，在使用手机上很熟练，她更是家中父母使用手机的指导者。她最常使用的三款软件是微信、抖音、拼多多。每次去她家，她大多时候是待在自己的房间玩手机。她非常喜欢在网络上购买孩子的学习用具和生活用品，隔三岔五地收取快递是她的生活常态。1983年出生的ZAR同样是一位乡村留守妇女，在家乡发展蚕桑养殖的她白天总是无比忙碌，只有晚上才能获得一点喘息与休息的时间，于是手机就成为她最好的休闲工具。孩子在外上学，丈夫外出打工，家中只有她一人，她与外界的交流都是通过手机实现的："我平时晚上的时候一般都是躺在床上耍一下手机才睡觉，一般都是刷一下抖音呀，看别个拍的那些，有些还好看，还搞笑嘞。""80后"是在改革开放后出生的一代，他们的知识水平和受教育程度明显更高，他们不但可以自己玩，更是成了教导老一代村民如何使用手机的"老师"，对于各种软件的使用也能够在短时间内学会，接受程度也相对较快。

20世纪90年代以后出生的人更是如此，他们正好遇上了科技大发展、手机大变革的时代，对于互联网的运用更加熟练，花在网络上的时间也更多。26岁的CJL便是其中的代表。作为一位已经工作、拥有稳定职业的年轻人，他行走在时代潮流前端，工作软件、社交软件、视频软件、购物软件、游戏软件样样精通。

CJL一周使用手机的时间约为48小时，平均每天约6.9个小时。他平日所玩的软件以娱乐消遣为主，汽车视频直播和打游戏是他的兴趣爱好（图9-2）。比CJL小几岁的YX今年刚大学毕业，目前在一家国企从事技术类的工作。"朝九晚五"与双休的工作，让他拥有较多的时间供自己支配，微信聊天、看直播、看视频、听音乐是他对于自己的业余时间的支配。调研组统计他2021年10月10日这天的手机使用情况，一共约6个小时，其中使用时间最长的为微信和虎牙直播，分别各为1.5个小时左右。从"90后"这代人的手机使用情况看来，他们似乎是离不开手机的第一代，手机成了他们生活中最重要的存在，一切的生活问题都习惯用手机解决。在使用手机的过程中，也呈现出符合个人兴趣的侧重。2000年后出生的小孩使用手机更加强调娱乐化、个性化，一方面有微信、抖音等传统应用程序的使用，另一方面也有《王者荣耀》《绝地求生》等游戏程序的使用。

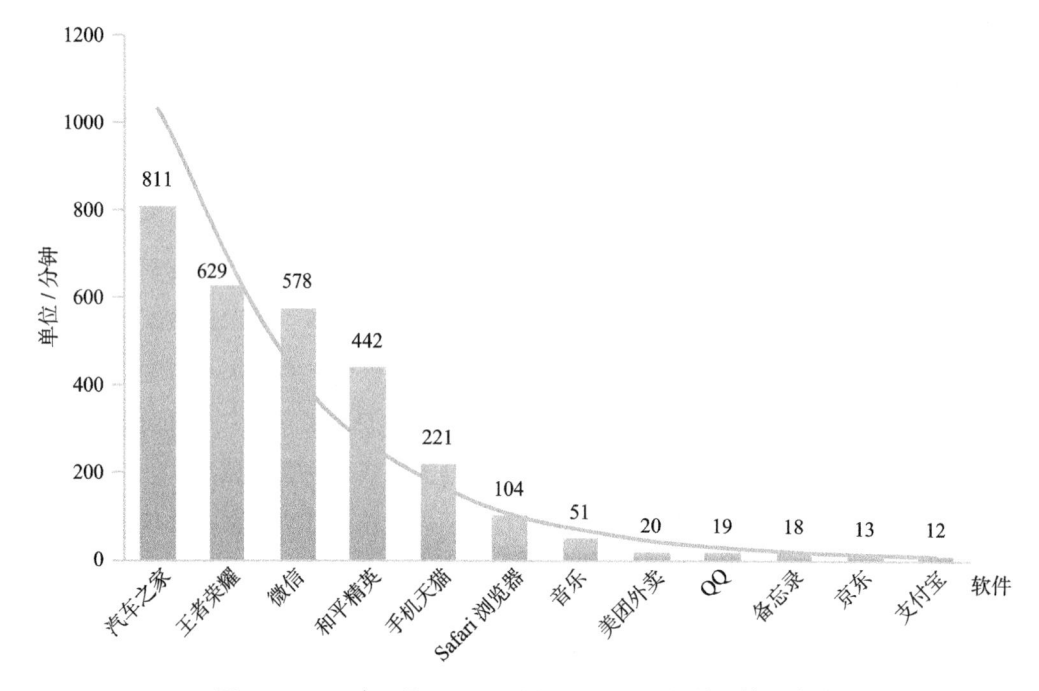

图9-2　2021年8月22日至8月28日CJL手机使用情况统计

不同年龄阶段出生的村民，虽然有着不同的手机使用习惯，但也并没有明显的差别，如70多岁的ZGB爷爷不但是传统唢呐匠，更是玩抖音的一把好手，每次见到他都能看到他抱着手机一动不动的身影；ZHQ爷爷更是将网络购物等一并学了来，甚至玩得比周围许多年轻人还要熟练。无论使用习惯如何，可以确定的是，以手机为媒介的新信息传播方式为村民带来了很多便利，他们深度依恋着手机。

（二）互联网传播带来的影响

感兴趣的知识通过手指点击就能够立马查找，叹为观止的美丽风景纵使未达实地也能通过欣赏网络照片一睹为快，想要的生活物品不用去集市或商场感受拥挤就能从各个地方邮寄到家中，互联网带给火石垭村民的便利是可以在线上线下的互动中沟通有无，在各种社交媒介使用中拓宽交往范围，在文化知识信息的查询学习中丰富休闲生活。

1. 线上获取与线下讨论：日常生活的虚实互构

通过手机的使用，村民普遍感受到获取信息更加便捷。公共社交平台似乎让人没有了个人隐私，村民公开发表出来的作品通过大数据的算法推送给好友与"附近的人"，在很短的时间内便可被他人捕捉到，在熟人圈子中传播开来。HZP讲道：

我们虽然没有出门，但只要是我关注的人，平时他们发点么子我都还是晓得，都是关注起的嘛，但是我一般都很少点赞，我就是看哈。现在这个信息快得很，只要一发布出来，都有人看得到的。

同时，村民对社会时事及国家政策等相关信息的获取更快，M书记也曾提到：

现在大家都喜欢玩抖音，玩得凶得很，又喜欢拍，有些人还玩得特别好嘞。像我们有时候在村委开么子会，给大家组织个么子宣传，有些人就拍成抖音发出去了嘛，然后有些外面打工的人他们看到了就跑来问我"屋里最近又在搞么子宣传，开么子会议呀"，其实相当于不用我们宣传别个都晓得了。还有就是我们有时候也会在抖音上发布一些政策宣传信息呀，比如说妇女主任发一些医疗卫生健康、打疫苗啊这些方面的信息，这个宣传效果可能还比我们开会宣传来得好嘞。

新媒体改变了外部世界的图景在人们心目中的认知比例。[1]过去，村民们只能看到火石垭一隅；现在，手机的使用让村民借助互联网，能够真正深入这个世界，他们沉浸其中，感受着足不出户亦可知天下事的快乐。YCJ说道：

我现在因为身体原因出去不到（打工）嘛，一天坐起无聊就是耍哈手机哟，因为只有手机方便嘛，需要了解个么子都可以直接搜嘛，百度呀。我喜欢看一些"今日头条"那些新闻呀，每天都要看哈；我有时候看到一些药的知识也会自己去搜，反正只要识字嘛，都还是操作得来。别个地方哪里发生了么子事情呀，我用手机都可以看得到，我一天没得事反正是耙（耍）手机哟。

现在村民见面聊天，总是以自己在手机上看到某一信息为话题开启整个聊天过程，大家各抒己见，将自己所了解到的信息及渠道一并分享，有时还会得到别人反驳而开始争论，以此比较谁获取的信息更为准确可靠。不同的渠道信息有着不同的侧重点，虚虚实实，正如村民的生活一般，在线上与线下不断转换。

2. 交往范围愈加广泛：熟人社会与陌生人社会并存

笔者在调查中发现，村民普遍喜欢在微信、抖音等社交平台上传图片、发布视频，

---

[1] 王秀丽.新媒体背景下信息传播模式的嬗变——双向立体传播网络的建构[J].新闻知识，2014（1）：26-28.

分享心情和生活点滴。他们通过社交空间进行自我表达，分享生活乐事，通过朋友圈、抖音等平台的分享、点赞与评论等行为，维持着熟人社会的紧密关系，并在一定程度上拓展了与外界陌生人沟通的渠道。

34岁的YSW长年在外打工，他的移动互联网使用在很大程度上让自己拓展了人脉：

我们在外面打工噻，认识到的朋友也比较多，大家在一路一起吃个饭、加个微信呀，就认识新的朋友了。现在手机都方便嘛，大家都是做的钢筋这一类的，都还是差不多嘛，微信加起了，有时候还聊哈天，平时的话就看看朋友圈，也还是看得到别个发出来的那些东西嘛。

像他一样的外出务工爱结交朋友的人还有许多，50岁的CHS也是如此：

我玩智能手机玩了好多年了嘞，以前我喜欢玩"全民K歌"噻，就加入了很多群聊，反正那几个比较活跃点的群，管认识不认识平时没得事了就会在群里和大家聊天，反正是闲聊嘛，大家也觉得好耍。有时候就会有人来加我，同意了就成为好友噻，聊得来的还经常聊，问哈"你在做么子""你在哪里上班呀""工资高不高呀"这些话题。隔得近的熟了的话有时候还会约出来大家一路吃个饭，就相当于是交朋友噻。

随着市场经济的发展，大批乡村劳动力进入城市，并在乡村与城市之间来回流动。在农村信息化建设与农民工进城务工的潮流涌动中，火石垭村民也被紧紧裹挟着，他们的交往范围由村庄走向了外界社会。但这并不意味着传统乡村的"熟人社会"被绝对性地解构和瓦解了，人们在社会化的过程中有着自己对"圈子"的选择与判断，如CFQ就是典型的例子。

我有两个微信号，一个主要是一些亲人啊，一个是我在外面打工认识的一些朋友呀，做活路的同事呀，一般的朋友是进不了我的亲人的那个微信的，那个微信都是一些比较亲的人，有些话在这个微信能够说的在另一个微信我就不会说，有些话对一般的人是不能够乱讲的。我其实是有个分类的，我自己心里面都晓得的。

不难看出，手机的使用让村内与村外连接在了一起。传统时期，村民的人际交往的范围显示出明显的"差序格局"，在血缘和地缘纽带的维系下，村民处于熟人社会中，村民的社交范围更多局限在狭窄的交往空间内。而在互联网时代，智能手机的使用让村民的人际交往不再受地理距离和空间范围的限制，基于文化、经济、教育、科技等多方面的需求，村民使用手机与不同地域、不同行业的人员结缘，使村民的交往圈子呈现出"熟人社会"与"陌生人社会"并存的状态。

正如麦克卢汉所说"媒介就是人的延伸"，一方面，智能手机的便利性维系了村民与熟人之间的联系；另一方面，村民利用互联网打破了地域的限制，拥有了更多与外界交流的机会，村民的交际圈子渐渐扩大，其中也包括了很多陌生人，"陌生人社会"也变得不再那么陌生。

3. 休闲生活愈加丰富：个人空间的扩展与自由化

手机的使用，让村民的休闲生活更加丰富，许多村民表示自己现在干完农活后，便会拿起手机，看一些有趣的小视频。在没有互联网和手机的年代，村民往往会把所有的活干完并洗漱好后，才有时间坐下来看会儿电视，当作农活忙完后自己的娱乐休闲。但现在有了手机，可以随时随地放松娱乐，以至于对家中的电视也失去了兴趣，因为电视能实现的功能手机都能够实现，且智能手机没有地点的限制，能够根据自己的喜好自由选择，更为个性化。如YCH曾讲道：

我白天做活路累了，晚上洗漱好就想着躺在床上玩会儿手机，如果是电视的话还必须坐在那里看，有时候家里人多了意见不统一，也很难看到自己想看的电视剧，所以更倾向于用手机，想刷抖音就刷抖音，想看剧就看剧，我自己得到满足了，同时也维护了家庭和谐噻。我们大人可以刷手机，就不得和家里面的学生娃儿去争电视看噻。对于我来说，玩智能手机就相当于干农活累了之后给自己放个假。

曾在外打工的JXQ回忆自己在外的岁月，时常是与手机待在一起，手机是她唯一放松与玩乐的工具：

我喜欢在外面打工嘞，我们在外面，一天就是上9个小时，下班回家把饭吃了，洗漱好了就是躺在床上刷手机嘞。刷哈抖音呀，看到人家别个发出来的那些有些还是很搞笑，要是没得现在这个手机耍的话，那才是无聊，待不住嘛。你像我们工地上一般都是在一些偏僻的地方，又没得什么可以耍的，下了班后一个人拿个手机在床铺上看哟，打视频呀，看抖音呀那些。

对于年轻人来说，手机更是占据了他们生活的绝大部分时间。正如CJL所说：

对于我们这个年龄的人来说，现在基本上大家都变成了"低头族"，平时在一路，聊天没得几句就各自掏出了手机，因为互联网太方便了，各种各样的软件，每个人根据自己的兴趣爱好有不同的选择。我自己的话平时就是微信聊哈天，打哈"王者"和"吃鸡"，逛哈"天猫"这些，特别是休假那几天，基本上一天都是玩手机噻。现在我们是离不开手机了，加上我们这个年纪的人基本上都还算有一定的文化水平的，电脑、手机那些用起来都很顺手，反正想要了解、想要查个啥子都得行，可以说我们的手机就涵盖了我们生活的全部。

智能手机的使用在很大程度上丰富了村民的业余生活，让村民原本单调的生活变得多姿多彩，让被重复的劳动和繁忙的农活填充的日子有了不少喘息的间隙。将农活细节拍摄成一条条视频发布出去，在娱乐他人的同时，自己也收获了更多的快乐。村民普遍反映有了智能手机，感觉时间过得挺快的。

4. 生活方式更为便捷：线上与线下同步实现

在互联网时代，人人都使用手机之后，生活中最大的变化在于许多事情都变得方便了，不管是生活出行、教育学习、购物消费，似乎都变得容易起来，一部手机就解决了所有问题。留守在火石垭村的HXX说：

现在我们走到哪里，只要挎个手机都得行了嘞，现在基本上都不收现钱，时不时要点现钱就是走人户呀或者是给娃儿递生活费呀，其他的都是用的手机支付，像坐车呀、买菜呀，都是扫微信二维码，我觉得还挺方便的，又不像以前那样身上揣起点钱，多了还怕别个偷，现在完全不用担心。现在他们学生学习，老师都是建了微信群、QQ群这些，平时有么子事情或者学习资料就直接在群里说了，等学生放学回来就把手机给她们学习，他们可以看视频学习，还挺感兴趣的，比以前方便得多。

RZF也表示：

现在都是用智能手机噻，都比较方便，像我们在城里面各种生活缴费那些都是用的手机，娃儿在外地读书我们都是直接微信转账，哪像以前哟，给点生活费不够的话还要跑回来取，现在是随时要随时都可以转，方便得多。生活的一切都是用手机都可以解决了，以前哪里想到过现在生活有这么方便嘛，这个还是社会发展得快呀，不会用智能手机都跟不上时代了。连我们这些小地方都是这样的情况，外面那些大城市更是智能化哟。

村民从来没有想到过，社会发展到今天能够仅仅依靠一部手机，就能实现所有的生活需求。他们在感慨社会发展变化太快、技术进步太大的同时，也在努力地学习，以不被这日新月异的时代淘汰，也享受着新技术带来的便利快捷。他们从一开始的怀疑到尝试使用，再到现在的灵活运用，他们遨游在互联网的海洋中，为自己的生活增添了许多情趣。

5. 便捷化的信息传递带来的负面影响

智能手机为村民生活提供了很大的便利，并进一步丰富了村民的业余生活，但在某些方面也带来了负面的影响，具体来说，主要有以下几个方面：一是对婚姻的影响。以火石垭二组为例，据不完全统计，本小组离过婚的家庭有10家以上，有趣的是，大多数村民认为婚姻的破裂与互联网下的手机使用有极大的关系。随着互联网的普及，抖音、快手等小视频软件的流行，许多人在短时间内得到了几百上千名粉丝的关注，让沉迷于虚拟世界的人一下找到了人生新鲜感。在调查中我们了解到，二组两家夫妻的离婚原因都是妻子与丈夫感情出现问题：妻子在网络上遇到另一个不知名的爱慕者，本来就对农村生活厌倦的妻子，在"甜蜜的轰炸"下，就跟着虚拟世界所遇到的对象去了，留下家庭孩子不管不顾了。

二是对子女教育的影响。村民普遍反映，现在的孩子在互联网的冲击下，一回到家就沉迷于手机，离开手机就魂不守舍，成绩一落千丈。经了解，村民口中成绩下滑最厉害的几名初中生都是沉迷于网络游戏，并且在不打游戏的时候也会经常与朋友们交流各种各样的游戏信息，他们对网络游戏产生了很大的依赖性。

不管是积极的影响还是负面的影响，智能手机的普遍使用在很大程度上给村民的生活带来了极大改变，丰富了村民的娱乐文化生活；但是任何事物的出现都是一把"双刃剑"，需要以合理的方式看待，才能够将其积极的作用与功能发挥到最大。

第三节　互联网的功能化运用

互联网在火石垭村的普遍运用让这个远在山区的传统村落越来越现代化。在网络"冲浪"当中，村民的思想观念与生活方式发生了很大的变化。从互联网功能应用上来看，不同时期"火热"的社交软件及村民追捧的信息交流平台，承载着火石垭人的情感与故事。

一、微信与QQ：人际紧密沟通的粘合剂

根据第47次《中国互联网发展状况统计报告》，截至2020年12月，我国即时通信用户规模达到了9.81亿，占网民整体的99.2%，其中手机即时通信用户达9.78亿，网上通信和社交成为我国网民的普遍行为。作为即时通信中不得不提的两大软件——微信和QQ，已经成功走进火石垭人的日常生活中。

（一）"发个微信视频去看看"

"喂，你吃饭了没有，现在在搞么子呀？"远处传来了问候的声音，走近一看，只见一位中年老乡拿着手机笑嘻嘻地盯着屏幕，特别认真地看着屏幕中的人，那人正笑容满面地躺在凉椅上，手机举得高高的。在村庄里，曾遇到过无数个类似的场景。

由于微信操作简单，通信功能强大，在火石垭村的使用率极高，人们手机软件中必

备的便是微信。随着智能手机的普及，村民也开始普遍使用微信。他们最常用到的功能便是视频电话与语音聊天。这两个功能不用文字，让不识字的村民也可以顺利交流。

在问及村民WDY妻子微信使用得怎么样的时候，她笑着回答道：

哪里怎么样嘛，我都只会打哈视频，发个语音哟，别的么子都不会。我啥子文化都没得，小学都没读过，我们能会么子嘛，其他我也不需要做么子哟，像我们这样的只要能打能接视频，没得事了打个电话看看自己的那些亲戚也就可以了。我从来没想过两个没有见面的人能够通过网络看得到，还是很神奇哦。

从未读过书的她，对自己学会了智能手机的操作感到十分自豪。目前她时不时与儿子、女儿、外孙、孙子打微信视频，即使是自己一个人在家也不会觉得孤独。

微信的长期使用，让村民越来越熟悉各种功能的操作，慢慢地将自己线下的生活迁移到了线上，火石垭村民迎来了自己的"微时代"。

2021年8月17日，调研团队在二组的蔡家垭口为几位附近的村民拍摄合照，团队老师将这件事交给村民CFJ来通知，只见他熟练地掏出手机，打开微信，给蔡家垭口的每一家人户都打去微信视频："喂，你在屋里没，要给我们拍照，快过来。"这样的对话重复了十几遍，十几分钟后全部通知完毕。

短短的十几分钟内，他就将信息通过微信视频传递到需要通知的每一个人。现实中，他们有情感链接，进而将这种链接传递到互联网上，通过微信视频加深了各自的感情交流与信息沟通。对于火石垭这种许多人外出务工的村落来说，微信的视频和语音通话功能，实现了村民在不同的时空下的情感联系与维持，让村民获取外界信息更加便利。

（二）"附近的人"与"养火花"

QQ早于微信出现、盛行。许多村民表示虽使用过，但已经很久没有打开了，有的村民是为了孩子的网络课程才申请的QQ。

村民CHS是2002年才开始使用手机的，一开始他看到周边的人用QQ，却苦于自己的手机功能有限无法使用。2005年换手机后，他终于可以用QQ了，这让他十分兴奋。但当时自己身边的朋友中还没有购买智能手机，看着自己的好友列表中空空如也，喜欢探索的CHS开始使用搜索"附近的人"的功能来添加好友。"不管认不认识，觉得大家是在一个社区，反正也隔得不远，就加起了随便聊。"或许在当年有着如此想法的人并不在少数，于是CHS很快添加了不少好友，大家常在手机上闲聊。刚开始聊天时，往往是先问对方的家乡、工作单位及住址、兴趣爱好等，在多次深入了解后，还可以线下见面，深入交流。通过QQ，CHS慢慢地结识到了一些来自天南海北的人，在各种各样的闲聊中大家也处成了朋友，许多外出务工的信息便是从QQ好友那里得知的。

随着QQ功能的完善，QQ不再局限于聊天社交方面的应用，作为一个时代盛行的社交软件，村民还形成了自己的使用习惯。村民YCH是在2013年左右开始使用QQ的，YCH调侃说自己在第一次使用时有点笨拙，打字比较慢。但他对于QQ上的陌生人并不会随意添加，所以到现在，他的好友列表中人数极少。据他回忆，他申请QQ的目的只是方便看书，因为他是小说阅读的资深爱好者，空闲时间总会见到他拿着手机在那上下翻阅着什么。他的女儿曾经调侃他："我爸爸最喜欢用手机看书了，他经常就是躺在沙发上，手举着手机在那看书，看着看着就睡着了，手机掉在脸上后醒来继续看。"

QQ的使用群体后来向更加年轻的"00后"发展。高中二年级的WF表示："我微信和QQ都有，但是微信基本上不用，也不发东西，有什么事情都是在QQ上说。"不仅仅是聊天，他们还热衷于玩QQ程序中的新玩意，如"养火花"，即在QQ上与好友连续互发信息超过一定天数后，在聊天界面各自的昵称旁会出现小火花样式，7天以后有小火花，30天后则会有大火花。如"养火花"一样的行动，不仅体现了他们想与同龄人在网络上进行社交的迫切愿望，更是他们之间的"暗语"，QQ代表着不被大人知晓的秘密花园。

二、短视频：娱乐休闲与日子消磨

中国互联网络信息中心（CNNIC）第47次《中国互联网络发展状况统计报告》显示，截至2020年12月，我国网民规模达9.89亿，其中短视频用户规模为8.73亿，占网民整体的88.3%，且较2020年3月增长1.00亿。

（一）人情往来："看看哪个给我的抖音点赞了"

笔者在火石垭村庄的调研中发现，抖音是村民在休闲娱乐生活中最感兴趣的平台。抖音是近两年逐渐在农村中流行起来的，最开始使用的是年轻人，随后中老年人的大量加入让火石垭村抖音的使用群体整体向大龄转变，抖音逐渐成为人们手机中最为普遍的软件之一。用村民的话形容就是："感觉抖音有毒一样，一刷没几个小时根本停不下来。"

抖音有多种功能，包括浏览观看、点赞评论和视频生产等。起初，村民使用抖音只是作为一个旁观者在观看别人的生活，但是，视频中别人生活的多姿多彩在丰富村民见识的同时，也让他们对于如何拍摄类似的视频产生了极大的兴趣，慢慢地，他们从最开始的一种被动接受、进入一个主动学习如何拍摄的过程，并在熟练了抖音的使用后，通过抖音视频的拍摄娱乐了自己，甚至于慢慢地产生了对抖音的依赖，并将自己在生活中的一些人际交往模式迁移到了抖音上。

谈起抖音，ZYF总是有说不完的话。ZYF作为一位留守妈妈一直负责照顾孩子，2021年孩子在学校住校之后，她便回家来种一点庄稼。由于自家住在高山上的二组，没有特别情况她很少下山。在她的认知中自己是比较自卑的，自家住的还是老式木房，而亲戚朋友几乎都修建了新房，家庭条件的差距让她内心深处觉得自家比不上其他人家，更觉着对孩子有着许多亏欠。当其他人家都在讨论如何将孩子送到城里面接受更好的教育时，她却还在为修房子而发愁，家里面的一切开支都靠丈夫CFY一个人支撑着。

但ZYF在互联网上找到了自己的快乐。她第一次使用智能手机还是在2016年前后，一开始受文化水平的限制，她会使用的软件极少，后来在一次家族聚会上，她看到其他人都在拿着手机刷抖音，就好奇极了，连忙让侄子帮她在手机上下载下来，并且教她注册账号，侄子还向她介绍了抖音的各种功能。一开始，她只会浏览别人的抖音视频，但自己不拍摄。"怕自己拍得不好，发出去的话别人看到了就觉得好丑哟。"但后来她的想法逐渐改变，观望许久之后，终于迈出了第一步。她的第一个视频经过反复练习之后才拍摄完成，可发布之后却收到了别人不好的评价，这让她很生气，于是她迅速把第一个作品删除了。后来，她加强了练习，慢慢摸索，一直到自己满意了才把视频发出去。每发表一个作品，她都很在意点赞量，觉得别人点赞了才说明拍得好，要是别人不点赞就是拍得不好。凡是那些获赞量比较少的视频，她自己都会主动删除，她呈现出来的作品都是获得100个以上点赞量的。

一年多的时间，她发布了157个作品，共获得2.8万点赞量，拥有1200多名粉丝。抖音已经成为她向别人展示自己的重要窗口。当然，现在她对自己视频的质量愈加精益求精，她觉得现在视频不好拍了，难度很大。

这一系列的成果，都是她自己在一年多的时间里摸索出来的，玩抖音占用了她所有的娱乐时间。她不看电视，除了睡觉与上坡做庄稼，其余时间都奉献给了抖音。用她自己的话说：

如果没有抖音的话，我一天待在家里面就会感觉到脑袋很木。在玩抖音的时候感觉是别人在与我对话一样，我也能看到别人所发的视频，并且是各种各样的，也不会觉得很眼花缭乱，反而看到不同的视频会让我觉得很有劲，甚至比我打工还有劲，感觉一天特别好耍，就和现在那些小孩子玩那些游戏是一样的道理。

"以前的学徒，现在的师父"，在ZYF学会了抖音后，她居然也成了五六十岁妇女的"抖音师父"，可以指导别人怎么下载怎么注册，以及怎么拍各种各样的视频。从ZYF的身上可以看出，点赞、评论是火石垭村民玩抖音极为重要的环节。正如前文所言，互联网的使用很大程度上将现实社会的好友关系链接到了网上，通过点赞与评论，也在一定程度上实现了熟人与陌生人的关联。

村民ZYF会为她作品里的每一条评论给予回复，即使是不认识的人用表情包评论后，她也会用一些表达感谢的表情包给予回复。起初，对于评论过她的人，她一定会翻对方的作品去看，然后对对方作品给予点赞或评论，以至于养成每看一条视频都会点赞的习惯。点赞速度快时，差不多一秒一个，问她为什么每个都要点赞时，她说都是自己认识的朋友。

回别人嘛，就相当于是我们地方姊妹的一种表现嘛，大家就是一种一家人的那种认识嘛。别人给你评论了你不回评，或者别人给你点赞了你不给别人点赞，那别人会说你没得礼貌。

从她的话语中能够感受到她内心对于别人的那份礼貌与真诚，也能够感受到她对于抖音的喜爱，而且她是真正把给别人抖音视频点赞当成了现实生活中的"人情"与"礼尚往来"。不仅如此，她甚至将这种网络上的点赞回赞、评论回评的"礼尚往来"比喻成现实生活中的"帮工与换工"，她说："就好像你给别人做么子别人来给你做么子是一样的，其实就是一回事。"

抖音的使用在很大程度上消解了村民业余生活中的各种无聊，让原本孤单寂寞的人能够通过抖音找到自己感兴趣的视频并获取自己想要的信息，并将自己在现实生活中的"人情互惠"在抖音平台上得以实现，在礼尚往来的互动中使得人与人的情感也进一步加深。

每一次作品的发布与浏览，都是朋友之间的交流互动，让人们之间的情感变得更为密切。

CFJ是在火石垭上的小学，因为家里的兄弟姐妹多，父母供养不起，读完小学他就与学生时代、与曾经一起念书玩耍的同学们告别了。本以为一辈子不会再与这些同学有任何联系，但在2021年5月1日，CFJ的抖音账号突然收到了一条信息："CFJ？"CFJ在纳闷之余，对对方抖音账号发布的视频进行了观看，终于想起对方可能是自己的一个小学同学，于是试探性地回复："你是JH吗？""对的。"对方回应。就这样，CFJ确定对方是自己的老同学，并将电话号码主动发了过去。通过抖音的私信功能，几十年没见的两个人居然在互联网上重逢。CFJ了解到，失去联系的几十年里，JH在成都财经大学读书后,留在成都工作,现在已定居成都了。第二天,两人便相互加上了微信,并相约在春节一定要聚上一聚。对于这样的情况,CFJ特别开心,脸上洋溢着得意的笑容。抖音视频让他找到了失联多年的同学,原来自己平时随意拍的视频竟能被多年不见的老同学看到,这是一种很大的欣喜。

抖音的出现,让村民感到即使是一个人也能够将生活过得多姿多彩,因为他们能够通过抖音平台找到自己的兴趣爱好,找到自己与他人生活的联系,即使是陌生人,在一个点赞与评论之后也可能建立联系。一个普普通通的村民,抖音里随随便便都能有1万以上的获赞量,互联网的力量让他们的网络人脉圈拓宽了,现实中的联系或许也变化了。许久不见的老朋友,在刷到对方的抖音视频时点赞评论,似乎是在向对方传递着自己过得很好的信息,这也许就是一种人际交往的新模式。

(二)秘密花园:"我们年轻的比较喜欢看快手"

与QQ一样,快手App在火石垭村也是年轻人比较喜爱的手机软件之一,尤其是以"00后"为代表的群体。正如ZJF说:"抖音都是中年人玩的,上面全部都是一些唱歌跳舞的内容,没得意思。"但快手对于他们来说就像是一个私密的存在,他们将快手玩成了自己的另一个虚拟"秘密花园"。2021年暑假期间,在笔者接触到的火石垭学生中,有多数人乐于与人分享自己在快手平台看到的内容,且形成了强烈的群体认同。他们拒绝大人的进入。他们常常锁住自己的快手账号,表现出年轻小孩在网络世界中的复杂情感。

16岁的ZJF正是如此。在与ZJF的接触中,能够明显感觉到他是一个嬉笑顽皮、乐于分享的小孩。他十分乐意分享刷快手的喜悦。相对于拍摄,他更喜欢浏览视频、交朋友。他当着笔者面发布了一条视频,十分钟之内便有2位好友评论,一个小时之后有8位好友评论,并获得77个点赞。看到了这些评论之后,他只留下了一条最好朋友的评论,其他的全部删掉了,这令笔者十分好奇。在一般认知中,发布在公共社交平台上的作品,发布者通常希望有更多人的关注,但ZJF则反其道而行之。他强调自己追求"低调","自己拍了自己看"。开通了两年的快手账号,每周都会拍视频的他,在其中却只能看到8个作品、120个动态和37个收藏。8个作品中,第一个作品的发布时间是2020年9月19日。对此ZJF表示:"我不喜欢留着,不喜欢了我就删了。"

如果结合ZJF的现实状况,便可理解他在网络平台上的举动。16岁的他正处于叛逆期,曾因为打架让父母操碎了心,他也因此离开了黔江去涪陵读书。正是因为有这样的成长经历,看似对外界亲切的他,内心其实仍旧有自己的独特世界,他不希望有更多人看到他、关注他,他一心想要保卫自己的"家园"。

但 ZJF 仍旧保持了较高的视频发布频率。与他十分要好的 WF 也同样爱玩快手，他表示自己爱发视频，也十分渴望获得别人点赞。在快手的视频发布功能中有着许多个性化的选择，WF 更是将这些选择与 QQ 的功能联动起来，利用 QQ 做表情包，在快手上发布，如此个性化的展示让他满足了自我展现的愿望，让快手成为表达自我的平台。

当然，这样的平台也有一定的"圈子"。如 16 岁的 RJC，他玩快手是为了融入同龄人的圈子。RJC 是一位懂事、会干农活的 15 岁男孩。他所在的二组里面与他同龄的孩子基本上没有，所以每天除了干家务以外，其余的时间他都以手机为伴。因为喜欢游戏，他在快手里面经常关注的是游戏直播，他说："你看别个都在玩，要是你不玩，别人在谈论么子的时候你不晓得、不懂的话，你会觉得自己好像是局外人，容易被别个排挤，觉得融入不进去。"RJC 的话道出了在火石垭村的"快手世界"中大家的那份不安与害怕孤独的心态："像我们这一辈人基本上都是玩快手的，我们班全班都是快手的用户，大家在周末回到学校讨论的很多话题都与快手有关。我内心其实是不想被同龄人给孤立开的，大家都做一样的事情才会有亲切感嘛。"平日里 RJC 常用的五款软件是快手、QQ、王者荣耀、和平精英、微信。快手不仅是他们获取外界信息的主要平台，还是他们表达群体认同的方式。

实际上，快手与 QQ 一样，既可以浏览、发布信息（视频等），又可以加好友、聊天，这样的娱乐化功能和群体的区隔性让二者实现了完美组合，间接地表现出 RJC 这一代人从小受到父母的严加管教，长大后想要冲破家庭束缚、想要表达独立个性情感的内心需求。

三、购物新渠道：网络交易的快速发展

足不出户亦知天下，不逛街货物亦可到家。火石垭村民在与实体市场的价格与质量比较中选择自己钟爱的购物平台购物，满足需求的同时，也打开了探索发现新事物的世界。近年来，有村民从被动的消费者变为主动的"销售推广者"，新零售方式在乡村生活中拥有了落地的"市场"。

（一）网络购物：逐渐兴起的购物新习惯

随着村民收入的增加以及互联网技术的发展，以前酷爱赶场的火石垭人，购物习惯开始发生了改变，网络购物"闯入"了火石垭村。在关于购物习惯的调查中。我们发现，村民所使用的购物软件中最多的是拼多多，在他们看来，拼多多上卖的东西比较便

宜，质量与同类商品也没有太大的区别，由此他们对于网购的接受度与使用频率也越来越高。

35岁的XQ是一个网络购物达人。

我买东西一般都喜欢在拼多多上买，一般都是买娃儿他们的衣服、鞋子和家里面用的一些小东西呀，像她们细娃儿绑头发的、屋里用的碗和盘子这些我经常都是在网上买的，这些小东西网上卖得便宜一些，划得来。衣服那些我都是先买回来看质量，可以的话才会继续买。

48岁的YCH也是如此。

我平时比较喜欢在拼多多上面买东西，感觉要便宜很多，像学生用来写字的这些笔芯在线下买的话1块钱1根，我在网上买50根只要10来块钱，算下来才几角钱1根，划算得多。我穿的衣服鞋子这些很多都是在拼多多上买的，款式看准了再买，在屋里做活路穿的这些我也不用买多好的，反正穿烂了就甩了嘛，出去玩耍走人户那些就可以买好看点的，反正我买了那么多还没遇到那种买回来的东西很差的。像我在网上买的洗蚕棚的机器，在实体店他们卖1200多块钱，网上才卖800多块，买回来用质量还不是差不多的，但是我节省了好多钱嘞。

从这两人的话语中可以看出，他们的网购主要是考虑省钱、便宜。ZXF医生已经成为爷爷辈，但他也喜欢"逛"拼多多，他的第一单拼多多购物是在2018年，买的是一个简单的保温杯，花费23.92元。据他所说，杯子买来没用多久便"不翼而飞"了，但他觉得价格十分便宜，多买一些也无所谓。近三年的时间，他总共在拼多多平台上购买了两三百单的物品，基本上分为医生所需的医学用品、学习知识所需的用品，以及便宜的生活用品。他的购买频率极高，在"待收货"一栏中常常有五六个在途的物品，调查队员也曾多次帮他从石家镇带回快递，一带就是好多个。他购买物品主要考虑是否便宜。某次他向笔者提出请求，帮他买一本学习用的书。在完成第一轮的搜索之后，他立即选择了前几页中最便宜的一个，花费15元。当询问这类型的书已买过不少，他是否真的会看，他激动地答道："我怎么不看！我买了这么多！"当然，一切以便宜为主的购买习惯也让他在购买医学类产品时，饱受村中其他人的非议。他曾让笔者一起在拼多多平台上挑选血压计，当向他推荐价格100元以上的商品时，他毫不迟疑地拒绝了，反复在56元和60元的两款商品中纠结，最终选择了更为低廉的那款。当询问他的邻居YXQ关于此事的看法时，YXQ似乎一点都不意外："他就是喜欢买便宜货，那个血压计几十块钱怎么测得准嘛！我在家都是买的一两百（元）的！我们都劝了他好多次，让他买贵的，毕竟是给病人用，但是他不听，有什么办法嘛。"

YXQ作为小卖部的老板，在网络购物上颇舍得花钱，也经常展示他最新在网上购买的商品，价格均在百元以上。GJL是"70后"，最爱的平台是抖音，在抖音直播中，她看到主播在热烈地推销一款百元洗发水，这对于她的日常消费水平略高一点，但抱着尝试的态度，她买下了那款洗发水。网络购物让现代化的事物快速进入火石垭村，让村里人的生活方式发生了一定改变，一定程度上减小了城乡数字鸿沟。人们开始在网上买衣服、买生活用品，乡村一步步朝现代化的方向发展。

（二）生鲜零售：电子商务的曙光初放

以美团优选为代表的电商零售新模式，让火石垭村这一小小的村庄有了电商的身影。火石垭村的美团优选自提点一共有两家，分别是YXQ家与XJF家，两家都经营着村庄主干道路旁边的小卖部。YXQ家的小卖部位于火石垭村中心的三岔路口旁边，该处还是客运小客车终点站，人流量较大，小卖部的生意也算可以。YXQ家做美团优选始于2021年7月，当时美团的工作人员来到村庄进行宣传时，向YXQ介绍了美团优选，YXQ认为做"美团优选"既不影响自家日常生意，还可以向村民传递不同的信息，也可以扩大与巩固自己的生意圈，便同意了。由于YXQ平时在跑农村客运车，小卖部主要由妻子LGY负责，于是LGY便成了"美团优选"的团长，负责信息的发布与传播。

按照"美团优选"的要求，LGY需要建立美团推广群，每天至少在群里面推送30条美团优选的商品信息。LGY建立的推广群最开始有30多人，后来人数有所减少，从年龄上看主要是40~50岁的居家妇女，而这部分人是村庄家庭生活信息掌握最为全面的群体，也是最主要的家庭生活商品消费群体。LGY自己也处于这个年龄段，她家周围的邻居在LGY的宣传之下或者通过熟人拉进群（表9-2）。

表9-2　2021年8月LGY组建美团优选微信群成员情况

微信昵称	姓名	地点	年龄/岁	备注
火石垭吹打队	LGY	七组（现居一组）	40~50	群主
坚持就是胜利	XWX	七组（现居一组）	40~50	附近的人家
红梅傲雪	YHM	一组	30~40	邻居
事事难料	ZSG媳妇	回龙湾七组	40~50	邻居，舅舅的儿媳
快乐一家人	ZYH	一组（现新疆打工）	40~50	当地邻居，把她拉进来，学校
佳佳	无	五组	40~50	不熟悉
GJ利	GJL	一组	40~50	喜欢网购
赵绪昌	ZXC	罗家堡（八/九组）	50~60	曾经表示想购买
两岸青山相对出	ZHQ	一组	70~80	喜欢网购

续表

微信昵称	姓名	地点	年龄/岁	备注
冯桃仙	FTX	一组	40~50	邻居，同一个打鼓队
家和万事兴	ZSH	罗家堡	40~50	娘家邻居，好朋友
年年有余	YZS	一组	40~50	邻居，同一个打鼓队
YXQ	YXQ	七组（现居一组）	40~50	丈夫
宋超强	SCQ	一组	40~50	儿媳妇的大伯
希望之佳	TJY	六组	40~50	附近邻居，经常买货
傻傻的我	ZXR	六组	40~50	附近邻居，经常买货
团团梁春梅	LCM	无	40~50	上级团长

虽然"美团优选"有着每天至少30条信息的发布量要求，但是团长LGY却更多地站在本村人的微信使用习惯与信息感知角度来针对性地发布信息。在她看来，"美团优选"的模式与传统商业完全不同。她发布的一般都是自己觉得合适的，也值得买的商品的信息。"美团优选"平台给予的佣金，她反而不太在意，她更为关心的是大家的使用感受。因为"美团优选"群里面的人数少，想要扩大宣传面，就需要扩大渠道，于是LGY将"美团优选"信息同时发布在"天南海北火石垭群"中，这个群里一共300多人，是当前火石垭村微信群中人数最多且活跃程度最高的群。"我一般就发在这个群，这个群看的人多，我在里面发的消息大家都看到的，我也不发多了，一天就发几条。我也不管美团那边说一天要发30条这么多。发多了别人看到也烦呀。"可见她发布的信息都较为具有针对性。

ZHQ今年73岁，属于LGY推销"美团优选"的第一批客户。ZHQ接受"美团优选"非常容易，因为他本身就十分喜欢网购。他购买的物品主要是馒头、面粉、水果等食用的东西。"这些都是几个孩子选的，他们想吃我就买了，水果很便宜。"从他的口中得知，他的账号目前基本上由孙女支配，他也十分乐意孩子在网上买简单的零食。

及时的信息发布与较为精准的信息投放，使村民在接收到有用信息的同时，也增加自身的口碑与影响力。LGY多次说过，在群中看到消息时，部分不敢买或不清楚流程的人会主动给她打电话咨询。"昨天还有个人专门给我打电话，问我可不可以买，怎么买，我就在电话里面教她。"后来，"美团优选"的商品不再送货上门而是需要自提点负责人去城区与村镇路口提货，由于忙不过来，YXQ家的自提点就暂停了。

与YXQ经营"美团优选"的路子不同，XJF的"美团优选""存活"了下来。XJF家的小卖部位于火石垭村口的位置，旁边建有本村人经营的富贤沙场，因为地理位置优越，到了夏天在此休息的人不断。"美团优选"是XJF对互联网新零售模式的第一次接触：

> 我这个人也不怕麻烦，反正他们（站点下来宣传的人）教我怎么做，怎么申请账号，怎么做团长，也给我讲了那些收益与津贴，我觉得平时反正也没得好大的事，就答应做嘛，多少嘛还是有点点收益的嘞。

因为XJF本身就是一个做事认真负责的人，加上对于互联网的热爱，她对于"美团优选"也特别上心。每天白天的时候她会花一点时间将一些自己认为比较实惠的产品发送到微信群，到了晚上的时候会看看当天下单的客户有哪些，第二天中午的时候她就开着电动三轮车去黔江区与石家镇交界的名为"六道拐"的地方将下单的产品运回来。拿回来以后，她会对顾客购买的东西一个个地进行核对，生怕给顾客弄错漏发，确认好货物之后她会给下单的用户一个个打电话，通知他们到货了，偶尔遇到一些售后问题，她也会耐心地为客户解答与解决，不懂的就请教上一级人员。

"美团优选"在XJF的推广下，村民的参与性相对较高，这得益于XJF的主动宣传和村民对她平日里为人处世认可之后的生意支持。对于"美团优选"的使用村民也正处于尝试的过程，他们关注更多的是品质新鲜、价格惠民的商品。他们经常购买的主要是蔬菜、水果、酒水、饮料等商品。虽然每天都有人下单，但是XJF能够从中赚到的钱并不多，7月她才赚了300多元，但是在她看来，因为喜欢接触互联网，所以即使是赚不到什么钱，她也愿意坚持做"美团优选"，这对于她这样一个60多岁的妇女而言，也是一个学习的过程。

操作简单的"美团优选"只是电子零售商务的代表之一，在火石垭还曾出现过"橙心优选"，但因为客流量少就关闭了。总的来说，互联网为人们提供了新的消费方式，但此种消费方式并没有被村民真正接受，对他们来说，平台上几元钱的蔬菜还不如自家菜园子里的蔬菜；而即使价格低廉的新鲜食物，也因为运输距离较长难以保鲜而被村民放弃。此外，从事电子商务的村民对于经营并不专业，高投入、低回报也容易让他们放弃这种模式。

小　结　乡村生活的延续与重构

村民的生活水平在近些年不断提高，在基本温饱和物质生活条件被满足以后，他们更加注重精神追求。这种"精神向往"一定程度上在网络世界被满足。

对生活在乡村的村民，尤其是生活在"非典型"村庄的村民来说，互联网让他们拥有了可以表达自我的渠道。他们发布的网络短视频作品，甚至是购买的物品，所呈现给大众的都是乡村日常的生活，都在一定程度上反映着他们的现实状况与生活理想。他们的日常生活多是面朝黄土背朝天，马不停蹄地赚着每一分可以获得的收入；但在网络上他们却悠闲自在，享受着生活的每一个瞬间，呈现出与传统认知不一样的形象与个体价值。在这样自我展现后，村民得到了众人的关注，拥有了更多展示自我的机会，更是找到了某种群体归属感。

无论是在微信上，还是在短视频平台上，他们都迫切地表现出爱表达、爱交朋友的热情，他们终于不再因"山高水远"而处于无声无息中，而是可以在网络空间更加真实地展示自我、表达情感。

在火石垭村，手机成了中介，让村中人与外出打工的人实现跨越时空的交流，实现"虚拟返乡"与"在场"，将散落在五湖四海的火石垭人连接起来，让外面的人不因距离远而缺席村庄的公共事务。如ZCY很长一段时间以来承担着Z家族在村里走人户时代送礼的"大任务"，她能完成此项使命的重要原因便在于，亲戚可以通过手机转账让她帮忙。如此一来，乡土社会的"熟人关系"并没有被完全瓦解，而是通过一种新的形式得以延伸，由此实现了火石垭村民"离土不离乡"的愿景。

尽管火石垭村是"非典型"村庄，资源有限，无法满足村中所有人的生活要求，不同的村民会有不同的选择，有人留下也有人离开，但我们不用过早地为即将逝去的田园生活发出悲伤的挽歌。数字社会背景下的乡村即使很多方面都在不断发生变化，乡村的人际关系也不会轻易被消解。火石垭村虽地理位置偏远，但绝不是一个未经纷扰的乡村世界。如同火石垭村一般的广大"非典型"村庄，仍旧在以自己独特的方式运行，也很有可能在互联网的持续发展之下，走出独特的乡村振兴发展之路，火石垭之光将会照亮每一位火石垭人的前行之路。

第十章

礼俗、公共与秩序：非典型村庄的治理韧性

古之欲明明德于天下者，先治其国；欲治其国者，先齐其家；欲齐其家者，先修其身；欲修其身者，先正其心；欲正其心者，先诚其意；欲诚其意者，先致其知，致知在格物。物格而后知至，知至而后意诚，意诚而后心正，心正而后身修，身修而后家齐，家齐而后国治，国治而后天下平。

——礼记·大学

风险社会的到来，对传统的社会治理模式产生了巨大的冲击，如何让广大中国乡村社会也能在新时代应对多重外生性风险，应该从"非典型"村庄的治理模式入手。

中国乡村的治理传统不同于西方，有着自己的内生逻辑。在"皇权不下乡"的古代，乡村治理更多以传统文化为依托，依靠村民自治，那时国家政权难以直入基层。直到1949年中华人民共和国成立后，国家在行政区划上设置了省、县、乡等多级体系，将党支部建设到村中，组织治理才切实深入到村庄基层当中。火石垭也随历史变革而发生着变化。火石垭村是一个多村合并的行政村，拥有9个村民小组，740户，2000多人。可想而知，要治理这样一个庞大的村庄，无论是对于基层组织还是对于村民自身，都具有一定的挑战性。当前，火石垭村的治理内容包含三个方面：一是传统文化治理效能在一定程度上被延续保留；二是村民公共生活中自组织和集体动员下的自治作用；三是国家基层治理体系的现代化调适。以上治理方面，几乎在每一个"非典型"村庄都有不同程度的体现，这种多维度构建的治理模式，将具有更好的适应性和时效性。

第一节　礼俗治理与传统规约

中国传统文化就像是一部蕴含着大量治国安邦经验的经典著述，有着丰富的社会治理理念和实践，彰显着诸多价值要求和精神诉求。[1]在火石垭村的传统中，有着许多礼俗和文化规约，它们是对个人和群体行为与价值的规范，是一种无形的民间治理力量。

一、民间信仰中的治理规约

民间信仰作为中国传统文化的组成部分，是一种独具特色而蕴含丰富的文化，千百年来在中国广大民众的社会生活中一直有着非同寻常的意义，与当地社会规则的运行、村落治理有着紧密的联系。尤其在传统时期的偏远乡村，国家权力和政策并没有直入基层时，偏远乡村社会的运行和维护都少不了民间信仰发挥作用。乡村社会治理中的民间信仰元素有着广阔的调适空间，具体表现在维系当地生活秩序、提升民众交往能力、维护公共道德等方面。不同于政策宣言，此种作用一般不会有文字记载或明文规定，而是以一种无形的方式渗透到当地人的生产和生活当中被村民自觉实践着。

---

[1] 滕兴欣.价值与工具的统一：传统文化的社会治理功能[J].西部学刊，2021（20）：51-54.

（一）风水信仰中的和谐秩序

风水观念作为一种传统的地方性共识，已经内化到当地村民的意识和行为逻辑中。每逢婚丧嫁娶、修宅建房、打井筑灶、修坟建陵等事，村民常常请风水先生来观天文、察地理、择吉日。多数研究中国传统村落文化的"民族志"也会涉及"风水"这一研究主题，如林耀华在《金翼》一书中多次提及风水选址对于黄村两个家族发展及社会变迁的影响；黄树民在《林村的故事：1949年后的中国农村变革》一书中，也曾讲述了村支书叶文德以风水理论解释自己家族几十年来走过的风雨兴衰故事。

在火石垭村，风水观念对村里的生产和生活也产生了重要影响。凡是生活中的重大事件，村民都会请人去"看期"。对于他们而言，如果不遵从风水或者不看风水的话就会对家庭的发展带来不利的影响。

在火石垭村，有两位比较出名的风水先生，一位是现居火石垭村一组的ZFF，遇有红会、白会、建房等，许多人都会请他看上一看；另一位是居住在火石垭村二组的WDY。60多岁的WDY曾受到过相对较高的文化知识教育，还当过生产队的会计，村民如遇破土动工、立房和乔迁等重大活动，都会先请WDY根据各个活动的内容看"下脚"（选地基），并择定黄道吉日。总体看来，火石垭村民看风水主要存在于房屋选址修建、去世祖先坟墓落葬、娶妻嫁女时辰定夺等几项生活中重要的事情中。

1. 房屋选址修建

因为房屋往往是村民几代人共同居住的地方，所以他们在房屋的选址上对风水十分讲究，用火石垭村民的话来说，就是："立房子要看风水，要看房子修的地方会不会亏哪一房代（对儿子辈人的称呼，大儿子为大房，二儿子为二房），要看子孙旺相与否。"

可见，村民对于风水的讲究已经深入他们的观念之中。火石垭村现在多是整整齐齐、干干净净的砖房，当问到房屋修建的选址和朝向的时候，不少村民都表示他们都是有"看"的。例如，ZSB家的阳台正面朝向崇山峻岭，视野非常开阔，用村民的话说："像是修房子，最好对的是山尖尖，这样就意味着你家是走上坡路；如果对的是山凹凹，就不太好！"WWF家住在火石垭老街上，说起他修房时的选址，他每次都是津津乐道，不厌其烦地解释："我现在房子的位置以前是衙门！你像古时候的皇上、衙门的所在地，都肯定是看过风水的！所以说我这儿风水好！"

谈到风水具体怎么看，村民有许多的看法与讲究。他们谈道，房子两边的砂水（风水中的一种说法，类似于两边的地势）差不多要高度相等；并有"左青龙，右白虎"的说法，即"只能青龙高三丈，不准白虎抬头望"，意思是说，假如站在房子的位置上，只能让房子左侧的砂水高于右侧，否则家中生育的子女就难以健康长大。房屋的选址，从风水上不仅讲究房屋的朝向，同时还要兼顾自家祖上房屋的朝向。比如，在修房的主人家，如果其字辈上适合"坐东朝西"，但如没有遵照，就容易出现"亏二房"的情况。

2.坟墓落葬选址

除了在修房这件事上火石垭人格外看重"风水"之外，对于逝者墓地的选择，他们也十分重视。正如民间所说："葬错一所坟，讨错几门亲。""一个坟要管三辈人。"如果死者坟墓安葬得不好，会给后辈家庭带来很大不良影响，所以在选择墓地的时候村民们也很谨慎。

ZCF认为：

对死去的老辈坟墓的选址要格外上心。假如坟墓的风水好，死者觉得愉快，那么就不会让子孙感到烦恼；祖辈人一高兴，他说不定还会让子孙升官发财。但如果坟墓周边的风水不好，祖辈人在自己家里（指坟墓中）都生活得不愉快，那他们就会加害于子孙：要么使农作物歉收，要么让人生病，要么使人破财，总之，会导致各种不顺利的事情发生。

GJH在谈到人生命运时，他直接用风水观念解释：

这都是"一缘，二命，三风水，四敬阴功，五读书"！一是你自己的缘法，自己的运气；二是靠命运；三是看风水，是看你住的那个点背好不好，你住的点背该不该出人才啊；四看阴功，是看你的前人做了什么，好事做得多，就是在修道，或者是祖坟埋得好；五才是读书，你本人的那些努力。这五种只要你随便占几样，那么别人没得工作，你都有工作做！

据村民讲，坟墓的选择遵从的是"男左女右"的风水，意思是说，男的坟墓在左边，女的坟墓在右边，因此在选址的时候，就需要注意看自家选好的地方旁边的墓碑上的名字是男还是女，再决定自家祖先的坟墓怎么选择。选择的方法如同建房子选址一样，两边的砂水也要相等。

3.娶妻嫁女定时辰

火石垭的许多中老年人都对风水有着一定的了解。2021年9月，ZSB一家在火石垭举办了婚礼。ZSB自己会看风水，但是在儿子结婚的时候，为了万无一失，还是请了专门的风水师傅。在风水师傅看来，新娘上头的时间、坐的方位及到家的时间等，都有具体的讲究。年青一代虽然觉得麻烦，但对于这些传统，都还是会尽可能遵循。

虽然当今的科学技术得到了迅速的发展，但"风水观念"已经根植在火石垭村村民的内心，内化为集体的一种生活准则。人们运用风水观念进行生产、生活的实践，已经成了一种"惯习"。在关于自己或家人命运的事情上，都要去看风水，如红事、白事、修房子、下葬等，也要遵循其中的说法。风水观念渗透到火石垭村民的精神世界中，深刻地影响着当地人的行为方式。

（二）祖先崇拜与信仰寄托

传统文化中的秩序观念潜藏在村民的内心，这种观念和与之对应的仪式是他们实践的准则，并成为维持村庄秩序的重要力量。其中的祖先崇拜观念就贯穿在火石垭人的生产和生活中，约束他们时刻铭记传统文化的要求，如对逝去长者的尊重及对目前健在长辈的敬爱等。人们可能不明白为何要在家中的堂屋里张贴"天地君亲师"，但他们仍然会践行这些传统做法，并形塑着村庄内的传统秩序。

总的来说，祖先崇拜是现实中家庭、家族和村落关系的伸展。虽然在市场经济的影响下，不断增强的人口流动逐渐冲淡了村庄中的人际关系，但是由于受传统文化影响的时间较长，火石垭村中的人际关系并没有被彻底瓦解，而是与地缘相结合，构成了新型的人际关系。在火石垭人的观念中，作为具有非凡智慧和能力的祖先，生前给家族带来了繁荣，所以，这些有德行和功行的祖先就会成为后人崇拜的对象。人们希望祖先之灵能够荫庇子孙，帮助子孙获得幸福，因此对于祖先的供奉事务及祖先的"托梦教导"都格外上心。在合作修路的动员阶段，几位村民都说梦见了自己已经过世的祖先。如SSC表示：

祖先叮嘱我们要积极投入到修路建设中，为家族争光。村路修建完成之后，村庄内外就连通起来了，外出会更加便捷，到时候可以将自家种植的庄稼卖出去，运输成本降低，会挣到一些钱。但是不能把全部精力都用在种庄稼上，家里的庄稼地已经种植了十几年，（土壤）肥力越来越低，产量也会逐渐下降的。光是卖庄稼不够维持全家人的生活，要找找其他活路。但这都是在村路修建好的基础上才能实现。等到家里经济宽裕了，也可以为我们提供一些好东西，叫饭的时候，我们也来喝点好酒。

以祖先崇拜为代表的对超自然力量的崇拜，是人们面对自己无法解决、无法理解的问题时的一种解释。这种信仰在老年人当中存在较为普遍，而许多年轻人却不以为然，但是随着年龄的增长，年轻人的想法也在不断改变。WWF表示，年轻的时候，他也不信命，觉得自己是可以改变命运的，但现在步入中年，他就不这么想了。Z阿姨在谈及儿媳的选择对象时，最后也落脚到了命运，她说："我现在给他（儿子）定那些（对象）

没得用，我想他找个近处的，最后说不定还是找了远处的！这些，都是命中注定！"这些思想会逐渐影响到一个人的行为处事。在民间治理上，民间信仰作为一种隐性的力量，在村落治理中发挥着不可忽视的作用。

对祖先之灵的敬畏，平时虽然不那么经常被说起，但在当地人的生产和生活中是不得不考虑的问题。这些民间信仰外化为村落中的传统习俗规约，为村民找到了共同建设村庄的必要性和合理性。此外，在市场经济迅速发展的社会背景下，更需要提升村民对村庄文化的认同感和对整个村庄发展的信心。这种信心并不是一朝一夕就能够形成的，而是要在长期的村庄生活中形成，一旦形成便会成为村庄文化的一部分，引导和左右着村民的行为。

二、经济生活与礼俗治理

在乡村，除民间信仰的治理逻辑之外，还存在其他多种治理逻辑，如个人的经济生活与传统礼俗，同样是火石垭村落治理的力量之一。

（一）村内资源的有效整合

乡村是具有自然、经济和社会等特征的地域综合体，兼具生产、生活、政治、文化和生态等多重功能，而乡村的资源也是分散在这些功能承载当中的。尽管市场经济价值理念已经在很大程度上渗透到了火石垭村，成为村民日常思考和行动的准则之一，但并非所有村民都能够在短时间内直接将乡村的经济生产生活转换到市场经济中去，从火石垭村自身情况来看，村内资源更多用于村内的消耗与整合。

火石垭村七组有一个"最美庭院"，就在高洞子的院坝中，此院落之中竖着一盏路灯，是由从七组走出的农民企业家义务出钱修建，使沉静的夜晚多了一些光亮，也让夜晚的村民有了聚会活动的场所。每当天色渐暗、路灯初亮时，便有一些热爱活动的中老年人从家中走出，拿出现代化的音响播放歌曲，他们或随着音乐跳舞，或听着音乐闲聊，是这个院坝、这盏路灯给予了村民更广阔的活动空间。

经济的运行是维系村落发展的重要力量。火石垭村有一些十分微小、隐性的"经济组织"，它们以松散的形式存在于村落的治理网络之中，虽然没有在村落中发挥巨大的显性作用，但仍旧有着一定的整合力量来支持村落的有序治理。在火石垭村，村民种植出来的农产品并不是全部拿到市场上去销售，在更多的情况下，村民将农产品直接在本村人进行交易，实现着村庄资源的自我流通与消费。这样做，一方面，对于出售者而言，减轻了他们市场销售的奔波劳累，省时省力；另一方面，对于购买者而言，他们可以以较低的成本购买到质量不错的农产品。

在火石垭，存在着几个小微企业、合作社和种植、养殖大户，它们的发展在很大程度上整合了本村的人力、物力资源。其中，火石垭采石场和火石垭酒厂都是村里的小微企业，两者都是基于火石垭村的自然资源条件而组织发展起来的。这两家小微企业为周围的群众提供了一定的工作机会与商品，它们将火石垭村与周围的村落紧密联系了起来，因此，它们对于村落资源整合和农村社会的发展都有着一定的积极影响。

火石垭酒厂是火石垭一组的"龙头企业"，它吸纳了多名火石垭村及周围村落的村民来此工作。建厂以来，老板ZZC靠着酿酒发家致富。酒厂的运营需要请一些工人，在此过程中也培养了一些酿酒人才，尤其是掌握传统技艺的酿酒师傅。ZYC是老板ZZC的侄子，ZZC在酒厂建设伊始就把侄子纳入了自己的团队，并精心培养他。ZYC从一名普通的小伙子，跟随着师父学习，最终成长为令ZZC引以为豪的酒厂师傅。ZYC在叔叔ZZC的火石垭酒厂待了近10年，直到2012年才出去打工。这10年间，火石垭酒厂为ZYC提供了留在村里工作的机会。ZZC甚至想过，在自己退休之后将酒厂留给侄子，让侄子接班。

火石垭酒厂的运营在很大程度上依赖于对本村资源的整合与配置，这促进了火石垭酒厂的可持续发展。苞谷是火石垭酒厂酿酒最为重要的原材料，以传统农业种植为核心的火石垭村，村民普遍种植有大面积的苞谷。每年9月，在苞谷成熟的季节，酒厂会收购许多本村村民种植的苞谷。因为酒厂老板是本村的熟人，村民也愿意将自家生产的苞谷卖给酒厂，在价格方面，大家不会有太大的担忧。酒厂收购本村的苞谷免去了很多村民的销售之忧，也成为他们愿意继续种植苞谷的重要原因之一。CYE说：

我种苞谷很简单，有时候都是周末回来才管它。药一撒，肥料一撒，就好了，比养蚕简单得多。我以前在家的时候，一个人一年生产了一万多斤苞谷子。苞谷子不愁销路，都是卖给酒厂。酒厂跟市场上的价格差不多，最开始1块1（角）、1块2（角），都收过。我在家种了八九年的苞谷，一直都是卖给酒厂。

酒厂收购苞谷为像CYE一样没有心思去售卖的陪读妈妈带来了便利。她没有时间育猪，也不愿闲置土地，更不想在附近打零工做活，种点苞谷对她来说是一件既能打发时间又能赚点零花钱的事，而火石垭酒厂近在咫尺，因此，完成这样一项买卖十分划算。

和CYE有着一样想法的人不在少数。火石垭村二组的CJG、LGL、WDY等多家的苞谷都是卖给酒厂。火石垭一组的S家几兄弟，将几千斤苞谷也全部卖给酒厂，比起其他老板，爽快而又价格公道的火石垭酒厂老板ZZC是他们的首选。除了火石垭村的人之外，周围的许多村民也会选择将自家种的苞谷卖给ZZC。20多年来，他的为人让酒厂一直红红火火，酿酒后产生的大量酒糟，ZZC会以500元/吨的低廉价格卖给附近的牛场。

村主任MXQ经营着一个肉牛养殖场，这样的养殖大户也让村中的资源在很大程度上整合起来。牛场用的饲料在很大程度上消耗了村内的苞谷，这些苞谷都是直接从地里运到牛场的，不用人们拼死拼活、紧赶慢赶地掰苞谷。养殖场的发展既消耗了村民种植的苞谷，也创造了更多的临工岗位。前往苞谷地砍苞谷、用车运输苞谷、每日喂养牲口等都是需要请工人的，在更好地整合资源的同时，牛场吸收了本村的劳动力。

同时，本村一些蚕桑养殖大户到了每一季的大蚕期都会请附近的村民以临工的形式来帮忙，并给予他们一定的酬劳。如火石垭村二组的养殖大户LGL，在他的蚕桑养殖过程中比较稳定的工人有本组的ZYZ、ZLX、ZCY等几位妇女，她们一年下来也会有几千元的临工收入。除此之外，还有一些火石垭村的村民养殖蜜蜂，他们所产的蜂蜜香甜浓稠，常常会被提前预订，在本村内就实现了销售，这也是一种资源的整合。

以上农产品的生产和销售模式，实现了对本村的生产资源与人力资源的良好整合和最大利用，是一个多方获利的过程，也是几十年来火石垭村作为传统村落能够实现自给自足并且有条不紊运行的深层治理逻辑的体现。

（二）乡村礼俗助推秩序维护

礼治就是以传统礼俗文化参与乡村治理。礼是一种经过教化过程融入文化并被群体所接纳，体现于个人行为规范中的仪式。这样的"礼"由传统而来，但并不是一成不变的。随着社会的发展，传统不断蜕变与新生，礼俗也在不断重塑中。

谈起礼俗，火石垭村有着许多的礼俗传统，如红白喜事吹唢呐等。而随着村中外出务工人员的增多，许多礼俗传统不再以单一的形式存在，近年来出现了一些融合传统礼俗观念与现代文化艺术形式的新礼俗。

前文曾提到，在火石垭产生了一个新兴的组织——打鼓队。这是由几位跳舞的中年妇女、一个打大鼓的鼓手以及几位传统唢呐匠组成的队伍。就是这样一种组织形式，将传统与现代融合了起来。以增加经济收入为经营目的的打鼓队，符合当下文化传承的经济逻辑。打鼓队逐渐壮大，学习的人员逐渐增多，无形之中把村民的生活与文化活动结合了起来。通过人员参与、礼俗重塑与文化复兴的方式参与社会治理，在实现个人的经济目标与乡村的文化发展目标的同时，也助推着火石垭乡村治理体系的不断完善和发展。

长久以来，火石垭村这一片区域内村民操办红白喜事，需要聘请唢呐匠来驻场吹奏，聘请的唢呐匠人数越多，越能代表举办仪式的家庭在本地的地位。但随着现代元素的进入，火石垭的传统唢呐匠越来越少，人们举办红白喜事的观念也有了很大的改变。新起的打鼓队植根于乡村，其经常出现在乡村红白喜事场域中，这样一种具有视觉与听觉冲击的新兴"礼俗"一下击中了村民的心，它不仅在某种程度上延续着传统唢呐演奏的功能，同时也带有许多现代化的元素与特色。

由于礼俗的需要，打鼓队的生意很红火。打鼓队队员不止一次表示他们的"生意做不过来"。这种情况的出现，不仅让传统礼俗得以存续，而且也展现了火石垭的文化向心力与凝聚力。火石垭村民经常自问自答道："其他地方肯定没有我们这个（打鼓队）吧？"他们不止一次询问笔者："你们那边办红白喜事是怎么办的呢？"当笔者回答自己的家乡并没有此种礼俗活动时，他们显得十分自豪，说："只有我们这边才有，彭水那边也有。"这样的话语反映出他们对火石垭村较为明显的地域认同，这种认同也维护了当地的传统文化秩序。

火石垭村有两支打鼓队，每支打鼓队都有自己的组织和整合逻辑。如其中一支队伍的主要成员基本上为火石垭街上的小卖部老板娘，打鼓队的活动在一定程度上也促进了她们之间的合作。

火石垭虽然出现了一些新的礼俗文化，但传统礼俗的存在仍然在很大程度上维持着火石垭村的基本生活秩序。这些礼俗塑造了火石垭人热情好客、踏实淳朴的性格，具有凝聚火石垭村集体精神的重要作用。如传统的红白喜事强调对家族群体的凝聚与团结，其中也内含着火石垭村群体对喜事的期盼和对逝者的追思。在这些仪式上，相近地缘的村民不用打招呼都会主动前来帮忙，由主人家和村中最有此类活动经验的人来组织，参与的人都有不同的分工。他们在这样的共同活动中相互帮助与协作，维系和加强了对村集体的情感。即使是已经远离火石垭村的人，回到火石垭村来办仪式，人们也会或多或少前去帮忙，认同他们是火石垭村的人。

几个儿子都早已离开火石垭村的ZGB老人与妻子两人年事已高，他们独自住在火石垭村最偏远的风背崖，几乎不与村里的人交流，但ZGB老人的妻子去世办丧事时，几个离开已久的儿子都先后回到村里，周围的邻居也都前来帮忙，甚至很久没有联系的火石垭人大部分也会去参加。类似这样的事情在火石垭村常常发生，虽然参与的人和范围并不一定相同，但是这样的行为依旧维系了火石垭人的亲疏远近，以及自我与他者的距离。

从古至今，礼俗不断规范着人们的行为，体现了传统伦理道德的延续发展。在礼俗传统的遵循中，火石垭村民的行为不断得到规范，同时人际关系也有了更大的拓展延伸，村民之间的内部矛盾也在某种程度上得到了调解。礼俗作为火石垭村民心中共同的价值遵循是乡村治理的重要一环。

（三）规约中的治理效力

在乡村治理的场域中，乡村传统的家规家训与村规民约等一些柔性治理手段也发挥着重要的积极作用，这些对村民的日常行为有着潜移默化的影响，村民在生活中的自践自行中培养起来的村民自治和守约习惯对于弘扬新时代乡贤文化、树立新风尚、提升农民的精神风貌和文化修养，从而进一步实现和谐美丽新农村建设大为有效。

1.传统家规家训的行为约束

家风是调整和维系家庭成员之间情感关系和利益关系的道德行为规范，它存在于家训、家规、家教等传统的规训中，是一个家族世代传袭下来的精神积淀和人生修为，已深植于中国人的心灵，已融入中国人的血脉，在很大程度上潜移默化地影响并规范和约束着人们的一些日常行为，成为家庭和睦、社会和谐的基石，成为中华民族重要的文化基因和独特的精神标识。❶

在火石垭村，关于家规的清晰记忆主要是在一些爷爷、奶奶年纪辈的人中，在他们的童年生活中，父母的管教较为严厉。73岁的CXY谈道：

我们那时候，老汉给我们三兄弟一人准备了一根马鞭棍，放在屋里炕上的，哪个不听话就打哪个，我小时候就被打过几回。有一次，老汉身体不舒服在床上躺着，他让我去打一壶水回来他好烧开水。我那时候小，调皮嚓，我就没听他的，自己调（跑）出去山上玩去了。后面到了晚上，我要回来吃晚饭嚓，就挨一顿打哟，老汉硬是要喊衣服裤子脱了光打肉肉嘞，那打下去痛嚓，打了才长记性嚓。不过，我还是算被打得少的，我大哥那时候着打得多，成家了都还被打个几回，我都还记得到。虽然老辈子有种说法"老子不打交家（成家）儿，老子不打出嫁女"，但是老汉不是这样，做得不好的话，成家了也要打。

可见，长辈对于晚辈的教育与惩罚形成了家规家训，更好地塑造了子孙后代的行为习惯与思想。由于爷爷、奶奶这一辈人接受过这样的家规家训，他们在对待自己的子女时也会参考与借鉴，先以道理说教，再将自己的故事作为例子，让后辈人进行行为比较，这在某种程度上也能够起到一定的约束作用。

---

❶ 王杰.重视家风家教是中华民族的优良传统[J].党建，2019（8）：14–15.

2. 村规民约潜移默化的影响

村规民约是村民共同参与讨论制定并得到全体村民认可的"公约",是村民实施村民自治的基本依据。在当下的乡村治理中,村规民约仍具有推进村民自治、整合农民利益、促进文明乡风建设等重要功能。[1]在村民"自我参与乡村治理"的过程中,村民的行为举止、文明素养、精神风貌、道德情操等综合素养,都会在潜移默化中相互感染、相互影响,并在总体上实现共同提升,从而使村民的乡村治理参与,由不关心、不参与转变为都关注、全参与的集体自觉行为。而村规民约在其中发挥着不容忽视的重要作用。刚来火石垭调查的前几天,笔者走进每家每户,几乎都能够看到村民家的墙上挂有《村规民约》,内容如下:

各位党员、村民同志们:

为了加强社会主义精神文明、物质文明和政治文明建设,构建和谐社会,建设社会主义新农村,使广大村民能自我管理、自我服务、自我教育,严格规范党员干部、群众的行为,增强法治观念,强化社会治安管理,保持社会稳定,维护广大村民的合法利益,并使村民真正做到"讲文明话,办文明事,做文明人",以形成一种良好的村风,坚定正义永远能够战胜邪恶的信心,使每一个村民从灵魂深处明辨是非,懂得法律存在的严肃性,特制定此《村规民约》。

一、社会治安

第一条 每个村民都要学法、知法、守法,自觉地维护法律的权威与尊严,同一切违法犯罪行为、邪教组织作斗争。

第二条 村民之间应团结友爱、和睦相处,不打架斗殴,不酗酒滋事,严禁侮辱、诽谤他人,严禁造谣惑众,搬弄是非。

第三条 自觉维护社会秩序和公共安全,不阻碍公务人员执行公务。

第四条 严禁偷盗设施,严禁哄抢国家、集体、个人之财物,严禁赌博,严禁替罪犯隐藏赃物。爱护公共财产,不得损坏水电、交通、生产等公共设施。

第五条 严禁非法生产、运输、储存和买卖爆炸物品。生产、销售烟花、爆炸物品和购置各种枪支,须经公安机关批准。捡拾枪支弹药、爆炸危险物品后,要及时上缴公安机关。

第六条 严禁非法限制他人人身自由,或者非法侵犯他人住宅,不准隐匿毁弃、私拆他人邮件。不制作、出售、传播淫秽物品。不调戏妇女,遵守社会公德。

---

[1] 周铁涛.村规民约的当代形态及其乡村治理功能[J].湖南农业大学学报(社会科学版),2017,18(1):49-55.

第七条 严禁在森林附近引起火灾,森林防火、人人有责！严禁私自砍伐林木。不准在村庄附近或田边路旁乱挖土。严禁损坏庄稼及其他农作物。严禁牛羊啃青,严禁偷青。以上违者重罚。

第八条 严格用水、用电管理,不经批准,不准私自安装水电设施,节约用水用电,严禁偷水偷电。

第九条 认真遵守户口管理规定,出生、死亡要及时申报户口或注销户口。外来人员需要在本村短期居住的应向村治保会汇报,并办理相关手续。在本村暂住务工、经商的外来人员必须服从本村的《村规民约》。

第十条 对违反上述社会治安条款者,按以下办法处理。

（一）触犯法律法规的,报送司法机关处理。

（二）情节严重,但尚未触犯《刑法》和《治安处罚条例》的,由村干部给予批评、教育,并视情节轻重处以罚款。

二、村风民俗

第一条 提倡社会主义精神文明。移风易俗,反对搞封建迷信活动、邪教组织及其他不文明行为,树立良好的社会风尚。

第二条 喜事新办,不铺张浪费,丧事从简,不搞陈规旧俗。

第三条 不请神弄鬼,不算卦相面。不看风水,不听、不看、不传播迷信和淫秽书刊、音像。

第四条 建立正常的人际关系,不搞宗派和宗族活动。

第五条 积极参加村里组织的各种文化、体育活动、提倡全民健身运动。提倡见义勇为,伸张正义,遵守社会公德,扶老携幼。加强自身修养,学习好科学文化和社会知识,跟上社会步伐,用自身的知识影响老一代、教育下一代,做本时代的榜样。积极申请加入党团组织。

第六条 服从镇村建房规划,不扩占,不超高,搬迁、拆迁不提过分要求。拆旧翻新,须经村两委会批准,统一安排,不准擅自动工。

第七条 违反上述规定的给予批评教育,情节严重的交司法机关处理。

三、相邻关系

第一条 村民之间要相互尊重,相互理解,相互帮助,和睦相处,建立良好的相邻关系。

第二条 在经营、生活、借贷、社会交往的过程中，应遵循平等、自愿、互利的原则。在生产过程中，自觉服从村两委会安排，不随便更换、移动地界标志。发扬共产主义风格，小事不斤斤计较，退一步自然优雅，让三分何等清闲。

第三条 依法使用宅基地，老宅基地要严格遵守历史状况，新宅基地应按镇、村规划执行，不得损害整体规划和四邻利益。

第四条 村民饲养的动物、家畜对他人造成损害的，动物饲养人或管理人负经济责任。没有行为能力或限制行为能力的人，给他人造成损害的，监护人应负经济责任。

第五条 邻里间发生纠纷，能自行调解的自行调解处理，不能自行处理的应依靠组织解决，不能仗势欺人，强迫他人。对不听劝阻、制造纠纷的当事人，情节轻微的予以教育；而造成人身或财产损失的，必须承担医疗费用。返还修理，重做、更换被损害的财产，并按实际损失的两倍以上进行赔偿。

四、婚姻家庭

第一条 全村村民要遵循婚姻自由，男女平等，一夫一妻，尊老爱幼的原则，建立团结和睦的家庭关系。

第二条 婚姻大事由本人作主，反对他人包办、干涉婚姻，不借婚姻索取财物。

第三条 自觉做到计划生育，晚婚晚育，少生优育。育龄夫妇都要严格遵守《中华人民共和国人口与计划生育法》及有关政策。

第四条 夫妻在家庭中的地位平等，反对男尊女卑，不准打骂妻子，夫妻双方共同承担家务劳动，共同管理家庭财产。

第五条 父母、继父母承担未成年人或无生活能力子女的抚养教育，不准虐待病残儿、继子女和收养的子女，不准使中小学生中途辍学。

五、环境卫生

第一条 村民各家各户，门前院内要保持清洁，清除暴露垃圾，清理卫生死角，清除废弃堆积物。禁止在公共场所乱吐乱扔、乱倒垃圾、污染物和渣土。

第二条 搞好公共卫生，保持村容整洁。为保证街道畅通，道路和水渠两侧不准长期堆放沙、砖、石等建筑材料。不准挤街占道，私搭乱建。

火石垭村民委员会 宣

由此可见，火石垭的《村规民约》从社会治安、村风民俗、相邻关系、婚姻家庭、环境卫生五方面对村民的日常生产、生活行为进行了约束，但在实际中也存在一些个体理解上的差异。村民CXY谈道："我们是不太懂，反正它（《村规民约》）是告诉老百姓要懂文明的意思嘛。"但对于一些识字的村民而言,就对《村规民约》有自己的理解。如YCH说:"《村规民约》这种东西,是对大家一种行为上的约束,么子能做,么子不能做嘞,它在不同的方面有讲究的嘞,像是环境卫生呀,大家之间的相处呀,总体上是好的嘛。"

可见,在许多村民的眼中,《村规民约》对于他们而言或许因为自身的知识文化不同,每个人都有着不同的理解;但尽管理解不同,《村规民约》作为一种"软性约束"在某种程度上促进了火石垭村的乡村治理。

第二节 公共生活与集体行动

当前,对村民公共生活的治理,是农村基层治理的重要内容之一。在火石垭村落,能否顺利开展日常生活,很大程度上取决于个体与集体之间能否有效协同。组织多种力量的共同参与是基层有效治理的重要法宝,依靠村民自身的力量形成的治理逻辑往往能够实现治理效果的事半功倍。修路、蓄水和改厕作为村民生产和生活的重要内容,其相关基础设施的修建与完善,承载着集体行动的许多故事,也体现了村落治理的逻辑基础。

一、致富发展先修路

从古至今,交通便利一直是保证地方社会生活,特别是经济活动发展的重要条件。火石垭村的道路条件一直不太好,在1949年前没有现代化的道路。人少地多是火石垭村的特点,村民自给自足的生活,让他们的活动围绕着土地进行,很少与外界交流沟通。当时,村民以小道作为行走和交通的廊道。唯一可称作"路"的,或许是那条火石垭老街,在那里有着热闹的集市,承载着大家赶场集会的乡村记忆。一直到20世纪60年代末,火石垭村村民开始由生产队组织,每家派一个劳动力,凿开火石垭的悬崖峭壁,一点点将道路修通。在这个过程中,除国家行政力量的组织之外,也有村民自发组织。这两种道路修建的方式,从改革开放之后一直延续,在很大程度上体现了村庄公共生活中的治理逻辑。

(一) 国家动员下的县道修建

前文提及,火石垭村在1949年前,唯一沟通外界的道路是经过老街,沟通对岸彭水至黔江的道路。从小河对岸的彭水一路翻山越岭，蹚过小河潺潺的河流，再爬过山坡，顺着田埂，才能来到这条铺满青石板的"火石垭老街"。据村民讲，在1949年前，这条路上曾有过不少盐工从彭水运送食盐到黔江。这条路线在1949年之后的十几年间没有被拓宽。行政区划变更后，火石垭村从酉阳划归到黔江管辖，作为黔江区域范围内沟通石家与新华乡的必经之地，火石垭村需要修建一条新路。

大致从1969年开始，火石垭村的几个生产大队投入了大量的人力物力来修建石家到新华的"毛路"县道。当时是由石家公社与新华公社全民动员，共同组织。家中凡是有劳力者，都有机会被分配去挖路。任务划分到每个大队，大队又将任务划分至小队，最后再落实到每户每人。任务下达后，各个路段同时进行，采取记工分的方法为村民计算劳动量。工分的多少按照当天的任务量评判，最高的男性挣10分、女性挣8分。老火石垭二队的队长ZHQ回忆道："当时是我当组长，每个生产队要出多少劳力，由我来分配。我们队负责的是'六道拐'那里。"修路并不是一蹴而就的，村民从事的农业种植才是其生活的重心，所以修路的时间一般选择在冬季农闲之时进行。因此，即使是不太长的道路，由于当时效率较低且农民农事繁忙，也需花费不少时间。大家炸开岩石，用锄头挖开土地，在毛路修好之后铺上石子。ZHQ回忆说："这条路一直修了好几年，后来年年都要再次'面'（路面重铺），也是生产队选人去出劳力，花几天时间将石子重新铺好，维护一下。"

从这条县道的修建过程可以看出，此次修路主要是在国家行政的动员之下进行的，此时的村民尚未真正感受到道路的修建对他们的生产、生活将会产生多大的影响，而他们只是隐约明白，修路是一件非常有意义的事情。在没有多少经验的情况下，他们进行毛路的修建、泥土配置，尝试将道路铺平，但是下雨天道路会出现泥洼地段，修路过程中所历经的艰辛也只有参与其中的村民才能够体会到。

2010年1月7日，村里召开了修路动工准备会议，并成立了"公路修建指挥机构"。2013年开始铺设水泥，最终完成了从石家镇到新华乡段公路的铺设，并且将道路拓宽至3.8米。2014—2018年是道路铺设里程最长，也是建设最为红火的时期。其中，2015年投入60万元对火石垭村的火刘路、周杨路实施修整；2016年投入495万元对周火路、火堰路等道路实施硬化工程，共计硬化村道11千米。至2018年，一共实施了3次大规模的修路工程。需要明确的是，这里提及的修路已经完全由政府投资并组织外来的施工队承包施工，此时的道路修建是国家意志的体现。

（二）自愿组织修建的乡村道路

道路是村里通往外界的重要条件。大集体时期的修路经验，给了火石垭人一定的启发。虽说修好了石家镇到新华乡经过火石垭村的路段，但从主干道到自家的这段路，仍旧泥泞不堪。大集体时代结束之后，土地包产到户让村民获得了生产经营自主权。20世纪80年代，火石垭村大力发展烤烟产业。当时烘烤烟草都是采用燃煤来烤。火石垭当地没有煤山、矿山，所以煤需要到距离火石垭村30多千米的彭水县小场乡运回。如果步行，则差不多要半天的时间。随着烤烟种植的日渐红火，烤烟加工所需的煤炭量也与日俱增。而想要将煤炭从街上运到烤房，村民不得不人挑肩扛，脊梁也被压弯了。坡如此陡，路如此难走，即使买得起摩托车，却没有可以行驶的路，这种状况极大地影响了村民的烤烟生产。

XDP回忆自己当时背煤的感受，至今记忆犹新。他说：

（一九）八几年的时候，政府让我们村全部种烤烟。烤烟要用煤来烤嘛，我们这里都要去外面拉煤，有时候要去彭水县小场乡买煤。那里好远，离我们这儿（火石垭村）要走差不多三四十公里。我们这里不通车，就靠人走哦，都要大半天的时间。以前不是这种路，都是泥巴路，还有碎石头。我们就想办法自己修路，路修好了，才把煤运到自己家里来。

ZCF也说：

当时村里的人都住在山上，大家都集中种植烤烟，需要拉煤、运水到自己家里面，步行去街子上要走两个多小时才能走到。

道路的修建，不仅可以方便村民上山下山，还能保证车辆的通行，以此节省劳力和时间。因此，当大家饱尝了背煤的辛苦之后，修路的意愿便逐渐高涨。JXK说：

因为我们村都种植烤烟，每家人光靠自己背煤背不起嘛，政府当时又没钱，我们挨着的几家人就协商将对着自己门的路自己修，再一起接起来。买工具、买材料的钱大家一起出，路修通了，（大家）都可以走嘛，拉水、拉东西直接到家里面，很方便。

从20世纪80年代开始，就陆续有村民组织起来修路，不同的生产队各自组织，或邻近的人家一起商量，人数有多有少，时间有先有后。MXQ说："那个时候一家差不多凑10~20元，每家出劳力！"大家先共同挖一条土路，再炸掉挡路的石头，然后在路的表面铺好碎石。1992年时，修好的道路宽度为2.8~3米。HYX表示，自己在村里第一次参与修路就是在1992年，他说：

之前我们这里都是土泥巴路，一下雨就遭水淹，坑坑洼洼到处是，不好走的。后来上头（村里）说我们自己可以修路，村委会给我们免费石料。我们三组基本按照谁家路对着自己门就自己修，大概七八户，水泥材料村上出，我们自己修。

ZCH对此也是印象深刻，他回忆说：

一次修路，我们修了四个多月，就到现在XDQ门口——那棵大芭蕉树那里。我们七家人分成了两组（Z家的三户是一组，JH他们兄弟是一组的），每天自己吃了早饭，带上大锄、钢钳、锤子去挖泥巴。那个时候（路）要挖2.5米宽，大概第一次是从罗家堡到我们家这里，大概有3公里路。

居住在海拔1000米高山上的火石垭村二组的村民交通出行极为困难，但他们对开展烤烟种植有着强烈的愿望，所以在自发组织修路这件事上比任何一个小组都来得积极。

现在火石垭村二组的道路是村民自己组织起来齐心协力修建的。在道路未修建之前，村民的出行只能靠双腿的力量。烤烟加工需要大量的煤，村民为了家庭的生产和生活，再苦再累，也要每天坚持走不到1米宽的小路，背上背篓走接近1个小时的路，把加工烤烟所需的煤从山下的街上背回，每天要背3~4趟。村民在回忆那段下山背煤的时光时，只是一味地说道："唉，那个时候娇（辛苦）得很，硬是好娇哟。"RGH回忆曾经的挑煤时光，说道："要去关口村挑煤了，一天能挑个三四回，男子一回能挑一百斤，女子一回能挑七八十斤。挑煤的时候，还要带上中午饭，差不多一整天的时间都花在挑煤上了。"

从2010年开始，村中陆续对这些已经修好的道路进行硬化。道路硬化的工作，以政府为主投资管理，因此速度快，也不耽搁农活。如从火石垭学校原址到一组"黄教"的路段，总路程大约1.5千米，只用了一个月就完成了整个路段的硬化。不仅如此，政府介入之后，除了道路硬化和拓宽，还有"改道"，即放弃原来弯弯绕绕的公路，以更加先进的技术修建了一条笔直的道路。

但这样的合作与后期的硬化并没有在火石垭村的所有道路上开展，仍有一些地方的道路是碎石路，给村民的生产和生活造成了很大的不便。如火石垭村一组FXM家位于瓦房湾道路岔口的碎石路尽头，从岔口步行到她家需要走20分钟。通往她家这条路的修建具体分为三段：第一段是从主干道到CQF家，这一部分由C家承担；第二段是从C家到原来的砂石厂，由砂石厂修建；最后一段便是从砂石厂到FXM家里，这段路是由FXM家自己修。关于这一段路的修建，FXM和她的老公HCW谈起来都非常无奈：

我们都是自己去修，先去挖毛路，然后就看哪里有石头，再就去那里挖石头回来，然后再把石头弄碎，就去面（铺）啊！有时候好不容易面好了，一下雨就又冲烂了！

反反复复，周而复始，路面的硬化问题便成了一直困扰在FXM一家心头的一桩事情。他们家是养蚕大户,但由于道路进出不便,导致他们家桑叶的运输和蚕包的销售都受到了一定影响。

可见,正因为对共同目标的追求,才有了火石垭村民的集体行动。但是从火石垭村的具体情况来看,在经济发展尚未成熟、完善的情况下,村民集体行动的背后也需要国家政策的支持。

(三)村民参与的乡村治理

在道路的修建过程中,不同的农户家庭有着不同的利益诉求。在集体修路的过程当中,出现过村民发挥自身智慧参与乡村治理、实现矛盾调解的情形。这里以火石垭二组的道路修建为例谈谈村民在道路修建过程中参与乡村治理的情况。

火石垭二组的道路从总体上看,主要有两条路可以通往二组的最高处碓窝坝。这两条路经历了两次修建,一次是修建连接一组碓窝坝一段,全长1.8千米;一次是修建连接堰塘湾至LGL家一段。

第一段道路从一组山顶的黄教处开始修建,当时的五队队长RYD和CXH提议各家出人修建。十分凑巧的是,当时任石家区区长的YH正好在火石垭村,听说村民有这样的修建意愿之后大力支持,主动提出为道路修建提供爆破物资。有了物资的支持,道路修建本应很顺畅,但事情却不如想象中顺利,村民在道路的修建方向上出现了分歧。

当时从山下通往山上的路有两条,一条是从目前的火石垭一组黄教上来,另一条是从堰塘湾大坟坝上来(图10-1)。而村民普遍赞同的是从四队的堰塘弯路口经过大坟坝修上来,原因是从这一方向修上来沿路所经过的农户更多,能够在更大程度上方便更多人出行,但是两个队长却坚持要从一组黄教修上来。

大约在1991年10月第一次组织修路时,就因为村民的意见不统一,缺乏严格的组织管理而停止修路。后来第二次修建道路是在1992年的冬季。正式动工之前,队长RYD和CXH召集村民开会商议道路修建的事情。为了保证修建效率,会上对相关要求作出了明确说明:一是路线不变,队长在会上给出了让村民信服的说法,此段路线距离烟站更近,对大家出售

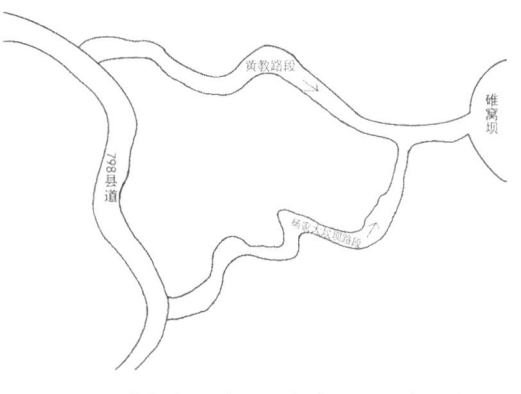

图10-1 黄教与大坟坝两个方向至碓窝坝路线

烤烟更为便利；二是道路修建必须落实责任到人，每家每户必须参加，不在家的人家可用金钱赞助或找工替代。

为了防止前一年道路修建中出现的"三天打鱼，两天晒网"的情况，村民CXY提出了"道路修建的任务分工安排"的建议，即根据当时各户的人头数量，直接将道路修建的任务分配到各家各户。CXY说："我当时提出要按人头分任务，但男子60岁、女子55岁以上的，以及身为劳动力但已出嫁的女子不分配修建任务。"

队长将黄教至碓窝坝全程的道路按照土部（主要是土壤为主的路段）和石山（修建需要开山凿石路段）两种类别划分成几段，分批次修建。先从黄教修上来，石山会比土部修建相对难一些，所以村民认为：要是分到土部段的话，就按照一个人口2米的标准进行修建；假如分到石山段的话，就按照一个人口1米的标准进行修建。

当时参与修建的共有21户，每户负责哪一段道路是由抽签决定的。队长在预先划定好的路段上，按照土部与石山（2∶1）的距离长短划分为21截，并在每一截的土中插上按照1~21的顺序编排好的号码牌。同时，21户人家派代表进行抽签，抽到的数字与路上的号码牌相对应。路段确定之后，每户可自行决定修建道路的出工人数与时间，只要在规定时间内完成就行。大部分情况下，一些人家做得快就早早收工回家，一些人家做得慢就得等待天黑才能收工回到家中。村民自己也说："好做的一上午就做完了，不好做的要做一整天。"

秋冬的太阳总是让人感觉到别样的温暖。清晨，村民早早地带上钢钎、二锤、大锤等工具精神抖擞地朝着自家分到的修建路段出发，边走边哼着歌，即使修建道路是辛苦的，但是想着道路建成后的便捷，大家都觉得高兴。这一次有了大家的齐心协力，只花了差不多21天的时间道路就竣工了。道路竣工后，石家区里的相关领导来到碓窝坝参加剪彩仪式，当时还有黔江县交通局的人对道路进行了测量。

1992年年底，道路终于通车了，不过此时也还只是一条泥路，遇上下雨天，车辆仍然难以通行，后来经过三次道路整改才成为现在的样子。第一次是在20世纪90年代末期，由当时任新华乡书记的CAP组织村民用风化石子铺路面，但只管了几年就又恢复到原来的状态。第二次是在21世纪初，时任石家镇长的LYM组织村民再次修整路面，此次修整的路面基本上维持到了2010年后。第三次是在2019年，由黔江交通局拨款，此次终于完成了路面硬化。

从这个过程可以看到，尽管一开始修建的是泥巴路，但道路给村民的生产和生活带来了很大的便利，尤其是对碓窝坝村民的烤烟种植和加工大有好处。道路修通后，二组用车拉煤的第一人是CXY，他找到山下的CZS开车去帮忙拖煤。CXY回忆自己拖第一车煤的场景时说：

当时我去找CZS给我拖煤，他怀疑车子开不上来，说那天要落雨，怕不得行。我就给他说："放心，得行的，我们那个路是柏油路。"谁知我们开到阮文兵家门口路段时，天就一下子黑下来，下起了大雨。

说完，CXY哈哈大笑，他的笑声中透露出他们当时能够开车拉煤的那份喜悦之情。

第二段道路是从堰塘湾至LGL家的路段。此段路则更是修得一波三折。修建这条路的牵头人是居住在大坟坝的Y家五弟兄。这条路段本是在此前选择修建路线时被放弃的，但后来住在这个路段的几家人为了出行方便，开始商量自己修路。

居住在大坟坝的YCJ谈道：

之前修路的事，我们闹得很僵。这次起初只有我们Y家5个兄弟通过人力用锄头和二锤来开山修路，可是当地基挖好后，一组村民就过来阻挠修路（因为砍伐的林地是属于一组的产权）。经政府协商，我们须支付一组1900元。YCH脾气很暴躁，还没有谈好就开始扯皮，修路就搁置了一段时间。

最后，我认为这条路还是应该修的。于是，组织联系山上剩下的几家村民一起投入挖路的事情中来（主要是LGL作为联络人），并主动提出之前我们5兄弟所花费的物资和劳力都不计了，大家一起修，一起平摊那1900元。

因为修路的过程中占地的缘故，最开始出现了不少口角，都是我来进行调解的。在1998年前后，这条土路被完全修通，但还剩下通往五组的最后1公里路没有挖。

最初我们几兄弟有点私心，只想把路挖到自己这里就不再挖了，毕竟和YSF、YSJ也有矛盾。这条路修通后，极大地促进了我们烤烟产业的发展，运输煤炭和肥料也更方便。所以后来选举时，大家都选择我作为组长，村民们看中了我的组织、调解能力。

那时我们修路的时候仅仅是冬天农闲的时候去挖，因为土里依旧种着作物，为了不耽误日常生产，该农忙的时候也忙，闲的时候大家一起去挖。可以说这条路是我们自己一手修起来的，主要还是因为搞烤烟，从公路背煤炭、背烤烟到火石垭村里，背得很累，才决定修建道路的。

那时候村民思想保守，不太接受占地事实。我以身作则，之前的物资都没让大家出钱，达成一致共识：修路方便大家，所有修路占用的土地都没有任何赔偿或置换土地。最后，占地过多的农户得到了国家补贴，还减免了农业税。

相较于拥有地理优势的一组，火石垭二组位于山上，相对偏远，在修路一事上，更多的是依靠全组人协商和齐心协力。这个过程中需要组织者。在修路这件事上起关键作用的有生产队队长、小组组长、有威望的村民等，他们组织带动村民集体出资出力修路，协调在修路过程中出现的矛盾冲突，最终将道路修通，使村民过上好生活，展现社会主义新农村的景象。

火石垭村，作为渝东南一个传统村落，地理位置的相对封闭导致村民长期"偏安一隅"。1949年后的土地改革时期与人民公社时期，村庄经济较为落后，村民对于修路及外出的需求不足，因此修路仅仅是为了方便村民日常行走，合作的范围也仅限于家庭及邻里范围内。在大集体时期及改革开放初期，乡村事务均由集体统一指挥和分配。国家承担了农民的合作成本和组织成本，农民利益也与国家利益紧紧地捆绑在了一起，此时的农民合作以强制性和约束性为主要特点。随着改革开放的深入，火石垭村的村民忙于外出打工，修路合作短暂停滞。而农村税费改革之后，村民在经济领域和公共领域都获得了更多的自主权。此后，在国家的支持下，农村公共基础设施建设工程更多地依赖于农民的力量完成。在村庄主公路的修建过程中，人们的居住格局发生了巨大的变化。人们对于公路的认识也发生了改变，逐渐意识到公路就是"生命线"，它连接着快速、便捷、现代化的美好生活。于是人们渐渐地搬离原来深山之中的木质吊脚楼，向着公路延伸的方向修建新居。随着新的公路体系逐渐成型，村民也在合作修路的过程中产生了新的交往圈层。

二、吃水不忘挑水苦

用水曾是令火石垭村民头疼与焦心的事情。关于缺水的原因，村民认为有以下三点：一是地质原因，火石垭石头多、田少，地里不出水；二是水源本身缺乏；三是气候干旱，很少下雨。所以火石垭村民的用水经历了漫山遍野找水挑、各家各户建水池、政府出资改良水等几个重要的阶段，在村民与水有关的经历中也体现着火石垭村的基层治理逻辑。

（一）山中挑水"排轮子"

在村民修建水池之前，火石垭村民的用水需要到山上去挑。一个家庭一天的用水量差不多要三担，一担两桶，主要用来做饭、洗衣、喂猪喂牛。HCQ奶奶说："有时候牛渴了，它还要喝一桶。"遇到需要大规模用水的红白喜事，还会专门安排两个人全程上山挑水。假如遇到那种实在干旱得厉害的情形，石家镇政府也会从别的地方运水过来，统一分水。说起过去的挑水生活，村民的话都停不下来。HCQ说：

第十章 礼俗、公共与秩序：非典型村庄的治理韧性 447

> 我们原来艰苦哦！找水，你鸡叫就起来拿着担桶去山上找水，如果有水就挑回来，没得就等咯。那几年猪越多、牛越多，（用水）你必须上山找。晚上打火把，有经济条件就用（手）电筒，买电池那种，去打水地方等，都是排队。前面这个人打完了，没有水，还要继续等。

山上的水源点不仅少，而且因为是天然形成的，充满了不稳定性。通过多年的找水经验和对出水规律的观察总结，火石垭村民的心中慢慢有了一份"水井名单"，如一组的情况具体如下：猪老儿头、田坝、打水期、麻园、花湾、水土宝、天仙眼（以上名称均是音译）。一位村民解释道："天仙眼就是一个洞，下去看不到，走到那个水井出水的地方，上面有个眼眼，外面的光刚好透过那个水井，所以就叫'天仙眼'。天仙眼的水很凉，夏天都可以直接背回去喝凉水！"

CGL很高兴地说："我们晓得哪里可以挑水，祖祖辈辈他们找得到水地方。我们一般是去高山那边，新华那边都有出水的地方，还有别个找到了，我们就跟着去。"现在，由于多年不用，好几个水源点已经杂草丛生。

水源点虽然不少，但是整个火石垭有一两千人，家家户户都去挑水，水资源仍旧紧张。再遇上天旱时节，水源点不出水，就只能去别的地方挑水。Y阿姨自己都调侃说："你走到哪个地方去，都是火龙火头❶的。有的时候运气好，去某个水源点刚好没人，你就不需要排队，可以直接挑水用了。"要是遇到十天半个月都不下雨，山上的水源点都干了，石家镇政府还会专门开车来送水。说起全村村民一起在大街上等水的情景，很多村民都是一边说一边在笑："你是没看到，男的女的，大人还有小孩，拿着盆盆缸缸，有些连刷牙用的那个水杯都拿过来了，还有用那种胶纸口袋的（来装水）。"

对居住在高山处的村民而言，用水相对容易一些，因为他们更靠近水源点所在的山。尽管水源不稳定，但是很少出现缺水的情况。HCQ奶奶表示：

> 集体时期也不怎么缺水，你去山上搞点儿水喝就搞点儿水喝，一天就在山坡上做活儿，哪有水就去哪里喝点儿。那时候如果天气大（炎热）了，就派劳动力去弄一个桶，打回水就放在凉快处，我们渴了就拿着缸缸去舀水喝。

对于人口众多的火石垭而言，水资源是欠缺的，但村民在挑水的过程中却很少出现争水抢水的现象，大家更多的是遵循着一种自觉形成的"排轮子"秩序。GJH爷爷自豪地说："我们没有因为水打过架、吵过架的，哪个先来哪个就先挑噻，总是得有一个轮子的顺序噻。""排轮子"是村民生活中的取水之道。村民YCJ说道：

---

❶ "火龙火头"形容晚上等水的人非常多，一眼望过去都是火把。

以前我们在YSJ家的后面去挑水，小时候去自己挑，那时候村里人不多，基本上不用等，去了就可以挑。虽然那个水井在YSJ的家旁边，但大家去那里打水，他也不会生气。如果遇到天气炎热而泉水少，大家也都是排队打水，先到先打，没有吵过架。那时候断水很少，只是出水很慢，一般一天渗出2~3挑水，这几年偶尔会出现断水情况。如果那个水井实在打不到水，就换一个水井打水。虽然缺水大家都是生气，但大家还是坚持一个原则：先到先得。

碓窝坝的YMX也曾说，她们这一块以前挑水要去她家对面山上的CFY家背后的出水点去挑，早上早早地就挑着两个桶走去，一天要挑好几个来回，但是从未出现过因水争吵的现象。

哪里水多，大家就都去哪里挑；哪个先去，哪个就先挑噻，别人挑完了走了，再下一个挑。大家都还是比较有顺序的。要是那个地方没得水了，就会去别的地方找水。我们去远的地方挑水就是现在LGL家旁边。反正哪里有水，哪里都可以挑，不分你家的、我家的，大家都得行。

"排轮子"的秩序中还蕴含着一种人道主义的同理心。在乡村熟人社会关系中，朝夕相处的村民之间也彼此了解，在某种程度上建立并形成了一种扎根于内心的"共同体"的思想与互帮互助、互相体谅的观念。正如曾任村委会主任的CJG所说：

虽然我们是在山上，但我们的出水口多，基本每家附近都有一个。天干起来，他们吃水都去我家挑，别人也是为了救命啊，他也没有吃的，多了也是浪费，如果你不让人担，你的生存也会是孤立的。以前有句名言："吃的东西官都不究，官也不会去罚。"大概是20世纪90年代初，那时候天干，没有谁有多的水，都是片山片水地找水。那时候火石垭街上的烟点点长，是新华乡的人，他找不到水，就从山下找到山上的我家里来，从我的水缸里装了一桶水担走了。从火石垭烟点到我山上担一挑水，那是什么概念，那多么远啊！山下的水都被担光了。别人没有吃的，你就要讲点儿人道主义嘛，别人有困难的时候，从那么远的地方来，你就给人担嘛，那时候的水是连钱都买不到啊。

每年临近春节，村民会给出水点烧纸烧香进行答谢。CJG说："就是我们这边长期引的那股水，到年下了就去给它烧一炷香啊，烧几张纸啊。也不是求什么，就是一年打扰了，就去道个谢啊。"

"排轮有序，相处有心"是村民在缺水的情况下不会产生矛盾冲突的重要原因。随着经济水平的提高和社会各方面条件的发展，如今的火石垭虽然告别了挑水的年代，但不会丢失村民之间的那份互助同情之心。

（二）自建水池与引水盈利

虽然现在村民提起以前那段挑水的时光总会带一些调侃的语气，但是靠天等水、凭运气挑水的艰辛却很难从他们的记忆中完全消除。在这过去的几十年中，为了解决生活和生产的用水问题，当地村民想过非常多的办法，其中最值得提及的是蓄水池的修建。

最开始是自修水池。如火石垭一组花湾附近的村民。大概在1995年前后，住在花湾的十几户人家商量一起修水池。牵头的人是以前老火石垭村二队的队长ZHQ，他意识到修建蓄水池的重要性，便组织大家开了一次会议，商量蓄水池怎么修、修多大。最后，大家商量决定：每户凑了62元，总共花费805元。水池长约12米、宽约4米、高约2.2米，差不多能蓄水105.6立方米，修建时长总共两个月。

除几家人凑钱修蓄水池以外，也有自家花钱修蓄水池的村民。如火石垭一组山坡上的YJC，便是自家出钱修的蓄水池。YJC说："自己不建立水池，挑回来这么多的泥巴。"Y家距离水源点较近，在水塘湾处。1997年，Y家在水源点附近修建了水池，大致能蓄水1.5立方米，但此时的水池修建得十分简陋。水池顶上只用两块石板盖着，四周用石板砌好便是。从水源点引水进水池，然后再接水管引出来，引入房屋背后的水池，就可以直接入户使用了。房屋背后的水池大概能蓄水20立方米，也是用石头、水泥修的。水管一共接了2圈，1圈的长度一两百米。2010年，为了用水更方便，他家又在房背后修了新水池，此时的蓄水池是用砖砌成的，容量大约为40立方米。

YJC的弟弟YJK爷爷也选择自己家修建蓄水池，时间大约是在2004年。他家的水来自隔壁新华乡，水先注入他家修在马路旁玉米地里的水池，此水池大概能蓄水100立方米。但是，在2020年火石垭扩建公路的时候，引水水管被弄破了，所以至今他们一家人仍旧使用之前水池里储存的水。

Y家两兄弟之所以分开修建水池，很大程度上是因为兄弟俩的关系一直以来都相处得不太和睦，即使是修建水池这种"对大家都好"的公共事务，他俩也不愿意合作。但是跟Y家不同的S家的几个兄弟感情一直良好，修路、修水池几个兄弟都是重要的组织者和参与者。他们家的蓄水池也是由几个兄弟共同修建的。

据SSC回忆，他们于2003年开始修建蓄水池。几个兄弟每家派一个人负责，材料都是大家一起去石家买的，再用三轮车运回。由于兄弟齐心，只花了一天时间就修建完成了。

大约在2009年前后，S家又计划修建新水池。当时正好遇上了烟草公司实施的"烟水配套工程"，目的是保证当地村民种植烤烟所需要的用水。S家的兄弟抓住机会，他们自己出劳力，烟草公司出材料，把之前的水管统一换成了烟草公司提供的新式水管。此次修建的水池较大，这从所用的材料便可看出：水泥5包，1包20~23元；水泥砖2.5元1

个，共用120个；沙子1立方米需要90元；钢筋60斤。如何安置水管并正确引水，S家人经过反复实验而最终确定。第一次是从风背岩上引水，但位置太高了，水难以引下；第二次便从杨灰堡到风背岩的山沟处往下引，但依旧无法成功；直到第三次，水管安置的地方才合适，水也才顺利引入。

水池修建好之后，还需要有人管理，于是S家便在老房子组织开了一场家族会议，一致决定由SPZ负责水池管理，如水源点的清扫、水管的维修、故障的排查，全权由他负责，每家人一年付给他100元的管理费。水源点的水池，SPZ需要一个月至少去看一次；下面烟草公司修建的水池，则是每家派一个人去洗，先是排水，然后清理垃圾，再冲洗干净。

几兄弟共同出钱修建蓄水池，是血缘关系之上的合作与团结，而像ZZC式的"企业家"，在尤家屋基的Z家老宅附近修了一个水池，供居住在附近的Z家人所用，同样也出于血缘关系。ZZC从2000年左右开始做白酒生意，从起初的进酒售卖，到后来的自己酿酒来卖，酿酒需要花费不少的钱，也需要用大量的水。2002年时，政府的饮水工程还没有建设到火石垭，想要用大量的水，ZZC必须自己想办法修建蓄水池。于是他联合周围的Z家人，引了山上的泉水到尤家屋基，一起出力修建了一个能储水300多立方米的水池。之后水池的维护工作也是ZZC主要负责。他说："我用的水多，我就每年负责管理好这个水池，没让他们其他人出钱。"

火石垭的村民如此之多，在没有自来水之前，一些没有条件修建蓄水池的村民只能喝其他人家蓄水池中的水。有村民便以此来盈利，其中比较典型的是ZSH。他当初就看中了用水的"商机"，所以打算在这上面做点小生意。由于某个水源点距离他家很近，也是他们家从小吃水、挑水的地方。2005年，他在距离水源点20米外的地方修了一个露天的蓄水池用于存水，蓄水池能蓄水三四十立方米。铺设水管时，他已经考虑到了今后水的售卖问题，于是将水管分作两路，一路直接进入他家，供自己使用，另一路则与茶山堡的水池连通，供街上的人使用。如果有村民想要用水，可以从水池接水管引水。当时用此水的村民有四五十户。他的收费标准是每吨3元，不算太高，在不愁吃穿的年代，这笔费用也可当作对水管的维护管理费。但是好景不长，由于他当时所接的水管材质比较差，过了几年水管问题频出。因政府的"自来水工程"开始建设，喝他家水的户数也逐渐减少，他自己又懒得修缮，所以最后只有自家使用了。

（三）政府投建的饮水工程

面对"家家用水难，户户挑水喝"的难题，烟草公司便开启了有利于烤烟发展的

"烟草配套用水工程"。这个工程最早可以追溯到"包产到户"开始的年代。20世纪80年代，火石垭村大力发展烟草种植产业。烟草产业繁荣时，几乎全村人都在种植烟草。此时如果仍旧延续"到处找水、挑水喝"的用水方式，将难以满足大规模烤烟种植与烘烤的需求。为了尽可能解决烤烟种植的用水问题，烟草公司在当地修建了不少与烟草种植配套的专用蓄水池。大大小小的烟草种植配套蓄水池，虽然在技术层面还存在蓄不住水的问题，也因为水池没有遮挡，经常掉进去一些树叶、泥土，但仍旧在一定程度上解决了烟草用水的问题，也给当地村民家庭用水提供了一些便利。比起缺水的窘困，不少人也愿意用这个水。当然，也有人从中获益，如HYH和HYD两兄弟。因为他们的亲戚就住在烟草配套用水池附近，所以他们从此处接了水管引水来用。其他人若想用水，可从他接的主管道引水，还须付上一吨3元的水费。除了负责定期检查水管之外，兄弟俩也掌握着什么时候开水、放水。在提到这两个人管水的事情时，村民的态度是不一样的。有人说："ZSH还是会管水的，只是水管太撇（差）了。HYH管得不好，他有次凌晨3点给我们打电话说要放水！"针对这两个人利用靠近水池的便利来牟利，村民对此普遍没有什么意见，用他们自己的话说就是："你可以不用啊！"

实际上，政府在解决饮水问题的过程中也出了不少力。据村民说，20世纪80年代时，火石垭村曾发生了一次非常严重的干旱。这次干旱之后，当地政府开始筹备"人饮工程"，政府出钱、村民出力，在山上的某个水源点附近修了蓄水池。不过一开始的蓄水池修建并不是一帆风顺的，而是经历了一些辗转和波折。最开始时，是在一个水源点附近挖一个坑，然后再用水泥弄平整，再往里面蓄水。但随后村民很快便发现，这样的水池存不住水。而且，水源点的泉水不稳定，并不会时时都有水。再有就是水泥被长时间日晒雨淋，难免会裂开一些口子，这样水就会溢出去。为了解决这些问题，部分村民就选择在当初修的水池里面再修一个小的水池，这就相当于双重保护，存水问题也就解决了。类似于这样的蓄水池，全村修了几十个，有时候连书记也会带着工具、拖着水泥帮忙修蓄水池。这样的蓄水池，村里会定期清理，一般至少两年清理一次，勤快点则一年一次。

不过，目前火石垭村大多数村民已经可以饮用到自来水了，这对于一个偏远的小村庄来说，是一件了不起的大事，自来水也成了火石垭村民用水历史的转折点。2006年，"百丈岩饮水工程"终于落到火石垭村一段。用水问题解决了之后，谁来管水一事就提上了议程。经过村委协商，决定让当时在全村从事水管电路安装的DZH来负责。DZH在2020年之前是一组的组长，现在是火石垭村村民代表和监督委员会成员。他当时收水费的价格是2.5元/吨，因为百丈岩的水是从新华乡引来的，每吨水需支付1.5元，多余的水费作为他维护水管的工资。如果出现用水方面的问题或是纠纷，村委都全权交托给DZH负责。2006—2012年，都由DZH负责管理，一直没有出过大问题。直到2012年，火石垭的自来水用水才归润民公司（自来水公司）管理。

截至2021年9月，虽然火石垭村绝大部分村民用上了自来水，但因为地势的原因，仍旧有部分人家没有用上自来水。因此，火石垭村的用水情况大概分为三类：第一种是全部使用来自百丈岩的自来水；第二种是全部用自家修建的蓄水池里的水；第三种是百丈岩的自来水和自家蓄水池里的水一起用。其中，属于第一种情况的户数较多，属于最后一种情况的户数较少。

而造成这种用水情况的原因主要有以下几点：第一，地势原因。自来水工程的蓄水池修建在一组的筹箕堡处，位于筹箕堡以上的农户由于重力原因无法用上这些水。即使有些农户如赶子沱的Z家人和RJP一家人也是利用水泵抽水上去，但这是因为距离较近，技术上可以实现。二组地势太高，无法抽水上去；而位于小河岸边的五组，则是由于地势太低，水压太大，牵引下去的水管无法承受。第二，由于自家早年间已经修建蓄水池，并且一直在使用，便习惯了水池用水。当然，在自来水可用范围内的人家在修建新房时全部引入了自来水管，因此在很多时候多是自来水与家中修建的水池共用，只不过大家普遍认为自来水要比自家蓄水池的水更干净，于是自来水用来吃喝，蓄水池的水则用于生产生活。

现在除非遇到如天气原因等极端情况，火石垭村基本上不会再出现缺水的问题。只是多年来的缺水生活已经深深地影响了他们的生活习惯，除了修建蓄水池之外，在每一家的厨房中基本上都修有专门的蓄水池，水池的正上方接一个水管，方便随时补充水。

与修路不同，用水是为了解决生存的问题，因此在这个方面的纠纷比修路少了很多，但也有例外。如RJP一家单独从筹箕堡的自来水蓄水池抽水上来，他们一家本是跟S家几兄弟合力修建蓄水池，但后来在用水过程中产生了纠纷，为了解决纠纷，RJP家决定自家干。"我们合不来，也没有必要扯下来。反正我们也有方法，自己抽水上来一样是喝啊！"政府的"自来水工程"在一定程度上间接解决了村中的用水矛盾，也形塑了村中的公共生活方式。

三、"厕所革命"要先行

深入推进农村"厕所革命"是实施乡村振兴战略的一项重要内容。2014年12月，习近平总书记在江苏省镇江市考察时指出："厕所是改善农村卫生条件、提高群众生活质量的一项重要工作，在新农村建设中具有标志性。"2021年7月，"全国农村厕所革命现场会"在湖南省衡阳市召开，习近平总书记对深入推进农村"厕所革命"作出重要指示，"十四五"时期要继续把农村"厕所革命"作为乡村振兴的一项重要工作，发挥农民主体作用，注重因地制宜，科学引导，坚持数量服从质量，进度服从实效，求好不求快，坚决反对劳民伤财，搞形式摆样子，扎扎实实向前推进。各级党委和政府及有关部门要各负其责，齐抓共管，一年接着一年干，真正把这件好事办好、实事办实。正所谓"小厕所、大民生"。"厕所革命"是实现乡村振兴战略、推动建立和谐美丽新乡村的重要方面。"厕所革命"在火石垭的落实，既有村民的自觉，也有自上而下的政策引领，是一个双向互动的过程。

（一）传统旱厕改造的村民自我意识

中国是一个农业大国，在农耕文明的背景下，农民习惯性地使用人和家畜的排泄物作为农作物的肥料。因此，修建旱厕以便收集肥料，一直以来被视为农村生活的寻常之事，火石垭村自然也不例外。21世纪前，村民基本上全部使用旱厕。直到21世纪之后，人们逐渐外出打工，见识了城市中的"卫生厕所"，有些人回来便修了新厕所。再加上农村种地方式的改变，粪肥不再被使用，再有国家政策的推动，"旱厕"这一传统生活方式逐渐退出火石垭的历史舞台。

所谓"旱厕"，是一个用木头搭建起来的小间，一般来说与猪圈毗邻，里面是用木板架空的"地面"，底下是蓄粪池。过去修建旱厕，主要是考虑到种地的用肥问题，如此可以较为方便地取用肥料。当时家家户户经济条件有限，绝大多数村民能够做到的是就地选用木材。因此，住在山区，只需要拣拾一些随处可见的木材，再搭一个简单的木房子就可以解决上厕所、处理粪便、储存肥料等问题，是一举多得的方便事。

20世纪90年代之后，随着大量外出务工人员的增加，村民和外界交流、接触增多，在一定程度上促进了当地村民对于厕所看法的改变。

ZSB曾提及，他家最开始准备修建"卫生厕所"，是因为2010年他女儿在外面上师范大学回来后跟父母的建议。因此，ZSB在修建新房时，特别注意了"卫生厕所"的修建，而他们客厅里超级豪华的"卫生厕所"则是2017年的时候女儿和女婿一致建议修建的。

类似于ZSB这样的例子很多。当村里的"90后"，甚至是"00后"去外面见识到城市的生活方式后，就会把这样的观念和意识带回自己的家乡，由此推动家中父母长辈思想观念的变化。

HCM 于2012年修建了两个新式的厕所，其中一个是洗澡间。很难想象，在矮矮的木房背后，有两个如此现代化的"卫生厕所"。它们干净、宽敞，甚至跟HCM的卧房一样大。里面贴着瓷砖，上面没有一点泥土的痕迹。看得出来，HCM经常对它们进行清洁。据了解，HCM修建的厕所是自己家出的钱。他说："我主要是想儿子媳妇回来有个厕所可以上。以前我们是老式厕所，媳妇回来都没有办法。我就想着，我反正不修房子了，我就建两个厕所，这样方便他们，也方便自己。"

随着村民经济状况的改善，化肥的易于购买，村民卫生意识的提高，粪肥渐渐退出了历史舞台。正如ZGX奶奶所说的："以前施肥，大家都是一担担地挑过去。谁家的地离得远，那么他就累得多。幸好我的地都在房子周围，所以我挑肥就很简单。"CYE作为"80后"，她种地时也从不用农家肥："现在种苞谷好简单嘛，肥料一撒就好了。"所以她认为种地轻松也不无道理。粪肥没有了利用价值，不被人使用，长期以来为了方便使用和储存粪肥的旱厕也就没有了用武之地。

因此，在火石垭村开始大规模修建新房时，大家不约而同地放弃了旧式旱厕而采用新式"卫生厕所"。在许多砖房平地而起的时候，卫生厕所也出现在火石垭村绝大多数人的新家里。住进贴满光鲜亮丽瓷砖的屋子，再使用以前的旱厕就显得有些格格不入，再加上施肥方式的改变，这些都促使火石垭的村民不得不开始改变他们的生活方式。

（二）国家政策引导与村民回应

1949年之后，我国顺利开展了"爱国卫生运动"。20世纪60年代，在农村地区则实施了"两管五改"的政策，其中包括管粪和改厕所两项内容。[1]不过，当时"爱国卫生运动"在农村地区的开展效果并不明显。

21世纪，我国的农村地区逐渐成为解决民生问题的重点领域，解决厕所问题也被提上日程，厕所成了乡村治理中一项较为突出的内容。2002年，在印发的《中共中央 国务院关于进一步加强农村卫生工作的决定》中，将"改厕"列为整治农村环境卫生、预防疾病和促进文明村镇建设的重点。火石垭村在国家意识的推动下，"厕所革命"也逐渐开始推进。

厕所改建，开始是政府出材料、村民出劳力的合作型模式。此模式共有两个时期，第一个时期是在2008年前后，村里免费提供修建厕所需要的材料，包括一个厕所门、一个便池、一个110尺寸的排水管、4盒地板砖和6盒墙砖。凡是本村村民都可以根据自家情况提出申请，再去村委领材料。以上的材料，再加上人工成本，修建厕所的费用大约

---

[1] 刘宝林.治理学视域下的乡村"厕所革命"[J].西北农林科技大学学报（社会科学版），2019，19（2）：28-34.

共计1200元。但村民表示，这一批材料质量堪忧，许多村民没有去领，此阶段响应人数较少。SSC说："他们以为修个水泥房子，贴上瓷砖，装个门，就是'卫生厕所'了，其实啥都不是！"没有化粪池的"卫生厕所"，许多村民并不认同。并且，此时许多村民仍旧居住在老旧的木房子里，修新房子的人户还在少数。直到2015年前后，再次开展厕所改造工程。这次一共在村中改建了400多个"卫生厕所"。2020年，开展了第二个时期的厕所改革实施方案，为政府补贴修建，村民可以选择自建或请村委代建。如果是自建，便可获得2000元的改厕费用，验收的标准是是否建有符合国家相关标准的三格式化粪池（宽1.3米、长2.13米、深度不少于1米），验收通过之后才能获得补贴。这次的厕所改革主要针对以下三种类型：第一种类型是在老木房旁重新修建一个"卫生厕所"；第二种类型是扩建改建新式厕所；第三种类型则是新修房屋而尚未修厕，可以申请政府补贴。这次实际上改建了87个厕所。2021年8月，火石垭村又开始了新一批的厕所改建统计，主要是针对以前的老房子、木房子。

这几次开展的"厕所革命"，很大程度上是村委推动与村民响应。开农村客运的ZXH师傅，是火石垭村一组的人。2020年的时候，他在一组的微信群里看到了厕所改建的通知，便为自己的老房子报了名。他想着，虽然他现在已经搬到石家镇上居住了，但是他的老母亲还住在老木房里。为了改善母亲的居住环境，他决定给老房子改建一个"卫生厕所"。他选的是自建方案。他先在自家房子附近选了一块地，然后按照国家厕所改建的标准挖了一个坑，然后用砖头、水泥修成三格式化粪池。验收之后，国家补贴了2000元，而他自己修这个厕所材料费加上人工费总共花了1700元。

在"厕所革命"的具体实施上，因地域不同，存在一些时间差别与意识差别。如山上的二组接受和改造"卫生厕所"显然比山下的一组要晚一些。一组因为在山下，也是石家镇通往新华乡的必经之地，各方面的发展速度相对于山上的二组要更快一些。因此，早在21世纪初，火石垭一组的街上就已经有人开始自建砖房，并且同步修建了"卫生厕所"，而山上二组最早修建砖房是在2010年之后。

对于厕所改造，村民普遍表示愿意修建"卫生厕所"，但也有部分农户仍旧没有报名。之所以会出现这样的情况，主要是受手上资金和选择化粪池修建地点存在困难这两个方面因素的影响。2000年以后，火石垭人大量外出务工，长期留在当地的都是一些中老年人。对于他们来说，一次性要拿出一两千元修厕所并不是一件容易的事。而对于一些资金充足但没有修"卫生厕所"的家庭来说，则更多是因为没有地方修化粪池，或是邻居不同意修在他家的地盘上，诸如此类的种种原因让修建"卫生厕所"之事只能暂时作罢。

"厕所革命"这一政策的落实，不是说仅仅修一个"卫生厕所"就可以了，村民是否使用、对此是何态度等，也是乡村治理环节中应该关注的问题。许多火石垭人经常会打扫自己的砖房，也会注意厕所卫生。他们自己每天都在使用，自然会好好地维护。但是，对于仍然住在原来的木房子，只是单独在外面修了一间"卫生厕所"的人家，他们的维护和卫生保持情况就不太理想了。当然，这也并不绝对。如火石垭九组的ZXL家，他们虽然住的是老式的木房子，但因两口子都很爱收拾，他们的"卫生厕所"也打扫得非常干净，瓷砖洁白，没有污垢。又如上文提到的HCM家，他家有两间"卫生厕所"，由于厕所内贴了瓷砖，看上去似乎比家中木结构的堂屋更加干净、整洁。但也有一小部分家庭，即使修了"卫生厕所"，也没有好好维护，就卫生条件来说跟"旱厕"差不多。

　　"卫生厕所"的个体性还与用水的公共性联系在了一起。在火石垭一组，因其地势较低，自来水可以引来，水压也较大，所以抽水箱的使用是完全没有问题，"卫生厕所"的干净保持也较为简单。但随着地势的增高，水压变得越来越小。如二组村民的家中即使安装了抽水箱，水流也非常小，需要额外安装加压泵，才能满足抽水箱的使用。而相较于火石垭其他的组，九组的位置海拔更是要高一些。因此，九组的老年人修建"卫生厕所"的动力就更小了。他们中多数人之所以要修"卫生厕所"，很大程度上是考虑到孩子们的习惯问题。

　　由此看来，厕所的使用已经出现了代际的差异。"一般只有奶奶还在用（旱厕）！"对于老人来说，传统的旱厕已经使用大半辈子了，骤然要他们改变自己的习惯，是一件为难之事。如果只是为了改善自己的居住环境，很多老人并不愿意去改厕。在一些老人的心中，并不觉得旱厕不卫生。在火石垭村，"卫生厕所"的使用、维持和卫生保持，主要还是以年轻人、中年人的家庭为主。他们普遍易于接受新鲜事物，文化程度较高，多数曾在外面上学、工作，已经渐渐养成了使用"卫生厕所"的习惯。因此，他们大多早早将厕所"更新换代"了。

　　从"厕所革命"的乡村治理角度来看，火石垭人在面对日常生活习惯的变革时，并不是完全反对的，而是经历了一个政策决策与村民响应的双向互动过程。在这一过程中可以看到，改厕经历了几个阶段循序开展，并没有一味地强调强制性，而是在火石垭村的生产生活习俗逐渐发生变化后，与"厕所革命"同步推进，体现了火石垭的村落治理在刚性与柔性之间的互动与兼容。

第三节 基层组织与法治文明

一个村落的运行发展，既需要传统文化中的民间规约的约束和村民集体行动的智慧凝聚，也离不开基层组织的管理与带动。在火石垭村，村党支部委员会和村民委员会"两委"发挥着重要作用。基层事务繁杂，基层干部每天关心与服务的是每一位村民的衣食住行、生产生活，并希望能够切切实实为老百姓做事，以此形成一套基层管理与运行逻辑。

基层干部多是本地人，他们对这片土地有着不一样的情感，也有一颗为家乡付出的心。干部与村民向着一个共同的目标——让火石垭人的生活更美好而努力。

一、基层治理体系与职能变迁

改革开放之初，我国的基层村级组织体系便是在为实现村庄对自身经济社会的自我管理与服务基础上建设的，因此，村党支部委员会和村民委员会"两委"是沟通国家和农民的桥梁。

（一）发挥党组织的"领头羊"作用

在1949年前，中国共产党通过在广大农村地区实行土地革命，获得了农村群体的认同与支持，农民由此被"组织起来"。1949年后，中国共产党在农村地区建立了基层党组织，此后基层党组织成了农村治理工作的"核心"。

2018年，《中共中央 国务院关于实施乡村振兴战略的意见》提出："推动村党组织书记通过选举担任村委会主任。"2019年，中共中央、国务院印发的《关于建立健全城乡融合发展体制机制和政策体系的意见》明确指出："强化农村基层党组织领导作用，全面推行村党组织书记通过法定程序担任村委会主任和村级集体经济组织、合作经济组织负责人……"至此，"一肩挑"成为一项正式政策，村党组织书记负责管理党务、村务、经济等。火石垭村于2020年换届时，原来的村主任MXQ正式成为党支部书记，火石垭村完成了"一肩挑"的组织结构改变。开展田野调查的2021年，是乡村振兴战略实施的重要时期，火石垭村依旧有乡镇干部驻村。因此，综合以上情况可知，火石垭村的组织体系架构主要由四个部分组成：第一，村工作队，包括第一书记和2名工作队员（石家镇政府派遣）；第二，政府分管组织，具体有驻村领导1名（石家镇武装部部长、石家镇副镇长）、驻村干部4名（执法队2名、乡村振兴办公室1名、应急办公室

1名），人员每年调整一次，并不固定；第三，"两委"成员，分别是村主任、村支书、副书记以及4名综合专干；第四，监督委员会，包括1名主任、2名委员，主要负责决策决议执行情况监督、村务和党务公开监督、财务管理监督和资产资源管理监督。在职责和工作内容分配上，驻村工作队的工作职责如下：一是建强基层组织；二是巩固脱贫成效；三是全面实施乡村振兴战略；四是为民办事服务；五是提升治理水平。驻村工作队还扮演着11个方面的角色：方针政策宣讲员、乡村振兴规划员、项目建设监督员、产业发展引路员、项目资金监管员、档案资料检查员、脱贫成效检测员、现代文明传播员、群众办事服务员、矛盾纠纷调解员、基层党建指导员，成为全村产业、人才、文化、生态、组织五大振兴的"领头雁"，强力推动农业更强、农村更美、农民更富。

为了让村里工作更好开展，村主任与村支部书记"一肩挑"的M书记对各个成员明确做了职责划分，并要求各组由一名组长负责组里的具体事务，各成员实行排班制在村委活动室值班，每日一人在村中处理日常事务性工作。M支部书记基本上每日都会前往村委活动室值班，即使是周六、周日也不例外。虽然采取了排班制，但如果有特殊的情况或者是非常紧急的会议，当天没有值班安排的村委会成员也会被M支部书记"赶"到村委活动室主持相关工作（图10-2）。

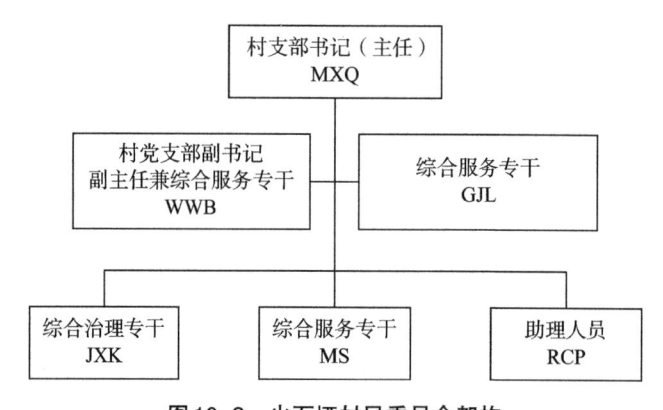

图10-2 火石垭村民委员会架构

"农村富不富，关键在支部；支部强不强，关键看支书。"[1]从以上的职责分工可以看到，村中的村主任、村支部书记"一肩挑"之后，村支部书记起着"领头雁"的作用。

随着新时代基层党组织政权建设的推进，党政力量逐渐回归到村庄的治理上。火石

---

[1] 李倩.农村两委"一肩挑"模式研究——以陕西省铜川市为例[J].中国集体经济，2021（33）：3-4.

垭村有49名党员，有村支部书记1人、支部副书记1人、支部委员3人。火石垭村共有2000多名村民，党员的占比不大。但无论从历史上看，还是从现实来说，党员在火石垭村是较为受尊重的群体。不少老党员都表示，现在在火石垭村入党没有那么容易了，如果不能获得村民的信服，不能让他人认可，那么在投票的时候仍旧难以通过。

作为火石垭村2名女党员中的GJL，对于能入党十分自豪，她说："我在村里帮忙干了很多年嘛！他们一直喊我入党，我自己也觉得共产党好嘛，就入了！"GJL作为火石垭村民委员会的综合服务专干之一，工作能力有目共睹，有亲和力，跟村中男女老少关系都处得很好，最终光荣加入了中国共产党。另一位老党员Z叔叔曾透露："毕竟我们还是要看看这个人怎么样的！不是随随便便就能入党的！"

在基层组织活动场地的建设方面，2005年之前火石垭村都没有真正意义上的村委活动室。其主要原因是，当时的火石垭村经济状况不太好，开会地点一般会选择在村支部书记、村主任或者其他组长的家里。GJL说："我们原来开会一般是去村主任家里多些，有时候人多，挤不下，就带板凳去。"现任M村支部书记也表示："以前条件艰苦，没得活动室，要开会就去别个家里，有时候去村主任屋，有时候去组长屋，搞一张桌子，再放几个板凳就行了。"

直到2005年，火石垭村委会才有了正式的公共活动室。2021年1月，公共活动室搬到目前火石垭小学，并对火石垭村小学进行了简单的装修改造。此次装修改造花了35万元，现有三栋房：一栋为楼房，为主楼，共有4层，每层楼有4个房间，一层为服务大厅和图书室；二层有宿舍和监控室；三层是会议室。另外两栋房都只有一层，各有两三个房间。其中，正对着村委会主楼的是餐厅。

表10-1 火石垭便民服务中心基本情况

类别名称		具体内容
村（社区）名称		火石垭村便民服务中心
公共服务中心数		1个
管理机制		分管负责人职务：MXQ（支部书记）
		中心负责人职务：WWB（支部副书记）
		中心名称：石家镇火石垭村便民服务中心
基本情况	硬件	大厅面积：90m²
	窗口设置	窗口总数：1个；综合窗口数量：1个
		类别：综合窗口
	人员入驻	入驻人员数量：6人；是否专职：是

（二）行政与经济组织的运行与发展

村委组织的良好运行是通过日常生活中的一些具体事务而体现的。本着"为民服务"的态度和精神，对于上级有关通知与政策的落实需要村委组织发挥"上带下动"的引领作用，同时只有维护好基层组织与村民的良好关系，才更有利于政策与决定的落实，基层组织与村民是有机协调、双向互动、共同配合的关系。

村庄事务的落实也离不开每一位村委干部的智慧和执行力。调研期间，调研团队曾跟随一些村委成员去各组开展工作，他们的工作风格各有不同。例如，W副书记是秉持着一颗为火石垭村民服务的心去工作的。他从小在村里长大，毕业之后，他也想过去外面发展，但他始终觉得把自己的家乡发展好才是硬道理。哪怕基层工资低、事务繁忙，他也始终坚守着自己的岗位。在日常生活中，他一直坚信要先将政策给老百姓解释清楚，不是从一个村干部的角度，而是从每一位村民的视角出发去阐释。例如，在修建连接八组和九组的公路，面对一些对修路占地不满的村民时，W副书记直接说：

像我搞这个公路，跟我自己没得半点关系。我没得什么好处。但是，路修好了，方便的是大家的！我在这里长大，大家都晓得我！我从来没说在村里搞个什么是单单为了我自己！

妇联主任G姐平时在村里工作的时候也是这样。在工作中，她需要接触各个年龄层次的村民，在大家面前，她可以是贴心的晚辈，也可以是很好沟通的同龄人，还可以是亲切的姐姐。无论是接送老人去打疫苗，还是给老人送体检结果，抑或面对精神病患者，她都是笑脸盈盈，温声细语地做好相关工作。

考虑到火石垭村外出打工的年轻人、中年人较多，留在家里的多是老年人，他们在政策的理解上有困难，WWB主任会采取先跟家里的年轻人沟通，让他们理解政策后再传达给留在家里的长辈。这样WWB再去做村民工作的时候，也会容易一些。

政策的宣传与落实有一个过程，尤其是对于火石垭村这样一个传统村落而言，村民在接受与执行效力上相对缓慢一些。但是火石垭村的基层组织能够在这样的背景之下发挥良好治理作用，使政策措施落实到位，这正是基层社会治理效能的体现。

除行政组织外，火石垭村实行的新"集体经济"也成了一种崭新的组织模式。它是在现代化发展阶段中，通过承包制或股份制，将农民的个人财产引入集体经济中，其中包含了土地、资金和劳动力等生产要素。

初到火石垭时，调研团队并没有找到村民的"集体经济组织"，直到调研团队成员看到全村正在收割集体种的南瓜时才有所发现。2010年前后，在距离火石垭街不到几百米的地方，修建了一个几百亩的蔬菜种植基地。一到夏季，一眼望过去绿油油的，穿着简单的火石垭村民在地里忙活。虽然一天的工资并不是很高，却也给他们带来了种地以外的补充性收入。可以说，在村里修建蔬菜基地、直接在村里招募劳务的经验，为以后开展集体经济项目提供了一些有益参考。

2019年，在村委的组织下，火石垭村又成立了一个新集体经济组织——火石垭村股份经济合作联合社。它的成立是为了规范火石垭村集体资产的经营和管理，覆盖范围为火石垭全村9个村民小组，股民以家庭承包经营户为主体。这个合作社主要是负责村里集体经济的相关事务，如南瓜、无花果的集体经济种植等。这个合作社既实现了大规模的生产种植，吸引到了外资，又为留守在家的村民提供了更多的务工机会。M支部书记表示："我们办这个集体经济，其实赚不了什么钱！但是，还是多多少少增加了农民的收入！"

对于村集体来说，合作社所承包的土地位于火石堡的大片缓坡平坝之处，那里有着许多村民外出打工之后抛荒的土地。以M书记牵头的合作社便把这一大片四五百亩的土地集中起来，将各自分散经营的土地归拢，进行资源配置的再优化，实现了火石垭村土地集中规模经营，以此来适应新的发展需要。

对于村民来说，集体经济是他们补充收入的一个重要方式。JLX是一名40多岁的中年妇女，她刚做过胃病手术，只好在家休养，可丈夫在动过腰部大手术之后已经无法外出打工支撑家庭支出，所以，她一人打工挣钱的压力很大。日子过得紧巴巴的她，正好遇到了集体经济组织让她去收南瓜。"M书记来喊我去，我就去了，每天早上他们打电话给我，等那些摘下来的南瓜送过来，我们几个人就将南瓜码好。"她的工作并不需要多少技术含量，但仍旧是一项体力活。当然，这些体力活在吃苦耐劳的火石垭人眼中算不得什么，他们在乎的是自己的劳动能够为家里增加一些额外的收入。

（三）公益性岗位的组织与管理

在火石垭村乡村治理上，公益性岗位发挥着至关重要的作用。公益性岗位是指以实现公共利益和安置就业困难人员为主要目的、由政府设置的非营利性公共管理和社会公益性服务岗位。在火石垭村开展脱贫攻坚工作的过程中，为了进一步解决村中建卡贫困户的再就业问题，由石家镇政府牵头，石家镇社保所负责人员管理，以重庆市好儿郎人力资源管理有限公司为用人单位，在全镇设置了公益性岗位。其中，火石垭村每年公益性岗位的名额由石家镇政府统一分配，任期都是三年。工种主要分为三类：保洁员、公路养护员和护林员。

1. 保洁员

火石垭村保洁员的公益性岗位是从2016年开始设立的，分为全日制和非全日制两种。二者的相同之处为：第一，在人员的选择上都必须是村里的建卡贫困户；第二，年龄要求男性不能超过60岁、女性不能超过50岁；第三，每次的任期最多不能超过三年。不同之处为：第一，工作内容不同。虽然二者主要工作内容都是负责辖区内村道公路及河道白色垃圾的清理、农村环境卫生综合整治，但非全日制主要负责支路。第二，工作时间不同。全日制一天至少工作8小时，非全日制一天工作不超过4小时。第三，工资不同。非全日制的劳动工资差不多只有全日制者工资的一半。

全日制保洁员公益性岗位一开始设立的时候是石家镇9个村每个村分配1个名额，石家镇居委会有2个名额。2020年，每个村各增加了1个名额。他们的具体工作是负责村委活动室和主街道的卫生，包括扫地、擦桌子、扔垃圾等。规定的工作时间是一天8小时，上午8:00—12:00，下午13:00—17:00，节假日除外。长假自行安排时间进行路面清扫，但必须保证时刻干净。如果遇到镇上或者说黔江区的工作人员下来检查，即使是周末，他们也会上班。做全日制保洁员的YXP说，最开始进行村庄环境整治的时候，因为街道上的垃圾非常多，他们每天的工作时间实际上已经超过8小时了。另一位表示：

我们最开始弄的时候还是焦人啊！三组有一家搞得很乱，我一个人弄了好久。我又是捡又是烧，最后还是不行，又是喊的挖机来挖！一开始，农户没有养成良好的卫生习惯，他们的垃圾都是乱扔，我们又去反映，后面开会决定要他们自己把垃圾装好，再放到路边！

直到后来，村民才逐渐养成了良好的卫生习惯，保洁员实际的工作时长才逐渐变短。也就是说，保洁员虽然每天有规定8小时的工作时间，但事实上是根据每天具体的工作量来确定的。在工资方面，2018年是1500元/月，其中包括了"五险"700多元；2020年时，工资涨到了1800元/月，其中还包括"五险"。

非全日制保洁员，一般工作时间每日不超过4小时，其具体工作内容也有所差别。这类保洁员的具体工作是负责清扫支路，即将放置在支路上的绿色小垃圾桶拖到主干道上的大垃圾池，定期清除里面的垃圾，还要将村民放置在主干道和自家支路交界处的垃圾袋进行处理。非全日制保洁员的岗位最开始也是于2016年设立的，当时每个村只有1名保洁员，2018年增加到3名，2020年又减少到1名。每名保洁员具体管辖范围是两个组。在工资方面，2018年时是825元/月，2020年时是990元/月。具体人员安排上，YXP（2018—2021年）、SSC（2019—2022年）、ZYZ（2021—2024年）。在工作量上，非全日制保洁员与全日制保洁员也存在一些不同。

村民的垃圾处理方式与其卫生观念息息相关。以前，没有那么强调人居环境的改善和保持，火石垭村的村民扔垃圾会相对固定地扔到就近的天坑里去。至于一些小垃圾，可能就随便丢在家边了。回忆起以前丢垃圾的习惯，YHM说："以前我们这边丢垃圾，都是直接丢到那边的坑坑里面。后面放了垃圾箱之后，才开始把垃圾扔在垃圾箱里面！"也正是因为火石垭村以前没有处置垃圾的规划，所以村民在处理垃圾的时候都是比较随意的，一般都是采取就近丢弃，或者找一个非常大的坑进行填埋。就像MXH提到他最开始去三组做卫生清洁的时候，有一户住房旁边的坑里就有特别多的垃圾。他先是用铲子铲，又用火烧，感觉实在是有点难搞，最后才向政府反映，让挖机来处理。而设置保洁员，是以微小的举措改善了火石垭村居民的居住环境。与此同时，村民的卫生习惯和卫生观念也在慢慢发生变化。

2. 公路养护员

公路养护员的设置时间要比保洁员早得多，在2012年就设立了这一岗位。公路养护员主要工作是专门看护公路，下雨之后要清扫道路，定期修剪道路两旁的枝丫，还要疏通沟渠。

属于最早一批担任公路养护员的YXP说：

> 我们最开始的时候不扫街，是后面道路硬化之后才开始扫街的。最开始的时候，都是碎石路，一下雨就把路冲烂了，好多凼凼。我们要先去把凼凼挖了，放水，然后再找碎石把坑填了，最后再放点泥巴平整一下！一般下雨之后，第二天你肯定都是要去做的！

正如YXP所说，设置公路养护员的初衷是对村里的道路进行维修和养护，尤其是当支路还是碎石路的时候。在调研期间，我们也曾遇到过下大雨的时候，碎石路上的石子被冲得到处都是，包裹着泥土一路往下冲去。当通往各组的道路全是碎石路的时候，时刻保证路面的平整就显得格外重要了。

2010年之后，村里的支路陆陆续续变成了水泥路，公路养护员的具体工作内容也就发生了变化。平整的水泥路不用再担心雨水的冲刷，但要关注因为下雨刮风吹倒的枝丫和落叶。从工作时间上来说，他们并不是每天都需要工作，一般是一个月至少要去6次，他们称为"5天一望"，即每5天需要观察一下道路上是否有落叶和枝丫，道路两边的枝丫是不是影响到交通了，道路两侧的沟渠有没有被堵住等。如果出现以上问题，他们就需要立马处理。但若是遇到道路上的塌方超过3立方米，他们便会上报请专人过来处理。简单地说，公路养护员的工作相对于保洁员来说更加灵活机动。公路养护员的名额一直都是固定的，火石垭村有6名，工资最开始是800元/千米/年，2020年调整为1200元/千米/年。

调研得知,截至2021年9月,公路养护员的具体划分如下:一组二组(8千米多)由HCM负责,三组(5千米多)由YXP负责,四组五组(7千米)由YGX负责,六组七组(5千米半)由JYX负责,八组(6千米)由MXH负责,九组(5千米)由ZYZ负责。

有了公路养护员的岗位设置,村中的道路安全与环境卫生都有了进一步的改善。若是遇到大风大雨将道路旁边的树吹倒而横置在路中央影响出行的话,村民也会主动打电话给村委或者公路养护员本人,在短时间内公路养护员会前来处理,及时解决道路安全与村民出行问题。

3. 护林员

火石垭村护林员公益性岗位设立的时间是2006年,三年一换。其主要的工作任务是:第一,检查林区有没有虫树;第二,巡查并预防森林火灾;第三,检查森林乱砍滥伐现象。护林员具体又分为两类,一类是"天保"护林员,2006年的时候只有2人,即JXL、LSH,2016年增加到4人。他们出去巡查森林需要开GPS定位。另一类是一般护林员,不需要携带GPS。这两类护林员的工资都是一样的,即5000元/年。作为护林员,需要每天填写工作日志、汇报自己的护林工作情况及山中具体情况,对于他们而言,虽然护林员并不是多么烦累的工作,但实际上他们身上背负的责任并不少,尤其是在炎热的夏季,最怕的就是山林中发生火灾;假如遇到山中有人乱砍滥伐森林等情况,他们也会主动向上级汇报情况。他们扮演着绿水青山守护员的角色。

以不同公益性岗位的工作内容来说,保洁员和公路养护员工作量都算是比较大的,而护林员的工作内容和工作强度一直以来没有发生过很大的变化。相较捡垃圾、扫地的保洁员,以及清扫道路的公路养护员,在村民心中,护林员的工作只是在山上"逛逛",自然是一份比较轻松的工作。护林员一般都是几天去巡山一次,而到了7月严防森林火灾的时候,就会跑得勤一些。

在人员选择上,公益性岗位均是选择建档立卡户。对他们来说,相较于在本地做其他零工,这已经算是一份收入不错的工作了。比如从新疆回来的一家特困户,考虑到他家有四个孩子,其中一个孩子残疾,两个孩子在上学,自家的木房子还不能居住,M支部书记就给他家安排了一个公益性岗位,然后帮他家申请了相关补助,解决了他家的实际困难。可以说,公益性岗位这种形式,既提高了火石垭人居环境的质量,又减轻了贫困家庭的经济负担。

二、乡村道德秩序与意识演变

涂尔干认为，道德对于维系社会整合具有重要意义，并且道德是解决社会失范问题的关键，社会是"集体意识"的表现，道德具有基础性地位。而在中国传统乡土社会，道德也是人际关系和公共权利的重要基础。儒家将"伦理道德"作为中国封建社会运作的准则之一，其链接了家庭、村落与国家之间的关系，并将每个人都容纳进来。而这样的道德在20世纪的国家制度大变化、大发展中，在私人与公共之间，出现了一定的变化。

（一）私人道德的无序困境

所谓"小农意识"是指脱胎于传统宗法血亲意识，以血缘家族本位观念、小团体封闭意识、平均主义思想等为主的思想体系。它与传统小农经济相辅相成，在家庭层面形成了以父系家长制为主的伦理观和恪守本分、重农抑商的正统观。[1] 小农意识长期以来主导着中国传统乡村社会，对近现代的历史进程也有着深远影响。随着社会主义市场经济的发展，小农经济生产方式总体上已经不复存在，但由于意识和道德层面的相对独立性，让乡村社会在很长一段时间内仍旧存在着普遍的"小农意识"。

具体而言，封建小农经济的封闭、脆弱及对土地依赖性，催生了村民的小农意识。从火石垭村的角度而言，烤烟种植的高收益让许多人赚得盆满钵满，但其高风险也让更多的人一亏再亏，村民的家庭经济差距越来越大。因此，偷盗、行骗等偶有发生。在以"填饱肚子"为第一需求的时候，大多数人都在生存的边缘上艰难地过活。当一些人看到可以"不劳而获"的利益时，也容易出现不良行为，很难保证一直"规规矩矩"的，他们似乎已经突破了村落内外的社会舆论的约束，不再以绝对的个人道德限制自己的行为。

此外，许多村民都抱着侥幸心理：只要不被抓到证据就会不断偷盗下去；而即使被抓到，也不过是村里集体惩罚或受到道德舆论的谴责。而在过去人人都难以吃饱饭的阶段，惩罚是否可以完全追究也很难明确，舆论谴责更不在他们的考虑之中。总体而言，"穷困"成为当时这些无序行为发生的重要原因，而"小农意识"中根深蒂固的"生存理性"更是成为他们无视"精神"与"实际"双重惩罚的底层逻辑。

（二）公共道德秩序的建立

针对以上失序的状态，火石垭的村民曾经想出一系列办法来应对。如火石垭一组的

---

[1] 袁银传，段思思.中国式现代化进程中的小农意识改造[J].学术界，2022（3）：203-209.

21名小伙,在1989年的盛夏自发成立了夜晚巡逻治安队,每夜由4名小伙子值守。那时的8月正是村庄夜晚通明之时,大家为了烤烟而放弃了睡觉。SSC曾说:

就是那一年,我们S家的摩托车和鸡都被偷了,HYD就说,我们几个年轻人,组织起来成立一个巡逻队,8月巡逻了整整一个月,二队的每家每户都要走,一晚上走2~3次。那个时候二队实力强,有二十几个年轻人,一个人捞三四百斤都可以。

几个小伙现在都已经成家立业,成了家里的壮劳力,他们说起当年参加巡逻队巡夜的事情依旧历历在目。SSC补充道:"放哨啊就是这屋到那屋儿,巡逻。晚上,整夜整夜地巡逻。有偷鸡的、偷猪的,还是偷牛的多。"SSC接着解释:

总体来说,不说100%破案,30%还是抓到了的。三个盗贼当中还是抓到了一个。后来,有的人认为小偷小摸又发不了财,(二十世纪)九十年代有的就出去打工了,外头挣得到钱。挣到钱了,回来自然就不会偷摸了。

YXQ也谈道:

现在村里面小偷小摸的情况都很少见了,不像以前那个时候,现在的人素质普遍都提高了。还有就是现在到处都有摄像头,你偷了东西走出门,别人都找得到你。现在为了去偷一些小东西,万一被别人发现了,你也划不来,因为偷盗把自己的名声就给毁了。

随着时代的发展,原来火石垭村农户穷困的生活状况有了极大改变。人们的生活水平提高了,家庭生活条件改善了,家里面的条件都差不多,需要的东西都能够通过自己挣到的钱去购买,对于别人家的东西也就没有那么好奇了。

可见,随着社会的发展进步,人们的思想观念也是在不断向前发展的,个人的知识文化水平也在不断提高,道德意识进一步觉醒,尤其是社会公德的"尺子"开始在人们心中成为一项重要的衡量好坏的标准。

三、乡村法治逻辑与村民意识自觉

(一)传统乡村的法治逻辑

武陵山区在历史上,从权力结构上看是以"皇权不下乡"为主,实行土司的高度自治,拥有较为充分的自治权力,但这种权力是波动的。如在武陵山区历史上实行的"屯田制度"和"卫所制度",到明清时期又实行"改土归流",都体现了中央与地方治理权力的博弈,但这样的博弈在很大程度上仍然保持了较明显的内部治理逻辑,形成了丰富的乡土治理体系内容。

1912年，火石垭村当时所属的酉阳直隶州改州为县，直属川东道，火石垭州判为分州知事。1917年，酉阳县派属县佐前往火石垭，但当地土匪猖獗，各县佐视匪如虎，先后称病以为托辞，不敢赴任领职视事。1934年，火石垭村当时所属的酉阳开始实行"保甲制度"。1932年，川政统一，全川划为8个绥靖区，酉阳属于第八绥靖区。此时县境实行保甲，联保47个，保585个，甲5991个，此后多清查户口、整顿保甲之行动。"保甲制度"是当时国民党在乡村层面维护其统治的一种制度，但与此同时，许多当地的土豪劣绅利用保甲的职务之便，榨取村民利益，侵占村落整体性利益。民国时期，一定程度上改变了历史上长期"皇权不下乡"的行政管理状态，把权力结构延伸到了乡间基层，让中央与地方之间形成比之前更加紧密的关系，只不过因方式较为粗暴与直接，致使这种政策并没有起到多少作用。中华人民共和国成立后，建立了村级政权体制，土地所有制的改革初步实现了国家和基层村落的关系结构调整。"三大改造"的有序推进，更使生产关系发生了彻底变革，人民公社化时期的"政社合一"体制，在很大程度上取代了传统乡村治理体制。地方权威方面，家族权威在不断被削弱，村落行政体制的权威在不断增加。

改革开放后，乡村治理的方式在不断变化。村落内部的传统治理手段发展至今，基本上呈现以行政化体制为主的规约。由于此地人口主要为各地搬迁而来的移民，所以此地并没有形成以一个或几个大型家族为主的完整和稳定的乡村体系。虽然村落各组的人相互认识，并且在几十年中由于相互通婚有着一定"熟人社会"的特征，但并不存在较为明显的"差序格局"和持续至今的"互助习惯"，体现出一种独特的样态。一方面，村中公共集体活动较少，个人利益和集体利益之间很少发生相互融合的过程，在村集体的生活中表现为一种较为简单的个体式或小家庭式利益参与。另一方面，在乡规民约方面，虽然依托村委形成了制度化的村规民约，但事实上这样的"民约"更多是在文本意义上，村民对其内容知晓程度十分有限，实际操作和执行上更为欠缺。

WDY认为，当前火石垭纠纷的解决很多时候就是坐下来谈谈心。

你不对硬是不对，开个会大家来评个理。打比说你们两个今天不对，我就不说你不对，大家坐拢来说到底是谁不对，他自己就好接受点。在小组内，一起开个会就协商解决了。以前集体的时候，我的土地、你的土地哪里挖了点，边边角角，究竟你是在争，还是不争啊？大家把现场一看，谁对谁不对，说几句公道话就解决了。像家务事就是内部解决，点吧点事情有矛盾啊，就是内部亲亲的家人来劝，自己内部解决呀。像修路这种大事情，必须还是政府解决。

比如修个路，我们要往这条路走，他们要往那条路走，那边上头没规划，我们这里是规划过的。我们4队和大坟坝就是一个队，国家规定的，区头同意这个线是批的，那边就犟，要修到LGL那边。为修那条路哦，后面就是反映给上面，他们才派人来解决这个矛盾。我们以前没有政府专门来管这些的时候，就是集体的那刻儿（时候），有什么纠纷都是双方协商清楚了，叫大家来评理，看谁理亏就道歉赔罪，就解决了这个问题。

在个人利益与村里或是社会利益发生矛盾时，YXP也认为：

发生矛盾，该哪个解决就哪个解决噻。解决要和平解决噻，损失就看大与小的问题噻，你不可能在有些矛盾当中一点都不损失噻。

之前，村里修路占了YXP家的路，也没有给他们家进行补贴，但是他都没有去村委闹。他说：

我们的意思就是说嘛，你这个田头没得公路，只有种点苞谷顶多还要背这么长一节，修了公路蛮方便多了噻。

只要是方便大家，就算损失一点自己的利益，他也觉得没什么。

（二）现代法治意识的培育

传统乡村的社会秩序稳定，在很大程度上是由于村落内部的"自治系统"在运行，乡绅、家族权威等角色平衡着村落的稳定发展，村民行为服从家族认同与"以和为贵"的邻里文化，由此保证了乡土社会的存在和延续，但也在一定程度上形成了固定的乡土观念和稳定的思维方式。而在国家力量的介入之下，这种乡村传统一定程度上被打破，乡绅权威的力量被削弱了，村落如何解决纠纷、处理矛盾，这暗含了一套多元化的治理观念。

传统观念认为，村落作为国家社会发展的基本场域，存在相应的"法治困境"，如村民法治意识不健全、学法意识被动、守法意识相对欠缺等。在一定层面上，城乡之间的差距会导致以上问题，但实际上法律制度与法治观念在村落已经有了一定的运行基础了。

正如前文所述，火石垭村经历了无序到有序的变化，目前保持着较好的治安状态。在法治意识方面，村民们已经有了良好的守法意识。早在20世纪80年代，在火石垭村处于较为"无序"的状态时，就已经有村民开始走法治程序来维护自身的合法权益了。LKY在1976年牵头为老二队的人拉电线时，曾受邻居的蒙骗，被骗了400元钱，他通过石家法庭进行诉讼调解，最终解决了纠纷。

当时火石垭街上的主线牵好了，我们就准备从下面牵到山上来，我们二队的人谁都想用电，当时大家喊的口号是："造起电来过春节！"大家开会商量好，按户数把钱凑好，推选我来安排请人安装。街上的SCH找到我，想跟我承包这个项目，我想着他是我们火石垭的人，就把钱递给了他，没想到他收了钱就跑了！

为了这件事，我先去找了供电所，供电所的人说SCH不是他们的人，他们管不了。但是想要用电，必须提前给钱。当时马上就要过春节了，我没办法，自己借钱垫上，才让大家用上电。

隔了几年，SCH一直不还钱，我就去咨询镇上的人，这件事情可以走什么程序。当时镇上的人让我写起诉书，我找人写了一个材料说明情况，递给了石家镇法庭，也就是现在的黔江区第三人民法院。法庭受理之后没有开庭，认为这是属于内部矛盾，也不是大笔的经济纠纷。庭长就到场给我们进行调解，最后钱就是通过法庭才要回来的。

曾经是冲动小伙的SSC，如今人到中年，其观念对比年轻时期有了很大不同。他与LKY既是邻居，又有着亲戚关系，双方在烤房上的纠纷持续了几年，最终靠着法律制度与行政力量得以解决。

村上带头处理这件事，调解后让兄弟两个人写下一份纸质协议，再拿去"公证处"盖章。一式三份，一人一份，村里留档一份。这份调解协议书至今被SSC完整地保存在家中的卧室，和"房产证""土地证"等放在一起。说起这件事时，SSC显得义愤填膺，但也无可奈何。SSC说：

后来这件事就这么过去了。我这个人就是这样，我不会今天跟你吵架了，我就要记一辈子，我觉得没有意义。每次我路过他家，LKY都要把我盯着，但是我从不计较。包括今年他的家属进了医院，我晓得了就打电话回来问是什么情况，说等她从医院回来了，我去看望一下。我大哥还在问我为什么要去？我说为什么不去呢？！这是另一码事情，看望是要去看望的，我不跟他们一般见识。我大哥说："你这个想法非常正确。"

法治是新时代基层社会治理、保证公平正义、维护社会稳定的重要保障。[1]由上文可见，火石垭村民的现代法治意识已经有了极大的提高。归根结底，仍旧是由农村社会经济的发展程度决定的。但需要注意的是，村内传统思想的影响仍旧存在，"熟人社会"的链接并没有被打破，因此"法治自觉"在村中的实现绝不仅仅是"依法决断"而已。火石垭村的乡风文明呈现出乡土社会的底色，而这个"底色"将成为推动"法治"内化于心、与德治融合的重要动力。

小　结　柔性与刚性结合的乡村治理

火石垭村的乡村治理，总体来说是一种以传统文化柔性与现代治理体系的刚性相结

---

[1] 施玉莹，孙玉娟.构建"三治融合"的乡村治理体系路径选择[J].边疆经济与文化，2020（1）：76-80.

合的模式。一方面，民间文化的许多仪式与观念是农民自治的实践载体，其中包含着丰富的传统规约与道德价值，是乡土社会中不成文的行为共识，是村民约定俗成并且一直以来都遵守的行为模式。另一方面，政府权力通过集体行为的种种触角深入到乡村社会，与村民的日常生活产生直接联系，密切互动。此外，村党支部、村民委员会、集体经济组织等基层组织以强有力的方式方法贯彻落实着国家意志，又通过公益性岗位的设置等措施步步落实，包含着基层治理中的人文关怀。作为一个非典型村庄，随着社会主义现代化建设的不断推进，火石垭村的国家与基层的治理得到了有效结合。但一方面，党组织在适应新形势、新任务和新要求的工作中，仍然需要提高组织的创新工作机制，仍然需要提升村落凝聚力和战斗力；另一方面，为了更好地实现基层社会长效治理，村落也要积极搭建平台，不断提升村民参与村政和当家作主的思想观念。在火石垭的个案中，村内的互联网基础建设已经达到一定水平，基本上实现了互联网的技术嵌入。为了实现更好的村庄治理，要利用互联网创新村落治理的手段，使得村民真正成为村级事务中的"明白人"和"当家人"。

第十一章

性别、责任与觉醒：
非典型村庄的女性韧性

> 桃之夭夭，灼灼其华。之子于归，宜其室家。
> 桃之夭夭，有蕡其实。之子于归，宜其家室。
> 桃之夭夭，其叶蓁蓁。之子于归，宜其家人。
> ——诗经·周南·桃夭

第十一章　性别、责任与觉醒：非典型村庄的女性韧性

性别作为人类最早的特征之一，在社会环境的发展中，形塑出人们极为不同的认知体系。不同的性别角色，一方面由男女的生理特征决定，另一方面由不同条件下的社会文化塑造。社会背景的改变，影响女性的性别角色构建，而不同的文化也会对女性的性别角色产生不同的期待。

在中国传统的乡村社会环境中，女性的日常生活实践在社会化过程中受到社会形态和文化习俗等方面的诸多影响。但在许多民族志书写中，农村女性常常因为其性别和所在地区偏远落后等原因，而被排除在研究视角之外。在火石垭村的调研中，我们发现，村里的女性格外引人注目，每一位女性似乎都有着自身鲜活的一面。火石垭的高山活水，孕育了一群既个性鲜明又朴实自然的女性。她们漫步在街道边、山坡上，也灵动在灶台边、书案前、地坝上。不同的年龄背后表征着她们经历的不同时代背景。

实际上，女性在乡村社会中一直以来都托举着每一个家庭的生活，起着不可或缺的作用。看似受教育程度不够、"能力"不显的她们，却在这一个"非典型"村庄承担着建设主体的角色，面对家庭、社会和自我时，她们彰显出新时代背景下的"实践力量"。

第一节　围绕家庭的女性

火石垭的女性如同中国万千乡村的女性一样，一直以最自然、最朴素的方式释放出永不消散的花香。她们勤劳、坚强、吃苦耐劳的精神品质不亚于男性。从婴儿呱呱坠地开始，一个乡村女人的一生就开始了。在没有太多忧愁的孩童时期，在大人的教导下她们会形成懂事听话的性格，进而在传统的乡土文化环境中耳濡目染，习得人们对女性性别角色所期望的品性。在渐渐成长后，如果家庭无法承担学校教育成本，大人会让她们接受越来越多的社会教育，最终经历从女孩成为女人的人生仪式。成年女性在多重角色中忙碌于家庭与社会中，这段时期是乡村女性勤劳能干的高峰时期，也是她们思考性别分工和探寻自我意义的重要阶段。在黄昏暮年时，她们回忆起过往总会有人生多苦难的感叹，但是仍然乐于当下的生活，积极勤劳地坚持走完生命的最后一段时光。妇女能顶半边天，把视角从女性为"弱者"的传统认识中转移出来，呈现有关乡土中国女性的另外一种历史："女人"从来都不是一个含糊弱小的名字，而是历史中的强者。[1]她们不是在厨房忙碌而被认为是做些琐碎家务的可有可无的乡村女性，而是历史经验的积累者和

---

[1] 郑斯扬.乡土中国、性别立场与伦理观——对中国女性乡土写作的思考[J].文学评论，2021（4）：112-120.

传统的继承人，更是社会文明化的开拓者。以下将以一位火石垭非典型女性的成长为线索，呈现火石垭女性的人生之路，刻画出火石垭真实的女性形象。

一、成熟懂事的青春少女

在火石垭乡村成长的女性，与生活在城市里的女性有着显著不同。正如被山水滋养得像小鹿般灵动的翠翠，火石垭的一方水土也将这里的小女孩个个都滋养得活泼可爱。不同阶段出生的女孩有着不一样的童年。对比今日忙于学业的孩子们，火石垭女性由于家庭条件的限制，往往作为一个"姐姐"的存在早早地承担起了家务，学习一个女性应该具备的技能，积累和传递乡村的生活经验。

（一）家务与农事的学习

1949年前，在性别偏见的影响下，女孩的出生被看作一场"偶然"，对一个家庭来说不一定是喜讯。这样，女孩们不得不为了满足大人的期待而尽力为家庭多出一份力，力图证明自己即使身为女孩也是值得被疼爱与善待的，也同样能够承担起家中的事务。很多女孩小小年纪就要带比她小一点的弟弟妹妹，她们尽力学习着母亲和其他妇女的动作与口吻，模仿大人的模样。即便到了20世纪70年代，女孩的这一角色仍未有大的变化。ZCY每次回忆起当年带弟弟的时光都会感到十分心酸。

我弟弟比我小6岁。小时候我的任务就是带弟弟。小时候来火石垭这里读书，就会把他带着一起。没有马路还要走小路。在他读幼儿班的时候，我读小学，他刚出门走到一个弯弯有水塘的地方，就要让我背，一直背到高洞子平路之后，他才会自己走。我们家出门就要上坡，又要下坡，很难走，他就不愿意走。那个时候，我的身上要斜挎一个我自己的书包，背上背一个孩子，累得很。我跟着小伙伴一起走，老是走到他们的后面去。我走又走不赢他们，学生又多，我特别痛苦。但是我如果不背他的话，弟弟就不走，他不走的话，我到学校就暗（迟到）了。我当时想着没办法，我要照顾他。早上上学要背着来，放学又要背着回去。

ZCY足足背了弟弟一年，直到弟弟自己能够走得动之后才结束。比ZCY年龄更大的JXZ更是如此。她说："我当姑娘的时候要背弟弟、带弟弟。大人自己去做活了，赚工分吃饭。老二和老三是我背大的。那个时候还没有背篼，是用帕子背。"她们在很小的时候便进入了"母亲"的角色中，学会家庭管理的"技术性"手艺，把自己训练成一个"合格"的女性。日常生活中，女孩们对弟弟总是有一种极大的谦让，表现出呵护的姿态,尽管这样的姿态有时是迫不得已的。"现在弟弟长大了,都在外地,我们很少联系,小时候也是我每天照顾他,所以我盼望着嫁出去。"ZCY如此说道。

尽管不同时期、不同经济水平的家庭对于女孩的培养标准不尽相同,但对于劳动技能和行为礼仪的训练都不会少。很大程度上,特别是传统时期,女儿的培养是以日后为了嫁人能够做一个好"媳妇"的标准来要求的。在农村,嫁人之后必须具备的就是与土地有关的农业生产技能,这也是保证女儿长大后不饿肚子的基本能力。她们必须学习庄稼种植的生产技能。很多小女孩几岁时便跟着母亲到土地与菜园子里干活,即使一些简单的活儿也要她们参与。

HXX在10岁左右就开始学着操持家中的农活了,因为年纪尚小,她自己还不会独立生产劳动,所以就学着大人的模样到山坡、地里请教亲戚如何种植,就这样,在一点点的知识与经验的积累中,自己慢慢地就能够独立从事生产种植了。但是每当回忆起小时候,她总是以"我们小时候过得好苦"来描述自己的少女生活,叹息声与闪躲的眼神,使人能够想象到她曾经历的酸甜苦辣。

HCQ奶奶回忆自己母亲的话语时谈道:"说女娃就只有在锅头抽灶。""锅头抽灶"是对小女孩在家庭中的大多数角色的总结。父亲承担大量农事,母亲负责农事与家事,作为女孩在很大程度上需要提前承担家务琐事,"围着灶台转"是对其最恰当的总结。这便表示,除了农事生产的技能,女孩们还必须学会做饭的技能。JXZ奶奶表示,自己年纪太小,无法下地干活赚工分时,就在家做饭:"那个时候,我一边背着他(弟弟),一边还要煮饭。"一大早就起床的她,在家操持家务、洗衣做饭,等着上坡的父母回来吃饭。

在传统社会的规训中,尤其是1949年之前,女孩被要求明白长幼尊卑,不能随意外出,要在家学习绣花、纺织等手艺活。中华人民共和国成立后,旧观念逐渐被破除,但女孩手艺活依旧不能落下。例如,每个女孩在出嫁前,都要为夫家的众多亲戚做鞋,这对她们的手艺活提出了较高要求。直到20世纪八九十年代,火石垭的女孩子仍旧要学习绣花手艺,如果没有这些手艺,嫁入夫家时常会被夫家人认为是没有"才能"的人,而有着手艺活的女孩被认为"心灵手巧"。FTX在教育孩子时便有着这样的想法,她的两个孩子小时候都是帮着干农活,不是推磨子就是掰苞谷。

1949年前的火石垭村,很多家庭的女孩过得十分艰难,ZFZ说起这些,眼眶含着泪:

小的时候那刻儿,女孩儿家吃饭都不准上桌子,当姑娘的时候也不准。三顿饭都不留菜,回来冷饭冷菜泡起吃了就去上坡做活路。那刻儿没吃过肉,肉是上交一半边,留一半边,就等有客人来的时候才拿出来吃。那刻儿做活路都是要割牛草,就算你跟别人定亲了,那边来接你耍的话,规定你耍好几天,要割好几天的牛草,工分做起才得去耍。我们就是苦哎,那刻儿么妹在读书,老汉不送我们读。我是姑娘时没享福,现在才享福。

自20世纪90年代开始,家庭对女孩们的技能要求才逐渐改变。掌握农事技能不再是最主要的事情。21世纪后出生的女孩们,已经是大人口中"不沾阳春水"的孩子了,没有太多家务、农事上的要求。ZX是2001年出生的女孩,从小生活在火石垭的她被家里人呵护备至,母亲GJL从没让她上过坡、干过农活。"我屋ZX皮肤嫩,一上坡被晒到就要起红疙瘩,我没让她干过,她也不会干这些。"除了不干农活,ZX在家也从不做饭。可是,在本次田野调查期间,ZX第一次为母亲做了一道菜,母亲很是惊讶与感动,自己的孩子在外竟学会了做家务活。

(二) 知识与见识的获得

由于受"重男轻女"观念的影响和农村家庭经济状况普遍不好的原因,火石垭村的很多中老年妇女在年轻时都未曾受到过良好的学校文化教育。火石垭村50岁以上的妇女,很少有人读过书。即使读过一些书,也只是上过几年学,会算加减法,会写自己的名字。JXZ说起读书,满是遗憾,说:"我没读过,一天都没有读过。那个时候女孩都不允许去读书。"问起为什么,她们均表示家里穷,读不起,只有男孩才有机会读书。这显然是农村"重男轻女"观念影响下的有意安排。

ZCY也是如此。她的家中一共有六姊妹,她排行老三。小学三年级辍学的她,小小年纪就跟着作为队长的哥哥去做工。但是由于年龄太小,哥哥基本上每次都要做两个人的活,又要照顾年幼的妹妹,所以最后全家还是决定让她继续去读书。对她来说,读书是件很困难的事。从小爸爸妈妈就教育她一定要多读书,小的时候她成绩也很好,爸爸妈妈也没有"重男轻女"的思想,就算家里再怎么穷,只要孩子想读书,都会尽全力地支持。但哥哥在她读书的时候就结婚分家了,姐姐还在读师范,家里只有爸爸妈妈在赚钱。她清楚地知道自己家中的情况,考虑到自己的弟弟妹妹还要读书,家里的条件是不能同时承担起这么多孩子上学的,大人心有余而力不足,所以她自愿放弃了读书,选择开始自己的"做工之旅"。这个决定是艰难的,以至于她现在总是在后悔自己曾经的决定。她惋惜地说道:"经常做梦都在读书。"如果当初多读书或许她的人生就会在另一个地方按照另一条故事线开出不一样的花、结出不一样的果。

正是不同家庭的不同安排,让不同的女孩的人生有了不同的轨迹。GJR今年50多岁，但轻盈的身体、休闲的打扮，让她与火石垭村的其他女性有着完全不同的精神面貌。GJR说："我从小就被要求要读书，我的几个哥哥全部都读书，我也被送去学校读书了。其他家的人不爱女儿，我们家爱女儿。我出生的时候家里就盼着要个女儿呢！"

另一位叫GW的女性说：

> 小时候我妈就从来不让我干活，什么农活都不干，做饭也不让我做，这么多年了我都不会做饭、干活。她也不让我几个哥哥做农活。她说："你们作业做完了就去写字，去学习。"我的三哥字写得非常好，就是这个原因。

母亲的宽容与抉择，让GW从小就明白自己的不同。"我小时候很喜欢耍，其他人家的女娃一放学都要回家干活，我就可以耍，一直到我妈来喊我。"宽松的家庭环境让她度过了快乐的童年，而哥哥们的悉心呵护与正向引导，也给了她读书的目标。

> 我的几个哥哥读书都很厉害，全部都考上大学了。在那个年代，一家这么多人都考上大学还是很不容易啊！我从小就知道我要读书，要读大学。后来我就考上了成都的一所大学，去了成都。

在20世纪八九十年代，火石垭虽然考出去了大学生，但女大学生还是极少的，更何况GW学习的是英语语言专业，这在全部学生都报考农业、畜牧等"实用性"专业的时代，她更是显得与众不同。

去了成都之后，她在大学里遇到了她的丈夫，两人结婚后开始做玉石生意，有着生意头脑的丈夫很快赚了钱。但丈夫的家里人让两人一起回婆家呼和浩特市打拼。可是刚回到呼市不久，丈夫就在一场意外中去世了，留下她和两个嗷嗷待哺的孩子。但从小的见识与大学教育，并没有让她在这一场巨变中被打倒。婆家给了她极大的支持，让她安心带孩子，所有的经济支出由婆家承担。随后的十几年，GW便在呼市带着两个孩子安心度过。几十年来，她从未在经济上操过心，她的两个孩子一个在美国哥伦比亚大学读硕士，另一个在哈尔滨工业大学读本科，都是家里的骄傲。她表示，两个孩子的成长自己并没有过多干涉，只是让他们自主学习、自由安排，就如同当年她的母亲培养自己和哥哥们一样。

GW活成了火石垭女人们梦想中的样子，她洒脱又明快，内心明净又不失淡然。

> 现在两个孩子去读书了，我在家一个人也不好耍，我就回来照顾下老父亲。但是我回来什么也不会做，做饭也是才学起，随便做的。我们家的地都给其他人种上了。我也不会种地，就给他们种吧，我吃点免费的菜又有什么不好呢？
>
> 我的婆家对我非常好，我的婆婆、嫂子，还有小姑子，生怕我在那边待得不开心，我婆婆对我比对她自己女儿都好，我很感激他们。我一辈子都没有受过苦。

住在她斜对面的YHM，则有着不同的命运。1977年出生的YHM比GW小了10岁左右，但她那忧郁的神情、黝黑的皮肤与瘦弱的身板，看上去似乎比GW还大几岁。本是新华乡的YHM在娘家也读过几年书，从小跟着父母干农活，排行老三的她还有一个弟弟，从小父母就告诉她"家里以后都是弟弟的，你要自己肯干活，以后才能过得好"。YHM把父母的话当作"真理"，从嫁到火石垭来之后便勤勤恳恳干活，一个人负责家里的许多事务。她很少出门，但骨子里总有一股不服输的干劲。

比GW小得多的ZWX，也有着不一样的命运。

我是从长山村嫁过来的，那里距离火石垭不是很远。我娘家一共有三个孩子，我在家里排行老大，下面是两个弟弟。老汉没死之前，我感觉在娘家过得还是可以，老汉死了之后，对我家、对我妈、对我的精神打击太大了！自那以后，她心情一直不好，说起来就哭。那时候我才读初二，当时，我也不知道是怎么过来的，身边那些老人看到情况就劝我。他们讲："女孩子读不读又啷个，她们一辈子还不是这样过来了。你还是到屋头帮你妈干活。有时候怕她一个人在哪里做活路，又怕在哪里晕了，你找不到。"我一想，确实是，她本来精神就受了打击，还要送我们三个读书，就怕在那些坡坡上搞晕倒了，都没得人晓得。所以最后还是算了，没再去读书了。退学之后，我就和老妈妈一起在家里干农活，上坡我们都在一起。

ZWX为了家庭和弟弟们的发展最终放弃了读书，两个弟弟都读到初中毕业，自己却一辈子留在了火石垭。

随着时代的发展，在火石垭村出生、长大的大部分女孩，受教育程度都有所提高。上文提到的曾经"十指不沾阳春水"的ZX，后来在重庆上大学。学医的她自上了大学之后便对未来有了更大的期待。她说："我很少回来了，有时候放假才回来，在外面还是好些。"母亲GJL也表示，孩子在外见了世面对她来说很好，她以后在外面当医生不回来，自己也非常支持。

（三）兴趣与爱好的培养

1949年前出生的女孩，获得教育的机会非常少，一方面，由于全社会对文化与教育不够重视；另一方面，也是因为男女性别角色差异导致女性上学的艰难。出生在1949年之前的女性，"大字不识一个"是十分普遍的现象。在笔者了解到的火石垭妇女中，年龄在60岁以上的基本上很少有识字、会写字的。但她们渴望上学、希望能接受教育，因此总是在不同的领域尽力让自己有着更多的兴趣爱好，极力地散发出女性的魅力与光辉。

ZCY奶奶是一位热爱跳舞的女性。据她回忆，年轻时，她跟随着村里的知青学习跳舞，并且加入了舞蹈队。每次做农活休息的时候，都会练习跳舞。那是她年轻时唯一的爱好。但是，当生活需要柴米油盐酱醋茶，当孩子需要接受教育时，她丢掉了自己的爱好，从青春活泼的少女变成了大半辈子都在为家庭的生计、为孩子的未来而奔波的妇女。如今的她，独自一人在黔江城里陪孙女和孙子读书，曾经翩翩起舞的时光只能深存在她美好的回忆中。

HCQ奶奶同样在年轻时多才多艺。她说："那个时候我有点出名，我们在新华读书，我是最爱唱又最爱跳的。每一个节日，像这个国庆节就组织起一帮人，又去跳舞，又去搞欢送。"1949年前后出生的女性拥有才艺与爱好是一件极为难得的事情，更多的女孩只有与土地、与家务活儿为伴。

但当女孩们逐渐从土地和家务中脱离出来，她们接受了更高程度的教育之后，也逐渐培养起自己的兴趣爱好。但这样的兴趣爱好，并不是一般意义上的"才艺"，而是相对于"干活"而言的休闲时光。如NCP的小侄女刚读小学，爱看动画片的她从动画片里学到了许多知识。而比她大几岁的YXY则爱在家看书，与弟弟妹妹在乡野间玩耍。YXY的父亲还为她从外地买来一辆小小的平衡车和一个小小的电子琴，可以看出父母对她的"才艺"也曾抱有期待，至少在硬件方面尽可能为她提供条件。虽没有老师对她们进行专业教导，但也可从中看出，如今在火石垭村长大的小女孩们拥有了更加自由的生活空间。

二、身份多样的已婚妇女

成长总是那么快，不知不觉中，年轻人谈婚论嫁的年纪就到了。年轻的女性嫁到婆家，成为另一个家庭中的一员，逐渐褪去原先身上的那份稚嫩，以成熟稳重的姿态迎接自己的婚姻生活。她们的社会生活围绕着另一个家庭进行，她们拥有多重角色，成为妻子、母亲与儿媳，而她们也在不同的角色中承担着不同的家庭责任。

（一）操持家庭的妻子

结婚后，女孩们被期待成为家中的重要劳动力，把丈夫所在的村子当成自己的村子，将自己原生家庭的生活场景迅速切换到丈夫家。YMX是家里的老大，弟弟们小，父亲又多病，她需要管理家中的各项事务。25岁时她与丈夫步入婚姻殿堂。她说：

早先给我介绍的我都没得感觉。他来的时候，我就觉得还可以。我们两个结婚几十年，从来没有吵啊打啊，一是看性格，二是两个人之间还是要相互理解、互相体贴。他还是耐烦,老实,大家是这样平平淡淡的,人一辈子就是这样了。

YMX与丈夫的恩爱让她在家庭中过得十分幸福。而HXX则在一段婚姻中吃尽了苦头。年少时的她被父亲安排,嫁给了离自家不远的一户L姓人家。因为她父亲不爱做家里的农活,所以就想着将女儿嫁到近处,还可以方便照管自家事务。婚后的HXX并不幸福。她第一任丈夫与她年纪相差十多岁,两个人也没什么感情基础。丈夫年纪较大,所以家中的大部分活儿由HXX一人承担。因为修建房子,家中欠账几百元,考虑到在老家做农活也赚不到多少钱,在打工经济浪潮的推动下,HXX跟随着同伴一起去浙江务工。身在外,心却时时牵挂着家中的丈夫和孩子。她担心丈夫在家中不能将孩子管理好,也不能把家中的活路给承担起来。当时的她一个月有1200元的工资,她只给自己留200元,剩下的1000元全部给家里寄回去。长期以来,HXX身心俱疲,只好与丈夫分开。后来,她遇到了现任丈夫,并与他养育了两个孩子。与现任丈夫结婚之后,HXX的家庭压力也从未减少。她明白,与前夫所生的女儿和儿子,按照前夫的脾性是不会好好看管的,需要自己承担孩子的教育费用,还要考虑他们的成家立业。大女儿结婚时,HXX回到前任丈夫处,帮着整理收拾家中各项事务,操办女儿的婚姻大事。而在现任丈夫这边,因与对方父母一起生活,还需要修建新房,所以"那时候硬是好累好累",一句话道出了她心中的辛酸苦楚。只是对比两段婚姻,现任丈夫总会跟她一起商量操办,在她感到沮丧、焦虑的时候,现在的丈夫也关心地对她说:"你不要灰心啊,我们只要是一条心,任何事情都会慢慢好的。"

可见,婚后的家庭生活需要夫妻双方用心经营。这其中,女性发挥着至关重要的作用。要维持好一个家庭的和谐,考验的往往是一个家庭女主人的持家之道。HZP有着温和理智的性格,不管大事小事她总是选择隐忍而过,并且经常与丈夫有商有量,稳稳地经营着自己的幸福家庭生活。HZP在结婚之前就明白,一个家庭的和谐经营得靠女人支撑起来,知人待客是已婚女人应有的能力,家中大事小事与丈夫商量是和谐氛围的建构之道。丈夫是陪伴自己一辈子的人,只要夫妻关系和睦,牵挂与照顾,外在的议论与矛盾始终是压不垮一个家庭的。也正是因为HZP对于家庭管理有方,结婚以来她与丈夫从来没有吵过架,即使丈夫从来没有做过家务活,没有煮过一顿饭,她也没有任何怨言。

由于她为人处事和谐友善,因此家中常常有周围的邻居和朋友来做客闲聊。"一个家庭确确实实要全靠女的去体贴,特别是知人待客,管你男男女女,管你老老少少,到你家来了,该煮饭就煮饭,该泡茶就泡茶,一个家庭希望的女主人应该是这样子的。"

（二）养育子女的母亲

女孩被一个新的家庭接纳，特别是在传统时期，更多的是因为她的生育角色，夫家期望她们尽早生下孩子，最好是儿子。而孩子出生之后，她们的人生便开始围绕着孩子转，她们又多了作为母亲养育孩子的责任。

ZZY 与丈夫结婚后生下两个儿子，她便一直在家里办烤烟、做农活，照顾孩子的生活起居。她自认为对于孩子的养育，自己没怎么管，但事实上她在日常生活中会以严厉的口吻来教导儿子，但时常教训完之后又十分后悔。孩子渐渐地在长大，她和丈夫的负担更重了，丈夫外出打工，家里的一切都交给了她一个人。两个儿子，哥哥性格像妈妈，既安静又听话，但弟弟性格像爸爸，从读初中时便不太听话。但是她却从未打过孩子，她说："做什么都不能打孩子，哪怕他犯了很大的错误，我们一直都是用劝说的方式来教导他。"为了让孩子接受更好的教育，在小儿子上初二的时候，她就带孩子转学到城里读书，后来就一直在城里租房子陪着孩子们读书，给他们煮饭、洗衣服。近年来，她的丈夫因为生病而不能再外出打工，于是打工赚钱的任务就落在了她的肩上。

小儿子回忆着小时候与母亲的相处：

我小时候她总是骂我，但做的饭很好吃，她由于身体不好，总容易流鼻涕。她总是很节约，到现在也是。我说出去给她买票，她还是坚持坐普通火车。我爸以前总是大手大脚花钱，所以老被我妈妈说。在冬天的时候，她的手总是容易被冻伤。我现在长大了，我觉得我们一家人都比较腼腆，我至今和他们都是打电话，一次视频也没有过。现在她也变黑了很多，背也慢慢变得不那么挺直了，头上也有了一些白发。

在 ZZY 的陪伴下，大儿子考上了中国海洋大学，如今即将成家立业，成为夫妻俩的骄傲；二儿子从重庆邮电大学毕业，即将去土耳其工作。ZZY 在家庭中成功扮演了一个母亲的角色，培养出了优秀的孩子。

ZCY 也认为此生最大的成就就是孩子，在对孩子的管教与学习上耗费了大半的精力。她说："哪个都是这样的，苦啊累啊都是为了细娃呀，不为细娃的话哪用得着那么苦那么累，单纯为自己不为细娃的话一天做来能当几天哟。"轻描淡写的话语却是她几十年来的坚守支撑，她守住了多年的孤单与寂寞，以至于现在即使一个人在家，也不觉得寂寞。

（三）懂事孝敬的儿媳

女孩一旦建立了婚姻关系，必将迎来"婆媳关系"的大考验。许多女孩在出嫁前，其母亲都要谆谆教导她出嫁后要与新家庭的丈夫,特别是婆婆好好相处,处理好新家庭的人际关系。

FTX经常教育自己的女儿要善待公婆:

要始终以公公、婆婆为先,那边才是你的大人,一定要尊敬。因为这儿隔得近,大家都会议论。你做得好,我这边腰杆才硬。比如说家里来客,婆婆喊你做饭,她拿什么就煮什么,不要去翻箱倒柜,不要自己去屋里主动拿东西煮,那是不行的。平常的话,你吃啥子就喊她来吃,自己多煮点。她不来吃,就给她抬点去,煮点汤啊,那些好的肉给她舀点去。落雨了,来娘家要可以,但吃了饭之后就要回去,做妈妈的不留,那边才是你以后的家。你孝敬她,以后你的孩子也孝敬你,是一样的,有榜样。

从FTX的话中可以看出,在火石垭女性的观念中,出嫁后的女孩跟婆婆的关系是非常重要的。新媳妇是婆婆的好帮手,在新的家庭如何劳动、家里的地在哪里、怎么安排农事活动,全靠婆婆引导。更为重要的是,婆婆会教导媳妇为人处世的道理,如何在新家庭、在新村落自处的方法。虽然新媳妇在嫁过来之前就已经为新家庭中的重要成员做过鞋了,大致知道新家的家庭关系如何,但毕竟印象不深刻,此时婆婆就要承担起引导的角色。新婚不久的媳妇常常要接待夫家的各种亲戚。老一辈的夫家女性会主动将新媳妇纳入夫家的圈子,有时也会象征性地邀请新媳妇来自己家坐坐,此时新媳妇会积极主动加入夫家女性的生活圈子,与她们一起干活,逐渐建立起感情,这样大大缓解了她们对自己媳妇身份的陌生与角色转换的不适应。

47岁的YMX是火石垭二组人人都夸的好儿媳。与丈夫LGL结婚后,为了照顾老人,他们一直以来都没有分家。自结婚后,YMX就一直在家里打理家庭事务,照顾孩子和老人,很少出去打工。有一年,她跟着丈夫外出打工,家里的老人和小孩都生病了,她就赶紧赶回来,从那以后,就再没有出去过,一直留在家中。现如今,儿子LD的两个小孩都已经上小学了,母亲也80多岁了,YMX依然每天给他们洗衣做饭,安排他们的生活起居。YMX表示,她当儿媳妇的时候,家务事都是她负责,给父母做饭、洗衣服。公公去世后,她就更加注意家中老年人的身体健康,经常在外面给婆婆买药。学会网上购物后,也会在网上咨询医生购买一些药。日常生活中,与婆婆相处得也很和谐,婆婆对她的评价也很高,说这个儿媳妇很好,很贴心。难以想象,身材娇小的YMX,蕴藏着大大的能量。她厨艺精湛,常常是主持"会头宴席"的主管之一。最重要的是她尊老爱幼,注重孩子的教育,思想开明,能够发扬传统美德,是名副其实的乡村好儿媳。

YMX的婆婆明白事理,自然也能得到YMX的尊敬。而同是居住在火石垭村的ZAR

则没有如此"好运",公婆不好相处让她的日子过得十分苦闷。ZAR在十七八岁时,经过媒人介绍认识了现在的丈夫。她一早就听说过公公婆婆不好相处,但父母的坚决却让她不得已只好出嫁。公公婆婆性格和脾气都比较暴躁,连庄稼都不怎么管理。"我嫁到这里来,他们(公公婆婆)都没做过活路,婆婆连育一下猪都不愿意,公公像坡上的那些活路,他时不时还会去看一下。"受传统观念的影响,她的公婆认为儿媳妇娶进家门就是需要料理家中各种各样的事情,就是应该学会所有的技术本领,所以公公婆婆不仅不做,而且对ZAR挑三拣四,所以ZAR免不了要与公公婆婆吵闹。在ZAR的记忆中,自己时常与丈夫走人户,一般是上午出门到下午很晚才回到家中,但是回来之后,公公婆婆竟然还在等着她回来做晚饭。一开始ZAR还会做,但是后来与婆婆针锋相对时,她一气之下选择不做饭,丈夫只好去做。但是长期以来,丈夫也感觉到厌烦,后来丈夫外出打工,ZAR自己一个人在家,既要照顾孩子,还要赡养两个老人,还要打理坡上的一大片庄稼。那时候的她每天忙前忙后,有做不完的事情。谈到这段时光的时候,ZAR没有过多地透露,但是她眼角的泪水表达了一切。

时代在不断前进,村民的观念也在发生着改变,如今,婆婆与儿媳的关系有了极大的变化。在现代社会的婆媳关系上,如ZAR所理解:

现在的婆媳关系都很好了。以前婆婆会很挑剔,要求儿媳妇必须会干这、会干那,但是现在就不存在了,现在你做就做,不做就不做。现在的人没有之前的那些人那么娇。

WH表示自己的儿媳在家基本上不做家务。"她是好家庭出身,家庭条件好,她屋(娘家)在黔江有好几套房子。她在家基本上也不做什么家务活,我们也不让她做。他们小两口自己生活吧,我也从来不去说什么。"HCM也曾说,自己的儿媳懂知识文化,也比较挑剔:"她吃东西挑嘴得很,油多了不吃,盐多了也不吃,每次我都要很注意她的口味,她喜欢吃什么,我就专门做什么。"儿媳与婆婆一旦分家之后,便操持自己的家事,为自己的小家庭而生活,这也逐步促使了婆媳关系的转变。

三、完成使命的花甲奶奶

女性扮演着女儿、媳妇、母亲的角色,迈入五六十岁的年龄阶段,成为老妇人。她们的生命历程进入新的阶段。一方面,她们与丈夫完成了将女儿出嫁和为儿子娶媳妇,度过火石垭村民口中的"上坡坎";另一方面,她们跟丈夫一起赡养老人,给老一辈养老送终。当这两个任务都完成之后,她们便开始有了新的生活。

（一）相处融洽的婆婆

改革开放以前出生的几代妇女，在家庭生活中都非常活跃，她们嫁出闺女、娶进儿媳妇，在儿子媳妇的小家庭面前，有着很大的话语权。实际上，婆媳关系经历了几个不同的阶段。传统时期的婆媳关系，婆婆是"尊贵"的，媳妇是"卑微"的。随着时代的发展变化，新的意识观念使婆婆的"权威"逐渐弱化，媳妇则取得了"掌家权"，成为家中的"宝"，婆媳之间的紧张关系逐渐改变了。74岁的GQZ与50多岁的儿媳妇相处得非常和谐。她说：

我们以前当儿媳妇的时候，婆婆娘走得早。我占到（占有优势）没得婆婆娘，我公公在的时候就说："你老妈妈在的时候，你怕桌子都上不了。"现在我对我儿媳妇还是平等地对待，我们又不娇，大家都是一家人，我煮饭，她引儿，大家都是一样的，有么子嫌弃法的嘛，媳妇对与不对都是那一家人。有些老妈妈一天都在说她的儿媳妇这样不对、那样不对，出去摆，其实你那样做当说你个人（自己）。我两三个媳妇，孝道都好，我不像其他人那样，我又不说她，她又不说我。

GQZ老人坚守着自己温和的性情，凸显了中国传统妇女的纯朴和善良，付出自己的时间和精力把家务打理得井然有序，用自己全身心的爱让家庭始终保持一种祥和、温馨的气氛，是一位通情达理、爱护晚辈、邻里公认的乡村好婆婆。

66岁的YMX作为婆婆，同样十分通情达理。在她的大儿子结婚时，他们就分了家，但是大儿媳表示，他们在城里送学生，"回来是要一起吃哦"。形式上是分了家，实际却没有分。从她的儿媳到这里来，大家都没红过脸，关系非常好。YMX表示：

我们这儿以前的婆婆对我们都好不到哪里去，像这刻儿同我们对自己的儿媳妇，那就不一样。那时候的人同我们现在的思想不一样。从我在这里来，老妈妈就没有上过坡，她都是在屋头煮饭、育猪。她又不像这刻儿的婆婆娘对待儿媳妇，在家里还要帮忙洗。她同他（指自己丈夫）背着我还是说一些，他还是信他屋妈，有些时间我又赌气啊，我同他40多年了都没有在大人面前吵过。我们就是在坡上嚷啊，说你妈对我怎样不好之类的。

后头老汉死了，老妈妈一个人同我们的时候，多数时间像我们上坡起来早点就早点吃，中午回来煮起就喊她一起吃。她病危的时候都是要吃么子就递么子，轻言细语的。她死的时候又只有我一个人在屋，儿子要赶回来也没赶得上。那刻儿老妈妈恨是恨我，最后，儿啊女啊都没在身边，还是我给她送终的。

因此YMX对待自己的儿媳妇非常好，她说：

这刻儿不一样了，女儿跟媳妇是一样的，都是一家人。现在还是生活方面比我们早几年好得多，百分之百的。这刻儿就说，硬说是操心担心的事情也有，但是我也看开了，你就担心个人（自己）老了，也没得好大能力，个人（自己）有好大能力就做好大的事，个人（自己）做点来吃啊。就跟他们少增加点负担，他们这刻儿正负担重，学生上高年级了，用钱大了，房子又还没做好，只是说以后动不了了，就只能靠他们了。

总的来说，在观念上改变的婆婆，是在20世纪90年代之后娶了儿媳妇的婆婆。一方面，儿媳妇是20世纪七八十年代出生的人，她们至少都接受过小学、初中等教育，在生活上已经有了很大的独立性；另一方面，此时的婆婆虽然大多数都曾受尽上一代婆婆的气，但她们已经难以在媳妇面前保持"权力感"，特别是在婆媳矛盾中，大部分儿子会站在媳妇那边，婆婆不得不在与媳妇的相处中投入更多的心力，而不是指挥、指使她们。CZH作为一位开明的婆婆，对待儿媳妇非常好。自从大儿子离婚之后，她对待小儿子的婚姻就十分看重，特别是如今小儿子还跟着儿媳去广东开店，孙子孙女也在那边长大，自己想要看一眼他们，还需要通过小儿媳妇的微信来联系，所以她对小儿媳妇的态度甚至可以用"讨好"来形容。

有时对媳妇不好的婆婆，反而还会受到村里人闲言碎语的议论。如ZGX奶奶的小儿子曾离过两次婚，村里的许多人便说，媳妇的离开很大程度上是由于ZGX奶奶对小儿媳妇太严厉。

（二）协助家庭的奶奶

在传统观念的支配下，往往是子女对老人的单向经济付出，而现在却发生了变化，很多时候甚至出现了父辈对子女辈的"逆向反哺"。因此，在这样的代际关系下，火石垭村的老奶奶们即使年龄大了，也不得不操持起家庭事务来，在家里干一些力所能及的活路。

SSC的妻子五十多岁，一边感叹儿媳妇"不懂事"，一边只好自己干家务。为了儿子媳妇过得更好，她帮着存钱养家。但家里实在无法获得更多经济收入，SSC生着病且容易冲动，不爱外出打工，她趁着身体还行，也有力气，就去新疆打工。新疆工资高，她自己跟着兄弟开销也小，把所有挣得的钱都给家里小两口攒着。

除了劳动力和金钱的付出以外，最为普遍的便是帮着子女带孩子。虽被村里人看作是对媳妇不好的婆婆，但ZGX仍然带着两任儿媳妇留下来的三个孩子。老大已经上五年级，老二、老三才上幼儿园。为了三个孩子，她不得不放弃村里的活动。大孙女刚出生

40天，母亲就走了，孩子由她一手带大，因此大孙女跟她非常亲近，做什么事情都要黏在奶奶身边。老二和老三是第二任儿媳妇所生，第二任儿媳妇当初要将孩子带走，重男轻女的老两口留下了老二孙子，小孙女被带去了重庆，但在重庆没过多久，母亲不怎么管，便又把孩子丢回给了老两口，60多岁的老两口只好带着这三个孩子。YJK时不时出去接点木匠活，ZGX就一个人带着孩子，快十年了，日子就这样不紧不慢地过着。孙女成绩好，也让她放心，但听到孙女说新学期换了老师，适应不了新的老师的时候，她便有些着急："我们又不懂这些，她成绩好一向都是靠她自己学的，有什么不懂的就打视频电话给她爸爸（指小儿子）。"老两口只能保障孩子的生活。

可见，不管是老来闲着无事帮忙带子孙，还是主动帮着家里面干点活让年轻人减轻负担，火石垭村的花甲奶奶似乎都不曾"停歇"过，忙碌的她们也觉得更加充实，也更有生活的"盼头"。

第二节　走向社会的女性

传统的乡村女性通常是依附于家庭的，照顾家庭的老小和完成坡上的农活被视为乡村女性的分内之事，此种对乡村女性的刻板认识至今依然根深蒂固。社会发展日新月异，接受新时代文化和教育的乡村女青年，有着更高的理想与追求，不再被束缚于乡村传统秩序中。那些没有接受过教育或文化程度不高的乡村女性，在对城市工作与生活的向往和家庭经济利益最大化的决策等因素的影响下，迈出了进城务工的第一步。但在农忙时节、过年及家里发生重大事情时，女性再回到乡村，在这个场域中所需要履行的责任又不得不重新落在她们身上。

对乡村妇女性别角色的刻板认识虽未在农村地区完全消除，但事实上，乡村妇女不论在农村还是在城市，都能干和男性基本相当的活儿。对比以前埋身于家庭事务的女性形象，当代社会赋予她们的新角色似乎是一个更为复杂的社会性角色。她们心细手巧，又有耐心，很快适应了这些变化，在社会化过程中找寻到自身的价值意义。

一、家庭领域的角色转换

起初，传统的家庭性别角色分工使男性成为资本市场劳动力资源的主力和家庭收入的唯一或主要来源，女性在家庭中处于附属地位，其付诸家庭事务而收获的隐性收入并不被视为家庭收入的一部分。❶在传统时期的火石垭村,整体以"男主外、女主内"的性别分工为主,女性在家主要承担做家务、抚育小孩、照料老人等事务,男性主要承担较为繁重的生产性工作。但是随着工业化的发展,农村劳动力开始大量涌入城市,火石垭的男性青壮年开始加入这一浪潮,由此出现了大量已婚女性在村子里"留守"的现象。这部分女性承担了更多的劳动,包括曾经主要是男性参与的生产性活动,如烤烟、蚕桑、修房、种地等。除此之外,她们仍然要兼顾照料老人和小孩的工作。

一辈子围着家庭转的女人,是孩子的养育者,是家庭的操持者,火石垭村的女人们在家庭经济中逐渐凸显着自身价值。她们在家庭出现危机时毅然扛起了维持家庭生活的重担,一方面,她们的创收成了家庭主要的收入来源,大大减轻了家庭经济压力;另一方面,她们也掌握了家庭事务的决策权,成了"当家人"。

(一)被迫担起的家庭重担

传统时期,女性角色局限在一个狭小的范围内。但火石垭的女人却总是在男人遇到意外、无法顶住压力时,毅然决然地成为家庭的"顶梁柱"。

火石垭二组的JXQ,自小性格活泼。初见她时,她被晒得黝黑的脸庞和豪爽的言语令人印象深刻,凸显一种精明强干的女性气质,只是时光在她身上增添了色彩和纹路。她与丈夫相识时,丈夫正在学木工手艺,有吃苦能干的劲头儿。那时年龄尚小的她情窦初开,被眼前这个诚恳能干的人所吸引。恰逢媒人牵线,J家又无儿当家,因此丈夫上门到J家。在地理环境较为封闭的高山上,丈夫从事木工,她便一直种植烤烟,还要照顾生病的母亲和上学的孩子。她说:

> 那几年我在屋带娃儿,照顾老的,主要是我老妈妈有病,要经常照看。那几年我一个人在屋种烤烟,万把根烟哦,烤烟忙的时候他(丈夫)又回来帮忙。儿子FS 8岁就开始煮饭帮忙。读高中的时候,他说:"妈你们出去打工嘛,老是在屋头,老是不改变一下。"

为家庭辛勤奉献几十年,她原本以为,为老人办了白事、嫁出了女儿、送儿子考上大学,便可以休息下来。可家中儿子还没娶媳妇,得给他攒钱买房。谁料丈夫因为多年饮酒得了肝硬化,无法继续打工,从未出过远门的她不得不背上行囊外出务工,承担起一个家庭主要劳动力的角色,丈夫则留在家中种植苞谷、蔬菜等作物。

> FS(儿子)读大学的时候,我才出去打工的,怕是有五年了。第一年是在珠海,我

---

❶ 李洁.流动的空间与女性角色的展演——乡村女性劳动力与传统秩序的博弈[J].北方民族大学学报,2020(3):111-117.

妹不是在那边厂头嘛，在厂里面，灰尘也大。两三个月我就回来了，遭不住。回来就跟LMX到涪陵做房子防水，做了三四年哦。外头那些挡墙啊，室内的厕所和厨房也要做噻。我眼睛看就会了。但是工资矮（低）哟，开张（刚开始）做150元一天哦，后头200元一天。

一直到去年下半年才做钢筋，钢筋不累哟，又不是一个人抬。抬不起大的就捞小的噻。做防水还累些，你是叫我现在做防水，我不去哦，防水做外头那些全部是太阳坝的，房子做好之后才去里头。工地上虽然晒人，但是工资要高些，我们没得文化去做啥子嘞，进厂时间又长，工资又矮。反正我一辈子都是晒。

一个被呵护了几十年在乡村过着安逸生活的女人到了50来岁还要跟着一帮男性在工地上从事"高温作业"，不为别的，只因为家中有了变故需要她承担家庭责任。白皙的皮肤变得黝黑，满脸的光泽变成了沧桑的皱纹，是牺牲，也是担当。

虽然长年在外务工，但JXQ与丈夫感情一直很稳定。尽管因为丈夫喜欢喝酒，两人发生过争吵，但还是打不散他们的婚姻。后来丈夫得了病，她明白丈夫的身体是不能劳累的，就让丈夫多休息。

所以我就叫他在家要哦，煮饭煮了吃哦。现在就是叫他心情好哦，心情好还是恢复得快，多活十几年也好啊。有些人得癌症哦，哪里开心就往哪里去哦。他得行，他平常就心态好哦，天倒下来了他都不焦心，他那种就好哦。像我就不得行，我稍微有点就担心得很，担心得胃痛，瞌睡都睡不着。他是尽管明天没得早饭他都不焦心。

她对丈夫现在的状况表示可以接受，自己能多做一年是一年，多赚一点是一点。她说：

要做噻，趁我现在年轻还可以做噻，只要外头工地还要，我就还想做。耍起还周身痛，做活路还正好哦。做庄稼又累，收入又不多，这些年野猪又多，你做那些不够野猪吃；你只能砍苞谷梗那些，又砍不回来。请人砍，成本又大。苞谷、油菜都是他种的，他是收不回来的。我是不想回来，不喜欢办庄稼，人又累又做不到钱，那几年是没得法了嘛，又出去不到。做点钱养老噻，老了做几千块钱就够了噻，不操心就好了。

夏天，JXQ回来收完苞谷，看望完父亲，又和好友约好要去下一个工地轧钢筋了。"工地上不要就算了，有些工地上五十几岁就不要人了。出去累噻，钱有噻，在屋头待起没得好多钱嘛。"她对待家庭责任是以一种积极的心态去应对，这也激励着家庭中的所有人都能保持对生活的热情，可以说，她接过了丈夫的"接力棒"，撑住了这个家。

HCM的命运比JXQ更为艰苦。HCM的丈夫SPJ，是家里老二，也是家里最为能干的男丁。她说：

我丈夫还是可以的，以前还没有生病的时候，几个弟兄里面他的社交关系是最好的。他能说会讲。16岁当家，家里9个人都指望着他。他一个人撑起这个家庭，他父亲走得早，母亲又管不来家。当时他骑着一辆自行车到处跑。

说起丈夫，HCM在回忆中总是有着几分骄傲的神情，话语中充满着对丈夫的崇拜与信任。与丈夫生活了十几年，也享受了十几年的幸福生活，但在她36岁那一年，她的世界一下子变了：

他那段时间感冒了，他发烧，我们没管，结果就得了脑膜炎。我们送他到医院的时候，他都躺了十个小时，纯粹是没有醒，我记得医生拿着电筒查看他的眼睛，查了很久，他都没有知觉。

丈夫一直以来都是家中的主力。有丈夫在的时候，HCM什么都不用操心，她只用跟着丈夫干活就好。丈夫一直以来对孩子教育得很好，当时两个孩子都在读中学，已经非常懂事。HCM原以为自己可以一直幸福下去，没想到丈夫的病直接压垮了她。

我那个时候真的是思想崩溃，他在床上躺着，什么都不知道，所有吃喝拉撒都需要我，我还有坡上的活路。我好想一觉睡到不醒了，醒了看着就烦。

但她明白，自己不能倒下，一是跟丈夫的感情让她支撑着，二是两个如此懂事、如此可爱的孩子还需要人，她必须坚持。

那个时候在农村要犁土，我连土都是自己犁，没有人来帮我。我犁了七年的土。我一个人就种了二十亩的地。种烤烟就种十亩左右。我还要种油菜，种花生。

所有的苦与累，她一个人扛了下来，白天种地，晚上帮别人家扒烟。自家兄弟喊着去扒桑叶、喂蚕子，她也二话不说就去干。白天忙活路间隙，还要去村庄集体经济产业做工。为了挣些钱，她甚至晚上两三点起床去捡百合，一直干到第二天中午，如此做下来，一天也能收入好几百元。

那个时候，镇上的人都经常来看我。他们说我还是有潜力，我把这个家撑起来了。我回答他们说："虽然这个家，我撑起来了，但是我自己心又累，身又累。"

（二）掌握决策权的独立女性

当下，女性在家庭经济中的地位越来越凸显，她们经济自立，甚至成为家庭经济主力，这是她们地位提升的重要基础。掌握了家庭的经济权，她们进一步获得了家庭的决策权和事务支配权，这对于传统女性来说是不可想象的。

一般而言，"一家之主"总是用于形容男性，即使女性做着辛苦的劳动，但家庭如何发展、财产如何支配，基本上全由丈夫说了算。但随着社会的发展，火石垭的女性地位在社会发展过程中得到了提升。女性在日常家庭生活中，可以直接决策，不用再征得丈夫的同意。如WH表示："家里厨房这一套都是我说了算，我做什么、买什么，我自己就买了、添了。他自己管他的酒厂，他在外面跑，家里的事情我决定。"丈夫也认同了她的这一观点，他说："我跑我自己的，家里的事情她做主，一天三餐都是她负责，我又不会做饭。她一走了，我就受苦了，只能随便吃点东西。"

除了日常事务之外，在生产经营上，女性的话语权也越来越大。LGY和丈夫YXQ所经营的小卖部，买进卖出基本上是妻子LGY在操心，联系供货方补进货物、购买何种商品、如何摆架，丈夫只在一旁默默倾听。YXQ更愿意让妻子参与家庭经营的决策，他只需做好自己的农村客运经营便好。

JLX自从丈夫腰部摔断动了大手术之后，她就接过了家中赚钱的"接力棒"，在外打工赚钱。修房子是她一再坚持要做的一件大事，她在外打工赚钱，把钱寄回家里修了房子。

他是2009年出的事儿。2010年的冬月间取的钢钉。2011年，我家的老大又得了阑尾炎。那几年我们家是怎么了，老大又不争气，奶奶又长年在家生病吃药。当时我把他（丈夫）送回来之后，我自己一个人又出去了，我在福建待了4年才回来。我们家修这个房子，手头上只有11万元，后来我边赚钱边修了房子。

我现在快满50岁了，这几年我什么都经历过了。我现在管他什么大的风，什么大的浪，我都是这样了，哪样我都走尽了。这两天挖百合我不去，我要自己在家掰苞谷，因为自己的都还没有做完。

JLX的坚毅让她获得了家庭绝对的决策权和家庭经济的支配权。丈夫生病后，她开始陆续给家里的所有人，包括孩子们都购买了商业保险，一年的保险费用都要花两三万元，这在农村人看来算得上是一笔极大的开销，但她到现在也不后悔。她说：

我后来又开刀，得了胃病开刀，都没出什么钱。去年回来的时候，他们让我去检查，我的食管已经开始长息肉了。这次治病总共花了一万多块钱，我的保险报了之后就花了一点生活费。

在妻子外出打工挣钱养家时，丈夫NCP在家照顾孩子和老人。在他看来，自己可以做的就做一点，妻子就可以轻松一些，两个人应该相互扶持、互相照应。

以往，火石垭的女性并没有财产的支配权。但现在他们有了经济实力，可以自由支配家中的财产。YHM 40多岁，她说：

我自己赚的钱，我想买点什么就买点什么。我不用看他的脸色，花自己赚的钱，我也心安理得。我想去拍婚纱照，他不愿意去，那我就自己去。

看似外表柔弱的YHM也有如此坚毅的一面，这很大一方面原因在于她的经济独立，让她具有了自信心。

二、公共生活参与的角色担当

传统时期女性的价值往往体现在养育孩子、照顾家庭上，在公共领域的地位远远低于男性。但新的生产结构和方式的变化，让女性的公共影响力也在逐渐增加，这对于女性地位的提升与其未来角色的发展至关重要，村落的集体生活日益离不开她们的参与与贡献。

（一）女性在生产劳动中彰显魅力

随着社会的发展，城镇化的推进，我国的农村劳动力在近些年来呈现出明显的变化，出现了"女性化"和"老龄化"的趋势。在火石垭村，可以看到众多的中老年妇女活跃在地头，无论是集体经济做工还是其他形式的临工，妇女们都已成为村里的主要劳动力。

在大集体生产时期，女性的劳动能力就已逐渐彰显出来了。她们作为家中的主要劳动力之一，为了维持家庭生活，必须与男性一样，每天出工劳作。在靠工分吃饭的年代，很多时候已不再考虑性别之分，只有"力气为大"，只要能干活挣工分，不管是男是女，谁的体力好，谁就挣得多。

> 集体的时候，管你是男是女，只要有劳力还不是都要去做，不做都没得吃的嘛，没得办法呀。女的有些怀着细娃的都要去做，而且有些女的还更斗劲（有干劲）嘞，做事凶（麻利）。

这是许多村民对于大集体时期的女性的印象。迫于生活，没有"男主外、女主内"的区分，只要能做，村民们都会去多挣一些工分。RWB谈到大集体时期自己的妻子LCF干活时的情景，总是充满着骄傲的神情。他说：

> 那她（妻子）做事硬是得行，其他文化呀、大字呀，那些她写不来，但是做活路硬是凶得（厉害）不得了。她好斗劲，比我都还要厉害一些。我挖一天洋芋最多800斤，她硬是要挖1200斤，肚子里面怀得个细娃嘞，她硬是吃得苦。后面大家都晓得她做活路凶，开（入党）积极分子会时村头就喊她去，她就当上了入党积极分子，后面转成了党员。

ZY与LCF两个人，也在劳作中彰显出了不一样的力量，很多事情上比男性更优秀，也得到村里人的高度赞赏。CXY谈道：

在（20世纪）六七十年代这两辈人中，女的比较得行的就是ZY和LCF两个人。她们做事硬是得行，有力气，吃得苦。之前我们做烤烟，LCF背那个烤干的干烟的话都是要背一百七八十斤。像我们去山上砍柴，ZY比K（ZY的丈夫）还斗劲些，捞那个柴，K都不当得行，但是她就不那么费力。说得行还是她们这两个人，其他也没得哪个了。

可见，少了"男尊女卑"的传统观念，女性作为家中的劳动力被要求参与农业生产种植过程。在劳动过程中，她们没有因为自己是女性而被贴上"柔弱"的标签，反而在集体劳动过程中，尽可能地使出更多的力气来获取更多的工分。她们的身影被越来越多的人看到，她们似乎也在对传统的"重男轻女"思想发出挑战：女性做事并不比男性差！背工、挑工她们照样可以像男性那样承担下来，在某些时候甚至超过男性。如果说集体时期是靠力气挣得更多工分的话，那么土地包产到户后，村民拥有了土地经营的自主权，于是，在为家庭劳动奋斗的过程中，女性的角色更是不曾缺席。

20世纪80年代，火石垭村大力发展烤烟种植，一片片的烤烟地是村民生活的希望。烤烟种植在很大程度上讲究技术，全体农户在学习时，以一家的户主（一般是男性）为主力，男性户主再回到家里指导着家人种植烤烟，女性在这个时候往往扮演的是一种辅助种植生产的角色。男性为了烤烟背煤炭，挑着烟去烟点卖烟，此时男性的作用较为突出。如HZP说：

我们办烤烟的时候，男的一般都是负责烤噻。女的话一般就是扒烟、串烟，这些不需要好大的技术。男的气力要大一些，像上棚那些还是男的做得比较多，技术上也是男的来烤，要比女的懂一些噻。

这时候的女性，因为有家中的男人在前面顶着，所以她们更多的是扮演着后方辅助者的角色。她们听从工作安排，在技术上依靠男性主导，但是作为家中的劳动力，她们也一直有着想让自家生活过得更好的想法，所以除了技术之外的活路，她们全程参与，积极投入。她们顶着烈日种植烤烟，抢时间摘回烤烟，打灯熬夜串着烟叶，或是整夜整夜地赶工辅助男人烘烤。

20世纪90年代末期，由于多方面原因，火石垭村的烤烟种植陆陆续续地退出了历史舞台。伴随着打工潮的兴起，大量的火石垭村男性青壮年陆续外出务工，女性由于需要照顾孩子和老人等原因留守家中。在家的她们没有了男性劳动力的支持，即使是一个人也要把家里的那片土地种植起来，各种庄稼、各种蔬菜都需要她们在兼顾日常起居的同时种植出来。在这样的情况下，女性的劳动时间逐渐增多了。

据HZP回忆，她当时既要带双胞胎儿子，还要种植好谷物、蔬菜，家中的家务活和坡上的活一样都不能停歇。她回忆自己当时一个人在家带两个儿子的场景就觉得过得非常艰苦与心酸。HZP说：

> 那时候他们（两个儿子）还小的时候，我抱两个抱不动嘛，背起又做不得活路，所以我就买了两个背篓。我要煮饭或者是做屋里这些家务事情的时候，就把他们两个放进背篓里面，然后就拴在柱子上，不让它倒下，他们两个也不得互相打到对方，就是让他们在背篓里面待起哟。我就在厨房煮饭嘛，眼睛还时不时盯着他们，不这样做的话，我就做不了活路了，又没得哪个帮我带。后面他们两个长大了点，自己会走路了，可以在地上爬了，我就可以去坡上做活路。那时候我家地就在我们房子旁边嘛，我就是把他们两个放在堂屋玩，反正我在坡上能够随时看得到他们两个嘛。好在他们两个还乖，不打架，不然我活路都做不成。

男性在外面挣钱养家，女性也在家中种植生产顾家，同样是为家庭服务。此时女性也不得不让自己更加能干，因为没有外人的帮助，只有依靠自己才能够经营好一个家庭。她们没有考虑过自己，一心都只想着孩子与家庭。

一开始女性们留守村庄更多的是为了照顾家中的老人和子女，但当子女能够独立生活，或去城里接受更高的教育，或者长大成人后，女人们便开始将精力转移到了自己身上，或者是增加家庭的现金收入。

HFQ在酒厂做饭，一个月只有1000元，但她早上和中午都跟着酒厂工人一起吃，晚饭偶尔饿的时候做点吃，因此每个月的工资也足够她的开销。但现在她最愁的是小儿子的学习与生活，她留在家也是为了方便照顾孩子，由于这份工作可以让她获得稳定的收入，也算得上称心如意。

为了获得更多的现金收入，更多的女性选择在周围打临工。在火石垭本地区有集体经济临时工、养殖大户临时工、散户庄稼种植临时工，只要是需要用工的地方，都会见到女性的身影。她们一方面想多挣点钱减轻家中的生活负担；另一方面，她们也想通过自己的劳动展现出她们能干的一面，在某种程度上是一种女性独立意识的凸显。

YHM是一名临时工。她丈夫在火石垭采石场上班，但因丈夫与她从来都是各用各的钱，丈夫负责孩子们的学费和生活费，而她自己的吃、穿、用等便需要自己挣得。因此，她种了一块坡地、喂了两头猪。盛夏的七月，她找到了给新修的路铺石子的临工工作，这份工作一共需要两个人，她喊上了平时关系极好的另一个妇女，两个人在太阳底下从早干到晚。中午回家来不及煮饭的她，只好简单弄点面条凑合吃下。等到吃完饭一两点钟，门外的大太阳还在晒着，声声蝉鸣好像在催促她赶快上工去，于是她麻利地收拾了碗筷，戴上乡间妇女"标配"的花布帽子，上坡继续干活。铺路并不是一项需要多少技术含量的工作，但却十分劳累。一方面是炎热的天气，每日的日晒让她们刚开始干活便汗如雨下，衣服都湿透了；另一方面是灰尘，没有铺上水泥的路不好走。她们顺着几百米的路，拿着工具，一点一点地佝偻着背，不停地劳动着。YHM认为这个活儿算是比较好的："我觉得这个活儿不累，离得又近，而且一天就给两三百元，比平时干的活给的工资高多了。"她十分珍惜此项活路。而她口中所说的"平时干的活儿"，则指的是集体经济背景下，村中召集的种南瓜、摘南瓜等，以及外地老板承包火石垭土地所需要的临工干的活。在田野调查期间，湖南的两家老板来火石垭承包了共500亩的土地种植百合。他们就地召集了不少劳动力。18个劳动力中只有两名男性，且还是年纪较大的六七十岁的男性，其余的基本上为四五十岁的妇女。她们一个小时能赚得8元，一天工作约10小时，大约可赚80元，每天下午收工时现结工资。对于这份临工，火石垭的男、女有着不同的看法。如留在火石垭没有出去打工的SSC表示自己从不去干活，基本上只帮着老板喊过劳动力，也管理过人，帮忙给完成工作的村民算钱、发钱。而女人们则表示"蚊子再小也是肉"，即使是家中较为富有的前村支部书记的妻子，干这样的活路也从不落下，场场必去（图11-1）。

图11-1 正在做锄草临工的女性村民

HXX是一位能干的妇女，一年当中除了与丈夫经营蚕桑养殖外，其余的时间丈夫都会每天早出晚归地在附近做建筑工，家中的庄稼农活就由HXX一人承担。10月后的农活，需要将成熟的玉米掰回家，再打成玉米粒晒干；还需要将地里面的豆子收回来晒干，将地里面的南瓜、红苕等弄回来煮猪食，还有锄草、剪蚕桑枝等农活，这些基本上由她一人承包，丈夫只是偶尔帮忙。本来做这些农活已经够累的她，遇上村上的临工要人的话，她也会积极地去做，如摘百合、摘茶花等，10天会有1000多元的收入。HXX做完临工回家后经常会说累，丈夫就劝她别去干了，但是她却很坚定地说："我去做一天还是够我吃几天的生活了。"

（二）村落社会参与的角色变化

除了参与自家农业生产种植，女性作为村落共同体的一员，也是促进村庄发展的重要力量。她们是重要的人力资源，是生产劳动的主力军。

在传统时期，特别是打工潮兴起之前，大部分女性在村里发声会遭到许多人的反对，甚至会有人说三道四。女性对家里面的丈夫等男性带有依附性，她们时常把自己的角色仅仅放在家庭中，活动范围狭小。"屋里人"的身份圈定了她们自己的生活。

但现在，她们对于村落里面许多事务的参与意识都有了一定的提升。她们在公共权力的博弈中逐步获得自己的地位。首先，她们在村庄的特定仪式场合中拥有了参与的空间。如一家人需要办红白喜事，周围的妇女都会一大早主动来到主人家帮忙打下手，这是一直以来都延续的传统。在以前，需要随礼的重要场合，男人们总是全部包揽，前去出力或成为礼仪人员。但现在许多情况下，这些事都需要女人出面。ZCY便是这样的一个角色，丈夫出门打工，家庭开支和人情往来全是她自己拿主意，即使跟丈夫沟通，丈夫也会让她自己看着办就好。长此以往，自己也就不再多问，直接处理。

火石垭村二组，在20世纪四五十年代以前出生的几辈人当中，组上操办会头以男性为主，女性主要负责洗菜、洗碗。但是发展到六七十年代出生的这一辈及之后的几辈人中，更多的是以女性为主的厨房力量（图11-2）。大厨是女性，其中以YMX、LCF、HXX、YMX、HZP、ZYF等为代表，并且大家在长期的配合之中已经形成了某种默契。组上的男性评论道："以前掌厨这些都是男的，现在基本上就是她们这几个女的了，能做得下来，主人家一般也是请这几个人。"同时作为成员的她们也说道："我们这几个都熟悉，经常都是我们这几个，大家配合得好，也不会出现偷懒那种，做起来大家都比较齐心。"可见，女性在村庄传统公共事务的参与中的力量不断增加，她们越来越能够找寻到自己在公共事务参与中的角色定位。

图11-2 以女性为主力的"洋芋粉"制作

另外，她们还对公共事务进行议论性参与，如在非正式的场合进行公共事务的讨论，在闲暇时光评价干部们的工作，讨论最新的火石垭建设或是各自的生产生活状况。在当前的村干部中，已经有两位女性的加盟，特别是有着多年工作经验的妇女主任GJL，她走街串户、跋山涉水，都不在话下。自嫁到火石垭后，她便开始参与村里的公共事务。村里留守的妇女和老人较多，她时常关注她们的动向。村里的公益性岗位也有女人们的身影。HCM是村里的公路保洁员，她在卫生环境方面非常认真负责。大家总是在清晨或傍晚，看到她拿着扫把清扫大街。

女性群体受教育水平的提高，逐渐催生出火石垭女性在村落社会中的独特意识。20世纪60年代末期出生的HZP具有初中文化水平，她的受教育程度在同龄人当中算是较高的，所以在很多事情的处理过程中，她总是表现出与别人不一样的气质。别人喜欢议论村庄里的大事小事，而她更多的是作为一个旁观者进行观察，总是保持一种"看破不说破"的态度，不参与闲谈议论，也就少了一些是非之扰。在与村里人出现意见不合的时候，她也不据理力争，而是以道理相告："别人说我，我不用脏话骂人，我就是和她讲道理，我不像有些人直接乱说，我就是一条条地理，我有道理，所以我不怕，一言不合就捞起嘴巴乱说是不行的。"正是因为她受到过更多的教育，在人情世故问题的处理上也更有自己的方式方法，坚守着自己的理性。

社会大环境的变化是女性在家庭和村落公共领域角色发生变化的重要基础。不过，这样的变化并不是固定的，女性在成为不同角色的同时，又在不断地进行各种角色上的切换。例如，她们并不一定总是以显性的决策权掌握者而出现，有时也会将决策权主动交给丈夫，她们在背后起着推动和引导的作用。当然，如果丈夫不在家，她们便会直接掌握家庭的发展和孩子的教育问题。因此，以火石垭女性为代表的乡村女性在彰显自我意识和表达主体诉求方面，一定程度仍旧处于隐性地位，但是随着参与事务的增多，她们的力量正不断凸显。

第三节 回归自我的女性

在传统的观念中，乡村妇女更多的是以一种"相夫教子"的形象存在于乡村社会中，无尽的农事、繁忙的家务、子女的管理教育等似乎成了她们生活的全部。活儿是轻松的，但是长期以来她们的身心是疲惫的。以往的许多时间里，女性是难以获得自我休闲时间的，她们更多的是以家庭为中心。随着时代的发展和科学技术的进步，越来越多的乡村女性在新媒体运用中呈现出了与传统不一样的形象，网络新媒体让女性有了新的形象与话语权展示的平台，她们能够通过新媒体平台表达自身诉求，表达内心真实情感，改变了以往"农村妇女"的形象，找寻到了那个不一样的"自己"。

一、网络世界的形象塑造与话语表达

信息传播技术的每一次发展，都会给人们带来众多新的体验和期待，对人们的生活产生各方面的影响。在火石垭村，微信、抖音、快手等App可以说是男女老少手机的必备软件。乡村女性作为短视频的主要受众之一，短视频不仅影响着她们的个人生活方式，而且在某种程度上还为她们构建了一个展现农村文化、表达自我的空间，通过在短视频中的自我展演，她们获得了互动社交下的身份认同。❶

（一）"农村女性"的新形象

对于乡村社会而言，互联网的存在连接着乡村的"内"与"外"，通过互联网，生活在火石垭村的妇女不仅能看到外面世界的美好，同时也能用短视频的方式记录别样的乡村生活。她们活跃在短视频中，但不同年龄阶段和不同人生经历的女性对短视频又有不同的看法。一般来说，40岁以上的女性一天当中刷短视频的时间较长，处于这个年纪的她们更多的是因为带孙子或者是照顾年迈老人而留守乡村，平日里只是从事一些农活，拥有更多的自由支配的时间。网络世界为她们带来了诸多可能性，也让她们有机会展现与以往乡村女性"灰头土脸""沉默寡言"的形象不同的面貌，变得更加立体生动。

她们有时会将自己劳作的场景拍出来。FXM是一位40多岁的勤劳女人，一年四季都在为桑蚕奔波的她，每日都穿着朴素的衣服，看上去不太在意自己的形象。她十分喜爱在抖音上分享自己扒桑叶、养蚕的画面。截至2021年11月底，她一共拍摄了241条抖音短视频。第一条于2018年11月3日拍摄，内容是城市夜景，拍摄手法十分随意。据她讲述，她的第一条短视频是朋友帮她拍摄的。她回忆道："我当时也才开始耍抖音，他们让我拍，我也不知道拍什么，就随便拍了下。"随后的几条短视频中，她已然学会了简单的拍摄技巧，加上了图片和特效，并更加生活化。例如，她喂过蚕宝宝后满手的石灰、用来耕地的长长的锄头、其他人家铺满地的烤烟、顶着烈日装满桑叶的编织口袋……这些内容是她展现在短视频中的第一选择，也是最为简单的内容表达。

乡村女性制作的短视频的种类包括：祝福亲人型、唱歌型、家人团聚相见型、照片

---

❶ 王琴，刘雨.短视频传播的乡村新女性图景[J].中华女子学院学报，2021，33（3）：66-72.

卡点型、晒农作物型、节庆活动记录型、农村女性专题型等。如ZYF的抖音短视频每日一更，其中几条短视频的文字内容是："抖音是一个好平台，我每天把视频拍，谢谢你们关注我，祝你们天天发大财。""我是农村小姑娘，上顿下顿吃酸汤啊，因为生活条件差呀，所以没人看得上。"前者属于祝福型，后者则属于农村女性专题型。另一位乡村女性HZP的抖音帐号中也有类似的自创视频："一年三百六十五，祝你们全家都幸福，把我祝福送给你，祝你们生活甜如蜜。""我家就在农村里，祖祖辈辈靠种地，农民做人讲的是骨气，吃苦耐劳从来不把头低。"HZP还特别喜欢和亲人们一起唱歌。她们的视频一般都会带上诸如"#农村的空气就是好""#下雨没事拍个开心""#家人们下午好，没事拍个开心"这样的标签。她们不断地产出"相似又不同"的短视频作品，家人、朋友们的点赞、评论，甚至陌生人的献花和鼓掌，是对她们最大的认可和鼓励。

ZYF是抖音短视频的爱好者，短视频让原本留守乡村十分孤独的她找寻到了自己的娱乐天地。ZYF玩抖音已经有三年多的时间了，第一年她只是浏览别人的抖音视频，这主要有两个方面的原因：一是自己对于智能手机软件的功能不太熟悉；二是由于一些传统思想观念的束缚，担心别人看了会笑话自己。她说："刚开始时，我觉得怪脏人（不好意思）的，拍出来的那些视频发出来别个要笑死。"在看抖音视频一年多之后，自己对于抖音短视频功能也有了更多的了解，经过内心的挣扎，她决定拍摄抖音短视频。一方面是别人的鼓励，另一方面熟悉的亲朋好友也经常发自己拍的视频，自己受到了影响。在试探中，她发出了自己的第一个视频，结果令她很意外，基本上都是赞赏与鼓励她的评论，这在很大程度上使ZYF有了自信心。后来，她拍出来的视频越来越多，拍摄经验也越来越丰富，配乐、上传照片、剪辑视频等功能操作也在进一步的熟悉过程中。

对于发布出来的抖音视频，ZYF很关注所收到的点赞与评论的数量。因为发布的视频越来越多了，她就不满足于一开始的几个、几十个的点赞量，目前为止她所公开发布的150+的视频中每一条的点赞量都是100+，少于这个标准，她都觉得是拍得不好。所以当发布的视频没有收获多少点赞量时，一段时间后她会对自己所发布的视频进行一个筛选，将点赞量比较低的隐藏起来。她说："我觉得拍得不怎么好的、点赞量少的视频，一段时间后我就会把它先隐藏起来，可能是别人觉得不怎么好看，等过一段时间我又再放（公开）出来，那又不一样。"虽然她一天拍了很多视频，但是对于发布的量她一般都是控制在一天最多发布1个。她对于视频发布量的控制，也是一种对于社交频次的把握，在别人觉得舒适的限度内发布视频，也可以保持每一个视频有不一样的新鲜感。

关于自己所拍的抖音短视频，她很关注别人对她的点赞与评论。她认为：

其实抖音就和现实生活中的人情互惠没得啥子区别，别个评论你，出于尊重，你也要回复别个噻，别个给你点赞，你也要点开别个主页里面的作品去给他点赞噻，其实就是一种礼尚往来的样子嘛。

对于她而言，一个人在家忙于家务农活，只有等到周末女儿回来的时候才觉得有热闹的气息。而互联网尤其是抖音短视频成了她最主要的生活陪伴，不仅是她休闲生活的一种消遣，而且她找到了人生乐趣。

以往的人总以为农村的妇女对自身的"农民"身份羞于启齿，或想要尽力摆脱这一身份，追求更好的物质生活，但短视频的发布给了她们展现自我的方式。她们一方面对城市的生活有着一定的向往，另一方面也专注于家乡的那片土地。她们渴望获得更高的经济收入来修房子，支撑日常花费，改善自己的生活条件，同时也坚持通过劳作获得更美好的生活。她们将日常劳作的记录发布到网络上，火石垭的村民往往会点赞给予表扬，表达自己的善意。

HXX家以养蚕为主要的经济来源，所以在她的抖音短视频中，很多都是关于她自己养蚕生活的记录。比如，在蚕进入睡眠期的时候，她会拍上一段睡着的蚕子的短视频，配上合适的音乐并加上文字："蚕宝贝睡觉了，我也乖乖地去午休了。"等到蚕上蔟接苞时，她会接着分享自己与丈夫在蚕棚中的劳作场景，并配上欢快的音乐，配上文字。从她选择的音乐与所配的文字能够感受到她作为一个劳作者在等待自己的成果时的那份喜悦。

网络中的火石垭女性，她们每一个人都快乐地分享着自己的日常生活，她们选用带有乡村特点或采用网络热门歌曲为背景音乐，加上妆容特效滤镜，表现出自信的状态，用外向的方式表达自我——我就是我。火石垭女性在这个过程中展现出多元化的"农村妇女"新形象，这个形象不再是以往男性眼光中的形象，而是更加多彩的自我。

（二）情感表达与公共呈现

情感是个体与外部世界联系的重要纽带。女性在多数场合都是以富有情感的形象出现的。现实生活中，女人们在不同的生活场景、不同的成长阶段，有着不同的情感特征。如火石垭村勤劳的女性YHM，在她发布的200多条抖音短视频里，基本上都是表达她对生活的不满、对丈夫的埋怨。年轻的SSC大儿媳妇，最爱发布自己拍摄的与两个孩子在一起的画面，或者是自己的日常生活。中年在家养蚕的FXM则表现了农村妇女积极向上的乐观情绪，镜头里的她总是笑容满面，向所有人展示着她幸福的生活。有时她们还会将自己的短视频发布到朋友圈中。

尽管她们拍摄短视频的手法比较粗糙，但是她们在短视频中获得了发声的机会。拥有多重身份的火石垭村女性，将日常生活中的压力通过短视频释放，情感表达的缺失也得到了弥补。她们勇敢地"发出自己的声音"，展现出农村女性日常生活的精彩一面，久而久之，"分享"成了她们日常生活中的一部分，短视频 App 成了她们情感释放的途径。

二、现实生活的自我展演与价值提升

农闲之际，除了短视频平台可以给乡村女性带来欢乐和精神慰藉，还有村子里打鼓队表演的现实生活之趣。火石垭村有两支打鼓队，参与打鼓的女性最初是出于兴趣，她们觉得既好玩又可以锻炼身体。对于生活单调且家人不常在身边的乡村女性来说，打鼓也是她们打发时间、自我展演及追求自我的途径之一。

（一）闲暇之趣的形象展现

对火石垭女性来说，打鼓队是一个重要的工作。此前已经叙述，打鼓队由火石垭村的留守妇女自发组织建立。打鼓并不是当地传统的民俗，而是与现代广场舞结合改良而成的具有火石垭地方特色的舞蹈形式。参加打鼓队的女人们似乎很快就从中获得了满足与快乐。

打鼓是一种展演性的活动。打鼓队常常出现在村民的红白喜事上，女人们会十分注意自己的"形象问题"，并且会根据不同的表演场合穿着不同的服装。每到换季时，她们总会趁着去黔江城区附近表演的机会，去城里面逛街购买新的服装。打鼓对于她们来说不仅是一种挣钱的活动，而成为一种欢度闲暇时光的休闲方式。

LGY 原是石家居委会的人，1997 年她和丈夫来到火石垭后，先是种了两年地，然后又开始做生意。结婚之后，她又要带孩子，又要照顾父亲，丈夫在外面开货车。LGY 说："我和他（丈夫）的关系一直不好，是错配婚姻。虽然在外人看来我很强势，但是我还是比较柔弱的。"由于长年开小卖部的缘故，她必须时时刻刻守在店里，不能四处走动。生活在村里，没有别的娱乐设施和娱乐活动，她的生活一直以来都比较苦闷。直到 2020 年火石垭打鼓队的出现，让她的生活有了不一样的色彩。她和几个朋友也一起组建了一支队伍，接红会、白会跳舞的生意。一个月有五六次演出机会，其余的时间，尤其是晚上，她一般都在练习跳舞和打鼓，她说："现在我都不爱打牌了，还是跳舞好，可以锻炼一下身体。"哪怕有时候下雨、天气寒冷，她都会在空地上跳舞。她觉得跳完之后身体暖和多了。对于经营超市的LGY来说，每个月打鼓得来的1000多元收入虽然算不得什么，但她在这种新的休闲方式中获得了身心的愉悦。

长年围绕着生病的丈夫打转的JLX，平时并不在意自己的穿着打扮，但每次出门打鼓之前，她都会好好打扮自己，搭配好衣服、首饰，即使是去偏远的地方，也要展示较为"完美"的自己。而对于有着较好家庭条件的YZS来说，打鼓队的出现则为她的生活增加了更多的精彩。YZS是火石垭一组的人，她父亲是当地有名的老教师，有着稳定的工作，再加上她母亲勤恳劳作，她的少女生活过得较为幸福，甚至可以算得上是衣食无忧了。初中毕业之后，她经亲戚推荐，去了火石垭村小学当老师，后来觉得工资太低就离职了。结婚之后随老公去了外地，后又因做生意回到了火石垭一组。她在火石垭新街上买了地、修了房子，开起了小型的超市，老公长年在外打工。两个儿子长大之后都离开了火石垭村，所以平时基本上都是她一个人在家生活。她不爱打牌，比起LGY的生活，她的一天要更简单和普通一些。她年轻的时候就喜欢跳舞，在LGY组建打鼓队的时候，她很开心地加入了。对于她而言，打鼓队的收入算不上很多，她也不是很看重，她就是觉得"好耍"。可以想象，对于一个一年80%以上的时间都在重复做日常事务，既缺乏丈夫的陪伴、又没有和孩子们生活在一起的女人，打鼓队的出现无疑给她平淡的生活增添了许多色彩，充实着她的精神世界。之前她总是顾忌商店关门之后会多多少少有一些损失，但出去跳一次舞就能有200多元的收入，也是一种补偿。而且，通过这个机会，她可以去很多不同的地方。虽然去的地方也是一些村庄，但是比起她之前"大门不出，二门不迈"，已经走出了很大的一步。她在白天看店时，会把之前出去跳舞的抖音视频翻出来，一遍又一遍地看，偶尔还会吐槽自己跳得不是很好，手上的动作有点僵硬。但即使如此，她脸上仍挂着笑容。

（二）女性价值与自我意识表达

参加打鼓队的女性得到了丈夫和家庭的支持。如LGY的丈夫YXQ经常在她们出远门参加白事活动时，负责接送队员，他甚至还想学会吹唢呐来加入她们的队伍。JLX的老公NCP作为一位较传统的男性，但对于妻子出去打鼓也表示支持，也会在妻子有需要时去接送。在许多人看来，打鼓赚钱是较为"轻松"的，跳一晚上的舞，便可以获得两三百元，比日常辛苦干活一整天所赚得的钱还要多。因此，女性在闲暇时的兴趣活动获得了更多的价值，社会对女性参与此类活动越来越包容。

一直以来，女性所能产生的价值一直局限在家庭中，成为承担家庭事务的角色，但她们现在已经能够在男性无法参与的领域实现自己的价值。如打鼓队便是一个以女性为主要成员的组织。男性虽认为这个赚钱容易，但自己却无法参与。YXP曾表示："我看她们跳的这个舞也很简单嘛，我天天看，我都会跳了哟。去跳一天就几百块钱，这个钱还是好挣。"

女性以实现经济价值为基础，逐步学会展现自我，体现出更加多元的独立意识。FTX自丈夫去世后，她也在努力过好自己的每一天。虽然她没上过几年学，也不会写字，但是认识一些基本、常见的字，能够算账，可以使用智能手机。比如，玩微信，她能够看得懂别人打字发过来的消息，但自己只能发语音回复。她一个人很少出远门，最远去过黔江，找路就靠问。她觉得自己一个人生活没问题。她还曾一个人住院看病。当时她儿子在外面打工，女儿有自己的家，要照顾自己的孩子，没有时间照顾母亲，因此FTX没有把住院的事告诉女儿和儿子。住院的时候，哪里要她签字，她就让人家把印泥拿来，按上手印。要吃饭的话，她就一个人去外面的馆子里吃。她通过看电视逐渐明白了一些法律知识。虽然她现在对法律频道讲的很多知识还是记不住，但哪些问题该法律管，她还是明白的。说到这儿，她还举了个例子："我们这些没办结婚证的婚姻，法律就保护不了。就说他有哪些事，我都没得责任，不用管。"

HXX同样是一名很有思想的女性。由于她在年轻时就外出打工，所以她的视野更开阔，对很多事情都有自己的想法。面对不幸的婚姻，她决定离婚，甚至是和第二任丈夫在一起之后，她才告诉父母上一段感情已经结束了。除了有思想外，她还追求完美的一面，她告诉笔者：

我从来没觉得做活路累，是后面自己做的事情太多了，不管是喂鸡喂猪、育蚕，还是修房子，基本上没有空闲时间，也没有休息的时间。我老公说我心高，如果别人修房子，我就要修更大的房子，人家送了孩子去读大学，我也一定要送她们去读大学，一定不能比别人差，我觉得自己一定能做到。以前有个亲戚还说我们两个女儿有啥子必要修房子，凭他那口气，当时我就想我必须把房子修起来，我就是听不得别个说我。

小　结　身份转变与意识觉醒

改革开放以来，乡村社会经历了一系列的变革，这让乡村生活呈现出翻天覆地的变化。女性的社会角色与社会地位发生了很大的变化，妇女们获得了"新"的身份。1949年后，妇女在多种国家力量的推动下，她们逐渐从家庭走向村落、走向社会。传统时期，妇女生活主要围于家庭的私人空间中，她们躲不了、走不开、摆不脱。由于各种角色的需要，她们不得不在家赡养老人、养育孩子，做着干不完的家务活。她们作为一个"人"，却没有"社会人"的身份，她们是"乖女儿"，是"贤妻良母"，拥有很多身份标签，却唯独不是她们自己。1949年后，农村妇女逐渐从家庭中走出来，参加集体生产和村落活动，成了一个个活跃在社会网络中的"火石垭人"。虽然她们并未完全脱离家庭，甚至与家庭责任捆绑得更加紧密，但她们所做的事情与先前以家庭为中心的角色已经完全不同。她们逐渐进入社会领域，并在社会领域的空间中找到了自己定位。在这一漫长的转变中，她们逐渐形成了自我意识，她们逐渐明白自己是一个怎样的人，自己将要活成怎样的人，以及自己要教育自己的儿女成为怎样的人。

男女性别的差异和由此带来的身份差异，让妇女长期局限于家庭，参与琐碎的家庭事务。无论身为少女、青年还是老人，她们的地位都不高。但社会的变化让身为女性的她们与子女、丈夫和婆婆之间的关系也发生了变化，妇女的家庭地位有了明显提高。

妇女也获得了外出劳动的权利，更是在关键时刻有了撑起整个家庭的能力。1949年前的火石垭，许多女性在夫家出现变故时，一般会选择改嫁来获得另一个夫家的认可，有时她们不得不把孩子留给原来的夫家。但现在她们有了赚钱养家的方法和能力，她们可以代替丈夫成为家庭的主要劳动力。男性也不再以妻子赚钱养家为耻辱，自然地交出了自己对于家庭事务的决策权，听从妻子的意见。而女人在这个时候，成了村落中集体劳动的主要力量，一方面是由于她们在村中留守，另一方面也是由于她们勤劳能干。如此一来，在公共事务的参与上，她们也获得了一席之地，彰显出新时代火石垭村庄发展中的"她"力量。

此时女性力量彰显和女性意识觉醒的"非典型"，强调的是这一种"她"力量，并不局限于火石垭村这一个村庄。由于社会的发展，在从家庭走向社会的过程中，女性的自我意识逐渐苏醒，这已经成为一种普遍的现象。许多女性通过新的网络载体将个人生活日常延伸到社会空间中，并通过技术手段实现对自我形象的重新构建。她们不再是"农村妇女"的僵化形象，她们在展现自我的同时也表达了自我最真实的情感，展现出与以往较为不同的内心状态。在现实世界里，她们利用闲暇时光所组建的打鼓队，带给自己满足感与幸福感，获得了家庭与村落的支持，体现了自身的价值。

从更大的层面上说，上述转变过程是"非典型"村庄的女性发展的一个缩影。当然，即使存在"她"力量的非典型性，也并不意味着性别差异就此完全消弭。现在的她们一方面被要求做好家庭主妇的工作，另一方面也要承担赚钱养家的重任，负担实际并未减轻。由此看来，她们并未完全摆脱女性身份的标签。

第十二章

家庭、村落与城乡：非典型村庄的精神韧性

> 天行健，君子以自强不息；地势坤，君子以厚德载物。
>
> ——周易

中国人的坚韧，千百年来早已被历史书写。这种坚韧似乎自然生成于天地之间，凸显于中国乡土社会中。农民作为乡土社会发展的主体，其精神风貌成为社会和国家最为重要的文化底色。当前，我国已经全面建成小康社会，正在朝着第二个百年奋斗目标努力前进，了解广大乡村地区农民的精神风貌，可以为我国乡村振兴战略中的文化振兴提供重要参考。

在传统的乡村社会中，几千年来的农业传统孕育了农民特有的思想观念、价值取向，我们可以从中看到他们的精神世界。农民的精神风貌是一种长期的传统的积淀。由精神风貌所产生的精神韧性，是农业生产实践的产物。

不过，此种韧性并不是一成不变的，物质世界处在动态变化之中，精神风貌也在不同历史阶段有不同的呈现。1949年后，特别是改革开放后，社会的发展一方面给农民的物质生活带来了一定改变，另一方面也让他们的精神世界越来越丰富。而新时代农民的精神风貌，更是乡村振兴战略实施的重要方面。

因此，本章从家庭生活的经营、村落集体的发展、城乡关系三个角度，通过了解和剖析国家乡村振兴战略实施的大背景下火石垭村居民的精神风貌，探索中国农村的精神韧性，挖掘其中的重要内涵，以期为新时代的乡村振兴战略研究提供参考。

第一节　家庭生活的经营：责任与义务同担

潘自勉在《理性与生活意义——关于责任伦理的思考》一文中提出："我们可以概括地说，责任伦理的精义之处有如下几点：第一，它是一种入世的生活态度；第二，它注重客观世界的规律性，或者说它以客观决定论为基础；第三，它强调人的意志自由以及与之联系的行为责任；第四，它以工具合理性为基本取向，追求事实与价值相统一的目的合理性。"[1]可见，责任伦理与生活密不可分。家庭的良好经营需要家庭成员有责任与担当，家庭成员为家庭美好生活、为子女读书教育、为老人养老而奋斗和付出。家庭生活的经营是一种智慧，是生活在其中的成员在长期的实践中不断积累起来的经验。火石垭村民在日常生产生活中，诠释着他们为人父母的责任与担当，展现着家庭经营中精打细算过日子的生活实践。

---

[1] 潘自勉.理性与生活意义——关于责任伦理的思考[J].广东社会科学，1991（3）：41-48.

一、吃苦耐劳为家庭

多数农民一辈子苦苦经营着自家的一亩三分地，在有限的资源中努力创造更高的价值，这恰好体现了农业的生产方式和经营特点。传统时代的乡村生活，与农业有关的生产就是村民生产生活的重点，他们是自然环境的依附者。

这样的生产生活方式主要依靠两点，即有限的土地和无限的劳动。所谓有限的土地是指，村民所拥有可以耕种的土地是有限的，想要获得生产量的增加和收入的增长，就必须在有限的土地上进行更多的劳动。在传统时期的火石垭，劳动的无限是指日复一日的劳动。而到了如今，劳动不再仅仅局限于土地，还有其他事务的需要。但须明确的是，火石垭村民所进行的劳动依旧是依靠身体为主的体力劳动，因此，"吃苦耐劳"的品质依旧被社会认可，并依然是判断火石垭村民是否成功的一个标准。劳动在此时不仅为了生存，还成了一种人生态度。

所以，火石垭村民天天"面朝黄土，背朝天"，一年四季都在"火石堆"里辛苦劳作。勤劳是火石垭村民的优秀品质之一。上至80岁的爷爷奶奶，下至读小学的学生，勤劳是他们的共同特点。

73岁的CXY爷爷，家中长辈的严厉从小就对他产生了较为深刻的影响。他说：

那刻就是不依大人说的、不依规矩，你就是臊皮，出去走人户也好，结婚嫁女也好，调羹拿得不对，就要被说。大家都是年轻人就没事，如果说是有长辈，就不行。大的打得狠些，小的打得轻些。我和老二都挨过打，那个时候没有米，我老汉又不好。拐棍放在身边，他煮饭，我就去炒粉子，用顶罐煮的，饭吃了争锅巴。等我们吃完把碗洗了，老汉就喊我们去他床前跪着。

"男娃成家后苦命"是指男孩子在成家后应承担起家庭责任，在这样的训诫下，成家后的男子便有了更强的责任心。

火石垭村二组的YCJ 50多岁，黢黑的脸上洋溢着朴实的笑容，这种笑容在火石垭人的脸上时常可见，极具感染力。他极能吃苦，由于自家姊妹众多，10多岁被迫分家，一个人奋斗。由于大家庭贫穷，分家也没能够分到什么财产。幸好当时村里开始发展烤烟种植，于是他放弃了学业回到家来种烤烟赚钱。种烤烟的辛苦不用多说，背煤炭、烘烤烟、背烤烟都是下苦力、蛮干力的力气活。因为能干，他赚得了一些钱，并娶了现在的妻子。"我那时候去她（妻子）家都是二三十个肘子嘞，你想哈要好多钱，那些都是我自己做烤烟赚的嘞。"婚前是自己一个人拼命，婚后是两个人干活。有了妻子的鼎力相助，家里的生活变得越来越好。但两个儿子还没上大学，家中房子也未修建，家庭负担不轻，本来就勤劳的YCJ没有丝毫松懈，仍然是干劲满满。除了种植烤烟，他和妻子两个人还在附近承包了几处房子、烤棚，做一些公路的修建工作，家中还喂养了几头猪。功夫不负有心人，两个孩子教育出头了，家中的大房子也基本上修建好了，就等着装修。但是一场疾病让他一下子就倒下了，生病在床的几个月都需要人照顾起居。后来虽然好一些了，但是身体还处于休养阶段，每天都要服药，也不能干任何重力活，这给他的生活带来了很大的打击。家中三层的楼房还未装修，两个儿子即将面临成家问题，不知有多少个日夜他躺在床上辗转反侧难以入眠。

原本在家享受生活的妻子在这样的巨大压力下，选择外出打工，这对于YCJ来说更是内心的痛点，他觉得本应是他承担起的家庭重任，现在却让瘦弱的妻子一人承担，尤其是看到务工回来的妻子那黝黑的肌肤和瘦削的面容，他更是心疼万分。但夫妻俩明白，总要有人扛起家庭的重任，能做的只有坚持，所有的苦与累都必须承受，这样才能给家人提供一个更好的生活环境，给子女提供更好的教育条件。

村民FCY也谈道："年轻的时候出去干活苦，再累也咬牙坚持，要送她们去读书啊，难道不找钱嘛，必须找钱嘛。为了给娃儿更好的生活。"

只要肯"吃苦耐劳"，有劳动积极性，就能够获取一定的收益回报，男性女性都一样。HCQ奶奶从小家庭富裕，她在姑娘时期从没做过农活，但自从组建了家庭之后，她很多事情亲力亲为，用双手打造了属于自己的天地。

HCQ前后嫁了两任丈夫，一共养育了5个孩子。老大1968年出生，老幺1979年出生，她所有的孩子都是高中毕业，老幺甚至读了一流大学，现在黔江区工作，是他们最引以为豪的孩子。孩子的学费与家庭开支全靠夫妻俩。她说："以前我们种苞谷，那就太娇了。种苞谷是要一锄一锄地薅草，看这几大坡的苞谷，心都慌了。"为了养家糊口，HCQ不得不在耕种几十亩地之外，再养五六头猪，只为给孩子筹集学费。在她看来，育一头猪和五六头猪没什么区别，但以劳动强度而言，准备猪食这一劳动让她和丈夫付出了巨大劳力。那时养猪没有饲料可买，只有苞谷、苕藤等可供猪食用。他们也唯有双手是可供利用的工具，唯有靠勤劳才能走出生活困境，她说："学生要读书啊，这么多学生要钱，我只有做才有钱。"供5个孩子同时读书，夫妻俩压力不小，特别是在每年开学交学费的时候。HCQ回忆道：

家里的几个学生都不想去读书了，因为没有钱交学费，丢脸。我就跑到学校外面的围墙喊老师，请老师先把书发了，我等几天就把钱送过去。我喊了老师之后，就去山上打桐子，堆在坡上一大坡，一颗一颗剥开桐子，卖给老板。我们两个没日没夜地剥，两三百斤才能卖一两百块钱。

像HCQ夫妇俩这样吃苦耐劳的人，在火石垭村家家可见。除了在土地上勤劳耕作的人，也有外出打工挣钱的人。从前文可知，火石垭村民的打工仍以工地、工厂为主要场地，以出卖劳力为基本手段。这是他们在缺乏核心技术情况下的被动选择。火石垭的村民仍旧"离土不离乡"，虽然有几位村民在资本积累达到一定程度后转变为村民眼中的"大老板"，可以雇工人进行工程建设，但此种情况在村内十分稀少。

不管是在哪种工作场域，火石垭的村民都普遍表现出了吃苦耐劳的精神。HCQ说道："没得办法呀，在农村就是这样嘛，不勤快怎么得吃嘞。"HCQ的说法与观念早已在村民的内心形成了一种共识，村民认定："我们这边的人都很能吃苦，不能吃苦的人很少。"

在传统时期，土地的有限利用与生产力的限制，导致即使付出很多劳动，也无法确保产量。但现代社会给了火石垭人巨大的能量，他们对劳动条件要求相对较低。火石垭人外出打工最常见的选择是去工地打工，这虽然是又苦又累又危险的一项工作，但他们只要有事做，就会投入时间和精力，以赚取更多的收益。

二、精打细算过生活

美满幸福的家庭生活是一家人一起创造与共同维护的。即使在传统时期缔结的婚姻，在婚后也是需要夫妻二人的互相理解、互敬互伴才能够长久地维系和谐的家庭关系。一屋、两人、三餐、四季，既是夫妻成长磨合的过程，也是夫妻双方主动担当家庭责任的过程。长久的生活中难免有些矛盾摩擦，但只要一家人朝着共同的目标努力奋斗，理解与宽容总是会换来对方的微笑回应。

（一）夫妻理解，互敬互伴

在传统社会，男女之间在家庭地位上有着明显差别，"男主外，女主内"的情况也正是基于传统社会而形成的。但改革开放以来，我国社会的结构发生了巨大转变，家庭分工与家庭结构的改变让夫妻关系也出现很大的变化。在时代大背景下，夫妻二人如何相处，火石垭村不同年龄阶段的夫妻有着不同的相处模式。

在1949年之前，丈夫在婚姻中有着绝对的主导权力。JXZ奶奶回忆，在她苦命的一生中，常常是在"刀尖上过日子"。"他想要孩子。那个时候就为了这些事情打架。我天天都是在'刀尖上过日子'。经常打得头破血流的。"经常遭受丈夫打骂的她习惯了逆来顺受，基本上不会还手。她用平静的话语讲出了惨痛的经历，表面上波澜不惊，眼角却有闪烁的泪花。即使家庭冲突使得她的身体受到创伤，但她依旧要努力干活儿，想着地里的活儿。

> 活路我要做的，你把我打的硬是做不动了，我才不会去。关键是人要吃饭呢。要是去忌恨他，跟自己生气的话，只有自己吃亏。他玩玩打打的，才不会考虑到你。我跟他说，我要做活儿，你别把我打趴下了，打趴下的话没人做活儿了。

即使如此，被旧观念影响的她也没有想过离婚。

> 你能走到哪里去呢？我当时想着这个房子是我来了才做的。我过来又受了那么大的磨难。如果我走了，我嫁到别人的地方，那我还是得到同样的待遇，还是一样的受苦。而且我走了名声也不好听。我就说，你要走的话，你自己走；你要另外找，你自己找。我是不会走的。

无独有偶，JXZ的妯娌——ZZY，虽然她和丈夫两个人已经快70岁了，但他们仍旧处于紧张的婚姻状态之下。据儿媳妇ZXY叙述：

> 父亲的脾气很怪。这几年光发脾气，而且他的耳朵也听不见，我们都不愿意跟他说话。他以前发脾气打母亲，我们就有点恨他。我们就说他："你这样动手打人是不对的。"他就说我们一家人都帮老妈妈的忙，不帮他的忙。两个老年人到底为了什么事要打架嘛，我们也不知道。他也不占理呀。你一个男人始终打人是不对的。我们这里像父亲那一辈都这样。

ZCY的丈夫ZYC，一共四个兄弟，据她所说全是脾气较好、从不打人的类型："幸好我们下一辈都还好。"大儿媳妇HFQ自生下两个女儿之后，长年体弱多病，只好一直待在火石垭村。HFQ的丈夫是四兄弟里的老大，自2007年出去打工后，每年都会在玉米成熟的季节回来，他明白只留妻子一个人是收不完如此多的庄稼的，因此不用妻子招呼，他到时间便回来了。

火石垭的中年夫妇，其相处之道体现为一种"陪伴"。这种陪伴，是对夫妻之间不平等关系的破解与调适，出现了一种"生育共同体"的模式。在感情上，由于双方育有众多子女，子女成为他们婚姻关系的重要纽带，强有力地维持着他们的夫妻关系，也在一定程度上为他们的婚姻增加了稳定性。

ZCY自述与长年在外打工的丈夫的关系，更多的是以孩子来维持。ZCY说："我觉得两个人结婚，只要过得去就行了，主要是为了孩子。结了婚之后，感情也是这样。"可见，双方并不以浓厚的情感为基础，而是过着平淡且稳定的生活，即使经济再困难，也能够相敬如宾。外出务工长年不在家的中年火石垭村民，其目的主要是挣钱养家，就业的地点并不固定，最终也都会回归火石垭所在的家庭，因此双方的关系在一般情况下不会有太大的改变。

　　一组的组长SSC与妻子在外人看来是一对恩爱夫妻。妻子为了赚钱跟舅哥一起前往新疆打工，在每天晚上的闲暇时光夫妻俩总要视频通话一次，话题大多绕不开同在新疆打工的大儿子和如今婚姻仍旧没有定数的小儿子。夫妻虽没有共处一地，却仍是为了共同的目标在奋斗，一起为孩子的未来打算，所以长时间的分离并没有导致婚姻关系的紧张与破裂。

　　YCJ对良好夫妻关系的维持同样有自己的想法。他说：

　　维持就是大家忍让嘛。大家言语上还不是有点冲突，但结婚之后有了细娃，就会从家庭啊多方面去考虑，我们没有大吵过哦，都是悄悄说两句。

　　对他来说，哪一辈的人感情都不是看新鲜感的，维持感情最大的秘诀就是那代人所具有的美好品质——善良。

　　HYP对于夫妻相处之道，也有自己独到的见解。她认为夫妻双方的情感都是相互的。她说："晓得对他怎么样，他就对你怎么样嘛。"在婆家的时候，她和那边的兄弟相处也很好，因为她觉得："都是一样的嘞，跟个人的兄弟姊妹都是一样的。"HYP嫁过去之后，八天就分了家，自己家过自己家的生活。起初，她刚嫁过去住在火石垭山上二组，后来因为分家，他们就搬到了火石垭街边。搬家是夫妻两个人共同决定的，到现在已经十几年了。在结婚之前，RGH（HYP丈夫）也是在家里搞生产，结婚之后继续跟着妻子一起种烤烟、养猪、种玉米……有段时间，RGH沉迷打牌，一打起来牌家里什么事都不管，HYP很伤心。好在后来RGH开始经营木材生意，她也就很支持丈夫做生意。虽然丈夫表面上看着生活很安逸，每天白天都在睡觉，睡醒了就起来吃饭、玩手机，但HYP却解释说，丈夫还是很累的，因为他经常半夜三更去拖料。现在他们夫妻俩很少吵架，即使有些摩擦，但丈夫RGH的性格是不会争强的那种，面对纷争，HYP说的时候，丈夫就听着，不争吵。

　　酒厂老板ZZC与妻子WH在外人看来是一对"势均力敌"的夫妻。丈夫管理酒厂，妻子则负责小卖部的生意，妻子祖辈比较富裕，所以给了她良好的教育与生活的底气。在与ZZC的交往之中，笔者深刻感受到他对妻子、对家庭的关注与热爱。但因为每周一妻子都要离开火石垭前去黔江带孩子，直到周五才回来，这种"钟摆行为"，让丈夫有隐隐的不满。

　　她带孙子，就是把我俩拆分开了啊！她去带孩子了，我就必须在家。该守着店的就要守，该应付的就要应付，同时生活还必须自理，这就恼火了！

　　他总结这是"最大的弊端"，两个人不能在一起生活，没有陪伴。但面对"争端"，也没有其他的选择。

夫妻之间总是要有一个人主动付出，而一方的付出也会得到另一方的理解。村民YMX觉得自己的丈夫各方面都很照顾自己。两个人一起上坡的时候，他总是一个人捞起锄头把最难挖的地方挖了，只给她留下很松和的土地挖，或者直接让她丢种子。YMX说丈夫平时不会说什么，但是对她经常生病的父亲很好，常买药给父亲吃。他外出打工的时候，看到外地农村有养蚕的，就跟村里干部说，只要村里有养蚕的名额，第一个就算上他们家，丈夫是怕她一个人在家做重活，想让她在家轻松点。后来家里养蚕做成大户，丈夫就安排工人喂蚕、扒蚕叶，买三轮车来拉，不会让她背蚕叶。对待孩子和孙子，丈夫也都尽量满足他们的要求。出去打工的时候，丈夫也不会让她出去做工，只留她在家里帮丈夫煮煮饭、洗洗衣。

（二）精打细算地挣与花

每一种生活的经营都是精打细算出来的，如果说火石垭村民的生产生活理念是"吃苦耐劳"的话，那么他们的消费观念则是与吃苦耐劳相匹配的"精打细算"。在以农业生产为主的时期，因自然条件的限制，收获由天不由人，有丰收也有歉收。为了抵御农业风险、获得生存保障，他们只好"节流"，以精打细算的理念过生活。这样的消费理念延续到了现在。

如今，火石垭村民收入的主要来源是外出务工和在家半工半农的收益。为了家庭的不断发展，村民们不得不过起"精打细算"的日子，做好储蓄与积累，一方面是对现有资金的节约使用，另一方面是对生活资源的多重利用。

火石垭的村民对于日常生活开销，自有一笔小账。JLX对于自家的日常开支计算得很细致。他说："我家一年的人情往来要一两万块，两个孩子的学费要两三万块，如果不出去打工，一年种地只有一两万块，不算怎么得行嘛！"村民们吃穿不愁的生活都是自己一点一滴奋斗、节约出来的，那些曾经经历过的饥寒交迫的日子历历在目，所以他们格外珍惜现在拥有的一切。他们反复用"娇"这个字形容以前的生活，"种地娇""打工娇""赚钱娇"，一个"娇"字，饱含了多少辛酸故事，凝聚了多少个日夜流下的汗水。

在大集体生产时期，村民虽然不识字，却能够用算盘和口算记录自家一年以来所挣得的工分，人们那时常说："工分工分，农民的命根。"73岁的CXY说道：

你可能还算不赢我。集体的时候，我和你奶奶做好多工分，1工分换好多粮食，基本口粮一个人有好多，我都不用笔算，口算就得行。红苕出来分红苕，洋芋出来分洋芋，苞谷出来分苞谷，一年分好多红苕，一年分好多洋芋，还剩好多，我都晓得，今天一百斤，明天几十斤，我可以算出来。我不会打算盘，我也不拿笔写，我都是口算，一两都不得错。

尽管现在的条件较之过去已经有了天翻地覆的变化，但他们"精打细算"的节俭习惯却不曾丢失。他们认为，要把每一笔钱都用到刀刃上，不浪费、不乱用，能节约的就节约。

火石垭村二组的RWB已经近70岁，他谈到节约的话题仍旧激动不已、滔滔不绝：

娃儿，我给你说个老实话，我是把一分钱做两分钱用呀，我赶场在街上不喝酒、不吃早饭，我去赶场一般是坐车去，买了东西就回来了，12点之前能够回得到家。一般情况下，街上的那些馆子没有哪几家是得过我几块钱吃一碗粉的。我要是碰上有事情耽误了，要到下午1点后才能回到家中，那饿了就是没办法，必须在街上吃点。

在他看来，在街上吃饭是极其不划算的。在他们的眼中，一碗粉的钱可以做很多其他的食物，肚子饿是小事，更为重要的是节约金钱。自给自足的小农社会一定程度上还在延续。村民的一日三餐，家中一年四季都种植有蔬菜，菜园子里从来不会空一块地。家中喂养了猪，一年也不需要买什么肉，除非是想吃新鲜肉了，村民才会去场镇上购买，因此他们觉得一个人在家一年的生活开销一两千块钱就绰绰有余了。

YMX谈道，20世纪六七十年代出生的这辈人的生活还是相当节俭的，但他们对下一辈人尤其是孙子辈就相对好一些了，只要家里面还有钱，就会满足孙子辈的要求。YMX说："现在这些年轻人生活条件都好了哟，要啥子有啥子，我们小时候哪有这样，都是吃点米汤配红苕或者洋芋，有么子就吃么子。"虽然现在生活条件好了，但YMX也谈到自己家里面并不会乱花钱，只是该用的就用，需要的就买。电视机、电冰箱、洗衣机等电器大家都用起来了，平时穿衣打扮也不需要多讲究，走人户有那么两件像样的衣服就行了，平时在家干农活就很随意。对于生活，YMX与丈夫考虑更多的是给后代人提供更好的条件。除此之外，他们对于消费后的物品再利用，也自有一套办法。家中的剩菜剩饭一般都会经过二次消耗利用，更多是以喂鸡喂猪的方式处理。

三、老有所依子女孝

家庭的经营与付出，是父母的义务、责任。辛辛苦苦将孩子拉扯大，等到孩子成家立业建立了自己的家庭，父母也将迎来老年生活，"我养你小，你养我老"的生活愿景在不断实践。

（一）尊老孝老传美德

中国传统社会的家庭伦理很大程度上以儒家文化为基础。家庭以父子关系为主轴，由此向外拓展为整个家族。在1949年之前，主干家庭以父亲和祖父为主线，他们是"统治者"，家庭事务和公共事务的决定权都在他们手中。整体的代际关系以"上"为重点，孝顺老人成为基本准则，老人与年轻人之间的纽带由此结成，并维持着家庭的基本结构与秩序。在历史发展演变过程中，孝道伦理得到了国家力量的支持，已经成为指导人们行为的重要规范之一。在这一观念的影响下，尊敬老人、孝顺老人成为传统美德而得到延续与弘扬。在火石垭村也不例外，这些观念已经在村民的思想意识中扎下深根，对于他们而言，孝顺老人首先就要赡养老人，这是责任，也是义务。

火石垭村二组RWB的母亲是有名的高寿老人，活到了99岁才去世。老人的晚年生活一直由RWB负责。每当谈起母亲的时候，他总是很骄傲，话语中透露出他因为作为儿子所尽的那份孝道的自豪，也是对于自己品德行为的一种肯定与赞赏。赡养只是第一步，随着社会的发展，"孝顺"也有了更为丰富的含义。

目前，火石垭村民已经全部加入农村养老保险的范畴，从60岁开始，每个月每人可以获得100元的补贴收入。100元看上去极少，但对于可以获得现金支配的农村人来说，100元已经足够一位老人一个月的开销。在火石垭，老年人的温饱问题已经不再是一个需要攻克的重点和难点问题，更为重要的是"养心"问题。

火石垭一组的WWF是周围邻居公认的孝子。他总会带母亲出去游玩。母亲行动不便，打不了疫苗，他就骑车带母亲去医院打，村委组织老人体检他也是全程陪同。母亲年纪大，爱听音乐，他二话不说从黔江买来一台几千块钱的大音响，专门给母亲听歌、唱歌用。WWF说："那个好几千元无所谓啊，实用啊，那个（听音乐）心情安逸啊！叫奶奶跟着跳啊，跳了就身心健康。人就是活的心态嘛，寿缘高的人就是心态好。"WWF作为村中大孝子，对岳父、岳母也十分孝顺。他自豪地说："我还给他（指岳父）换裤头，洗身上那些。不管哪个说，都是应该的。"传统的孝道观念已经随着现代的家庭结构与居住方式的变化而改变，但尊老孝老的核心理念一直没变。

（二）无论男女有依靠

传统社会养育子女更多是为"养儿防老""多子多福"。在村民的一生之中，大多数时间都是在养育子女，将子女抚养长大只是第一步，第二步需要将女儿嫁出，帮助儿子建起新房娶媳妇，再逐渐分家，然后将家庭的"接力棒"交给儿子。

JXZ说："女儿早晚是别人家的，只有儿子是留在自家身边的。"儿子作为"自家人",从小到成家都在身边,与父母有着频繁的感情交流,是家庭劳动力和生计的主要承担者。1949年之前,养育子女的重心更多倾斜于儿子,"重男轻女"的观念深入人心。即使在1949年之后的几十年,火石垭村的农户也深受这种观念的影响,养育子女的重点是生男孩、养男孩。JXZ正是深受"重男轻女"思想影响的一位妇女。她已经60多岁了,虽然身子板正硬朗,手上的沟壑却记录着她的心酸往事。

我是Z家的人,我妈怀着我的时候,Z家不要她,她嫁给了J家,我就跟着来了J家。Z家说,生了男娃他们要拿去育,女娃他们不育,后来我出生是女娃,他们不要我,我就一直待在J家。我的弟弟们都比我小很多岁,我还是孩子的时候就是带弟弟。老二和老三是我背大的。那个时候还没有背篼,是用帕子背。我背着他还要做活儿煮饭。等我大了点,可以去生产队做活儿了,他们就让我去。我是一个孩子,可以挣两三分。当时的大人才挣8分。

作为姑娘的JXZ经历了婴儿时期的"被抛弃",来到J家的她获得了生存的权利和空间,但在大背景下,她也没有得到父母的重视。在如此的环境下生活,有口饭吃对于她来说已经很不错了,接受教育基本上无法实现。

我说我想去读书,但是你说了又有什么用呢?他们又没有钱。那个时候读书连三块钱都拿不出来,饭都吃不饱。但是我的两个弟弟都是读过书的。那个时候女儿都不允许去读书。如果去读书的话,我就不能挣工分,只有大人供。所以说我就读不起。

1972年,JXZ嫁到了Z家,经历了一段漫长的"生孩子"阶段。"我嫁过来没有命啊,最开始的几年没有生孩子。"没有男孩,无法生育是JXZ婚姻生活痛苦的根源。为了养育男孩,她曾经抱养了兄弟ZZY的孩子,但由于与ZZY妯娌的纠纷,孩子养育没多久便还了回去。

他们嫌弃我不会生,也不会养,就把孩子抱回去了。那些年我没有生,受尽了他们家的折磨。后来我终于在33岁生了老大,39岁生了老二。他们俩隔了六七岁。

像JXZ一样受此观念影响而生活不易的妇女,在火石垭村较为普遍。50岁左右的医生ZSB曾在部队接受过一定的教育,也掌握了许多知识,但在养育子女方面,他的想法仍旧传统。

伴随着城市化建设和社会工业化发展,父母在生养孩子时对性别的看法较之以前也有了很大的变化。JXZ曾反复说道:"我们那个年代就是不怎么爱女儿,不像现在。"她所指的"现在",说的是"当前",她的两个儿子均生育有两个女儿。大儿子与媳妇在黔江城里工作生活,两个孙女在黔江上学,在她眼中如此"重男轻女"的丈夫,也不得不放下干得风生水起的养蜂生意,去黔江带孙子。而小儿子在彭水打工,媳妇在黔江与火石垭之间奔走，他们也养育了两个女孩，老大刚上幼儿园大班，老小才两岁左右。当笔者第一次见到JXZ的大孙女时，她身穿公主裙和小皮鞋，在乡土气息浓厚的火石垭显得与众不同。她对ZZX亲切地称呼"爷爷"，对爷爷撒娇拥抱，显得自然而亲近无比。两个小孙女与儿媳妇虽只是暑假期间才回到老家玩耍，但家里却有很多两个孩子的玩具与衣物，可见ZZX对她们的喜爱。JXZ强调："现在都是女儿好啊。他们（指儿子）又不生了，就是两个女娃。"

今年53岁的YCJ也表露出对女孩的喜爱。YCJ说："生姑娘还是安逸些，还会跟妈和老汉打个电话，贴心些。"现在两个儿子均出门在外，他认为，作为男孩即使对父母有万般的思念，也不愿表现出来。

虽然有些家庭对于女儿很喜爱，但也无法掩盖他们对生育男孩的期盼。在火石垭村，男性仍旧为主要劳动力和生计支撑，非常重要的一点是，"农村懒汉""养儿啃老"的现象在火石垭村较为罕见，即使是受教育程度不高的年轻男性，也会在家长的安排下出去打工，为自己挣得一点生活费用，为家庭减轻一些负担。因此可以理解，在政策允许的情况下，生育一儿一女是火石垭村民理想中最为完美的状态。

育有一儿一女的ZCY说：

我当时不想怀，不知道（第二个）生了是不是女儿，其实我想生女儿。老人一直想让我们再多生一个，我老公四兄弟，家家都生了两个孩子。我就想，一定要生一个女儿，我已经有一个男孩了，多一个儿子压力好大呀！负担重！

当前，火石垭村"重男轻女"的观念已经发生极大变化，曾经重视男孩的思想，在女性意识不断张扬与其能力不断凸显的时代，家庭已经不再是"男主外，女主内"的情况了，生男生女都一样，老来之后都能够依靠。GJL说道：

我不相信命运，年轻人都不会相信，还是要靠自己努力。我认为生儿生女都一样，自己以后老了都要依靠。因为自己对他们都是一样的付出，不会分男娃儿还是女娃儿。

（三）坚持奋斗为养老

每个人都有老去的一天，年轻时为子女、为家庭奋斗的村民本来应该安享晚年，但是勤劳了大半辈子的火石垭村民根本闲不住，田地里、山坡上都能看到他们的身影。

在火石垭老年人的日常生活中，似乎感受不到他们对于老年生活的焦虑，他们仍旧在力所能及的范围内开展劳动。住在火石垭一组赶子沱山上的Z奶奶已年满80岁，佝偻着背慢慢行走的她，即使是用极慢的速度也要在自家院坝前的田坎处，那一亩三分地的小地方，种上一片菜园子。家中两个儿子均在外打工，唯一在家的小孙子也将外出读大学。在她家时，常会有同样岁数的几位奶奶前来聚会，这些奶奶均有基础疾病，但行动无碍。平时，她们会坚持种上一片菜园子，在吃的方面自给自足。养育了七个子女的S家奶奶已70多岁，在做农活的时候不慎摔倒，盆骨粉碎性骨折。如今恢复一年有余，虽暂时达不到以前的劳动量，但打理菜园、洗衣做饭仍旧是她的活路。

除以上一类行动稍缓慢而承担较少劳动量的老年人以外，还有一部分老人有着一定的基础疾病，但仍旧干活有力，甚至比一般中年人还要勤劳。HCQ和GJH是村中著名的"闲不下来"的老人。HCQ已经81岁，丈夫也即将80岁，住在他们家附近的人提起这两位老人均表示惊叹。

两位老人瘦小的身子下隐藏着巨大的能量。奶奶戴着助听器，说话声音洪亮有力，与丈夫靠种地供养出了五个孩子。在最小的孩子上大学之后，爷爷也没有想着过几天轻松日子，仍为自己的老年生活想出路。两个人在商量之后，决定栽种一片果园。HCQ说："种果园是他的主意，以后老了的话比较轻松，只管结果子拿去卖。"两个人共同开辟了十几亩的果园，现在这片果园成了火石垭村一组唯一的有一定规模的果园。丈夫GJH表示："这片地全是我们两个人在管理。我觉得这一天没有事情做，就要着要着来做。"他们在果园外围种有苞谷，在家附近的土地旁还种有三亩左右的苞谷和菜地。果园内还陆续种植了麻李、酥梨、板栗等。

地上空间被利用起来后，他们便想着利用地下空间。于是在前几年，他们又喂养了五六十只鸡。养鸡一下子给他们增加了很大的工作量。GJH每日5点起床准备鸡食喂鸡，管理鸡圈。在果园他可以干一上午活不停歇。HCQ则在六七点起床后收拾家务、管理土地，两个人要忙活到上午11点左右才能吃饭。饭后稍微休息之后，如果果园里的水果和地里的作物已经成熟，他们便去收获，挑选优质的水果和作物。HCQ种植的板栗由于经过精心管理，个大质优，很受欢迎，笔者多次在她家遇见专门开车来收购板栗的外地人。不仅如此，她家的鸡蛋由于价格便宜且有质量保证，销路也很好，供不应求。夫妻俩从早忙到晚，靠着自己多年来的努力，从一穷二白到1981年修建起第一套房，再到2018年以70多岁的高龄，不靠儿女，在原址旁又建起二层小楼。

但实际上，两位老人均有着一定的基础疾病。在2018年建房时，GJH从修建的房子楼梯上摔下，到现在腿脚还留有后遗症，走路时略不稳。而HCQ常年低血糖，还得完成较大的劳动量。尽管身体并没有年轻时候健朗，但是两个人却一点儿都闲不下来。这对80岁左右的夫妻已经在实践自给自足的养老对策。而正值壮年的YCJ，对于养老也有自己的看法。他在内心里没有想过指望孩子，更多希望自己与妻子能够多赚一点钱，存一点积蓄来享受两个人的老年生活。他对自己近两年的生活有着一定的规划：他计划在家乡休养一年，妻子出去打工挣点钱。等到第二年的时候，在自己身体条件允许的情况下，自己与妻子一起外出务工挣钱，第三年就在家乡买一些牛和猪来喂养，一年赚取一点生活费和家中的人情开支。

他不想给孩子增加负担，能够靠夫妻二人自己干活养活自己就不用孩子们操心。他说：

> 我们自己能做一点吃的用的，再养十来头牛和猪呀，一年卖几万块钱，走人走户的钱呀，就差不多了，就用不着娃儿他们拿钱了噻。我们两个老的在屋里开支这些就差不多了噻，娃儿要给的话，那是另外一回事了噻。

已经把地全部交给侄儿、侄女手中的酒厂老板ZZC，决定在丧失劳动力之后，把酒厂交给侄儿等信任的亲人，自己守着小卖部讨生活。ZZC说："我们能去哪里呢？进城去我不习惯。"但有着生存资本的他对于是否进城养老也并没有拿定主意，多年来已经颇有积蓄的夫妻俩对于应对老年生活并不慌张。他说："如果实在是动不起来了，我们就去城里面买套房子住，离孩子近点，他们也好照顾。"两个人已经依托酒厂这一"小微企业"办理了养老保险，每人每个月可以获得近两千元的养老金，这无疑为他们的养老提供了重要保障。

勤劳了大半辈子、已经接近70岁的RWB从来不会让自己闲下来，似乎土地里总有干不完的活路，每天的任务都安排得明明白白、井然有序的。一整年的安排，从农历二月初就开始整土准备种植庄稼，二月中下旬就开始打烤烟临工，整土、盖地膜、栽烟、扒脚叶、打烟芯、扒烤烟等，一直需要忙到七月。但是在这期间，家中的农活也从未停过，如栽蔬菜、种玉米（二月初八）、收油菜（端午前后）等。等到七月份烤烟扒完了就回到家中收庄稼，主要是玉米，玉米收回来还需要晒。等玉米全部晒干后又忙着去挖红薯和栽油菜，油菜栽完又需要种植一些冬天的蔬菜。等到十一月的时候又要开始新一轮的整地种植庄稼了。腊月还要栽种洋芋。

RWB从农历二月中下旬开始忙碌，陆陆续续有几个月的临工时间，在做临工的时候，是他一年最忙最累的时间段。忙忙碌碌一年下来有一万元左右的收入，虽然劳累辛苦，但是在兼顾自家农活的同时还赚取了一些经济收入，对于常年在家生活节约的他来说很欣慰。相比较其他一些在家纯务农的村民而言，他的收入算比较可观的。在他看来，只要自己还能够干活，就一定会凭自己的双手奋斗，给自己和妻子的养老再储蓄一点资金，减轻子女的生活负担。RWB说："他们有他们（子女）的家庭，有他们的责任嘛。我现在还做得起嘛就做一些，以后实在做不动了嘛，那就是他们的责任了嘛。"

父母总是体谅子女的家庭压力大，所以只要力所能及，便想着尽可能地多坚持奋斗几年，这样子女对自己的赡养负担也能够轻松一些。村民ZSB谈道：

我希望两个小的（儿子女儿）现在工作顺利，因为我们老两口现在还不至于要养老，还可以自己维持生存。而养老的问题，他们现在暂不考虑，以后他们有了（钱）才能尽孝。如果他们手边都紧，工作又不顺利，就没有精力和时间，就没有经济实力来尽孝。在以后居住地的选择上，我认为还是要根据实际情况来看，就算以后去黔江了，也只能让他们妈妈去，我因为现在村医的工作脱不开身。但现在城里生活也有压力。一天天只管消耗，必须还是要有一个资金来源。

这些话道出了多少火石垭村民的心声！即使上了年纪，但还是要想方设法地多挣一点资金来减轻子女的负担。年轻时，他们为子女考虑；上了年纪，他们为自己养老谋划，核心只为家。

第二节　村落共同体重塑：和谐与互助合作

生活在同一村庄的村民彼此都很熟悉，无论在行为举止上还是言语表达上都会更加认同本村的人。在外界而言，他们是"同类人"，他们有着相同的身份标签。也正是因为有着长年累月的相处，他们认同村庄的生活方式，会在日常生活中通过礼尚往来与互助合作等方式维持乡村的社会关系。他们共同守护着一起创造出来的美好家园，共同建构"村落共同体"。

一、同是村落一家人

从社会大趋势看，受现代化、城市化、工业化等影响，村落共同体越来越松散，费孝通先生所说的传统"乡土性"在物质、精神、文化等多方面几近消解[1]，这也凸显了重构乡村共同体的重要性。火石垭村在长期的发展中，虽也出现了共同体意识松散的情况，但好在有共同的乡土情结与人情往来的互惠和转工换活等村民互动的维护，在很大程度上村民还是有着"同是村落一家人"的共同意识。

---

[1] 唐胡浩，赵金宝.重塑村落共同体：乡村治理视角下传统文化的现代价值研究——基于席赵村丧葬仪式的田野调查[J].华中师范大学学报（人文社会科学版），2021，60（5）：21-33.

(一) 个个都是村里人

每个在这片土地生长起来的人都是村落大家庭的一员，而大家庭的发展需要每个人的努力，生活在火石垭的村民在处理村庄的集体事务时，都有着他们强烈的集体荣誉感。

26岁的CJL谈道：

爷爷那一辈，比如烤烟需要拿煤来烤，但那哈没修公路，我们需要去那下面背煤噻。那时候基本上家里有人的话都会来帮忙，靠那个肩挑，用背弄上来，那种又不讲钱，又不讲其他的，反正就是下次你们家有事我们就来。在我看来，集体就是来源于传统，把互帮互助的精神延续下来。说到集体荣誉，一种乡土情怀也是很重要的东西。

火石垭村以前的道路都是人踩出来的毛路，一直到了20世纪90年代，村民为了更好地发展烤烟的种植生产，也为了方便集体出行，便自发组织起来修建道路，出钱、出力、共同协商，将合作精神发挥到极致。FCY说道："修路是我们私人凑钱，分成段数修。当时我号召大家，没到一年就把毛路修通。大家一起出钱出力。"

据SSC回忆，一组的火石垭村正街，到最顶上与二组相接的黄教不到1千米的路，属于当年的老二队的人一起合作修建。

我们上来的支路是1992年自发挖上来的，修了两个月左右。修路之前，劳动强度大，当时除了肥料，什么东西都要去下面背上来。我们搞建设用的水泥也要背。我们种烤烟，煤炭都要去背，非常吃力。所以我们就想着把公路挖上来之后，煤炭就可以直接拉到家。当时我的劳动强度特别大，而修路的话就会轻松一些，体力就会减少一些。

凡是住在这上面的受益户都出了劳力，这条路就是我们这一堆人用锄头挖的。LKY和HYD召集我们开会，当时就是觉得劳动强度实在太大了，如果车子能够上来的话，就可以减少劳动力。

我们约定，每家每户每天都要出一个人。所有的人从最下面挖到上面来。如果挖路挖到他家了的话，那他就不挖了，上面的路就我们来。如果他要来也可以，反正都是自发性的。有些人即使挖到他家之后，还会再来一天。那如果是住在我们这座山上的话，基本上就要一直挖。这个都是自愿的。我们当时通过开会大家都同意了，都没有人说不来了，都是每天按时都来了的。因为如果没有路的话，劳动强度真的很大，挖路对自身有好处。

2019年，火石垭村最为偏远的罗家堡组织堡内村民修路，这条路是村民自发修建的，也代表着村民互助情感的连接与延续。

图12-1 罗家堡路旁所立石碑

在进入罗家堡的道路旁立着一块石碑（图12-1），石碑上的文字记述了2019年罗家堡人集资修路的故事。碑志记载：

饮水思源，名载千秋。罗家堡至棕象山路，自古以来陡坡路滑，经济闭塞，人行不便。二〇一九年在政府村委和有关人士的努力和支持下，现已基本完工。

这块石碑上还记载有出资人的名字与金额，金额最大为2500元，最小为500元。

村民都有一种集体意识，认为村里人与人之间的相处都是较为和谐的，"团结"始终是主旋律。但村民也清楚地知道，总是有一些矛盾冲突的，尤其在以家中土地作为生计来源的年代，争土争地经常争得面红耳赤。好在村民之间尽管有一些矛盾冲突，但是作为同一个村落的人，共同体意识始终没有丢失，遇到需要集体商议的事宜时，大家都会参加并且主动建言献策。HZP谈道："以前那些矛盾纠纷多得很，争山呀争土那些，那时候主要是靠土办庄稼嘛。现在这些争论纠纷都少了，现在都出去打工去了。"虽然有争论争吵，但也容易和解，在村民看来，这就是"团结"。"虽然我们会有争吵争论，但是我们不计细（就事论事，只是当场红脸，之后并不会记恨一辈子）。毕竟大家都是这一团转的，和和气气的还是更好些。"

（二）强烈归属恋家乡

"农夫不种田，城里断炊烟。""乡下没有泥腿，城里饿死油嘴。"这两句农谚虽浅显，但道理却深刻：没有农民田地里的丰收，哪来城里人餐桌上的丰盛？村民对火石垭充满着依恋。GDH是火石垭村烤烟收购点的点长，一辈子养育了6个子女，除老大在火石垭务农之外，其余的子女全都靠着读书走出了火石垭村，有着体面的工作与优越的生活条件。在火石垭，GDH家是人人称赞的家庭。但快到90岁的GDH不愿在城市里生活，一门心思地要回到火石垭的老房子来。于是他的幺女儿，50岁左右的GJR陪着他一起回到火石垭来养老。GJR说：

我母亲前几年去世之后，父亲就去了黔江的养老院，但是毕竟不是自己的亲人在照顾，我们都觉得不放心，他又不愿意去乐山跟着哥哥嫂嫂们。现在我的孩子都读大学去了，我不用管了，我就回来照顾他。他一定要回来啊！

如GDH一样不愿离开火石垭的老年人很多，不管走到哪里，他们始终惦记着家乡的生活。二组的CXY爷爷始终有着"大城市没得农村好"的想法："我年轻时去打过工的，城头空气不好，我一天都在屋闷到瞌睡。后头我就走了。车子一到黔江，我就清醒。等回到村头马路上来，我整个人都舒服了。"在CXY爷爷的眼中，只有家乡的空气才是令他最为舒适的，那是他对于生他养他这片土地最为深厚的情感和眷恋。CXY爷爷说：

在外面摆摊子也不行，打工也不行，我从来都是认为要种农。你如果都往城里走，走个十年八年，你在这里生存的根基就失去了，土地没得你的，山林没得你的，就算城里买了房子，但是多年过后，回来就没得你的啦！即使这一代人在城市生活没得问题，但是下一辈或者下下一辈，找不到工作回来，土地还是养活得人哦。你在城里两三千块钱养都养不活哦，农村得行啊，拿200块钱我都养得活。虽然这里不种大米，但是我种个两三千斤苞谷，苞谷今年一斤卖1.78元，我种了一千多斤，苞谷换大米，就养得活了。

在他的眼中，土地依旧是最为靠谱的生存保障，是火石垭人生存的根。CXY爷爷看过好几十年的春夏秋冬，看过成片山林与庄稼，也见过车水马龙与高楼大厦，但意识中依然以农为本，固守土地，面朝黄土背朝天，一背太阳一背雨，守住了祖祖辈辈的土地，留住了火石垭村这个让他最为依恋的家。

除了七八十岁的老人对于家乡的土地有着深厚的情感，四五十岁的中年人在选择城里养老还是乡村养老时，心中更多的也是对于家乡生活的留恋。他们很多人觉得只有在家乡生活，看着那漫山遍野的绿色，呼吸着那新鲜清新的空气，才能够使他们得到最大的归属感。

生活在大坟坝的YCJ，虽然现在身体不适，但是对于未来生活，他依旧充满了信心。房子装修好了，儿子成家了，夫妻二人压力也减轻了很多，未来的他想与妻子在家乡发展养殖与庄稼种植。对于跟着儿子们去城里生活，他并没有很大的期待，他内心还是想留在家乡。

生活条件优越的副食店老板娘LGY始终觉得火石垭的村庄生活很安逸，自己门前都是平路，没有走过上坡路。自己不喜欢出去玩，觉得外面吵闹，而火石垭风景好，自己以后都会留在火石垭。

村民WWF也强烈地表达道：

我喜欢在火石垭生活，不喜欢在城里。城里现在的话，就没得啥子感情，人与人之间谈话就根本不相信你。（城里）大家心里始终没像我们这样，想说啥子说啥子。城市里,大家买了房子的话,都不能像这样畅所欲言摆这些,有好多事情,人家都不敢放心的摆这些,心头对你都有点怕。

因为职业原因,ZSB医生去过很多地方。对本村有着强烈认同感的他,出门在外别人问他是哪里人,他都会说自己是火石垭的。

村民更愿意留守在乡村生活,源于他们心中对家乡土地强烈的归属感,家乡和土地是他们内心最为使他们感到真实与安稳的存在。实际上,这些"以土地为根"的人,并不一定以种植为主要生计,他们拥有着"以土地为核心"的生产知识,能够让他们抵御"现代性风险",获得足够的安全保障。他们有着"进可攻,退可守"的战略性理念,当有一天无法进城打工,也买不起城市里的房子时,他们会回到家乡来,几亩地就是他们晚年生活的依靠。从这个意义上说,是土地给了他们底气,火石垭村给了他们精神上的满足和生活上的保障,还有社会关系上的连接。他们敢于去不同的城市吃不同的苦,但他们知道,火石垭村永远有他们的精神家园。

二、礼尚往来人情重

乡土社会具有一种熟人社会关系网络,"抬头不见低头见",村民在长期相处中对良好关系的维护也有着一定的情感逻辑。乡村人际关系中,"人情"是一个重要的关键词,成为乡土社会的重要纽带。依靠"人情",村民可以建构起以家庭为中心的关系网络,这样既有助于解决重要仪式上的繁杂事务,又可以在生活中得到帮助、支持和感情维系。火石垭村的"人情"观念基于"礼尚往来"的习俗。

(一)家中"过会头"的人情债

在火石垭村,红白喜事有着"过会头"的讲究。如果在村中有人家要举办这类活动,不用提前喊,到时亲戚与邻居便会主动前去帮忙。例如,ZGB的妻子RCY因突发心脏疾病去世,ZGB的兄弟ZHQ的三个儿子早在RCY病危之际,便从河北开车回来。他们说:"我们作为侄儿晚辈,是一定要回来的。我们得知消息之后,几兄弟就马上开车回来,我们开了两天车。"在停灵期间,他们也会帮助ZGB的儿子们招待客人。

除了像Z家侄儿这种血缘上的晚辈必须到场之外,也有其他外地的远房亲戚前来。此时来的亲戚主要有两种,一种是来帮忙组织活动、做饭、打扫,干一些杂活儿,另一种是专门来"还人情"的。而通常只会在春节回来的亲人,此时大部分也会选择回到火石垭。停灵的最后一天,是白事仪式活动的高潮。除了亲戚会来之外,同一个生产队的邻居或附近生产队的邻居也会前来参加或帮忙。住在柿子树坡的S家与住在风背崖的ZGB家沾亲，因此S家媳妇HCM在停灵的最后一天便一早到了Z家，同样是邻居的ZGX也一大早去帮忙做饭。ZGX说道："她们没有喊我，我是自己天不亮就过去了，看看有什么需要帮忙的。"这天早上天刚微微亮，ZGB家周围的邻居与亲戚家中的妇女便陆陆续续来到灵堂处。前一天刚下过雨，而Z家住在一组仍不通公路的风背崖，去Z家一路上要经过大片泥泞的小道。妇女们要赶大早，走小路、蹚泥水，十分不易，但因为有"人情"在，所以她们必须前往。这种观念是人情与关系的体现。

FCY经常感慨自家的人情重："走的多哦，有的时候走不赢（顾不来）哦，有的时候实在跑不赢，还要请人代（上礼）哦，或者手机转账。人和人之间是相辅相成的嘛，又没啥子为难的地方。"

HZP也表示人情互惠是一种应然的交往：

村里哪家有红白喜事是都要来帮忙的。那些出去打工的一般都会回来的。别个有事你去帮忙，当你有么子事情的时候，别个也会主动来帮你的，这个是应该的嘛。

正如HZP所说，"人情"的交往基于双方关系，这次我来帮了你，下次你也会来帮我。从这个意义上来说，红白喜事上的人情很大程度上可以看作一种感情交换与维系，并且含有村落共同体意识中的道德观念。同住在一个村子里面的人办事，如果你不去，那么你就"丢了面子"，就是"不懂礼数"。

除了女人以外，男人也会因为面子和人情原因而前去帮忙。此时的帮忙，男性与女性承担的并不是同一个角色，男性一般承担写礼金簿、作安排等主事人的角色。如一组组长便早早受到Z家邀请前去写礼金簿，他十分乐意接受这样的安排。当天早上，他穿上了擦得干净的皮鞋，套上只有在重要场合才"出场"的夹克前往Z家。他到的时候，二组组长LGL也到了，LGL负责另一项重要工作——收礼金。他们两个人作为组长，也在一定程度上展现了对这种活动的重视。总的来说，帮忙的人越多，越能体现这家人在村中的人际关系维持得有多好。

虽然目前已经有了"一条龙"殡葬服务，但在红白喜事上的人情帮忙仍旧是不可缺少的。从提供服务的一方来看，他们明白这不仅仅是一种体力上的帮助，还有一种关系上的维持，体现了个人或家庭在村落环境中的地位，这些附加的东西往往更为重要。

（二）礼金簿上的人情互还

在红白喜事上，一方面是上文所说的劳动与人情，另一方面更有着金钱的交往。"还情"礼金的多少，不同的关系圈层有不同的数额，需根据自家的经济情况并参照之前的人情往来决定。礼金作为情感化的礼物，在村落共同体之间流动，相互回报，人们在其中相互依赖、互利互惠，达到某种意义上的平衡状态。具体来说，如属于亲属关系网络，礼金会按照血缘关系远近来给，有的能达到两千到三千元。而非亲属关系，如仅仅是邻居关系，则是一两百元、三百元不等。但很多时候，并不能仅仅以血缘和地缘的简单关系来判断，这里面有着较为复杂的影响因素。

ZZC 和 ZGB 的儿子 ZSX 是小学同学，因此当天 ZZC 9 点左右就到了 ZGB 家，与几位熟悉的邻居坐在一起。ZZC 送了 400 元礼金，对于他跟 ZGB 家儿子的关系来说，他送的钱并不算多，对于他的财力来说也不算多。但他认为，自己与 ZGB 家的关系还达不到亲密的程度。他说："我的老同学回来之后，只是第一天到我的小卖部买了一包烟，其余时候从来不下来跟我们火石垭的老同学、老邻居说话。"ZZC 的妻子 WH 更是观察到这一点，她说："他们家媳妇也只下来过一次，一过来也不跟我们聊天，直直地冲进去买了就走，后面再也没有来过了。"关于 ZGB 家人的评价，火石垭村民普遍认为，他们家跟村里面不亲近，也不好相处。村民讲："其他人家办红白喜事，他们家的人从来都不会来，跟村里面的人也都不接触。"可以看出，之所以会有这样的评价，主要是因为 ZGB 家并不参与"礼金的流动"，没有在人情交往中进行"礼尚往来"。这一次 ZGB 家举办白事，去的人多数只有付出，不期待可以得到回报，因此礼金的金额普遍偏低，大多数只给 100 元。不仅是邻居，亲属也会因为他家缺少此类交流而减少礼金额度。

因此，礼金的多少其实反映了客人与主家亲疏关系的远近。也就是说，虽有一套相对固定的习俗，但这种关系不只是以亲朋远近来决定，而是有着更多人际方面因素的考量，隐藏着村民对主人家的看法和对村庄人际关系的看法。

（三）日常生活中的你予我纳

除了特殊时间和空间下的人情互动，村民在日常生活中也充满着"人情味"，正如他们口中常说的那样："我们是有着人情味的地方。"日常生活中的人情味，同样是一种你来我往的关系连接。

ZZC 在一组拥有近二十亩的土地，但十几年来，ZZC 没有种过地，而是把土地免费给了侄儿侄女们耕种。ZZC 说："我不收租金，一年就那一两百块钱能做啥嘛，我把土地免费让给他们做，一年到头他们给我递（赠送）点菜来就可以了。"从 ZZC 的角度来说，一两百元是小事，重要的是和亲戚之间的关系维持。ZZC 的人生智慧不仅体现在他的生意经上，也体现在他的交往经上。在 Z 家人居住的大院里，他是唯一一位收入可观的人，算得上是火石垭村的"大户人家"。他在人际关系上处理得很好，受到大家的赞誉，很大程度上是因为他遵循着日常生活中你来我往的人际关系处理原则。除了免费把土地给亲戚耕种之外，他经营的酒厂也请了侄媳妇HWQ为两三位工人做饭，以此为她提供一个月1000元的稳定收入。

二组的HZP表示：

我们这里是存在大家互相之间赠予东西的，虽然很少，但你我大家都要得很好的才会送，一般的人还是不送的。因为像我们农村经常有在外面打工的回来，我们这些种庄稼的都要给他一点，还不是看你有情我有意，人家对你好，你就对别人好，我们回来的时候，别人还不是给我们送菜呀。

除了一年四季都住在村庄内的村民，在外地打工的村民也会参与此种日常的交往。他们会带回从外地买来的特产分给自己认为可以分享的亲朋好友，且过年回来第二年年初再出去务工的时候，也会给外面一起务工的朋友带上火石垭家乡的特产。

农村客运的几位师傅在跑石家镇时会帮忙捎带其他村民的快递。ZH和YXQ是火石垭村一组的农村客运司机，他俩每天在火石垭、石家镇和新华乡这条大路上跑车，也义务帮一些爱在网上买东西的村民带快递。同样地，村民赶场时也会帮忙带东西。

人的一生难免会有一些难处，尤其是家中遇到大事需要大笔开支时，靠得住的是亲戚，验得过的是人心。遇到难处时，难免会向他人借钱，村民之间借钱一般只会找关系很铁的人，不需要立任何的字据，彼此之间的那份关系与信任就是字据，不用担心催账，不用在意是否应该增加一些利息等。HZP说道：

我们肯定有向别人借钱的时候嘛，要是实在是差钱了才在亲戚手里借钱。也会有人找我们借钱，但是从来不会有人不还，只是时间的长短。别人找我们借钱的时候说清楚我们在这个时候必须要，自己需要，他们还是讲信用，知道我们回来就提前准备好。借钱的一般是男方亲戚这边，就是堂哥呀，都是借周围的，讲信用就可以。

对于此，同村的FCY也曾说："有人找我们借钱，那还是要帮忙，我们不打条子，也不收利息，大家都是一句话，服信用嘞，没得哪个说是不还。"

每到临近过年，村里会迎来"杀年猪"的重要活动。在这个时候，村民会叫上亲朋好友来帮自家"杀年猪"，再煮上让人回味无穷的热腾腾的"刨猪汤"，如此便使"杀年猪"活动成了一场美食盛宴，而且还成了村民之间互惠合作、深化情感交流的美好时刻（图12-2）。

日常生活中的你予我纳，因为熟悉所以信任，因为信任所以付出，因为付出所以感情更深。你有情，我就有意；别人对你好，你就对别人好——这便是火石垭村民日常生活中的相处之道，感情在平时的你来我往之间得到了维系。价值较轻的物品是日常情感互动的主要载体，使得人情的交往常态化，没有太大的负担，礼轻情意重。不管是在家中，还是外出务工，送的是物质，增进的是情感。在长期的生活中，村民通过礼尚往来，建构起一个村落共同体的关系网络。

图12-2　村民互惠合作"杀年猪"场景

值得注意的是，礼尚往来的举动，也是一种人情关系边界确定的方式，是基于互惠原则而进行的一种活动，其中暗藏着村子里人与人之间在血缘和地缘关系上建立起社会关系的深层次逻辑。

三、互助换工促联系

生活在同一个村庄中的人不可能是一个完全与他人割裂开来的存在，生活中总是会有需要与他人合作的时候。一个人的为人处事在很大程度上决定着他在村庄中是否能够得到他人的帮助，所以为了让自己在有困难时能够得到他人帮助，村民在平日的生活中也会有意识地主动帮助他人。而得到了帮助的人会惦记着别人赠予的情分，会寻找合适的机会还人情，这样互助换工就成了很好的方式。

（一）"白活路"的转工换活

在村民的记忆中，在分产到户之前的大集体时期，大家一起劳动的集体记忆很是深刻。LKY记得当年种烤烟时，和火石垭村老二队的朋友们一起挑煤上山。一组组长也是此类挑煤活动的重要参与者，他的记忆同样深刻："那个时候不需要这么多人，烤烟就是个小棚棚。没得那么多活路，只要几个人。"在没有水泥硬化路的当时，地边小路便是背煤上山的唯一路线。小道曲曲折折，一挑扁担百斤沉重。烤烟时节是最为炎热的夏秋之际，村民们不会选择在白天的时候挑煤炭，因为白天需要抓紧时间干活，且八九月的太阳很毒辣，大地被太阳烘烤得开裂，即使是壮年人也难以顶着烈日挑百斤煤炭。

SSC回忆道："我们要不是一大早起来不吃早饭就去背煤，就要打夜工。"S家五兄弟是主要的劳动力。五兄弟齐心协力，今天帮大哥挑，明天帮二哥挑，这几个人要一起挑几吨煤炭。在种植烤烟这一需要大量劳动力的活动中，除了挑煤，还有许多工序，如扒烟、串烟等。"像串烟啊，这个时候就是转工换活啊，你帮我啊，我帮你。"除种植烤烟以外，日常的玉米种植，如薅草工序大家也会帮工。LKY认为，这是由大集体时代大家一起种玉米留下来的习惯："刚刚放下户的时候，大家都习惯转工换手，基本上你提前一喊，第二天大家就都来了，活路就做得很快。"

这样的转工换活被火石垭人称为"白活路"，意思为不收金钱，白白帮人干活，是不同人家劳动力的交换和调剂。此时乡土社会的血缘和地缘关系就十分重要了。此前已经提及，火石垭村在清朝及民国时期有过移民潮，所以在火石垭村并没有形成一定势力的宗族。如果有亲人住在同一个区域，如S家五兄弟，那就是最好的互帮互助的团体；如果没有，那么只好像Y家一样与住在旁边的H家联合，形成联合行动的小团体，正是像LKY说的："远亲不如近邻，还是找邻居的多，邻居近些嘛，亲戚在远处。"Y家两个兄弟虽住前后，但关系由于一些原因并不亲密，因此YJK从来都是找住在稍远处的HYD一起帮忙。

YJK快70岁了，作为一名门类师，他自学成才的修房技术是在15岁时与HYD一起修建HYD家的木房时学会的。HYD比他略长两岁，两人自己摸索如何"掌墨"，此后便经常帮村里人修房。像他一样去帮村民修房的手艺人不在少数。在村民的眼中，以前的木房都是周围人互相帮忙一起修起来的，"（20世纪）六七十年代的时候，修木房子就是白活路，那个时候大家都在家，主人家只请个饭，又不给钱。"说起以前去其他人家帮忙修房"掌墨"的故事，YJK的回忆里满是感动。

村民普遍表示，在"白活路"的时候大家非常团结。一是因为如村民所说是大集体时期合作社存留的互助传统。二是因为当时的火石垭村农业生产力不高，生产过程中尚未使用现代化农药和工具，在当时只有靠着劳动力一根一根地薅草，一节一节地扒烟，一挑一挑地背煤。这些工序都需要在特定的农事节点完成，时间紧，任务重。三是农事安排上的时间差，即由于"白活路"的每户人家的安排，种植的时间会有差异，因此收获的时间也不同，所以给"白活路"的形成留下了空间。

当前，此种生产环节中的"白活路"已经基本消失，人与人之间关系也发生了变化。26岁的CJL是火石垭村二组的年轻人，平时大多时间住在城里，只有节假日的时候才会回来。他认为：

现在的人们感情越来越淡化，给我最明显、最直观的感受就是沟通交流这一块。就像我爷爷这辈，他们见面就非常要得来，再到我们父辈他们就经常一起玩，然后到我们这辈，就只有见面打个招呼。但是，你有啥子事，我还是会来，但总的来说，一般情况下就是淡了。

ZSB也感慨道:"以前大集体的时候,你帮我干两天,我帮你干两天,不讲金钱。你屋有事,我帮你十天,我两个隔得近,是亲戚,是朋友。现在不得行,通通都讲钱。"

可见,现在村庄中生产和生活方式的变化,以及大量农村劳动力外出务工,对村庄原来的互助换工促联系产生了一定的影响,以前是以"力"换"力",如今是花钱买"力"。

(二) 新形势下的雇工

如今的火石垭村,大部分的青壮年劳动力都已外出务工,留在家中的更多是老人、妇女和孩子,缺少了很多劳动力的村庄已经很难找寻到前文所述的"白活路"现象了。但生产中的忙碌不是一两个人就能够搞得定的,村民想着请一些留在家的中年妇女帮忙,但是别人家中的农活较少,并没有自己日后去还工的条件,所以就衍生出"用金钱取代换工"的方式请亲朋好友来家中帮忙种植生产。这种以金钱购买劳力的"雇工"方式其实就是原来"互助换工"形式的延伸,只是因为他人缺乏还工的条件而被代替成了金钱补偿。

HCW原是村中的文书,有着一定的知识和经济头脑,他家也是火石垭村一组最后"放手"烤烟的人家之一。他和妻子FXM两个人承包了一组风背崖40亩左右的土地。但两个人无论如何也无法完成这么多亩土地的种植,因此帮工是必需的。一开始土地是用来种植玉米的,然后将玉米卖给附近的牛场作饲料。但现实总没有想象中美好。HCW说:"我们一年到头拼死拼活,又请了这么多人,还自己天天干,结果也没赚到什么钱,累啊!"眼看着玉米的价格始终上不去,2018年,他们家开始响应号召,种植桑树养蚕。

养蚕的技术并不简单,蚕包质量的好坏取决于是否精心呵护,必须按照《技术手册》指导进行。FXM最愁的不是养蚕的技术。"镇里面都有指导技术的人,他们有时候会下来指导一下我们。养蚕最娇的就是要人啊!"确实,养蚕是一项精细的活,在养蚕的步骤中,扒桑叶在FXM看来最是恼火:"蚕在长的时候要吃东西,不能不喂,不然它吃不饱就不长了,不长我们就要亏惨。"

HCW和FXM每次都会养10张左右的蚕桑,每一季都需要两三个帮工。看似人少,但由于辛苦,来的人也少。FXM表示:"扒蚕叶的帮工难喊,赚的都是辛苦钱。"即使是踏实肯干人人称赞的HCM,说起扒蚕叶也是感觉万分辛苦。HCM说:"你看我的手嘛,扒蚕叶都扒裂了。"他摊开本应细腻柔软的两只手,露出生活留下的一道一道伤痕。FXM种植了三四十亩桑林,天色刚亮,几位帮工就要出去扒桑叶。一大早出门,可以少晒一会儿太阳。但阳光是不会放过这些勤劳工作的人的，它慢慢悠悠出来，把热量投到他们的脸上、背上，烘烤着。虽然FXM和HCM都已经戴上了帽子，但似乎一点儿用都没有。他们左手拿枝条，右手捎桑叶，即便这样简单的动作，干起来也十分辛苦。一是太阳的烘烤；二是时间长了扒得手臂酸软。就这样只干一上午，他们的双手就累得不得不停下。因此，桑叶工难喊，在火石垭村是公认的。HCM说："我们以前扒一斤桑叶给两毛五，现在提高到三毛了，扒得多就拿得多，但还是很难找人。"HCM也表示："一方面，是可以搞点钱；另一方面，还是帮我兄弟家的忙。没有办法，我不去，他们就喊不到人。扒桑叶真的很娇（累人），很少有人愿意去。"

在最艰难的时候，能帮自己的只有亲朋好友。在笔者田野调查期间，FXM第三季育了11张蚕，只请HCM一人已然不够，因此他们只好找到在HCM家附近居住的YJK和ZGX夫妻俩。两个人都已快70岁了，但年龄在火石垭村完全不是区分是否还能劳动的标准。ZGX作为"留守奶奶"，需要在家照顾三个孩子，在YJK爷爷出去做手艺活时，她一般都在家看孩子。由于FXM和HCW的诚恳邀请，她拉不下脸来，只好前去帮忙。她讲："他们喊了我好几次，我说我走不开，家里有几个娃，还有坡上一些活路，我干不过来，但是他们一定要让我去，蚕子等不起，要吃东西啊！"于是ZGX答应了HCW，在最紧急的几天去帮忙。"钱不多，主要还是帮忙。"

与FXM家相似，在一组街上的养蚕人家，虽一季只育三四张蚕，但很多时候仍需要其他劳动力的加入。作为他家邻居的MXH媳妇便是他们唯一能请到的帮工："我来了之后不仅要扒蚕，还要帮她喂蚕。把蚕叶拖回来之后，再干些杂活，但是工资还是按照扒了多少蚕叶来算的。"她认为自己干了更多的活路，实现的价值远不止到手的这100块钱。但左右邻里的关系仍旧让她不得不多帮助一些，多干一些。

可以看到，火石垭村虽然在生产阶段以雇工为主要形式，但这种形式在很大程度上并没有脱离血缘、地缘这些中国乡土社会共同体的链接。在市场经济的外表之下，火石垭村的人际关系仍旧包含着互助情感。

第三节　城乡关系再辨：理性与自觉

生活在乡村的火石垭村民同时也是社会文化大发展的促进者。乡村有着优秀传统文化的根源，"乡村传统文化来源于乡村社会实践又指导着乡村社会治理，对传统文化的敬畏会逐渐转化成一种仪式，通过仪式的强化作用，人们会自然而然内化为个人的价值和规范取向"。火石垭村民的传统道德实践与文化传承创新都是在促进社会的发展,同时他们也在美德继承、文化创新中,显示出他们的文明自觉与理性意识。

一、城乡链接中的传承变迁

习近平总书记指出:"优秀传统文化是一个国家、一个民族传承和发展的根本,如果丢掉了,就割断了精神命脉。"[1]可见对于优秀的传统文化,我们需要做的是传承发展,而在文化传承的实践中,火石垭村民表现出了对于某些传统文化即将无人继承的担忧,但同时也进行着文化的创新。

(一)传承断裂的担忧

文化的传承与发展在一定程度上离不开人们内在文化兴趣的建立。村民FCY出生于20世纪70年代,在他十二三岁(1986年)时就开始学习木制家具制作。他从小就喜欢捯饬木材,父亲见他有兴趣,就在离家不远的地方找了一位L姓师父教他木器制作。一个愿意教,一个愿意学,再加上自己的勤奋苦干,FCY很快就学会了木器制作,后来凭借着这一手艺支撑起整个家庭的开支。在20世纪八九十年代,当别人还在忧虑生活的时候,他已经过得相当宽裕了。FCY做了大半辈子工匠,为了不让自己的手艺失传,他培养了两个徒弟。虽然这两年由于身体原因他暂停了木器制作,但是他骄傲地说还有两个徒弟在继续做。两个徒弟也会经常来家里面看他,并交流一些木器制作的问题,在长期的交流中,木工文化也在不知不觉中得到了更多的传承与发展。

但像FCY那样,找到徒弟传承手艺的老师傅在火石垭是十分少见的。ZHQ作为牵过桥的掌墨师,不仅没有收到徒弟,他自己连如何建木房的手艺和本领也已经忘记。旁人说起他,他总是一副不以为然的样子。

YJK说,以前是"教三路留三路,免得徒弟打师父",意思就是以前的师父教徒弟不会把手艺全部传授给徒弟,而是留一些自己能够吃饱饭的"绝活儿"。但现在没有人会愿意学习,传承的现状令人担忧。

这种对传承的担忧不无道理。改革开放以来,随着城镇化和市场化的进程逐步加快,火石垭村民的物质生活条件得到提升,精神需要也在变化之中。现代化条件下许多传统文化所依托的物质器具不断消失,例如,不再耗费大量精力去修建木房,不再一片

---

[1] 习近平. 在纪念孔子诞辰2565周年国际学术研讨会暨国际儒学联合会第五届会员大会开幕会上的讲话[N]. 人民日报, 2019-09-25(002).

片添置砖瓦等,村民纷纷放弃了许多传统生产,选择向城镇化靠拢。

但对从小生活在火石垭的村民来说,不管社会再怎么日新月异地变化,许多文化习俗与道德风俗还是一代代传了下来,如尊老爱幼的孝道、礼尚往来的熟人社会相处模式、丰富有趣的婚丧嫁娶习俗等。村民YCJ表示,传统的东西是因为有着特殊的讲究而具备一定的传承价值,老一辈传下来的东西还是不能忘记。在讲到自己的大儿子订婚的一些习俗讲究的时候,他感慨道:

现在很多婚姻风俗都简化了,简单了好多,要以前的话,那规矩和讲究很多嘞。我觉得嘛,还是要有一些传统的习俗讲究要好一些,越来越现代化其实也没得好大的意思。虽然说现在社会发展是这样嘛,但是我觉得有些习俗、有些规矩还是可以坚持的。

他清晰地记得自己的家族故事,记得自己家族的字辈,对后辈的多次传教暗含着他希望后辈也能够对传统的文化有所认识与记忆。他说:"现在的人取名字都不按字辈来了,怕是后面几辈人噻,连自己的家族字辈是么子都不晓得了哟,这些老一辈的东西怕是要失落(失传)完。"话语中显露出了他内心的担忧。

(二)文化实践再创新

前文提到,小小的火石垭村在一条街上有着两支打鼓队,且由一支分化而来。当初分化的契机是因为业务繁忙,一支队伍来不及赶上所有邀请他们的活动。在笔者田野调查期间,其中一支队伍计划再带徒弟凑上一队。

在没有打鼓队以前,当地人举办红白喜事,多邀请唢呐匠吹奏着适应不同场合的曲子。唢呐匠在改革开放前还有许多跟着学习的徒弟,而现在这些学徒都已经五六十岁了。唢呐匠HYH曾抱怨道:"都没有人愿意学了,我们也没有多少学徒可教了。"看似就要消失的唢呐传承,似乎又有了兴起的希望。SSP曾经跟随ZGB学习过吹唢呐,也曾是火石垭村远近闻名的一把吹唢呐的好手。SSP说:

我会的调子多,中气又足,以前好多人来找我啊!我们当时吹唢呐不收费,看主人家给我们递一些喜气(赠品)就够了。我经常帮邻里去吹,几天就是一场,那个时候我们火石垭会吹唢呐的多啊!结果某一天去帮一个亲戚吹,他说我没有给他吹好,我被气到了,我从此之后再也不吹了。

而后SSP果真没有再动过唢呐。几年前修房时SSP从二楼摔下,摔断了腿,在家休养时,经常有人请他再次出山吹唢呐,均被他拒绝了。但他也在疑惑,为何现在唢呐匠变少了,但找他吹唢呐的人却变多了,需求增多了。

HYH和SSP的师父是住在火石垭风背崖的ZGB,70多岁的ZGB一直保持着对唢呐的热爱。妻子多病且夫妻关系不太融洽，他一个人住在一组最为偏远的风背崖，平时无人交流，就经常拿出唢呐细细擦拭，一把唢呐被他保养得锃亮无比。喜爱看抖音的他，常在网络上看别人吹奏唢呐，谈起这些，他会感慨自己一个人无法拍摄，脸上显得有些落寞。于是笔者提出帮他拍摄一段吹奏唢呐的视频发在短视频平台上。他因此显得异常兴奋，连忙指挥笔者来到院坝内空旷的地方。笔者向他建议的几个拍摄技巧他也全部接受，并且全程配合笔者。当他将拍摄的一分多钟的短视频放到网络上时，他就不停地刷新以观察有多少点击量，并且邀请笔者第二天再次帮他拍摄。如此一来，火石垭的许多村民都在网络平台上看到了他吹唢呐。

唢呐匠如此红火的很大一部分原因，在于打鼓队这一文化创新活动的带动。在打鼓队中，唢呐为打鼓队这一现代形式加入了传统的元素，在与打鼓队结合的过程中，唢呐不断焕发新的生机。

唢呐演奏的许多曲子在新的阶段有着新的变化。许多唢呐匠在四五十岁时已对旧时的吹奏方式了然于心，但如今也能看到他们相互学习新的曲子，不断寻求突破的技巧。在火石垭街上的MXH家，不时传来唢呐的清亮之声，来自彭水的两位好友时常来到MXH家，与他一起学习新的唢呐曲，并且邀请他重操旧业。MXH已经很久没有吹奏过，他显然需要多次练习才能熟练。其实，想要学习吹唢呐的人也在慢慢增多，YXQ便是其中的一位。笔者经常看到他一人在家无事时，看着抖音上的教学视频学习。"现在会吹唢呐的人少啊！我们请唢呐匠每次都要提前请，还要给他更多的钱。我就想自己也学会，以后跟着他们一起出去走人户。" YXQ的妻子LGY是火石垭村其中一支打鼓队的队长，妻子为了请唢呐匠也是四处奔波。JLX作为另一支打鼓队的成员，在某次到处邀请唢呐匠而遍寻不到时，向笔者发出感叹："我也一定要学会唢呐！"

由此，在火石垭打鼓队这一文化创新的实践中，传统唢呐艺术得到另一种形式的传承。

二、进城诉求的变迁

改革开放后，城市的发展日新月异，以人为核心的城镇化成为中国实现现代化的必由之路。表现在乡土社会中，众多农民开始进城，火石垭村也不例外。自烤烟种植失败后，外出务工成为村民获得生存基础的又一选择。21世纪以来，村民对城市的看法有了极大的改变，进城的诉求也有所变化，人群在这里得以分流。更为关键的问题表现在以下两个方面。

（一）向往城市与内心不安

在 20 世纪末，火石垭村就有村民开始走出农村，在周围的城镇中寻找出路，小卖部老板 ZZC 便是其中一位。他自 20 世纪八九十年代便开始往来于城乡，他回忆道：

我十七八岁的时候就在外面跑了。当时去湖北啊、黔江啊这些地方，做些买进卖出的生意。后来胆子大了，包包里面有一百多块钱就跑到广州去了，当时不懂存钱取钱，就把钱缝在衣服里面。

与他一样在外闯荡的村民有十几位，他们算得上是村中第一批敢于"出村"的人。但需注意的是，此时的城市对他们来说既有赚钱的机遇，也有很大的不确定性。

我们走远路，比如说去广州，都是一伙出去。外面乱得很，钱放在包包里面都不安心，随时都怕偷了、抢了。我们每次出去也不会待多久，进完货就回来了。

但这样的情况很快就有了改变。20 世纪 90 年代初，改革开放进入新的时期，尤其是 1992 年邓小平同志的"南方谈话"后，城市经济体制开始全面改革，社会主义市场经济体制也全面变革，劳动力资源机制逐步形成，为村民进入城市、成为市场劳动力提供了保障。此时东南沿海地区的经济开始快速发展，第二产业劳动力需求量大增，火石垭村的村民改变了过去短时间停留在城市的策略，开始长时段、多群体地往城里迁。ZZX 曾说：

我们一开始去的时候根本不敢在外面多待，到处都是抢劫的，我们村子的有些人在车上就被摸（偷）了。被摸（偷）了，谁也不敢说，都晓得那些是一伙的。后来我哥在外面找到工地，工地上缺人，于是就把我们五兄弟全部喊起去。我们想着几兄弟一起出去也相互有个伴儿，外面发生个事情也有个人在，别个看到你有一伙人就不敢来闹你。不然的话，你就容易遭殃（受欺负）。

从 ZZX 的话中可以了解到，村民从开始单个往城里跑，到后来成群成伙地进城，一方面是对在城市里获得高收入的美好期盼，另一方面也会对城市的社会治安感到不安。此时的城市对他们而言既有美好的一面，更有不好的一面。对此，ZZC 也表达过他的不解：

城里面赚钱的机会多，但是丢钱的时候更多。那时候我去火车站看别个打架，一伙人打了就跑了，找不到了。其实哪里是找不到，就是不好找，城里面这么大，不像我们在火石垭要找哪个直接去他家就行了，我反正不兴待（不愿意待）。我还是回来开我的小卖部。

21 世纪初，"混乱"的城市治安随着国家的大力整治得以改善，村民以往对城市形成的"不安全"印象也随之改变，城市成为火石垭村许多村民向往的地方。SSP说：

  我们几兄弟进城还是好找工作，我记得就（二零）零几年的时候，到处都找得到工作。我一年到头都回不了几次家。全国各地我都跑遍了，广州、武汉、湖南，哪里有工地我就去哪里。

  关于治安的话题，他也认为近些年来大有变化：

  现在治安好得很啊，不像以前我去哪里坐火车是纯粹不敢睡觉，一点都不敢睡，你一睡就有人来摸（偷）你的包包。我整夜十几个小时硬是不合眼。这刻儿，随便你在哪里都睡得着，谁来管你来摸（偷）你啊！还是好。

  在他眼中，城里不仅治安好，机会也多，他在城市里学会了不少技能。

  看图纸、修房子，都是我在外面学会的。那时候刚刚过去，只有一身力气，哪里会什么东西啊，更莫说看图纸。后来我跟着工地上的师傅一起看，我一个小学毕业的也学会了怎么看图纸、怎么画图纸。你现在让我去工地，我一看就晓得这个工地是搞什么，是怎么一回事。

  火石垭村民传统时期的教育水平较低，许多中年人只有小学学历，老年人不认字的情况也比较普遍。在城市里为了获得工作机会，也为了赚更多的钱，他们不得不学习认字，习得一些与建筑相关的技能。不过这些技能基本上是简单的、较为低层次的，一旦与设计相关且较为复杂的，他们便无可奈何了。如CQF说："让我自己修个自己的小房子，就一楼一底，我还是耐得活，简单个嘛！但是让我在电脑上设计个东西，或者搞其他大楼的设计，我就不得行了。"

  在21世纪的第一个十年，城市开始了新一轮大力发展，火石垭村民对城市有了极好的印象。城市的五光十色和居民丰富多彩的生活让他们眼花缭乱。SSP说：

  那刻儿还年轻嘛，赚到点钱就在城头花了，去打牌啊、吃饭啊，一伙人一下子就花完了。用钱的地方多得很，有时候我不敢回火石垭，老妈妈问我你钱呢？一年到头没看你寄钱回来！我晓得老妈妈要说（骂）我，我就不回了，等攒点钱再回来。

  （二）夫妻双双进城去

  一开始在城里打工的多是男性，随着城市劳动力需求的增多，女人们也慢慢走进了城市。CYE是在20世纪90年代末结的婚，婚后很快跟着新婚丈夫一起外出打工。最开始他们去了福建。CYE说：

  福建很好，气候又暖和，冬天我们都不回来，一直都在福建的。我过去的时候就跟着他（丈夫）一起在工地。那些活儿也不累，跟在家里面办烤烟是一样的。办烤烟还要熬夜烤，在工地的话，看你是做什么。我累了想休息了，我就不去，让他（丈夫）去。在家里面不得行哦！就那几天你必须烤出来，苞谷必须全部搬完，你一天都不得空，要抢时间。一年到头做烤烟也赚不到钱。

CYE说起过去在火石垭村的生活，感到十分心酸。她说：

我们一天到黑就在土里面做，后来别人介绍我跟他，我们就结婚了。结婚一开始说是要在家办烤烟，后来觉得在家确实是看不到钱。当时家家户户都想出门哦。但是女的出去的还是少。但是我那个时候不一样，我还年轻，我们才结婚没得几个月。我就说我也想出去，我不想在火石垭了，他就把我带出去了。

如她所言，在火石垭村，女性外出打工普遍比男性晚一个阶段。20世纪90年代末外出打工的女人较少，此时间段她们大多在家承担着照顾老人、守着土地的任务。直到丈夫需要她们才有了外出的要求，陆续走上外出打工之路。迈入中年的妇女JLX说：

他（丈夫）打工走了之后，我自己一个人在家种了100多斤花生米，还要烤烟，还要卖烟。只是说我一个人的时候种得少一些，没有头几年种得憨（多）。后来几个娃儿要读书，家里面老妈妈又要长期吃药，他就喊我一起出去。我屋NLK从小学的时候就自己在家了，自己做饭，自己上学。家里面老妈妈也不管。

女性进入城市对一个家庭来说，往往是多方权衡的结果。城市里更为优美的环境和较高的收入水平，让不少夫妻选择双双入城，或把孩子也带进城去。在火石垭，这样的家庭被看作"关门走"。不过"关门走"的夫妻要么是孩子较小，还不到入学的年龄，要么是孩子已经到初高中的年级，可以自理生活，夫妻俩也到了中年打拼的阶段，需要为自己攒养老钱，因此不得不在还能"扭得动"的时候拼命打工，只为赚得"傍身钱"，为孩子成家立业打下基础。

三、何处是归途

村民进城是一个阶段化的过程，大致有向城市迁徙和定居这两个阶段。[1]此前已经论述过，大多数村民并没有在城里完全定居，而是在火石垭和城市之间候鸟式移动。

近些年来，城市对低水平劳动力需求的减少，以及家乡逐渐有了发展机会，让部分火石垭人重新回到村里生活。当然，在回归的选择中，主动与被动的因素是相互掺杂的，他们对城市的感知也愈加复杂。在此前的研究中，许多学者将农民留在城里看作

---

[1] 蔡昉.劳动力迁移的两个过程及其制度障碍[J].社会学研究，2001（4）：44–51.

"必然"，讨论的问题是农民"能否留在城里"。这样的讨论很大程度上忽略了农民的主观意愿，实际上应该更加关注农民是否"想要留在城市"，由此还衍生出对他们来说更加深刻的话题——"什么是城市？""家乡在哪里？"

（一）留在城里的现实挣扎

在许多土生土长的火石垭村民看来，他们的生活是和城市"割裂"的。许多人虽然在城里打工，但他们多数集中在租金相对便宜、设施老旧且生活成本相对较低的地方。JLX曾回忆在广州打工租房的日子：

那刻儿我们就租了一间房，一套房里面就那么一间。我们吃饭都要在那个小小的地方里面煮。买一口锅，整个电磁炉，再买点菜就这么过了。平时也不出去逛，下班了就买点菜回来了。哪里还要出门啊！你现在让我说广州有哪些地方景点的，我都不晓得，我不去。

对村民而言，城市最大的意义是赚钱，除此之外的娱乐生活，仅有少部分人有意识去享受，大多村民仍旧秉持着节约的观念不轻易外出。因此，他们对城市印象是较为单一的。

从客观层面而言，城市为村民提供的资源除比乡村更高的收入外，还有社会保障和福利水平。具体而言，城市的社会保障包括了工伤、失业、教育、住房、医疗、养老等多方面内容。[1]在这众多的社会保障中，教育、医疗和住房是较为重要的。而其中，火石垭村民对教育条件尤为看重，这也成为他们是否选择留在城里的主要因素之一。

前章已述，火石垭村民对于教育的重视在近些年来达到了前所未有的高度，更有许多家长放弃打工挣钱的机会，陪伴孩子读书。但是在教育方面，他们的选择依旧有限。火石垭村的村民除彻底将户口迁到城镇外，多数人选择户口在农村，只送孩子到石家镇与黔江城区的学校入学读书。送孩子进城上学在他们看来可以获得更好的教育资源，而越来越多的村民陆续送孩子进城上学，也让剩下的村民不得不重新考虑对孩子的教育规划，也尝试将孩子送进城去读书。

不过，在村民具体选择孩子的教育地点时，经济支持是很大的影响因素。一般情况下，城市是否能够吸纳非城市户口的孩子入学，这不仅牵扯到地方财政能力，而且还牵扯到学校校舍建设、学生流动性与地方投资长效规划的矛盾等一系列复杂问题。在火石垭村所在的重庆市，所有流动儿童基本上可以就读公办学校，享受与城市户籍儿童同等

---

[1] 刘炳辉.农民进城的诉求与县域城镇化的破解之道[J].群言，2022（9）：10-13.

的教育。不仅如此，虽然重庆市中心城区❶及其他区县街道出台了接收流动儿童入学的相关标准，但在实际操作层面并不严格要求材料和身份达到绝对标准。❷虽然政策给了村民送孩子入学很大的便利，但他们又不得不考虑经济支出问题。

较少有村民直接将孩子带去自己的打工地点入学，JLX谈道：

孩子在外面读书，我们觉得不好。一是我们天天都在工地，孩子放了学也只有跟我们在工地或者自己在家，根本不敢让他出去外面耍，要是一个不小心就丢了，你找都找不到。二个是外面学费高得很，多一个娃儿多一张嘴巴，再加上生活费和学杂费。经常那边的老师让买这个、买那个，其他娃儿都买了，我们不买也不好，买来他自己又不看，我们也搞不懂，完全是浪费钱。

JLX所说的情况代表了火石垭村绝大多数家长的想法。村民认为，首先，虽然城市治安环境已经较为良好，但留孩子独自在家或在外玩耍，仍旧不合适；如果回到自己熟悉的地方，则可以在一定程度上避免这个问题。其次，他们工作的地方往往是大型城市，生活水平较高，学校虽在教育条件上比村小学好，但孩子读书的费用也不少。所以，他们更加倾向于将孩子带回火石垭读书。

在这种观念的影响下，黔江城区成为众多村民的选择。黔江区作为渝东南区域的中心城区，经济发展虽无法与重庆市主城区相比，但比火石垭周围的彭水县等地较发达。并且由于石家镇仅有初级中学，尚无高级中学，许多村民为了让孩子尽早适应城里的生活，从小学阶段便开始送他们到黔江区里读书，很多家长甚至选择陪读。

从表12-1可以看出，大部分陪读家长均选择送孩子在黔江城区上学，这样既离火石垭村较近，方便随时回家，同时黔江城区的生活水平不高，房租和生活费也较低。因此，大部分村民以生活在黔江城区作为较好的选择，这也是他们将黔江看作美好"城市"的原因之一。不过，也有许多村民将黔江城看作一个"跳板"。HCM家便是如此。HCM的大儿子是在火石垭村读的小学，在石家镇读的中学，后来靠着自己的努力考入了黔江中学高中部，最后进入了西南政法大学学习法律。在他眼中，生活在黔江从来不是他的目标。虽然他一毕业便顺利地成为警察，后来经过努力通过"法考"成为黔江区的检察官，但他始终坚定自己的目标——去重庆市发展。在他看来，重庆市远好过黔江城区。他说：

黔江我高中三年一直都在的啊。后来大学四年去了（重庆）主城，我觉得还是主城

---

❶ 主要包括渝中区、渝北区、江北区、沙坪坝区、九龙坡区、大渡口区、南岸区、巴南区以及北碚区，共九个区，常被称为"主城九区"。

❷ 刘晨旭.同一个教室，不一样的童年[D].西南大学，2018.

好，发展的空间好，机会也多。我大学的时候还没有这么觉得，我觉得都差不多。后来我回来上班了才晓得，真的不一样。人的观念不一样，做事的方法也不一样。我就想着有机会还是要回去。后来我结了婚，我老婆也跟我有一样的想法，我们两个人还是想去主城。而且在主城，娃儿的教育也方便些，在黔江没有几所好学校。

表12-1 2021年火石垭村二组部分学生陪读情况

户主	孩子	陪读人	受教育阶段	地点	方式	开支/万元
CFK	RJL	母亲	小学、初中、高中	小学：河北省 初、高中：黔江城区	租房	5
CXH	CWS CWJ CWM	母亲	幼儿园、小学1~3年级	石家镇	租房	1.2
LGL	LRX LWQ	奶奶	幼儿园、小学1~3年级	石家镇	租房	1.5
RZP	RJC RJJ	母亲	幼儿园、小学、初中、高中	幼儿园、小学、初中：石家镇 高中：黔江城区	在家	2
RZK	RY RLX	奶奶	幼儿园、小学、中学	黔江城区	买房	3
WDY	WGH	爷爷	幼儿园、小学	幼儿园：福建省 小学：黔江城区	租房	2.3
CFY	RXR	母亲	幼儿园、小学	幼儿园：福建省 小学：石家镇	租房	1.2
YCJ	YX YX	母亲	中学	幼儿园、小学：石家镇 初高中：黔江城区	租房	3
YCH	YYH YQY	父母亲	幼儿园、小学、初中	石家镇	在家	4
YSW	YJY	母亲	幼儿园、小学	黔江城区	租房	5
TYY	TYL	爷爷	幼儿园、小学	黔江城区	买房	2
TS	TJH	奶奶	幼儿园	石家镇	租房	2
CJG	CKJ CSY	爷爷	幼儿园、小学	黔江城区	买房	5
RZX	RGH RMH RYE	爷爷 奶奶	幼儿园、小学、初中	黔江城区	租房	4
TJJ	TC	爸爸	小学、初中	黔江城区	租房	2

HCM 的大儿子代表了一部分接受过一定高等教育的新一代村民的想法。他们在外地受到高等教育，并在大学期间深刻感受了城市便利的一面，回到家乡之后，对家乡生活产生了种种不适与不满，于是他们纷纷选择去更大的城市。村民对"城市"的感知也在变化之中，大部分村民眼中的"黔江城"并不是"城市"，而只把它看作"城乡接合部"。正如 HCM 的大儿子所言："黔江哪里是城市啊！我去了重庆，才觉得重庆是城市；去了上海，又觉得上海才是城市。"由此看来，"城市"指代的并不是具体的地方，每个人基于自己的人生经历与认知水平会有不一样的看法，人们对"城市"的态度与认可也呈现"梯级化"。

（二）回到家中的复杂感受

进城陪读或在城里读大学，仅仅是人生旅程中的一段时光，这段时光一过，众多村民或从农村走出的孩子又将面临选择——是继续留在城里，还是回到家乡。

一方面，对于部分村民或者从农村走出的孩子而言，家乡是归属与依靠。即使是在城里面买房定居，等到节日或村中有红白喜事，仍旧需要回到村里。也有不少人表示，春节时更愿意回到家乡来，还是村里熟人多，过节时气氛更为热烈。RZF 谈道："过年的时候在城里会比较冷清。在农村过年的话有一种特别的浓郁的乡土气息，感觉还是不一样。"乡村是由这些从小生活在村庄里面的人所建构的村落共同体。这一部分人对火石垭有着深切的依恋。他们往往在外出务工时会从家里面带上腊肉、干洋芋片、腌菜等一些家乡人自己做的土特产。许多人在外出务工时会从家乡带上几包蔬菜种子，等到达了自己的务工地之后，想办法在附近开垦出一小片土地，进行播种。不管他们在外工作多少年，通往家乡的那条道路不管怎么改变，他们也始终不会忘记：走出来是为了"生计"，再回归是为了"生活"。

另一方面，众多陪读家庭的父母在孩子考上大学，或孩子完成九年义务制教育之后，便不再陪读，他们需要再次选择，是继续留在城里，还是出去打工，抑或回到火石垭村。众多的中青年已经习惯城市的打工生活，火石垭村对他们来说只是一个歇脚的地方。因此在结束陪读后，仍旧有不少人回到城里继续打工，再一次成为"候鸟"。但"候鸟"的日子总有一天会结束，在哪里度过老年时光，是他们需要思考的问题。

村民回乡最为重要的考虑是村中的土地。许多村民表示愿意回乡发展或养老，最关键的因素是家中有属于自己的承包地和宅基地。例如，已在丰都县城工作了几年的年轻人 CJL 表示，自己十分犹豫是否要在丰都县城买房，因为老了之后仍旧想在家养老。CJL 说："我从小是爷爷带大的，他告诉我外面无论怎么样，我回家都有一口饭吃，因为我有地，可以自己种地，就不会饿死自己。"这便是火石垭村民的"乡土情怀"，火石垭是村民的家乡，由于有"落叶归根"的观念，所以他们终究是要回来的。正如许多人所言："死去时也要回到火石垭。"

但这种"落叶归根"的观念在新一代的火石垭人心中有了很大改变，他们从小被父母带去城里读书，或由于学习和工作的调动将户口迁出火石垭，他们的社会关系与生活环境已经脱离了火石垭村，在他们心中，黔江城或重庆才是自己的"家乡"。ZZC抱怨道：

> 我的儿子女儿是在火石垭长大的，但是他们一毕业就去了黔江上班。现在孙子、外孙全部是在黔江出生的，他们一年到头也不回来几次。我进城去看他们，说火石垭才是你们的家，他们说不是，黔江才是家。我也没有办法，以后等我老了、走不动了，也要去黔江。

因此，何处才是家，每个人心中都有自己的答案。这些更小一辈的"火石垭人"，会被贴上"火石垭"的标签，但他们自己并不一定会认同。ZX在重庆市读大学，同样是在村里长大的孩子，她的想法与CJL极为不同。在她看来，自己以后是不会回到火石垭的。她说：

> 回来做什么呢？我又不会种地，我妈也从来不让我去种。等我毕业了就在外面找个工作。我学的是中医，还是在外面才找得到工作，回火石垭来是没有办法的。

ZX的想法代表了大多数年轻的火石垭人的想法，他们虽然认可火石垭村是自己的故乡，但却不一定愿意回乡来。

综上所述，火石垭村的村民对于城市和家乡的看法存在一定的复杂性，不同的年龄阶段、教育水平和个人家庭环境都会对他们的看法产生影响。而人际关系、生活技能等越是深深嵌入火石垭村，就越会有对火石垭作为家乡的认同。但这种认同并不代表他们一定会排斥城市。在他们的眼中，城乡之间绝对不是简单的二元对立，他们可以较为容易地在黔江城里停留，也可以选择回到乡土社会的怀抱。火石垭村在大多数人的心中，作为他们的家乡仍旧闪耀着独属于它的光芒。

小　结　精神韧性与文明自觉

1931年，斯科特曾描述当时中国农村的现状："有些地区农村人口的境况，就像一个人长久地站在齐脖深的河水中，只要涌来一阵细浪，就会陷入灭顶之灾。"此番话用来描述1949年之前甚至改革开放以前的中国农村或许较为贴切。由于生产力水平低下，农民一直在为生存而奋斗着。他们的生存问题始终是与土地有关的问题。

火石垭村这样的"非典型"村庄，它的精神韧性蕴含在村民的生存智慧中。"生存保险实际上是留住劳动力的唯一办法。"[1]土地是最为可靠的保险。因为农民不仅是一个生存单位，更是一个消费单位，在传统时期找到一种稳定可靠的方法来满足最低生存需求，是农民进行生计安排最需要考虑的。但随着人口的逐渐增多，农民的消费也逐渐增多。为了满足最低生存需要，他们不得不付出更多的劳动，但获得的利润却越来越少。在火石垭村，地多人少似乎是一直以来的状况，即使是1949年后有各地逃荒的人迁入，一个家庭也能够拥有几亩地到十几亩地，这也比其他地区的家庭土地占有量要多。火石垭人吃苦耐劳，尽可能多地在土地上创造价值，但水资源的缺乏给他们的生产和生活带来一定的制约。于是他们不得不想尽办法解决用水的问题，也不得不勒紧裤腰带过日子，吃得少一点，再多干一点，从少年到老年，他们一直遵循着这个道理。在这样的生存状况中，家庭是他们抵抗生存风险的一大支撑。

乡村集体又给了村民一个抵抗风险、获得精神韧性的基础。他们过着互助的集体生活，构建礼尚往来的人际关系，这些以互惠为前提、以共同的村落认同为基础构建起来的社会结构，为他们构筑了一个心理安全的"防护网"。

以火石垭村为例的"非典型"村庄，在迈向现代化的过程中，以土地为基础的生存伦理发生了改变，人们不再被土地捆绑，开始面临各种各样的社会风险。但是，他们再一次获得了精神上的韧性。火石垭村民在改革开放后，逐渐由传统种植模式转变为以烤烟为主的农业生产模式，再到放弃烤烟种植，选择外出务工，在这一系列的转变中，他们内心的精神韧性一直存在。

这种从家庭到村落再到城乡生存环境的变化，对"非典型"村庄而言，实际上是在国家政策和市场经济的双重影响下的韧性回应。村民面对外界所带来的风险和压力时，一方面守护自身土地，用看似"保守"的策略作出回应；另一方面也通过个人的具体行为，重新整合家庭、村落和社会等不同的社会结构与秩序，展现出在平静日常生活中不易被察觉的应对措施与精神韧性。

---

[1] 詹姆斯·C.斯科特.农民的道义经济学 东南亚的反叛与生存[M].程立显，刘建，等译.南京：译林出版社，2001：128.

附录一

火石垭的追光者

党的二十大报告明确指出："培养造就大批德才兼备的高素质人才，是国家和民族长远发展大计。"乡村振兴，人才是关键，也是把握"非典型"村庄发展韧性的"第一资源"。对于"非典型"村庄，如何挖掘人才、培养人才、留住人才，是值得深入思考的问题。不仅要从外部输送"下乡人才"，更要思考如何用活"本土人才"。

火石垭村作为"非典型"村庄，孕育了一群"本土人才"。他们普通而不凡，有的传承、发扬祖祖辈辈的经验，并使之适应现代化发展；有的历经磨难后返璞归真，在政策帮扶下重获新生；有的勤勤恳恳、活到老学到老，在产业发展中实现人生价值；有的慈爱满怀，用自己"瘦弱"的肩膀挑起了一代又一代的生活……他们的前半生展现了中国乡村艰难前行之路，后半生见证了新时代建设探索的振兴之道，他们是火石垭村庄发展的缩影，是"非典型"村庄发展韧性的重要基础。他们熟悉乡村环境，生产经验丰富，种植养殖技术接地气、见效快。作为活跃在田间地头、活跃在基层一线的土专家、"田"秀才，他们乘着乡村振兴的东风积极学习，运用新理念为传统农业转型注入新活力；他们在这片乡土上传播民间文化、传承良好家风，挥洒汗水，播下希望，贡献智慧，带动一方。一代代守护着绿水青山的乡亲们，盼来了"金山银山"，盼来了美好生活。

个人是社会发展中的一粒沙尘，在洪流中不断前进，成就更加完整的自我。接下来，本书将列举火石垭村的本土人才，讲述他们的发展故事，用真实丰富的案例，具体讲述生活在火石垭这样一个"非典型"的村庄中，本土人才如何保持淳朴本心、情系乡村、追求美好生活的故事，解读"非典型"村庄"人才韧性"对乡村振兴的重要推动作用，展现乡土中国方寸土地上不同类型村庄的生存智慧与集体力量，为"非典型"村庄的乡村振兴注入源源不断的新动力。

蚕桑养殖户：时代变化下的生计之变

我叫CZB，火石垭村人，一直在村里务农，种过烤烟、魔芋、红薯、南瓜、苞谷，2017年，我开始从事蚕桑种养。

（一）发展之思——为什么？

以前，我们村子主要是种烤烟，几乎家家户户都在种，都修了烤烟棚，后来陆陆续续的，烤烟种不出来了，环境也污染了，年轻人都出去了，就开始发展其他的产业。最近几年，乡村振兴搞得红红火火，各种产业都慢慢发展起来了。

我种烤烟十多年了，记得分田到户后，村里就开始兴种烤烟，我们家算是种烤烟种得最久的。那段时间，家里的主要经济（来源）就是烤烟，其他再零零碎碎种点稻谷、玉米，养两头猪，日子过得还不错，像20世纪80年代的千元户、90年代的万元户我们都拿过。

当时，政府为鼓励农民种烤烟，提高农民的积极性，就对那些烤烟种得好的农户进行表彰和奖励。（20世纪）80年代的时候，政府针对千元户奖励一把水壶、一条毛巾，后来到90年代，千元户不算什么了，就开始奖励万元户。获得万元户的奖励规格比千元户高多了，那时候如果你是一个万元户，村里要开表彰大会，发动其他村民向你看齐，还要当场奖励现金，这个就招人羡慕了，所以大家都是热火朝天地干。

刚开始种烤烟的时候，村里没有出现土质不适应的问题，但是十多年过去，问题慢慢展现出来。土质变差啦，很多地方都已经不适合种了，而且烤烟对海拔有要求，它适合在海拔高点的地方种，海拔太低就出不了（长不出）烟叶。最后几年，我们每一两年都要从一个地方搬到另一个地方去种烟，因为地理条件和海拔位置不一样，换了的地方也不一定能种出好品质的烟，而且种烟污染环境，村子里就开始倡导我们搞其他产业，蚕桑业就是这个时候开始在村里兴起的。我算是退得比较晚的了，2016年才退出烤烟市场。

（二）转业之困——做什么？

不种烤烟后，我想了很多，到底是出去打工，还是在家种田。从外出务工的角度来讲，如果选择打工，我们可以不用做农活，每天上班下班，不用面朝黄土背朝天，可能会比做农活轻松点。但是我们年龄到这里了，工地上、厂子里招工都有年龄限制，我们这些50多岁的人，已经没有市场了。比方说我老婆现在52岁，她在工厂里做，再过三年就到了55岁退休年龄了，很多工厂都不招她，那她出去打工还能做什么呢？我现在50多岁，在工地上还能做做活路，但是等我到了55岁，可能很多下力气的活就不好做了，也危险，就算我想做、能做，也没老板敢让我做了。这也就意味着过不了多久，我们还是得回到这片土地上来。从长远的角度考虑，自己在家里做个产业还是比较长远一点，外出务工这条路行不通。

种植业，我们除了种烤烟，其他的做得也多。前些年我们还包了几十亩地，种过南瓜、魔芋、红苕。但是这些都是靠天吃饭，经常会出现意外情况，在某样农作物要收成的时候，碰上自然灾害导致收成不好，甚至是颗粒无收，这个就亏大了。种植那么大的面积，人工、种苗、肥料等，辛辛苦苦一年的投入，就一点都收不回来了。我们这里山高、坡陡、旱天多，夏季很容易遭干旱，雨季又容易遭大水。

无论是干旱还是发大水，对种植业来说，那都是天大的灾难。记得有一年遭大水，二组有一户种的苞谷全都在地里泡了，那家的妇女看到地里泡烂的苞谷就坐在地上哭。遇上这种天灾，谁都没有办法，但是看着自己的心血一下子全部都毁了，哪个都想哭。还有一个问题就是，像南瓜、魔芋、红薯这些，就算种再多，产量再高，也卖不了多少钱，毕竟它的单价低。这些东西两三毛、四五毛一斤，就算收个上万斤也才几千块钱，但你要花一年的时间在这上面，下苗、薅草、除虫、施肥等等，一点都怠慢不得，辛苦和收益是不成正比的。

育（养）猪、育（养）牛之前也有考虑过的，主要还是盈利和风险的问题。之前村里兴搞产业的时候，我有个朋友打算跟我合伙，一起来育牛。这个朋友是外地人，他不得来我们这里长期生活。他的想法是他出资50万元，在我们这儿搞一个育牛项目，平时由我来管理。按照50万元的总投资，以当时的行情来说，可以从小规模的养殖场开始。我计算了下成本，当时牛崽的价格差不多是几千块钱，30头牛崽就是20万元；盖一个牛棚至少是十几万元；饲料得提前储备，30头牛一年需要玉米、饲料大概100来吨，至少需要几万元，还有一些其他的成本，前期投入太大了。

如果不是朋友关系，我是巴不得有人来投资，50万元、100万元我都不怕，反正赚钱了有我一份，亏钱了我还能拿我打工的一份钱，但是考虑到朋友这层关系，我没答应。如果我和他合伙做，我得每天都在现场，除了要劳动，还要维持现场的正常运转，包括请工人、买饲料、机器设备维护、照看牛等等，他不可能每天在现场监督。到时候一个月下来，我把现场的劳动工资、物资开支、饲料成本这些费用都报给他，他只是看一下每个月的开支明细，所有的账都从我这里出。如果哪一天机器出了问题，找人来修或者换个零部件，我说花了好多钱，又没有收据或者发票，他会觉得钱花多了；或者说今天我请了8个工人，明天我请了4个工人，他又不在现场，万一他觉得请的人不合适、请多了怎么办？还有就是买饲料，饲料是一笔大开支，每一笔钱我实实在在报上去，他会不会有什么想法？

这个太考验感情了，而且合伙干事这种事情，我们看得也多，亲兄弟都有信不过的，不是每一笔开支都有证据或者发票之类的。到时候我在现场辛辛苦苦地打理这一切，他万一还有其他想法，那我们不是伤了感情嘛。所以我就很坦诚地跟他讲了我的想法，因为我们大家相处这么多年，他虽然不是本村的，但我们都当亲弟兄一样，我这人从来就不会贪别人一分钱的便宜，但是涉及钱的事情就有可能会产生分歧，到时候朋友间伤了和气。

如果育牛这个项目做得顺气（利），赚了钱倒还好，万一亏了，他50万元投进去，到时候30万元出来，亏的钱我怎么跟他交代呢？所以思前想后，我就没做。如果自己单独做呢，也要考虑一些问题，一个是投资大，随便弄个小规模的也要20多万元；另外一个就是风险的问题，养殖业一旦遇上疫情或者行情不好，就容易亏损，我不敢冒这个险。

养猪点我们这儿非常多，养得好的也有。但是养猪跟养牛一样，都存在疫情和市场行情的问题。像猪肉，今年你可能做到20元每斤，觉得很有甜头，你就大量发展起来，但是以后咋样呢，谁都说不好。如果没有好价钱，再继续育起，每多留一天就多一天成本，价钱低出了又赚不到钱，甚至还会亏钱，就更舍不得卖了，这就是一个矛盾。

结合这些，我就要考虑在同样劳动强度、同样成本投资、同样时间周期的条件下，哪种产业效益对我来说是比较稳定的，投入是比较小的。当然不管是搞种植还是搞养殖，我们都不可能按照自己的想法去达到一种理想的目标，但是可以对每一种产业进行分析和比较，去比较产业的成本投入、潜在风险、稳定性及效益产出等，然后再去选择一个自己能够承受、能够长期做下去的产业。如果不去思考，盲目地投身到某一个产业中，就很有可能导致一种结果，那就是既辛苦又赚不到钱。考虑再三，蚕桑投入相对较少，养殖过程有专门的人指导，建蚕棚、种桑树有政府的补贴，蚕茧统一由蚕茧站收，不愁卖，所以我们就决定，还是在家发展蚕桑。

（三）创业之艰——怎么做？

发展蚕桑有很多好处。一是有政府支持，蚕桑产业是政府牵头弄的，为了搞乡村产业振兴，政府积极推动我们农民种植蚕桑。最开始发展的那一批，桑苗都是由政府统一采买，然后发放到农户手里，不用出桑苗钱，拿到桑苗之后，由我们自己把桑苗种下去。二是成本很低，桑树生命力比较强，一棵桑树至少管10年到15年。第一年苗子栽下去过后，第二年就不用再去栽，不用什么投资，规模小的自家地里种的就够，规模大一点的就租点地也够了，租金也不贵。而且养蚕一年可以养四季，退一万步说，哪怕第一季失败了，还有后面几季有机会扳回局面。但如果是养殖业，比如说养猪，周期长，一头猪差不多养到8个月或者一年才卖出去，如果养到半年突然一死，这个时候就扳不回来了，就已经是亏了。

这样一通分析，我们2017年就开始正式养蚕了。我家一共种了40亩桑树，其中一部分土地是跟邻居租的。他们的土地荒废了，我就租过来种，租金不贵，都是邻居，好说话，反正一块地根据大小不同，就按一年200元、300元、500元给租金，租过来有四五年了，他们也没有涨过租金。

刚开始时，我们的蚕桑事业并不顺利。第一年，我们还参加了林业局组织的培训，专家指导我们怎么做蚕桑，但是实际操作中我们做不到那么细，也没有那么多时间和精力。最开始我们是从别人手里拿小蚕育大蚕，还比较顺利，后来就自己搞共育室，开始育小蚕，第一季失败了，蚕子刚要吐丝的时候就死了，后来回过头分析原因，是因为小蚕没育好，不通风，影响了小蚕的发育，这个病最开始体现不出来，等蚕农辛辛苦苦把蚕子育到最后一个环节开始吐丝了，才显现出来。大批大批的蚕子死了，还没有办法治，第一季的尝试以惨烈的失败告终。

第二季我们开始总结之前的经验教训，从共育室到大棚再到结茧，我们都尽量把每个环节的主要事项抓好，有蚕茧站的专家指导，自己又肯用心，经验慢慢积累。这几年下来都还顺利，从每年的5月开始到10月，每季育蚕基本上要忙个20来天。我们这种小规模的，大小事情基本都是亲力亲为，做得好的话能月入万把块。2021年第一季我们育了84张，有10张是自己育的，其他的是共育的。这一季我们共育了76张，除了我自己的8张，剩下的68张是给其他村民育的，每一张收80元的工费，请了一个工人付500元钱，也就是说育蚕苗的这五六天，我净赚4000多元。

从这几年的经验来看，育小蚕每天大概能净赚250~300元，育大蚕每天是200~250元。目前来看，2021年行情最好，第一季已经卖了23000元，开了6000元工人工资；第二季卖了21000元，也开了6000元工人工资。预计2021年育蚕能够净赚六七万，在农村有这个收入和效益我也比较满意，而且这几年受疫情影响，各行各业都不好做。很多在外打工的都失业了，或者收入减少了，整体经济形势都不好，大家的生活也越来越难。但幸运的是，疫情对我们做蚕桑没什么影响，所以未来我们还会好好做下去，我也相信，在火石垭荧荧之光下，我们会走出一条独特的致富路。

生猪养殖户：世代传承的技艺与现代化发展

我叫RJC，火石垭村3组人，是木匠、养殖户、乡村兽医，目前主要从事生猪养殖。

（一）世代传承中的养殖技艺

养猪是我从祖辈时就开始的生计方式之一。在我的记忆里，以前基本上每家每户都会养上一两头猪，或是补贴家用或是自己杀年猪，从来没有间断过。祖辈去世后，这项生计传给了我的父亲，再从父亲传给了我。

我还是孩童时，正值大集体时期，集体和私人都可以养猪，不过那段时间粮食产量不高，能养得起猪的家庭比较少，我家就是其中之一。我那时就开始给集体放牛、养猪以赚取工分，一个月能拿120个工分。除此之外，还要给自己家里的猪割芭蕉叶吃。于我而言，小时候最开心的是过年，集体把杀好的年猪按人户分到各个家庭，这代表又能耍又有肉吃，是一年中最幸福的时候。

1978年前后，村里时兴种烤烟，三组是最早开始种植的。那时候的农户主要以种烤烟为主，养猪只是家里有多的劳动力的养上一两头，到年底的时候，上交给国家一头，自己留一头，或者上交国家半头，自己留半头。分田到户以后，国家放开了，家庭户养殖全归个人所有，规模也相对扩大了，大家的积极性也高了。到1982年时，我家就养了三四头，到过年的时候，花5角钱请村里的屠夫到家里杀一头，整个年节里都充满了喜悦。到（20世纪）90年代，种烤烟越来越挣不到什么钱，农村也没有其他价值更高的产业，家里就坚持把猪养了下去，数量增加到五六头，养的多了，卖点吃点，生活也眼见得越来越好。

（二）机缘巧合下学会兽医技能

除了养殖，我还是半个兽医。我学会这项技能先是因为我的父亲，从一位土医生处学来了一些医药土方与治疗手法。在那个物资短缺的时期，医疗是非常珍贵的资源，村里只有一位土医生，给人看病的同时，也兼职做一些兽医的工作。我的父亲跟着这位医生学了一些土方子，随着西医西药的传入，又摸索学习了一些打针的技巧，能治一些肺热、肺肿等常见病。家里的猪出现轻微症状时，都是父亲按照一些土方子，结合打针吃药治好的。

土方子用到的配料基本上都是当地能寻到的东西，一些草药、花菜籽、雄黄等。打针一般是将配好的药从嘴巴、关节这两个部位打进去。还有比如说猪打喷嚏，就可以把对症药材烧成灰，装到竹筒里，吹到猪鼻孔里，这些土方法对于治疗牲畜小病小痛还是非常奏效的。

父亲跟着土医生学了兽医后，不仅能给自己家猪看病，还能去周边几个村给牲畜看病，有些人户的牛或者羊子遭病了，也会找父亲去看。不过这种看病都是不要钱的，只收点药水成本费，一般的药一支4角到5角钱，贵点的也就1元钱。直到现在父亲还在做兽医，有时候一个月也要看个几十上百头牲畜。后来父亲将兽医技术传给了我，包括土方子、打针方式等，这为我的养殖产业提供了很大帮助。

(三) 挫折失败中总结养殖经验

初中毕业后，我便没有再念书了，学了木匠手艺后就跟着师父们建房子，那时候的房子是木房结构，需要木匠改料、加工等。直到（20世纪）90年代末，我结婚后没多久，出于"多挣点钱"的心理，就跟着邻居一起到福建砖厂打工。在外打工没想象中那么容易，吃住条件都不好，每天做工到很晚，没有文化只能出来赚点汗水钱，不过外面还是门路多些，只要耐得起苦，都能赚到钱的。当时我的妻子就在家里带小娃，跟着父母一起做农活、养猪。

因为缺劳动力、烤烟价格下降等原因，我家放弃继续种植烤烟，但又面临家庭开支越来越大的现实问题，我的妻子便提出多养一些猪的想法，一是我们比较有经验，二是相对轻松。于是我们在老房子里试养了十来头，在那个时期算是养得多的了。后来听说养羊挣钱，也尝试一次性养了20多只羊，结果当年行情波动大，小羊羔20元一斤买进来，最后15元一斤卖出去，亏损严重。

但我们并没有被失败的经历挫垮，而是认真总结教训，认为不能别人说哪样赚钱就去做哪样，养殖这个行业，还是要做自己熟悉的、有经验的，不能盲目跟风。吸取了这次教训，我们决定还是以养猪为主。

慢慢地，在规模化养殖中总结出了更多的养殖经验。例如，投喂时间要根据生猪的年龄段错峰，饲料比、投喂次数等都与猪的健康与增肥有着非常密切的关系，我在长达几十年的养殖过程中，总结出了一套独特的养殖经验。仔猪的存活率越来越高，存栏的猪越来越壮。

不管哪行哪业，都有一定的经营风险，养殖行业也不例外。养猪最重要的一个问题就是防疫消毒，因为跟父亲学过一些兽医技能，我更清楚防疫消毒做得不到位，猪儿更容易遭病，一旦蔓延将造成不可挽回的损失。为了预防疾病，我购买猪种时，都会从信得过的熟人那里买，该打的疫苗一点儿都不会含糊，村里也会组织养殖户给生猪打预防针，做好动物防疫。

除了防疫工作，平时的卫生消毒工作也同样重要。每半个月，我都会打扫干净猪圈内外卫生，除草、防蚊、防蝇，再用清水对猪圈进行冲洗，冲洗干净后再用2%~3%烧碱进行彻底消毒，消毒范围包括猪圈地面、墙面、食槽、水槽以及排水沟等。因为这份耐心细致，我的养殖场基本上从来没有出现过因为防疫工作没做好而导致的损失。

除了养殖风险，市场价格也是经营风险的一个重要方面。随着养殖规模的扩大，市场对于我的影响也随之加大，饲料成本、防疫成本逐年上涨，导致养殖成本上涨，如果一头育肥猪在三四百斤重时,还不售卖出去,后期喂养的每一天都是亏本养殖,但是市场价格并不总是遂人愿,当肥猪长到三四百斤的时候,价格可能低迷,部分养殖户会选择继续养,再看行情出售,而少部分养殖户会选择及时卖出,以免后期价格更低。对于这种情况,我有着自己的判断,具体什么时候卖出,还是要随时关注生猪市场的情况来决定,并不一定按照最佳的养殖周期、生长期,如果价格持续走低,那就赶紧卖出,不要多做犹豫,多赚少赚间获得一个平衡,总体而言是不会亏本的。

卖猪也很方便,下午打个电话给屠宰场,第二天就会有人来拉走。这些年来,行情最好的就是2020年,猪肉卖到18元/斤,我养了25头猪儿,除了4头母猪不卖,其他都卖了,一共卖了差不多16万元,除去平均每个月买2000斤玉米(1.65元/斤),除去成本也挣了接近10万元,虽然辛苦,但是比起养蚕而言,还是相对轻松很多。

(四)政策帮扶下实现增收致富

为了把养殖业做好,我也会多途径地去学习和提高养殖方面的知识水平和能力。以前山村地区信息闭塞,一般我都是通过电视上的农业频道去了解别人的经验和方法,遇到困难和问题也是去请教村里养殖方面比较有经验的老师傅。后来微信兴起来后,我周边几个村联合起来,拉了一个叫"石钟规模养殖群"的微信群,把那些做养殖产业的养殖户都集中起来,包括养猪的、养牛的、养羊子的、养家禽的养殖户,群里有55个人。群主是农副中心的杨老师,他在单位上班,信息灵通,上头有什么政策文件他都及时发在群里,让大家及时了解信息。平时我会和其他养殖户交流一些养殖方面的问题和心得,自己看到好的养殖视频,都会发在群里,跟大家分享。

之前我还在抖音上看到别人发的"新希望集团养猪"的视频,他们是科技养猪,大规模养猪,好是好,但我们这种农村养殖户也没能力学习他们那样做。在网上也看过一些视频,在饲料里加些东西给猪儿吃,养的猪儿很快就能长肥变重,我一般要花半年到一年才能养成的猪儿,他们一两个月就可以了。这种方法省成本、省时间,又能赚钱,但是这样快速养出来的猪儿,肉不好吃,而且吃了这种肉对人身体也不好。赚钱还是要讲良心,不能害人,这种事情我不会去学。我还是老老实实按照我的经验,把猪养好,慢慢把生活过好。

这些年国家一直在推动乡村振兴,政府对我们农村的养殖业也是很关注的。现在农村养殖规模越来越大,养殖户越来越多,政府政策比以前好多了,也出台了一些奖励和鼓励政策。2020年我家养了二十四五头猪,而且各方面环境卫生工作做得也比较好,参加政府组织的养猪户评比,我还获得了"农业科技示范户"的牌牌,这是对我养殖户的肯定，我心里还是很高兴的。另外还给我奖励了几百斤苞谷，后面我又买了四头母猪准备来年再多养点，有了这个牌牌，政府给我每头母猪奖励了500元，一共拿到了2000元的奖金。想想养猪虽然辛苦，但是在农村也是一条赚钱的好路子，从祖辈开始到我这一代，一直在坚持饲养。至于说下一代小娃，他们有他们的想法，他们愿意去外面闯，我也都是支持的，也希望他们比我这代人过得更好，一代胜一代。

乘着乡村振兴的东风，我成了组里的养猪大户，对于村里人的评价，我自己反倒有些不好意思起来。在火石垭这样一个小圈子里，像我这样的养猪大户也不在少数，我作为生猪养殖群体的一员，在家乡的一方土地上，凭借辛勤劳动和经验智慧，不断为自己的生活开辟道路、添色增彩。养猪是我们生产生活的重要部分，我们的坚持，一定程度上也在带动火石垭养殖产业的发展。在生产社会化、科技化、规模化的影响和作用下，养殖业也促进着我们个人思想和家庭生活的发展和变化。从人的振兴到产业振兴，再从产业振兴推动人才成长，我们与村庄的发展是共生共荣的。

养牛专业户：活到老学到老，主动适应现代化

我叫ZDX，火石垭村6组人。之前种过烤烟，20世纪90年代兴起外出务工热后，去湖南砖厂打过工，当过门卫，做过蜂窝煤，在外漂泊近20年后，2018年回到家乡，开始养牛。

（一）东奔西走的生计方式

我家里有姊妹七个，我排行老六。小时候上学不用心，喜欢三个五个地一起伙（玩耍），早上吃完饭去上学，走到半路又不去了，跑到其他地方去耍，记性差得很，学习搞不好，所以读到初中，就没有再继续读了。

现在我一个人住，老婆20多年前生完我小儿子难产走了，后来我也没有再找一个的想法，一个人把两个儿子拉扯大。

年轻的时候，我在大集体时期育过牛，那时候只有一头牛，主要是用来耕地的，耕地的牛费力气、吃得多，我就满山找草给它吃。后来分田到户了，实行家庭联产责任制，个人做的个人得，镇上推行种烤烟，我看着行情好，就也跟着种了十多年，一直到1997年，我觉得烤烟挣不了钱，看到附近的人有些出去打工了，我也跟着他们去湖南那边红砖厂打工。

在砖厂做了两年,赚的都是辛苦钱。到了2000年,小儿子也要上学了,我就想着找个离家近的地方,能经常回来看看小娃。于是就在黔江一个工厂里做蜂窝煤,每天一身黢黑,脸上、手上、耳朵、鼻孔都是煤粉粉,又累又没得搞头。但因为要育两个小娃,自己又没有什么技术和文化,只好咬牙坚持,这一做就是6年。再后来我侄女在长沙开厂子,喊我去做门卫,我就又去湖南了。当门卫好耍又轻松,有车子进出开一下闸门,有职工进出,到门卫室刷个卡就行,每天12个小时,两个人轮流倒班,半个月白班半个月晚班。那时候工资低,一个月包吃包住才1400元,没过一两年,就又回到村里做起了老本行,在XWB家砖厂里做水泥砖,一干就是好几年。想想这些年东跑跑、西跑跑,也没挣到好多钱,时间就晃过去了,人也老了。

(二) 合伙经营开展肉牛养殖

育牛是从2018年开始的。我大儿子他老丈人是做牛生意的,他买牛卖牛也养牛,经验丰富、门路多,牛生意做了好多年,认识一些熟客,有卖种牛的,有买毛牛的,还有一些屠宰场的。我儿子和亲家考虑到我年龄越来越大了,不想让我继续干砖厂的苦力活,就劝我去育牛。买牛的本钱亲家来出,盖牛棚的钱我儿子投,我就负责平时育牛。我觉得合适,育牛也比较轻松,就同意了。

我们的牛棚大概有300平方米,设计的时候对牛棚进行了分区,分成养殖区、设备区、仓库区。养殖区主要就是育牛的地方,设备区目前有两台二手设备,有打草机和玉米脱粒机等,仓库区有一些育牛用的盆盆、秤、酒糟、玉米面面、饲料这些。牛棚的顶,我们盖的是彩钢板,采用半封闭式的牛棚结构,主体用围栏围起来,这种结构采光效果好、通风透气,而且投资成本低点,适合我们这种小规模养殖。就是冬天的时候有点娇(情况不好),天气太冷的情况下,牛也遭不住。所以,我们通常会在冬天的时候把牛卖一些出去,或者杀掉一些卖牛肉。现在我们育的一共有13头牛,1头母牛,其他的都是公牛。

(三) 育牛是需要精打细算的事

我们这儿的牛,有两三个品种,有贵州的牛(西门塔尔种牛),有本地花牛,还有一种黄牛,是人工授精的,具体不知道叫什么品种。贵州的牛个子大,长得快,平均一天能长两三斤,肥肉少,瘦肉多,适应性强。本地花牛身材也大,眼圈、肚子下多有花白块,公牛头扁宽扁宽的,背脊隆起,肚子上肉多又松,牛角呈倒八字形,这种牛也能长到一千五六百斤。

牛跟我们人吃饭是一样的，到了时间就要吃。饲料我用得少，食料里拌的草是我自个去山坡坡上割的，每年端午节前后我都会骑三轮车去割两个月的草，每天育一点差不多也够了。一方面节约点成本，另外一方面营养价值更高。但是饲料也还是要用点的，吃饲料的牛胃口好长肉快。

一般我都是早上7点、下午5点各育一顿，一天育两顿。我家的牛育得比较精细，将玉米颗颗晒干了，用机器打成面面，加点酒糟和饲料，再放点盐巴和好，牛爱吃得很。一顿玉米大概要七八两，酒糟一顿铲一铲子，可能也有半斤左右，饲料用得少，一二两左右，盐巴用的是块盐，两顿下来，牛每天吃3斤左右的食料。

育牛用的玉米都是我自己种的，2021年我种了30亩地，撒了60多斤种子，收了1万多斤玉米，种了这么多，基本上还是够吃的，但是播种和收玉米的时候一个人忙不过来，一般都是请人做。春天的时候请人种玉米，那时候天气好，（工人）100元一天就差不多了，30亩地大概要15个活路（15个工人）。到八月的时候玉米就差不多可以收了，这时候请人做的费用就会高些，因为天气太热了，而且这时候也是农忙季节，我请人收的是玉米秆子，一天差不多要背9个小时，150元一天，包一顿中饭。

背玉米的工价开的都不一样，有的120元一天，有的100元一天，还有些是按5毛钱一斤来算的。收回来的玉米秆杆可以用来育牛，那种透嫩的玉米牛也吃，但老的就不行。发酵过的嫩玉米牛也吃，但是时间长了会变色，营养就流失了。对牛营养差点就是浪费，我把它单独打成玉米粉粉和成面面再喂，就一点儿都不浪费。

用酒糟来喂牛，不仅能节约一些饲料成本，而且能给牛补充很多营养。酿苞谷、高粱、大米酒剩下来的酒糟里还有一些粮食，可以节省一部分。另外酒糟里有一定浓度的酒精，牛吃了之后可以安心趴卧、打瞌睡，这样牛可以长得更快。但是母牛经常吃酒糟不得行，要下崽的母牛吃酒糟容易流产、早产，生的牛崽体质不强。长期育酒糟，还有一些好处，吃酒糟的牛皮毛透顺透顺的，发光发红，还能增强抵抗力少生病，增加牛的品相，卖的时候能要个好价格。同时，吃酒糟还可以降低牛粪的臭味，牛胃里不容易胀气。我们的酒糟是从火石垭酒厂那里拉过来的，我们这儿有好几家都是从那里买。我一次要买1200斤，每个月要买4次，光酒糟钱一个月就要万把块。酒糟拉回来后，要密封保存好才行，密封好了再高温也不怕，不得坏。如果没有保存好，变质坏了的话，牛吃了容易拉肚子或者中毒。

我自己还发现个小窍门，很多人不知道，用酒糟底下的蒸锅水育牛还要好。这个水酒厂不收钱，但就是麻烦不好弄。酒厂弄完酒糟之后，剩下的水就要赶紧把桶子拉去，这个水酒厂不要，如果没人及时去接的话，酒厂就倒了。这种水牛吃了之后，毛皮还更亮更光。

（四）农村发展太快，学无止境

育牛除了要给牛吃饱，还要给牛喝饱。我们家的牛棚做得比较简陋，我用大盆盆给牛喂水，一般冬天的时候喝的水少些，喂两次就可以；夏天的时候温度高就要多喂几次，一般要喂四五十升。当然还要看牛的大小，大牛喝的水多些，小牛要少些。水量一定要把握好，如果没及时给牛喂水喝，拖久了粪便就干，会引起肠道的疾病；水喝太多了也不得行，可能引起水中毒。牛只要吃饱喝饱了，就不得吼，我喂的牛从来不吼。我觉得这个像人一样，渴了就要喝水，是一样的道理。牛自己找不到水，只有用吼来告诉主人要喝水了（附图1-1）。

附图1-1 养牛的日常

我没有专门学过育牛，也没参加过培训，一般就是听别人说，然后自己去摸索的。我家的牛如果生病了，也是我自己来治。刚开始的时候牛不舒服了，我就去问那些有经验的养殖户，听听他们是怎么说的，然后到兽医站再问一下，结合两边意见我再买药去给牛打针，通常情况下都打好了。

2021年的时候是有14头牛的，后来有一头得了季节病，救不活死了，因为给牛上了保险，获赔了6000元，所以损失不算太大。国家的这个肉牛养殖保险政策就是好，让我们农户育牛有保障，给我们吃了个定心丸，牛死了不用我们来负担，这样农户才有胆量搞规模化。因为这个经历，我们又增加了保险，上了15头牛。

我亲家做牛生意几十年了，比我有经验，门路也多，买牛的时候他会给我们出主意，买回来的牛都不错，价格也合适。一头牛成本在几千元钱，一般育个一年到一年半差不多就可以卖了。有的我们是卖毛牛❶，比如说2021年3月，我卖了一头大点的毛牛，1400斤，卖了2.6万元。这头牛买来的时候花了不到1万元，养了一年多点，除去人工和饲料成本，还能赚万把块钱。现在我牛棚里还有3头大牛，如果都拉去卖的话，估计能卖7万元，所以在农村育牛还是管钱的。快到过年的时候，我们也会把牛杀掉卖牛肉，一次就要杀三四头。具体什么时候杀，我们也是看行情来的，跟卖猪肉一样，行情好有价格就卖，也不用担心销路。我们自己用粮食育的牛，肉质好，营养高，杀完之后拉到坝上去卖，或者打电话通知一下需要的朋友，很快就能卖完。母牛一般不卖，要留起育种。

---

❶ 毛牛，指相对肉牛而言的"毛种牛"，体型较大，需要养殖户精心挑选、养育，一般养殖时间较长。售卖时以牛的品质为标准，以整牛为单位出售，价格相对较高。

算下来，育牛还是能赚点钱，就是苦人苦心。在农村不管做什么都是辛苦的，比起种烤烟，育牛还是轻松点。烤烟麻烦，要去育烟苗、种烟、烤烟，一张烟好多道工序，而且后来土质不适应，也不适合种了。现在时代在变，农村发展太快了，我们这里兴搞合作社，政府出钱，有无花果基地、南瓜基地、蚕桑基地这些，都是政府推的，各样都搞起来，搞得也热闹。但是我们已经选择育牛了，而且也能赚钱，那就还是坚持育下去。

时代变化太快了，以前我一直用的是老年手机，只会打电话、接电话。后来儿子给我买了一个智能手机，我不会他教我用，因为育牛经常要支出转账，现在我也弄得来扫一扫了，方便很多。而且自从育了牛，我还学会了用机器剥玉米、打面面、打草，比人工做轻松多了，而且还快。只能说时代在变，不管我们在什么年龄，我们都要跟着去变，要去学，活到老，学到老，才能跟得上时代。

生猪养殖户：养殖需要坚持学习

我叫NCP，原来是武林村的，四村合并后融入火石垭村。（20世纪）八九十年代种植过烤烟，后来随大流到福建砖厂打工，因工受伤后，不得不返乡创业，目前主要是在家养猪养羊。

（一）从坡上照牛到种植烤烟

我家有六姊妹，我排行老四。七八岁的时候，我跟别的娃娃一起去上学，一直读到五年级，感觉确实读不进去了，就回来了。

上学对我来说确实是件难熬的事儿，上课完全听不进去，老师讲些什么课后也想不起来，索性就不读了。从学校回来那年，我十一二岁，赶上了国家分田到户土地承包政策。那时候我们家按7个人头分配，每个人头分得3亩3分土地，合计有20多亩。这也就意味着，回家后我不用跟着大人们一起参加集体劳动，只是做一些我们这个年龄的小娃力所能及的事儿。所以很长一段时间，我每天的主要事情就是跟着村里的小娃们，三五成群地在坡坡上照牛，把牛育好，给它吃饱。

直到1984年，我们家才开始尝试种烤烟。烤烟是当时政府大力推动的项目，刚开始在村里三组进行试点，种植户尝到甜头后，很多家庭户也就跟着开始种烤烟。那时候，还有技术员下到每个家庭，讲解烤烟种植技术，我哥还作为代表跟着学习。年龄还小的我受不了烤烟的累，只是跟着父母和哥哥做点"小活路"，松一下土、扒一下烟苗、分一下烟叶，再后来兄弟姊妹都打发了（各自成家），原来的七口之家也分成一个个小家庭，1994年我也有了自己的小家。

（二）从外出务工到返乡养殖

成家之后，我有了两个孩子，为了孩子，我也跟着种了几年烤烟，但始终赚不了多少钱。合计之下，我和妻子决定出去打工，也算是村里最早一批的外出务工人员。

那时候我们夫妻俩是在福建的砖厂打工，主要就是在砖厂装车，把自然风干后的砖坯装车运到窑洞口堆好，堆好的砖坯与煤一起烧制成红砖。那时候农村刚开始兴起盖砖瓦房，我们的砖就一批批地送到村子里。像我们这种没有文化的农民走出大山，来到城市，能做的也就是一些苦活儿、累活儿、脏活儿，每天靠出卖自己的体力劳动来赚取一点收入，维持家庭的生活，从一个城市漂到另一个城市，日复一日，年复一年。

直到后来，在砖厂干活的时候不小心把手弄伤了，不得已之下就又回到火石垭，但我妻子没有回来，两个娃娃要养，村子里没得啥子产业，农业来钱慢，她就一个人继续留在砖厂。我们夫妻俩就一个在家里做活路、照顾娃，一个在外头打工。

2014年，想着育羊的话，羊可以只吃草，不用育饲料、粮食这些东西，成本相比猪和牛会省一些，于是我花了2万元买了40只羊，打算在家里好好开展养殖业，当时小羊羔是按照12元一斤买进来的。我们的羊买进来都是散养，一般早上把羊放出去，让它吃一天草，吃个饱，晚上再赶回来。育羊虽然不用投入饲养成本，但是因为它吃草，而且习惯吃一会儿走一会儿，所以照羊是一件非常辛苦非常忙的事儿，正如俗话所说的"照牛得耍，照马得骑，照羊跑破脚板皮"，羊子吃草的时候边吃边走，人也得跟着它走，一天下来几乎没有休息的时间，脚板都磨痛了。

我养殖的品种是本地杂交羊，这种羊散养起来长肉非常慢，不像那些圈养的羊，吃饲料长得快，所以时间成本就很长。育羊的那几年，人累得很，羊子不肯长，市场价格还不理想，从2013年12元每斤的价格买进，到2017年8元每斤的价格卖出，忙了四五年相当于没赚到钱。

幸好那段时间老婆在福建砖厂那边打工，每年能赚个七八万元的，一来维持日常开支和生活，二来还了点修新房子欠下的债。那时候她因为熟练、手脚快，收入也高了。在砖厂做活路包吃包住，计件发工资，一万块砖有70多元钱，一天可以装几万块，拿个三百来块钱，这些也都是用汗水换来的辛苦钱。

（三）一点一滴学习，逐步获得成功

在发现育羊不赚钱后，我们夫妻俩商量着改成育猪。提前计划了一下，打算把羊子全都卖了后，就买两头母猪回来育，进行人工配种，下猪崽，育肥猪。母猪买回来大概有100斤多点，2500元一头，共花了5000元钱。买两头回来，是因为请教了一些行家，说这样可以让它们互相争着吃，吃得多些，长得快些。

自从养猪之后，平时我会去关注微信公众号上关于育猪的信息，像重庆每日生猪价格、育猪焦点视频、育猪经验分享等。因为我们是一点养猪技术都没有，所以都是一点一滴地去学去问，慢慢积累经验。第一次配种不成功，有一头母猪没下崽，我就去请村里有经验的养猪户帮我看看问题出在哪里，他来观察后告诉我，是因为配种时期卫生工作没做好，导致感染，影响了配种成功率。我牢牢记住了这个经验，第二次就特别注重卫生，并且两头母猪都成功配种了，第二年共成功产下了14头小猪崽，最高峰的时候我们有50多头猪，都是这两头母猪产下的。

育猪没有育羊那么累，通常来说一天育两顿就可以了，早上八九点一顿，下午四五点一顿。但其中的门道也很多，我都是跟着村里的养殖户学习了很久，才慢慢摸清楚怎么样科学喂养，降低成本。

母猪、小猪崽、成年猪在喂食方面区别很大。母猪在一个繁殖周期，配种、妊娠、哺乳这几个阶段中，要注意喂食的量以两头高、中间低为好。配种阶段每天育5~6斤的食料，妊娠阶段4~5斤，哺乳期又回到5~6斤，一日两顿，粗精搭配，保证营养。小猪崽喂养要讲究少吃多餐，跟小娃一样，每天育四至五顿，食量根据体重逐步增加，每日进食量按照猪崽体重的4%~5%进行喂食。成年猪按照正常情况定时、定量、定次进行投喂，使猪保持良好的饮食习惯，形成固定条件反射。比如一头六七个月的成年猪，一般育两顿就可以，每顿3斤左右的量。当然，我们也没有育得那么精细，差不多给猪吃饱，以"吃饱了不舔饲槽"为标准，即让猪吃饱又不浪费食料，而吃饱的标志是不舔饲槽，剩点料渣为不舔饲槽的标志。

在食料搭配方面，我们以玉米为主，加点饲料，有时候弄点红苕和南瓜。把玉米打成面面，占50%~60%，然后倒入15%左右饲料，剩下的再加入清水进行搅拌。因为我种的玉米不多，所以猪饲料大部分都要靠买，往年的时候玉米每斤算1.05元，现在都已经涨到每斤1.5元，育猪的成本比之前高了很多。另外，食料一定要讲究新鲜，那种霉烂的玉米籽籽给猪吃了容易得慢性病，短时间看不出来，慢慢地猪就不爱吃食，耷眉耷眼得没精神，光喝点水，四肢无力，行动缓慢。

有了第一次因为卫生原因配种失败的教训，我一直都很重视猪圈的环境卫生问题。一旦弄不好，就容易导致细菌感染，猪更容易生病。每次喂食前，我都要先把猪槽清理干净，防止吃剩的食料滋生大量细菌，对猪的肠胃产生刺激。猪舍的墙壁、地面、食槽、门窗、睡觉的地方及周边区域每半个月进行一次彻底消毒。按期给猪接种疫苗，以防止和减少疾病，增强抵抗力。

在防疫方面，我得感谢我的姐夫。他是兽医，平时猪如果出现什么异常，我就打电话给他，他按照我描述的情况，告诉我该怎么弄，大部分情况下都是买些药，打打针就能解决问题。家里长年备着各种大小的针管针头、药物。

育猪很重要的一点就是要对市场保持足够的敏感，随时关注生猪及猪肉市场价格波动情况与影响因素。自2018年育猪这几年来，行情最好的一年是2020年，猪肉价格涨到每斤20元，趁着高价，我把除了两头母猪外的二十几头猪都卖了，卖出了10多万元。

我个人认为，卖猪就跟城里人炒股票一样，哪个时候卖，就是要看行情哪样，但是自己心里要有个底价。如果市场价格达到自己的心理预期，那就赶紧出手；如果价格不太好，低于自己的心理预期，那就观望一段时间，再作决定。根据我的分析，猪肉价格上涨的原因可能是受非洲猪瘟影响，很多养殖户觉得无利可图，不敢轻易再进入育猪项目，或者不敢扩大养殖规模，甚至有可能缩小规模。这样一来就导致市场上猪肉供不应求，造成市场价格上涨。一些养殖户看到2020年行情好，有利可图，又涌入生猪养殖市场，扩大养殖规模，导致市场供大于求，造成2021年价格下跌。

卖猪我们还有一个策略，猪价不高就卖毛猪，猪价高就卖猪肉。我基本上每天都会浏览猪价行情，了解毛猪、猪肉的价格，如果说猪确实到了需要出栏，再育下去也长不了多少肉的情况下，我会通过对比卖毛猪和卖猪肉的价格差距，来决定到底按哪种方式卖更划算。所以育猪也要摸清市场的规律，要会算账，才能赚钱。

总体来看，目前育猪还是有利可图的，不过近几年饲料成本涨得比较快，给我们这些养殖户增加了压力，但是猪肉上涨没有饲料上涨那么快，我们的利润空间缩小了。但是我对养猪业还是有信心的，也相信只要坚定信心，持久发展，还是能从中赚到钱的。

蜜蜂养殖户：养蜂是老有所为的闲适

我叫ZSF，火石垭人，今年72岁了，我曾经做过技术员、大队会计、大队队长、赤脚医生，现在主要是养蜜蜂。

（一）肩挑日月，晨炊星饭

现在这个社会好，有知识有文化，出去工作也好找。

我家有兄妹三人，我是老大，老二是弟弟，老幺是妹妹。我们命苦，刚生下来后遇到灾荒年，没过个好日子，陆陆续续读书，也没读个啥子。家里总是吃不饱，饿得慌的时候，满山坡去找红薯吃。读到五年级，父母就不让我继续读书了，让我回家做农活，带弟弟、妹妹、煮饭、育猪、推磨、缝被子啥子都要做，那时候农村都是这样，家里年龄大一点的娃娃负责家务，家里的劳动力就出去干活、挣工分。后来，有一个叔叔帮我说情，我才读完了小学。

上完学后，我就要给家里挣工分了，那时候造孽（辛苦），我们这儿没得公路，全是泥洼洼路，我才十几岁就要背起二三十斤粮食，到石家乡交公粮。修大堰、修马路、肩挑手提背扛的重体力活路一样没落下。我兄弟比我小两岁，他读到三年级遭了病，就没继续读了，一直到结婚都再没做过活路。妹妹比我小七岁，她上学那会儿，家里情况已经好了很多，那时候父亲扯猪鬃卖，5毛钱一斤，收入还可以，就有能力供她读书，一直念到了初中毕业。

1969年，在别人介绍下我结婚了。妻子是从高洞子村6组嫁过来的，比我大三岁。结婚后，原来的老房子住不下了，在父母和亲友的见证下，我和兄弟就分家了，他得老房子，我另外建新房子。四个子女陆陆续续出生了，有两个是超生的，罚了几百块钱。为了还超生款，我们（夫妻）俩在家种庄稼、种烤烟、种苞谷、种花生、养蜜蜂、育猪、育牛，啥都做。

直到分田到户政策下来，这个政策好哇，加上村里又在组织我们种烤烟，我就响应政府号召种了10多亩烤烟，好的年景千斤小麦、千斤大米、千斤花生都做到过，千元户、万元户这些荣誉我都拿到过，生活慢慢好起来。

我自认为是个进步分子，虽然没念多少书，但还是愿意学习、积极进取。队上看我这个人老实、肯做，又读过几年书，就选我做生产队的会计，当过技术员，做过大队队长、做过赤脚医生，后来退下来了，人年龄也大了，土地种得就少了，养蜂是我一直坚持的事情。

（二）追花逐蜜，勤劳致富

算下来，我大半辈子都在养蜜蜂。

我十一二岁的时候，父亲就已经在养蜜蜂了。我是家里的老大，经常被父亲抓去给他帮忙，那时候我还是个孩子，对蜜蜂又好奇又害怕，不想去就会被父亲打，挨一顿打之后，还是照样得跟着去，慢慢地也就不抗拒接触蜜蜂了（附图1-2）。

其实跟着父亲采蜜，我也做不了什么，去了之后，主要是在父亲割糖的时候，给他准备工具，打打下手。在这个过程中，蜂群

附图1-2 庭院里的蜂箱

也熟悉了我的气味，不会轻易蜇我，我也渐渐体会到了养蜂的乐趣，父亲看出来我在养蜜蜂方面有灵性，就特意请师父LZX来家里教我。

养蜂是个技术活，里面门道多，在有些人看来，养蜂是一件非常容易的事情，不用管它，它自然就飞来飞去。但事实上，养蜂是一门科学，有很多需要我们去了解和研究的知识。师父教了三年，我才学会，他手把手地从理论知识到实际操作一点一滴地教，教我去了解蜜蜂的习性和生活规律，去适应和顺从它。学成之后，我又买了一些关于养蜂的科普类书籍，空闲的时候就翻出来，结合自己在实际养殖中出现的问题去看看书里是怎么解释和解决问题的，坚持学习，才能应对各种突发的情况，养好蜜蜂，酿好蜂蜜。

我们那时候，养蜂行业里不兴什么拜师礼，也没什么特别的仪式，全看个人。我在学成之后，逢年过节，都会给师父随点礼，割点猪肉、带点猪油，孝敬一下他老人家，这也是古人说的，要尊师重道嘛。学会养蜂后，我都是零零散散地养一些，乡下人主要还是以种田为主，只要还做得动，都是要种些粮食的。

养蜜蜂没有什么成本，除了桶和一些工具、饲料，加起来几千元，其他就没有了。花不用自己种，完全靠天赏饭吃，只是自己花点时间，人勤快点，就能赚得到（附图1-3）。

附图1-3 丰收的喜悦

正儿八经开始大规模地养蜂，是有一年我遭病，身体状态不好，不适合做些重体力的田地活，总要有事情做有钱收吧，刚好会这门手艺，就转头去养蜂。那会儿还是大集体的时候，统购统销，物资都缺，我们这里还没什么人养蜂，基本上就是我一个人占了市场，所以很顺利地通过养蜂，交给供销社统一收购，增加了一些收入。

（三）质朴本心，老有所为

我父亲没啥文化，从1958年开始就给集体杀猪、杀牛。他常说，做事要讲良心，要实干硬干，我一直将这句话牢牢记在心中。

从二三十年前每斤100元的价格一直到现在，我养了大半辈子的蜜蜂，看着蜂蜜价格起起伏伏，但我还是坚持这个价格。我卖蜂蜜从来不掺假，十里八乡都知道我的为人，晓得我的蜂蜜质量好，我从来也不打广告，不推销，不跟大老板合作，上门买蜂蜜的全都是周围的熟人和多年的老顾客，都是顾客找家里的人来买的，靠的就是我们自己的品质、口碑和良心。现在信息化发展了，有时候小儿媳妇还会在微信里发信息，告诉我有熟人来买蜂蜜，下单后我给他们寄过去。

市面上的蜂蜜价格各种各样，有卖一百多块、两百多块的，我还是按每斤100块来卖，如果卖贵了，我会把价格贵的名字从所有名单中整理出来，一份一份地退还给买家。说实话，虽然这个东西少，但是卖100块钱一斤，相当于一天吃一杯都要几块钱，一般的收入哪里吃得起，我自己都嫌贵。

我们的蜂蜜一年打两次，最高峰的时候，产了210桶，差不多有800斤。那时候政府扶持力度大，一方面给我们进行养蜂补贴，另一方面还照顾我的生意，几十斤几十斤地买，那些年养蜜蜂比种烤烟还赚钱。正常情况下，每年产70桶左右，约合300斤。现在年龄大了，养的少了，2021年预计200斤，也能赚一万多块。我打算把这份事业坚持做下去，直到我做不动了，不光是为了赚钱，更是我对这个事业的热爱。

养蜂最大的心得就是老有所为。我这个岁数，能通过从事自己喜欢的事情来养活自己，不给子女、不给社会添麻烦，同时还可以锻炼身体，我已经很满足了。养蜂可以磨炼人的心性，从最初对蜜蜂的畏惧、逃避，到细心、耐心地了解它们的习性，再到像对待人一样与它们和平共处，学习它们的勤勤恳恳、乐于奉献、团结合作、有责任有担当的精神，也希望我们每一个人能学习和发扬蜜蜂精神。我愿以蜜蜂精神勤勤恳恳地工作，以"春蚕吐丝"的奉献精神和"蚂蚁搬家"的团结合作方式，为乡村振兴贡献自己的力量。

辣椒种植户：从低保户到脱贫户的创业记实

我叫ZCS，家住火石垭村九组，以前打过工、当过老板，也做过低保户，现在通过种植辣椒，慢慢从人生的低谷，重新走出了一条致富道路。

（一）经历过风雨，见过世面

我是土生土长的火石垭人，家里有三兄妹，一个哥哥，一个姐姐，我是老么。哥哥姐姐年长我很多，大概在我13岁的时候，就都已经打发了（结婚成家），我一直和我父母一起生活。

1996年，我上完小学后就回家了。没办法，那时候家里太贫困了，我们那时候都种烤烟，但我父母亲都是那种质朴的老实人，他们的思维方式也比较固化，没什么经济头脑。当时家里有八九亩地，只能摘得8000~9000根烤烟，产量很低；而且那时候烤烟设备也不行，土质烤棚烤不出来好品质，最多也就是中二、中三，再就高不了啦，所以赚不到钱。每到烤烟收购的季节，家家户户就背着烤烟，到烟草站去排队统一卖，一家人的收入就看这几天这一点。

后来看着没有出路，就开始出去打工。刚开始就在工地上跟着别人学做外墙防护架，我们那时候工资好低啊，每天的工资19块钱，熟练工也才23块钱一天。在工地上做了两年之后，我一个兄弟，在做外墙的时候摔下来了，我觉得这个太危险了，就不干了。跟着一些认识的亲戚朋友，去广东的一家铝合金家具厂做了半年。

广州是个大城市，工作机会很多。我在这里接触到了水电消防，觉得有前途，从2001年起我就开始学着做，主要就是给商品房接水管、走电线，负责照明和用电安全。刚进入这个行业的时候，一天工资大概30多元，慢慢接触得多了，逐渐融入这个行业的小圈子，相互之间更加熟识。在这个圈子里，大家彼此关照，互相帮助，有活路了也带着其他同行一起去做，那段时间也算是事业有成了。

当时意气风发的，想创个门路出来，也是想着在黔江，距离家近一点，不想在外面漂泊。在2006年就跟着我一个哥哥回黔江，开了馆子做大排档，广州大排档很火嘛，但是到黔江就不得行，水土不服，没多少人出来吃，眼看着开不成，我就只好又出去广州，干回老本行。

回到广东后，得益于前几年水电行业的经验、人脉以及客户资源的积累，开始跟几个行业内的朋友一起包工程来做。随着技术慢慢地成熟，生意也越做越好。除了广州、惠州、兰州这些地方也都去过。我们把工程包下来之后，按照工期要求，如果不赶工期的话，我们就几个朋友一起做，如果赶工期的话，我们也适当请点人工。这种包工程相对于以前的按天计薪来说，赚得更多，那时候一年毛利有10多万元。就这样，我在外面打拼了几年。也就是在那段时间，我有了小娃，虽然平时家里生活开支比较大，同时要负担起两个老人和小娃的生活，但多多少少还有些剩余，而且也习惯了外面的生活，那几年还算顺心。

（二）人生多坎坷，万般不由人

如果不是因为母亲生病，我肯定还是想在外头做，也不会那么早回家。2017年，我接到电话，说我母亲生病了，要我回家。

我赶回家，给母亲办了住院手续，母亲住进医院后，紧接着父亲也因肺气肿连续咳血病倒了，先后两次住进医院。因为哥哥姐姐早早地就分家了，父母是跟着我的，在农村，这就代表着他们的大小事情都得由我来扛，哥哥姐姐不需要出生活费、医疗费，逢年过节给老人买点衣服、礼物或者递点红包之类的就算是尽孝了。所以，所有的重担都落在我一个人头上，带着年幼的孩子，我经历了最艰难的一段时间。

父母接踵而至的病情，对我来说是不小的压力，只要生病住院，那就是"你小票票挖进来、医院大票票挖过去"。为了治病，多年在外打工攒下的积蓄被尽数掏空，我不得不一边照顾家庭，一边出去打零工，补贴家用。

不幸的是，2018年厄运再一次降临。当时我给同村的一户人家帮忙锯木料，没想到那棵树突然倒了，连带着我也摔了一跤，弹出20多米远。因为这次的事故，我被切除了一个肾和整个脾脏器官，医生建议我休息一年半不能参加劳动，这无疑是让这个本就历经风霜的家庭更加困难重重。面对这样的家庭境况，上有老下有小，而且老人还长年吃药打针，我作为家里唯一的劳动力也不得不负伤休养，这一切都让我备感无助。

（三）于绝处逢生，于危机发展

幸运的是，在我最无助、最难熬的时候，党和国家对我伸出了援手。2018年政府给我们办理了低保，不仅让我们享受看病就医及孩子上学等方面的优待，而且每月按人头给我们补贴，补贴标准为每人每月400元钱。在政府的帮助下，我们靠着低保补贴，熬过了那段最艰难的日子。

在受伤住院的一个多月的日子里，我认识了一位病友，他为我指点了未来的方向。因病中无聊，同一个病房的人就聊天，慢慢地就熟悉起来了，当得知我在为未来的生活感到焦虑和愁苦，不知道将来该怎么去养家糊口时，有个病友给出主意，他认识一个辣椒收购商，每年需要收购大量辣椒，他建议我去种辣椒。

其实我也是有考虑的，这样的身体，这样的家庭，留在家里种点农作物，是一条出路。当时我考虑到受伤后，很多重活、累活都做不了，而且现在父母身体又不好，小娃上学也需要有人引导和陪伴，所以觉得留在家里，做点种植业可能比较合适。在听完病友的建议后，休养的那段时间里，我通过微信、抖音等各种平台了解和搜集了一些关于辣椒种植的信息和经验，发现可行性也很高，辣椒的管护不需要太大力气，后来就决定回家后发展辣椒产业。

（四）多方助力，日子越过越红火

政府对农业、农村、农民的政策好，很重视农村脱贫工作、农村产业发展，以及乡村振兴。我回到家里后，和家人商量了种辣椒的计划，但是因为我们自己的地少，而且多数都不肥沃，最重要的就是我们没钱，买种子、买肥料、租地等方方面面都要用到钱，想要贷款都因为是低保户而失败。后来，我向村里打听有没有相关的政策，希望能得到帮助。

在政府的帮助下，我顺利地向银行申请了2万元的无息贷款，这解决了我在初始资金方面的困难；自己家里适合的土地全部拿出来种植辣椒，也向同村的叔叔、堂弟他们要了些，租了些别人的地，租的地不多也不贵，一块地年租金约200~500元。

资金和土地问题解决了，接下来就是要解决好技术问题。因为很早就出去打工，很少做农活，对于种植辣椒，我基本上是一窍不通的，只是在网上看了一些专家的介绍、经验分享，这肯定不够。辣椒的选种，我就按照大老板的要求的，他告诉我他们要收的是厚皮的辣椒。简单地了解下，我选择了8号椒和3号椒。8号椒果肉较厚、味辣、品质中上，可用来制作海椒酱、泡椒这类；3号椒果色绿、味辣、品质好、果形美观，市场上需求量比较大。

解决了种子问题，接下来就是种植过程了，也只有进入了才晓得里面很多的门道（理论、知识）。我刚开始种植没多久，就遇到了辣椒长虫、生病等一系列问题，还好得到了专家的帮助，不然损失惨重。说来也是运气，这个专家是我无意中结缘的。我被好朋友拉到一个"黔江中小企业服务中心平台"的微信群里，这里面有很多人才，哪样人都有，有企业老板、有技能技术人员、有农委的专家，我觉得这种微信群真的太好了，这里面的专家都是有经验有知识的，也肯给我们这些平头老百姓交流、解决难题。

要想辣椒产量高，轮种套种不可少。之前重庆市农科院的蔬菜专家给我们做指导的时候说过，如果在一块地里一直种辣椒，过两年这块儿地里就长不出好的辣椒了，因为土壤里面的细菌、害虫会增多，导致辣椒的产量会越变越低。所以我采取的也是这种方式。比如2021年种辣椒，2022年就种植南瓜，2023年再又来种辣椒，这样就可以改变土质。你看2021年我种了20亩辣椒，辣椒收了之后，我就开种苞谷、南瓜、青菜头，这些农作物都是产量比较高的，而且耐储存，这样一举几得。

2021年我的辣椒收入，20亩地净赚2万元左右，因为是第一年尝试，起步阶段走了很多弯路，开荒、施肥、打药、人工、采收这些环节成本都没有控制好，有一定程度的浪费，但是红红火火的辣椒让我看到了生活的希望。我相信，在一年一年的经验积累中，掌握好每一个环节，就能减少成本，更有赚头，生活也会更有奔头！

乡村艺人：唤起农民文化自觉，投身乡村文化振兴

我叫HZW，出生于1968年，火石垭村人。16岁开始拜师学艺，学吹打乐、学画画、学篾匠、学做米粉，到外省工地扎过钢筋，现在回乡拾起老本行，教授吹打乐。

（一）五花八门，样样都会点儿

我家里有兄弟姊妹7人，我排行老五，虽然生长在农村，但在哥哥姐姐们照顾下，我没有从事过务农，所以田地活儿我都不大会做，其他的"旁门左道"倒是学了不少，学过技术，打过工，开过店，做过老板。

16岁时，我跟着村里的老师傅学主持丧葬祭祀，后来又去学了画画，主要是在家具和木房子上画花、勾花，觉得手艺差不多了，我又学篾匠。那个时候绣山背篓很火，我就买来一个，把它拆了，自己研究它的结构、编织方法和技巧，再砍竹子买物料回来尝试着做，没多久也做成了。再后来，我去新华学做米粉，一待就是8年。前几年，机缘巧合之下还去南川，跟着NYH师傅学了吹打，这么多年，我从事了很多行业，学了很多技术，样样都会点儿，但就是不精通。

（二）回乡组建民间艺术团队

2020年10月从浙江回来后，路上碰到了现在的两个徒弟，他们请我教他们耍锣鼓、耍龙灯，我跟他们说那种已经过时了，学出来没多大用，要学就学吹打乐。因为当时在彭水那边我已经教了两帮吹打乐人出来，而且他们学出来后又继续发展，比较成功。考虑到我们村还没有吹打乐这种形式的表演活动，我就答应了教他们。一方面可以丰富乡村的精神文化生活，给大家带来娱乐消遣，同时也可以让他们在空闲的时间出去找点零

用钱。在和他们商量后，我计划招十来个人组成两个队伍。后来招了14个人，按照他们的高矮胖瘦和技能进行分组，以便在表演时能整出队形来。通常他们都是晚上有时间了或者下雨天集中起来学习，差不多教了20来天后，他们就可以尝试去外面表演了。

也许有人觉得我教的吹打乐不正宗，就是种消遣，或者是闲暇时间能为他们创造点收入的一种演出，但在我看来，吹打乐它还是一种艺术，一种纯正的民间艺术。乐队由地地道道的农民队伍组成，他们白天在地里干活，晚上或者下雨天学习表演技巧；在参加吹打乐活动前，他们或许还在地里采海椒、背苞谷、挖红薯；他们文化水平低，几乎都是零基础，没有接受过系统的专业的培训，在我这个"半桶水"师父的带领下，接受短暂的学习，然后去外面表演，认识了更多的同行，在实践中不断学习和进步。

我所带的徒弟几乎都是零基础，我不仅要教他们如何排队形、学动作、听音乐，培养乐感，还要教他们把握情感和语气轻重等。因为是零基础，所以在舞蹈学习上，我也是从练习步伐开始来教他们。之字步、穿花步、"121"这些不知道示范了多少次。有些时候一个动作就因为没做满，力度不够，呈现出来的效果就差很多。

除了基础舞步的训练，其他动作就由他们自由地去发挥，这对他们最终编舞也有好处。音乐方面，我建议他们把耳机戴起来，跟着歌星唱，歌星怎么唱我们就怎么唱；基本的音调把握好了后，去学着把握歌曲的情感，通过控制语气和节奏来传递歌曲所诠释的感情。刚开始他们跟起来很吃力，反复练习后还是有进步的。像音乐和舞蹈这类艺术的表演，只有通过不断地模仿和领悟，才能掌握艺术的精髓、感受艺术的魅力。空闲时间我也会在微信群里发一些相关的舞蹈、唱歌视频给他们，督促他们加强练习。

我们所接到的表演活动中，以白事居多。每个地区的民俗文化都存在差异性，文化中的细微讲究之处，也正是差异性的体现。在我们这边的风俗习惯里，悼念逝者的方式也是不一样的。比如70岁以上属于老年人，如果逝者的父母都去世了，那么这个丧事也可以算是喜事。针对这样的情况，我们可以安排些小品或者弄点其他欢乐的节目。如果逝者的父母还健在，那么就算是忧事，不宜安排娱乐性节目，而且表演完了之后，还要走之字步，角度不能超过30度。而且，针对不同年龄段的逝者，跳法、节奏和方式也都不一样。所以说这些都是有讲究、有区别的。另外，在表演环节中，主家或者来宾还有可能会点歌。碰到会唱的歌倒还好，如果点的歌不会唱，那总得说点什么圆回去，不能扫了主家或者来宾的兴。这种情况下就要求表演者要能随机应变，要有好的口才，说的话要让别人听了舒心才行。

（三）致力唤醒民间艺术

吹打乐是一种民间艺术，植根于民间艺术的沃土，这种艺术不仅有利于农民锻炼身体，愉悦心情，修身养性，提高文化素养，丰富他们的业余文化生活，而且也为他们提供了一个创收的机会，把他们从繁重的土地劳动中暂时解放出来，劳逸结合。

农民对于吹打乐表演几乎都是零基础，村里也缺乏有经验的表演老师去指导他们学习，这一现状阻碍了传统民间艺术在乡村的发展。我在传授过程中，也不是一帆风顺的，也遇到过一些困难。比如有些徒弟在学习的过程中自以为是、不听话、不爱问；学完之后，胆子小放不开，不好意思表演；还有些学完后，揽活路也不好揽；分配活路时徒弟之间也容易产生矛盾。

刚开始他们在学习基础知识的时候，喜欢好高骛远，觉得基础步伐容易，不屑一顾，结果基础步伐练习了很久；他们单独练的时候没出问题，集体练时又暴露出问题，排不好队形，站不好位；第一次出去表演的时候，他们都扭扭捏捏，不好意思跳，结果频频出错。拉业务的重任落在了我头上，其实揽点活路也不容易，那时候都是我提前主动去问，发朋友圈去宣传和推广，把名气和名声先打出去。再就是有业务做也犯难，本来是分成两个队轮流去做，比如说这次是一组做，下次就二组做，轮流派，这样分配应该是公平的，但是每次主家经济条件不一样，预算也不一样，有些价格给的就低些，全凭运气，可派到价格低的那一组他们有时候就会有意见，跟我闹矛盾，确实不好安排，本来是好心，结果还惹了人的闲话。

但是，我觉得村里有个乐队是很重要的。以前，村里时不时就会有电影队放电影，有耍猴、唱戏这些活动，但是电视机、手机出现了，慢慢地人们就缩在家里，不出门、不聚会，没有热闹的氛围了，冷冷清清，没有以前整村出动、喜庆热烈、欢乐祥和的氛围，这让我很不适应。以前我们村里，大家相互熟悉、相互帮忙、彼此照应，但现在，村子里的下一辈几乎都外出了，只剩我们这些人守望相助。我希望能给留守的这些人带来喜庆、热闹的氛围，丰富大家的文娱生活，充分发挥老百姓的主体作用，引导大家自我表现、自我展示，让本土的打击乐，在新时期焕发出强大的生命力。

乡村匠人：勤劳是农村人致富的首要秘诀

我叫RZZ，1950年生，火石垭村八组人，小学文化水平。十几岁开始自学木工，后正式拜师学艺，从事木匠行业近60年，是村里为数不多的老木匠。

（一）始于自学，成于拜师

我母亲怀我八个月大的时候，我父亲就去世了。后来母亲带着我和姐姐改嫁，但是继父家里也有七八个小娃，家里经济困难，没钱继续供我读书，我就回来了。回来后要有个住处，我就想把房子做起来，但是又没得钱请木匠，没办法就只能自己去学。

那时候找一分钱都很困难，我就跑去山上打鸟，然后拿去卖，卖出钱来后就去买做木工用的行（xíng）头（工具），像锯子、推板、刨子、锉子、墨斗、木尺等。有了这些行头后，我就去找村里的老木匠，看他们做活路，请教一些简单的活路做法。有时候遇到一些来村里串活做的木匠，我也看他们是怎么做的，不懂的就追着问。看了一些之后，我就自己去山上砍点木材动手做，刚开始从简单的做起，做得不像，我就重新做。不断尝试之后，我也做得越来越好。慢慢自己也能找些活路做，一天的工钱从几角做到一块几、几块、十几块、几十块。

20岁的时候，我结婚了，做木匠的经验也越来越多，木沙发、木床、桌子、柜子这些我都做得来。我们这儿修完木房子，有祭鲁班的规矩，但是祭鲁班又必须是牵了桥的弟子（意思是正式拜师，得到师父认可出师的弟子才有资格建新房）。有人想请我去修房子，而我没有正式拜过师就不行，担心给主人家修不好、招麻烦。为了拓宽业务，我就自己去拜师学艺。我的师父是石家镇的，他是个老木匠，我拜师的时候他已经有66岁了，年龄大了，基本上已经不出工了。所以拜师后主要是接受师父的指教，有什么不懂的去问师父，师父传一下理论就行了，实践还是要靠自己。

正式拜师、牵桥后，我才获得了给别人盖房子、祭鲁班的资格。木工活儿有做点天的（按天计工资），也有做包活的（按工程量多少，打包算钱）。一般来说，包工比点工更赚钱。在20世纪80年代，一天工资几十元钱，到90年代，涨到七八十元钱，很少有上百元一天的，现在一天差不多有200元，但现在建木房子的基本上没有了。我记得比较挣钱是在2000年，我们这儿有户人搞农家乐，他们还修了图书馆、麻将室、卡拉OK，整个活路包下来有3万元，我们三四个人一共做了1个多月。

建木房子，一般要先上山砍料，用得比较多的就是毛松树和柏香树，选择伸展好（树干直）点的（木）料。一般建三间，木料也要有计划地砍，需要多少就砍多少。通常情况下，按照主人家的想法，我们不用画图纸，该哪样做心中已经有数了。我们做木房子，主要是搭房子的主体结构，利用榫卯结构穿角斗缝，比钉钉子更结实，建造成本低，而且冬暖夏凉。但是木头房子不耐潮，也要注意防火。到90年代后期，做木房子的就慢慢少了，村里开始建起一座座砖瓦房，既洋气又结实。

回想起来，我这辈子建的木房子有100多套，主要是80年代到90年代初期建的。那时候自己家里的农活儿要做，木匠活儿也要做，累是累点，但是收获多，慢慢地也打出了自己的名气，很多人都来请我，不光是在本村和附近建房子，还去过黔江其他地方，也算是比较成功的了。

（二）多种经营，日子好过

在农村，活路基本上都是混着做的，比如有活儿的时候就做木匠，没活儿的时候就种种地，单搞一样还是不得行。尤其是80年代土地下放（承包）后，大家的生产生活积极性提高，就开始放开了手脚做活路。

那时候在农村，为了讨生活我除了凭手艺赚钱，还要做田地里的活路，哪样能赚钱就做哪样。从1983年开始一直到2020年，我都有种烤烟。政府刚推行种烤烟的时候，部分人抱着试试看的心理种了一些，没过几年就开始家家户户扩大面积、规划成片，最高峰时期烤烟种植面积达到1000多亩，现在土质不适应了，只剩下80多亩了。

我烤烟种得也不错，赚了些钱，80年代拿过千元户的帽子，90年代拿过万元户的帽子，针对千元户、万元户，村里还发了些礼品。2020年是我种烤烟的最后一年，种了15亩，收了4万多元钱。1989年的时候，我担任了我们高山村的文书，主要是村里的一些文职工作，记记账、发发通知、管管资料这些，一直干到2000年。我做文书的那些年，村里除了种粮食、苞谷、洋芋、红薯、南瓜这些，在政府的倡导下发展多种产业，从烤烟到蚕桑、养殖，我们农民也积极响应，收入也慢慢增加（附图1-4）。

蚕桑我也育过，但是没有搞共育，太累啦，我年龄也大了，最多的时候育个5张，一年育四季，也有个两万元左右的收入。2020年没种烤烟之后，我就开始育猪。买了两头母猪，7头小猪，小猪儿买来50元一斤，卖肥猪肉22元一斤。还育了两头牛，平时喂猪养牛，种点苞谷、洋芋、蔬菜，一年也有几万元的收入。在农村只要不怕吃苦、人勤劳点，还是能赚点钱，生活也能过得很好。

附图1-4　勤劳致富

农村乡贤：传承风清气正良好家风

我叫CXY，火石垭村二组人，小学文化水平。我算不上村里产业发展好的，自认为唯一的成就，就是把孙子带好、带大。

（一）淳朴家风，源于父亲的言传身教

我出生一年后，母亲就去世了，父亲一个人带着我们弟兄仨生活。他是我们那儿的保长，喜欢读一些看相书，也看医书和《新华字典》。但遗憾的是，我们兄弟三个都没有往读书这条路上走。当时生活太苦了，也没有精力去读书，所以我只读到二年级就没读了，但是我算术很好，口算算数、算账这些，大学生也不一定算得比我快。

从学堂回来后，我就开始参加生产队的集体劳动。那个年代为了弄口吃的，就拼命挣工分、弄粮食。集体管得严，找一分钱都不容易。大集体上一些重力的活路，像背、挑、犁土这些都是4个工分。那些年，我跟着父亲做过很多活路，种小麦、种苞谷、种洋芋、种南瓜、种红苕，背、挑、犁土、薅草这些田地活儿我都做过。

那时候，小娃想偷懒不得行，又饿得很，总盼着生产队上煮饭的打锣，喊我们去吃饭。确实太饿了，又找不到吃的，就有不少小孩子就去偷，偷了吃的没被人抓住还好，抓到了回去就要挨顿打。虽然父亲经常教育我们再穷、再饿也不能去偷，但是那时候小娃太饿了，忍不住，就跟着大一点的娃一起去偷吃的。父亲只要发现了，就让我们跪着，用竹鞭或者木棍抽我们，先打一顿之后，要我们保证以后再不犯才停手。

平时生活中，父亲也很讲规矩。在桌上吃饭，有长辈在，年轻的就不能先动筷子，要长辈动了之后才能动，表示对长辈的尊重；拿筷子拿调羹，几个拇指要夹好，夹不好要遭他说一顿；吃酒坐席也要讲规矩，记得大哥结婚后三天，大嫂回门的时候，大哥席位坐错了，父亲看到后，当着亲戚的面狠狠地训了大哥一顿；结婚后，一夜不落屋（不回家）也是要遭打；跟别的小娃闹矛盾打架这些，父亲只要知道了，就会先把事情原原本本弄清楚，如果是我们不对，欺负了别人，就要领着我们去道歉，回来还要受罚；如果是别人不对，我们被欺负了，他也要去帮我们讨回公道。他经常教育我们三兄弟之间要团结，不能打架，要相互尊重、相互谦让。

有一件事情，我到现在都还记得。那是他生病期间，拖了很久才去检查，是肝上的毛病，医生说已经很严重，剩不了多长时间了。因为病情的原因，他基本上就很少起来活动，经常在床上躺起。有一天，我和二哥实在太饿了，就把罐罐里剩下的苞谷磨成粉粉，放在锅里蒸着吃。二哥想着多蒸一会儿，蒸成锅巴会更香，我就照办了。还没完全

蒸好，锅巴香就已经飘出来了，过了一会儿之后，二哥就赶紧揭开锅盖，铲了一大块锅巴自己吃起来，看到这个情形，我也赶紧去抢锅铲，可是争不过二哥，大部分锅巴都被他吃了，我觉得委屈就大哭起来。本以为父亲生着病睡着了不知道，这件事就过去了，没想到等我们把饭吃完，把锅洗好后，就听到父亲喊我们去他房间。

一进到房间，父亲就让我们跪下，躺在床上的他，翻个身抄起放在床头边的拐棍，朝我们身上每人打三棍。然后很生气地说："我现在还没死呢，你们就这样为了一点锅巴而争吵，那如果以后我死了，你们准备怎么闹，兄弟之间让一点不行么？"看着父亲生气的样子，我们都觉得有点羞愧。一是为了点锅巴争吵确实不光彩，觉得愧对于父亲长期的教导；二是因为父亲都病成这样了，我们都不让他省心。

1964年的时候，父亲去世了，那一年他49岁。临走之前，他放不下我和二哥，因为我俩都没成家。但是他也没有时间再等了，赖不活了（坚持不下去了）。他把我们喊到床前说："'床前一双尖尖鞋，日愁米来夜愁柴'。你们以后结婚了，要把日子过好，家里主要还是靠男子，不能懒，要有担当，夫妻之间要有商有量。"这就是他最后留给我们的话。

父亲是个苦命人，生活在那个物资匮乏、吃不饱穿不暖、生病没钱治的年代，还一个人把我们兄弟三个辛辛苦苦地抚养长大，确实是很不容易。直到他去世多年，我自己当了父亲之后，才明白其实他教给了我们很多为人处世的道理。人要勤劳、要奋斗才有好生活，要勤俭节约才能持家过日子，与人打交道要尊重、理不亏，兄弟之间要团结谦让。在父亲言传身教下，我们立身正、有担当，村子里的人都是比较认可我们的为人的。

（二）心怀愧疚，子女都是父母的债

父亲去世后第一年，我和二哥跟着大哥大嫂他们在一起生活了一年，第二年我又跟二哥一起生活了一年，到1966年，我们三兄弟就分家了。再过两年，我20岁了，在村里人介绍下，认识了我的妻子LKM，她是新华乡的，也是个老实本分的人。结婚后，我们一起在大集体挣工分、做活路。那时候还没有计划生育，我们生了几个娃娃，但因为年代艰苦、医疗水平差等原因，有三个女娃娃生下来没养活，剩下两个儿子，有一个后来出车祸也没了，这给我们带来了不小的打击。

1981年分田地，我们一家四口分到一亩地，实际上是一亩半。我主要做田地活儿，妻子就在家里煮饭、喂猪，有时间就跟我一起去坡坡上做活路，我们夫妻两个肯吃苦，什么都种。早些年我们种烤烟、套种小麦、套种洋芋，种红苕、种苞谷、种南瓜。后来种小麦土质不适应了，地势高了产量低，就没有种了。种烤烟的那些年，我们还是赚到

一些钱，平时家里有两个学生上学，我们走人份开支，日子过得还是比较精打细算的，勤俭节约嘛，大家都喊我"老孽钻"（其实也是一种美德）。

花钱方面，如果是小娃没有经过大人同意，私自从家里拿钱，被我们发现了那就要挨打的，大的打得重些，小的打得轻些；他们如果要买东西，要跟大人说，不能随便拿钱。在家庭开支方面，我们的原则是有事情需要花钱，夫妻两个商量，钱该怎么用就怎么用，最终我来算个账。夫妻之间很少因为花钱的事儿红过脸、吵过架。

因为失去了一个儿子，我们对剩下的这个儿子就很爱护。他上初中后，我们还用种烟赚的钱给他买了辆自行车，那是我们村里第一辆自行车。但是他自己不争气，上完初中后，就不想去上学了，喊他去收烟他也不去做，骑着我给他买的自行车到处去逛。他出去逛我也不管他，也不会给他钱，让他自己想办法。

他也算硬气，结婚娶媳妇没让我操心，但是媳妇接回来后，操心不少。那时候他们还是太年轻，动不动一点小事就闹矛盾。他们都有些坏毛病，儿子懒，有多少钱花多少钱；儿媳妇一点小事就床上躺起，一躺两三天，婆婆喊她吃饭，她还经常没好脸色。有一次，小两口不知道为了什么事儿打起来了，我看到之后，就赶紧抄个扁担打我儿子。我觉得夫妻吵架不能动手，至少男子不能打女子，而且两口子吵着吵着就容易吵散了，打着打着就打走了。但越是怕什么，就越来什么，孙子出生11个月后，儿子和儿媳就分开了。

（三）踽踽独行，助孙子完成学业

儿子跑出去打工，儿媳妇一个月后也走了，丢下不满一岁的孙子，落到我们老两口头上。那几年我们真的是造孽（辛苦）啊，我老伴儿在家里带孙子、煮饭、喂猪，我一个人去做外面田地的活儿，种烤烟、种粮食。白天忙田地活儿，晚上回来帮着带孙子，孙子点点大（还小）晚上爱闹，我们那段时间也睡不好。差不多在孙子两三岁的时候，我老伴得了癌症。当时我一边带孙子，一边要照顾老伴儿，还要管田地活儿，哪头都要人，恨不得一个人分成几个来用。老伴儿在2001年的时候走了，为了给老伴儿治病，我还欠下了一笔债。

失去老伴儿之后，我就和孙子两个人一起生活。孙子从小懂事又听话，有时候想偷点懒，不跟我去坡坡上做活路，我脸色一不对，他马上就懂了，赶紧拿起背篓、工具跟我一起出门。上小学的时候，他父亲有时候也寄点生活费回来，但长年不在家，孙子上学接送都是我的事儿。

因为儿子的失败经历，所以在孙子用钱方面，我给他定了规矩，小学二年级之后，每天上学可以有1元零花钱，到了五年级的时候涨到2元钱。零花钱不多，但是不给也不行，小娃在学校渴了或者饿了，身上有点钱想买还能买点儿；一分钱都没有的话，看到别的小娃有钱花，自己没有心里就不安逸，我也不想让他在同学面前落了面子。

好在孙子挺懂事的，放学回来也很自觉，老师布置的作业他自己晓得做，不让我操心。到学校去我会经常教他要尊重老师，用心学习，不要惹事儿，不要跟人打架，跟同学好好耍。我自己没什么文化，也讲不出那么多大道理，只是尽我的能力去供他读书。希望他能够把自己的路走好，该学习的时候好好学习，以后生活过得好一点，这样我也就满足了。

孙子上初中的时候，是我压力最大的时候。家里没钱用，我就把我的一面山上的木材卖给一个老板，一共卖了10000元，给孙子把学费和生活费交了。到高三的时候，孙子的生活费我凑不上，还去跟村里的M书记借了2000元钱。到孙子上大学的时候，我又卖了第二面山的木头，卖了100多根木头，拿到了2.6万元，供孙子读书。孙子上学的时候我就给点，交代他花钱精细点，我现在年龄大了，赚点钱很不容易。

现在把孙子读书给供出来了，他自己也争气，单位不错。刚开始上班的时候，他也没得多少钱，但还是坚持每个月给我寄300元用，后来每个月寄500元。我跟他说："我不要你们小娃的钱，你给我的钱，我也不得用，你要自己学会当家。"他坚持要打到我卡上去，怕我一个人在家里没钱用。

其实我现在还能动，自己也能种种地，有点收入，平时一个人生活也花不了多少钱。外头拉车子的来卖菜，邻居喊我买菜吃，我都很少买，地里头自己种的菜，给一点点油，弄着一样能吃，一年到头买12斤肉吃也差不多了。平时穿的衣服，一般几十块钱，孙子上班之后也给我买了一些衣服，都是一两百的，我还笑他不会过日子，用不着给我买那么贵的。老话说"哪样人穿哪样衣"，你是哪样人才，你穿哪样衣服才像。但人也不是生出来是哪样就哪样，人才也是慢慢教出来、培养出来的，人只要自己愿意学，多努力，不走歪路，为人处世多学着点，再难的生活也会好起来，有苦就有甜。

我也从没想过要他们任何一个人回报我，我只要他们安安心心地过日子，把日子过好，我就满足了。在他们身上花钱，如果钱花了起了作用、有效益，我就满意；钱花了不起作用，那就不安逸。回顾我这一生，我就是个普普通通的老农民，养大儿子，再带大孙子，他们不做违法乱纪的事情，清清白白把自己的日子过好，就是我最大的成就了。

附录二

酿酒工具

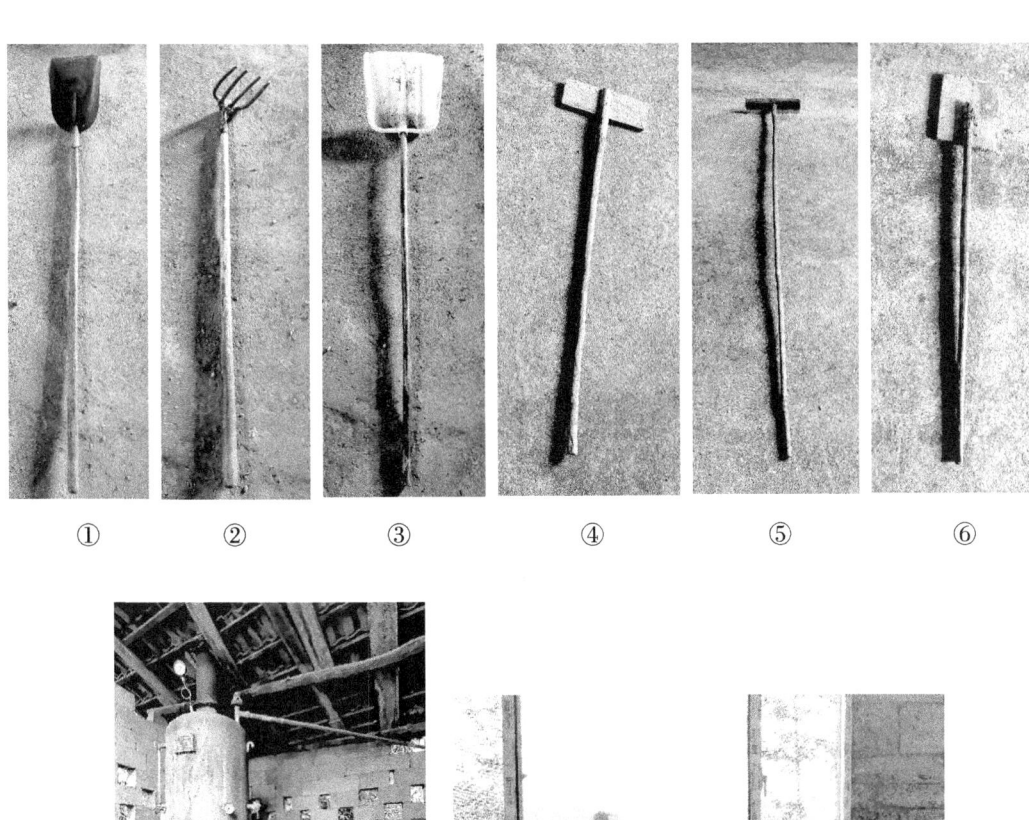

① 铁铲：用来铲糠壳、未经发酵的苞谷

② 钉耙：耙疏糠壳、玉米

③ 扬铲：装缸、烤酒时用于移动酒糟

④ 推板：用于推均匀酒糟

⑤ 哈哈板：兑曲发酵时，用于把散落在地上的酒糟均匀铺散

⑥ 压板：用于压实酒糟

⑦ 锅炉：用于对原料加热处理，调节温度

⑧ 盖板：用于酒糟装缸盖住缸面

后　　记

　　"别忘了把种子埋进土里。"2021年，为做好脱贫攻坚和乡村振兴的有效衔接，重庆市围绕全面推进乡村振兴战略工作，选优配强乡村振兴"头部人才"，成立"专家服务团"，架起专家与基层的"桥梁"，用基层出题、专家揭榜的模式构建起乡村振兴长效服务体系。为落实引专家服务团下"田间地头"的任务，2021年暑假，我带领着30多人的团队，作为重庆市第二批"专家服务团"的团队之一，前往武陵山区深处的火石垭村，开启了火石垭村的深耕之旅。

　　三个多月的时间里，我们累计走访火石垭村民180余户、超过3000人次，访谈时间总计超过10000小时，绘制了6个村组的航拍地图，给近30户人家拍摄、制作合家福，在村民院坝举办2次"田野对话"。同时，针对产业转型、人才振兴、文化弘扬、基层社会治理、生态优势转化和基础设施建设等问题，我们也向镇、村提出对策建议30余条，对火石垭村的形象转化和推广宣传起到了促进作用，使技术、项目、资本等资源向火石垭村聚集，给返乡村民带来了发展的契机，形成了乡村引才引智的牵引力。

　　我们在火石垭村所做的一切，是以往学术研究与社会服务的延续与创新。实际上，武陵山区的这方天地，对我而言并不陌生。2008年，我自中山大学博士毕业来到西南大学工作后，便一口气在这里扎根。从石柱到黔江，十多年来，我始终关注武陵山区的乡村发展。多年前，这里满是青砖绿瓦，袅袅炊烟，而现在，一栋栋楼房拔地而起，依稀的炊烟已不多见。我知道，这不仅是武陵山区某个村庄的变化，更代表着一个时代的乡村巨变。我所要关注的，不仅是这一层层的剧变，更想通过火石垭村的观察，探寻"乡村如何振兴"的问题真相。我认为，这一真相的挖掘，需要回到类型学中的"非典型"村庄研究。

　　经过多年来的乡村调查和基层实践，我逐渐体会到，实现乡村振兴的总体性发展，要求我们不仅要关注聚光灯下的"典型村庄"，更要关注被长期忽视的"非典型"村庄，挖掘被隐藏的"发展韧性"，探寻全面建设小康社会的多样途径。

　　火石垭村，作为无政策倾斜、无资源禀赋、无宏大历史的村庄，正好代表了这一种

"非典型"性，这也是我选择火石垭村的重要原因之一。我试图从火石垭村"非典型"案例中，找到与它同类型村庄在不断遭遇现代性风险和危机时，如何利用自身的自然与人文结构掌握内生动力，获取"发展韧性"的绝佳答案。

我一方面对火石垭村的生态环境、历史沿革、风俗文化、婚姻家庭等基础信息进行全景式记录，尽力发掘出火石垭的自然与文化底蕴；另一方面又对生计产业、现代教育、社交网络、精神风貌等现实议题开展追踪式研究，初步整理获得访谈资料超过60万字，并形成了火石垭村地方志、能人口述史、服务团工作简报三类文字材料。

基于区域社会的角度，我认为，想要解决现代社会对"非典型"村庄提出的发展要求，必须把握以下两条路径：一是留住乡村的"形"，全力保护乡村自然风貌；二是留住乡村的"魂"，持续挖掘乡村的发展韧性。二者的有效结合，将成为推动"非典型"村庄万象更新、挖掘文化的普世资源，增强社会发展"精神生产力"的重要支点。

"非典型"村庄的发展韧性在哪里？如何保持韧性？回答好以上问题，振兴之路才能走得通。其一，火石垭村在自然环境的适应与社会人文的传承上较为稳定。火石垭村所在的武陵山区是一个历史移民区域，明清以来"湖广填四川"的人们在这里落地生根，从根本上改变了武陵山区原有的人口结构、民族分布与社会形态，同时也推动各民族在形成文化异质的移民社会基础上，经过几百年交往交流交融，逐渐在农业生产、生活风俗、文化风教等方面发生变革与融合，形成较为稳定的发展机制和结构韧性。其二，火石垭村基于以上稳定的结构韧性，在面对当下现代社会风险时，积极发挥主观能动性，其产业结构、社会关系、文化资源、教育水平、信息化程度、治理机制、人力资源和精神风貌等维度，均保持着较好的转换、发展和更新能力，成为构建火石垭村"发展韧性"的底层因素。

基于以上思考，我将调查结果整理成书，以《火石垭之光》为题呈现给读者，希望将火石垭村作为案例，呈现"非典型"村庄是如何在日常生活中获得调适机会，拥有"发展韧性"，走出具有"典型"意义的发展之路的。

众人拾柴火焰高。工作的顺利开展，从前期调查到最后成稿，离不开火石垭村每一位父老乡亲，以及坚守在火石垭村基层的地方干部的支持。感谢火石垭村的马书记，他不厌其烦地解答学生们的诸多问题，带领团队上下奔走，亲力亲为；感谢蔡家垭口的蔡福玖夫妻，他们一次次热情招待、热心回应，至今仍令我感动不已；感谢70多岁高龄的蔡爷爷，他在风趣幽默中不时吐露村庄几十年来的历史变迁；感谢勤劳善良的妇女杨红梅，她的厨艺征服了团队中的所有人，她的温柔也抚平了调查中的辛劳和苦闷……

感谢西南大学付来友老师、中共重庆市委党校姜申未老师等青年教师在团队中所起的坚实作用；感谢西南大学刘霁虹老师，他为火石垭村拍摄动人画面，为团队留下珍贵影像。感谢团队中的同学们，包括西南大学博士研究生唐欢、陈雪，硕士研究生杨俊、雷鑫、李永鸿、彭婷婷，湖北民族大学硕士研究生向清宇，以及西南大学2018级民族学本科专业的同学们，是他们跋山涉水，将美好的青春留在祖国最美的大地上，才让"火石垭之光"得以记录、传承。

最后，感谢重庆市人力资源和社会保障局的各位老师对该调查的大力支持，他们在多次合作交流会上肯定了专家服务团在乡村振兴中的引领作用，启发我不断思考乡土人才的挖掘、培养和利用等诸多话题。文稿付梓之际，不多赘述，在此一并致以谢意。

行者方致远，奋斗路正长。我已在这片土地上走过十余载，此刻，我更加坚信，这片土地定将成为中国乡村研究的热土之一。只要我们把根留在土地上，定能够在兴民富陇的奋斗征程中，开创新局面、干出新业绩。我憧憬着，期盼着，无畏风雨，乘风破浪……

田　阡

2023年8月